钱旭红 著

改变思维

— 新版 —

上海文艺出版社

思维才是力量！

新版序言　一棵苇草的思考

千城肃静、万业萧条、亿民愁眉，夺人性命的新冠肺炎，侵袭全国，肆虐世界。原本应是万民欢腾、锣鼓喧阗、喜气洋洋的有着几千年传统的春节，从卫星云图上看，无论白天还是夜晚，全国所有的街道、广场均人流稀少，有的甚至空无一车一人，千万人口的特大城市武汉封城，这在人类历史上前所未有。疫情肆虐中华大地，与病毒抗争的悲壮延伸到全国。灵魂跟不上脚步的人们，响应政府号召、自我隔离防止病毒传播的人们，在不得不享受的超长假期里，感到恐慌、悲痛、愤怒，并思考，一场中国历史上从来没过的长时间的全民同时思考，这场瘟疫是如何开始的？真正的源头在哪？如何让这场本可避免的、与十七年前出现过的非典疫情相类似的巨大灾难，今后不重演？为何各国在面对疫情时，前期都或多或少地出现了手忙脚乱的局面？古人说哀兵必胜，如今亿万哀痛民众的深度思考，将会为我们的文明和国家以及世界带来新的黎明。

真的没想到，此书新版的最终完成，竟然是在 2020 年春节前后疫情肆虐的国难之际。在完成这项工作中，我为疫情中成千上万病痛和不幸离世的人们默默流泪，惨痛的灾难必须牢记，更要凝结出世代铭记的新道理。因为必须的自我隔离，我有了强迫接受的安静日子，才能改变忙中偷闲、断断续续修改原书的窘境，在整块的时间内完成了这延宕多年的心愿。

2012 年，我写了此书的第一版，在扉页，留下最有感触的一句话：思维才是力量！

那是为迎接我时任校长的华东理工大学六十周年校庆，为感念《培根论述文集》和老子的《道德经》给予我的恩惠，抽空汇集日积月累的感悟和体验，而写就的一本非专业书。因为平时一直忙碌，根本没有完整的时间，也无法静心，只能确定一个大概的方向，然后随机记录所思所想、想到哪记到哪，发散思考，机缘巧合，归类聚焦，时增时减，聚集生长成文，进而修改成篇。整个写作就像一棵树在自然成长，无论此书，还是我的一些发言，都是采用此法，我自嘲为"自然成长写作法"。

2015 年，完成十一年头、两届已过的华东理工大学的校长任期，再次回归学术领域。有领导问我卸任后对校长一职有何感言，我答道：大学校长，上要能登大雅之堂，下要能随三教九流。校长生涯，就是一个"忙"字，如不警醒，容易碌碌无为。

我回归学术专业研究那段时间，终于有时间与分子打交道，忙碌于"点石成金"的恬静。可以有点滴闲暇时间，琢磨我喜欢的科学人文哲理，读书写作，回到久违的心静境界和深思状态。每一次向学术的回归，都是一次洗礼。说真话、做实事、做感兴趣的事、做有价值的事。学术不能撒谎，人类的良知和进步建立在可靠可信的稳固基石之上，否则，人类的文明大厦就将垮塌。

如何避免被人打搅和惦记着、避免成为会议和庆典的应景花瓶及木偶，如何回报大众和社会，是我经常思考和扪心自问的。每当夜深人静，就能感受到自我加持的使命感，似乎有个声音在提醒、呼唤、催促自己。得抓紧时间、花点精力，将自己的感悟和思考写下来，与感兴趣者分享。

人生历程中、民族文明历史中、人类历史上要避免各种天灾人祸的悲剧一再上演或者再次重演，就有必要尽可能地展现人类重大思维变迁的全景图景和完整光谱，提醒人们开动自己的大脑，独立自由地去认识与辨别所见所闻，实现精神上的独立、自由与解放。

我一直有个愿望，就是想立足中华文明史、世界科技史和人类未来憧憬，写一本批判性的、建设性的、思维性的书，写一本有益于深入和系统思考社会和人生的书。我将历年候机写在登机牌背面的三言两语，集成在一起，于 2012 年出版。尽管书中有许多不连贯，甚至漏字、错别字，但许多相识不相识的人，仍然给予我认可、鼓励、建议和帮助。

上海文艺出版社陈徵社长多次希望我抽时间增订修改再出新版，我虽早就答应，但因忙碌，拖了一年又一年，不知不觉，离第一版发行都快八年了，这八年里见到过善良、也见到过丑恶，是思维更趋成熟的八年，也是不堪回首的八年。

造字者也许早就暗示，"忙"是"心亡"，忙者无智。2018年1月我再次由教授调任华东师范大学校长，我真怕再也没有时间完成此书的增补修订，因为此时对校长的要求及校长的忙碌程度，和若干年前又不一样。

现实中，许多人还就喜欢无头苍蝇式的匆忙，包括各级领导、官员，甚至专家学者，似乎只有这样，才能表明自己的尽心尽职、克己奉公和真心投入。生怕停歇下来，脑中有片刻、甚至半刻的反思，一不小心发现自己内心空虚的真相。

真心而言，校长生涯，与专家学者的经历平行、也与领导官员的职责很像，但事实感知迥异。因为既需要从事管理和领导，又要往来学者和专家，不得不对人生百态、社会百业、无数学科专业的广泛领域有所涉猎，特别要竭尽所能地去体悟、理解和把握它们之间的相互关系和多样差异。

明年是华东师范大学七十年校庆，为迎接和庆祝，我很想在此之前完成任务。此书最早的思路和原型，源自1998年我获得"上海市十大科技精英"后所作的"科学精神"科普报告。2012年此书出版后不久，在接受英国女王大学"荣誉博士"的授予典礼上，我致辞的题目，就是"改变思维"，同时生造了一个英文词"superthinking"来表达超限思维、改变思维，希望这对改变人们僵化的思维、单一的思维、极欲的思维，能有所帮助。

八年前此书出版后，我才知道有一本中文译名与本书相同的另外一本书（Changing Minds，应该译成"改变主意"，是译者妙笔生花，取名改变思维），可能是我孤陋寡闻，也可能是那书的读者较少，没有注意到。那本书是哈佛的高鼻子洋人所写，主要是讲心理学。即使如此，直至现在，我也不想将本书改名。我至今仍未看过那个译本，也不想看，此并非偏见傲慢，而主要是想杜绝、哪怕是一点点无意识的模仿雷同。我想让大家知道，月亮，在外国是圆的，在中国也是圆的。

写作此书的所有时间，都是在忙里偷闲的业余时间完成，主要集中的时间段在候机厅、飞机场、小车座、高铁上，还有周末以及假期稍微轻松的时光，而国际间的长时间疲劳飞行、时差调整的日夜颠倒和极短的睡眠，是难得的写作时间；时差带给我的不再是痛苦，而是愉快的人生思考旅行。多一份思考就多一份独立，多一份思考就多一份自由，多一份思考就多一份幸福，多一份思考就多一份希望，多一份思考就多一份力量。

知道我年少时被父母所逼而弃文从理经历的朋友，开玩笑说我是"一个没有被文科耽误的理科生，也是一个没有被理科耽误的文科生"，而我自己评价自己是"一个有人文情怀的工科生"。可能正因为早年经历，我一直有成为文科生的内心企求，故而在本、硕、博转专业，后来转换研究方向，也无所畏惧。我先后在国内外理工大学、综合性大学工作，我的兴趣尽管纷杂但也聚焦。在全国评审中，我曾领衔申报成功了理学、工学、农学、医学等四门类的博士点，看似涉猎很广，实际我能力非常有限，只是我从事的学科专业本身交叉性较强。因为早年求学方向被扭转的无奈，后来不同大学、不同学科的历练，以及担任两个大学领导者的经历，所以，我能习惯于用不同的视角去看问题。我也希望用一辈子的业余时光进行此书的迭代写作，不断完善。

作为"文革"结束恢复高考的最早一批大学生，我们经历了剧烈的社会变化、文明变化和个人境遇变化，其跌宕起伏和反差巨大，可谓前无古人、后无来者。作为其中的一员，我有责任告诉后人，我们经历过什么，我们做过什么，我们的愿景未来是什么。我不想因为写作此书获得什么，无论是鲜花还是荆棘，只是对自己一个交代，我尽力了，也是对世界的一个交代。这些就是我矢志不渝地写此书的重要原因。我自嘲该书，既非文艺，也非学术，不在于您是否喜欢此书、愿读此书，只要此书能有一句话对您有所用处，我就心满意足。

2020 年 2 月 2 日初稿
2020 年 4 月 15 日定稿

目 录

新版序言　一棵苇草的思考　i

一、天地篇　天时、地利、人和　001

第 1 章　如有来世，我愿出生在中华　003
第 2 章　使命思维：让猴子成为大圣　007
第 3 章　愿景旅程：五个我与五种使命　011
第 4 章　人是思想时代不可穷尽的宝贵资源　015
第 5 章　未来已来！人类革命，革自己的命　017
第 6 章　急迫抉择：超级人类，还是无用人类　021
第 7 章　闲暇时代：远离"地狱"，即为"神仙"　025
第 8 章　阅读思考：大脑的营养、长寿的基石　029
第 9 章　思维永恒：道天地人四大　035
第 10 章　天时地利的通达要领：爱智慧、爱真理　040
第 11 章　宇宙天地：时间导演改变　043
第 12 章　拒绝棉花糖诱惑：立天地意志，做时间主人　048
第 13 章　第三境界：时空"风水"，关键在人和　052

二、文明篇　科技、人文、造化　057

第 14 章　气候变迁与文明跃迁：驱动思维进化　059
第 15 章　文化、文明、风气：地缘化的影子思维　062
第 16 章　好大的树和生命自组织：家族、文化、文明　068
第 17 章　领先与失速：思想解放与思维禁锢　072

第 18 章	重要的不是思想，而是思维和改变思维	077
第 19 章	第一步是改变态度：返璞归真、有容乃大	081
第 20 章	痴呆病根："奶嘴乐"和"心灵鸡汤"	083
第 21 章	大愚若智：当今思维僵化的典型征兆	088
第 22 章	从古到今的思维高铁：给当下一个定位	093
第 23 章	历史文明进化的驱动力：科学技术	097
第 24 章	科学技术：共同价值、可靠的思维神器	101
第 25 章	第三境界：走出心困，跳出最好最坏时代	104

三、科学篇　量子、经典、交界　　　　　　　　　　　　　　109

第 26 章	从柔软坚硬的非牛顿流体说起	111
第 27 章	挣脱牛顿"新神学"机器：恢复本真	113
第 28 章	史上最伟大的科学：不平凡量子	116
第 29 章	量子名可名、非常名：无限可能	118
第 30 章	经典粒子与量子粒子：冲击认知	122
第 31 章	世界能无限分割？止于"老子"的玄之如弦	124
第 32 章	从量子到超弦：多维平行世界	126
第 33 章	量子无处不在：从微观到宏观	128
第 34 章	机器变"人"的节奏：量子计算替代经典计算	133
第 35 章	测不准的多象性：是驴是马、非驴非马	136
第 36 章	宇宙的底部和起始：一切同源、一切关联	139
第 37 章	升级或颠覆经典：相对论和量子论	142
第 38 章	"一分为二"正确吗：生命是经典和量子二象性	144
第 39 章	人的量子态和量子思维：女儿媳妇二象性	147
第 40 章	量子论与心理学的亲缘：人格原型和角色多象性	153
第 41 章	量子的威名化、神化、泛化和滥用	158
第 42 章	量子社会学：全息的"一沙一世界"	161
第 43 章	人不是物也不是神：量子思维与教育	163
第 44 章	探索意识起源：量子、人、宇宙的纠缠	166

第 45 章　量子桥梁连接科学与人文、主体和客体　169
第 46 章　显形化的社会大脑：互联网与量子思维　171
第 47 章　量子视角看非理性决策与经济　175
第 48 章　治理策略：量子无限可能、经典规范标准　178
第 49 章　真善美激发意识跃迁：人的轨道理论　181
第 50 章　有你没你一个样？世界因你而不同！　185
第 51 章　第三境界：经典与量子思维的互补与渗透　188

四、经史篇　《易经》《圣经》《道德经》　193
第 52 章　中华的"上帝"和《圣经》的"上帝"　195
第 53 章　人类认知的童年：《圣经》《易经》《道德经》　199
第 54 章　《易经》与代数符号：骰子观象心理学　205
第 55 章　荣格同时性原理：《易经》揭示"巧合"　208
第 56 章　忽视演绎的《易经》和"天人合一"　215
第 57 章　并非说道德：无有二象性、亲近科学　218
第 58 章　老子不给棉花糖：延迟满足与即时享受　221
第 59 章　误传的无为而治：无为无不为、无为无不治　223
第 60 章　老子学说的自然密码和衍生奥妙　227
第 61 章　孔子拜老子：犹如经典遇量子　231
第 62 章　老子的深邃反义和孔子的简洁直白　234
第 63 章　老子的大道之象：近现代物理的视角　238
第 64 章　宗教是麻醉剂？功益与危险　241
第 65 章　独处需要伴：宗教哲理的启示　245
第 66 章　中华与宗教：未醉的民族信奉"儒道释"　249
第 67 章　众贤心中的老子学说：无为、超能和幸福　252
第 68 章　《道德经》跨文化跨时空的魅力　257
第 69 章　第三境界：《道德经》与众不同，三生万物　263

五、认知篇　知识、学科、体系　　　　　　　　　　　267

  第 70 章　打破知识的神话：知识的正负效应　　　　269

  第 71 章　知识的功用：思维、精神和能力的载体　　273

  第 72 章　个性化的知识体系：防止惰知和无知自信　　276

  第 73 章　破除学科崇拜：知识体系源起的两条路线　　280

  第 74 章　平面几何"逻辑"与大道至简"九九归一"　　286

  第 75 章　两条知识发育路线的典型：中医与西医　　290

  第 76 章　我从哪儿来？元素轮回和化合的神奇　　296

  第 77 章　超越生死：地球的碳文明　　299

  第 78 章　纯粹与应用：原理和技艺　　302

  第 79 章　第一性原理与比较和反差　　306

  第 80 章　新学科诞生与产业创新：化学工程为例　　310

  第 81 章　炼丹术与权力缠绵：双向加害和化学萌发　　312

  第 82 章　前沿科技产业需要首席技术官　　316

  第 83 章　科学与科学以外：文盲、科盲、美盲和常识　　319

  第 84 章　人生哲学的全息原理：内因外因融合　　325

  第 85 章　突破知识的围墙：完整学习、大制无割　　330

  第 86 章　超越左右：手性对称的世界　　333

  第 87 章　第三境界：超限知识体系——系统／交界　　336

六、智慧篇　思维、精神、能力　　　　　　　　　　　341

  第 88 章　民族的智商、情商和灵商　　343

  第 89 章　烦恼源自思维枷锁和禁锢　　352

  第 90 章　情绪调控和幸福觉悟：让思维平和舒展　　355

  第 91 章　关爱心理忧郁者：睡眠及催眠　　360

  第 92 章　禅修、冥想静坐与思维"超导"　　367

  第 93 章　一念之差：反智与聪明、平庸与智慧　　373

  第 94 章　思维的维度：高与低　　376

  第 95 章　想象与好奇和童真：科学重未来、艺术重过去　　380

第 96 章	魂归何处？思维精神的遗传与升华	384
第 97 章	内照反省：思维和精神的纠错机制	387
第 98 章	前提条件与边界和度，激发态和基态	390
第 99 章	结构与功能	393
第 100 章	初心、过程与结果：全息整体研判	395
第 101 章	思维颠覆在先，实践跟进在后	398
第 102 章	失败和成功：几何捷径与最小能耗	401
第 103 章	幸福的秘诀：自律、真诚、坚毅	408
第 104 章	思维模型工具箱：诺亚方舟、终身成长	411
第 105 章	摆脱精神绝对贫困：科学和人文及融合	416
第 106 章	第三境界：超限思维，善待并超越观点	419
第 107 章	第三境界：思维自由三要素、精神独立三要素	425
第 108 章	第三境界：思维自由三首要、精神独立三首要	431

七、地缘篇　东方、西方、北方和南方　435

第 109 章	世界的第三极和中华文明的西长城	437
第 110 章	再造希望的灯塔：中华文明和亚洲东方	439
第 111 章	东西方认识起点的差异：无、有、空	445
第 112 章	东方弯圈与西方直线：思维单元	448
第 113 章	东西方思维版图：独立自由、和谐关联	451
第 114 章	东西方的逻辑偏爱，演绎缺乏症	458
第 115 章	幽默与寓意：西方和东方	463
第 116 章	找回东方逻辑和实验：墨子创新与量子卫星	465
第 117 章	思维的垄断与多样：东西南北	471
第 118 章	第三境界：超越复古和创新，中华与欧美	475

八、养成篇　个人、家训、教育　481

| 第 119 章 | 重新定义人：工具与目的二象性 | 483 |
| 第 120 章 | 人的职业与兴趣的四种组合 | 486 |

第 121 章	完美动物、不完美神：小人和君子与圣人	488
第 122 章	善恶二象性：自我与迷失和觉悟	494
第 123 章	仇恨斗争：告密和自毁	500
第 124 章	中庸恭让与特立独行：祸与福	503
第 125 章	健康的身心境和正向调整	506
第 126 章	成长就是环环相扣的生死接力	512
第 127 章	善待生死与终极关怀：清明	514
第 128 章	出世与入世：物我平等、天地永恒	518
第 129 章	偶像、理性与感性	521
第 130 章	心中的主人和永远的太阳：信仰	524
第 131 章	力戒条件反射，暗示与感恩	528
第 132 章	非物质资产"精神长相"：修养与气质	532
第 133 章	人的教育与幸福感悟：舍就是得	535
第 134 章	中华谱系、家训启示、家庭教育	538
第 135 章	隐形教育：不露声色、不言之教	542
第 136 章	从太学、书院到大学：精神家园	546
第 137 章	追问和探究点亮灵魂，避免脑伤和巨婴	552
第 138 章	五类爸妈：从动物到"上帝"	558
第 139 章	国家未来取决今日教育，但不是昨日知识	560
第 140 章	第三境界：思维教育，超越知识和技能	563

九、氛围篇　自然、生态、社会　571

第 141 章	道高一尺、魔高一丈的生态临界	573
第 142 章	演化的多样性：被动与主动和共同	577
第 143 章	人格上帝与自然上帝、哲学上帝	581
第 144 章	生态和社会的基本条件：阳光与水	583
第 145 章	老鼠社会乌托邦：繁荣与崩溃的突变	585
第 146 章	奇点来临？思维和社会发展的拐点	588
第 147 章	诸子百家的批判思维与帝王独唱	591

第 148 章	自省自觉和文明再造	596
第 149 章	中华"共和"：淡忘的历史记忆	599
第 150 章	权力和资本及其联姻	602
第 151 章	权力"艾滋病"：永恒的疾病	607
第 152 章	权力思维的黑暗极端是谎言和诡计	611
第 153 章	日本和以色列的自然生态与社会	614
第 154 章	苏联与美国：集体力量和个体活力	618
第 155 章	东西方极端运动的特征：末日疯狂	625
第 156 章	官员和公务员：管家不必创新	628
第 157 章	社会的智慧形态：诚信而上	634
第 158 章	社会治理结构和思维逻辑	640
第 159 章	社会凋亡与进步：治理与活力	644
第 160 章	第三境界：告别思维垄断，自由全面永续发展	648

新版后记　　　　　　　　　　　　　　　　655

一、天地篇

天时、地利、人和

人是宇宙的第一资源,人类需要自我革命;引导革命的灯塔是使命,永恒的存在是思维;天时在智能时代,地利在中华文明;人和在爱智慧爱真理的内心。

本篇的重点是使命担当。

第1章

如有来世，我愿出生在中华

美国《大西洋月刊》网站2016年11月1日感慨言之，在电报和打字机时代，中文曾经遭遇尴尬：文字被迫罗马拼音化、简化。电脑时代，基于对软件充分联想的利用，中文输入比用英语快得多。现在的情景恰好倒过来，限于键盘的西方与跨越键盘的中华。外媒们感慨：中国输入打字技术远超西方，未来属于汉字。

今日国内国外都有人在问，何时全球的精英会把孩子送到中国留学，而不是相反；何时全球的年轻人会欣赏、追捧中国的文化、书籍、影视、音乐，而不是相反；何时全球的消费者会首选中国的品牌，而不是相反。对许多人而言，这样的提问越多越频繁，就越感到迷茫。表面看这是反映了一种现实和无奈，从内核看这是对中华文明本身缺乏信心、自省和自信。

可是许多人不知道，早在20世纪70年代，中国还处在混乱贫穷、物质落后、文化备受摧残的"文化大革命"时期，一辈子研究五千年人类文明史、被称为最伟大历史学家的汤因比，就发出惊世预言，以古罗马、美国为代表的西方"暴力征伐"文明必将衰朽，以道、儒、释的"柔弱纽带"为代表的中华文明将一统全球，并将影响全人类。尽管这是汤因比的一家之言，但其从另一个角度，为我们打开了看待自己和他人的一扇天窗。

我们在欣赏西方文明、汲取西方文明时，不能忘记我们独特的优势——中华文明，不仅仅是因为我们的文明领先过，有进一步领先的潜力；最重要的是，我们不是一个普通国家，也不是一个单一民族国家，而是一个由几十个民族组成的综合型的多民族国家；更重要的是，这是一个文明没有中断过、民族和国家没有消亡过的包容型的文明国家，是一个文明、民族、国家三位一体的存在，所有统治者都以占有中原为正统，变化的只是改朝换代。

约翰·霍布森的《西方文明的东方起源》一书，对西方的种族偏见和欧洲中心论神话提出批评，并认为欧洲发展的每个重要节点，几乎都是吸收东方文明而完成。如公元500至1800年间，"先发地区"东方发明的全球化，中国开创者的第一次工业奇迹向西方扩散；西方有后发优势，"后发国家"英国工业化由中国起源。又如，1453年后，欧洲攫取东方资源。这两个过程导致了东方化西方的崛起。

汤因比长期研究以希腊模式为代表的西方文明和以中国模式为代表的中华文明。他直言不讳地预言，人类的希望在东方，中华文明将为未来世界转型和21世纪人类社会提供无尽的文化宝藏和思想资源。未来最有资格和最有可能为人类社会开创新文明的是中国，中华文明将一统世界。物质繁荣、技术高度发达的西方和日本无法引领人类未来文明。

汤因比坚信人类只有走向一个"世界国家"，才能避免民族国家的狭隘所带来的人类社会灭亡。防止人类集体自杀的关键，在于如何让人类和平融合，西方文明无法完成将人类社会过渡到一个"世界国家"的任务。因为民族国家和民族主义是罗马帝国之后西方历史发展的主线，近几百年西方的武力征伐将世界带入到一个统一的自由经济市场，西方在经济和科技上影响了世界，而在政治上西方无法为世界提供符合全人类共同利益的永久和平的整合模式，而其内部都无法有效统一整合。

尽管数千年间，中国曾多次经历过战争纷乱，但从宏大历史角度看，中华文化完整保持了一个超级文明和稳定秩序，其模式作为一种区域的世界国家模式，可为人类提供参照。中华文明在其漫长的历史中，一直保持着人类社会中可贵的天下主义的精神，中华文化恰恰是距离狭隘的民族主义最远的。如数千年里的民族融合、不同民族的入主中原、唐朝聘请外国人为朝廷命官等。

他认为，中国培育的"融合与协调的智慧"给人类前途以无限的启示并推动其前进。儒家的仁爱，为中华文明提供了能整合人类社会的人文主义价值观。儒家（己所不欲，勿施于人）和佛教（不偏于对立的任何一边的中道思想）的合理主义思想，使中华在漫长岁月中，有分寸地建立和坚守着自己的文明。道家对宇宙与人类相互关系的认识和对自然和谐的追求，以及对人类统治与征伐自然和环境欲望的嘲笑，为人类文明提供了节制性与合理性永续发展的哲学基础。

汤因比认为，西方在罗马帝国解体后发展出的是工业主义、技术主义，政治上的民族主义，西方的工业化模式和技术主义模式在非西方国家的扩散和生根发芽，使人类命运不可避免地被联系在一起，全球越来越有政治统一的需求。

在汤因比眼里，中华是文化概念，文明概念，而不是一个民族主义概念。中华是"文明国家"，一指其为文明古国，历史悠久，是世界代表性的文明；二指文化情感纽带，它把不同地域、民族和国家联结起来。中华的漫长历史已经证明，文化和文明力量，能够将亿万民众通过文化情感纽带联系、组织成天下主义或者世界主义的文明国家。

非常近似，英国知名学者马丁·雅克也认为，中国其实是一个文明，但却表现为一个国家而存在。许多西方帝国衰败后就再无崛起的可能，而中国总能不断复兴，就因为中国是一种文明！如果文明没有断层，国家兴衰不过是一个摔倒再起的片段而已。中国从来不是一个民族国家，中国人的认同，不是因为民族身份，而是因为几千年的文明。当代中国人能够分辨先秦竹简上的文字、青铜器上的铭文，可见，中国的文字、语法、思维逻辑，一直延续没有变，中国是一个早就成熟的文明体系。所以，中国的价值观和西方民族国家有本质区别：西方推崇决战决胜，强调英雄壮举；中国强调计谋迂回，耐心累积相对优势。

汤因比告诫，西方在经济和技术上影响和征服了全球、引领了世界，却留下民族国家林立世界的政治上的超级难题，这个真空只有中华文明能以和平永续的方式去补足。因此汤因比给未来的药方不是武力和军事，不是民主和选举，不是西方霸权，而应该是博大精深的中华文明和文化引领世界。

汤因比说，如有来世，我愿出生在中华，要是在那未来的时代，世界还没融合，我就致力于融合。假如已经融合，那我就努力把世界从以物质为中心转向以精神为中心。他临终留下一首"辞世诗"驰思未来（池田大作翻译）：我在年轻一代，尚未出生的世代中，找寻我的后继；我将离去，只留下对后代的关心；它将随人类而久远，因为，它包含了未来的所有世代。

面向世界文明史和科技史，清醒平和尊敬地面对我们的中华文明史和科技史，做到自省、自觉、自信，是我们当代人应有的态度。中华文明固有的思维与精神的基因，曾经在历史长河中，几经变迁、主动变化和被迫变化，并非今天某些醉心西学、国学、权力的世人所偏执误解的那样，也并非国外"西方中心论"者所傲视的此样，因为不了解发展脉络，所看到的常常是现实的假象。

三人行，必有我师，孔子之言表达了东方文明特有的谦逊与智慧。传教士的善辩和使命感，表达了西方文明好为人师的特点。对今日中国而言，鼓励竞争共生，推动发明，创造文明，通过科学技术发明带动文化文艺复兴，将是不同于欧美复兴路径的新途径和契机。

第 2 章

使命思维：让猴子成为大圣

爱因斯坦晚年在《人类生存的目标》中说：我们的犹太祖先，即先知者，和中国古代先贤，了解到并表明，铸就我们人类存在的最重要的因素，是目标的产生与确立。这个目标就是要通过内心不断地努力摆脱反社会的、具有破坏性的天性，使人类变成一个幸福的群体。爱因斯坦身为犹太人，热爱祖先和文化，无可厚非。不容易的是，中国古代贤哲与犹太先知被他放在了同一等高线。爱因斯坦既热爱自己的祖先又热爱中华民族的祖先，既热爱自己的文化又热爱中华民族的文化。更应牢记的是，他指出了使命目标的极端重要性。

庚子鼠年伊始，天灾和人祸超乎所有人的想象，疯狂冲击全球，并逐步加码，这是一个灾难之年、转折之年、起点之年。百年一遇的疫情灾难，犹如来自上天的警示和逼迫，使得人们不得不重新认识自己，思考人生观、世界观与价值观。

2020年新冠肺炎疫情中，冲在一线而不幸去世的李文亮医生，以其忍辱负重、服务众生的事迹告诉人们，世上没有从天而降的英雄，只有挺身而出的凡人。他曾留言，"你们将联系不上我，我去拯救地球了"。这启发了幸存者和后来人：一个人立于世，不求闻达于诸侯，但求无愧于天地，得用一生去发现使命，去完成使命。

2020年3月19日，美国《时代周刊》封面发布抗疫群像，京城外卖小哥高治晓作为唯一华人面孔登上封面。他是形只影单的单亲家庭的孩子，但却在疫情期帮助别人赶走了孤独和无助，因此被称赞有"非凡的使命感"。

人要么以使命作为自己的准星来思考问题，使自己的理性以及一切的理性推理活动都服膺于这个使命；要么就是以"己"作为终极度量来行事和思考问题。如果没有发现自己的使命，如果没有改良和重生，"自己"就会成为自己的"上帝"和权威，进而变成自己的累赘和负担。

使命是为"道"、为"仁"。使命不是为"己"，为"己"的就不是使命，而是自命不凡、自命清高、自以为是的宿命、苦命。能让自己坚韧、焕发激情的才是使命，会令人感动、能让他人动容的才是使命。人生使命就是自我确定的被选择、被指定，小到奉命得令、大到奉天而行。

《西游记》里有个有使命的猴子，名叫悟空，对比现实世界的动物，可以说，没有使命的猴子只能是个猴子，而绝不可能成为孙大圣。

唐朝高僧玄奘（唐僧），视佛学为真理，肩负自我加持的使命：通晓佛界经典，获取经书运回大唐，翻译传播惠及众生。于是他偷偷越境，带着《道德经》去西方到被他译为"印度"的地方取经，声震各佛国后，回到阔别十六年的长安，受到民众自发的万人空巷的欢迎和唐太宗亲自接见。唐太宗认可玄奘的高超政治才能，前后两次求他还俗辅助朝政，均被玄奘辞绝。唐太宗被他追求真理、不畏风险、谦虚自抑、面对挑战绝不退缩的精神所感动，继而全力支持他翻译佛经的事业，这些在《西游记》中，均有所反映。这突出展现了玄奘不忘初心、牢记使命的人生态度。

蜉蝣是世界上寿命最短的动物之一，朝生暮死，寿命仅一天，它们只有本能，没有使命，如果说它们也算有使命的话，那么它们的使命就是吃饱和交配，行为上永远就是在寻找食物和寻找配偶。动物没有使命、没有使命感，只有本能和本能所驱使的行动。

没有发现自己使命，没有使命感的人，近似于无头苍蝇。与高级动物相比，除了拥有天生的动物本能以外，人的高级之处是，知道为了生存不得不承担任务和承诺。而这些各种各样的任务和承诺，互不关联、无所聚焦、转瞬而变。使命不是任务，任务不代表使命，使命的实现可以通过一连串的、相互关联的任务不断递进而组成。使命不在口头上，而是默默在心里、在肩上。使命就是在内心中抛弃本能、控制本能，在行动上通过成全事情、成全他人而成全自己，终成为最好的自己，完成对超我的承诺。

最可怕的不是死亡，而是当临近人生终点时才突然意识到，自己好像从没有真正活过……人因寻找使命感而觉得有魂，人因使命而神圣。生命中最大的幸运，是尽早发现自己一生的使命，而不是临死前突然觉醒时的懊悔，不是终身未悟而赚取别人的怜悯和阵阵叹息。使命可使人超越有限的时空，展现无限的精彩，重塑命运，创造奇迹。凡人因使命而不凡，也因使命而强大无比。

做人，一定要有使命。使命感，就是对自己人生使命的认识。认识越早越佳，使命感就越强烈，一个人的眼界、胸怀和格局就能很超越，能进退自如，左右逢源，坚忍不拔，起死回生。有使命感的人，会珍惜人生、生命、工作、生活，珍惜一切；没有使命感的人，缺少内在激情与动力、缺少责任心与感恩。使命感是人内在永恒的核心动力。使命感使人自觉奋斗、百折不挠、任劳任怨、坚强不屈、凤凰涅槃；丢失使命感，就会失去人生的意义与价值，不愿承担责任与任务，成为行尸走肉。迷茫困顿，抱怨连连，轻生自弃，缘自骨子里没有使命。

决定一个人命运的，决定你是什么样人的，是源自内心最深处的东西，这种强大的内驱力左右人们做出不同的选择，进而驱使我们的人生走向不同的格局。这个东西，有时说不清、道不明、不清楚，很糊涂的人叫它为原始冲动；懂心理学的说，这是一个人的人生底色，是潜意识最深处的真正欲望，荣格甚至说：潜意识操控人生，被称为命运。反省、自省、自信的人知道，所谓人生底色、潜意识、原始冲动，实际包裹的真正内核是一个人的使命。

不幸的是，人们总是随波逐流，迷茫焦虑，乃至浑浑噩噩度过一生，终了又追悔莫及，却从未思考什么是自己的使命，自己到底追求什么？什么是自己的内在人格？做什么样的工作和过什么样的生活人生才算有意义？

不断问自己问题。每个问题都会开启自我探索的门，然后，值得你信仰的东西、你深层次的使命，就会显现在你的现实生活和工作中。

有人说"人生苦短，及时行乐"。及时行乐，不一定能乐！而找寻生活目的，明确人生意义，却是一种终极良药。密歇根大学做过一项研究，从

6985位老人身上发现了"生活目的"和死亡率之间的负相关关系。结果发现，和觉得生活并无意义的人相比，生活目的感更强的老人整体死亡率降低了50%以上，他们罹患心血管疾病和消化道疾病的死亡风险也低很多。有一个积极的"盼头"让人去实现，可以活得更久。有生活目的是指人生有目标和方向感，充满意义。生活目的本就是主观的、因人而异的。生活目的感强者纠结感少，这一发现来自对204人的脑功能磁共振成像研究。即可以理解为，找到生活目的就像握住了生命的脉络，人们从中明晰自我——我是谁，我身处何处，我想做什么，我能够改变些什么，我的人生最应该做的事情应该从哪切入。

尼采认为，人生的意义就是我们每个人为各自人生赋予的意义。

使命是当代的"日心说"。使命是每个人心中的太阳，人生绕着使命转。失去使命的人生，就是流星、陨石，有使命的人，就是恒星、行星。探寻人生的终极幸福，就是不断发现和升华使命。人从出生那天起就开始了一生的探索和追求，探寻人生价值和意义，而不为享乐，而是为快乐的竞争。探寻人生的终极幸福，就是获得无限逼近使命终极时带来的幸福感。理想的存在、幸运的存在，是在生活中，发现人生的真谛，即使命。

让现代人生存下去的内在动能不是物质性营养，而是未来故事、使命愿景。没有使命的高情商、高智商，就会堕落为精致的利己主义者。人类生存根本动力是追求人生意义，每个人都欲求探寻意义，外界环境和内在意志的结合将激发这种欲求。吃饱喝足后，对人生价值、人生意义和人生目标的精神追求，是人赖以存在的、无法回避的最重要的三个组成部分。漠视或者无视使命，必会带来精神疾患或者言行错误。这样的精神追求并非一定是宗教，因为我们需要驱使自己向真善美的、永恒存在并立于天地的真理迈进，人们需要比自身更强大并隐藏在背后的信念、信仰。

第 3 章

愿景旅程：五个我与五种使命

新冠肺炎猖獗之时，微信朋友圈有人感慨：人生在世，有三不笑：不笑天灾，不笑人祸，不笑疾病。立地为人，有三不黑：育人之师，救人之医，护国之军。千秋史册，有三不饶：误国之臣，祸军之将，害民之贼。读圣贤书，有三不避：为民请命，为国赴难，临危受命。

不同思维层级的"我"，会有不同的势能和跃迁力。从人生旅程到使命愿景、从世俗到精神、从小我向超我的改变，按照人生价值的高低，从低到高，对应人的生存发展，排列有"我"的五个思维层次：废我、小我、中我、大我、超我，分别对应赖活、工作、事业、使命、奉献。

废我，求赖活，作死的活法，不承担任何责任，拒绝任何压力；为逃避责任和压力可以去死，不愿有担当地活；及时行乐，无底线的自由，以本能和欲望而生存，行尸走肉，是活着的死人，搞不清楚人为什么要活着，为什么来到这个世界。

小我，能工作，就是为了自我长期生存或者养家糊口而日夜劳作。无论愿意不愿意，无论喜欢不喜欢，每天都要劳作换钱。不清楚对世界而言，自我独特的价值何在。

中我，有事业，经历不同的行业与工作后，发现了自己兴趣或者喜欢的、能投射自我人生价值的、有人生意义的工作；这个工作带来收入、给予生活的愉悦；更重要的是，同时带来些许成就感，进而有源自内心的、自我实现者的快乐。

大我，担使命，作为一个人、人类中的一员，在地球上、在生命终结之前有必须完成的重要工作或者重大任务。使命和使命感，是每个人真正人生快乐的源泉。如从没有觉得活得很有价值,这揭示从不知道自己的使命是什么。

超我,愿奉献,坚守使命,为了人类、民族的利益,随时准备,并作出贡献。那些自我加冕的真正使者,才能体验到作为一个人的真正意义:遵从永恒的大道,在人间弘扬实践真理!

就"使命愿景"而言,其又可以划分成五个层次:

无信:不信使命,拒绝或没有使命,随波逐流;脚踩西瓜皮,滑到哪是哪。

信条:信条使命,即以所相信的条约规定,实现团队、群体的整体或者某个单一目标。如公司、企业、社团等。

信念:信念使命,即以哲学、主义、理论作为信念,实现一个地区、国家、民族整体或者某一目标。

信仰:信仰使命,实现世界、全人类之整体或者某一目标。

真理:真理使命,以实现人生生命意义、超脱生死、终极永恒目标。

世俗的使命就是"仁",超凡脱俗的使命就是"道"。

"仁"是孔子为代表的儒家核心概念,既简单,又很难被人们深刻理解。

在古代,颐指气使的头领或者高高在上的帝王,在以第二人称使唤下人或者奴才时,常称呼"尔"等;而在一般情况,人们相互平等的简单直白表达,则为"你";而在对前辈和上级表示尊敬时,称呼"您"。"尔"比"你"少一个"人"字旁,而"你"比"您"则少一个"心"。由此可见仓颉造字之精确和玄妙!

而"仁",所要表达的不是"你"或"我"或"他",而是包含并超越"你""我""他",是表达人与人的关爱,"仁"在字面上是两个人组成的一个最小的单元,其含义既不是简单无我的存在,也不是简单无你、无他的存在,而是一个有我的、包括我以外的人和我的共同存在。这个存在可以是两人的"仁"、三人的乃至万人的"仁"、亿人的"仁",民族的"仁"、国家的"仁"、人类的"仁"。人和，就是为仁；我和我的祖国，就是仁。所谓仁，就是我和我以外，人是社会的动物，因为单独的我难以存在。使命就是被赋予或者自我赋予的一生"成仁"的追求和责任。

使命可大可小，可高可低，但幸福的人生必须有使命，幸福不应是获取，而应是给予，和给予后获得的馈赠。使命担当的层次中，要处理好"大"和"小"的关系。做事要大处着眼，小处着手。人生的目标不在流芳百世、惊天动地、经天纬地，而在于感人至深、惠及众生、不虚此生。

如果放眼极目，你的周围也都是土丘，你的使命目标仅仅是一个土丘，那么你的终点最多也只能是土丘。所以，要对世界有所奉献、贡献，得有大格局、低身段，不是小聪明、小伎俩。得以身边的优秀者、大师们为坐标、为榜样，以宽广的心胸、厚重的积淀、求实创造的能力去超越他们。老子说"大成若缺，大盈若冲，大直若屈，大巧若拙，大辩若讷"，才是后学者应有的气度和风范。而小处入手，就是告诫，要集中精力、聚焦资源。"天下难事必作于易，天下大事必作于细，是以圣人终不为大，故能成其大。""大"不是一蹴而就，而是无数的"小"汇聚而成。因此，坚持从小处做起，杜绝"好高骛远""眼高手低"，是关系到人们能否最终"成其大"的关键。

使命不在于层次高低，而在于有否使命担当以及使命本身的善恶丑美。使命不仅仅能体现在伟人、圣贤身上，不仅仅在研究者、创造者身上，也在千万普通劳动者的身上。使命在普通劳动者的进阶中，也扮演着重要角色。鲁班技艺精湛，庖丁"游刃有余"，工艺匠人的特质，能经历大时间跨度的高质量保证考验，如耐心、缓慢、坚持、少量，靠的是使命感。将手艺看成是使命、信仰承载工具的虔诚工匠，就会成为大师。工艺巨匠的精神就是用脑聚精会神，用手精妙绝伦。日本在此方面有独到的优势，他们对待职业和劳动恭敬诚恳，对待工艺规范严格端正，视待手中产品超凡如神。有人说："工艺之美，是秩序之美……丑陋的工艺是丑陋社会的反映。"

只有"上帝"才能造物、造人，因此造物，就是"缔造""帝造"，能造物者就是缔造者，就是"上帝"。工匠靠出神入化赋予产品以精神、以感情、以超越而获得人生尊严，并作为实现人生价值的重要方式。一个顶尖工匠背后，是技艺和态度的双重修炼。好的作品、产品的背后总有信仰、使命等精神因素的存在，如感情、道德甚至宗教的存在。光光是看重钱财、欲壑难填的渴望是不可能产生大师级工匠的。身怀绝技的技术工匠，善于以无法模拟的精湛技艺与独特手工技术，把各类产品做到精细专深，在认知大就是美的同时，也认知小就是美。

"下次你路过，人间已无我。"生命短暂，不能空手走过，必须对使命倾注深情。以便你即将离开这个世界时，会为因你而改变而感动的人和事而自豪。

使命使人忘却生死，精神永驻。2019年古迪纳夫获得诺贝尔化学奖，时年97岁，他说：我才90多岁，我要到102岁再退休，我还有时间继续做，我要在离世前解决目前这个难题。赵慕鹤75岁当背包客，93岁当义工，98岁考上硕士，坚持练习书法100年，105岁还在考博士。可见，人需要透过外在，反观内心，强大自我。

使命是能使普通人无惧生死、作出巨大奉献的惊人力量源泉。艾琳娜·森德勒只是波兰华沙的一个普通的护士，她冒着生命危险偷偷从纳粹隔离区运出而保住2500多个犹太孩子的生命，通过伪造证件和天主教会的帮助，隐藏这些孩子，结果被纳粹判处死刑然侥幸逃脱。二战后五十四年间她过着普通人的生活，从不声张自己的奉献，从未讲起救人的故事，直到被人偶然发现，而获得迟到的荣誉。在走完98岁一生之际，她留下了临终的话："我从未将自己看成英雄，那些被救出的犹太孩子，已经证明了我在世上的价值，但这并不是值得赞扬的理由。相反，我总是受到良心谴责，我做得并不够，也许我可以救更多的人，这一遗憾将伴随我终生。"其经历诠释了老子的箴言："上德不德，是以有德；下德不失德，是以无德。"

第 4 章

人是思想时代不可穷尽的宝贵资源

未来是今天的延续,今天是昨天的未来。不同的时代,资源具有不同的含义,其发现和开发,经历宏观物质资源、微观物质资源、思想精神资源三个阶段。下面先简要回顾一下三个阶段,并作进一步陈述。

14 世纪在意大利各城市兴起的文艺复兴,于 16 世纪扩展到整个欧洲,掀起了思想解放运动和科学与艺术革命的思想运动,揭开了西方近代文明的序幕。率先垂范的培根,在雪地尝试鸡肉保鲜实验,感染肺炎,不治辞世。正由于他开拓了实验科学并率先示范,科学技术对社会经济的进步产生了更为明晰的促进效果,人类的文明和生活方式发生了惊人的变化。

对宏观世界的理性的、实验性的把握,使欧洲超越古中华而成为世界文明的领先者和中心。17 世纪牛顿建立了经典力学,18 至 19 世纪,热力学、麦克斯韦电磁学得以问世,从而奠定了近代工业。热力学三个定律,犹如真正的上帝,将宇宙里的一切作了根本性的不可逾越的规定,使产业进步、社会进步有了方向和动力,使辨别谬误有了根本的标准参照系。人们从而发现了矿山、油田等宏观物质资源。

对微观世界的理性把握,使世界发生了不同于 17 至 19 世纪的惊人变化。美国得益于此,取代欧洲成为世界文明的领先者和中心。20 世纪,量子力学奠定了现代产业和社会形态;基于量子力学出现了激光、超导、半导体、电脑和网络。DNA 双螺旋和人类基因组计划,催生当代医学和生物产业。人们从而发现了光子、电子、基因等微观物质资源。

未来对人体世界的理性把握,将会出现机器人、网络、大数据等三者融合的人工智能新阶段,它们将会以更惊人的方式改变世界。过去,人类以最大的热情,贪婪地去探寻矿产、森林、能源、量子等一切资源,用于文明发展。新的纪元，对人类自身、人脑机制的关注，对人类思维和思想的剖析和解密，对人与自然相互关系的探索，成为了重要的科学技术前沿。因此，人类本身、人的大脑就将成为最重要的思想资源，谁真正掌握了这一资源，谁就能创造领先的文明。

整合了宏观和微观世界运行规律的关于人的研究，将真正开发人类资源、人体资源，最终将发现，人是不可穷尽的思想精神资源。

在第二次世界大战即将结束之际，德国即将战败，苏联抢装备，而美国抢人才，最后两者发展的差距巨大。

另一个有趣的故事是，哈佛大学在1896年时，教师还基本是硕士学历，需到德国镀金拿到博士回来才能晋升教授；二战后，美国对德国的大学一年级学生都会去抢夺，风高夜黑绑架偷偷塞入汽车；那些在美国从事核武器研究的外籍德裔科学家签证到期后，由项目组出车集体拖去墨西哥，出境集体旅游，然后再盖章签证回来。

我们不能见物不见人，我国拥有全球最庞大的智商资源，我们应该抢救开发智商，在继续人口红利之时，充分发挥智商红利。

第 5 章

未来已来！人类革命，革自己的命

斯坦福教授卡普兰做过一项统计，美国注册在案的 720 个职业中，将有 47% 被人工智能取代。在中国，这个比例可能超过 70%。

目前的人类，与数万年前的人类祖先相比，几乎相差无几，即使今天我们穿越回去与他们在一起，仍然可以喝茶煮酒，聊哲理和谈人生，欢声笑语。相互间唯一明显不同的是，他们早出生了数万年，我们晚出生了数万年。

几百万年前，我们从动物中进化而出，而成为能说会写、"战天斗地"的高级动物，可以说那是一次动物革命！进而有了人类。随后的近几千年里，人类建立了文学、艺术、哲学等，特别是科技，帮助人类逐步不断地摆脱大自然的束缚。人类不必依赖百万年的进化去适应环境，仅通过发明工具和机器，就能实现自己的目的，任性地"腾云驾雾"。然而种种证据表明，有史的几千年以来，尽管科技发展越来越快，但人类进化却是缓慢，基本上处于一种停滞的状态。

人类确实一直在进步，但没有发生人类革命。比照几千年的人类自身进化，过度几近停滞的惯性，人类难以想象，在这样的情况下，未来还会发生改变吗？我们从来不知道会有人类革命，不知道这种颠覆性的人类革命有可能真的会到来，更不知其何时到来，以什么形式到来。

尽管普罗大众根本没有警觉到人类社会正孕育着前所未有的惊人巨变，不知道一场如宇宙大爆炸的变化将会来临！春江水暖鸭先知。日积月累，量变正在引发质变。许多哲学家、科学家们相信一种可能性，在未来科技，特别是在量子计算、生物技术和人工智能的帮助下，新的超级人类——某种程度的"神仙"或许将会出现。

过去，围绕人类，曾经发生或者经历过许许多多残酷悲惨的流血革命以及和平不流血的革命，如文艺革命（文艺复兴）、工业革命、社会革命、科技革命、智能革命，温馨如文艺复兴，残酷如暴力革命。这些大大小小的革命都成为人类进步中的宝贵财富或者悲惨的教训。时至今日，还未曾发生过、未曾想象过、从未想到过，将会出现针对人类个体自身的革命，没想到过革命会和人类物种本身直接关联的有兴趣者，可以去阅读思考吕克·费希的《超人类革命》。

当代，在合成生物学、基因工程领域，基因重组、基因编辑、基因修改所作出的选择，完全可以产生新的物种类型，诸如过去创造的无籽西瓜和金鱼、高产杂交水稻、聪明老鼠等。对于通过人的基因改造，进而制造更为超级的增强人类，目前人们一直谨言慎行，怕万一打开了潘多拉的盒子，没法收场。事实上，今天缺乏的已不是技术和水平，而是得琢磨如何小心翼翼地敬畏伦理规范、如何才能不得罪天地。人类生怕神仙没问世，魔鬼先降临。

当代人类，在大数据和量子计算的支撑下，不久就将逼近一个机器人、人工智能发展的转折点或者奇点，到那时，机器不再像过去一样，仅仅是补充人类缺乏的肌肉力量、机械动力或计算能力，它们将可以代替人类进行几乎所有大同小异、重复性特征的活动。那时，人工智能的纳米机器人，将运行在我们身体中，如与新脑皮层连接，进而让大脑直接与"云"链接。或者通过其他合适方式，脑机接口优化心智输出，使大脑轻松访问互联网，从而链接人工智能系统，甚至最终融入人工智能。

能把梦境拍成电影吗？未来完全可能！这就不再需要人们在醒来后拼命回忆和丢三落四地记录，不再需要痴人说梦。2018年日本研发读心人工智能，大脑中的图像反映和思考，会引起脑电、脑部氧气含量、脑血糖水平的变化，通过将这些变化与事物对应关联，人们想法就能重构，以图像表达出来或者还原复制出来。你的梦中所想，可通过电脑图像显示，梦境成像成为可能。

2019年4月25日，*Nature* 杂志发表了脑机接口技术的最新进展，神经外科 Edward Chang 教授及同事开发出将脑活动转化为语音的解码器，其通过解码人类下颌、喉头、嘴唇和舌头动作相关的脑信号，进而合成出受试者想要表达的语音。这对许多因神经疾患丧失语言能力者，如中风、肌萎缩侧索硬化（霍金即患此病）或其他神经系统疾病的患者，无疑是福音。

视网膜色素变性，是退行性的基因疾病，会使患者逐渐失明。德国公司研发可植入患者视网膜的芯片，通过光电光信号转换传递，经视神经抵达大脑后再转换成图像。2019 年 5 月 2 日 Science 报道，麻省理工学院用人工智能控制动物大脑活动，调控猕猴视觉皮层。终于有可能反向打通人工智能与高级动物、特别是人脑的通道！如果成功控制了动物大脑，动物参与人类社会的纷争，如战争，将不需要训练，甚至难以找到指使者；如果控制了人类大脑，虚拟就能成为一种"现实"，应用此治疗抑郁症、精神病、孤独症的新疗法就可能出现！这样，科学不仅仅能解释现象，还可以用技术改变现象。

2019 年 10 月 4 日，Science 报道，德克萨斯大学西南分校的研究组成功地向鸟类大脑植入记忆，通过光遗传学操纵其脑中与听觉经验学习有关的两个区域及相互作用，进行记忆编码，让鸟类在无父母教导的情况下学会新曲调。

2020 年 2 月 20 日，麻省理工学院 James Collins 和与德国的 Regina Barzilay 等在《细胞》报道，他们开发了一个跳出人类思维框架的人工智能抗生素预测平台，这个平台不需要知道药物作用机理，甚至不需要标注化学基团，它能一个原子一个原子地独自学习，最终实现预测特定分子的活性药效，以人们不了解的方式，帮助人类寻找到全新的抗生素。

随着人工智能和合成科学（合成生物学、合成化学）的发展，未来人类的四肢可由机械和智能进行替换，感觉器官可以用生物、化学、电子的传感器等进行替代，内脏器官由人工合成物质所组成，未来只需要保留大脑和意识。几千年以来的技术和遗传累积，终于发生脱胎换骨的变化，人类的进化方向将有可能逐步，乃至完全脱离原始的自然因素和制约，演化成新型的、超越原始自然的新人类。

到那时，人类不再是原始的地球物种，而是宇宙物种。人类能够自己创造自己，自己几乎是自己的"上帝"，而成为新兴人类，即超级人类。即使今天，我们难以超脱地球物种的束缚，常常疾病缠身。可是未来不可限量，生物技术和人工智能纵横天地，几乎与时间永恒的"神仙"都有问世的可能。到那时，学者专家和政坛人物们，争论的将是，寿命和死亡该如何重新定义，自然人类和超级人类的差别该如何仔细区分。

2020年3月30日《自然·神经科学》报道，一个"毛骨悚然"的里程碑得以实现。美国加州大学旧金山分校的华裔科学家 Edward Chang 团队使用人工智能解码系统，将人的脑电波转译成英文句子，准确率高达97%。

人工智能虽然是一种工具，但它可以做得比人类更好，其显著特征和主要优点是，它能让人们很好地摆脱重复性工作。对每天都在做大同小异事情的农民、工人、教师、记者、运动员、医护或律师、翻译、收银员、助理、保安、司机、交易员、客服而言，他们都可能在不远的未来，失去自己原来的工作。这些人工智能会从人们那里学得上述技能并超过人类，并且将会逼使人类成为能够应付人工智能的超级人类。要想不被人工智能碾压、鄙视或者抛弃，就有必要早早行动起来，发挥人的独特长处和不可替代性，做得更像个人！

你，准备好了吗？

第 6 章

急迫抉择：超级人类，还是无用人类

未来社会并不一定和谐完美。如果没有准备，没有应对措施，人们担心，人类内部财富和精神境界会发生重大两极分化：一方面，人工智能带来一大批"无用人类"，即传统的人类会退化、蜕变为一个社会问题；与此同时，另一方面，催生出的"超级人类"，作为一小部分特权阶层，将可借助科学技术不断"更新"升华，进化自身，操控基因，最终可能实现人脑与计算机的全面互联，获得一种几近不死的状态。这种状态犹如"量子"状态，我用自己的三段论语言描述那时候的"人"就是："是人也是机器，非人也非机器，部分是人部分是机器的超级新人类。"未来人类社会最大问题将是，"超级人类"将与"无用人类"共存，"无用人类"空虚无聊、穷奢极欲、漫无目标的空闲，将会是各种恶行的温床。

过去，帝王和农民、富豪和穷人、独裁者和奴隶的身体构造一样，贫富差距只体现在财富和权力方面，而不是生物学体征方面。尽管现实有许多不公，通过人人平等、不可逃避的死亡和重课的遗产税，先天不平等的代际遗传可以被遏制和缓和，或者归零。但在变成"超级人类"以后，传统的原始自然人性（即动物性和"神性"并存）就有可能不再存在了。人类会分化成体能和智能都占绝对优势的超人阶层和成千上万普通落后的"无用人类"。由西方发明并光大于世界、被广泛接受的"人人平等"的信念，将有可能不复存在。

人类是一个整体，不能被分割对待；人人平等，所有人的尊严和幸福都需要呵护和捍卫。进化方向对人类发展具有决定性的作用，人类的高尚愿景应该成为人类未来发展的追求方向。人类文明和价值，无论从西方还是中华文明而言，都不能接受将人类分成有用人类和无用人类。可我们必须面对的是，超级人工智能又无可避免地在对人类进行区分。

人类如何战胜和超越人工智能，而不被分化成工具色彩强烈的超级有用者和可有可无的无用累赘，"无用人类"如何升华、如何化腐朽为神奇、如何处理闲暇时光、如何置身于有意义的人生旅程，需要认真考虑并有所准备。

远古祖先从丛林中直立走出，开始制造使用工具，脱离了动物界而成为有语言文字的高级动物，完成了动物革命，那时，我们拥有了人性。这人性至少包含两部分，即，动物性和"神性"。人性的恶劣部分如原始的动物性，像尔虞我诈、掠夺欺骗、弱肉强食、穷奢极欲等等；人性的高尚部分如"神性"，如感恩清明、宽容奉献、平等互爱、慈悲自省等。人类之所以没有退回到动物界与狼群和蟑螂为伍，正是靠着高尚如"神性"的人性指引，书写着从动物到上帝的历史，走到了辉煌发达的今天。

危机，既是危险，又是机遇。我们该换一种思维方式，超越性地想到，人类社会有可能将彻底从一个重复性的社会转变为一个创造性的社会，一个摆脱了动物性低级趣味的社会。在这个创造性的社会中，人类负责创造新事物，人类能够在技术帮助下做更多事情。这时，人的思维创造力得以最大程度地发挥。

当部分人类升级为超级人类，成为超级有为、超级有用的人群，我们就需要考虑到这类人可能存在的问题和缺陷，即其无助的地方，如此才能让祂们（在此故意用更近神仙的"祂"，强调与传统人类的"她"与"他"等的区分）真正成为幸福人类。我们知道，人是确凿无疑的社会性动物，而人工智能、机器人则不一定是；人类具有综合判断的创造性的智慧，而人工智能、机器人仅能在明确界定的范围规则内，具备术业有专攻的技巧性的极端聪明。很显然，要让注重"人机联系"的超级人类不成为孤独者、孤僻者和心理精神疾病患者，他们就不能只局限于人机交流、与非人类的交流，如手机交流、大数据交流；不能只限于自身交流和自我修正。而要能够使他们，能够像传统经典人类社会里所展现的那样，要与其他人建立正常融洽的人际联系、社会关系和氛围。

对超级人类而言，紧迫的问题将是：如何善用机器，如何互相关爱。

人工智能的英文缩写"AI"的中文发音，是"爱"，而人工智能恰恰没有爱的能力，超级人类不会因人工智能，其爱的能力就有所提升。人类将依靠独一无二的大脑和心灵，从事只有人类擅长的创造、共情、感性的工作，从而实现人工智能与人类的共生。机缘巧合而生的人工智能，正好把人类文明从常规工作中解放出来，迫使人们思考，人因何为人。

对于所谓的无用人类，我们需要换一种方法去思考和面对牠们（在此故意用更近动物的"牠"，强调与传统人类的区分）。老子说："有之以为利，无之以为用。"庄子言："人皆知有用之用，而莫知无用之用。"传统自然人类往往认为"有用"是真的可用，坚信"无用"是真的没用，而不知道"无用"脱胎换骨后，化腐朽为神奇，恰恰可能是超级"有用"。

留下有用的，抛弃无用的，这似乎成为自然人类的一种习惯，一种病态的习惯。我们过去掠夺性利用矿山，就是寻找"有用成分"，浪费非目标的成分资源，破坏了环境自然；而我们未来产业生态化地发掘矿山，就是实现"成分有用"，让获得的所有成分资源，各就各位、各显其能。事实上，抛弃无用的，留下有用的，则会产生新的无用，如此循环往复，没有止境。"有用"有时就是一种强迫和限制，"无用"有时就是一种超脱和自由。世间的有用都是从平淡无奇和无用之中迸发出来的。化空闲为升华，化腐朽为神奇，"无用"之中蕴含着超级有用的隐形基因。"无用人类"的诞生，恰可能是人类发现自身价值、成就自我和成为世间大用的重要契机。

在人生旅程中，做自己爱好的、感兴趣的、喜欢乐意的，活出精彩，那才是非凡幸福的生活。做与功利追求、生存发展、谋生工作没有多大关系的有趣事情，就会有超凡脱俗、惊天动地、颠覆性的创造性思路。因为，此时人类天生的好奇心、探索精神，就会不断萌发出来。我们需要将"无用"的时空成为灵魂安歇并升华的地方，使"无用人类"成为和"超级人类"并行的人类升华的另一个契机和途径。

也就是说，面对以人工智能为代表的科学技术的迅猛发展，人类是一个整体，一体有两面。无论成为"超级人类"，还是"无用人类"，我们都需要体现自身价值的升华，并感悟作为人类一分子的幸福和荣光。

谈有用还是无用，不得不涉及美，而目前的人工智能还不懂什么是美。

爱美之心，人皆有之，赏心悦目，幸福享受，可见其是人类的基本需求，如美貌、美丽、美感、美味。美有用吗？美学有用吗？人们很难回答，世俗者和超凡脱俗者回答截然不同：最没用或者最有用。不能吃不能穿的诗词、音乐、美术等文学艺术的作用，也是如此。对美的天生喜好，则证明我们人类确实是一个智慧的物种。我们有动物般童年的好奇心，有解密已知世界和探索未知世界的本能，最神秘和普遍的是，人们对美有不懈追求。

杞人忧天，一定程度上就是反映了科学探索、科学精神，可我们常常本能、条件反射地盲目讥笑杞人忧天。实际上，许多表面上看起来没有用的东西，往往可能是最有用的，能做到一般有用的所发挥不到的作用：启迪智慧。

第 7 章

闲暇时代：远离"地狱"，即为"神仙"

千百年前的人类相信、我们在孩童时也相信，有个神仙时代的存在，有许多神仙的传说，如嫦娥、哪吒、精卫……自由和想象驱动的、没有疾病和衰老的、不需要面朝黄土背朝天、无限智慧无所不能无往而不胜的……人们喜欢这样的梦境，孩童喜欢这世界。然而，当孩童长大了，当人类都能登上月球，航天器飞出太阳系，我们终于知道神仙只是个传说。

我们是神仙的国度，世界上能和我们相媲美的只有古希腊了。只是人们常常不知，我们大多的神仙除了远古的口口相传，大多源于道家。可"高级哺乳动物"的身份设定和标记，忙碌紧张的日常生活和工作，残酷地将我们拉离梦想、打回原形、送回现实。

幸福是人类追求进化的重点，超级人类、无用人类仅仅是进化过程中的一个中途停息点。超级人类的弱点是人际社会性缺乏，而超级人类如增强了社会性，将具有智慧、长寿、幸福、自由、创新等，具体为精神独立、思维自由、能力善成；"无用人类"的弱点是时间过剩而无所事事，那些光有闲暇时间、但不能将其转化为能力的"无用人类"，将背负的是漫无目的、无所事事、因循守旧、烦恼痛苦等负面情绪，具体为精神依附、思维禁锢、能力孱弱。

随着不断进步，最终人工智能会变得和人非常相像，无论能力，还是善恶。任何科技进步可以造福人类也可危害人类，如过去出现的化学武器、生物武器、核武器、电脑病毒等等，人工智能也同样是双刃剑。深度学习和深度造假，是人工智能一个分支的一体两面。今后我们可能面对的挑战是"深度造假"，它可以篡改数据或者图像，捏造假视频，用恶意代码以假乱真捏造癌症体检图像，把健康的篡改成有病的，把有病的篡改成健康的。

得以成功作案的恶意代码，就能从事大规模的恶意屠杀。道高一尺魔高一丈。人们就需要发明反造假人工智能，深度加密等防止深度造假。如识别深度造假视频的一个诀窍，就是观察能否像正常人那样眨眼。

可是，深度造假也有另一面，它也可用来做好事，如"复活大师"、让因病失声者重新演讲、虚拟环境培训。让人工智能做善事还是做恶事，关键是要把深度思维权、最终决策权把握在人的手中。2019年初，震惊全球的波音737MAX"人机搏斗"失败，最终造成机毁人亡的巨大惨剧，一定程度就源自于人们对自己权力和责任的放弃，让笨拙的人工智能和软件操控了人类。当然这也源自贪婪的资本家自求利润、罔顾人命，对设计缺陷和风险的一再隐瞒。

我们需要能做人工智能所不能做的事情，超越人工智能，明察秋毫、洞若观火，让人工智能尊敬、崇敬我们，建立人类在人工智能时代的中心地位。否则，我们将面对的是没有人类的时代，面对的将是人工智能的鄙视和统治，以及人工智能带给我们的痛苦。

人工智能将为人类带来从未有过的、巨量的闲暇时间，可以称之为闲暇时代。按照我们人类过去行为的一般性惯性，都会知道，闲极无聊、心中空虚、无事就生非。对人类而言，过度闲暇反而可能是"祸害"、是"地狱"，要想不堕落，就必须涅槃，做自己"心田"的主人，做独立、自由、幸福的"神仙"。

这种闲暇时光会让人恐惧地感觉，自己失去了存在的价值。因此，人们最需要做的是价值发现，即发现自身、个体、人类的价值，并创造价值、前所未有的新价值。为了迎接人类革命的到来，我们首先该做好的是思维改变和脑内革命的准备。如果缺乏此方面的准备，我们人类在面对休闲时代到来时，就会感到束手无策。但是，提高人生境界、倡导精神追求和改变思维方式，并不比解决单纯的经济问题来得更容易，反而更艰巨、更困难。

在过去人类历史上，我们不得不从事大量大同小异的重复性工作，以生产足够的粮食、物品和提供服务，在那个劳动生产效率极低的时代，计划很容易成功，因为可以计划、容易计划。就像没有路的地方，怎么走都会成为路。结果计划成为一个时髦，计划性思维无限扩张，甚至忽视生物和认知的多样性、差异性规律，全能全知垄断一切的计划经济和思维得到大力推广。

今后，大量大同小异的重复性的工作、完全可以遵照计划进行的工作、无需考虑个人价值和喜怒哀乐的工作，将主要交由以机器为代表的人工智能去完成。而人类主要从事创造创新的工作和个人的休闲，如科学发现、探险考察、艺术享受、生活感悟。人类的创新，不是一蹴而就，是在日积月累的自由遐想的基础上突然迸发，就像牛顿所说，他是站在巨人的肩膀上。牛顿不是突然出现，前有笛卡尔、伽利略的铺垫；爱因斯坦有普朗克的铺垫。看似许许多多人每天无用地胡思乱想和休闲，都在为某一天某个人的突然升华做着或大或小的铺垫和前期准备。就像在人的大脑中，无数的在不同位置不同细胞之间看似杂乱无章的钙离子闪耀，渐渐会形成某种图案，进而以某种规律呈现。

无数神经元细胞组成了能智慧判断的大脑，单个神经元并非必不可少，但是少掉一个神经元也会微扰、影响大脑，当损失更多的神经元后，大脑必会失去一些功效；与之类近，无数个人组成了社会和人类，单个个人并非必不可少，但是忽视一个个体也会微扰影响人类，当损失一群个体后，人类必会失去人人平等；对个人和人类而言，先有个体的独立，后有每个人的自由；没有独立的自由，就是依附和寄生；先有每个人的自由，后有集体的民主；没有自由的民主，就是奴役和愚弄。

个体的人，就像汪洋大海中的一滴水，它既可能被视为无足轻重，也可能包含反映了全息全部；个体的价值，对大海而言，它是整个群体的代表者，能反射整个太阳的映照，可它常常会被忽视，得不到应有的关心和尊重；极端时，会让每个人都感觉被歧视、抛弃。个人的喜怒哀乐对全体有意义，但有时会被视而不见。而人们常常忘记自己就是一个个体，当每个人都不关心个体，也就没有了人类自己。

原创，源自自由，根源在独立，而非民主；原创，更多源自个体，而非集体。民主和集体只是为成功的创造提供了快速成长的土壤。这些不是主观论断，而是已被个体和不同规模的人群对照实验所证实的科学事实，是严谨的科学发现。如果迷信事前高度严密的集体计划安排，生长在独立自由土壤上的创新之花，特别是个人原始源头创新，就不会萌发。

忙里偷闲，容易；闲里找忙、勤于思考，很难。繁忙时代，人类自己都几乎成为了被使用的工具；闲暇时代，人类必须设法寻找并实现自身的价值和幸福。过去，我们常常被功利的"有用"事务所支配，身心疲惫、六神不安；未来，我们要学会让"无用"的事务、能感知幸福的美去充填我们的空闲。应对闲暇时代，最好的升华是阅读和体育，进而创造。在此过程中用文学艺术、科学探索、创作创新去觉悟规律，去发现自己，去净化心灵，去发现人类的终极关怀。

第 8 章

阅读思考：大脑的营养、长寿的基石

直至 90 岁高龄，健康人脑内仍有新神经元持续发育。这一最新发现给了人们活到老、学到老的信心。大脑神经元发育终身都在进行，大脑都如此努力更新脑细胞，成年人怎么可以不努力知识更新。

人人识字后，防止低智商社会的第一要素，就是阅读，至少达到先进国家的平均阅读水平。每个人的人生高度，取决你阅读过的书和遇到过的人，取决于过程的得益。所谓阅历，就是把阅书和阅人中所学的全部忘光后，所剩下的东西。光读书、不阅人，难免书呆子气；光阅人、不读书，难免世俗气，甚至市侩气。阅历可提供为人处世的智慧，驾驭心灵的谋略，运筹帷幄的格局。

没有阅历过高级的思维和智慧，就永远不知道如何走出困境。就连文盲杜月笙，靠餐馆听说书而接触上下五千年的智慧，进而融会贯通出他的为人处事心得："上等人：本事大，脾气小；中等人：本事大，脾气大；下等人：本事小，脾气大。"

阅书胜阅人。一个人的财力、时间、空间都会有所限制，不可能走遍世界、经历千年，也不可能接触各行各业，上至圣人、下至小人。而读书，就提供了最便捷的途径。阅书和阅人一样，不在于还记得多少，如书的内容、人的名字或者容貌，甚至可以完全记不得，而阅书和阅人的重要价值，恰恰在于这些阅历静悄悄地成为你的得体的言行举止，怡人的气质和风貌，智慧的思维和精神，正所谓"腹有诗书气自华"。

在人生经历中，阅历、阅书、阅人之中，只有阅读书籍最有利于长寿健康和思维进化。耶鲁大学的研究报道，对 50 岁以上的 3635 名受访者的阅读习惯，追踪调查十二年，得出结论，有读书习惯的人比不读书者更长寿。

一个人、一个社会，浮躁不浮躁，能否有素养，是否有修养，是否有智慧，就看对读书的态度，包括是否读书、如何读书、读什么书、读多少书。这从 2019 年 3 月当代"孔乙己"、上海"读书流浪汉"的自媒体新闻乱潮中可见一斑，其缘由在于当代人读书太少，行尸走肉太多，喜欢走捷径，才上演了可悲的社会闹剧。

阅读是心智锻炼，可汲取人类无数人的心血结晶和人生精华。有人说：一个人的阅读史就是他的心灵发育史，一个人的精神发育史就是其阅读史。读当代人的书，可与远在天边的人作亲切交谈；读古代人的书，可与古圣贤先知作精神上的交流；读深刻的书，可触及灵魂，而不至于蜻蜓点水，浅尝辄止。研究型阅读、批判性阅读，是开阔视野，改变思维的有效途径，更是重要的每日身心修炼、思维修炼。

一位读者读了钱钟书的小说《围城》，很是敬佩，就想见见他，可钱钟书不想见，于是就转告对方："假如你吃个鸡蛋觉得味道不错，又何必认识那只下蛋的母鸡呢？"尤为深刻的是他的妻子杨绛，据说有年轻人很崇拜她，洋洋洒洒写了一封信，倾诉仰慕之情的同时，重点诉说了诸多的人生困惑和烦恼。杨绛回信道："你的问题在于读书太少，而想得太多。"

读书就是"采矿"、就是修行。与伟大人物的交往，不一定要面对面的交谈或者听取演讲，不一定要在现实世界与他或者她近在咫尺地同行相伴，而只要静静地去看其重要的著述，阅读研究其最新论文，就能最全面地获知其思想，掌握其思维，汲取其精神。

人类的伟大思想和精神，蕴含在经典著作里。对所有领域/学科/专业而言，所谓经典，就是历经数年、几十年、几百年、几千年检验，历经大浪淘沙、去粗取精而留存下来的深入人类骨髓的精品。读这些精品，就如同与远古已逝的伟人，作跨越时空的对话与心灵交流。

与其单纯丰富自己的物质营养，不如同时提高个人素养，通过修身、修养、修心，补充精神营养的"多样性复合维生素"。这样的身心修炼，需要坚持在每日、每周、每月、每年。而静静的读书思考，就是最简便有效、价格低廉、怡心高雅的思维训练、精神陶冶。

万不要把个人的区区小事、社会的许多杂事,当成天大的灾难或者绕不过的坎。对大多数人而言,我们所遇到的痛苦、烦恼,都是人类早在百年前、千年前、万年前遇到过、思考过、解决过的事情。这些在人类浩瀚的文献宝库中、经典著作中,早已有所回答。只要你勤奋读书、阅读思考,许多答案唾手可得。

对绝大多数人而言,依赖常识指导生活和工作,可以幸福一生。许多烦恼和挫败都源之于自以为是和违反常识。只有从事科学技术、哲学数学前沿创造性和挑战性研究探索的人,才会遇到人类从来没有遇到过的问题,才会遭遇实质性的困惑,才会在人类常识里找不到帮助。而此时的困惑,就不是烦恼,因而也不是痛苦,而是好奇和兴趣。此时,开拓者沉浸在探索之中,神圣的使命感使其苦中有乐。

天下没有一成不变的读书模式。读书可以顺序读,从第一章读到最后一章;也可以反序读,从最后一章读到第一章;更可以跳着篇章读、选着章节读,随机任意翻页读,带着问题和兴趣有针对性地定位页码读,边读边查资料、自我注释地读。哪句话能启发自己,那就算没有白读。多样性读书能给你最多的启发和帮助,哪样方式适合你,你感觉最惬意,就采取哪种方法,这就是道法自然。

读书不能只看书名和装帧,而要看其内容和新意,更要看字里行间无形的灵魂。读书对一个人的重要性,对一个民族的重要性,已经有很多统计和论述,这里不再赘述。人们基本公认,对民族而言,平均每年的读书量,和一个民族的素质修养呈正比关系,同属高智商的民族,犹太人读书最多,我们中国人读书甚少。

读一遍就懂,不需要读第二遍,再读一遍就腻烦的书,是街头巷尾粗俗的"地摊书"。每天必读、常读常新,不同岁月有不同理解,但感受会更为深刻,这样百读不厌的书是经典。世上经典有不少,对不同民族文化肤色均适用的并不多,而《道德经》《培根论说文集》《爱因斯坦文集》都是不可多得的真正好书。

读书,可以浅读,可以精读,也可泛读,具体根据需要而定,无论为工作,还是为休闲,为修行。读书促进思考,诀窍在于要看多个不同观点的、甚至观点完全相反的论述，了解其产生的背景，不轻易相信、迷信，也不轻易否定、责难，而是从中提炼，去伪存真，形成符合真理真知的自己观点。拒绝接受未经拷问的简单化的结论、粗暴的论断或者口号式的灌输。读书需要对比和独立思考。最好同时读多本话题类近、但观点不同的书籍，相互对比浏览着读。

人们需要智慧地阅读和看待各种媒体和自媒体，否则很容易上当受骗。对世事和时事进行分析、解析和观察，胜过拒绝、偏信和盲从。读书也应如此，读者在关注短讯和新闻时，如果将时间跨度拉开，如几个月、几年、十几年、甚至几十年，当年那些干扰视线听觉的无关紧要的细节，会逐步隐去，某些伪装就会消退。是前后不一的伪君子和骗术，还是坦荡真诚的真君子和坚持，都会不自觉地展现出来，蒙骗也自然会失去效果。而如若只关心当下的消息，而不联想数年前的同一件事情的描述及方式，那就会被表面现象所蒙蔽，会被热闹场面、花言巧语或者一知半解所迷惑。

仔细认真地读上十本经典书籍，你就会成为一个圣人。阅读人类文明几千年的历史，阅读无数的历史故事，会发现法国启蒙学者伏尔泰"笔的威力胜于剑"的所言被一再证实。

有人说，长期阅读的人特征明显：公众场合偏于安静，发言直戳重点，逻辑清晰，做事专注，不会大声吵闹；学习能力强，接受新事物快。德国作家赫尔曼·黑塞说：世界上任何书籍都不能带给你好运，但是它们能让你悄悄成为你自己。

阅读思考是改变思维，建立超限思维，进而趋近真知和真理的最主要途径。通过终身阅读，我们能接触和把握不同时空尺度和氛围的思维方式，看清真实的自我、真实的世界，进而心情平和、智慧圆通、快乐幸福。反之而言，如果人们在基本生存的生理需求满足后，没有在精神灵魂层面解决"心堵脑梗"的思想问题，那么就会困惑和烦恼不断，将会茶不思、饭不香、睡不眠，甚至度日如年。

单纯的经验和阅读一样，并不能取代思考。用思考之余的时间去阅读，因为再伟大者也不能一直在独自思索，阅读是借别人的思考为自己提供精神养料。因此，一个人也不必读书太多，不能依赖阅读这一思考的替代物，而没有锻炼出认识事物的能力；不能惯于走别人的路，遵循别人的思想，而忘记自己的思维，放弃对现实的关注。

叔本华认为，单纯的大量阅读会使精神失去敏感度，不动脑的最简单办法就是一有空就读书。阅读是为了思考，阅读只是独自思考的代替物。沉迷简单阅读会带来危害，即会用别人的而非自己的头脑来思考。孜孜不倦的不断阅读者，其思想很容易被作者的思想所"殖民"，会源源不断地被别人的思想所牵引管束。

叔本华说，要把人弄傻，最佳的方法就是让此人一有空就读书。即大脑不思考地死读书、读死书、读书死，这比不读书还要危险。一如孔子曰："学而不思则罔，思而不学则殆。"

每周的周六，是以色列的安息日。这一天不得为生活操劳、不得工作，商店、饭店、娱乐场所大多关门，公交停运，严禁走亲访友、外出旅游和参加其他社会活动，人们都在家中静心祈祷、反思。唯有一事例外，就是允许读书。所以在过去的一百多年里，只占世界人口 0.2% 的犹太民族，却获得了近 30% 的诺贝尔奖。

2012 年诺贝尔生理学或医学奖获得者日本京都大学的山中伸弥曾在 *Nature* 上发文认为：深度思考是最好的养生。因为大脑是身体各机能指挥中心，如果脑细胞充分活跃，必有足够的能量和养分供应，会自动调节身体各部可余能量汇聚大脑，习惯性深思能有效缓解脂肪局部富集。山中伸弥的研究很快得到挪威的梅布里特及其丈夫爱德华的呼应。后者认为：全球平均寿命近半个世纪增长超越了前十个世纪，此与信息爆炸促进大脑高速运转直接相关。人类发展指数越高的国家，国民平均寿命增长也越快。显然，这些研究可以支撑日本和北欧平均寿命显著高于全球的现象。爱德华夫妇因发现"大脑中的 GPS"获 2014 年诺贝尔生理学或医学奖，也是史上首例同时获奖的夫妇。

瑞典运动生理学家卡尔逊教授认为：机械性重复运动按千次单位计算，每增加一单位将明显导致心肌损伤和大脑钝化。此解释了为什么职业运动员晚年老年痴呆和各种心肌风险显著高于常人。数十年同一岗位重复工作运动的工人，其寿命也明显低于常人。卡尔逊认为，脑力工作者不会如此，即便一直研究同一个领域问题，大脑重复运动能有效改善生理机能的均衡性。经常深度思考的人，好像肚子从来没吃饱过，人也会瘦削。许多院士，因为一辈子深度用脑，无论岁数多大，都精神很好。众多研究和案例都表明：多多用脑是最好的养生方式和长寿秘诀。

第 9 章

思维永恒：道天地人四大

大脑和宇宙似乎彼此相通：大脑就像一个微缩宇宙，而宇宙则是一巨型的大脑。

人的伟大，来自于人具有思维智慧。人是宇宙的全息样本：宇宙由百多个元素组成，人体元素并非只来自地球。如果说人类是地球大脑，那么每个个体人是其中的一个脑神经细胞，超限互联成智慧。如果说宇宙是巨型大脑，地球只是其中一个脑神经细胞，无限互联成大道。

唐朝布袋和尚根据农夫低头水中插秧的情景，写了一首禅诗：手把青秧插满田，低头便见水中天；身心清净方为道，退步原来是向前。每个人只有种好自己的"田"，种好自己的"心田"，才能完整全面地认知事物。古代人，心脑不分，"心想"实是"脑想"。严格意义讲，这个"田"，不在人心中，而在人脑中。

"思"，上为"田"，下为"心"，意味每个人的"心之田"；"想"，上为"相"，下为"心"，"心之相"意指每个人的心田模样。"维"，"纟"表示绳子；"隹"表示鸟；意为，用绳子所系的能表演会狩猎的鸟，因驯化而有才有能。也有人认为四维之类的最高点是鸟能飞到的最高点，所以维，也是人们心目中四个方向的边界。汇总而言，维既表达了方法、手段、工具的概念，又表达了边界、至大、疆域的概念。将"思"和"维"结合而成"思维"，可以说，思维表达的是思考的工具和范围，种好心田的操作工具和基本框架。形象而言，思维就是在心田之上快乐飞翔的鸟。

因感觉而得的感知，储存在大脑的，被称为"记块"；记块被提取并暂存在思维中枢的叫"忆块"，忆块依照规则和方向组合所产生的叫"思块"，"思块"就是"思考""思维"或"思想"。在大脑里运行而未表达说出来的思块叫"脑语"或叫"思想";用语言或行为等将"思块"表达出来的分别叫"口语"和"行动",言语行为表示能力,合称为"能块"。

思维是人脑基于感知器官超越性地认知自身和外界事物的活动,基于脑内既有认知对新输入的信息进行一系列复杂认知的交互操作过程。思维过程是为了摒弃所感知事物的非本质属性,获取本质属性,其目的是探索与发现事物的底层深度本质联系和规律性,形成作为成果的思想,进而形成新的脑内认知。思维过程包括对感知的过滤、提取、分离、反应、纯化、结晶、吸收等单元操作步骤,犹如化学工程、生物工程,结晶即成为思想,吸收就成为观念。思维类型包括逻辑思维、形象思维、顿悟思维,也可分别称为抽象思维、具象思维、灵感思维。

人生的价值、意义、归属、问题聚焦于:我是什么?在宇宙中的地位如何?我们的中华先人认为,构成生命现象与生命意义的基本要素是天、地、人;易卦,每卦三爻,自上而下排列,指的就是天、人、地间的演化;孔子讲,天地人为三才,意指天、地、人都具灵性、智力或创造力;上有天,下有地,人在其中,人要接天地之气,像天地般有容乃大;天地人又分别有三宝,天的三宝:日、月、星;地的三宝:水、火、风;人的三宝:神、气、精。

天是天时、时间,地是地理、地利,就是空间,人就是人为、人和,都按照自然或者社会法则规律在运行,都可以体现道。所以把控人生,可以从时间、地理和自我的角度去努力。

孔子的学说继承人孟子说:天时地利人和。孙武的后代孙膑也说:天时、地利、人和,三者不得,虽胜有殃。

孔子的老师级前辈老子则说,域有四大,即宇宙一切中,道大、天大、地大、人也大。在老子眼里,仅仅人人平等还不够,更要强调人与天、地、道的平等,因人是"天下神器"!老子之前,人还没有完全的自我意识,是老子将人与天地万物分离开来,指出宇宙中有四个最伟大,人是其一。人在自然界的万物中独出其秀,超越万物,与大道和天地同齐并列。人为何有如此高的地位,老子没有解释,但从他的角度看,原因在于人可以自知、有能、悟道。

道家思维强调终极的平等独立，万物平等，因而有"道大天大地大人也大"。老子说："合抱之木，生于毫末；九层之台，起于累土；千里之行，始于足下。"道家思维讲究：从无到有，自下而上，从小到大，由始而终。道家治国方略注重藏富于民、爱护民众、休养生息、尊重底层。老子确立了人在宇宙中的崇高地位，标志着人格的自豪和自尊："我是人！"

在道大、天大、地大、人大之中，笔者强调最为隐藏而更为本质的，是思维伟大。先有伟大的思维，后有伟大的人；世界只能展现形象、现象、真相，而能从中提炼出规律、道路，并加以应用，靠的是人脑及其思维，而思维是无形的精神。柏拉图说，思维是灵魂的自我对话。

尽管老子没有直接给出为什么人也伟大，但我们可以看看帕斯卡尔的论证，在他的《思想录》里，他说：思想形成了人的伟大。人只不过是一根苇草，一根能思想的苇草，自然界最脆弱的东西，一口气、一滴水就足以致他于死命。纵然宇宙能毁灭人，而人却比致他于死命的更要高贵，因为他知道自己会死，以及宇宙的压倒性优势，而宇宙对此一无所知。人的全部的尊严就在于思想。因此，我们要努力好好地思想，提高自己，这才符合道德。我应该追求自己的尊严，绝不是求助于空间，而是求助于自己的思想。空间，宇宙能囊括我并吞没我，我犹如一个小小的质点；而由于思想，我却能囊括宇宙。

帕斯卡尔说，人的伟大之所以为伟大，就在于他认识自己可悲。一棵树并不认识自己可悲，一栋破房子就不会可悲，只有人才会可悲。因此，认识自己的可悲乃是可悲；然而认识我们之所以是可悲的，却是伟大。人的伟大，根源在于我们有观念认为人的灵魂伟大，我们不能忍受灵魂受人蔑视，或不受别的灵魂尊敬；而人的全部幸福就在于这种尊敬。用对立性证明了人的卑贱和伟大，就是要让人尊重自己的价值。因为在人身上有一种足以美好的天性，有着认识真理和可以幸福的能力。

而我要进一步强调的是，思想和思维，过去人们常常混用。思想是树果，思维是树干；思想的得来，完全依靠思维；没有健全的思维，得到的只能是妄想。思考、思维、思想三者中，思维更为根本、基础、普适和重要。

天地虽伟,道化人身。马克思强调人的自由和全面发展,每个人的自由发展是一切人的自由发展的条件,并且需要以此为原则的、自由人联合体形式的社会制度。窥个体而知集体,个体与集体等同的重要性,从一开始就特别凸显出来。如果说,资产的存在与拥有形式始终至关重要的话,那么现在和未来人的生存与发展状态则更为关键。这也可以视为经典与量子交界的"资产与人格的二象性"。

每个个体都应被尊重。在提倡个人为集体牺牲,让少数屈从于多数时,也要提倡集体尊重个人、多数尊重少数;最重要的是要确立个人与集体的相互独立地位与和平相处,防止多数人的暴政、个别人的专制、个人主义的猖獗。激发人类旺盛创造力的秘诀,在于认知到每个人都是不可替代的,每个人都是整个宇宙,每个人的价值无穷无尽,一个人的生命和全部人的生命、和天地自然都是等价的。人与人的本质区别在于思维等级天差地别,因为思维是一个人的底层操作系统,"人之伟大",应该首先体现在人脑潜能的自由发挥和全面发展以及持续永恒上。

16世纪的科学兴起时,科学家认为世界或者宇宙应该是上帝创造、并由之精密操控的机械。科学家的使命就是找到它的使用手册。而今天的人们认识到,根本不存在这样的使用手册。人们不能以机械、机器的眼光看世界,不能让机器越来越智能,而人类越来越机械。

习惯于机械性思维的人们也突然发现,每个人自身其实也没有自己的使用操作手册,也无法找到有关自己的使用说明书。因为"上帝"或者"自然"或者"爸妈"根本没有准备或者提供这本说明书。人们只能用一生设法去和自己和谐相处,去感悟了解自己,更好地使用好自己,用自己的一生去悟出、写出自己的使用手册。而在完成此使命的过程中,最为重要的是,认清自己个人和人类的思维方式,并不断地改变思维方式、优化思维方式。

尽管与个人密切相关的人生哲理书,励志的、感慨的、避世的、谋略的,汗牛充栋,鸡汤林林总总,但有价值的实在不多。而讲述人类群体及其言行的历史书籍，则比比皆是，叙述宏大，似乎与己无关。但如果我们在各类阅读中，都仔细提炼获取其中包含的思维方式，如果仔细拷问其中的真相而得真知，对认清和尊敬作为文明载体的、人类社会不可分割的最基本单位、量子化的（不存在0.5个人）我们每个个体，会很有帮助；也对做最好的自己，更好地发挥每一个人的作用，都有所裨益。

第 10 章

天时地利的通达要领：爱智慧、爱真理

1925 年，一名教士在英国伦敦西敏寺提出"七大罪恶"，此启发了印度甘地。经甘地之手，广为传播，最终呈现为流行于世的、托孟德斯鸠之名的"毁灭人类的十种事"，即没有人性的政治，没有思想的崇拜，没有人文的科学，没有道德的商业，没有良知的知识，没有真实的历史，没有独立的精神，没有自由的幸福，没有劳动的富裕，没有制约的权力。

通达要领就是爱智慧、爱真理，就是善择天时、善取地利。

智慧是认识升华、融会贯通的高级阶段。如果我们信服崇敬理性，又畏惧理性的无情，如果我们希望最大程度地保留、拥有、欣赏和享受情感，而不想被情感所驱使和奴役，那就应该爱智慧，因为这是理性与感性的融会贯通、天地人的融会贯通。因为爱智慧就是爱真理，与智慧、真理融为一体，才会真正感受到自由幸福。

所谓真理，指世界或者宇宙天生存在的、深藏不露的基本规律，通过挖掘使之显现，从而有了科学发现。真理不是传统王权，在真理的照耀下，人们会感受到相互平等的温暖。所谓智慧，指人们善于运用基本规律，解决常人难以解决的问题，是技术发明、是生产生活应用。智慧不是蒙骗别人的计谋，而是接近自然和"上帝""大道"的豁达从容。

影响中华文明进步和幸福感的是人们对王权和计谋的过度追求。在墨家消亡，道家被边缘化以后，这一点十分突出。古中国历史上，一再出现像方孝孺那样为忠君而拒绝服务篡位者最终被诛九族、十族的志士，却没有出现过如布鲁诺那样为捍卫和发展日心说"异端"而被烧死的英雄。前者是为捍卫某王权而死，后者是为捍卫普世真理而死。两种死因，清晰地说明了为何文艺复兴后，中西方发展的速度和位置会被颠倒。

幸福来自人的自由与解放，特别是内心的自由与解放。我们所在的时空、速度与惯性，决定并限定了我们行动、语言、思维的自由与解放的尺度。不懈地追求逼近真理，在追求真理的过程中，我们能获得真理所赏赐的智慧，从而能超越各种制约，拥有真正的自由，包括行动、语言的最大自由，和思维的完全自由。与此同时，智慧的获得使得我们容易感悟真理的伟大，最终发现和认识真理，真理可以使我们的"主观认识"与外在世界"客观规律"的相容一致。

没有思维的完全自由与解放，没有心灵的自由与解放，没有破除思维的惯性与偏执、定势与迷信、疆界与藩篱，而单单追求行动和语言的自由与解放，那么，新的奴役、压制和愚民，就会假借自由、解放的外衣，以最美丽动人的名义，以最传统的内涵，去产生破坏力，如螃蟹一样，横行霸道、横行无忌。许多个人、民族及人类的悲剧就是这样接踵而来的。

真理和智慧是一致的，前者偏向本体，后者偏向运用。理解真理者，容易生出智慧；拥有智慧者，容易看到真理。古希腊苏格拉底说："'智慧'只适合于神；'爱智慧'适合于人。"挚爱智慧，才能获得真理。苏格拉底的"爱智慧说"通过翻译进入日本和中国后就成了"哲学"。如此翻译，使其离普通大众远了，与学究近了。事实上，哲学只鼓励思考、不提供标准答案。只有智慧才是指导人们过上独立、自由、幸福的美好生活。所以，人人具有追求智慧的本性、渴望和激情。智慧能够牵手人生，使人从无知走向新知。只有智慧才能使人感悟人生，接近真理，拥有幸福与自由。

知识的世界，因分科而相互阻隔；智慧的世界，一切都是相互联通、交织。智慧能帮助人们超越成功的狂喜和失败的凄苦，到达幸福的所在。智慧无影无踪，然无处不在。我们可以通过"脑和手"、知识和实践去接近智慧。

智慧使人幸福。精神痛苦与烦恼多源于智慧的不足。在中医文化里，对经络而言：通则不痛，不通则痛；同样，我可以说，对精神、情感与思想而言：通则不烦恼，不通则烦恼。如何由不通走向通，需要打通失效的关节与被堵塞的过程，这就必须依赖智慧。智慧就是打通阻碍思想、思维、情感的无尽力量，智慧能使人正常而自然地表达，而不需要虚伪，从而让思想、精神、情感不会出现失常或者遭遇障碍。

智慧体现在善于摒弃偏执，乐在追求真理。如果说，智慧体现在宽容大度，则愚蠢表现在锱铢必较。愚昧会诋毁智慧，但智慧不会鄙视愚昧，反而会怜悯愚昧，进而助人脱离愚昧。只有智者才有能力欣赏智慧。要从愚蠢走向智慧，唯有改变思维。

智慧使人明智，远离灾祸。明智者知道，真理和光明必将战胜黑暗、也永远能战胜黑暗，否则人类不会总体进步，发展到如今的地步。因为黑暗只是暂时的，人们只敢自称光明，却断然不敢公开自称黑暗。光明者希望光明长存人间；黑暗者希望能永远欺骗他人，而不被更黑暗者所黑暗；大多数被暴黑、强黑所欺的众多黑者、灰者，内心深处同样希望光明主持公道正义。

每个人智慧开启的时间，各不相同，取决于何时开始思维改变。有人早慧，有人晚成，如齐白石画画，大器晚成。只要有慧，永远不晚，可怜的是糊里糊涂，至死不慧。最可怜可恶的是，自作聪明，自鸣得意，把愚昧当智慧。智慧是外表清闲、内心机敏、经常深思者的访客。用短短的几句话，可以描述三种不同的人与智慧的关系：不少人属于忙者无智，少量人属于大智若愚，个别人喜欢"表演、炫耀"，可说是大愚若智。

思维方式的改变，需要格局、需要境界，一个爱智慧、爱真理的人，才会有天时地利通达的格局和境界。哲学大师冯友兰曾提出"人生四重境界"，分别为自然、功利、道德、天地。一是自然境界。为人做事，混沌、盲目、顺着原始本能或者社会习俗，不明就里，自然而然，人云亦云，随波逐流。二是功利境界。为己牟利而主动思考并做事，不论是否道德，但求必定功利，极端者自私自利、损人利己、甚至损人不利己。三是道德境界。善于利它，超越自身，照顾他人，为公平、正义、善良、公益而做事，精神视界超越自身而覆盖世间。四是天地境界。当视界放大到整个宇宙，目及天地万物，觉悟大道根本，就趋近了天人合一。世事通透，善行无迹，思考和行动似乎不经过自己的大脑和手脚，因为天地就是其大脑，宇宙就是这大脑连接的互联网，风花雪月、斗转星移，就是其手脚，故而大道无形。

第 11 章

宇宙天地：时间导演改变

有人研究发现，一个新习惯扎根的平均时间大约是 66 天，即约两个月，但具体到某个人，则花费的时间从 18 天到 254 天不等。

道法自然，是天地的思维。

每个人都是时间的产物和过客。要想建立健全的世界观、人生观、价值观，先须建立时间观、时间思维。守时是最起码、最底线的文明观。思维基于时间而演化前行。爱因斯坦说：时间存在的意义，就是告诉人们，任何事都不可能立刻实现。

无论什么样的音乐，只要相对时间拉长，节奏一缓，就像哀乐。一切都是时间的函数，一切都源自时间的进程。众人万事万物，一切都在时间的进程中产生和消亡。我们所能做的就是将单位时间拉长或者缩短。人们只能改变可以改变的，剩下的，只能让时间按照自然规律去改变。时间的进程中，经常需要选择和等待。积极的等待，就是创造机遇。只要有时间，就会有变化；只要有变化，就会有机会。

时间，是推动改变的伟大幕后导演，所以要善用时间。时间既是无限的，也是有限的，对个人而言，人的存在时间是有限的；而相对人的生命长度而言，宇宙的时间几乎是无限的。同样，宇宙既是有限的，也是无限的，有限在于宇宙有边，即有前沿边界；无限是因为这个宇宙前沿边界并不固定，还一直在加速膨胀、外延之中。一切的轮回就像一个圆，圆上的每一个点，都是有限的，而构成整个圆的点却是无限的，这样就组成了周而复始。

一个个物种就像一个个"计时器"，是一百多亿年的不同种类的"计时器"。一百多亿年的进化，产生了一个个实体。每个实体不只是简单的物质和精神的组成，它还是时间的不同表达。现在人工做出的所谓聪明的"物种"，可能经不起时间考验。我们尚没有办法确切地知道一个赋予生命的东西，今天可行，明天是否可行，将来是否一定可行。自然演化史告诉我们，经过演化的东西肯定可行，因为它经历了时间的考验。放在人类的历史长河当中，再高级的机器人，可能还经不起种种自然演化的考验。正像在2019年年底，无人会预先想到2020年将会是全世界被疫情困住的一年。

道法自然，而自然遵从时间、来自时间。时间永远正确，时间是永远的终极信仰。所以，对人类而言，关键是如何伸缩相对的时间，使用有效时间。我们都是时间的产物，是时间的过客，也是时间的体验者。历史是由活得长的人所书写，人可以失去一切，不能失去时间；谁真正拥有时间，谁就真正拥有未来，拥有一切。

从一百三十七亿年前，由无到有的大爆炸一瞬间，到演化成今日的宇宙，时间的伟大可见一斑；从第一个单细胞的出现，到演化出现代整个生物及人类世界，通过随机试错，循环轮回而前进，时间的伟大令人震撼。有形的终会消失，无形的方得永存，体现了时间看不见之手的神奇。时间犹如一个伟大的魔术师，让一切出现又消失，不可阻挡。人们能做的就是调节时效，达到加快或者延缓时间的感觉。

时间是单向的，空间是多向的。在宇宙起源上，有时间，才有空间；有空间，才有时间，两者交织在一起，时空难舍难分。时空逆向走回源头，看到的是纠缠和不可分，正像人们走向微观时的境遇或者发现，如细分基本粒子，后面得到的不再是粒子，而是超弦。在此境界，物质与能量、实体与精神、存在与思维等相互间已经不可再分，也无法再分，因其已经超出了我们认知的惯常，而近于"道"或者"上帝"，或者就是"道"或者"上帝"的基本存在形式。

随着时间推移，一切均会大白于天下。历史的价值在于有真相支撑，现实的价值在于有实验验证，未来的价值在于有想象引领。过去的真相是沙漠中的金子，虽被岁月深埋，但总会被风掀起，届时将依旧发光。依托大道的加持，遵照真理的轨迹，渺小者都会自带光芒，处理现实能游刃有余，评估未来不会走样。要触摸真实的未来，需要有童话般的清纯、浪漫，让心灵长出翅膀，从现实压抑中解脱，看到希望之光。

人们常常妄图干扰、改变历史的进程。在时间的进程中，有大量的真相被人掩盖、扭曲，在近处难以清晰，因为个人的私利和情感会干扰理性判断和良心。随着时间的远去，利益相关者的消逝，理性和良心终将发挥最终决定性的作用，将真相大白于世，使历史恢复其本应有的进程。

当下世界，人们亲临其境，必陷于种种矛盾，某些现实难题一时难以改变，需要万般无奈地用时间去化解，经受漫长时间的等待，有时甚至需要一代乃至几代人的时间才能改变。要想在当下世界成功，就得只做不说、多做少说。因为只做不说才能规避复杂人际关系和利益关系的纷扰干预。多说少做容易失败，当然只说不做也就无所谓失败，也可能这些说者，就是说说而已，本来就没有想要成功。

不同的时间阶段，需要不同的策略。网络时代，需要用碎片化的时间处理碎片化的事务，如处理电子邮件、回复浏览微信等，而用完整的时间去思考或者休闲，休闲是心灵和体力的再次重整。人最理智清醒的时刻是清晨，最好不要在下午、尽量不要在晚上作决策判断，因为那时心理、情绪容易波动或者失控。道教、佛教都强调晨起咏读，这可能与他们对此规律的认知有关。善于演讲的希特勒喜好黄昏和夜晚，强调要充分利用此时听众容易被煽动的特点。

幸福快乐时，人们希望时间停滞定格，尽情品味享受每一秒钟。痛苦悲哀时，人们会沉浸其中，不知道时间仍然会继续前行，会像石磨一样渐渐抹平所有的记忆。每过一段时间发生的巨大灾难，无论是来自自然的，还是社会的，都以特殊的方式提醒人们，重新捡起对"天道"的敬畏。在时间的进程中，不会仅仅有平铺直叙，有理性也有感性，有渐进的形式逻辑，也会有突变的辩证逻辑，都在提醒人类和个体要时刻自省自律。

时间的计算方式，反映着、影响着人们的思维。以地球环绕太阳计算时间的阳历，只及太阳不及月亮，月份与月相无关。而阴历依月亮圆缺变化周期而定，只及月亮不及太阳，日子与节令分离。中华历史上，阴历在殷代已相当普及。阴历在春秋战国时期加入二十四节气后，既及太阳也及月亮，成为阴阳合历即农历。它既照顾季节时令，又使每月的月相与日期固定，两全其美。农历能指导农业生产，也是东亚国家推算春节、中秋、端午等节日的依据。

中国在辛亥革命后，1912年元旦起启用西方通用的阳历的基督教义（纪念耶稣的诞生周年）的纪年法。现代中国，阳历与阴阳历并用，反映了中西文明和思维的相互交融，独特农历的存在，保留了中华民族独特的文化财富和本土传统的思维角度。

人与人的竞争，人与自然的协调，以弱胜强、以少胜多的策略之所以能够有效，其原理在于使用时空转换的方式。即，在无限短的时间里，想四面出击解决所有的问题，困难与烦恼将是无穷大，乃至任何一个问题都不能解决。但如果，按照人事物的轻重缓急，拉开时间的尺度范围，不动声色地依次挨个解决问题，许多困难将迎刃而解，如果再辅以拉开空间范围，就会震动更小、没有后遗症。这就是时间换空间，或者空间换时间的策略。

在思维上，得把握时间尺度上的"长"和"短"的关系。要擅于长期思维。在做事情、做决策时，作为思考背景的时间跨度有多长，常常决定了决策的最终质量。当沉迷于当下短期满足时，人会得意忘形，但如果将自己的所言所行放到一个更长的时间维度去考虑，你会猛然吃惊地发现，那些"即时满足"正在透支自己的未来。

百年寿命的人不可想象，烟粉虱寿命之短，一年可以繁殖十几代。研究表明，不同层次的人，所拥有的时间观完全不同。金鱼的时间观仅仅几秒钟，普通人的时间观是几分钟、几小时乃至几天，杰出人士的时间观往往是未来几年、几十年甚至数百年。不同的时间观，则造成了不同的思维模式和行为习惯，并最终塑造了不同的人生。长期思维，不是消极等待，而是应势而为，通过许多短期目标的完成，就能累积达成长期目标的实现。

成功者是强烈未来导向的，大多时间都在思考未来。无可救药的酗酒者或吸毒者的时间观，只有几个小时甚至几分钟，他们只考虑下一次饮酒或剂量。而成功家族成员的时间观，是未来几年、几十年甚至几代人。要练习自律和自我控制。愿意付出今天的代价，以换取更美好的明天。

人们平常的思维过程几乎是条件反射，瞬间完成：刺激—立即反应，没有间隔时间。而这段间隔对思维质量和成效及后果，尤为重要。

在思维上，还得把握时间效应上的"快"和"慢"的关系。忙者常无智，欲速则不达；慢工能够出细活，磨刀反而不误砍柴工。人生是一场马拉松，起跑瞬间道路极其拥挤，但跑完四分之一后，选手们距离就拉开，起跑时占得的那点先机早已荡然无存。在这个知识更新迭代越来越快的时代，提醒自己心态要"慢"下来，要沉下心来，做关键而重大的事，是一种明智的选择。当然，让自己"慢"下来，绝不能成为偷懒懈怠的借口。

要珍惜时间，"杀死"繁忙，专注于极少数高质量的、高度聚焦的工作。帕累托法则，即 80/20 的法则揭示，在任何特定群体中，重要的通常只占少数，约 20%；而不重要的则占多数，约 80%。只要能控制关键的少数就能控制全局。因此，要像练习其他技能一样练习 80/20 法则，集中最优先的 20% 人事物。

一切事情，都会有答案，只是时间还没到。时间的残忍，体现在没有一个人不会老去；时间也慈悲，总有人活得"没有岁月沧桑感"。

第 12 章

拒绝棉花糖诱惑：立天地意志，做时间主人

20世纪60年代，美国斯坦福大学心理学教授米歇尔设计了著名的满足口欲的"棉花糖"实验，考察意志力在人一生中的作用。实验中，儿童可以立马吃掉眼前诱人的棉花糖，但不会有额外的奖励。如果儿童能有耐心，按铃呼叫实验员归来，等到见面后再品尝美味，会得到另外一颗棉花糖作为额外的奖赏。儿童必须自主选择如何行动，是即时满足，还是推迟满足并获得更大的满足，两者必须选其一。如想获得额外的奖赏、获得更大的满足，就必须忍受煎熬，并与及时享乐的欲望作抗争。这种在等待中所展现的自我控制能力，被称作"延迟满足"。

无法抵制诱惑，是人生诸多痛苦、苦难的主要来源之一。具备自我控制力的人，能甘愿为更有价值的长远目的或者结果而放弃"即时满足"。追踪研究表明，学生的学业成绩表现与其"延迟满足"能力直接相关，磁共振成像扫描研究也已揭示了人类脑部神经自我控制的线路图。自我意识强、自我控制力强、自我情绪管理能力强的学生更有耐性，更擅长推迟享受，更有领导力和创造力。"延迟满足"概念忠告人们要暂时规避诸多诱惑的打扰，从而主动掌控自己人生之舟的进程和方向，进而达到自律、自尊、自强。

当今，人们生活条件获得了极大改善，物质已不再是生存的阻碍，一种"活在当下"的思维，在年纪轻轻的人中应然而生，并得到了许多人的追捧和推崇。由此可见，要人们放弃简单易得的"即时满足"并不简单；可是要实现人生的成功或者使人生有意义，"延迟满足"必须成为每日的功课，显然这并不容易。即使像真正活在当下、进入空门禅修的出家人，要真想接近佛祖，也得有基本清规戒律。人性普遍的弱点，就是自我控制能

力天生都很有限，即时满足是一种本能。本能能给我们带来安全、满足，但本能更会迷惑、欺骗我们。当面对困难时，人们自然都极易逃避，愿成为把头埋在沙堆里的鸵鸟；面对诱惑时，人们又常常极难抵御，最后成为品尝诱饵、追逐权名利的牺牲品。

"延迟满足"实验对那些考入大学本科和研究生的新生而言，有着极强的启迪作用。考生经过了多年的努力拼搏，成功晋级迈进了人生的一个新的阶段，是众人中的佼佼者，实际上，也是过去岁月"延迟满足"、低水平满足的受益者。当过去支撑这些新生的那些目标任务，突然间全部消失，面对憧憬已久的大学生活，他们会手忙脚乱，可能会有意无意地丢掉曾经取得成功的"法宝"。

这些新生们成功地实现了儿童少年时代确立的目标，入学后短暂新鲜喜悦之后，补偿性甚至报复性地满足一些曾被迫延迟的娱乐需求之后，如果不是适可而止、蓦然回首，取而代之的可能是迷惘、疑惑、沉沦。最初新生相互间在学识能力方面的差距是很小的，等到毕业时，有些已可独当一面，攀登高峰；而有的已远远落后，甚至掉入了"泥潭"。造成如此差异结果的最关键因素，就是人们在面对各式各样诱惑时的选择方式和人生态度。

在人们面前，有许多类似"棉花糖"的、权名利情色等各种各样的诱惑、选择以及困难。这些新生正处于从儿童少年转变为成人的关键时刻，成人须有成人的承诺、对世界的承诺。从成人和大学开始，将是新生从过往"被迫的延时满足"到"自觉的延时满足"的转折处，是确立自己人生目标、探索人生价值的新阶段，是明晰一生使命和愿景的关键时期。因此，大学阶段里，新生不仅要观察世界，也要观察自己；不仅要研究世界，也要研究自己；不仅要把握世界，更要把握自己。

"延迟满足"的实验表明，自我控制能力对获得成功具有非常重要的作用，其启示了学生未来的成功并非单单因为智力。

虽然，社会是美好的，真诚和善良的人是绝大多数，但是，生活中仍会有各种各样的诱惑、欺骗、甚至陷阱。这些都是利用了人们对"即时满足"的渴望和贪婪，有人甚至发明了一些所谓"即时满足"类型的商品、商业模式，林林总总，好像总有一款能迷住你，进而收割可观的"智商税"。传销、校园贷、电信诈骗等都是利用人们贪慕当下享受的特性，实现对人们的俘虏和控制。这些手段，狡猾地利用了人性的弱点，虚幻出令人上瘾的事物，让人立马享受快感，快速满足后，随即就是极度的无聊和空虚，周而复始、反反复复，以致沉沦。

意志是诱惑的克星，使命是永恒的召唤。任何一个伟大的成功，都需要经历长期的努力探索和坚韧追求，才能最终实现，而这首先要做的就是驾驭控制自己的欲望。"延迟满足"并不神秘，它应该是每个成年人的标配。人们只有超越诱惑，才能苦尽甘来，走向成熟。

孟子说："天将降大任于斯人也，必先苦其心志，劳其筋骨，饿其体肤。"唐僧经历了九九八十一难，长途跋涉，才取得了真经。孙悟空必须三打白骨精、击退无数诱惑，敬遵观世音的教诲，受约于紧箍咒规则，才能协助师父完成西天取经的使命。

当然，"延迟满足"只是手段和方法，要想达到成功彼岸，必须要有明确的目标。人生犹如行船在浩瀚的大海，对于没有目的地的航船而言，任何方向的风都是逆风。远大目标和神圣使命，是每个人、每个团队的核心灵魂。如果失去了目标使命，人们就会陷入迷惘和不知所措，要么小富即安，贪图享受；要么小人得志，轻浮猖狂。因为，肩上没有使命的人，无法走得远。

人生必须有梦想、有目标。社会栋梁的目标，就是让每个人和世界更美好、更善良、更真实，让真善美战胜假恶丑。通过"以其无私"，进而"成其私"。

要鼓励人们通过真诚奉献来获得应有的回馈，而不是算计阴谋掠夺，因为剥夺者最终会被剥夺。天地有轮回，苍天饶过谁？不能让世界因你的存在而烦恼，要让世界因你的存在而美好。不要做一个只是消耗价值的人，而要做一个为世界创造价值的人。

成人不再是儿童少年，所做的每一件事，每一个选择，或多或少都会和每个人未来的人生道路息息相关。每个人，每个团队，每个社会，都需要抵御诱惑，锤炼意志，肩负使命，因为美言不可信、轻诺必寡信。每个人都需要每天问自己，自己永远的使命是什么？长远愿景是什么？当前任务是什么？

有关明晰人生目标和人生方法，我们的祖先早就有了真知灼见。当今许多人之所以无法悟透读懂享誉全球的、老子留下的区区五千字的《道德经》，就是因为人们一直沉醉在直露浅显的、跟随本能的、条件反射的物质世界里，而没有自觉、自律、自醒、自省、自悟，没有觉察到如"延迟满足"这些隐秘规则在运转控制着人类社会，没有认识到确实存在"大道无形"的真谛和信念。

不积跬步无以至千里，可如果单单有人生每步的正确，并不代表人生一定能够整体正确，只有始终保证正确的人生方向，才能保证不像拉磨驴那样原地转圈，才能使得人生的每步累加成为有效的前行增量。人们需要"吾日三省吾身"。坚忍和反省，会让每个人遇见真理和成功。控制论告诉人们，不断地反馈校正，迭代升级，就能化腐朽为神奇，就能减小、收敛误差而不断前进。

第 13 章

第三境界：时空"风水"，关键在人和

管子说，不务天时，则财不生；不务地利，则仓库不盈。地利，既指能生产财富的土地；也指战略上有利的地形。从广义上讲，静态的地利还意味着，一方水土养一方人；动态的地利则揭示着，人们与环境自然、社会生态可以互动互作共同发展。正像特定的环境生态土壤水系，会有特定的微生物；特定的居住生长和工作环境，也会使人有与地缘和风水相关的特定思维方式。

"境由心生"暗示，我们周遭所感知的世界，和我们的价值观、信仰、思维、感情息息相关。其有两方面的启发：一方面，可以通过改变内在世界心态，以积极的行动来推动外部世界改变；另一方面，如果没有内在世界的积极心态，消极阴暗就会从内心弥漫到外部世界，阴影就会在现实中追逐我们。

大自然精巧独特设计了我们每一个人。人和，强调的是关联思维，关注人与人、人与社会、人与生态、人与环境的关系。拥有与他人的和谐、与自然的和谐，远比拥有天时和地利更为重要。

古代中国的文化遗产——"风水"，事实上可以说是有关人居的"环境生态心理学"，犹如国际政治关系中的地缘政治学一样，只是偏重于生态的智慧。"风水"亦称"堪舆"，虽有大量"封建迷信"的内容，如若剔除其糟粕，确有一点"朴素"道理。风水的核心思想是人与身外、与环境和大自然的和谐。天、地、人和谐统一是中国风水学的最高原则，它告知人们，如何在古人的认知水平内，依据《易经》的逻辑，考评运用视觉心理、冷热风向、车流安全、山水向位。

人在处理与生态关系中，有由低到高的五个境界：生存、功利、道德、信仰、天地。所谓生存,就是为了能满足物质和肉体欲望对生态和社会的索取,睁眼喘气、活着过日子,繁衍后代。所谓功利,就是为满足精神欲望,与生态和社会竞争,建功立业,功成名就,名利均沾。所谓道德,就是为达到与生态和社会的和谐,对物质、肉体欲望和精神欲望的适当、合理控制。所谓信仰,就是基于信仰,对言行举止、各类欲望的规范定向。所谓天地,即人和,就是尊重自然规律和法则,实现天地人之间与生态和社会和谐,享有思想自由和精神独立,能超越边界和藩篱的限制而思索,保持质疑和关爱。

正常、良好的生态在于各物种间通过协调、平衡、竞争而共存。生态有广义和狭义之分,广义如社会生态,狭义如自然生态。人类社会也可以看成一种特殊的生态体系,是整个生态的一部分。

生态是社会的背景或者前身,社会是生态的一个特例,也是生态在人类范围的延续、延伸。老子说"大制无割",量子论强调世界的底层逻辑是万物互联。因此不能将社会规律与生态规律截然分开、一刀两断,也不能将社会内部或者生态内部的各部分割裂分别对待,否则,资源浪费,发展的不可持续会迫近眼前。生态圈中,不同物种的存在发展是相互关联的,哪怕某个物种数量稀少,又似乎对整体无足轻重,但其对生态循环和正常演化可能必不可少,所以不能简单地割裂看待或者处理;社会圈中,不同人群的存在与发展,也是相互关联的,每个人群都有其独特的功能,不能简单地割裂看待或者无视忽略。同样,犹如人类研究医药和医术,需要借助小白鼠作为试验模型一样,生态行为、动植物行为,是考察社会行为和状态的重要实验平台。

人是生态关系和社会关系的交叉支点。人是大自然的一部分,与土壤、湖泊、树林、草地的频繁接触,给人带来了免疫力,能减少许多毛病。尚未走出丛林的人类,尽管寿命不长,但不会有失眠,没有抑郁和花粉过敏。而当人类与自然和土壤隔离、住进高楼大厦的水泥森林,吃的、用的统统必须是"有机的",那么,人们本身就会变成"无机的",各种莫名其妙的疾病会不期而至。

有研究发现那些在偏僻乡村中众多的百岁老人,有两个共同的特征:

一是家庭和睦；二是与外人、特别是陌生人少有来往。第一点说明了和谐的亲情关系之重要，第二说明少生气、少纠缠、少被惊扰，就是心平气和的和睦之道。即积极、正面的联系和关联使人健康长寿。

人际生态，对人的思维和幸福感有重要影响。人的幸福不能只来自生物性，因为生物性只有欲望满足后的快感；人的幸福主要来自社会性，来自对社会性的清醒认识和超脱。马克思说，人是一切社会关系的总和。这也就是为什么，个别人即使不愿意与人交往，但也喜欢与宠物在一起，因为宠物具有一定的智商，即使很低，这样就形成了一个使人不孤独的自我为中心的"拟实的社会"。更不用说，某些可爱的宠物，像狗、鹦鹉等，具有婴孩一般的智商。

一个人涉及的人越多，关系越复杂。而其中最为关键的是三人和五人。中国古人认为，三人为众，五人为群（三五成群），简单比较，你将发现它有多么正确！确实，三开始了复杂性，三是幸运数、重要的数，三是超限思维的起点。所以，三角恋爱总是缠绵难解，三国演义总是荡气回肠。

如以一个点代表人，点与点之间的关系表示人际关系，用直线表示；复杂的三点关系交错用三角形表示。你会发现一人就是一个孤点，代表不与他人交往，是孤家寡人，不可能有幸福感；而两人就是一条直线，涉及的人不多，便于协调，容易把控；不同的是，三人为众，成为一个三角，为一个独立的面（三点成面），这和前面点、线已经完全不同。

尽管四人有四个独立的三角，但五人为群，竟然有十个三角和一个次生的新五角（可以继续分出许多的虚拟三角）！由此可见，牵涉太多的人，就难以调控，协调难度明显增加，但丰富多彩也由此产生。

可见提升智慧、坚强意志、放低自我、放下身段、谦虚地面对他人和自然，就能近圣人，达人和。除了人际生态，将生态的理念延伸下去，还可以了解许多其他的生态，进而知晓如何更好地实现人和。

学科生态，对一个人的知识、思维、精神、能力的培养举足轻重；合理的专业学科生态，应是主流学科、冷门学科并存，冷热互补，众多学科相互竞争又相互支撑。

思想生态，自由多元，主流和支流思想和谐共存、共生竞争、相互渗透。

社会生态，对个人在社会上的创造力能否发挥起着调控作用。良好的社会生态，应允许各种不同层级、不同种族、不同肤色、不同职业的人等在法治、民主的环境中，按照自己的意愿，以对别人的尊重方式而生存，并靠能力和机遇上下层级流动，实现有个性的自由全面发展。

信仰生态，对一个人的身心健康、内心安宁和精神寄托起决定性作用。良好的信仰生态，首先在于宽容。每个人的智商、情商各有不同，理性、感性各有长短，知识文化水平各有高低，科学与艺术修养各有千秋，但每个人都有拒绝内心恐惧、获得内心自由和幸福的权利。因而，容许不同的文化信仰、民族信仰、宗教信仰、政治信仰的存在，让信仰相互尊重，鲜花和绿叶交相呼应地支撑人们的精神大厦，而不是唯我独大、消灭异己、相互攻击。

二、文明篇

科技、人文、造化

重要的不是思想，而是思维；改变自我，先改变思维；返璞归真，有容乃大，改变态度是第一步；文明的第一动力是科学技术，激活丢失和沉默的优秀思维与文化基因，才能使得文明昌盛，个人幸福。

本篇的重点是科学文化。

第 14 章

气候变迁与文明跃迁：驱动思维进化

人类文明的历史进程中总能看到气候的影子。越来越多的证据显示，在中国，在欧洲、北美洲、大洋洲，历史上的气候变迁与历史上的政治地缘轨迹、改朝换代、文明进程有相当关系。全球气候变化，具有一定的准周期性，以六百年暖湿和六百年干冷交替，相隔一千两百年左右循环一次，在科技水平相对落后的古代，全球文明兴衰大势也基本与之吻合，而中国改朝换代中，也常能看到气候寒热变化的影子。

用气候变化解读中华文明五千年，会发现，大尺度的气候变迁与朝代更替有相当的关联关系。总体而言，一般气温降低，长时间的寒冷，农业减产、牧业受灾，造成粮食供应不足，政府税收减少，削弱政权的统治力，中原内乱，北患南侵。而一般气温升高、相对温润的气候，农业丰收，百业振兴，物质供应丰富，政府税收充实，百花齐放、百家争鸣，造就人类智慧集中大爆发，同时文化艺术科学也随之兴盛。

当今，中国的降水不但过了秦岭，还穿越整个青藏高原，在新疆降下大雨，于是有人遐想，西周那温湿兴盛的气候时代，又将到来。假如地理气候恢复，文明会展现辉煌的变局，有人甚至说，气候学显示华夏复兴已在路上。

一定程度上，地理生态环境决定性格，甚至决定命运。为了与中国泛滥肆虐的洪涝之患和恶劣多端的气候搏斗，从夏朝开始的历朝历代，中国的国家治理模式均建立在宏大的水利基础设施之上，远超埃及和两河流域的灌溉运河建设。因此，能集中人财物资源修建大型水利灌溉土地的中央集权就有了生命力，因为只有如此，才能运筹调集大量劳动力，防止离心，防止分裂和连锁效应。因而忽视个体和个人生命就容易成为一种坏习惯，进而影响源自个体的创造活力的发挥。

不同的社会业态、不同的文明阶段，能塑造不同的、影响每个人的影子思维。

游牧文明常在中原以北寒冷的大漠草原生存繁衍。曾经有许多习惯南侵的游牧民族，文明原始，野蛮无文字，似母系社会，缺乏伦理。因为这些游牧民族时常闹灾，缺乏稳定的粮食供应难以生存，故游牧文明的思维，就是追逐和霸占食物、财富和土地，故富于开拓、敢于拼搏，但由于缺乏长治的远谋，游牧民族最终还是被农业文明同化或者自我消亡。

农业文明思维最关心"吃"和"生"，农业文明解决了种族生存和繁衍的基本问题，满足了人们最底层的欲望。由于农民被土地所绑定，农业文明保守固定、柔弱求稳、内敛封闭，缺乏对外扩张力。中国的农业文明较早，虽有诸子百家的灿烂时代，可是被侵略和统治的次数也就多。得益于农业文明的稳定性和延续性，中华民族以牺牲和悲天悯人的宽容同化了入侵的民族。但农业文明的进步缓慢，难以接受新事物，容易导致目光短浅、思维狭隘，在人治中失去自我。

有位社会心理学专家认为，种什么作物，就有什么思维方式。水稻种植区的人更多是集体思维，小麦种植区的人更多是个人思维。就离婚率而言，经济水平接近的情况下，中国水稻种植省比小麦种植省离婚率低 50%。可能原因是，水稻种植区的人们需要集体兴修水网，更重集体思维和关系，更倾向于维护婚姻；小麦种植区的人们靠天吃饭，经常个人打拼，更偏个人思维，更重自我，容易好聚好散。

工业文明是纪律性、开拓性、竞争性、扩张性的文明。强大的工业文明能轻易碾压农业文明，如早年的西方对中国、日本对中国。由于在优胜劣汰、适者生存方面的机制相似性，游牧民族能"跨跃性"、如量子"跃迁性"地跳入工业文明，如欧洲跨越中国。但其强大的竞争性也导致发展不稳定和周期性的经济社会危机，两次世界大战就是典型。工业文明思维的焦点是资本和利润，由于过于物化而失去自我，盲目追求物质和金钱，社会成员忙碌甚于农业文明，而幸福程度低于农业文明。

信息文明以互联网的大规模应用为标志，正成为新的临界开端。

中国搭上了工业文明的末班车，和互联网信息文明的早班车。可以说，欧、美、日的互联网信息更像是其早年先进工业文明的拓展延伸，民生领域的互联网信息化还不够彻底。而中国更像是从农业文明部分"跨跃性""跃迁性"地越过工业文明，直接跳入了互联网信息文明，如普及性的网购、移动支付、网络通讯、网络媒体等。这一新文明的思维和推动力，就是由数据和流量所展现出的思想和号召力。

互联网文明比工业文明具有更大的扩张性、普世性、文明性、人道性。互联网文明高于工业文明之处在于，呵护情感、思想和创意。原先影响全世界的欧、美、日文明成果，都是在工业文明时期发展出来的，如文化艺术、科学、哲学等思想。我们中华民族如能顺势而为，适应这种经典的"跨跃性"、量子的"跃迁性"，复活继承两千年前农业文明时代的诸子百家"百家争鸣"的批判性思维传统，光大百年前农业文明末期、工业文明启蒙中的兼容并包的整合思维，坚持开放创造、跳跃多变、敢于梦想的当代量子思维，就一定能够在互联网信息文明时代奋勇争先、为人类作出较大贡献，如建立起新的生存发展哲学和思想。

第 15 章

文化、文明、风气：地缘化的影子思维

在扬州地区，我的家乡有一黑菜，也叫宝应"黑桃乌"青菜，又称乌菜，贴地而生，产量不高，其绿黑无比、其貌不扬、满是皱褶、油光铮亮、味道鲜美、甜脆柔香，是蔬菜中的极品。然而这样的菜一旦移居种植在上海，就变了模样，成了绿绿的塔棵菜，又叫塔菜，味道也不再那么鲜美。可见，上海的土壤营养、气候和我家乡是如此的不同，对植物生长而言，这就是地域差异性所致。

文化和文明，就像决定做菜风味的逃不脱的火锅底料汤、营养汤。

作为多民族国家、文明国家的中国，拥有的文化不仅仅有汉族文化，更有蒙回藏满苗等民族文化；不仅有曾被吹上天或贬入地的儒家文化，也拥有道法名医农兵等百家文化，还有佛学文化；既是曾经辉煌登顶、众国所望的文化文明，也曾经是落后愚昧、岌岌可危的文化文明。

文化没有高低，只有文明程度不同。有人说，文化一词的重点在"化"。化表示自然随机发生的、转换转化的动态过程，尤其强调人内心看不见摸不着的、无形的精神内涵的变化和特征，充满着共性生机特征的个性活力；当然，文明一词的重点在"明"，明表示人们所创造的有形的、看得见摸得着的规范和精神固化结果，以及对外展示程度、水平与状态。每个人都是文化与文明的拥有者、承载者，文明偏向于达到的结果展现，文化偏向于心灵状态。

文化让人随心所欲展现自己的特色；文明给人设定成熟的限制和规则。更有人说，文化让各个民族各不相同；而文明使各个民族互相接近。文化是自然获得、不必特意传授，不经意耳濡目染获得的性格特征和精神气质；文明是需要系统学得才能获有的教养、知识、规则。一般来讲，文化是固有的、恒定的，表现出对外来文化的排拒；文明始终在变化、前进、运动，天然有着对外辐射的倾向。文化常与传统关联，常体现为过去对当前的影响，而文明与未来关联，体现为未来大致的趋势和方向。

文化就是风气，如家庭风气、家乡风气、社会风气。说它是风，因为它看不见摸不着，但处处存在，能让树叶树枝摇摆，旗帜飘扬；说文化是气，是因为它能闻到、有气味，或奇臭无比，或飘香十里。文化在英文是 culture，本义是耕作与培养，强调过程；文化就是培养基，英文的细胞培养就用这个词 culture，它让每个人都打上培养基的烙印，它从表观遗传学的层面，改变着人们的模样；文化就像泡菜坛中的泡菜汤，无论什么样的原料蔬菜，只要进去后再拿出来，就有了类似的泡菜味道，酸菜的制作也与之非常相像。所以，我们决不能小瞧了文化的魅力、威力甚至破坏力，它能在思维层面对我们每一个人的言行和外貌施加影响。文明在英文是 civilization，本义是城邦、礼仪与风俗习惯，是物化的生活，被认同的客观规则，强调状态。

我曾经注意到身边的黑龙江人，许多没有人们心目中的东北人粗犷豪爽的模样和文化习惯，而其身材和文化上总有点中原或者南方人纤弱灵秀的影子，朦胧地感觉一些文化基因在。某日偶然想起，约近千年前，在北宋，金朝占领中原和江南，曾经有两个皇帝、众多朝中大臣、太后、皇后、后妃、公主、宗室女、宗室女眷等等近万名宫廷、宗室妇女，被掳走迁移至今哈尔滨附近区域，可能从那时起，一些非当地的文化、文明在那里扎根延展开来。

又比如说，在 2020 年新冠疫情爆发之前，钟南山院士预警时眼含泪水说：武汉是一所英雄的城市。他也坚信武汉、湖北将在全国支援下最终战胜疫情、重新发展。这底气来自湖北的文化和武汉的历史。俗话说："天上九头鸟，地下湖北佬，打不倒的武汉佬。"武汉的英雄气概，体现在辛亥革命中，武汉人敢为人先，没有因此前其他各省的起义失败牺牲而气馁，一举武装起义，推翻了中国数千年的专制集权封建王朝制度，将皇帝赶下了历史舞台，开辟了共和时代。著名作家方方说，在孩童时代，武汉人叫男孩、女孩为男伢、女伢，叫成人男女分别为男将、女将。女将比男将还要直爽、勇敢、有担当。这就叫一方文化成一方风气，一方水土养一方人。

文化的影响在 2020 年新冠疫情期间也充分表现了出来。起初欧美各国将新冠肺炎疫情与季节性流感等同，根本不当回事，拒绝口罩，继续聚集狂欢，终于酿成巨大灾难。在西方文化习惯里，有病者才戴口罩，而不知道这是一种认知受限，诉诸暴力的不法之徒更是蔑视人权，殴打戴口罩的亚裔，因为他们认为得病了就不该在外闲逛，而不愿意相信的是，这个病毒会以飞沫形式传染他人，还存在有传染能力的无症状感染者。为己为他人，戴口罩防病毒扩散，已是亚洲人的基本共识。可是歧视和暴力让在欧美的亚裔在病毒威胁中左右为难。被疫情残酷地重击才使欧美人的认知开始慢慢改变。要知道，百年前的 1918 年全球大流感灾难中，恰是欧美首先戴口罩，东亚特别是中国随后才慢慢学会戴口罩，结果现在习惯变化、时空倒转。

全球新冠疫情流行时，某些西方人起初甚至用幸灾乐祸看笑话的心态，来看待中国人民艰苦卓绝的抗疫，还把病毒与中国的国民性和低劣文化相联系；此后，某些中国人，也以救世主或者教训者的心态讥笑欧美的自由散漫和混乱不堪。

被病毒袭击而猝不及防的中国，在向世界通报所有新冠病毒疫情数据和信息将近两个月之后，欧美国家仍然还是出现了一些失误。疫情折射出了政治的、文化的各种分歧，更多地暴露了人性的弱点。中国从最初的失误中醒悟过来后的巨大能量和惊人效率，德国、日本、韩国、新加坡呈现的有序和自律，英国、美国、意大利、西班牙表现出来的犹犹豫豫和自由放任，能从其习俗和文化传统层面找到一些答案。

文化看不见、摸不着，但能感觉得到。而这些神龙见首不见尾的东西，却塑造着每个人的思维方式。可以用"文化冰山"概念来描述文化作为人们外貌上看不见的、但对人产生重要影响的部分。

一个人的文化教养就像一座冰山，大约只有八分之一露出水面，另外的八分之七藏在水下。人们能直接观察到的只是水上的表面部分，其只占总体积的很小一部分，如言行表情，而人更大一部分的内在世界却藏在更深层次。这些源自家庭、文化、文明的底层逻辑和思维不为人所见，恰如冰山的水下部分。这样的冰山，从上到下包括行为、应对方式、感受、观点、期待、渴望、自我七个层次。靠上的层次在水面以上或者接近水面，靠下的层次在水面以下，难以得见，但其发挥决定性作用。

费孝通认为：过日子和过渡心理，是中国文化中广大民众最底层的文化心理，即：模模糊糊，马马虎虎，顺应天命，被动地承受年岁的轮回。他在抗日战争中就发文希望国民能主动选择生活、批判进取、不再麻木不仁，如此每个人才能在世界上做自己的主人。

从表观遗传角度思考，对应的基因有可能表达相应的思维，相应的思维有可能复制出对应的基因。对应的文化文明氛围可能形成相应的思维，相应的思维又可能复制出对应的文化文明氛围。为何有些思维难以改变，走向失败和沮丧，原因在于基因—氛围—思维间已形成了独特的逻辑和死循环，落入其中者难以逃脱。如果这种思维是消极的、单一垄断的、僵化的，那么这就是糟糕的代际遗传。关键要打破这种循环。

文化的上层是文明，文明的基础和底蕴是文化。人不仅仅是自然的产物，更是历史文化文明的产物。一个人的外在风度、内在气质和思维是协调的，没有内在的气质就不会有外在的风度。影响塑造每个人气质、修养和信仰的隐秘力量是文化，而文化变迁牵动的是人脑的思维及其方式。文化是影响人们思维和言行的普通形态，文明则是高级形态，影响群体，即民族和人类的核心力量是文明。这些外界因素，会犹如魔咒、护身符一样影响每个人和每一个民族，像表观遗传特性一般刻画在每个人和每个民族的思维、精神、举止和礼貌之中。人格的底线，核心是公德和礼仪；文化的底线是风格品味；文明的底线是善待历史、善待民众。

人类的文明大约起源于 20 万年前。而研究显示现代人类源于非洲，我们的祖先智人，大约历 20 万年前走出非洲，随后在世界各地和其他尚不知道起源的古人类杂交，获得更强的生命力，从而成为唯一存在的人类物种，而其他人类物种在自然灾害和物种淘汰中消失。我们人类竟然确实真的可能拥有共同祖先，所不同的是线粒体的、代表女性的夏娃，和 Y 染色体的、代表男性的亚当，这两人并不生活在同一个年代。有关始祖，在东方的中华，有蛇身的伏羲和女娲的传说，西方的圣经传说中，有亚当、夏娃和蛇。无数的对照研究和比对考证，竟也都表明，地球人类都有共同的远古大洪水记忆。总而言之，人类尽管习俗不同、天各一方，但具有共同的远古祖先、类似的大洪水历史记忆、相似的与男人/女人/蛇相关的始祖繁衍神话。

以上的事实告诉我们，在关注各民族、地域的文明文化差异时，更要关注其文明文化的相同之处、相通之处，特别是在思维方式上的共同规律和推动文明文化发展的共同原理。由于民族、信仰、政治、宗教的不同，人们在对文明和文化的偏好和定义方面会产生许多争议，这就给讨论文明文化偏好和思维方式变迁带来了难以逾越的障碍和困惑，所谓公说公有理，婆说婆有理。

科学技术领域是仅有的、全人类具有共同价值认同的文化文明保留地。科学技术、科普文化对每个人的影响，就像一种人们不知不觉的、"科学王国"地缘化的"影子思维"。

在自然科学领域和人文社会科学领域，支撑创新文化最重要的基础不是钱和人，否则中东就会成为创新的乐园。强调下级服从上级、晚辈听从长辈、尊重服从威权的文化，即使有钱有人才，也形不成创新所需的文化土壤，反而自然倾向习惯于重复劳动或者简单扩大规模的再生产，至多是革新。

创新土壤的特征，是文化的多元、开放、自由，是保留对权威的质疑和警惕，是对个人活力和创造力的呵护与推崇，是对集体力量有效并有限度的利用，把增进公众福利作为创新目的贯彻始终。这是科学走向发达最重要的文化和软实力。

移民城市和社会，如上海、深圳、美国、以色列等城市或国家拥有大量的开拓者，他们具备很强的求真实证、标新立异、勇于探索、包容失败的精神。

高峰就是高峰，平原与平原的加和还是平原，再多的平原加和也不一定能成就一个高峰。"三个臭皮匠顶一个诸葛亮"不适应真正的原创。创造创新不能简单定量，定量指标的管理模式对应工业产品的批量生产，而科学产出则与通常各业完全不同。成千上万的科学家也不如一个科学家的奠基工作，如牛顿、爱因斯坦、杨振宁等。一个好的想法胜过千万个平庸想法，一篇有创新价值的论文能胜过千万篇无甚创意的论文。

第 16 章

好大的树和生命自组织：家族、文化、文明

"好大一棵树"，是一首歌的名字，歌颂一位逝去的伟人。而我在这里所说的树，不是真正的树，而是一个有关文化、文明单元的既无形又有形的树，一棵家庭、家族的树，百年千年文化的树，告诉你我自己是从哪来的树。

我朋友的孩子，进入上海的某初中学习，老师让他们认识自己的方式是，让他们做一个探究式的调查并完成一篇论文，写出自己五代以内的家谱，包括自己、爸妈、爷奶和外公外婆、曾祖父母和曾外祖父母、再往前祖辈等。结果这小孩，惊奇地发现自己具有差异而多方面的血统和文化文明背景，有满族、汉族、苗族、同盟会、国民党、共产党、皇家格格、农村贫民、抗日英雄、佛教、道教、基督教……这小孩第一次感受到了文明文化的冲突、震撼和融合，一些原先只在书本上、电影上才出现的故事和巧合，却出现在她自己的身上，出现在她的前辈身上。知道了自己的来龙去脉，人就变得更大度、更包容、更有使命感，学会了用包容性、继承性、多样性、批判性的眼光去看事物，拥有了人生的高度、广度和深度，从而有了深深的使命感，拥有了属于每个人自己的、个性化的、不竭的文化源泉和文明自信。

经历焚书坑儒、无数战争、自然灾害和"文革"破四旧那般的变故灾难，经历加官晋级、富贵辉煌、家道中落、底层拼搏等几起几落而幸存下来的家庭家族文化，具有异乎寻常的生命力。存在就是合理的，经过数千年来的淘汰和生长，大浪淘沙，岁月清洗，自然演化，适者生存，剩下的都是精华。

千年的大树，往往树冠高大、根深叶茂、树径粗壮、文化源远流长。

欧洲极为尊重文明留下的痕迹和脚印，对历史文化和建筑保护极好。欧洲文明史较长，但也没有中国连绵不断五千年的历史长。与欧、美、日相比，中国的家谱家族文化的历史普遍是最长的。

在河南嵩山寺里，有许多古树，有的竟然超过四千年，也就是说，在女皇武则天来此封禅或者投放除罪金简时，这些树已经二千五百年。这些树真正是蔚为壮观。看到这些树，就像看到千百中华大家庭姓氏家族的血脉树、基因树。百家姓，就像百棵树，它们组成的是一片文明的树林；千家姓，就像千棵树，它们组成的就是整个文明的森林。每个人自身都是这些树上的一片小树叶，每片树叶都不相同，都各有特色，都有着自身的使命。

有根的人，心情稳定，知道从哪来的人，容易判别我是谁、我应该到哪去，会明白自己是从哪棵树上发芽而成长起来，有自我加冕的使命担当。

现代的分子生物学、遗传生物学的生物进化树，是依据物种进化、基因分子层面的进化而得，前者源起的历史不过二百年左右，后者源起的历史不过一百年。而与这样的进化树所类近、但历史更为悠久的，是中华民族文明的家族谱系，少则几百年，动辄一千年，多则几千年。

女性通过线粒体遗传，男性通过染色体遗传，父母分属两棵不同的家族树，也就是说每个人分属于两棵家族树，每个人具有两套不同的文化视野、文化传承和文化创新的机制。两棵家庭文化树的交会产生了我，这又强化了"我"与父或母所属的家族树不同的独立性。过去由于男尊女卑，只记录以男子为传承的家族树，从父姓。今后，也应该记录以女子为传承的家族树，从母姓。这样一个人的文化文明的脉络才更为全面和准确。思维的传承和创新才更为完整。

历史上最早文化的象征，是图腾。图腾在原始社会中发挥着重要作用，是最早的社会组织标志，具有团结群体、密切血缘关系、维系社会组织和互相区别的职能。同时通过图腾标志，得到图腾的认同，受到图腾的保护。图腾，承载着神之灵魂，是氏族的徽号或象征。原始部落崇拜大自然，因而产生图腾，常用图腾去阐释神话、记载古典及民俗民风。原始人信仰，本氏族人都源于某种特定的物种，或者认为与某物种有亲缘关系，因此，图腾信仰便与祖先崇拜发生了联系。不同区域的人有不同的图腾崇拜，比如中国人的图腾一般为龙。

那什么是人类文明的最初标志？有人如此问美国人类学家玛格丽特·米德。人们估计，她的回答也许是类似鱼叉和陶罐等器具或是类似衣服等。但，玛格丽特就她的研究发现，给出了一个令人始料未及的回答："一根愈合的股骨。"她解释，古代的人如果断了股骨，无法生存，就会被四处游荡的野兽吃掉。断了股骨的人，除非得到别人的帮助，否则不能打猎、捕鱼或逃避野兽的伤害。因此，如发现最早的愈合的股骨，则表明有人将伤者带到了安全的地方，并且花时间与他待在一起，照料他，使他慢慢康复。所以，文明最早的标志应该是人们开始互相帮助，而不是明哲保身，放弃那些需要帮助的人。

从肉体上，人与人是分离的，从精神和思维以及文化上讲，人与人是关联的，甚至是一体的。所以，从文化上讲，我们是同一个"人"，这人就是"人类"；我们每个人只是这个永存之"人"的一个稍纵即逝的细胞，特点各异的细胞组成了这个"人"。

所谓生命现象，就是具有自组织、自复制、自适应的不断演化能力的事物。生命有存在的维度和多样性：个体、群体、"神明"。群体生命不仅仅指生物性的个体生命的组合集成，更可以代指文化、文明层面的生命。这种生命体现在精神、思维、气质、风气等方面，具有周期性、起源复制、分化、演化和终点的特点。

每个个体都是群体生命的某一个时间段的承担者，也是对群体生命的某一个时间段的贡献者；群体生命依赖所有个体生命的全体而生存发展，每个个体的缺失都对群体的生存发展产生微扰性的影响，但一般不存在绝对性的、决定性的、致命性的影响。个体生命终将消失。而群体生命几近天长地久，几乎不会消失。只有当最后一个个体、或者一对个体消失后，群体生命才有可能消失。

群体生命的活动能力取决于个体间的协调共振。同频共振，振幅巨大，能量巨大，形成群众运动，其既可以有巨大的创造力，也可以产生极大的破坏力，成为失去个人独立判断、无视人道底线的乌合之众。

群体生命上升，超越个体生命的集合，而呈现接近纯粹精神的形象，如将其神化、拔高、抽象、再拟人化，即为人类创造的"神明"。某些宗教说，上帝根据自己的模样，造了人的模样；而实际是，人们收集众人的模样，归纳抽象聚焦，将上帝造出了人的模样。

一个人经常参与的群体，叫内群体，即我群；内群体以外的所有群体，叫外群体，即他群。群体内外特征会在各种标志、礼仪或习俗上体现出来。群的性质和范围会经常变化，群间界限不是一成不变的，时常相互转换。群体生命，就是指整个群体拥有一个集体的共同想法、信念、意志，也就是一种我即族群、族群即我的那种合一感。一个族群只要不彻底灭亡就可以不断重生。这样族群类型的群体生命，以个体为基础构造单元整合在一起，从而汇聚整合成整个族群、群体生命的感知力、计算力、行动力。

无论是个体生命，还是群体生命，还是人类"神明"的出现，关键是基于自组织这一生命的重要特征。自组织，一步步地把生命从个体提炼走向群体，最终覆盖到全体；也一步步地把生命从身体层面提炼到身体和精神并重的层面，最终到达更多的精神层面。

在自组织方面，图灵无疑也是杰出的研究者，而不仅仅是计算机、人工智能的开拓者，他在1952年发表了《形态发生的化学基础》，首次用数学方程描述了生命系统是如何通过化学机制过程而自组织的，阐明了无特征的事物会形成有特征的事物，形态发生进而可能出现，形态发生是自组织一个令人惊叹的实例。图灵理论为老虎条纹的形成提供了预测根据，即在老虎身上，催化剂激发了深色条纹的生成，而抑制剂则阻挡这些条纹周围再生长出深色块。这些反应在老虎表皮细胞中扩散，进而形成重复性的条纹图案。

系统和过程的自组织在自然界非常普遍，人类社会也与之非常相像。将生物自组织的概念拓展，就可能易于理解文化的自组织。以简单为起点，基于简单和反馈的基础之上开始的演化，虽盲目但有创意，无意中能创造出复杂系统，其显示的自组织的能力及能量，会令人不可思议。与自然生态的秩序形成类似，政治、社会、经济、学术等领域秩序的形成，就是由自组织诸步骤所引发的，其中经历了某些复杂的相变过程。

第 17 章

领先与失速：思想解放与思维禁锢

中华文明无论在物质上还是在精神上都曾长期稍领先于世界，但并非一些人鼓吹的常常领先或者领先那么多，大英博物馆陈列的公元前数千年的文物定可证明。而我们最需要关注的，是中国历史上社会、经济一再出现过的停滞或者落后的拐点究竟在哪里。

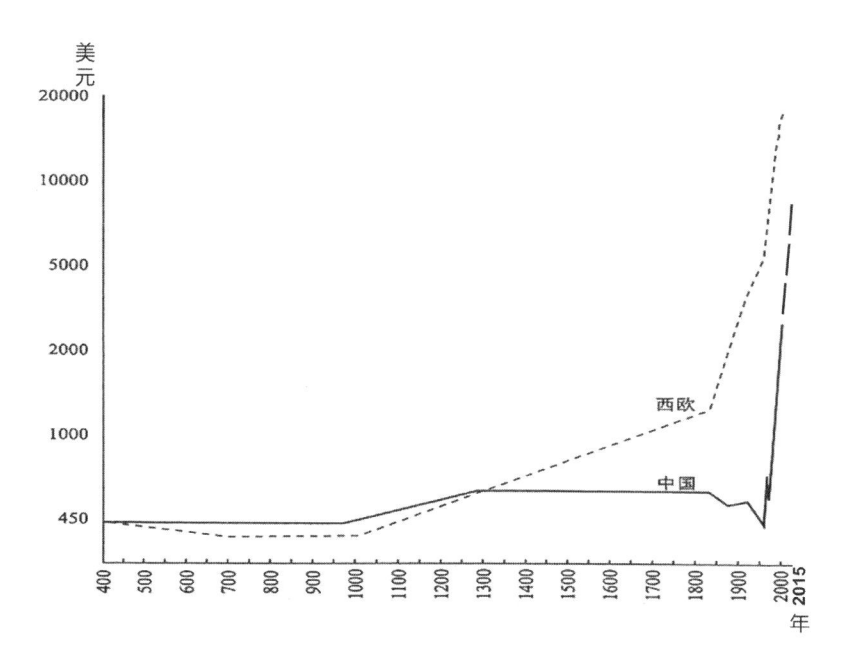

图 1. 一千六百年里中国与西欧人均 GDP 水平的数据曲线图

基于英国麦迪逊的《世界经济千年史》，比较一千六百年里中国与西欧人均 GDP 水平的数据曲线图（早年没有美国），很容易发现一些拐点、特别是下滑拐点。我国的人均 GDP，仅仅在 20 世纪末尾，在迎接 21 世纪曙光之时，才开始持续地快速上升，出现明显的加速。而这主要得益于改革与开放，即思想解放。

看过去一千六百年里，历史上人均 GDP 的高低，可分成三个阶段或者时期：

1. 中国和西欧低水平阶段。公元 400 年，西欧和中国的 GDP 均很低，约人均 450 美元。随后近六百年时间里，由于进入中世纪，西欧的 GDP 开始逐步走低，逐渐略低于中国。

2. 中国的发展阶段。惊奇的是，公元 400—975 年左右，近五百年里，中国的 GDP 几乎没有增长，公元 975 年出现向上拐点，公元 975—1270 年左右，连续上升了三百多年后，此时的中国的 GDP 是古代的最高峰、也是古代高于西欧的最后时间节点，约人均 GDP 800 美元。对应的时间在宋朝末年阶段，《清明上河图》大约就反映了那时的场景。随后马可·波罗笔下元朝的中国似乎遍地黄金，人人绫罗绸缎，让西方人产生对东方的神秘想象：世上最美、人口最多、最昌盛的王国。很显然元朝是中国古代生产力发展走向停滞的显著拐点。

3. 中国停滞、西欧发展阶段。公元 1270—1840 年中国的人均 GDP 是一水平直线，没有提升，期间跨越了元朝、明朝、清朝。公元 1840 年以后，清朝晚期、近代以来的中国出现的主要是向下的拐点。

研究业已表明，处于黑暗中世纪的西欧社会并非没有发展，其实仍然保有一定的创造力，在持续变化，而且变化较大，孕育着未来的文艺复兴。公元 1000 年开始，西欧的人均 GDP 出现向上拐点，开始大斜率直线提升，直至公元 1840 年左右，其中在公元 1290 年与中国交叉，到达人均 GDP 800 美元，开始超越中国。

4. 中国衰退、西欧跃升阶段。在公元 1840 年后，西欧达到人均 1500 美元后，再次出现向上拐点，以更快的速度和更大的斜率发展。公元 1930 年后，西欧人均 GDP 到达 5000 美元。公元 1300 年的西欧已大大不同于公元 1000 年前的西欧，约在公元 1500 年左右，中世纪临近结束时，西欧的技术、政治、经济结构，已在世界所有其他文明中占有决定性领先优势。

中国令人伤心的拐点，大约出现在公元 1270 年前后、1830 年前后、1920 年前后、1960 年前后、1966 年前后。除 1270 年开始有不再增长的停滞拐点，其余均为衰退拐点。这些拐点在时间上大约对应于欧洲文艺复兴、侵华的鸦片战争、量子论的兴起、三年自然灾害和"文化大革命"。在中华文明的多次经济大失速中，尤以 1960 年代三年饥荒的失速最为严重。

在近一千年间，中国各皇朝的人均经济发展水平（即人均 GDP）长期在低水平徘徊，基本低于欧洲、远低于文艺复兴的欧洲，中国不是人们想象的那么富裕，仅仅是因为人口众多（如明朝、清朝）、地大物博，所以经济规模总量较大而已。

5. 中国快速追赶阶段。中国真正的全面发展，起始于改革开放，跨越小康，快速走向先进社会。

从这些历史可以看到，人均 GDP 低于 450 美元以下的社会，几乎是权力交替循环阶段，是自然进化、弱肉强食的帝王权力或者宗教权力交替循环垄断阶段；人均 800 美元可以是小康阶段的判据，450—800 美元是走向小康阶段，中国曾经在古代达到过小康阶段，主要在公元 1270—1830 年左右；人均 5000 美元是走向富裕社会的标志。

自 1270 年起，中国的人均 GDP 开始落后于西欧。在 1830 年左右，尽管中国的人均 GDP 已经远落后于西欧，但中国的物质 GDP 总量在世界仍然遥遥领先，所不同的是，在思想和精神上，那时的中华大地已经是金玉其表、败絮其里，僵化腐朽。人们心目中的"康乾盛世"并不存在！一是所谓的康乾盛世时，人均 GDP 很低，只是巧取豪夺的权贵和皇室非常富裕；二据当时英国访问团的记载，他们眼中的"乾隆盛世"是一个充满文字狱，平民赤贫故食不果腹，民众无人权尊严的时代。看透实质的英国人，进而发动了掠夺性的鸦片战争。

西方生活水准从公元 1500 年开始大幅超过中国，随后的二百五十年时间里完成从农耕文明向工业文明过渡，工业文明进一步大幅提高民众生活水准。但 18 世纪的欧洲人都十分崇尚和向往中国的生活，认为中国人是世界上最聪明的民族，因为儒家思想，中国全国和睦亲善，百姓团结、淳朴。

欧洲有着许多传说，比如中国遍地是黄金，作家伏尔泰都说，英国人应当是中国人的徒弟。要想更加强大就得向中国学习。

1800年前，欧洲贵族以拥有一片中国的丝绸和陶瓷、看到来自中国的书为荣耀。中华文明先被人崇拜，但假象后来被打碎。公元1793年，前往中国给清朝乾隆皇帝祝寿的英国人马戛尔尼及其使节团，首次打破了西方人想象的"中国盛世"神话。他们看到的是清王朝傲慢和谄媚并存的态度、穷奢极欲的款待和皇恩浩荡的赏赐、在垃圾中寻食的衣衫褴褛的民众。英国人逐步识破其徒有其表的事实，知道这是一个权力崇拜、官宦傲慢、民众极贫极愚、腐败横行的国家；是一个只有主子和奴才，而没有人人平等概念的国家；甚至只是皇族的私人家产，根本不是一个全体人民的国家，没有向心力和凝聚力，只有愚昧和僵化，于是用枪炮打开国门开始了侵华。面对强敌，统治者力求自保而欺骗民众们要"匹夫有责"，皇帝则逃之夭夭，民众为了蝇头小利，随时准备将皇帝的国家出卖以换取好处。因此，洋人们，便慢慢地开始鄙视并意欲彻底瓜分中华。

鸦片战争爆发前，尽管中国的GDP总量仍占世界总份额的32.9%，领先西欧核心十二国的12%，更遥遥领先于美国（1.8%）和日本（3.0%），但是民众个人的财富已经很少，中国的人均GDP远远落后于西欧，说明国富民穷、统治僵化、民众愚昧，平庸之愚和聪明之恶已经成为风气。

清朝，这个总量上的全球首富、人均上的贫困者、严重的贫富不均的国度，迅速沦落，表面看来是经济结构落后，实质是民众积贫积弱，无法成为支撑国家的健全个体。清朝就好像一个步履蹒跚的肥胖者与西方步伐矫健的健美者在比武，前者是脂肪松散的堆积，后者是肌肉有力的形体。而真正导致这种表象的核心，恰在于掩盖在外表经济总量繁荣下的、民众的精神被奴化和物质贫穷。这源自政治腐败和社会黑暗，最终导致了文明衰落。

第二次世界大战前，罗斯福在《赞奋斗不息》的演说中说："我们决不能扮演中国的角色，要是我们重蹈中国的覆辙，自满自足，贪图自己疆域内的安宁享乐，渐渐地腐败堕落……"当时的国人不禁要伤心地问，中国从人均财富的领先、总量领先，到最后人均财富的落后、总量的落后，难道说聪慧童年、迟钝后天就是中华文明的注定命运？

当然，我们不能忘记当代许多刺耳甚至讥笑的声音，特别是当这种声音是来自与我们具有共同肤色、血缘和相近文化背景的名人之口。2013年，在新加坡实施"开明独裁"的李光耀说：中国GDP将超过美国，但创造力将永远无法匹敌，因为中国文化不允许自由交流和思想竞争……

1965年，"卧薪尝胆"的主角，越王勾践的私人佩剑，在两千五百年后，出土重见天日，无锈锋利光泽如昔。此剑现在武汉的湖北博物馆，疫情过后，建议读者去参观，真的非常令人震撼。除"越王勾践之剑"几个篆字是刀刻的以外，它表面所有的纹路都是自然而成的。而这个合金淬火铸造专利技术，德国在1937年、美国在1950年才拥有，而我们的祖先在两千五百年前就做到了。

既然中国人这么聪明，理应我们该有很多人获得诺贝尔科学奖。但事实是，到目前为止，诺贝尔科学奖获得者中76名为德国人，占20世纪初期的三分之一。1985年至2005年间，获诺贝尔科学奖的有320名美国人，占此期间的60%。现今还有24名日本人，紧随英国，处于第二位。另有3名印度人。但中国大陆，直到2015年才出现第一人。

而巧合的是，诺贝尔生理及医学奖中国大陆第一人，发现治疗疟疾青蒿素的屠呦呦，竟也是受启发于一千七百多年前的道教创始人之一葛洪。他的实验研究著作《肘后备急方》给了屠呦呦重要的启发。没人预料到，冥冥之中，中华的道家哲理和文化，竟然以这种方式，再次展现在现当代人们的面前……

虽然我们以前、一千年前曾经富裕过，但物质的丰富代替不了精神的升华，而精神萎靡和思维僵化却带来后日的饥荒、甚至招致人祸。值得庆幸的是，当代我们的物质条件已有所改善，尽管这并不能代表思维和精神水平的改善和升华，但我们已不再受物质更多的羁绊，可以争取物质解放后的精神解放。

第 18 章

重要的不是思想，而是思维和改变思维

亚历山大的师父、太师父、师祖分别是亚里士多德、柏拉图、苏格拉底。亚历山大的父亲腓力二世，教他用武力征服了已知世界。而他的老师亚里士多德，教他用知识改变世界，真正整合人类的知识，征服未知世界。他打到阿富汗时痛哭一场，认为后面已没有需要征服的地方；他建立亚历山大图书馆，目标是收集全人类所有的书籍。结果是，他通过征服建立起来的帝国，在他去世的一年内就全部土崩瓦解，而他给人类文明留下的亚历山大图书馆，由于信息密集丰富，吸引了全世界无数学者汇聚，影响、改变了人类历史。张首晟讲"笔胜于剑"的故事，就举了亚历山大的例子，寓意基于知识的改变才能长远、才是根本。

在数千年的人类进化中，思维模式的种类是有限的，而知识的种类几乎是无限的，思维方式是影响长远而广泛的，而知识描述则是短暂而狭隘的，知识常常需要更新、甚至被淘汰。思维的寿命远远长于知识的寿命。

在英国伦敦西敏寺里，有很多挂在墙上或是安置在地上的墓碑，其中有女王、丘吉尔、莎士比亚、牛顿、达尔文、狄更斯、霍金等，他们中最早的一位是公元 1200 年左右的国王。大教堂其中地下室有个无名的墓碑非常有名，有人说是圣公会主教的墓碑，上面有这样一段文字："年轻的我，梦想改变世界。成熟后，发现我不能够改变世界，于是缩短目光，决定只改变我的国家。暮年后，发现我不能够改变国家，最后的愿望仅是改变一下我的家庭。但，这也不可能。当躺在床上，行将就木，突然意识到：如果一开始仅去改变自己，然后作为榜样，我可能改变我的家庭，进而在家人的帮助下，为国家做些事情，甚至可能最终改变世界！"

据说这个碑文对年轻的曼德拉起到了很大的触动作用，从而改变了他的人生轨迹，由崇尚暴力革命转向了和平抗争。他反对种族隔离，因此身陷牢狱二十七年，出狱后成为新时代南非的首任民选总统，后又从总统回归平民。他建立了国家真相调查与和解委员会，调查历史真相，倡导国家和解，实行民族团结。他通过改变自己去改变团体，通过改变自己的思维去改变社会的思维。

老子云，千里之行，始于足下。西敏寺的无名墓碑，启发人们：对一个个人而言，如果想要改变家庭，改变社区，改变国家，先得改变每个人自己，改变自己的心灵世界。每个人改变自己，就得从身边点滴做起，继而推而广之，就能改变世界。

对国家而言，先要改变本国，再来影响世界；对个人而言，先要改变自己，再来影响他人。一个人影响不了自己，控制不了自己，领导不了自己，就无从谈起去影响他人，控制他人，领导他人。

有人说：无法改变天气，但可改变自己的心情；无法改变人生，但可改变人生观；无法改变风向，但可改变航道；无法改变别人，但可改变自己。

要撬起世界，支点不是地球、国家、民族，也不是别人，最佳支点只能是每个人自己。要想改变世界，就要先从改变自己做起，而改变自己，改变心灵，首先要从改变思维开始。如此，才有可能真正地有所作为。

康德说：不要从我这学习哲学，而要从我这学习哲学思维；思想不是仅仅用于背诵的，而是用于思考的。即，重要的不是给予思想，而是思维！

今天的我们，物质生活已经改善但幸福感低，财富增加了但社会问题更多，这些都源自人们的思维、思想、精神上出现了障碍，以至于看不到问题、或者解决不了问题。我思故我在，思维对个体、社会、国家的生存和发展起着核心而关键的作用。我们有必要在这里辨析一下，什么是思考、思维、思想？

一个不恰当的比喻是，思考是指动脑，更多指状态或起点，英文原形是 think；思想是思考的结果和论断，重在多样，英文是过去时 thought；思维是思考的过程和方法，重在自由，英文是进行时 thinking。思考就像人们要开始走一段路，思维就是用什么方法走过这段路，是骑自行车、还是开汽车，走过以后，得有个对过程与方法的最后总结，以指导未来，就是思想。

这正像在教育中，为培养具有独立思考能力的学生，为培养具有独立生存能力、发展能力的学生，人们常常强调的是应该教会学生如何做面包，而不是直接给学生面包；要教会他人如何"渔"，即捕鱼，而不是直接给他们"鱼"。

大约四百多年前，在那知识相对贫乏的印刷时代，培根有一句非常著名的话，一直流传到今天："知识就是力量！"可是，所有人都知道，当代是一个知识爆炸的时代，网络上大量的知识，真假新旧知识，均出现在社会各个角落和网络，这些东西塞满人们感官，使人有一种无所适从之感。人们不知道哪些是垃圾，哪些是宝贝，常常貌似忙碌着，其实很空虚，看似学习着，其实依然无知。对个人发展、文明发展而言，不同的时代应该有不同的原动力。因为现当代知识的获取、贮存、传承已经不是难题和制约性因素，知识的生产和创新，日新月异。由于人们的言行和行动是思维的反应、思维的工具；因此在此情况下，有必要改变已经过时的几百年认知：知识就是力量。必须大声疾呼：思维才是力量！

没知识可怕，思维僵化更可怕。改变思维，不是落入简陋、对立的矛盾陷阱，不是由左的思维转向右的思维，也不是由右的思维转向左的思维，而是由狭隘的思维转向多方位的全景思维，从垄断单一思维走向差异多样思维，从极欲的思维走向自然的思维。改变思维、改变世界不靠救世主，靠每个人自己自由独立的探索和感悟。劝告那些自我感觉似乎已经清晰认知了思维、认知了世界的人，不能自作多情，不要强制干涉别人独立自由的探索和感悟过程，不做救世主。

改变思维，就是拥有打开第三只眼——"天眼"而到达幸福的能力。改变的基础，在于有预备的、可供选择的思维模式存在，如果没有预备的选择性，改变就不存在。只有一个操作系统的电脑，不存在改变操作系统的可能性。所以，改变不是非此即彼，而是自由的选择性，不是强迫的唯一性。

有人说，社会的改变不是少数"精英"的思维改变了很多，而是多数人的、千千万万民众的思维改变，哪怕慢慢地一点点改变。每个人再普通再渺小，但对身边人的影响却是很大的，而且持续影响。

新思维，是指突破人类的认知极限。改变思维，就是可以在人类已知的思维市场里进行自由挑选，在思维海洋里随心遨游，不受限制，突破单一思维垄断，获得思维自由。

蒙洛迪诺的《思维简史》认为，亚里士多德及其学生有一个观点，"科学是对生产生活的观察和总结，科学知识对实践有指导意义"。这种观点即使在数百年前，其正确性已受到挑战。而今天，这些话，相当程度是错的。开启科学的第一步，是脱离日常生活的：先有思维方式的改变，后有验证性的实践。

第 19 章

第一步是改变态度：返璞归真、有容乃大

改变思维的最有效途径，是返璞归真，回到对一切充满好奇的童年，抛弃各种有形和无形的思想枷锁。

自然是最伟大的教科书、无字天书。贴近自然，心近自然，与自然同行，才能发现自然的轨迹和真理；运用自然的力量，才能获得发明创造，进而改变人类的文明方向和进程。如果局限于人类创造的书面文字，看到的是限于已有语言文字所能表达出的自然；囿于只言片语，看到的是被人为阉割的自然；游走在字里行间，可看到语言背后的自然；感悟于无字天书，才能触及真实的自然。

拥有自然一样博大的胸怀、有容乃大的气魄，才能体会蕴藏在自然中大道无形的真理。独立、自由、自在，是进入自然并在自然中生存发展的途径。返璞归真，才能实现思维自由、精神独立。思维自由，才能不被人为的禁区和铁丝网所阻隔；精神独立，才能不因人为的诱惑而迷失方向。

文明进步依赖于经济的进步，经济进步取决于科学技术的进步，科学技术的进步植根于每个人的创新创造潜力的自由充分发挥，而人的这些能力则取决于经由教育或者实践训练而获得的思维自由和精神独立。而要达到这样的独立自由境界，自然生态的差异性、多样性与和谐共存、竞争共生是必不可少的条件和前提。

改变思维，才能走出精神的牢狱。这些无形的牢狱可能是他人强加的，历史承袭的，环境设置的，也可能是内心自找的。有形的都当消失，无形的方得永存。无形的监狱可能比有形的监狱更为坚固，更难穿越。

改变思维，才能改变生活、心态、言行、社会、人生。超越固有的思

维，才能真正懂物理、辨事理、通人理、调心理、明伦理。人有时被定义为会发明使用工具的高级动物，有时又被定义为会发明使用语言文字的高级动物。俯瞰大千世界，人只有挣脱权名利情的束缚，才可以在从物性、兽性、人性，最终到"神性"的自我人生进化中，迈向崇高，不断进步；才能超越物性，远离兽性，展现人性，臻至"神性"。

万年的人类发展历史无不清晰地昭示，理性和剔除个人感情驱使的评价判断，为科学技术发展指明了正确的方向和累积了基础，从而使后继的人类文明进步大大加速。今日人类社会和环境生态的演进，离不开对自然力量的适度应用即技术发明，而技术进步的源泉是揭示自然规律的科学发现。

通过尊重生态、人性、科学的"复辟"（文艺复兴）或者创新，伴随技术的进步、新发明的推广，人类历史经历了多次产业革命，进而通过剧烈、颠覆性的"文明革命"，实现社会转型，其以生产能力剧增和生活方式巨变作为主要特征。最初，人们经历了从采集渔猎的原始生活到农业的"农业革命"，进入以镰刀、耕犁为标志的农业社会；随后，人们经历了从传统农业到工业的"工业革命"，进入以铁锤、机器为标志的工业社会。现在，我们正经历着从传统工业到当代高新技术产业的"信息革命"，进入以鼠标、网络为标志的信息社会。今后，我们经历"人类革命"，可能进入机器人和人类思维相结合的智能社会，即思维社会。

思维比信息更重要。在思维的社会里，思维将成为影响世界的主导力量。思维的传播依赖其天生魅力和自然吸引力，将能展现出可改变各行各业的辉煌业绩。思维不可能靠灌输驯化和强权控制得以实现。农业社会、工业社会，更像是物质生产的时代，而信息社会、思维社会更像是思想生产的时代。

占有物质，是以对方减少为前提，带来的可能是损失和痛苦；占有精神，是以共享为前提，带来的是获得和愉悦。心可比天宽，思维可比天大。

第 20 章

痴呆病根:"奶嘴乐"和"心灵鸡汤"

2020年新冠疫情中,欧美国家和民众原先以为事不关己高高挂起,自己可以刀枪不入,因而冷眼旁观,甚至冷嘲热讽,结果疫情迅速蔓延。欧美许多医学专家初期也大大低估了风险,意大利、西班牙政府起初迁就放任民众,最终大意失荆州,英国左右摇摆于"群体免疫",连首相也进入了危重病房抢救;美国则全线沦陷,在偏执傲慢带来的灾难中挣扎。

1995年,旧金山举行集全球五百多名经济、政治界精英云集的大会,与会者包括乔治·布什、撒切尔夫人、比尔·盖茨等。他们一致认为,世界上贫富悬殊成为重大问题,20%的人占有80%的资源,80%的人在被"边缘化"。美国前国务卿布热津斯基则提议向全球推出"奶嘴乐"战略,即给80%人的嘴中塞一个"奶嘴"。以"心灵鸡汤"为代表的麻醉、温情、半满足、低成本的办法,正在消解失落者的不满,使他们不再有独立思考能力。

不想思考、不会思考、不敢思考、惧怕思考,当前正成为一种流行病。互联网上,简单的复制、粘贴和信息场上的随波逐流,正造就新的年轻痴呆和四体不勤。僵化封闭,不勤用脑,懒于思考,缺乏深度思考,做"沙发上的土豆",正不断增加罹患老年痴呆的风险。而这种流行病不仅仅会给本人带来健康问题,更可怕的是,其广泛流行后,在少数存心不良者的利用下,就会造成平庸之恶!这些平庸之恶,能连续击穿人类为防止灾难的无数关卡,导致无数社会公共卫生安全问题,像非典、禽流感和假疫苗、新冠肺炎等。

互联网时代的"反智思维",几乎无时无刻不在上演。劣币淘汰良币,硬核本质无人问津,出现了社会失落边缘者、网络的速食快餐文化、乌合之众汇聚的典型的舆情三结合现象。种种怪相有：迷信"成功学"，宣扬比尔-盖茨等也就肄业，忙于与"国学大师"合影，不花费时间读书，把专家嘲为"砖家"，把教授讽为"叫兽"，沉浸泄愤排忧的幻想，痴迷一夜成名，梦呓一夜暴富。这一切本质反映了闲暇人们对不劳而获的向往。然而恰恰不知道在资本和权力的镰刀下，自己是天然被收割的对象。

微博博主以年轻人为多，遍布各行各业，认知传播情绪激烈，他们或围观叫骂、或热泪感动，思考肤浅，情绪不稳，急躁糊涂，胡乱跟风，集体人格不稳定，集体情绪阳光但刺眼。微信上以成年人为多，知识和各界人士不少，讲道理、思考深、内涵足、见识广、维度多，冷嘲热讽、虚无悲观、批评过剩、建设不足，群体认知深沉但抑郁。

在疫情期间，自媒体常带有更多的主观性和情绪性，而主流媒体有时缺位或者经常偏位。在2020年的元月初，一位本土出生、在香港工作的世界著名的病毒学家，早在武汉封城前，预言新冠病毒的可怕和灾难至少为非典的十倍，他的科学分析和对疫情的"悲观"看法，被斥为耸人听闻，网络和自媒体以及纸质媒体对其几乎是一致的嘲笑和谩骂。借他的"逃跑说"对他进行人身攻击。不幸的是，这一次"谣言"成了遥遥领先的预言。

2020新冠疫情期间，谣言四起、常识缺位，反智的阴谋论盛行，其原因在于人们普遍的不假思索的习惯：有限的知识和见识，不追寻事物的真相，被恐惧和惊慌控制，丧失起码的理性，成为虚假信息俘获的羔羊，为立场和偏见所僵化等。有人嘲笑，我国的社交媒体在此期间，经历了"四大战役"：与病毒疫情抗争；国内外的抗疫模式及背景比照；与不同的观点立场战斗；与设想的未来政经巨变而争吵。

在如"沙丁鱼"罐头般的群众游行或集会上，当物理空间上的几十万、上百万的人群聚集在一起，有可能出现精神情感上的群情振奋，此时，每个人如果不能脚踏实地，独立自控，必定在人海拥挤中，两脚离地，轻易浮起而随波逐流，就像汪洋大海中的一个微不足道的分子，被压下，被抛起，像浪花泡沫一样被重重摔落在地。许多人群聚集踩踏导致大量伤亡的事件，就是如此发生的。

令人痛心的是，许多人依然拒绝思考，放弃智慧，甘于蒙昧，乐于成为网络洪流中的一个小水滴。其根本原因，是个体丧失了独立思考判断能力，被流行梦想和热点话语所蛊惑裹挟，成为一钱不值的炮灰。

千百年来，系统阅读是人们的智慧源泉，它引导大脑独立思考，形成系统化的思维。系统化思维，犹如在看一棵树，尽管还看不到树根，无法触及第一性的根本原理，但能看到有机结合的有结构的树干、树枝和树叶等整体。而进入互联网时代，由于过于快捷方便，速食快餐化的阅读、碎片化的阅读，犹如只有成千上万的树叶，完全没有结构、没有关联，故也没有功能，从而形成了碎片化思维。一个在手机上不停刷屏的人，大脑停息重整时间甚短，信息泡沫和谣言充斥社交空间，互联网海量信息挑逗引诱，大脑无时不沦陷于无用信息之中。互联网产品设置人性陷阱，拼命煽起人的极欲，提供瞬间满足感，使没有独立思考时间的人们，就这样失去了独立的分辨能力。

更致命的是，无论是资本格局还是权力格局，都不希望个体思考，希望个体堕落为流量洪流里的无足轻重的一颗小水珠。在布局的资本家眼里，看到的全是绿油油的韭菜，可以任人宰割；在权力布局者的眼中，看到全是享受"奶嘴乐""心灵鸡汤"的巨婴，可以收割灵魂。越缺乏独立思考，人越试图寻找一个偶像。在2019年的上海"流浪大师"，还伴有"轻狂媚娘"，无脑的簇拥者希望偶像为自己做主，让自己有皈依上帝的感觉。

跑步时，人无法思考；嗑瓜子者，不在思考。一粒瓜子，从嗑壳到吃仁仅几秒钟，吃到就是反馈，从劳作到收获极其迅速，大大强化了人的条件反射和不加思考。但是工作学习却没有这样轻巧的捷径。嗑瓜子，几个小时，一会儿就消耗光了，时间过得很快。而如果是进行学习或者阅读思考，时间就过得很慢。

"嗑瓜子"启发互联网产品商人们缩短反馈周期，让每一次网上触摸点击，几乎都有实时反馈紧随，好尽力俘获并麻痹每个人的大脑。如此培养出了网络时代的网虫新物种：大脑痴呆、条件反射的"网上蠕虫"。

有人说，你能看到的，都是别人故意让你看到的。如今的网络通过大数据分析，定向投送想让你知道的讯息，剥夺了你获取不同意见信息的权利，垄断诱导你的思考和兴趣，以实现圈养，以便"屠宰"或者谋利。

敢于思考、善于思考、经常思考、深度思考、终生思考，带来的是健康的身体、平和的心态、健全的体魄、不迟钝的大脑、对生死的淡泊。

一个人平和中庸，并不是错，习惯平庸不思考，无意识地随大流去做了违背自己内心意愿的事，有时也不是大错。但如果平庸到不再拷问自己，不思考自我、他人或者周围的对错，如群羊亦步亦趋地盲目跟从服从，进而完全突破不辨道德是非的底线，不尊重生命和生态，最终随波逐流地变成庸人做恶事，虽可用羊群效应作托词，但那就是平庸之恶。

罪恶是邪恶的人作恶，平庸之恶是庸人在特殊的情况下做了恶。人可以不做烈士，但起码不做帮凶。善人做恶也是恶，必将面临后补的道德和法律的制裁和审判，而这是防止个体堕落、社会堕落的重要支柱。

极权专制独裁的基础，就是"人造神话"蛊惑下的群众运动。当整个社会缺乏批判性思维，只允许一个人思考，那么此时，与之附着的众人平庸之恶，可以毁掉整个群体或者世界。有关的事例如反人类的德国纳粹、红色高棉等。

古有一笑话，众人欲聚餐，约定某日每人各自带酒，倒进公用的酒桶中混合勾兑出众人之酒，以共同分享品尝。结果聚餐之日，每人将所带的酒一起混合后，分予各人品尝时，众人都大吃一惊，都不敢声张，因为酒杯中没有一点酒的味道，完全是水！在赴宴前，每个人都在为自己的小聪明、适时贪小便宜而洋洋自得意，却产生此互害互骗的结果后，以致每个人都无地自容。这就是人性弱点的充分暴露。这就是每个人的微小的平庸之恶，汇聚组合成每人都有份的巨大灾难之恶。

无数突破道德底线的公共伤害事件或者自然生态灾难，如伪劣疫苗、天津爆炸、重度雾霾、2003年非典疫情、严重矿难、响水爆炸、2020年新冠疫情、宾馆倒塌等，其得以发生的共同原因是，众多个不同的预防控制环节被先后击穿，甚至全面失效，而涉及其中各环节的每个人都有了一定的问题或者责任。如果哪怕其中一个环节得以控制，就不会发生如此的巨大灾难，这就是"平庸之恶"造就的恶果。每个人理应不放弃独立思考，不逃避良心判断，心有对法律、生命和生态的敬畏，承担起每个人应有的道德和历史责任，有时，甚至只要有一个人如此做了，或者勇敢或者巧妙地承担起责任,这些向恶的连锁反应就可能戛然而止,物质病毒或者精神病毒的传播就可能会被遏制,社会灾难或者溃败就可能就此被停住。

雪崩时,没有一片雪花是无辜的,每个人都无权无理由拒绝自己的责任。社会风气的好转、生态的清明美好,需要每个人在力所能及的范围、以自己独特的方式告别"平庸之恶"。因为任何人都可有机会逃离"平庸之恶",或者以自己的"平庸迟钝、未充分领会、不小心失误",反向地应对邪恶的驱使、降低甚至杜绝邪恶的效率和功用。

人拥有大脑,其各个部分有不同的功能(左、右和连接)。人与人之间在大脑和各个机体部分组成与功能的差异性、多样性,就是用于每个人的独立思考。人的肠胃消化有形的食物,将其变成自己有形身体的一部分;人们大脑消化无形的知识、思维和精神,进而形成自己独特的良知、精神和灵魂。失去大脑的人,形同亡身;而有大脑但不思考的人,无疑是行尸走肉的低等动物,没有人类的灵魂。

所以,为了身、心、境的健康,就得留住良心,注重良行,葆有良知,守住道德的底线,因此,我们必须把经常思考、每天思考、共同思考、深度思考,作为一种生存方式、生活方式、享受方式。

第 21 章

大愚若智：当今思维僵化的典型征兆

大愚若智的美国政客在中国疫情最严重的时刻，都没装模作样地小恩小惠地表示一下支援，而是隔岸观火当看客，甚至幸灾乐祸。总统特朗普为了保选票，保股市，保经济，不愿面对疫情迟早会到来的预测。即使疫情席卷美国之后，他仍然大事化小，转移目标、推卸责任，使用"中国病毒"这样的歧视性字眼。

疫情之初，日本副首相兼财务大臣麻生太郎2月份主动表示愿意援助意大利和西班牙，却被对方傲慢地拒绝。意大利副总理竟然当即表示这是黄种人疾病，和他们西方人没有关系。傲慢和自大的代价是如此惨痛，结果两国在3月底成为世界感染者最多和死亡最多的国家之一。自负的特朗普也被迫承认美国病亡惨重，超过"二战"。

有人说，新冠肺炎病毒，专门治疗东方和西方政府、官员及民众的各种轻视和不服。在信息化社会，人类的阴暗面被小小的病毒给揭示了出来。疫情颠覆了人们过往的许多认知。要预见和躲避类似的事情再次发生，就需要在灾难中反思，放下偏见、自私、傲慢、自大……才是作为人类最大的责任。

一个在中国宁波工作的瑞典女孩，她前后经历了中国和欧洲疫情的整个过程，以亲身经历和体会，批评了瑞典政府的迟缓和消极，也指出了瑞典民众对疫情认知的局限性。

美国的疫情源自美国精英阶层的惯性思维和由思维判断上的严重偏差所造成的决策错误。2020年4月4日，纽约州长坦陈："病毒在中国传播时，我们认为病毒只攻击亚裔免疫系统，没想到造成了如此大范围的传染。"

2003年的非典病毒致死率非常高，但是传染性不强，疫情从中国广东等地爆发后，很快得到了控制，感染者和死亡者大多数都是亚洲的黄种人。它造成了欧美人一种错觉，非典这类冠状病毒只对亚洲人敏感，而欧美人好像天生免疫。尽管此次世界卫生组织和中国一再提醒、警告，欧美国家仍然将信将疑，甚至熟视无睹，结果酿成灾难。

新冠病毒与SARS病毒虽然同属，传染力却远高于非典和流感病毒，死亡率是流感几十倍，上呼吸道病毒浓度是非典患者的1000倍。

智者追寻看不见的，而愚者只相信所看见的。"井底之蛙"，所见所得就是井口和其上巴掌大的天，至于大海、群山、沙漠、森林……它完全不能理解，因为这些超出了其认知范围。

人们常常忽略一种愚，即"聪明之愚"，这样的人，要么缺乏宁静思考、深度思考的习惯，要么缺乏对权威的质疑，缺乏对自己的反省。处于如此愚蠢状态的人，甚至会认为自己掌握了世间终极的宇宙真理，掌握了真理的每个细节，甚至狂妄地认为自己就是真理的化身……当代最严重的流行病，许多人最大的问题，是思维不正常，思维缺乏逻辑。

批判性思维、挑战权威、独立体验、敢冒风险，是具有创新能力的个人、群体、社会、民族才会拥有的素质和能力。创新能力的不足源自缺乏充分鼓励创新的土壤、氛围和文化。循规蹈矩、人云亦云、枪打出头鸟的文化导致缺乏批判性思维。而不会批判，是因为根本不知道世界上还存在着其他不同的思维模式，以为世人眼中可以看到绝对真理，不知道太阳系之外还有不同的星系和世界，不知道思维具有多样性、差异性。如果没有思维的多样性，就谈不上选择，也就不会运用其他思维。

孕育出批判性思维、挑战权威、追求真理的文化，才能使每个人真正理解独立、自由、平等的真谛，使人们超越个人僵化的偏见，在反省中感悟幸福，获得内心的安宁。当一个人或者社会缺乏批判性思维，惧于挑战权威，沉迷世俗利益，那么，一些低下的素质修养表现，如对独断权威、决定性思维的顽固迷信，思考和言行缺乏逻辑性，就会忽隐忽现。没有自由思维和独立精神的人，愿意做听从摆布、人云亦云的工具，具有可替代性，甚至奴性……

我曾经好奇地观察到，人群中思维的认知比例，大致如下：缺乏对量子思维的认知，约占 95%；缺乏对形式逻辑的认知，90%；不知平面几何讲什么，85%；缺乏形象思维，65%；缺乏科学精神，90%；缺乏人文精神，50%；误认牛顿经典力学是普遍真理，75%；只读一种观点的书，70%；丧失反思反省能力，40%；害怕新体验、不学新东西，30%。

而在这些病症中，对现代人/当代人而言，在日常思考中，最为典型和普遍，也不易觉察，也最为致命的，就是缺乏对量子思维的了解，迷信或者深陷经典思维之中，不能自拔。这种人认为牛顿力学为代表的经典思维就是真理，从而坠入宿命论/决定论（确定性）思维。患上如此病症的人，往往不自知，并认为别人痴人说梦，思想怪异。

牛顿为代表的经典思维，是在牛顿之前人们孜孜以求、而到牛顿时代达到顶峰的一种思维。我们从中学开始就学习牛顿力学，训练经典思维。要特别提醒的是，并非牛顿力学或者经典思维不正确，而是我们常常用得不正确，或对其过度迷信，而忘记了它是有限真理、相对真理，是有前置适用条件的真理，不是万能的放之四海而皆准的绝对真理，是一个仅仅在宇宙时空的某个特定尺度范围（特别是我们眼睛可见范围）基本正确的描述方法之一（不是全部）。然而，可惜的是，我们许许多多现代、当代的社会理论与实践、生态理论与实践，大多是基于牛顿力学为代表的经典思维而建立起来的。

牛顿经典思维的另一个称谓，就是决定论思维，指以牛顿力学为代表的经典科学理论的哲学思维方式。在 18、19 世纪，这种方式曾经是科学界以及其他各界的主流思维模式。对决定论最简单、简洁的理解，就是宿命论/确定性思维。

决定论明确，所有的事件都是完全由其先前的事件决定，不可更改，只有唯一正确的道路，不存在自由意志，不以人们的意志为转移，不存在过程的主动性、自由性。

持这样思维的人，会认为一切事情，从宇宙开始时便如此。宇宙始发的事件导致了后继的事件，此事件再导致随后的事件，因果相连的链条一直发生到现在和当代。今天看来，如果这样的经典思维针对大多数非生命的领域、宏观机械领域尚可基本正确，可一旦其进入其他时空，则漏洞百出。

在 20 世纪，由于科学和哲学的发展，18、19 世纪流行的经典（决定论）思维，遭到了数不胜数的反驳和批判。在人的自由意志和量子力学等理论和实验的全面挑战下，经典（决定论）思维已经不再成为主流。

经典思维要我们相信，天、地、人的规律是彼此不同的，不是同一个规律，生态与社会是可以分割的，结果产生出现了一系列社会、生态问题，甚至灾难。而现代科学技术，特别是量子思维告诉我们，天、地、人是有相关性的，是不可分割的，对社会与生态，尤为如此。

有人开玩笑，今天社会上能碰到的 21 世纪的思考者，大多受某些过去流行思维影响，能达到的境界就是这种经典（决定论）思维，也就是 18 世纪的水平。这些思考者尽管认真而自信并严谨，思考的精神态度可喜可嘉，可从思维上讲，他们滑稽得就像是生活在当代的"古代人"。可以想象，这样自信可爱但愚蠢的"智者"，将会把自己和周边以及社会和生态引向何处。

另一种病症患者较多的是，形式逻辑思维缺乏症。这种病症者认为逻辑就是辩证，只知道辩证逻辑，简单地把世界理解为黑白/阴阳二元或者对立统一，而并不知道常用的逻辑主体是形式逻辑。尽管我们所有人，从中学就学平面几何，学习这门几千年前就问世的学问，却不知道这是从少年儿童就开始的严谨的形式逻辑训练，特别是推演（演绎）训练。

形式逻辑教会每个人知道什么是道法自然的秩序，人们只能遵从自然秩序，而不能违反自然秩序。而许多人在言行、治理上的词不达意、行为失当，机构或者公司中低效和混乱的领导力、糟糕的执行力，与缺乏形式逻辑、违反自然秩序均密切相关。

人们思维判断和言行结果的可靠性、正确性，一般遵循如此高低次序：智慧 > 理性 > 感性 > 本能。人们会有在理性、感性中偏执某一端的思维病，即，纯粹强调理性，或者纯粹强调感性。前者，理性主义至上，科学主义盛行，将人文关怀、生态伦理、动物福利置于脑后，以至于让人感觉冷冰冰，致使平静的外表下，隐藏着内心的孤独和迷茫，恰恰忘记了四百年前，康德就强调了对理性的批判，指出了理性的局限。而后者，激情洋溢、天马行空、我行我素，跌宕起伏的情感，成为驾驭自我的主人。这些被情绪或者感情驱使者,常常忘乎所以、伤人伤己、伤心伤身。

　　思维偏执症患者,忘记了每个人的大脑,至少由左 / 右 / 连接等三部分所组成。发挥三部分的作用,而且每部分能运行多样不同的思维模式,才能成为言行独立自由的人。思维狭窄病症和思想幼稚病的特点是,只看一种观点的书,听一种观点的报告,只作一种观点的验证,偏信他人观点,执迷于自身观点,不具有反思反省能力,对他人和自我,均缺乏批判性思考,从而丧失了不断进步进化的能力。

第 22 章

从古到今的思维高铁：给当下一个定位

要从思维演化的角度，重现文明，重塑文明，就要乘坐从远古开往未来的思维高速列车，在文化文明发展路径中寻找丢失的文明基因。我们需要采用回眸过去和前瞻未来的方式，给自己和所处的时代一个准确定位。

不识庐山真面目，只缘身在此山中。我们往往不知道我们目前身在何处，处在何时。迷茫之中，错把自己当成人类进程的一个匆匆过客，而不知道我们正是文明进程中具有自主性的一环，哪怕是微扰的一环。

一只远在天边的蝴蝶，偶尔扇动几下翅膀，可以在几周后在某地引起一场风暴，这就是现代人们所熟知的"蝴蝶效应"。"世界有你没你一个样"的传统经典思维，显然是一个经年流传的谬误，面向当代和未来的"世界因你而不同"的量子思维，可能更符合真实和自然。

我们要想彻底地了解真相，把握今天，就需要用可靠的思考工具，即从科学技术演化的角度去回溯过去，回顾历史，去了解历史的真实，回眸人类文明的轴心时代，孔子早就说过，温故而知新；美国诺贝尔文学奖获得者、出生于镇江、视中文为母语之一的赛珍珠女士也说过，理解今天，需要寻找昨天。

我们不能仅仅沉湎于回溯过去，还需要面向未来的前瞻眺望，需要憧憬人工智能、人类革命、超级人类、"神仙"社会，这样才能驾驭当代。当代是信息爆炸的年代，未来必将是一个思想的、脑科学的、人工智能的时代。未来最为宝贵的资源，将是"大脑矿藏"、思想和智慧资源。其将超越人力和矿产资源，成为人类文明进步的第一资源。

大脑中，意识和意志、思维和精神通过指挥手和脚，发挥着改变世界的重要作用，它决定着每个人的举止修养、喜怒哀乐、机缘巧合和创造力，更决定着民族、国家、文明的命运。关注、研究、模仿人脑为核心的技术将进一步升华机器、超越机器,进而解放人类。

要读懂中华文明相对于西方文明,为何先领先后落后又奋起到并行的表观现象,要使今后的中华文明对世界有更大的贡献,就需要我们借助于科学技术这一可靠的思考工具,由近而远地梳理过去在知识、思维、精神和发明创造演化过程中所发生的一切,准确地回溯分析总结,发现真实内核,在自省的基础上继往开来,进而可靠地前瞻展望预测未来。

对于承载中华文明的每个个体而言,我们需要明白:我们拥有什么,我们没有了什么,曾经失去了什么,还剩下什么,还隐藏沉默着什么,将来还能创造什么,又能为世界贡献什么。这样,就可以通过品味中华五千年的文明辉煌与近代中国百余年的文明之殇,展望未来神仙的世界,将灰暗纠结的人生变成幸福、平和、恬静的旅行。

辉煌的从未中断的中华古文明留给我们的基因还在,一些优秀基因还在,就是没有被再次发掘,仍然在世代沉默。我们占有了全人类最多的双手和高智商大脑,可与我们的古人相比,与世界领先的文明和强大的民族相比,我们在近代、现代恰恰缺少对人类社会应有的重大贡献。我们需要建立源自内心的自信,才能真正实现由里而外的自信。

文明基因就像生物基因,文明进化正像生物进化。进化中,基因有渐进、有突变、有保守、有演化、有显性基因、也有隐性基因。基因沉默是指生物进化中由于种种原因不表达、未起功能作用的特定基因,当代研究已证明,激活沉默基因可以治疗天使儿综合征等等,而这对文明同样适用。

中华文明历史上消失或者边缘化的墨家、道家思想,可能就是被历史所沉默、半沉默的文明基因。如果我们能在现代化的前提下,再次激活这些沉默的优秀基因,就能改变科学技术与工程,改变思维,改变人生,改变社会,复兴文明。

出国留学浪潮不可阻挡,也无法阻挡。我们不能做埋头于沙中的鸵鸟。在中华本土的思想、思维、教育、医疗、科学技术、文明形态尚未达到国际领先水平,尚无法以魅力吸引全世界之前,这股浪潮会继续扩大。

然而,需要静心回首并深刻反省的是,使用非西方文字语言的日本,中华文明的近亲，就从没有出现过如此一边倒的留学浪潮和人才外流，并且日本很早就实现了诺贝尔奖得主等各类精英人才的本土培养，并获得世界公认。

孔子的弟子们在私塾的时代，就按照孔子的思想，写出了《大学》，而建有无数大学的现代和当代，我们每个人的认知是否够格大学，这与是否上过大学无关。我们现有的大学，是否够格为大学。所谓大学，就应该是文明的发动机，是人类、国家、民族最后和永远的精神家园。对大学这个阶段，一个重要的衡量标准和判据是，一个人的知识、素养、能力、思维、精神应该在此阶段有明显的超越自然增长的增值。

对所有中国人而言，我们正处在一个急剧变化的年代，"文革"后恢复高考的第一代大学生，在从入学到退休的一代人的压缩时空中，经历了原需几百年才能完成的剧烈变化。这些变化包括：城镇化，由农业社会快速走向工业社会，大量人口由农村走向城市，其规模在人类历史上绝无仅有；网络化，迅速地几乎同时地从农业社会、工业社会走向信息社会，大量人口从受控有限的现实世界，扩展到难以控制并几乎无限的网络虚拟世界，这在以管束为特色的中华文明历史上从未有过；老年化、独子化和二孩化，短时间里，人口结构通过计划生育政策急速先由金字塔变成了倒金字塔，随后再次倒置，这在人类历史上绝无仅有并空前绝后，老人的孤独、年轻人的压力，均无可比拟。这些变化，还不包括剧烈变化甚至恶化的环境生态、触目惊心的官场腐败等。

面对如此纷繁复杂、快速变化的国情，如果仅仅有物质储备而没有充足的精神准备，人们会感到无所适从。因此，当代社会，迫切需要的是改变我们的思维，通过问题驱使的创新、理念引导的创新，释疑解惑，走出困境。

从宽广的时空、更高维度，观察我们的时代，这对确定坐标，消除困惑，再次出发，会有许多益处。但愿我的思考，能为走出某些时候出现的个人、人类、学科、社会等的种种迷失，探索智慧之路，拥有幸福，提供点滴帮助。

善待并积极开发民智，保护民权，呵护民心，需要将沉重的人口负担、社会压力转化为数以亿计的巨大的智力优势和不可阻挡的创造活力。将十多亿不善思考、不敢思考、不会思考的大脑,变成十多亿智慧的精灵,就能使世界进入新的文明境界。

我所能奉献的,只是可供批判,引发讨论的种种良知和假说。这些良知和假说有其存在发展的理由。正像自然界存在鲜花和毒草,鲜花使人赏心悦目,毒草大多可以入药治病。事物的正负影响和效应,其实与每个人看待事物的角度、观点、立场息息相关。

三个臭皮匠抵得上一个诸葛亮,伟大理念的实现、艰难问题的解决、文明的复兴,无不取决于文明的启蒙、民众精神的觉醒、思维方式的改变和理智坚定的言行。我们要对人类进步和文明演进作出受人尊敬的贡献,就必须开动生锈的大脑和解放僵化的双手。那样,人人都将成为独特的思想家、勇敢的实践者。

第 23 章

历史文明进化的驱动力：科学技术

文明的碾压体现在，高维度的文明、高度发达文明对落后僵化文明的碾压，科学文明对原始文明的碾压。低阶文明要么如风中残烛，默默而亡，要么耀眼疯狂后，如短暂流星，衰竭消亡。

科技是数千年文明持续的第一性原理。众所周知，人类远古和古代，公元前就有诸多早熟而后消逝的文明，如，延续约一千七百五十年（公元前 4000—公元前 2250 年）的两河流域美索不达米亚文明；延续约二千三百年（公元前 3000—公元前 729 年）的以法典、楔形文字、空中花园闻名的古巴比伦文明；延续约一千五百年（公元前 3500—公元前 2000 年）的兴起于印度河流域并创造阿拉伯数字闻名于世的古印度文明；延续约二千八百年（公元前 3200—公元前 343 年）的以象形文字、丧葬金字塔、几何和历法而闻名于世的尼罗河畔古埃及文明……这些文明都没有真正创造出科学，也都相继消亡了。而只有延续约九百五十年（公元前 800—公元 146 年）的古希腊文明，涌现出了米利都的科学和哲学传统，继而希腊思想活动大繁荣二百年，发现许多沿用至今的科学原理或者概念，取得巨大的科学成就和哲学艺术文学成就，继而形成了延续至今日的西方文明。与此同时，黄河流域的中华文明连续已近五千年（公元前 2800 年至今），由于道家和墨家的贡献，中华文明早年也取得了初级原理性的大量科技进步，使文明没有泯灭而持续到今天。

没有水，就没有生命；没有水，就没有绿洲；没有水，就没有文明，有趣的是，东西方的学界泰斗们都对水留下了几乎如此类似的箴言。西方哲学之父泰勒斯（公元前 624—公元前 547）说：水是万物的始基，而东方哲学之父老子说：上善若水。

美索不达米亚文明约1750年
(BC 4000—2250年, 两河流域)

古巴比伦文明约2300年
(BC 3000—729年), 法典、楔形文/空中花园

古印度文明约1500年
(BC 3500—2000年, 恒河流域的), 阿拉伯数字

古埃及文明约2500年
(BC 3200—343年, 尼罗河畔), 象形文字、丧葬金字塔、几何和历法

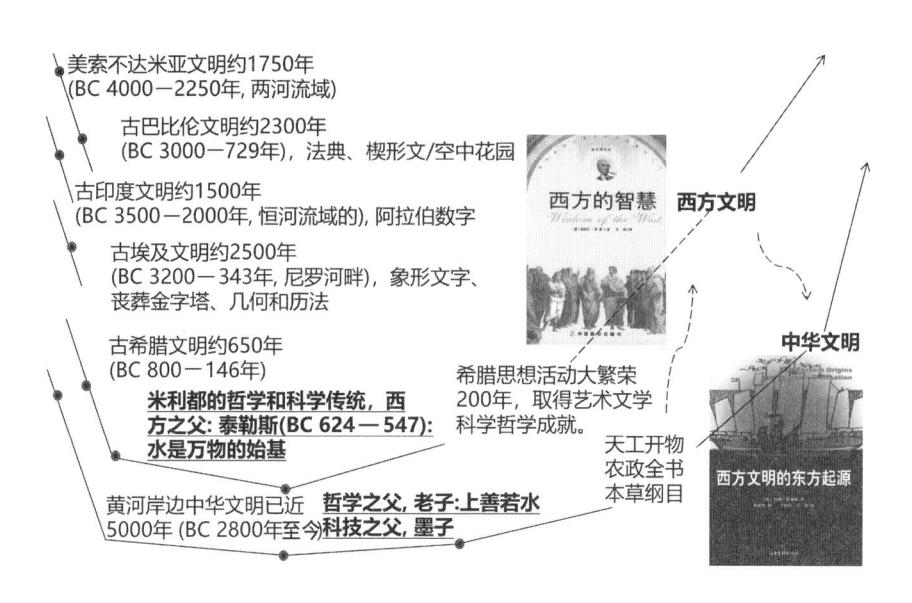

古希腊文明约650年
(BC 800—146年)
米利都的哲学和科学传统, 西方之父: 泰勒斯(BC 624—547): 水是万物的始基

希腊思想活动大繁荣200年, 取得艺术文学科学哲学成就。

西方文明

中华文明

天工开物
农政全书
本草纲目

黄河岸边中华文明已近5000年 (BC 2800年至今 **哲学之父, 老子:上善若水 科技之父, 墨子**

图 2. 六千年中各文明的存续和发展路线图对照

宗教只关心死后和今生幸福，让人们的思考适可而止，故其在人类智力探险旅程中并未起到长远恒定的积极作用；而科学及基于科学的哲学，才真正关心真理和智慧，从而产生物质和精神双重作用，推动了个人和社会进步。所以，可以毫不夸张地说，人类六千年的文明史说明，只有那些真正重视和发展科学技术的文明，才能够存活到今天，西方文明之所以在近代遥遥领先于东方文明和中华文明，核心在于其社会和文明已经早早进入科技驱动的时代。毫无疑问，今日的文明源自科学技术，因此具有各民族普世价值的科学技术是考察文明进程、考察思维变化的重要的可靠坐标。

研究人类的文明文化，无法脱离对历史的关心。历史是文史哲的基础，没有正确的历史和历史观，就无法有先进的社会科学和发达的人文艺术。可是，数千年的历史，在文献记载和学理上，常常会成为"被随意打扮的小丫头"，掌权在位者可以无所顾忌地篡改历史，为其所用。

上天是公平的，进入大数据和人工智能时代，通过逻辑推理，茫茫岁月中被刻意隐瞒的历史信息，会通过新的方式呈现出来。尊重数据和事实的量化历史研究，对过去历史的定量化、数理化的梳理研究，能够揭示被

销毁掩盖甚至长期尘封的历史真相和灾难产生机制，如大规模的腐败、饥荒、动乱等。而大数据的收集、挖掘和研究，则更可能是泄露事实真相的"深喉"，这就是人文中的科学的伟大作用。人文中的科学使得人们穿过天花乱坠、花言巧语，认识把握后面的真相，有了可靠的事实基础。此外，如果在课堂和教材中挖掘科学家研究的心路历程和遭遇，这些科学人文故事能重现枯燥的工具理性中本来就该有的鲜活人文色彩。科学中的人文就会到来。

是什么推动了文明的发展？文明文化背后的最主要驱动力是什么？我一直在思考和观察。所幸的是，我尊敬的前辈、普林斯顿大学韦潜光院士，向我展示了他在麻省理工化工系领衔时所建立的雄厚化工数据处理功底，运用于美国农工商人口比例的分布研究方面，即第一、二、三产业的发展阶段研究，结果发现美国二百年来的劳工结构的定量时间路线图，具有非常鲜明的规律性，随后，他将其运用于分析世界各国各地区的劳工结构所处位置的定量路线图，也确实体现了非常明确的规律性，其与美国的二百年的进化图非常类似相近。这揭示，尽管不同国家的资源禀赋不同，宗教和政治状况不同，但社会和产业的总体发展轨迹、长远态势，基本相同，仅仅是不同国家处于不同的发展阶段、表现形式各异，但有一个类近的共同因素、共同的原理，作为社会的发展轨迹的底层密码在持续推动。

一个国家由农业为主的社会转向工业为主的社会，进而进入商业（服务业）为主的社会，有其自身规律，从农工商劳动力结构比率上，可以显著地、有规律地定量体现出来。这表明，尽管各国社会制度、民族文化、地缘条件有如此大的差异，人类社会的发展有其类近的规律，而发达国家仅仅是先一步经历了许多转化过程，就像有人先一步走向了成熟。

推动这一切的原理，就是隐藏在社会—产业—科技链条背后的逻辑：产业发展推动社会进步，科技进步推动产业进步。这也从一个侧面佐证了邓小平论断："科学技术是第一生产力。"2018年的诺贝尔经济学奖，就授予了内生增长理论开拓者保罗·罗默，他用严格的数学模型证明了类似的观点。

未来社会，在纳米—生物—信息—认知（NBIC）等科学技术的汇聚推动下,忙碌的人类第一次远离物质产品生产的第一线、流水线,从而进入有更多闲暇时光的"神仙"时代,超级人类和无用人类两者并存,相互转换,良性发展。NBIC已成为科学技术和人文社会的最前沿,其是汇聚技术、也是"意识技术",其显示出科学技术汇聚一体化,以及科学技术与人文社会科学汇聚一体化,汇聚的本质将是人机合一。NBIC是如此重要,为便于记忆和运用,参照其英文发音,我在此想诙谐地称其为"牛鼻客"。

由文明冲突走向文明重塑,重塑文明,就是重塑我们自己,也重塑他人,进而达到互动的文明重塑。能采取的最有效办法,就是基于科技人文,作思维方面的回眸和前瞻之旅,重塑真正的人类文明基因和重建每个人健全的人生精神支柱,通过自我革新、自我革命,以开动久已锈蚀的大脑。

第 24 章

科学技术：共同价值、可靠的思维神器

现有的各类书籍，常常罗列事实、论据、立场、观点，但忽视充分呈现思维及其创新。更甚者，历史书时常还有史实错误，这就更难展现真实的思维过程。许多历史史实的错误不是源自认识不足，而是源自谋私利。奥威尔就在《一九八四》描绘了一个极端社会的规则：谁能控制过去就能控制未来；谁能控制现在就能控制过去。修改历史、为己所用，谎言欺世，侮辱的不只是智商和聪明，还有对命运的敬畏、谦逊，是对自省的践踏。

我们需要在纷杂的现实和史实面前，忽略去除无关紧要的细节，不被错误的信息或者陷阱所纠缠，抓住关键普适、高度有价值的思维演化点，进而拎出贯穿数十年、百年、千年的各类思维变迁主线，进而看清我们的过去、现在和未来。

因此，我将从人是神器、科技先行的角度出发，抛弃那些基于权力、基于资本、基于贸易的传统论述，而希望从思维模式、思维变化的角度，梳理挖掘人类的文明史、中华五千年的文明史中的思维变迁，从而便于每个个人能从这些思维模式中受到启发，这样，就可能重新激活沉默的文明基因，跨过沉闷的近代，创造辉煌的未来。

对人类历史和文明的描述，多种多样，最为常见的主流描述，当然是基于朝代变迁、宫廷政变、暴力起义、阴谋夺权、帝王将相、才子佳人的描述，而这类描述在不同的国家、政治派别、宗教眼里，往往看法观点不一样，甚至完全相左，所以对一个文明的看法与判断，不尽相同。

国际学术组织规定，并获得各国的同意，形成了全球的基本共识，只有科学家、艺术家的名字可以用于天体星球的命名，而任何国度的任何政治家、军事家的名字是不允许使用的，这从一个侧面反映了，科学是各方能够接受的思考工具。

与朝代变迁、起义夺权、阴谋诡计、资本贸易、厚黑学等论述相比，学术是更可靠的思考工具，即哲学数学、文学艺术、科学技术，包括社会科学、管理学、经济学等作为思考工具，结论将更为可靠和符合实际。

严格遵从逻辑，并能实验再现证明，是科学的重要特征。这里的科学包括自然科学、技术科学、工程科学、社会科学、人文科学。必须强调的是这里所指的逻辑，只可能是自然逻辑，如果有人为痕迹，就是非自然的逻辑，那本身就不是逻辑。而人工智能则应该包含逻辑、形象、系统等部分。

在面对文明的过去、现在和将来时，可靠的方式，是将科学技术看作定位定标参照系，进而重塑定位人文艺术、经济政治、哲学宗教等文明文化的各类要素，使其各就其位、恰如其分。参照科学，并非鼓吹科学主义，不是将科学神化，也不是要一切都看科学的眼色，而是以科学为起点，对应科学、不拘泥于科学，超越科学、回归自然和人文，重塑文学艺术、社会秩序、人生信仰等文明的方方面面。

幸运的是在文明或者文化中，由于科学技术是全人类共同认可的普适价值观，并且可以定性、定量，甚至定理，具有其他文明文化要素所没有的高可靠性和完全同条件下的可重复性。

学术是一个永远以真实、真诚为支柱存在的王国，允许认识的不足和不断深化，但不允许谎言和虚假的存在；学术又是一个自由的王国，这里有不同的流派和观点，也有一代一代不同的学术朝代。而在其中，对文明进步而言，科学技术与工程是世界所有因素中，唯一具有物质和精神双重作用的文明推动力，常常具有跨越时代的影响力。学术，特别是科学技术也是全世界最为容易被人们接受的共同价值和普遍共识。

因此，我们需要从学术的角度，特别是科学技术与工程和其进化的角度看文明，看历史，看世界。通过回头看看知识、学科、思维、精神的起源，辨析它们的特征及其对社会和每个人的影响，进而理解当代，预测未来。我们先做好"过去学家"，同时，当好今日的"工程科学家"，再做个仰望星空的"未来学家"。

我的目的，就是为了找出文明演化的主线，以梳理出人类思维演化的真实脉络。所以，谨慎选择科学技术作为可靠性、公认度高的工具和方法，用于考察人类文明、中华文明的演化变迁，就成为至要关键。

法国先哲庞加莱说过："虽然人们过去并不因为有科学就幸福，但是如今没有了科学人们就无法幸福。"

有些国人认为，先民主才能科学。但西方实际上也是科学在先，民主在后。没有了科学，也很难对传统文化进行去"巫术"化。

第 25 章

第三境界：走出心困，跳出最好最坏时代

从其他星球看我们的家园，我们是生存在蓝色的地球上，在浩瀚的宇宙中，地球就是那么小小的一点点。这蓝色来自海洋和水系，循环往复流转，它是我们共同的价值和纽带，上善若水。但谁都不能否认也不敢否认，从主流、趋势和前沿角度看，我们地球正处在一个科学的时代、民主的时代、法治的时代、生态的时代。在这么一个时代里，愚昧、独裁、极权等已不再成为主流。

与文艺复兴、百家争鸣可以齐名的是中国的改革开放，尽管目前时间尚不算长，但却改变了民众、民族和世界的模样。在逐步远离苏联东欧那种无所不能、无所不包、高度集权的全知全能的"计划经济"以后，市场得以恢复，社会主义市场经济体制在中国得以建立。在人类进程中不算长的四十多年里，在物质上改变了均贫落后的面貌，呈现出走向民族文明复兴的辉煌景象：成为世界第二大经济体、成为全球最大工业国、高铁位居世界的领先地位、大棚温室设施农业位居世界首位等，并进入中等收入国家行列。

中国四十年的现代化路程，走过了欧美可能两百年的历程。我们国家和民众的优势与弱势，曾经慵懒惰性民众的今日勤劳勤奋，均令全世界瞠目。

与此同期，权力和计划、市场和资本的各自优势与弊病的结合，在让我们欢呼国家崛起的同时，又使我们遭遇了前所未有的困境：环境污染和严重的雾霾等生态灾难、官商勾结的腐败、食品医疗教育问题、严重事故频发、社会普遍缺乏诚信和礼貌、民众公德缺乏素质低下，均在全世界面前毫无保留地全部展现出来。有人在闭眼畅想；有人在挖掘不满，甚至捕

风捉影，唯恐天下不乱；有人信心满满，有的忧心忡忡；有的满怀豪情、信心爆棚、忘记曾经有饿肚子的时候；有的是与我无关的麻木不仁、隐身修炼，而有的则是得过且过、随时准备开溜远行。

一个在物质贫乏时代生存过的、甚至残留有饥饿恐惧感的人，对今日的发展会充满感恩。然而，习惯物质丰富、社会开放、舆论雷同、在信息获取上"翻墙越货"普遍的年轻一代，看待今日的发展，特别是精神世界的获得感方面，有许多心态上的矛盾，甚至逆反。

在称赞今日所创造的一个又一个令人惊叹的经济和建设奇迹的同时，不能忘却我们周边充斥着难以自持的消极社会情绪，如常遇人们左右各执一端的固定僵化思维，网络微信等通讯工具，每日推送着逃避现实、甚至缺乏常识、甚至愚昧的"心灵鸡汤"，每日传送着贫穷者窘境、富裕者粗俗、权贵贪腐等耳闻目睹的国内外各式消息。在机场，常会看到寒暑假期飞往海外读书的人山人海的稚嫩面庞，似乎只要经济条件允许，接受海外教育，自然成了中产阶级的不二选择。

"不谋万世者，不足以谋一时，不谋全局者，不足以谋一域。"大学以培养未来十年的中流砥柱为责任，以培养引领和支撑人类、民族发展的青年人才为目标任务，在此时刻，更需要了解当代和未来社会面临的挑战。

2009年，人民网经民意调查，公布了未来十年的十大挑战：1.腐败问题突破民众承受底线；2.贫富差距拉大，分配不公激化社会矛盾；3.基层干群冲突；4.高房价与低收入的矛盾；5.诚信危机，道德失范；6.民主政治改革低于公众预期；7.环境污染，生态破坏；8.老龄化矛盾凸显，老无所依、老无所养；9.大学毕业生就业更加困难，诱发不稳定因素；10.主流价值观边缘化危机。

2014年，人民论坛调查分析发现，超八成受调查者认为当前社会处于亚健康状态，"信仰缺失""看客心态""社会焦虑症"位列当今社会病态前三项。紧跟其后的"习惯性怀疑""炫富心态""审丑心理""娱乐至死""暴戾狂躁症""网络依赖症""自虐心态"等同列当今十大社会病态。

2020年头两个月里，国内外形势瞬息万变。特别是春节前后，时隔十七年，疫情再次来袭，影响规模更大、更广，让整个国家几乎停摆。这一切，想必是永生难忘。面对社会问题、个人问题，采取什么样的反应速度、心态气度，对给出什么样的回答有决定性影响。

上世纪苏联对切尔诺贝利核泄露的隐瞒，最终让人类遭遇了世纪大灾难。公共危机发生时，靠屏蔽信息无法阻止危机的蔓延，且只能使之恶化，更何况，在这社交媒体发达的互联网即时通讯时代！

人们不可能亲身感知每一件事物，因此信息的全面和透明就非常重要。不幸的是，各式各样戒备过度的防火墙，求同的言论和思维，透明度不高导致信息真实性难以判断。

条件反射、急躁愤怒、狂喜亢奋等是动物性的本能，就像狗一见肉包子，就会淌口水一样，一有问题就想立即回答，那也是许许多多陷于思维监狱中人们的本能。不知自身处境的井底之蛙，认为自己明白所有，一切天经地义，或者它全知全能。急于回答上述问题，难免有非理性的条件反射之嫌，难免失之偏颇。而如果能深刻思考这些问题，抽丝剥茧，理清与之相关的基础背景，思路反而会逐步清晰，判断和结论有可能会悄悄地到来，犹如水到渠成，这将对解决根本问题和其他更长远的问题有所裨益。

在发展顶峰时期的英国，狄更斯横空出世。他没有成为一名讴歌英国伟大的旗手，反而揭露抨击社会阴暗面。他没有因不当言论而被消失，反而让他成为一个备受尊敬的人。对于批评者的宽容度，反映了国家的文明程度。死后，他被安葬在西敏寺，墓碑上写着："他是贫穷、受苦与被压迫人民的同情者；他的去世令世界失去了一位伟大的英国作家。"

"这是最好的时代，这是最坏的时代，这是智慧的时代，这是愚蠢的时代；这是信仰的时期，这是怀疑的时期；这是光明的季节，这是黑暗的季节；这是希望之春，这是失望之冬；人们面前应有尽有，人们面前一无所有；人们正在直登天堂，人们正在直下地狱。"这是近两百年前，狄更斯所写的《双城记》描绘了曾经存在的那么一个时期。无独有偶，历史也曾经出现过这样的困境，非常类似的一幕，但是那时的人们最终还是从这些纠结中走了出来。

既然狄更斯的时代和国度能够走出困境，为什么我们就不能？应该感恩我们生活在这么一个开放、网络的时代，过去的许多自然阻隔和人为控制，都已经难以奏效；过去兵戎相见、喋血侵略、抢占国土的战争相对远离。尽管人们观点不尽相同，但可以有许多说不清理还乱的争论。

明确我们所处的时代属性，就是明确了我们行动、思考、思维和精神的基本坐标，讨论各种复杂问题，就有了一个共同的参照系。由于物质的不断丰富、信息爆炸式增长、科学技术日新月异的进步，可以预见，人类即将进入思想的时代，大脑智能辉煌的时代。那时，脑科学取得进展，脑的结构和功能被基本掌握和开发，制约思维、精神、文明前进的另一瓶颈将得以突破解决。

我们感恩，时代已由封闭走向开放，多样与包容、选择和变化有了可能。来源于自由思维和独立精神的技术与发明，正以前所未有的、不可阻挡的速度和摧枯拉朽的态势迅速推动文明，改变社会。

我们的生活、心态、认知、言行、思维都需要改变。改变，不仅仅对东方人而言，也针对西方人而言；改变，不仅仅对思维精神而言，也针对实用、实践而言；通过改变，走出思想的井底，就能发现以前所不能发现的自我意识、自然生态和人类社会之"道"。只有这样，我们才能让心态由狂躁走向淡定，言行由粗俗走向优雅，思维由僵化走向自由，生死由纠结走向超脱。

在历史的长河里，绝对恒定不变的规律少之又少（目前仅热力学几个定律和宇宙的几个常数，将来还很难说），大多只是过眼烟云，少量能够被传承下来的，并随时间而变形演进。历史的文明戏台上，东方、西方不存在方位、人种决定的孰优孰劣；上级、下级不存在地位决定的谁对谁错；古代、现代不存在时间先后决定的落后与先进。而起决定作用的，引领我们走向"天堂"或"地狱"或自然的，是个人的思维和所处的环境与集体思维。而这人生和社会戏台上，甲方唱罢乙登台，好不热闹，而唯一经久不衰的、生命力长久的是关于人性、人类、生态、社会的真理及其演绎。

三、科学篇

量子、经典、交界

　　科学一直颠覆性地改变自己;经典是量子的特例,量子是自然的奥秘;经典讲有你没你一个样,量子讲世界因你而不同;人有量子思维、量子态,是自如行走在经典和量子交界处的天地之才。

　　本篇的重点是量子思维。

第 26 章

从柔软坚硬的非牛顿流体说起

当人们用脚踩水面，不会感觉到水忽然变得像固体，它始终如一，仍然是那个轻盈温柔的水。人们把这类满足牛顿黏性实验定律，即剪应力与剪切应变率间呈线性关系的流体，称为牛顿流体。而那些不存在如此线性关系的流体，被称为非牛顿流体。此种流体在受到外力影响时，会改变原有的粘度或流动行为。比如按照一定比例的水与淀粉混合，就形成非牛顿流体。当搅拌时，它确是液体，可用拳头击打时，却又像是固体！

口香糖就是非牛顿流体。先将口香糖捏成尖锥状，再将椰子快速用力砸上去，椰子就能被砸开了。看似很惊奇，实际很正常。因为口香糖在受到突然压力时，猛然会呈现得像固体一样坚硬，其尖锥头体就能砸开椰子。

同样，在沼泽中，人或者动物常会越挣扎陷得越深，原因是沼泽也是非牛顿流体，越搅拌越稀，就容易陷进去。

显然，非牛顿流体，是坚硬和软弱的结合体，是软是硬，看外界施加的力和方式。说其软，它就是软；说其硬，它就是硬；非牛顿流体，可以说是软硬兼备，视场合而定。

尽管我们从小就对牛顿、牛顿运动力学、牛顿各定律充满了尊敬，经过了解牛顿流体和非牛顿流体，人们获得的最大意外启发是，这世界许多事物并不遵守牛顿定律。尽管从小学中学开始我们就学了很多牛顿的东西，有了相应的牛顿经典思维，实际上对世界所知有限、甚至仍然很无知。今后人们还会碰到无数的意外和不理解的人事物。知道了这些，心理有所准备，对量子论的出现，就不会有特别的错愕和惊奇。

当踢一个足球，依据牛顿定律，人们可计算出球的抛物线轨道和落点。

但如果扔出一个量子，结果却是无数个显示该量子粒子轨迹、无数个落点等存在位置的概率可能性。量子物理学常常是违反直觉的，符合直觉的很可能就不是量子物理学！甚至量子问世之初，当时的人们普遍认为"其对自然界的描述很荒谬"，不可信。其最奇怪的就是，在测量之前，这个量子粒子的运转速度，接近或者等于光速，非常之快，相比于量子粒子所在的小于纳米的狭窄空间，快到了几乎无处不在，其存在的方位没法固定下来；量子粒子的运转方式，看起来似乎是在同一时间处于不同的位置；一旦对其测量，它就以概率可能性显现在某个位置。量子粒子非常小，故能阻隔量子的东西很少，再加上还具有波性，所以能穿过难以渗透的阻隔，做到"量子隧穿"，像波一样扩散而去。

尽管量子物理很奇特、难以让人接受，但其很有用，恰恰是人们认识真实世界的第一性原理，是当今众多技术的基础。

第 27 章

挣脱牛顿"新神学"机器:恢复本真

关注一下牛顿与经典力学,我们就会知道是谁在操控绝大多数人的世界观,特别是17—19世纪绝大多数人的世界观。

公元前300年,欧几里得几何原本出现,到了亚里士多德的时代,人们从神学进入到观察和推论阶段。亚里士多德的观测都是定性而不是定量的,缺乏实验数据支撑,许多观点基本都是错误的。漫长的中世纪里,教宗和亚里士多德的理论相结合,成为不可动摇的真理。1564年伽利略出生,1642年病逝,被悄悄埋葬,同年牛顿出生。伽利略建立了一个日常生活中不存在的理想化的物体运动的理论模型,做了第一个抽象实验:抹油把斜坡和球的摩擦力减小到最低,近似落体运动,使得数学定量方法发挥作用。

看到星球间的绕行,海岸的巨大潮汐,风吹水流等,你会天生感觉,世界上存在着一种神秘的伟大力量在推动物质的运动。对这一力量的发现、描述起始于英国的牛顿。牛顿思考没有空气阻力、摩擦力的理想世界,推导出牛顿三大定律。

牛顿继承与发展了伽利略、笛卡尔的思想,第一次以客观、精确、机械、惯性的数学模式描述了天体运动等自然规律,把人们从神学中解放出来。继而,17—19世纪,甚至20世纪,牛顿及其力学观演化成主导西方乃至全人类思想及思维模式的世界观,与其他诸多类似因素,如热力学、电磁学,结合在一起,导致了近代工业革命,推进了人类文明的发展,影响极其深远,几乎建立起了"新神学"。

真实的世界既有宏观、又有微观,既有经典、又有量子,并非一一对应。因为人们器官主要直接感受宏观,或者感受量子性质弱化、量子退相干的宏观结果,所以人类早期主要与宏观事物打交道,如土地、植物、矿产、钢铁、机器、机械、采矿、运输等，而根本无法深入到微观世界，觉察不到另一个统治世界的神秘规律。牛顿经典思维适应了肉眼观察、惯性思维这一时代的需要。如此机械确定的思维，统治大脑数百年。得益于这种经典思维，人类发明拥有了蒸汽机、火车、汽车、电力、飞机等，完成了工业革命。这个过程中，意、英、法等国抓住了机会。

经典力学的观点是，世界可以划分为各个独立的部分（信息丢失从此理下），世界由独立的各部分组成。这种思维认为，最邻近物体间存在相互作用，拆解需要小心；占事物的大部分的不相邻者，几乎没有相互作用，所以，整体可以被拆解成局部加以研究，被分解的各部分行为是确定的，可预知的，因此部分规律之和等于整体规律，即部分之和等于整体。

正因为如此，久而久之，人们就认为，自然的一切完全就像一台精密的机器，独立的部件通过机械进行相邻连接，沿确定性的轨迹运动。这样的思维被推向对人、生态和社会的描述，包括对经济、心理、人类的描述等等，而全然忘记了最初假设所留下的缺陷。绝对的和机械的痕迹，在思考与解决问题中，到处可见。这样一个实际仅部分适用于眼睛所能直接观察的宏观世界的思维方式，被无限衍生滥用，并被推及眼睛无法直接看到的微观世界和宇观世界。

其实，人们自出生起，每天耳濡目染的都是宏观世界，对宏观世界的适应已成为一种习惯，只是不知如何精确描述与预测。牛顿经典思维方式恰恰提供了一个有力的工具，将习惯性感知与准确、确定性的期望结合在一起，很快深入人心，而全然不觉其中可能的思维陷阱和惯性陷阱。人们非常自然、天然、习惯地认为，世界（包括微观）一切都是如此。

从牛顿的经典力学到麦克斯韦的电磁场理论，包括相应的发明和产业进步，经典力学使人深信不疑。从1905年爱因斯坦提出狭义相对论，到1915年最终确立广义相对论（相当于高速运转下的牛顿世界），这些一脉相承、定域实在、因果的力学观点曾经达到了顶峰，导致类似思维的宇宙观、世界观、人生观、社会观一时占据了主导地位。机械的科学主义以意识形态的方式影响人类思维、生活、社会的现象，至今仍若隐若现。而苏联、东欧全面全知全能的中央集权计划经济，使得经典思维在自身惯性的推动下，极端到无以复加的地步，如机械性思维与程序、机械的指令与生产任务、大量的以数字排序的机械工业部门和国家部委等。

但需要谨记，我们需要尝试将机器变成人，即智能化，但绝对不能无限扩展这种思维，将人看成或者变成机器，把人当成可驱使的机器和奴隶。

17世纪，牛顿《自然哲学之数学原理》的出版，宣告了近代经典物理学的正式创立，20世纪初相对论的出现，则标志着经典思维走向了顶峰。但量子论的横空出世，几乎拆倒重建了整个物理学体系。

第 28 章

史上最伟大的科学：不平凡量子

2019 年 10 月，Nature 杂志 150 周年版封面，公布谷歌达到一个惊人的里程碑："量子霸权"，制造出第一台性能超越当今最强大超级计算机能力的量子计算机，能够在 3 分 20 秒内执行一个计算，而当今最强大的超级计算机 Summit，计算用时需约 10000 年。

为解释黑体热辐射光谱，1900 年 10 月，德国物理学家普朗克为此发明提出了前所未有的假设——"量子"：即黑体辐射的能量不是连续值，必须一份一份，每份都是某个基本能量的整数倍，这个基本能量单元叫能量子，等于频率乘以普朗克常数。就像世界上没有半个乒乓球，只有一个又一个的乒乓球，或者几个、百个、千万亿个乒乓球。普朗克说"量子化只不过是一个走投无路的做法"，"量子"概念奇异而有趣，荒唐得令普朗克和他人难以接受。

随后出现了量子理论的"大爆炸"。爱因斯坦以光量子、光电效应的学说，获得诺贝尔奖。丹麦玻尔、德国海森堡、英国狄拉克、奥地利薛定谔、法国德布罗意等，通过"波粒二象性""测不准原理""几率波""电子自旋""非定域作用""能量场""全息场"等方面的研究，获得诺贝尔奖，丰富和发展了量子理论。随后量子论进一步发展，影响了整个科学领域，最后扩展到科学以外的领域，引发了认知领域的"宇宙大爆炸"。

1905 年，爱因斯坦提出，电磁波本身就是由能量量子组成，如光量子（后简称为光子）。1913 年，玻尔提出，电子的能量只能呈现特定分立的数值，叫作能量量子化。与光子类似，每种基本粒子都是一个量子场的振动激发，也叫量子。

现代量子论指系统的量子力学理论，其体系化地取代了早期量子论，发生在 1925 至 1927 年，主要创立人是海森堡、玻恩、乔丹、薛定谔、狄拉克等。量子的特征已经不能简单归结于早期所强调的分立和非连续，而更多地指测不准、叠加、纠缠、跳跃，并概念辐射到其他各领域。

尽管量子理论取得了显著进步，但人们对量子论及其非确定性、非决定论的描述和预测，仍然将信将疑。爱因斯坦尽管为量子的发现作出了重要贡献，并获得了诺贝尔奖，并且将牛顿的低速的经典理论外推到高速阶段，即相对论，可爱因斯坦坚持牛顿式的思维，坚持决定论，爱因斯坦是身体已进入量子时代、而大脑仍然处于经典时代的人。有关决定论和非决定论，玻尔和爱因斯坦进行了长达二十年的大论战。

1964 年贝尔提出不等式，使之成为实验判决定域隐变量理论是否存在的依据，从而结束了原来只能停留在哲学层面的争论。贝尔不等式结合实验结果后，形成了贝尔定理，其结论是令人震惊的。它以极其简洁的逻辑明确，这个世界要么不是"实在"（真实）的，要么，它不是定域（确定）的。其对人类的世界观产生了颠覆性的冲击。由此，人们对贝尔不等式发出了由衷的感叹："整个科学史上，贝尔定理都是最重要的成果"；"贝尔定理是最具深远意义的科学发现"；"谁要是不为贝尔定理感到困扰，他脑子里一定是进水了"。贝尔的结论是：决定论不可信，尽管当时绝大多数物理学家都赞成决定论观点。

一百多年来，量子力学取得了无数革命性的成功，从半导体到激光，从原子能到信息技术，从天体物理到宇宙早期演化，从基本粒子到物质结构等等，导致了人类社会结构和生产生活方式的深刻变革。早在 1990 年代，诺贝尔奖得主莱德曼就说，量子力学贡献了当时美国 GDP 的三分之一。目前，量子力学还在进一步以更大的步伐发展中。

在人类当代文明发展的前沿，量子力学贡献了几近百分之九十五，我们几乎生活在量子时代。最为典型的如网络设备、计算机、智能手机、数码相机等等，除了设备机壳和标签以外，一切的一切，从超导、激光、光纤、芯片、触摸屏、定位接受器等等，每一项功能的研发都依赖于人们对量子的深刻理解。量子技术已无处不在，量子几乎正创造着现实和未来中的一切——从药物设计、清洁能源、电池技术、隐形斗篷到《星际迷航》中的生物医学传感器。

第 29 章

量子名可名、非常名：无限可能

"量子"的运行像跳台阶，只能从一台阶跳到另一台阶，而不能"悬浮"在两台阶之间。"量子"的第一特征，是具有不连续的、跳跃的、突变的特性。量子世界是众妙之门，其深刻的奥妙和神奇，大大超出人们的日常经验和感受，难以用惯常的话语去描述。人们只好发明一些新词去逼近，如波粒二象性、测不准原理、电子云等等，以近似描绘那个新奇的世界。

我们都有这样的经验，一个被扣在细绳上的锁，当甩转起来，人们就看到了一个围绕着手进行圆周运动的"卫星"，这就是我们通常看到的经典状态；当快速甩转起来，我们就看不到绳子和锁，似乎只看到一片云，如平板，而且没法瞬间确定绳和锁在哪个位置，这近似演示量子状态，如果速度无限快近光速，实验空间再小到纳米以下，那就是完全真正的量子世界。

在无限小世界发生的一切并不由宏观世界的法则所支配，即量子世界的一切不同于经典世界的一切。而这量子世界不仅仅包括无限小的世界，还包括符合量子法则、呈现量子现象的宏观世界。

是驴又是马、非驴又非马的量子独特现象有许多，下面简述几种。

波粒二象性。微观基本粒子符合波粒二象性，即同时具有粒子和波的特性，在不同的条件下呈现出不同的偏好。这打破了物质世界在本原上只有唯一可能性的僵化观念。光既具有粒子的性质又具有波的性质，或者说，光既不是人们想象中的粒子，也不是人们想象中的波。波动性和粒子性存在于一身的粒子，叫量子粒子。需要运用不同波函数和叠加态去描写量子粒子。

波粒二象性使得人们在对事物的理解中，必须引入不同于"经典概率"

的"量子几率"概念来预测出现的可能性。

薛定谔的猫。这是一个思想实验：在一个观察窗关闭的盒子里，用一个放射性原子控制毒气开关，该原子具有衰变或未衰变的两种随机状态，盒子里再放一只猫，原子衰变猫则亡，原子未衰变猫则存，猫的生死与原子状态发生关联。观察窗未打开时，猫亦生亦死；观察窗打开时，猫要么是生，要么是死，取决于观察，两者必定选其一。原子的奇异量子特性直接导致猫的尴尬，而与体系大小无关。只在开箱的一刹那才能确定猫的死活。这成为了一个著名而引起无数争议的故事。

量子干涉。让一个粒子穿越一堵墙，而这墙上有两个洞时，量子物理揭示粒子同时穿越了两个洞，因为这些粒子是波，可以同时穿越几个地方，给人以无处不在的感受。穿越两个洞后的粒子以波的方式互相干涉、抵消或者加强，在经典视界这是完全不可能的。

量子状态叠加。经典世界的人、或者说生活在经典态世界的人，在哪存在是确定的，要么在这里，要么就在那里，在某一个时间里的人只能在某一个地方，反正一个人不可能同时踏进两条河流。而量子世界、或者量子态的世界里，一个实体，可以同时踏进两条河流，可以同时出现在不同的地方，甚至几乎无处不在。这有点像《西游记》中的孙悟空，抓根毫毛一吹，就可以在不同的地方同时现身。量子正是有这么一个非常奇怪的特征：一个实体，多个平行存在，几乎无处在、无处不在。

经典粒子，不存在不可思议的状态，都出现在确定的位置，出没的可能性（概率）叠加，是各粒子概率的简单加和，这看上去就像在沙滩数沙石，总沙石等于各沙石量的加和。量子粒子，神出鬼没、分身有术，能处于两个状态的叠加态，称为量子态，出没的可能性是粒子各波的相位叠加，相位相互可为正或者负，叠加后的可能性有时增加，有时减少，甚至有时变成零，这看上去就像海边看波浪，不同节奏的波浪，波峰浪谷不齐步，会出现相互冲抵。

量子论认为，粒子未被测量时，同时处于所有可能的状态，每种状态存在一定的概率。而在观测后，这种叠加状态坍塌为唯一一种确定的经典状态、即明晰准确肯定的状态，显示为观测结果。而在经典世界里，观察一种现象并不会改变它。

"电子无处不在，而又无处在"，即被观察对象所展现的样子，取决于观察方法。同一对象展现的不同样子可能互相排斥，但必须要同时用于此对象的描述中，这就是玻尔的"互补原理"。这一原理和波恩的几率解释、海森堡的测不准原理，三者一起构成有关非定域、非确定、非决定论的量子论的著名"哥本哈根解释"。

量子振荡。量子展现出一种独特的、能在两个亚稳态、不稳定状态间徘徊振荡，就像在两个不同的凹陷的谷底振荡、交替存在，不会静止、常处动态。这与经典物理的静止确定状态是不一样的。

量子纠缠。共同来源的两个量子，当处于纠缠时，无论相隔多遥远，其同时发生变化的默契极快，超乎想象。一如传说中心灵感应般协同运动。这种纠缠用光速都无法想象，因为其瞬间发生的联系极其迅捷。如果说响应快于光速，显然违背光是宇宙最快的常识，但如果假想量子纠缠的两个粒子是既无限小又无限大的一个整体，矛盾倒有可能轻松化解。可以想象为，其小则为两个微观粒子，大则为跨越宇宙的一个连接整体。就像无线电，作为一种电磁波，无形无色无味，与宇宙相比，人们可能认为非常微弱，覆盖范围很小，但是只要接受器充分灵敏，理论上就可以发现它覆盖范围很大，波及整个宇宙。

测不准原理。1927年，德国物理学家海森堡发现微观粒子的位置（p）与动量（q）不能被同时准确测量，非常奇妙，故形成著名的"测不准原理"。过去人们都已经惯性地认为，即给定物体运动的初始位置和所受作用力，就可以计算出物体运动"轨道"，并由此预测今后任何时刻的方位。泡利打了一个比方：你可用p眼看世界，也可用q眼看世界，但当你双眼同时睁开，你就会头昏眼花。因为这个世界是眼花缭乱，没有"轨道"，只有"轨迹"。

测不准原理是量子叠加的推论。对量子而言，一个完全确定速度的粒子状态，是所有不同位置的粒子状态的叠加；一个完全确定位置的粒子状态，是所有不同速度的粒子状态的叠加。所以速度的完全确定就导致了位置的完全不确定。而位置的完全确定又导致了速度的完全不确定。位置和速度都确定的粒子根本就不存在。大多日常宏观感知中所谓同时有位置和速度的粒子，其实是位置和速度都有些不确定的粒子，只不过这个不确定非常小，以前没有被充分注意到。但这个在宏观世界非常小的不确定性，到了微观世界，就成为非常明显的不确定性，并彻底颠覆了经典力学的看法，彻底改变了人们对世界的认知。

波函数及其崩塌。我借用肥皂泡来描述。波函数就像肥皂泡泡，升腾而起、自由变形、反射着光怪陆离世界各种可能性的彩球。一旦被微扰，如手指点击、微风侵扰，肥皂泡泡就被击破而变为现实中的水滴，这就犹如主体观测而导致客体波函数的崩塌。有趣的是，这些肥皂泡泡，也就像一个一个自由展现的波函数，如果相互碰撞，可能会崩塌泯灭为液滴，也可能会碰撞融合成为更大的虚幻液膜泡泡球，到底会成为哪一种，完全测不准，取决于具体环境和条件。

第 30 章

经典粒子与量子粒子：冲击认知

物理研究世上各种各样的"存在"，而人们假定世界上的一切物质都是由粒子组合而成，粒子被认为是存在的基本形态。

物质世界有三个层次：第一层是宏观世界，遵循牛顿运动力学法则；第二层次是热力学世界，遵循热力学法则；最深的、最广泛的是第三层量子世界，分子、原子及以下微观粒子都完全遵循量子规则。

我们通常讲的粒子，一般就是指存在状态可以被精确描写的、有惯性的粒子，严格叫做经典粒子。事实上，经典粒子在世界并不存在，其纯粹来自人们的想象。而如今我们知道，世界中真正存在的，是状态不可能完全确定的量子粒子。

经典物理在日常生活中的几率，基于对细节的忽略，是粗粒化描述。如扔硬币统计正反面一样，每个面朝上的几率大概是二分之一。

量子力学中，描述粒子的可能位置，是位置的波函数。处于某个位置的量子几率，等于波函数在此位置幅值大小的平方。描述粒子速度，需要速度波函数，其幅值大小的平方就是粒子每个可能的速度几率。但不同于经典世界，量子世界的速度波函数与位置波函数，相互关联、不独立！由其中一个可推算出另一个。当量子粒子处于某个确定的位置时，再去测量它的速度，有可能得到各种结果，反之亦然。这导致著名的海森堡测不准原理的诞生，其结果竟然是，粒子表现出波动性，波表现出粒子性，即"波粒二象性"。

量子波相干。量子是粒子也是波，想看到奇异量子效应，所有波必须具有确定的相位关系，这被称为"相干性"，就像是合调的音符。如果波没有很好重叠，波峰和波谷互相抵消，就什么奇怪的事情都也看不到了。对同一个粒子的不同波，很容易保持合调，只要和自己排好队。但要让成千上万粒子的波排列整齐，几乎不可能。这样一来，量子效应这样的怪事，在大物体内部就被轻易抵消化解掉了。

薛定谔方程。全面描绘了量子粒子的态（波函数）如何随时间变化，即知道现在这一时刻的波函数，就能知道下一时刻的波函数，呈现了量子力学的预言能力，就是量子力学理论和对粒子存在的新认知，导致了对世界的新认知，导致了新的量子世界观。

量子隧穿。传说中的崂山道士，能不可思议、毫发无损地穿墙而过。而事实这个"穿墙而过"在微观世界完全可以发生。"波粒二象性"告诉我们，除了"粒子性"，还有"波动性"，量子粒子如果想要去"山"的那一头，它根本不需像经典粒子那样翻山越岭，却可打穿山脚建个隧道以波性穿越而过，这一过程称为"量子隧穿"。对微观粒子而言，穿越也不是随随便便，成功的概率不高，其穿越的概率高低取决于山体厚度（对应于势垒的宽度）。相比于粒子一个一个各自穿越，如果要让一大堆不同粒子作为一个整体集群穿越，可能性近乎为零，这也正是宏观人类无法穿墙的原因。

量子真的是波吗？以电子为例就可以说明。扫描隧穿显微镜有一个很尖的针尖，针尖顶上只有一个原子。当它在金属表面扫描时，可以看到原子移动一个个原子，扫描可以组成各种图形。仔细观察可以发现，在这些原子的周围有缓缓的金属中的电子波波形，这是金属中跑动的电子和针尖原子相互干涉所形成的驻波。这就是极微小观察、极微小获得的结果。

量子的理念，让人理解起来，到底有多难，听听大师们的评价吧！诺贝尔物理学奖得主费曼说："我想我可以有把握地讲，没有人懂量子力学！"他会在第一堂课时告诫学生，不要问量子力学"为什么"，因为没人知道。诺贝尔物理学奖得主、量子论创始人之一玻尔说："如果谁不为量子论而感到困惑，那他就是没有理解量子论。"

第 31 章

世界能无限分割？止于"老子"的玄之如弦

在经典思维的眼里，世界可以无限分割下去，无穷尽。由分割而形成的更小尺度的颗粒，能直线性地类推下去，从地球到土块、土块到微粒、微粒到纳米、纳米到分子、分子到原子、原子到电子等。而真实的世界并非如此，而是一种非线性！在这无止境的分割中，现代人们知道至少在微纳、量子、超弦这三个阶段突出地表现出非线性，是一种飞跃、突变或跨越。

当分割的尺度由米、分米、厘米、毫米到微米、纳米时，第一个奇点、分水岭、不同规律范畴的界面或者交界处出现：微纳尺度。事物到这个尺度，就有不同于通常宏观、也不同于微观的现象。因为此时，量子效应就开始大量呈现。正因微纳特殊现象，纳米科技才应运而生。

经过纳米后，继续切割下去，人们获得的颗粒就是具有不同形状和超分子结构的分子聚团，然后依次为分子、原子、电子、质子、中子等等。这一阶段，是另一个奇点突变，即完全进入了量子世界。粒子已经不是传统的粒子，开始具有波的性质，波也不是传统的波，波具有粒子的性质。纠缠、重叠、跳跃、测不准等完全不同于经典宏观世界的现象和规律，一并涌现而出。

跨过量子层级以后，继续切割下去，到夸克，到超弦。作为微观终极实在的不再有点状粒子的影子，而是一个个细线状的小环，或似一根振荡跳动的丝线，其是宇宙万物结构与功能的最小单元，具有一定振动方式的"弦"。在此阶段质量和能量密不可分，这是另一个奇点突变。

俗话说，种瓜得瓜，种豆得豆。如此不间断地连续切割下去，却是切瓜不得瓜，切豆不得豆；最终粒子不是粒子，波不是波，既是粒子也是波；再往下深入下去，是玄之又玄的"超弦"。到了更深层阶段，质量不是简单的质量，能量不是简单的能量，而是质量与能量、物质与精神融为一体，相互等价。

宇宙是由"空间"和"粒子"所组成，无穷尽地追究下去，实在的世界并不实在，找不到实质的最终"内容物"。而实际世界只是一种信息的存在，如 DNA 包含的信息，电子自旋和纠缠包含的信息等。

老子的玄与超弦理论的弦，有异曲同工之妙。《道德经》开篇即"玄论"，指出玄是认识宇宙的入口之门。老子说："道可道，非常道。名可名，非常名。无，名天地之始。有，名万物之母。故常无，欲以观其妙。常有，欲以观其徼。此两者，同出而异名，同谓之玄。玄之又玄，众妙之门。"

早在 1996 年，人们就将"弦论"与量子力学、相对论相提并论，其重要性可见一斑。有人开玩笑，实际最早提出哲学上"弦论"的，可能是老子。因为，"弦"是系在弯弓上的细绳，去掉"弓"，剩下"玄"，即细绳或细线。"玄"本意即为"弦"。"弦论"同于"玄论"。最早用"玄"深度解读宇宙者，应该就是老子。

《道德经》开篇讲"玄论"，不是讲宇宙通常可见的规律，而是那非同一般的、深层的、不可见的底层根本规律（非常道）。人们因为实在不能理解"玄"的含义，就给了"玄"一个"脱离实际"的"莫名其妙"定义。

老子用"无"代表宇宙开端、万物不存在，"有"代表宇宙运行、万物存在。他强调在处于"常无"时，要注意观察"常无"变化（观其妙），在处于"常有"时，要注意观察"常有"的边界（观其徼），并用"玄"把宇宙开端和万物形成、处于"无"和处于"有"的规律统一起来。并指出"玄之又玄"，即玄玄相扣、玄外有玄、不断超玄，这种"玄论"是认识宇宙全部和变化的入口大门。

现代科学"弦论"指出，宇宙开端产生"大爆炸"瞬间，只适用量子力学，宇宙发展膨胀过程则适用爱因斯坦相对论。"超弦"可把两者统一起来。

超弦理论，初听起来可能荒谬，实质可能包罗万象，能囊括性地描写所有力、构成物质的所有基本粒子和时空。其理论的核心是认为物质世界是由一些极微的弦所构成的。其理论构筑在美妙的数学观念之上，而且其结论与现实世界非常自洽。

第32章

从量子到超弦：多维平行世界

量子论把物体看成是具有波性的粒子，故有人开始把组成物质的最小单元设想成一条波动的弦，如此渐进，弦理论被拓展到天文学便出现了平行宇宙的概念，随后并获得了一些可能的实验证据支撑。

人们以前想象所有物质基本粒子都是点状的无限小。现在可知，这些点粒子并不是实体的点，而是包含有一弯弯更微小的弦结构，其振动乍像个点。空间维有两种，如三维，可能很大很远，看得见；也可能很小，卷缩起来很难看出。有计算表明，卷缩维可小到普朗克长度（即 10^{-33} 厘米），目前实验手段已无法企及。

超弦理论认为，每个基本粒子（波粒二象性）内部，都有根细弦在振动，这种弦的振动不是产生音乐，而是产生一个个波动性粒子。不同的振动方式决定不同粒子的性质，有的成为电子、有的成为上夸克等等。弦振动越剧烈，粒子能量就越大，质量也较大；振动越轻柔，粒子能量越小，质量也较小。依据爱因斯坦的质能原理公式，能量和质量等价，是同一事物不同表现，就像一枚硬币的两面，大能量意味着大质量，小能量意味着小质量。在量子论中，每个粒子还有波动性，就是由弦的振动所产生的。

超弦理论揭示令人震惊的结果：空间是离散的，不连续的，空间和时间也不是无限可分的，各自都有自己的最小值：空间最小尺度为 10^{-33} 厘米，时间的最小值是 10^{-43} 秒，当空间小过最小值后，时间和空间就会融为一体！正像质量和能量会融为一体！物质精神、物质意识会融为一体！原初的宇宙就像干细胞，宇宙膨胀就像细胞的成长分化功能化，分解出各种不同的作用力，分解出质量、能量、精神、意识等。

宇宙有多维存在。相对论与量子理论在日常的三维空间存在矛盾，不可能统一，但在高维空间里才能得到统一。理解一下，二维平面世界的生命，只有长和宽，无法理解第三维——"高"这一维。一个平面生命无法通过投影来倒推想象三维物体的丰富性和完整性。

超弦理论认为：四维以外的多维时空，被卷缩成了很小的闭合圈，令人难以觉察。令人惊讶的是，某些科学家还认为：时间是非直线延续，不是从现在流向未来的单向直线性的延伸，时间序列同时多向共存，也可由未来向过去进行。量子场论的数学表达也曾昭示粒子运动时间方向上的等价性，即，人可预知未来，而今天的观测也可影响过去。

再硕大的物体也应由最微小的粒子构成，所以量子力学可用来从最微观的世界去理解最宏观的宇宙。人类目前发现的最微小粒子夸克，按照弦理论的假设，其是由具有独特振动频率的弦构成，改变弦的振动频率就改变了物质，而且弦处在一个多维的空间，如果说最微小的粒子如此，那么宇宙也应具有相似性。人们正是根据量子理论的不确定原理和超弦假设的多维理论，推演出多重宇宙、平行宇宙的设想。

平行宇宙的概念是很难让人接受的。量子力学的平行宇宙解释是，活猫、死猫分别进入各自的平行宇宙，是死是活就看你处于哪个宇宙中。这不同于标准的哥本哈根学派对量子波函数的几率解释。

多元宇宙、多重宇宙，即表示可能有无限个宇宙，每个宇宙的创生，都源于一次奇点的爆炸。有比喻，原始的宇宙创生，就像吹肥皂泡，能吹出一串或者成群的肥皂泡，每一个肥皂泡就是一个宇宙，而且还会出现许多情况，如，此泡与彼泡的融合成大泡，或者相碰而毁灭，以及大泡里面有小泡等，或是更多让人难以理解的情景。地球人类所熟知的物质定律也不见得适用于其他的宇宙。

多维空间以及平行宇宙设想据称获得一些证据，同时也得到来自天文观测的支持。这些宇宙互无联络，但在量子层面，相互为影响。如狄拉克等科学家们，就提出反宇宙、反物质的设想与虚世界、虚宇宙的猜测。反宇宙与现宇宙遥远相对，虚世界与实世界背部共存相连，时空之洞的黑洞可能是虚实来往的通道……

第33章

量子无处不在：从微观到宏观

原子弹、氢弹是经典方法操控的量子神奇。人们借助机械装置，由宏观侵入微观并操控，实现经典侵入并操控量子，再进而由微观量子效应放大跨越到宏观并加以释放，最终显示由微观到宏观的巨大威力。可见，经典可以跨越进入微观，量子也可由微观进入宏观，经典和量子是互补并双向的。量子效应依赖尺度但又跨越尺度。量子主要在微观，但不局限于微观；经典主要在宏观，但也不限于宏观。2013年的诺贝尔化学奖就是表彰用经典和量子的方法结合解决基于蛋白结构的药物设计。

第一个质疑挑战"单个粒子是量子，而一大团粒子就成经典"传统思考习惯的，是著名的"薛定谔的猫"思想实验。其将量子效应从微观世界"传导"到宏观世界，把量子效应放大拓展到日常世界。

薛定谔用他那虚拟的猫，来揭示量子世界与经典世界的差异和贯通。决定猫生死的各因素，存在着与物体和环境的相互作用。比如猫的身体会反射光子影响视觉信息，猫与外界热交换影响体温等生命信息。这些不断向周围泄露猫的讯息，均属于经典物理范畴，从而共同掩盖了量子效应。这表明状态的生与死的相叠加，在信息泄露过程，即开窗观察阶段中被损坏，即存在量子的"退相干"。尺度越大，泄露的信息更多，越容易发生退相干。如此种信息泄露被消除，则人们就能看到量子特性的真容。

诺贝尔物理学奖获得者维格纳在薛定谔的猫的基础上，又思想实验出了一个爱猫的"维格纳的朋友"戴着防毒面具和猫一起在箱中，箱外的维格纳猜测此朋友正处于"喜见活猫"和"悲见死猫"的混合态。可事后那朋友肯定会否认这叠加态。维格纳指出，当朋友的意识包含在整个系统中，叠加态就不存在，因箱子里的波函数因为朋友的观测而不断被微扰，猫只有活或者死某个纯态的可能。维格纳由此发表了论文《灵魂与身体关联问题注解》。

1935年薛定谔在有关"猫"的论文中还创造了量子效应的"纠缠"这个词。多粒子组成的经典体系至少原则上可区分,而量子体系则可能不可区分。这导致无论这些粒子相隔多遥远,合为一体,它们始终都是一个整体或者运动,这让爱因斯坦始终耿耿于怀而不愿接受。2003年,英国伦敦大学学院的埃普利和同事证明,只要减少或用某种方式抵消信息泄露,就能让更大的体系维持纠缠。人们现在已能在更大、温度更高的各种体系中观察到量子纠缠,从电磁阱中的离子,到光晶格中的超冷原子,再到超导量子点。如果将上述实验思路进一步放大,让数目无数的原子纠缠起来,使大块固体材料在室温下纠缠,如此现象甚至可能推及大而温暖的生命体。

知更鸟被称为薛定谔鸟,来回迁徙长达13000公里,它们不辨南北磁极,但对地磁倾角有反应,进而导航。2000年,德国化学家舒特恩和学生丽兹的论文展示了在鸟眼中,光是如何影响量子缠结导航的。在2004年,丽兹与合作者实验证明,知更鸟每年全球迁徙,的确存在"量子纠缠"作用。2018年,人们发现鸟类眼细胞中存在一种感光色素蛋白,其发挥导航作用,鸟类可能依赖其自由基自旋即量子纠缠而实现导航,其纠缠持续时间比先进的实验室设备还要长整整20微秒,使得鸟们能辨别地球磁场,"看清"回家的路线。

据研究,许多鸟、鱼、昆虫和动物,都以如此方式靠地球磁场寻找方向。

为缩小量子力学和人类现实感之间的距离,有人设计了一种肉眼可见的量子机械,即让极小的半导体"量子鼓",同时处在振动和不振动的叠加态。该成果被《科学》评为2010年十大科学突破之首。

一般说,量子力学是微观世界的法则,它描述粒子、原子和分子,但对于花朵、动物或星球这样的宏观物体时,就得让位于经典理论了。似乎在分子和宏观物体之间有一道无形的篱笆阻隔,奇异的量子行为到此落幕,而我们熟悉的经典物理从此启始。量子力学仅限于微观世界,过去似乎已经成为科学界和大众科学传播中的普及观点。

实际上,量子效应在宏观世界也同样出现,比如激光、超导,又如人们就实现了的宏观量子效应——量子通讯的一千公里量子纠缠,人们发现,量子不仅驾驭微观世界的粒子,同样维系宏观世界的世间万物,以及芸芸众生。

显然,简单按照尺度大小,把世界划分为量子和经典虽然简单,但却不符合事实。在现代大多数物理学家眼里,经典物理、经典力学已经无法和量子力学平起平坐,经典力学只不过是对量子力学的一种有效近似,世界本身在所有尺度上都是量子的。人们之所以在宏观世界中很难观察到量子效应,与量子系统之间的相互作用方式有关,而与尺度无太大关系。量子效应已经延续至宏观系统,如今在宏观尺度下展现量子效应已很平常。量子效应甚至参与了每一个细胞的运转,其分布范围之广,超出所有人的想象。

经典物理中,时间和空间是两个基本概念,但在量子力学中,时空只能让位于纠缠而排在后面,因为纠缠无须时空即可将量子体系连接在一起。显然量子力学适用于所有尺度,那么人们如何去解释大尺度的宏观经典规律的存在?因为推导无法直接从原子跳跃到长颈鹿。有科学家理论计算定义了"宏观程度"的量级。人们观察到过碳60分子(C_{60})的干涉条纹,证明其具有量子性,其宏观程度为12,"薛定谔的猫"的宏观程度为57。人们需要检验更大物体的量子性,而把"宏观"极限推得更远。所以,最简单的方式,是不论微观还是宏观,符合经典的用经典,符合量子的用量子,这样不会有大的差错。

在微观量子世界里,物质的行为方式几乎完全不同于我们熟悉的宏观世界,怪异到几乎是不可能。比如一个粒子,可以瞬间消失或者凭空出现,可以同时存在于两个不同的位置。人们似乎认为这些怪异的量子效应仅存在于微观世界,人类生活的宏观世界平静如水,似乎是"经典"物理的一统天下。然而事实并非如此。量子效应距离我们的生活和宏观世界很近很近,不仅仅包括超导、激光、二极管等,可能还存在于我们熟视无睹的光合作用、鸟类迁徙、嗅觉感知等方面。

光合作用是地球上最重要的生化反应。光能源运输的过程极其高效，接近 100%。加州大学伯克利分校弗莱明发现在植物和光合作用型细菌中，几乎全部光能都能传到光合反应中心。实验中的"量子鼓点"表明，光子能量不是通过单一路径传入光合中心的，而是利用量子相干性同时从所有可能的路径进行传递。麻省理工学院 Seth Lloyd 肯定"量子鼓点"确是量子纠缠的信号。

高效光合作用背后的"量子漫步"效应，就是利用了"量子叠加""量子纠缠"特性。植物叶片上受光激发的所有各类电子，能各寻路径前往化学反应中心，经典物理无法解释这些电子几近完美的 100% 工作效率。量子生物学揭示，一个光量子能在极短时间内同时探寻到达细胞内部每个地点的无数道路，进而作最优选择，而不必先后分步"侦察"探寻每一个地点，让量子粒子几乎能够瞬间找到最佳路径，极大压缩通过时间，最大限度减少了与细胞内壁碰撞可能，减少能量损失，从而使得光合作用的效率奇高无比。光合这种"量子漫步"发生在潮湿、温暖、生机勃勃的细胞环境，而非高度受控的苛刻环境，确实令人惊奇。

嗅觉背后的操控者可能是量子隧穿效应。嗅觉的传统理论认为，气味分子会被味觉受体探测到，靠的是鼻子内一种"钥匙—锁"结合机制，但它解释不了外形相似的分子经常会闻起来不一样。许多气味分子外观上几乎完全一样，只是多了一个或两个原子，但结果却是完全不同的气味。希腊化学家都灵认为光凭分子结构无法确定其表现出来的气味，而分子内部的一些化学键的性质可能是关键。新学说认为，感受器也许是对分子振动做出回应，都灵提出振动可能会促进电子的量子隧道效应，打开嗅觉的"锁"。例证是，果蝇可以分辨形状完全相同、元素相同但不同同位素差异的气味分子。气味分子进入人的鼻腔与一个接收器分子相结合时，特定化学键的能量共振，使得接收器分子一侧的电子迅速移动到另一侧，发生了"量子隧穿效应"。进一步的预测和验证，硼烷闻上去的味道和臭鸡蛋很像，但硼烷的化学结构与硫磺完全不同，两者共同之处，是都拥有相近的共振频率。

酶是生命的必备成分，酶能在几秒内就催化完成花数千年才能完成的过程，使反应加快几万亿倍。加州大学伯克利分校的克兰曼和曼彻斯顿大学的斯克鲁顿等人发现，酶靠的是量子隧道效应。酶在生物化学反应中建立了一个直接送达的新过程：电子和质子从生化分子某处消失，瞬间在另一个地方出现，而不必经过中间任何过程和任何地方。

薛定谔认为生命突变可能与一种量子跃迁有关。而在沃森和克里克那篇经典的 DNA 文章中，就提出基因突变涉及碱基"互变异构"，而互变异构过程被认为与量子隧穿效应有关。

宏观量子现象难以觉察的另外一个原因是，日常所见的宏观物体，均由服从量子力学规律的细小微观粒子所组成，但由于其空间尺度远远大于这些细小微观粒子的德布罗意波长，这些粒子的量子特性由于统计平均的结果而被掩盖了。因此，在一般通常的条件下，物体宏观整体上并不呈现量子效应。但在某些特殊情况或者条件下，如温度降至很低时或粒子密度变得很大等特殊条件下，宏观物体的个体组分就会波相相干地叠加结合起来，通过长程关联或重组进入到能量较低的量子态，如同形成一个有机的整体，从而使整个系统表现出惊奇独特的量子性质。例如，超流性、超导电性、原子气体的玻色—爱因斯坦凝聚和约瑟夫逊效应等都是宏观量子效应。

我由此曾试图对海边的如云鸟群的奇特行为进行推测。海边密密麻麻成群如云的小鸟们，会在整齐的急行飞翔中，突然转向，突然回旋，整齐如一只鸟般，即使同时接到命令，如此大范围瞬时一起反应行动，能做到分毫不差，超出惊奇，此用传统的物理难以解释。而如果基于某些鸟类具有量子导航的能力，这种情况就很好理解，解释也非常简洁。因为，无数鸟在飞行中形成了量子纠缠，可能呈现了一种宏观量子效应，能够整体运动如一只鸟那样，对外界刺激进行迅速反应或者自主瞬间调整行为。

人的睡眠，每 1.5 个小时一个节律，这很像量子性，随着尺度的加大，就成了周期律。能贯穿微观到宏观的共同规律，就是周期，世界是由不同的大小节律周期所组成。

第 34 章

机器变"人"的节奏：量子计算替代经典计算

2019 年，IBM 宣布第一台量子计算机将于三年后面市，进入实用。曾经遥不可及的量子计算机，一下子进逼，竟然快速逼近到了人类的面前。2020 年 3 月，霍尼韦尔宣布将在未来三个月内发布全球最强大的量子计算机，其量子体积每年将提高一个数量级。用量子体积度量计算性能，而不是仅仅以量子比特，能更准确全面地度量了量子计算机的能力和解决问题的复杂程度等。

在牛顿等经典世界里，把一切看成经典物体，可以精确预测，包括对人。久而久之，把人也看成机器，把人变成了机器，经典世界的机器人，只是人形的机器，现代的木偶而已。而在量子的世界里，当量子替代经典操控计算和人工智能，机器真有可能变成人，因为机器大脑运算方式借助量子效应而飞跃提升进化，开始无限趋近于人。

在量子计算机面前，我们曾经引以为豪的经典电子计算机，就相当于以前的算盘，显得笨重又古老！无论生产、科研还是日常生活，世界将会因量子计算的到来，经历一场颠覆性改变。

传统计算机的运行套路：先走一条路，然后才能再走另一条路，不可能像孙悟空一样，有"分身术"而两条并行。传统的计算机是采用经典法则的电子计算机，尽管使用了作为量子"种类"之一的电子，并使用了依据量子理论建立的半导体材料、电子管、晶体管，然而仅仅使用了它们近宏观效应的部分，即如电流的通与不通，其运算单元，一个基本信息单元比特，在特定时刻只有特定的状态，要么 0，要么 1。

量子计算机之所以这么牛，核心在于量子计算机和经典计算机在原理和路径上的巨大差别。量子计算机完全利用了量子的本质特性，如叠加、并行，如此计算的方式可让速度以指数量级提升。即量子计算机可以像"齐天大圣"孙悟空那样有"分身术"，可以变出无数个孙悟空的"化身"，同时并行探索走不同的路。如此，一台电脑能魔法般变出无数台电脑的功能，进行计算。

在经典物理或者经典世界中，信息的最简单最小单位，即一个比特，其只有 0 和 1。而量子叠加是量子力学的灵魂，即任何两个态的叠加就是一个可能的独特态，所以在量子物理或者量子世界中，信息的最简单最小单位是一个量子比特！其不仅有 0 和 1 两个态，还有它们间的任意可能的、按照量子概率可能出现的叠加态，即一个量子比特可以有无穷多个不同的状态。量子比特状态可用布洛赫球表征，一个量子比特不同的态，对应于球面上的某一个点。经典比特 1 和 0 两种状态对应于球的南北两极点，而量子比特可处在这两种态的任意叠加态，即对应球面上的其他点，即一个是 0 又是 1、又不是 0 又不是 1 的变幻莫测的状态。类同于薛定谔猫论中的活与死的悖论。

量子叠加还能导出量子纠缠的概念。这是强大量子计算的另一个基础。从经典电子计算机跨越到量子计算机，整个人类的计算能力、处理大数据的能力，就将出现亿万倍的提升，人工智能的水准也将大大提高，能够呈现出连大自然都没有想到的结果。如此也可能出现挣脱人类掌控的智能机器，如蜜蜂或者蚂蚁大小的杀人智能机器人。从恐怖角度，这些一点也不比核武器差。

未来的人工智能与量子计算机的问世和发展，将会紧密关联。在量子计算机造出来之前，我们不用担心人工智能，因为当前的仅仅是愚蠢级别的人工智能，除两极管依据量子论而构造，其电脑的计算原理仍然是经典的。

当今我们每天使用的是经典电子计算机，其运行规则和牛顿力学一样，是决定论的、确定性的。即你每输进去一个问题，它肯定会输出一个确定的答案。因为在面对同等决策选择时，经典机器人，无法因时因地、情景地自主判定方案，必须靠人们在程序上的预先设定，也就是说我们当前的人工智能都是依靠决定论的！它就根本没有自由意志，根本不会认识到自己的存在，即使最简单的事情，也都自主决策不了。

量子计算机的研制开发过程中，人们将会发现人脑的一些重要机制。是量子力学第一次把观测者的意识与物质的演化结合起来。量子参与了意识的产生、与意识紧密相连，保证了生命每个个体的多样性和独特性，每个生命是不可以被复制成一个一模一样的。人更是如此，大脑中的信息，是不可能完全无损地被复制拷贝出来的。

经典电子计算机与量子计算机之间的区别在于，前者一台机器只能做一件事，而后者能复制出无数个自己，平行地做无数个事情。一个比喻是，当要求5分钟内，在藏有1000万册书的图书馆找到某页上有一个特殊标记的书，几乎不可能的，普通计算机就会急得发疯，得5分钟内翻遍所有的书。而量子计算机却将能复制出1000万个自己，每个只需翻找一本书。其量子计算意义在于能提供更为精准的天气预报，使得药物设计发现过程更高效，不再有交通拥堵烦恼，安全的加密通信，机器学习和自动化等等。

人脑与目前经典电脑的根本差别，可能由于人脑是由量子力学"测不准"原理和复杂非线形系统的混沌作用共同造成。人脑包含了"测不准"自然形成的神经网络，具有电脑所没有的"直觉"，这正是其"模糊"处理能力和效率高的表现。传统电脑是"测得准"确定性的串行处理系统，尽管也能模拟"模糊"处理，但效率低下。只有未来的量子计算机和计算机神经网络，才可能真正接近人脑的能力。

第 35 章

测不准的多象性：是驴是马、非驴非马

作最坏的准备，才不会有最坏的事情发生，如此的"测不准"，有人笑言，这就符合量子论。写中文字，越看越不像，也接近"测不准"的现象。越告诉自己睡好，越睡不着；越说不能睡，越会睡着，这更像"测不准"的量子现象。

电子时代，是量子的时代，也是"测不准"的时代。与宇宙星体运行相似，电子尽管也是绕着原子核旋转，但因在微小的空间过于高速，以及此时电子与尺度同样微小的观察者、观察仪器间的相互作用，所以其物理量"测不准"，已经不能用通常的宇观中的行星绕恒星那样，进行精确的轨道描述。因为其变幻莫测，犹如空中随风而动的云彩，只能用出现的几率（量子概率）来进行定量，所以，只能称其为电子云，就像天空变化莫测的云彩，看云像风又像马。所以，进入今日信息网络时代，就出现了诸如云计算、云储存等名词。

如果要回溯信息时代的所有思想、方法、技术的起源，就必须经逆向思维，由网络回到电脑，由电脑回到超大规模集成电路，最终到达量子力学几乎完全统辖的微纳区域，进而回到二极管、电子等。量子力学对电脑、网络、现代化学合成、药物设计、材料科学产生了巨大的原始推动作用。今天我们看到的世界文明，特别是近百年来发展出的文明，绝大多数主要来自量子理论的贡献。

进入分子，遵从量子规律的物质领域，量子力学发展成量子化学。从原子组合成分子，在化学部分，由于不同的立场、观点差异，发展出了两个不同的量子化学理论——价键法和分子轨道法。即某些人强调电子在成键原子间的定域固化，另一些人强调电子在整个分子的原子连接骨架上的同时共享。

价键法和分子轨道法，由于思维、思想不同，计算量差别很大，优劣评价不同。价键法，形象思维好，易理解，但耗费机时，难度大，不被人们看好。更巧的是，价键法尽管在当时数学计算上没有优势，可其形象地展现了量子论眼中的分子动态结构，衍生出了在现代化学描述中非常有用的共振论，结果共振论被当成既是马又是驴、既不是马又不是驴的谬论，在苏联、东欧，因其"唯心主义"遭到大规模批判，我国当时也曾盲目跟从。几十年后的今天，人们发现这两法已经殊途同归，各有千秋。随着当代计算机技术的发展，两者已经势均力敌，平分秋色。

普朗克，以及玻尔、薛定谔等，用量子论改变了我们的世界观。他们惊世骇俗、令人生疑的学术推测，却被实验屡屡证明是正确的，但又是按照日常生活经验所万万不能理解的。经历牛顿经典思维的熏陶，充满自信的人类，重新又开始了迷惑和彷徨，人们甚至毫无根据地抵触这一思想。

量子——是全然不同的另一个世界观。宏观世界与微观世界相互间是变形折射，而不是简单的增减或延伸。微观世界有着极其不同于宏观世界的认知规律！可惜我们无法将自己缩小成纳米以下尺度大小，去直接观察与感知此神奇世界。具有量子效应的世界，包括完全符合量子论的微观世界和极微小的世界，也包括在电脑、人脑等极微世界处理的信息、意识等，同样也包括宏观量子现象，如超导、激光、光化学等等，以及那些在运行规则上符合量子规律的事物。量子效应在人类思维及社会活动中同样明显，人脑就遵循量子思维。宏观和微观是不可能截然分开的，薛定谔猫的故事、光与色彩就很清晰地告知我们，量子效应、量子现象无处不在，其不仅仅在微观，当然其主要在微观，起源于微观。

20世纪初，生活、感知、习惯在宏观世界的人们无法描述微观世界，只好用宏观世界的形象和思维试图近似表达微观世界。因此，能使人精神分裂的"波粒二象性""测不准原理"的奠定，石破天惊的量子规律的发现，揭示了一个有异于宏观世界的另类规律。所谓"波粒二象性"，是在描述光子、电子等微观物质时，人们手足无措，无法让熟悉经典宏观思维的人们理解，只好用近似方法描述光子、电子、质子、中子等既是粒子、也是波。事实上，对"波粒二象性"准确而全面的描述应该是，这些量子，既是粒子也是波；既不是粒子也不是波；它们都是只是粒子只是波，即是量子（规律）！它呈现哪个"象"，取决于观察者的思想与行动。

经典力学里，波是波，粒子是粒子，不是一回事。有作用，就有反作用。量子力学里，一个角度看，光具有波动性；换个角度看，光具有粒子性。人们因没能使用的词汇，只好将两个风马牛不相及的、互补并不完全对立的、是一个整体但又不统一的词汇组合进行表述。人们之所以困惑，是因为此时遇到的既不是形式逻辑，也不是辩证逻辑，而是量子逻辑。

量子论认为，对象在没有被观察之前，是原真状态，观察使得对象的原真状态"倒塌"成为观测到的现实。这寓意世界存在多种可能性，由于观察者"目光"的微扰干涉而发生变化。宇宙中，特别是微观世界中，人为因素和自然因素并存，确定性与不确定性并存，对立双方并存，万物相联系，为便于习惯于经典力学的人理解，所以出现了如既是马又是驴般的"二象性"描述。

量子力学是作为经典力学的反叛者登场的，在它涉及的领域，否定了定域实在，否定了因果，否定了确定性。牛顿经典思维的唯我独尊地位被量子理论打破。经典力学认为，物质不以意识的感知而存在，物质互有因果关系，其定量值是确定的。但量子力学发现，组成宇宙的微观粒子，物质的呈现状态会因为测量干扰而不同，在未观测前，它就像天空杂乱的一堆云雾，可以说像马，也可以说像人，飘忽不定，只是当人们观测时，它才成为人们所看到的形状。

尽管迄今为止所有实验都证明了量子力学的正确性，但当代人们不能再走崇拜牛顿力学的老路，再次把量子力学捧上神坛，当成绝对真理。

第 36 章

宇宙的底部和起始：一切同源、一切关联

理解经典与量子，一个简单的比喻是看电影。微观上电影胶片由单帧照片所组成，每秒钟的一连串的动作，由二十四帧画面叠加而成，这些单个画面间是跳跃的、量子化的，犹如量子世界，一个一个画面依次而出，在人眼中就会被感知为连续的、流畅的经典宏观世界。对人眼而言，每秒多于二十四帧的图像播放就成"活的"连贯的动画，而少于二十四帧就是跳动的"死的"僵硬图片。每秒二十四帧，是人类图像分辨的极限，是区别图像与动画的临界。电影是由一帧一帧的图像出现而在人眼中幻影为连续播放的。如果存在分辨率大于每秒二十四帧的动物，它所看到的人类的电影，和我们的世界是什么样的？

经典世界通过获取能量，以最低的能量消耗而越过能垒；量子世界可以打通隧道而实现量子隧穿。

宇宙由无生有，大爆炸始于量子波动，最初只有基本粒子，量子力学的规律已经显现，不断膨胀，当宏观物体成型并出现后，牛顿力学规律正式登场。有趣的是，与自然进程相反，人们认知上首先发现经典力学，后来才发现量子力学，经典恰恰早于量子。

就像干细胞与功能细胞的关系一样，这世界可能存在"干时空"与"功能时空"的关系。宏观世界，表象各异分型，规律不同，信息孤立，只在哲学层次有些联系。微观世界是全息的，包含成为宏观的所有可能信息，完全互通，成为什么宏观表象，取决于外界条件，如元素的生成与核聚变，基因遗传与蛋白质表达。

如果想象一下人的孕育和生成，就很容易明白宇宙的生成及分化，以

及微观与宏观。每个人都是一个宇宙，人作为受精卵，先生成干细胞。干细胞是一类具有自我复制能力的多潜能细胞，具有朝不同方向分化成各类功能细胞的可能性。具体如何分化取决于基因和外在条件的相互作用。分化后，功能细胞逐渐生成组织和器官细胞，如手、眼、鼻等。要使得手、眼、鼻等器官细胞回复到干细胞不是没有可能，但需要特别的生物或者化学技术，诱导回到起始状态，如利用人体皮肤细胞造出肝脏干细胞等。

与细胞起始一样，宇宙初始时，一切是相通的，而现时宇宙是相互分叉、区别不同的。在宏观和微观的交界区域，思维需要在经典牛顿与现代量子间的相互转化。对宏观而言，部分之和几乎等于整体，对微观而言，部分之和根本不等于整体。

微观到宏观，量子到经典，人们的视野逐级放大，细节逐渐模糊，如从杂环到基因，基因到细胞到生物及人，最后到家庭到团体甚至社会。又如从基本粒子到氢，经氢到各种元素包括重金属，到矿藏和山水。浩瀚的宇宙和星体的运行，裸目所及的宏观物体的行为，无疑早已证明经典力学的正确性。细小的极微世界，电子等的运行，裸目不可及的微观物体的行为，无疑已经证明了量子力学的正确性。

没有量子理论，就没有芯片、计算机、网络。信息与思维的变化，都发生和起源于极微观的世界，它具有跳跃性、不确定性。量子纠缠的实验证实，宇宙是个不可分割的整体。量子纠缠一旦发生，这种关系就会得以保持，微观粒子能够不受时空限制地"认识"和"记住"这种"默契关系"，是牛顿经典思维所无法理解的。微观粒子的特征和人的意识有相似之处。

在经典牛顿世界观里，人是被动的，有点宿命论，只能服从、适应自然界规律。在现代量子世界观里，你的观察，你的操作，你的生命活动本身，都可能在改变着事物规律与结果，在一定的意义上，人对这些相当程度地起着引导作用。由此可见，在这两种思维中，观察者或者人的位置和所发挥的作用是不同的。

在人际关系中，对同样的信息，不同经历的人拥有不同的理解。人与人之间的判断评价，常常因人而异，取决于他们的相互关系，不再具有确定性，不存在完全排除观察者影响的客观性。其特点与量子世界的规律多么相似！

如果说身体运动可以用经典力学去解析预测的话，那么人的头脑思维，如人的多面性、评价差异性、意识的独特性，只能用量子理论去理解。2014年起，就有人用量子概率成功研究预测人类的行为。

我们处在宏观与微观并存的世界里，处在工业文明向信息文明、甚至人工智能时代转化的过程中。具体经典力学与量子力学谁起主导作用，要看对象和问题的性质。被经典力学操控的人，常常对一切进行机械理性的推理，惯性外延，推导出许多偏见和谬误。而滥用量子论的人们，又会将事物间的相互联系进行无限制的夸大。

人类可见的世界，尺度从大到小，依次由分子、原子、电子云等所组成。人们所能看到的、触摸到的一切物质，其表面均由电子云构成。"触觉"就是以皮肤表面电子"触摸"他物的电子，因为电子带负电而电场力同性相斥，实际没有触摸到任何东西，仅仅是主体有触碰的感受。需要说明的是，这时的电子或电子云，都是被宏观平均化的。因为电子绕原子核运转如此之快，几乎随机快速出现在原子核周围的任何一处，故像云一样悬浮在原子核外面，以至于原子看上去是一个完整的球。如此，原子可以看成是每秒万帧的电影，渺小的原子，让我们看到连续的物质表面。也可以说，这个世界其实是由无数的电子，以每秒亿帧的频率闪动而成的"电影"。

原子与原子核，相当于足球场与黄豆的比例，电子则是场边的一粒沙子。如果某个生命的视觉是每秒兆帧，那么，它看到的原子表面就是"镂空"的，它所看到的人类世界也就是"镂空"的。原子只是缓慢运动点，人类世界空空荡荡，仅有星星点点。没有电性的X光射线能透过皮肉看骨头，因为皮肉松散，而骨头组织密集且含吸光的矿物质。如果没有骨头，或者几乎没有光线的吸收，这样的生命体就是人类不可见的。

经典与量子的关联还表现在许多方面，如，产生法拉第波时，在液面表面硅油液滴弹跳行为就符合量子力学。

2016年7月11日加利福尼亚大学圣芭芭拉分校尼尔发表在《自然·物理》杂志上的一篇论文，发现量子纠缠态和经典混乱度之间存在联系，经典力学和量子力学的最终融合，说不定就会从这么一点契机开始。

第 37 章

升级或颠覆经典：相对论和量子论

20世纪初，爱因斯坦发现狭义相对论、广义相对论，提出量子力学的光量子观点并因此获得诺贝尔物理学奖。

相对论从逻辑思想上完善统一了自牛顿开始发轫的经典物理学，使经典物理学成为一个完整完美的科学体系。狭义相对论建立了狭义相对性原理和光速不变原理，统一了牛顿力学和麦克斯韦电动力学两大体系；而广义相对论建立了完善的引力理论，引力理论主要涉及的是天体。

量子力学则关注微观粒子的运动规律，包括基本粒子、原子核、原子、分子、凝聚态物质等。

相对论和量子力学分别从高速运动和微观的状态，大大弥补了经典思维的牛顿力学的不足。量子更跨越物质走向生命和其他领域。这也意味着模仿或者建立在经典思维和牛顿力学基础上的社会、管理、经济等理论同样需要修改、重组。

生命是神秘的量子生命，生命是处于量子和经典交接的一叶扁舟。因为人的思维具有量子性，与人相关的社会、经济、管理的运行规律或者现象应具有量子性。基于传统的辩证思维，我们看社会及现象，常讲要一分为二；如用科学理论来讲，我们看社会及现象，需要量子论以及经典理论的两者结合。对于社会的微观颗粒，如个人和家庭，其运动行为具有相当的不确定性，有许多可以用随机概率统计，特别是量子概率去描述。

经典理论仅是物体在宏观、低速运行下近似成立的定量理论，自然界其实遵循着更深刻、更精细的规律，因此，如果完全受限于经典观念和思维方式去思考问题，会常常碰壁而不自知。

量子力学杀死了因果关系：在量子叠加态中，量子物体可以同时处于在经典世界里两个不相容的态，如同著名的"薛定谔的猫"处于既活又死的叠加态一样。量子物体还可以处于两个事件不同顺序的叠加。即同时按照两个不同的顺序（甲前乙后，乙前甲后）发生。

量子力学还动摇了对"真实"的理解，指出物质系统可以不拥有定义明确、界限分明的状态，而是处于几种不相容状态的叠加。

爱因斯坦相对论动摇了绝对的全局时空观，指出每个人所经历的时间，以及时间关系可以不同：在不同参照系中的不同观察者，对两个事件发生的顺序先后的观察结果可能会不同。

相对论揭示了质量和能量可以相互转化，具有等价性，即质量是能量的一种形式。

严格意义上讲，这世界这宇宙没有直线，直线只是人们的一种感知，由于相对论告知人们，由于引力场的存在，光线也是弯曲的、非线性的，人们之所以有直线或者线性的印象，是因为人们观察事物的疆域、视域太小受限，有了直线的错觉。就像宇宙中的巨大曲线，看其中任何一段都是直线；地球是巨大的球面，在一定高度上，看地球上任何一部分，都像是平面。这就是老子所言："大象无形，大曲若直。"

相对论指出时间与速度相关：增加速度，就相当于时间变慢。只要运动能达到光子的最大极速，永恒仅仅是瞬间。美国康乃尔大学行星所所长卡尔·萨根解释：近光速的太空旅行，以太空船上时钟计测，五十六年即可绕宇宙一周。可当结束旅程返回地球，地面时间已过数百亿年，地球已经被烧成灰烬，太阳已经死灭。

要使时间倒流，就得超过光速。假使坐上超光速的太空船飞行，就可以追上地球上发生的种种事情所展现的光线，从而就像倒看电影一样，回溯看到清明元宋唐汉秦、甚至周商夏等各朝代的一切。

第 38 章

"一分为二"正确吗：生命是经典和量子二象性

1944年，薛定谔在《生命是什么》一书中认为，生命和非生命之所以不同，是因为生命存在于量子世界和经典世界之间的交叉中间地带。薛定谔预言，生命是沿着量子边界，在经典世界与量子世界间的狭窄"溪流"中悠然航行。

薛定谔认为，对无生命体而言，"无序中诞生有序"。物质世界：无到有，无序中诞生有序（无数规律）。尽管经典定律，如牛顿力学、热力学、电磁学等各定律都极其有序，但它们的基础均基于无序，依赖于粒子水平上的混乱和不可预测，通过微观无序、宏观有序而发现规律。薛定谔认为，生命世界里的宏观规律则是"有序来自有序"。早在DNA发现之前，薛定谔就认为，生命是量子操控的神奇！基因小到不能依赖"无序中诞生的有序"定律来保证其复制的准确性，必定有一个"更复杂的有机分子"参与其中，一定是遵守量子规律而非经典法则，并提出基因突变可能是其内部的量子跃迁导致的。

十年之后，沃森和克里克发现了双螺旋结构DNA这个"更复杂的有机分子"。人们认识到，在生命世界：从有到有，有序来自于有序（DNA中心）。DNA只占生命总量的很小一部分，可几乎控制了全部及运转：水、钙骨、碳氢化合物……

英国吉姆·艾尔-哈利利和约翰乔·麦克法登合著的《神秘的量子生命》于2016年问世，成为量子生物学的奠基之作。该书认为，世界=量子法则+退化后的量子法则（统计/牛顿）。世界万物运行的根本就是量子法则，人们熟悉的统计学法则、牛顿法则，不过是退相干过滤掉怪异现象的量子法则。日常生活中习以为常的背后，常有量子法则的蛛丝马迹；宏观物体表现出的惊人量子现象，多数与生命有关。宇宙从量子诞生，万物由量子组成，运行是量子的转移，此类似于生命中心法则。无限小质点的量子波动引发宇宙大爆炸。质量与能量两者等价为一体、物质与意识（精神）合而为一。

我将其归纳总结为：生命是经典和量子二象性！为深化认识，我设计了一个关于野兽与饲养员的"安危二象性"的思想实验。人们都知道，饲养野生动物如老虎时，饲养员是不可以背对着老虎的，一旦如此，老虎就会兽性大发、攻击捕捉并吃掉饲养员，因为这些老虎就会回忆起（包括激活表观遗传基因层面记忆下的祖先）在野外时，从捕猎对象的背后，匍匐接近、偷袭捕猎、扑打撕咬其他动物的情景。可是人们从不知道如何解释，为何饲养员与老虎面对面时，反而不会如此。更有趣的是，当一个饲养员起初无意中背对老虎，偶然扭身就会感觉到老虎不怀好意匍匐趋近自己，而此时饲养员一旦与老虎面对面，老虎也会收下脚步，装成什么也没看见、什么也没有做过的样子，若无其事地走开。人们对此更无从解释。而这一切如果用"波粒二象性"，就能迎刃而解。因为动物也是处于经典和量子交界处的奇迹，和人一样，其认知具有二象性、量子思维等，只是没有人那么强烈。当看见人的背影时，动物被激发出的是兽性；当与人面对面眼神对视时，动物被激发出的是被饲养性；如此就会在不同的情景下呈现出不同的状态。这些就是动物认知的波粒二象，由此可以推出社会的波粒二象。当然，还要注意二象的互补性。

在社会学、心理学上也有一个霍桑效应，它指被观察者发现自己成为被观察对象而改变行为倾向的反应。这点与量子的"二象性"有异曲同工之妙。

我们常常将"一分为二"，或者"合二为一"，作为观察理解世界、放之四海而皆准的通用哲理标准，而忘记了，如此简单粗略静态的描述不一定全面、正确。过去，我们认为对一切人事物均可以采取一分为二的观点，而实际上，对于宏观物体的测量和操控而言，是几乎标准的牛顿经典规则，一是一、二是二，就不存在着"一分为二"；对于微观而言，物体对物体的测量和操控，是几乎标准的量子规则，测不准、不确定、纠缠、叠加、跳跃，具有"波粒二象性"，但也不可以简化为"一分为二"，如果硬要说是"一分为二"，那么，这只能作为一种较低层次的粗糙理解。对于生命的相互认知和操作而言，即使对几乎没有多角色切换特点的动物，因为生命是量子和经典交界处的神奇，实际动物也将呈现远比"一分为二"更复杂的情景；对量子思维的人而言，复杂性则更是远超"一分为二"所能解释的。面对如此纠缠重叠的世界，"一分为二"的解析方式，就像《易经》把世界全看成二元体系一样过于简单和片面。

人们是在观察到世界的复杂性后，因为没有更合适的办法，而且早年量子论还没有出现，故而进化出"一分为二"的学说，用于日常生活和工作，这倒也可以理解。即通过用简单的经典方法的复杂化，来解析理解复杂的世界，以便对机械观察结果和更简单解析结果进行矫正。远古和近代，人类的一分为二学说，很可能是对量子论、量子思维的一种机械性近似，是一种趋近。

量子论的波粒二象性原理，完全不同于经典辩证逻辑的"一分为二"观点，前者是动态、纠缠、测不准、整体全面的信息；后者是静态、清晰、可区分、部分极端的信息。

我们需要超越"一分为二"的黑白思维，避免非黑即白的二极管脑袋。有人说：任何黑的、白的观点都容易鼓动人心，而生命和社会恰恰不需要黑的或白的，需要的是灰色的观点，在黑白之间寻求平衡。

我在修订增补写作此书时，在标题、目录和内容上，尽量避免"一分为二"的黑白思维，强调第三境界或者求知隐含的第三境界，即第三条思路／道路。当我们熟悉至少三种不同的思维方式，就能知道和熟悉、甚至创造出更多的思维方式，自由和创新就在眼前。这也符合我们民族固有的"三生万物"理念。

第 39 章

人的量子态和量子思维：女儿媳妇二象性

人的波粒二象性，典型地表现在人的心理的不可预测和言行的"非理性"。对类似情景的把握，常常有"似近还远"的感觉。当人入夜时，你如果拼命告诫自己不要睡着，结果常常不由自主地睡着了；而如果要自己少胡思乱想、尽快睡着，结果常常就是睡不着了。这种人的量子态、不确定、测不准特性，表现得淋漓尽致。

近八十年来，人们从最初认为量子只用来描述微观世界，如分子、原子中的各种运动行为，到开始接受，在物质层面，生命是量子和经典交界共管区的神奇。可还是没有真正认识到，人的意识和思维具有量子性。其实早在 1950 年，物理学家玻姆发现了量子过程和人的思想过程极为相似。如果过去人们误解人具有经典思维特征，即分割、精确、机械、惯性等，而现在则有更多的实验证明或者揭示，人更具有量子思维特点：测不准、叠加、纠缠、跳跃的言行情绪状态。

人们在思考、犹豫、推理、决策或做梦时，并非是单纯的理性或者感性，遵从的并非传统逻辑和经典理性规则，而是奇特怪诞的量子逻辑法则。我们脑中发生的这一切的本质是量子机制。在量子世界中，事物并非完美确定，而是互相纠缠、彼此难分、摇摆不定、相互重叠。2015 年 12 月，欧洲第一科学人文杂志《新发现》中文版专辑报道了量子思维及其在此之前的实验研究进展。

人们的精神状态是量子态的！比如，人类词语的含义取决于使用场景，并不仅仅取决于原词义，就是典型的纠缠。人是量子化的，不会像肉一样有一斤肉、1.6 斤肉……那样的存在；人只能是一个人、两人……不存在 2.5 个人，必须是整数或者倍数的存在；人是以父子兄弟、母女姐妹、夫妻亲友、上下层级、左右同僚等多重角色的同时存在并重叠，具体以什么显性面目出现，取决于环境、状态以及和谁在一起，并且角色与角色之间常有重叠纠缠测不准，而且经常切换、甚至瞬间切换。与此同时人们还在高涨、昂扬、兴奋、乐观、平和、低沉、抑郁、绝望等不同的情绪的展现间，在能量层级间进行上下左右的量子式的激发跃迁。

量子思维的观点，并不假定大脑是否为量子计算机，大脑灰质是否为量子态，神经元的生物学机制是否为量子……，而是阐明认知现象符合量子原理。用了该原理，将一些过去神秘而变幻不定的精神状态视为量子态后，许多关系会明晰有条理，从而引导人们重新思考每个人的思维方式。

传统经典思维认为，人的想法总是处于一个确定的状态，更重要的是具有惯性，决策只是阅读这种状态。而量子思维认为，人的想法处于不确定状态，具有跳跃性，是几种观点的叠加。在决策判断中，这些多观点不确定的状态坍塌为一种意见。经典模型仅仅是量子模型的一个特例，如两可之间的犹豫不决到最终确定。

人们的认知过程，无论语言、知觉、学习、判断、记忆等这些思维都采用量子法则运行。之所以人脑采用这样不同于通常逻辑的思维，是因为这基于个人极其有限的认知资源提供回答无限多问题的可能性。这种思维更高效，其在叠加态的基础上展开思考，能进行大量平行的计算。

所以，有人认为不能简单地把量子力学看作原子、电子的科学。他们认为，量子理论不是一种关于世界深层的理论，解释事物性质的理论，而是关于世界表象的理论，是关于被观察事物与观察工具发生关系而产生现象的理论，提醒人们现实和表象之间存在的重大差异。

量子力学阐述"世界是跳跃发展的、非惯性的、互动而测不准的、有多种可能的、概率性的"规则，在细微至无形的世界，发挥着具有主导作用，这些量子规则通过直接影响宏观的有形的世界，或者通过人的思维量子性而间接影响宏观有形的世界，甚至社会形态。

量子思维可给人们以新想法、新动力、新价值观，并让人们提出新的问题，重视自发性，重新认识自我，尊重多样化，使人在困难面前不气馁，懂得谦卑，富有共情力，有很强使命感。这些特点可以成为原则，以此可以建立起对自我的新调控系统，对外界的新治理体系。

量子思维与批判性思维或叫审辩式思维，有很大的交集、重叠和相似之处。锻炼批判性思维，或审辩式思维，最简单的方式是熟悉量子思维。这些思维都扎根于现代科学的研究成果和新发现，是西方分析性思维和东方整体性思维的综合集成。

批判性思维、审辩式思维的一个重要特征：对于相同的观测事实，基于不同的前提假设、个体兴趣或者能力偏好，采用多种不同的思想理念或者概念体系做出多种不同解释，进而建立不同的、不被现象所迷惑的判断理论。

量子状态呈现的是：测不准、叠加、纠缠、跳跃，一切并非完美确定，而是纠缠不清、亦此亦彼、摇摆不定、相互重叠。我认为，人对他人品行的测量和评价，最典型地反映了人思维的量子特性，因为这种评价是一种基于关系、基于角色及其变化的对象评价。即对于一个观察世界的人而言，完全的世界真相是所有一切实体（包括观察者本身）和实体间相互关系的综合。即在观察者眼中，世界＝观察者＋被观察者1＋被观察者2＋……＋各种相互关系。

为了便于大家理解人的量子态和量子思维，我设计了一个"思想实验"，进行女性表现的众人评价，简称"女儿媳妇二象性"，来举例说明人的量子思维特点和状态。

让一个成年女性停留在一密闭的观察室内，当社交圈、人际关系圈的人们分别推开房门看到她后，请对该女性的表现进行真实而直率的评价，结果会有一定的方向性，但将会是五花八门，相互评价的误差将会非常地大，与用尺子测量桌子的精度相比，根本无法同日而语。

如当某人推开观察室，发现被观察对象是自己的女儿，而观察对象发现前来的是她的妈妈，可以想见她妈妈对女儿的评价将是：我女儿很好、很贴心，尽管有些小毛病，当然那是人之常情……

当某人推开观察室，发现被观察对象是自己的儿媳妇，而观察对象发现前来的是她的婆婆，可以想见她婆婆对儿媳妇的评价很可能是：我儿媳妇不怎么好、缺点很多，比不上我女儿，配不上我儿……

当下属推开观察室，看见她后，会评价：这是一个霸道的领导……当领导推开观察室，看见她后，会评价：这是勤勤恳恳、办事可靠的下属……当朋友推开观察室，看见她后，会评价：这是可信赖的闺蜜……当仇敌推开观察室，看见她后，会评价：这是不共戴天的对手……凡此种种，不一而足。

人类量子思维状态举例：基于关系/角色的对象评价
人的角色多象性，人的量子态、人的量子思维　　世界=观察者+被观察者+相互关系

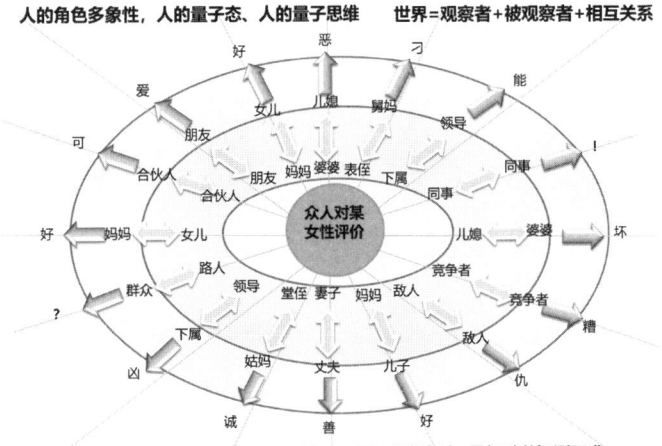

经典方式倾向：此女性是好人还是坏人？ 量子思维倾向：叠加/纠缠/测不准

图 3. 图解分析人的认知量子态和量子思维，例解女儿媳妇二象性

所有的观察者，都是在见到观察对象后，确认了和观察对象的人际关系后，才能给出了各自的评价。很显然，这是一个基于人际关系的个人表现评价，而且，这世界上，根本没有完全剔除关系的人际评价。同样，在推门观察该女性之前，观察者和被观察者本身都是"自由的"、多方向性的，都具有各种角色可能性，而一旦相互见面后，各自各种角色可能性就均不再存在，各自相互只存在一种确定性的角色，进而给出评价。此时，就相当于本来具有各种可能性的量子波函数，因为观测微扰而崩塌成确定的经典现实。

可是困难的是，我们如何加权来自不同人的评价呢？此时，人们就难以简单地回答这个"她"到底是一个怎样的人，是好人还是坏人。用精确唯一正确答案的经典思维方式无法给予全面的回答。而量子思维就能揭示不同的人不同的评价，典型呈现了思维中的状态或者角色的叠加、相互关系的纠缠、好坏远近的测不准。这一事例同样揭示了人的思考和认知的量子状态特性。

人的不同感触器官，以量子或者经典的方式感知世界：双眼中的色素，受光子激发使得色素的电子进入色素激发态，经过复杂的过程（波长分布的加和），最终给出世界的宏观影像，这明显是一个近似量子的过程；鼻子双孔吸入蒸发的分子，分子价键的不同振动与味觉受体的价键发生同频共振，进而展现出宏观气味（频率分布的加和），显然这又是一个近似量子过程；人的味蕾感知酸甜苦辣，是因为对象分子与味蕾上的对应分子基团发生了分子识别，给出了不同的生理信号响应（结合自由能分布的加和），这分子识别也是近似量子过程。可是，人的双耳能够听到声音，这样的声音是典型的经典波动，音速大约 300 米 / 秒，显然这是一个经典过程；双手、双脚感知世界表观上也是经典过程。

人类用量子和经典的方法感知世界

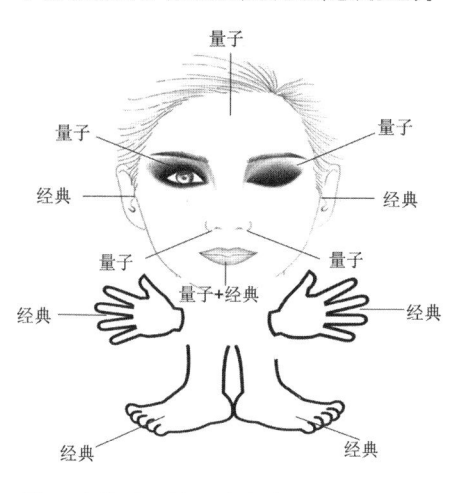

图 4. 人的不同感触器官在感知世界上的差异性

第 39 章 人的量子态和量子思维：女儿媳妇二象性

游走在量子认知与经典认知交接区域的人类,以极其复杂交错叠加的方式,感知着世界,并进而改变世界。在描述世界上,经典与量子有很大的差异;经典时代的科普观点:世界竟然如此简单,容易透彻理解;量子时代的科普观点:世界超乎想象的复杂,无法完全理解。

第 40 章

量子论与心理学的亲缘：人格原型和角色多象性

目前的心理学研究，基本是现象心理学，而几乎不知道其为何发生及其原理。这种现象心理学就是对人的量子态和量子思维的外部形态的描绘。荣格的关于精神分析、人格原型、《易经》同时性等思想就属于这一类。

荣格认为：人的特性，除受外在性格牵动外，更受潜意识的"人格原型"影响。他认为，"原型"在全世界人类的集体潜意识中存在着。每个人都有内外"两副面孔"，潜在的一面，藏着人格原型。

实际每个人都会有这样的体验和人格分裂的感受：表面乐观开朗、随缘合群，而实质尤喜独处、内心悲楚；表面强势傲骨、独立威严，而内心渴望呵护、想做受宠的弱主；表面温文儒雅、脾气谦和，但内心积压无名怒火；外表爽朗开怀、阳光外向，其实是失眠抑郁、孤独焦虑。

如此并非作假、装扮、表里不一。而我则认为这恰恰揭示了人的量子态、人的"波粒二象性"、量子思维下的"表里二象性"。我认为，融合人的原型、表型，才能全面地认识人。

荣格认为，人格原型有十二种，每个人都有自己的人格原型，其牵动着每个人生活中所扮演的角色，潜意识中影响命运和人生走向。在"孤儿"原型影响下的人，常会有被忽视、背叛、牺牲、遗弃的感觉；在"战士"原型影响下的人，常会自我紧张、生怕落后、刻求成就；在"统治者"原型影响下的人，常会横行霸道、控制欲强、喜好指挥别人；"嬉戏者"原型影响下的人，往往会活得洒脱、无视外界评价、快乐于当下……

剖析看清人格原型，让优点与缺点、光明与阴暗、恐惧与自省，在一一呈现之后将它们进行合适的调整和改变，能减少内心的撕裂和冲突，进而超越原型，成为自然的理想型的最好自己。

发现量子论中不相容原理的泡利，曾经与精神分析大家荣格交流过自己的梦境，尝试搞清梦境是否符合量子法则，并在 1952 年两人共同出版了《自然与灵魂的诠释》一书。人的梦境具有强烈的叠加态、干涉、跳跃等量子特征，好像一旦重新回忆，梦就失去了原初的量子特性。人在刚醒时对梦境的描述比完全清醒时要丰富得多。似乎在重新回忆或者描述梦境时，原先的记忆被改变了，原初叠加的梦境记忆坍塌为传统的经典记忆或者线性记忆。

面对同一幅心理学幻象图画，不同的人会说出不同的结果。有个判断人们思考时，左右脑到底哪个占先为主的测试动画，常会给出仁者见仁、智者见智的说法。有人说动图中女性在顺时针旋转；另一些人则说她是逆时针旋转；更有人说她时而顺时针旋转、时而在逆时针旋转。又如某个图像在某些人眼中是静止的，在另一些人的眼中是运动的，甚至是不规则跳跃的。这单单从使用左右脑习惯上难以解释，因为其观察结果似乎具有很大的主观性和不稳定性，并且就是闭上一只眼，仍然会有这样的感觉。

对于这些，人们尚无法用经典的准确科学语言描述它，只能宽泛地称之为心理学。有人则干脆认定其是"唯心的"，一定是"不科学"或者是"伪科学"，似乎"唯物的""客观的"一定正确。然而，许多人忘记了，这样的感官对每一个人而言、即同一观察者而言，虽然结果不完全重复，但结果是在一定范围相对固定的，尽管不同人的结果差别很大。

早期的心理学研究就像巫术，后来的心理学就是牛顿经典思维的翻版，现代的心理学就是数据的统计分析，只涉及现象、输出和输入，不涉及深层次原理，即脑中细胞分子层次到底发生了什么，没人知道，只好干脆把人脑看成了黑箱，根本不关心在人脑中，上帝住在哪、魔鬼住在哪。而要真正解密人的心理，要升级心理学，就得明白生命的"经典量子二象性"、人的"经典量子二象性"。

人们常常关注的所谓身心关系，实际就是脑心关系，最终就是人脑的神秘性。人脑无疑是宇宙中最复杂的器官。心理学的核心是研究和关注大脑运行结果的差异，但目前的心理学几乎将脑当作了没有分子层次、微纳层次的一个黑箱，试图在不涉及其内部成分和微观机制的情况下进行准确描述。

过去人们对脑和意识的理解，主要基于经典思维方式，即牛顿经典力学原理，对大脑结构与功能研究中，采用宏观的分解还原模式，并引入了许多宏观概念。而这至今并不能解释为何脑和意识难以捉摸和瞬息万变。

由对脑细胞和宇宙的超分辨观测成像获知，人脑神经细胞影像，与宇宙星际影像间存在类似性，似乎大脑就像一个缩微的小宇宙，而宇宙则像是一个巨型的大脑，因此，它们所适用的研究思维手段应该也有相近之处。人类在理解宇宙问题时，常用的研究方法手段，不仅仅包括牛顿经典力学、爱因斯坦相对论，更有量子力学，而且量子力学占据主要地位。因此，如果我们换种思维看待人脑，如从量子力学、量子论的观点重新看待脑心问题，感觉就会不一样。

脑由几百亿分子细胞—神经元组成，其数量远超电脑中晶体管电路，彼此相连。电信号脉冲通过神经元来传输，脑神经元与身体的联系是机械的，从牛顿经典力学角度容易理解。而神经元与神经元、神经元内部的相互联系则是非机械的、发生在微空间的，有否可能类近量子化，没有人知道。但目前，许多科学家相信，人类思维方式和意识的量子特性，并非来自其微观空间尺度，而来自其展示的综合效果是接近量子式的。

大约从2011年开始，人们开始发表严谨的学术论文，并且认识到，人类的思维真可能是量子态的，是量子思维。量子的特征状态，通常包括测不准、叠加态、纠缠互涉和相容这三个主要特征。而通过对人在不同情况下的跟踪研究和记录分析，人们实验研究确定，人类的思维确实具有量子的特征，即像量子思维。在量子思维的眼中，世界上的人、事、物并非完美确定，而是相互纠缠不清、亦此亦彼、摇摆不定，相互重叠的。2014年，人们开始用量子概率，而非经典概率去预测人类的行为。

因此，人的思维过程和量子思维有显著的相似性，对模糊的对象越观察越关注，越关注越清晰，但清晰后的感觉往往与原来粗识时的感觉不一样，被关注的思想极像电子等量子的"波粒二象性"，就像"测不准"原理所描述的电子，被观测后的电子就不可能再和以前一样，其波函数就坍塌成所看到的结果。"量子意识",就是量子角度心理学对意识的新解读。

这种类似于量子方式的思维特性,是如何而来,目前没人知道。只能根据现有知识,粗粗予以解析理解。人的意识,来自感触细胞与大脑中负责信号传递与处理的细胞的相互作用和识别,而细胞间的识别来自于分子间的相互识别,即分子识别,而这就完全进入了量子化学或者量子力学的领域。在分子社会中,杂乱、多元、多样的分子,能够通过类似或者互补,进行相互识别,进而组织成为分子群落,类似于自然社会的物以类聚、人以群分,近朱者赤、近墨者黑。肥皂的洗涤作用,就是来自其疏水部分对油污的相互识别与绑定。一句话,人的意识与分子意识、分子识别,有极大的相关性,而这种识别受测不准、叠加态、纠缠互涉和相容等量子特性的影响,应该受到量子化学或者量子力学的规范。

在个体人脑中,就好像单个类近量子化的思维时空,通过几百万分离的神经元活动集成在一起,形成一个整体知觉——"我"或"自我";在群体中,犹如现代互联网,将亿万包含远超晶体管电路的电脑连接起来,形成一个有整体知觉的网络:虚拟大脑和虚拟社会。

谈脑心关系,离不开探讨大脑的语言处理结构,因为人们天天使用语言。语言一般靠逻辑运行,所以通常只涉及左脑。英、德、法等拼音文字位于左半球的后脑靠近听力区的威氏语言区,所以学习英文则应注重营造一个语音环境,注重多做听、说的练习。中文等象形文字,位于大脑左半球前部的靠近运动区的布氏语言区,所以学好中文,记忆靠"运动":多看、多写、多说。

当然,中国的象形文字不仅仅是语言本身,它有变化多端的形状,还是图画,发音就像音乐,应该还涉及人的右脑。由于日本部分使用中国的象形文字,所以同样应该涉及右脑的功能。

由于经济和文明发展,今日中国再次进入创造词汇的时代,由于独特的以中文学习英文的传统,"洋泾浜"将不再是贬义词。说不定有一天,中式英文可能会风行全球。

日本人的研究表明,不同于欧美人脑结构左右明确分工,即左为理性,右为感性,日本人的脑结构则是将理性与感性都混杂于左脑来处理。哭笑等情感声音，先进左脑，这样脑平衡易出现问题，不稳定，让人琢磨不透。由于许多行动判断均通过左脑进行，会把理性的看成感性，也会把感性的看成理性，所以容易导致歇斯底里，产生文化认知差异。

  人类的心理是阶跃的，并不是连续的。人类心理的不连续台阶，可以称作为量子态，究竟处于哪个态，具有不确定性或者随机性，用量子论能够给出较好的统计描述。总体而言，心理是小脾气，更近量子态，不可预测；性格是大方向，更近经典状态，可以把握。

  此外，相对论对心理学的启示是，人的心理和言行，相对于同一对象、同一时空，可以有不同的度量和感受：人类心理规律在本质上都是一样的，不管我们的生长环境，教育程度，还有外部表现有多么的不同。相对论既指出了人类心理的相对不同性，也指出人的心理的虚幻性。

第 41 章

量子的威名化、神化、泛化和滥用

有人常用量子名词糊弄人，甚至牟利，如从量子记忆术到量子医学等等。需要科普的是，量子理论是全新命题，并不是哪个神秘的古代智慧的今日显灵。

有了量子的基本概念，人类才能够回答，我们从哪儿来，将到哪儿去。量子论告诉人们，宇宙诞生于 150 亿年前一个奇点的量子涨落而引发的大爆炸，其时温度高达几亿度，所以只有质子、中子、光子、电子的存在；几分钟后氢、氘、氦元素形成；30 万年后，原子形成；亿年后形成恒星，经过 100 亿年的孕育，太阳系诞生，随后，地球等行星形成，再过几十亿年，逐渐进化出人类。

宇宙以一个"恰到好处"的速度在膨胀。稍快一点，物质就四散飞开，无法凝成星系和行星。稍微慢一点，引力就把所有吸到一起，变成密度和温度惊人的一团大杂烩。恰好我们处在一个"临界速度"上，这才使得一切成为可能。这个速度的精确度惊人，正负误差大约不能超过 10^{55} 分之一。想象一下，从宇宙一端瞄准打中相隔 300 亿光年的另一端苍蝇，所需准确性仅仅 10^{30} 分之一。类似的惊人准确的宇宙数字，有许多。故我们要感恩！为什么宇宙必须以这个速度膨胀，为什么要有如此高的精确性的巧合，不然就没有"人"来提问。这似乎表明你我的存在影响了宇宙的性质，甚至通过观测创造了宇宙和它的历史本身！

宗教必定与不可知和宇宙相关。牛顿之所以晚年信仰上帝、信仰宗教，因牛顿力学只能够解释斗转星移的轨道和周期，却无法解释从何而来，他不知道量子论，只能认为是上帝推动。牛顿的理论认为，时间是均匀流逝、无穷无尽，空间是均匀而无限大。

有了量子力学的基本概念，人类能够回答，我们从哪儿来，将到哪儿去。量子论揭示了神秘的力量——大道无形、道法自然，自然是神明，自然是秘诀。

儿童的思维是无拘无束、自由开放的，只是缺乏阅历。超限思维，就像量子粒子的波函数，无处不在、无数可能，被测量控制而确定，被干扰而显形。被无数干扰限制的量子思维就转变为经典思维。西方的分析思维，以相同或者相近的原理为聚焦的核心；东方的整体思维，以相同或者相近的对象或者问题为围绕的核心。

世界本来就是量子的，我们却一直没有认识上的自觉，即使在量子论问世百余年以后，即使其已被广泛应用，是支撑今日人类物质文明的第一科学理论，而它又和意识思维精神紧密相关，但人群中真正理解量子论的人，少得可怜。

量子是世界最基本的层面、是这世界最底层的密码。每件事的底层都以量子物理学为基础，所有物质的底层都是量子的集成。光、电和磁就是量子现象，只不过我们拼命用降低版本的、更易理解和接受的经典方式去理解它们。

祭祀占卜年代的人们，就像是在探索古老的量子论；相信一切均是确定、均可知晓、均可预测的牛顿经典思维，就像是蒙昧时代退相干的量子论；宗教思维，就像蒙昧时代的牛顿经典思维；以超导、激光、电脑网络、药物设计等形式服务人类的是现代量子论；而将人事物平等相连的将是未来的量子论。

事实上，早在量子论发现以前，我们人类浑然不知地利用了一些量子技术，但并没有意识到是量子机制使其成为现实可能，那时量子技术是隐形在知识里的。斯旺和爱迪生并不知道受热灯丝发光是一种量子过程，但他们发明了电灯泡。随着二极管，如电子管、晶体管等无数现代电子开关和放大器件的发明与应用，一切都发生了改变，人们开始接触由量子论直接指导而产生的技术。贝尔实验室用特别研发的材料发明了晶体管，从量子层面实现性能调节，于是，量子作为显性知识推动了无数的文明发展。

科学的 1.0 是笛卡尔的二元论时代，冲突并逆反的二元论，尽管在数百年前让人们向世界的本质靠近了一步，可是带给人们的是精神分裂和僵化；2.0是牛顿经典思维，3.0是量子思维时代。不同时代，科学有不同的内涵和定义，人们需要防止科学本身的僵化和禁锢。除了不能把非科学的事物硬是套上科学的帽子去吓唬他人、蒙骗他人、诱惑他人，还要对科学本身进行科学分析，认清什么是传统的经典科学，什么是量子科学。

面对如此全新的、与数百年甚至数千年西方追求精确习惯相反的量子认知，有人禁不住要将其与东方传统进行类比，甚至包括如与佛学的一些基本思想的类同性等。1975年卡普拉在著名的《物理学之道》中，同样将量子理论与道家思想和东方玄学进行了类比。

王守益的《物理与佛学》一书，他认为，量子论恰恰揭示了对微观粒子描述的不确定性，能表达这一特性的波函数是无法观测到的，因此本体是"空"。"色不异空""当体即空"与量子论存在类似、重叠、交叉。"测不准"可能正是"假有"，不论实验技术发展到何种程度，真正绝对真实的物性"实相"，都不可能测到。基本粒子没有被观测时，没有确定状态。意识本体是"一念不生"，处于此境界的人，面对一切都对境无心、逢缘不动、万物皆同性。此时此地的意识处于不确定状态，即不住相，不驻在任何具体的空间，可不住相，但又存在于任何地方；不在某处又存在于任何一处。同样，人的意念也是不住相，没有任何具体色相。动念起心就是一种测量，这时候意识就不再自由了，它突然就坍缩到某个具体概念上。有人认为中医经络学说的"气""真气"至今用任何经典物理学实验方法都还没有找到，有可能"真气"就是量子论现象。

量子力学揭示，物质世界本质上不存在独立的、不可无限分割的最小基本粒子，而是一种粒子的波，其更像一个波或是"能量场"。粒子波之间每时每刻都随机地进行着能量交换。整个宇宙也是一个延绵不断的能量场，将生命、星球、气体、植物等一切均关联在一起。有人坚持佛学也有类似的论述描述：世界是张大网，每个生灵都是节点上的钻石。任何人只是天网的一个部分，就像身体的一个细胞，相互有着割舍不掉的联系。任何伤人的言行都会通过这张天网，以能量的方式反射到自我身上。所以，伤人就是伤己，慈悲和博爱是生存下去的希望，而不是什么幻想奢望。

第 42 章

量子社会学：全息的"一沙一世界"

量子社会学，就是量子论对社会学和社会工作的启示，可成为一种新的社会观。从量子论角度看社会，将强调的是：全员整体相关，不可简单分割。

人具有量子态、量子思维。同样，家庭或者公司单位等，也是社会的微纳尺度的组成单元，同样应具有部分的量子特性，即"波粒二象性"。

宏观尺度，处于牛顿经典科学的范畴，遵循引力法则和惯性定律。所以，社会总体规律就是，可以进行粗犷大概的活动行为，如生产流通分配的计划性，并把一切建立在所有微观个人的全面真实信息集成基础之上。公司机构和家庭这样的社会微纳单元，则常处于波粒二象或者多象状态，既稳定和理性，又感情和感性。对思维量子化的个体，其独立自由、差异性、多样性和不确定性更要特别尊重。

处于宏观和微观之间的家庭或者公司，兼具传统经典和现代量子的特性，在社会运行上，不能采取全能全知全行的高度集中的计划措施；在个体运行上，不能运用标准确定、规格统一、道德合规的僵化尺寸。

量子力学也告诉人们，宇宙的结构是全息性的。因为万物联系，每一点包含着宇宙整套信息，且每一点的信息也弥散在整个宇宙里，这就像通常所说的"一花一世界"。分子克隆的理论基础是，每个细胞都包含着整体的全部信息，即全套遗传密码。其暗示，每个人不是汪洋中可有可无的一滴水珠，每个人就是一个大海；每个人不是沙滩微不足道的沙子一粒，每一粒沙就是整个世界。每个人身上包含着整个宇宙。量子和网络带给人类一个全新时刻，靠少数超人英雄、救世神仙拯救的时代一去不复返。这个时刻正唤醒全球每一个人，每个人都可以信息影响世界。正如在网络上，任何普通人的声音都有可能被全世界听见！同样每一个人的博爱和慈悲，会通过生命联系的"天网"遍及全球；每个人内心中的念头，无论善恶都参与建造未来世界。

历史已经一再证明，以强权和暴力为工具推动的社会变革，短期可达到某种功效，但永远不能本质上解决问题。真正的变革在于，我们如何通过合作去创造一种解决社会和个人之间冲突、能调动所有人的全新方式方法。

在社会学领域，与量子论观念平行的、相互联系的，有甘地领导的"非暴力"，以及此后美国马丁·路德·金和南非曼德拉领导的黑人和平运动。这里的"非暴力"不是一种消极被动的不抵抗，而鼓励以"真理的力量"进行最有韧劲的抵抗。受内心魔鬼和恐惧的驱动，人会诉诸于武力和暴力；受慈悲和博爱的滋养，就没有传统意义上的"敌人"；内心没有恐惧的人，不愿动用武力，面对威胁也不退让，会将生死置之度外；坚信爱、包容、宽恕和不折不挠终会战胜、超越一切恶念。非暴力的准则正被人们推行到方方面面，包括国际关系、家庭纠纷、人际关系、自身修养等。

量子论打破了自然过程全都是连续的经典定论神话，破天荒地揭示了自然具有的非连续性的、跳跃的本质。量子论是信息时代最重要、最活跃的科学基础。没有量子论，就没有今天的信息社会！更重要的，信息时代的人们，人人都可以发声，"以人为本"成为可能。量子论已经开始波及并改变社会科学和人文领域，正成为具有广泛科学方法论意义的思维方式。

第 43 章

人不是物也不是神：量子思维与教育

经典思维的教育认为，不同的人，需要采取同样规范的教学模式，同一时间上课，同一时间下课，同一个考核评价标准，同一份试卷，培养成同一种人，最好都像可替换的工具，如同一块砖头。

而量子思维的教育认为，不同的人，需要采取不同的教学模式，不同时间上课，采取不同的考核方式和评价方法，用不同的试卷，培养成不同的人，每个人各具特色优势，具有不可替代性。

由于量子现象不仅仅存在于微观，同样能发生在宏观；生命是介于经典和量子之间的神奇，并且人的思维和决策很大程度符合量子规律，因此，量子教育学就应运而生。与牛顿的"世界体系"意识相适应的传统经典教育理论，正面临着与量子论相适应的量子教育观念的严峻挑战。

传统经典教育特色体现在：强调内容和过程的确定性；过程的流水线规范化作业和结果的标准化；追求人才的批量生产和最大投入产出效应。夸美纽斯在1632年所著《大教学论》，制定了一整套学校制度，包括学年制、班级授课制等，奠定了近代教育的第一块基石。赫尔巴特1806年所著《普通教育学》，使教育更为成熟并模式化建立了"明了、联想、系统、方法"四个阶段教学过程的"形式阶段理论"，规定了近代教育发展的轨迹。

与如今基于量子论的信息、生物、材料等科技和产业的快速发展态势和随之而来的社会急剧变迁相比，现代学校教育严重滞后。教育体系及发展日益严重的官僚化、行政化、程式化、模具化和封闭化，围绕高考、考研、升学、就业、出国等育人产品性能指标，形成了工业化流水线批量的"目中无人"的生产，造成学生课业负担严重、知识体系残缺、人格畸形发展。终身学习、个性化学习、随时随地学习、快速迭代学习的需求，被严重制约，得不到满足。

教育具有量子"跃迁"的特点，即教育除了常见的连续性以外，还具有非连续的跃迁性。教育跃迁突出体现在人的知识、精神、思维和人本身的发展变化状态上，不必沉湎于循规蹈矩、循序渐进的传统教育，相信并服务于学生随时可能出现的变化。

强调教育的"随机"和"概率"等不确定性和随机性量子特点，不僵化于习惯的确定性，让教育体现因人因时因地的不同。教育的好坏与有效，取决于概率，教育并非万能、也非只有唯一可能，需要师生的双向互动，而不是单向强压和灌输。

传统教育认为，人是生理、心理等诸多要素的分解合成，这些要素可彼此分立，具有简单加和性；人的发展呈线性轨迹；发展过程和方向可以预测。为此，传统教育的核心是"以教为中心"，或者"以学生为中心"，教学过程规范可控，结果有标准化评估，其形式为分班分级分科授课教学、标准化考试等统一模式。

量子特点的教育认为：每个人都高度复杂、相互联动和多样开放，人不等于生理、心理的要素的简单分解和加和，而应是各要素的加减乘除，甚至是指数变化。每个人的发展及其过程，都是非线性、不连续、多种可能性、不可精确预测、充满变化的。所以我一直认为，教育教学应当"以学生的素质和能力的达成为核心"，师生双向互动，学生乐学好思，教师寓教于乐；应该有个性化而非统一标准化的学习教育计划。

量子和经典兼而有之的思维方式，更为接近今天真实的社会发展状态，也更能准确反映处于教育、学习、成长过程中人的意识和思维发展状态。

教育究竟是"以人为本"还是"以书为本"，是借助于量子论思考现行教育问题的重要切入点。我国现行教育，几乎是古代传统教育体系、日本化的德国教育习惯、苏联教育观念的杂合，与犹太和英美的教育有所不同。我们重点强调的是书（知识），并不是人；主要是依据工业化时代的"物化模式"，即把"模块制造、批量生产、统一规格"的物质生产的工业规律推广应用到规范人类一切活动领域，用无生命、无自主性的物体的制造模式去规范培养人的思维和言行方式。如此"物化模式"表现在，常把

"物"的制造规律当作"人"的培养规律；常把大人的发展定律当作孩子的成长规律；常把个别学生的教育规律当成普适于所有学生的规律；常把"平均标准生"的育人规范当成"尖子生"和一般学生的培养规律；常把言传和滔滔不绝当成了身教和潜移默化；常把教书教学规律当成育人教育规律。

现行教育中的"育人"，要么空洞化，要么不占据核心地位，而附庸从属于教书和知识点。人成为了知识的载体或者容器，而不是自主成长的能够掌控知识、创造知识的主人。结果知识传授成为传统教育的唯一的途径，思维、精神、实践、实验等途径都很容易被忽视忘却。

第 44 章

探索意识起源：量子、人、宇宙的纠缠

如果我们相信牛顿经典力学，即作用力等同于反作用力的牛顿第三定律，就能理解意识与外界同样存在相互改变的可能性，即作用与反作用共存。外部世界变化可引起我们的意识改变。维格纳认为，意识同样可以作用于外部世界，使波函数坍缩，此几乎是量子学界的共识。

客观世界能改变意识，人的意识会受外部影响而改变，并随时随地都在变。意识也应能改变客观世界，在微观世界，意识改变客观世界就是通过波函数坍缩，就是使不确定状态变成确定的状态；在宏观世界，意识改变客观世界是通过所有人的协调行动，用量子论的话讲就是位相相干、同频共振，去改变世界。

自然科学是最客观、最不能容忍主观意识的。可因为量子力学是客观物质世界最基础的理论，量子力学强调，从不确定状态变成确定状态，一定要有意识的参与。这不得不促使人们认识到，主观意识也可能是客观物质世界的基础。量子的诡异就在于此，意识与物质世界不可分割，意识促成了物质世界从不确定到确定的变化。

人类的大脑是由千亿个神经元组成的信息网络，基于大脑是生物计算机的理念，哈默罗夫博士和彭罗斯爵士提出了意识的量子理论，认为意识是寄宿于脑细胞中的微管结构内。哈默罗夫在美国科学频道纪录片《穿越虫洞》解释过这一理论。

人类的意识经验是微管内量子引力效应的结果。当心脏停止跳动，血液停止流动，在濒死状态，微管就失去量子态。微管内量子信息不会被破坏，也无法被破坏，将回归消散到宇宙。如果濒死之人又复活，那这些量子信息就在微管之中重现。

人的大脑有直觉，这恰恰是目前经典的计算机和机器人所做不到的。目前的计算机和机器人都依据逻辑运算、即逻辑思维，它不能产生直觉、形象思维。彭罗斯认为直觉只能在量子系统才能够产生。彭罗斯和哈默罗夫认为人脑神经元里一种细胞骨架蛋白，其由微管形成，每个其中都含有很多电子，电子间距离很近，都处于量子纠缠状态。在动念起心时，纠缠状态的波函数坍缩，即开始观测。海量纠缠态电子的每一次坍缩，就产生了一次念头。

按照他们的理论，既然脑细胞里存在纠缠态电子，某种情况下，那就会有量子隐性传输。宇宙和大脑中的电子都来源于宇宙起源的"大爆炸"，一旦纠缠在一起，信息传输就不再受时间空间限制。

彭罗斯出版了有关人脑意识的书《皇帝新脑》，并提出过波函数坍缩理论，指不与环境相互作用的量子系统，自身也会自行坍缩。他认为，每个量子叠加有自身的限度，即临界的时空曲率，一旦叠加距离超过普朗克长度，就会坍缩而客观还原，受时空几何层面的控制，基于此才产生了计算和意识。哈默罗夫提出微管结构作为大脑量子过程基础的理论作为进一步支撑。也有不少人用许多实验去证明神经过程与量子状态相关，并证明人类传感认知模糊数学过程中，其精神状态中存在量子相干效应。

既然意识由纠缠态电子坍缩而生，那么就有可能，意识不光存在于人脑神经细胞及其交互之中，也形成并存于宇宙之中，因为宇宙不同地方的电子有可能纠缠在一起。至于意识在宇宙的哪个地方则不确定，但应该某个地方存在着人的意识，犹如意识守恒，类似于能量守恒、物质守恒。存在一种可能，人的死亡，是意识离开人体，进入宇宙之中。所以他们认为濒死体验，源自大脑的量子信息。即，心脏跳动停止后，微管失去量子状态，大脑中的量子信息被干扰驱散到宇宙深处。若"濒死"后苏醒，量子信息又回到脑中，就会成为一次令人惊讶的濒死体验。

人们通常认为，意识是大脑高度发展的结果。大脑通过感官接收信息、千亿个神经元快速处理、高度复杂计算，上升到一定程度，意识便涌现了。一旦大脑停止运行，如麻醉、死亡、被打昏，都将失去意识。

但亚利桑那大学意识研究中心主任汉姆拉夫认为，宇宙像是一个意识的缘起地和意识发射台，人脑就像是二极管，是宇宙的收音机、电视机、意识的接收机。

目前有几种不同的量子意识理论。代表人物有玻姆、波洛伊德、查尔默斯、彭罗斯与哈默罗夫等人。早在 1989 年，彭罗斯就曾提出，神奇"微管"蛋白质结构通过量子效应，在人类意识中发挥着作用。当时学者几乎都嗤之以鼻。2015 年末，加州大学圣塔芭芭拉分校费希尔坚信，人的意识、记忆和思维是源自量子纠缠。结果人们发现神经细胞里面的微管可以形成量子纠缠。当磷酸钙以波斯纳分子集群形式存在的时候，对声、光、电、热都极其敏感的量子纠缠目前可达 105 秒！将来可能以年、百年、千年、万年保存量子纠缠现象，并成为一个可以进化的现象。费希尔提出，波斯纳集群中磷原子核自旋可能在大脑中起着基本量子比特的作用，使大脑像量子计算机一样工作。

人们永远无法同时测准一个电子的位置与动量，当你"看"电子的时候，一个光子早已击中它，误差必定产生，这就是不确定性、测不准原则。我们在"看""感知"到电子之前，电子处于叠加态，就是如云如火，虚无缥缈又出没无常的德布罗意波与粒子的叠加态，一旦被"观测"或"感知"，电子就瞬间坍塌为一个粒子实体，随机的打击显现在电子屏上。

所谓存在即是被测量。量子论告诉人们，我们将不能知道自然本身是什么，但可以知道看上去自然是什么样，因为对于自然的理解，必定涉及作为观察者的我们自己本身。如果我们的大脑如青蛙的构造，我们的意识如青蛙的运作方式，那我们所理解的自然，就是井底观天的模样。

第 45 章

量子桥梁连接科学与人文、主体和客体

经典自然科学领域中,如研究日全食,研究对象和研究者本身以及所使用的工具,是可以完全分离区分的;而在人文学科中,如研究自己,研究对象和研究者本身以及工具间,具有不可分割性。与之相反,在量子物理中,被研究对象的属性与研究者的存在以及工具,对结果会造成不可忽略的影响和效应,这几者将糅合在一起的,难以分清,也不可能区分。

传统自然科学与人文学科,包括心理学,都存在明显差异,而在量子世界这种差异几近完全消失,两者走向弥合。玻尔是最早进行量子理论和心理学类比的,而海森堡也曾指出量子理论与心理学的诸多联系和方法上的相似之处,强调研究对象和测量工具的不可分割性。量子物理和人文学科相距并不遥远,在方法上有相似性,但在关注对象方面有重要差别。

描述世界时,经典和量子在表达上有很大差别,犹如拉奏乐和弹拨乐之间的差异。如果说,经典是拉奏乐;那么,量子就是弹拨乐。如果说,牛顿经典思维是一幅白描线条画,那么,量子思维就是一幅写意水墨画。如果说,经典牛顿思维是一幅写实油彩画,那么,量子思维就是一幅印象水粉画。传统科普的目的就是让人们"读懂"世界,让人们感觉世界原来很简单;而量子科普的情形正巧是颠个倒,让人们迷惑,明白世界原来很复杂,难以真懂。如果一本通俗严谨的量子普及读物,让你越读越糊涂,恰恰说明这书的效果不错!

在人文社会哲学领域,日常的思考可以依据形式逻辑、辩证逻辑;而在现代数理化生领域,思考可以依据经典思维和量子思维。形式逻辑与经典思维、辩证逻辑与量子思维间,具有一定的对应相似相近性。可以这么说,经典思维是形式逻辑的精确表达和展示,辩证逻辑只是对量子思维的粗略接近和朴素模仿。

量子论的影响超出科学范围，在哲学乃至宗教领域都引起强烈的回声。揭示出我们所在的是一个"参与者的宇宙"，一切认识都是相对于参与者、实验者、观察者、认识者而言的，都是打上标记的。

有人甚至追问，如果一切事物由量子态转化为确定的现实，是由于"意识"的作用，那么在智能生物问世之前，宇宙是什么样的状态？开天辟地者就是有意识的第一个人，这人创造了历史，也创造了现实。尽管人们都能接受波函数一观测就坍缩的假设，但如何坍塌、何时坍塌、为何坍塌，没人知道。

我们所知道的人类思考方式通常不遵守经典的逻辑，但可能遵守量子逻辑，基于量子逻辑的搜索算法，能从大量的文字中更高效地发现其中的含义。目前，并不能肯定地说，人脑的运行就是采取的量子效应运行方式，而应该是人类的思维方式接近于量子解释，也就是可能并不归属于物理"量子"的非传统数学，能比传统数学方法更好地把握人类想法的模糊性和灵活性。这也就促使人们将量子理论应用到与物理无关的方向，如人类的语言、感知、生物学、经济学，等等。

语境性，能反映人类思考的模糊性、灵活性和最终的准确性。如单词含义随着背景内容的改变而有所不同，就像语言有了"量子态"。比如，"高"在不同的词前面会有不同的意思，"高度""高兴""高尚"；类似，"红"在"红旗""红心""红利"中有不同的定义。比利时布鲁塞尔自由大学的物理学家阿兹认为，人类概念知识的结构很像量子，因为词句的周边环境及连接方式等内容，起着基本而重要的作用。这些与量子类似的独特性可用于搜索获取信息，人们已经将量子理论的数学方法集成在搜索引擎内使用。

第 46 章

显形化的社会大脑：互联网与量子思维

今日的世界，没有互联网，不少人似乎到了寸步难行、茶饭无味的地步！人们经常谈论并强调互联网思维，然而却百思不得其解，为何互联网中会呈现诸如反传统秩序、挑战规则、非线性非连续、自由多变互动、瞬间闪现和消失、个人个性张扬、去中心化扁平化等，会有如此多的显然不同于人们熟悉的经典或者传统思维的文化特征。

两千五百年前，老子就说过，天网恢恢，疏而不失。可人们无论如何没有想到今日恰恰真会出现一张有形无形的天网——互联网，能如此广泛、不可逆转地改变人类对多少、远近、有无的认知，改变着国家、家庭和每个人的生活。

互联网的出现，对政治、社会、经济、教育、产业、市场形成了巨大冲击，可人们没有认识到背后的操纵者，恰恰是量子特性及量子思维方式所强调的不确定性。互联网的思维模式本质，是量子性，存在互联网的社会因而也就具有了量子的某些突出特征。

量子的行为规律，使得互联网时代加速出现去中心化。

如果说，牛顿经典思维更多规范着现实社会和传统社会，体现在单一中心和追求垄断；那么，量子思维则更多地影响着互联网社会和未来社会，体现在去壁垒界限、动态多变、去中心化。

人类社会有恒定中心的心理需要，可是在自然规律驱使下，人类社会一直进行在去中心化的进程上。教会相信地球中心论，但哥白尼的发现打破了地球中心论，人们从而得知原来地球反过来是绕着太阳转；达尔文的发现打破人类中心论，人们得知原来人类仅仅是自然生态中的一环。

鉴于传统社会极易出现专制而自我毁灭，为防止垄断、单一的信息中心因不堪重负而走向崩溃,所以,互联网时代,庞大的信息网络没有中心,网络只有用于连接的节点,节点可以连向四面八方,具有很强的自主性和选择性。每个节点都是平等的,每个节点都重要,也都不重要。缺一个节点,其他节点就会补充代替那个缺掉的一环。

在互联网上,传统的单向信息传递,变成了相互并多向传递交换;控制手段从传统的集中又脆弱,走向了分散而高效。互联网已经成为一个有生命的生态系统——全地球的大脑,会自我组织、自我复制、自我适应。

互联网打破了垄断恒定的中心论,创造了一个新的动态中心论。人们得知原来垄断可以减弱收缩为网络世界的一个节点;最终,没有一个个体的人可以被完全忽略,每个个性独特的人,都能成为网络世界一个个连接四面八方的节点,每个点都可能在某时某刻成为某种中心,并会不可避免地被后来者迅速替代。

去中心化的结果是,每个人都获得了几乎平等的展现机会。人是真实社会与虚拟社会,世俗社会与网络社会的连接点。遍布世界各个角落孤独的人们被动员起来,连接起来,每个人得到最大的自由,获得最大的联系渠道。每个人都可以瞬间而短暂地成为一个临时中心,只要你能抓住他人心动的时刻,能唤起自愿景仰和他人情感的共振,征集理性意愿的认同,构筑共同的梦想,就能以极低的成本将自己变成:电台、电视台、新闻中心、网店、批发中心、邮局、指挥中心、实验站、救援中心等,以前只有国家才能拥有这些职能,个人第一次像一个国家一样相对自由独立地虚拟存在。

量子的行为规律,使得界限阻隔在互联网时代消失。

经典牛顿"世界是连续变化"的惯性思维,成为传统社会预测的可靠性来源;量子力学"世界是跳跃发展"的非惯性、跳跃性思维,将进入互联网时代的人们,捉弄得束手无策。基于量子论,人们发现了电阻消失为零,电子可以是无阻碍地传导和运动的"超导",而由量子力学衍生出的互联网就提供了一个去中心、界限阻隔消失的"超导世界",人们突然来到了一个崭新的世界。

网络事件,能某时某地瞬间爆发、毫无征兆,而后又突然消失、无影无踪。网络能瞬间塑造新的临时性的社会政治结构，又可以瞬间解构而消失，既能汇聚又能分散，这种柔性的联系与传统社会刚硬的连接形成鲜明对比。

网络事件一旦跨越虚拟社会进入正式社会，就会使得现实社会具有新的特点。网络以看不见的面貌，以不可想象的速度，以不曾经历的方式改变着一切。

传统的信息扭曲、阻隔消失了；新的信息放大、变形出现了。每块石头都会瞬间成为金字塔的塔尖。而这一切，均无法精确预测。

人们无论何时何地均可以依赖互联网工作，而不需要在特定的时间和地点。休闲与工作，旅游与劳作，密不可分，随时切换，界限消失。人可以在自己任意喜欢的时间和地点工作，从而得到了最大的解放。

量子的行为规律，使得相互平等在互联网时代出现。

从牛顿经典力学的惯性思维，就可以理解传统社会常常出现的社会阶层固化和资源垄断。从量子力学的非惯性的跳跃性思维，就可以理解常规是如何被打破，最终实现相互平等的。

互联网的先锋企业，是由那些只有创新创意、没有家庭背景、没有资本的年轻人，白手起家而做成的。其内部也是文化极其自由、平等，创意创新就是一切，没有固定的上班时间，没有死板的工作服饰，个性、兴趣、智慧就是超越一切的资本。

如果觉得不可思议的话，只需回想一下曾经发生的历史故事，以往人们认为生命、特别是人是上帝创造的，有机物质，如尿素等，只能来自上帝创造的生命。后来人们发现，完全可以用无机物质合成有机物质，如化肥，打破了生命的神话，跨越了无机物质与有机物质的界限，实现了相互平等，结果，此技术的大规模工业生产运用，极大地提高了粮食产量，使得人类人口极大增加。

农耕社会是自然界主导，工业社会是制造者主导，信息社会是需求者主导。在信息社会中，互联网将每个孤立的电脑连接化、民主化。使得碎片的资源与碎片的需求，能自由、完美、充分结合。随着3D打印制造、传感器技术等与互联网结合，新的时代就将到来。

那时，世界不再以发达国家与发展中国家进行划分，而是以高创新国家和低创新国家进行划分。在那时更容易实现：政府与个人的平等、人与人的平等、机器与人的平等、生与死的平等。

但同时，互联网也会使许多不愿思考者，更加懒得思考，因为互联网上的互动社区有人提供了五花八门的答案，只要你选择其中一个中意的或者大多数人认同的。某些时候，流言蜚语可能被放大，类近宗教的偶像就会横空出世，怪异的网上社区可能出现。但这与具有某些刚性制约的真实社会还是差别巨大，控制这些现象的背后的量子性才是根本，因为任何一个不经意的远在天边的小的信息波动、一个小事件，都可能使得这样的现象瞬间瓦解，烟消云散。

第 47 章

量子视角看非理性决策与经济

　　人类决策和认知的研究，大多基于经典概率理论。人们对于建立在此之上的专业理论和数学计算模型，几乎从不质疑，也不深究。对凡是不符合经典概率框架的现象，一律贴上"非理性"的标签。不知不觉，以为世界上只有一个经典概率理论。

　　事实上，问卷调查的问题顺序，会影响答题者的行为。人类的非理性行为，可以用量子概率来预测。量子理论问世的同时，相应地也建立了崭新的数学理论：量子概率理论。它与经典概率理论的假设和方法虽有相似，但有很多彻底的不同。甚至可以把经典概率看作量子概率的一个特例。经典概率是经典粒子的概率，量子概率是波粒二象性的量子粒子的概率，必须考虑波的相位叠加导致的抵消、减弱或者增强。

　　量子理论的基本概念和原理，比如叠加、干涉和相容，与传统心理学和认知科学的直觉非常接近，为改善认知理论和数学模型，提供了简洁、完整而优美的数学理论框架。二十多年前，物理学家和心理学家们结合，创造性地用量子概率研究人类的认知和决策行为，现在这个新兴领域发展迅速，被正式冠名为量子认知科学。量子认知科学的诞生，解决了人们面对非理性现象束手无策的难题，打破了社会科学领域的困境，即把人类行为和思维从经典概率理论的束缚中解脱出来。

　　微观粒子量子行为是概率性的、不确定性的，人的认知和决策行为同样如此。微观粒子量子行为很容易受情境影响干扰，人的认知和决策行为也如此。很显然，为描述捉摸不定的微观量子系统而创建的量子力学及其数学工具，同样为描述变幻莫测的人类认知和决策行为，提供了体系化的数学支撑。

问卷调查是最广泛应用的社会调研方法，但存在许多"毛病"。如问题顺序会影响答题结果。俄亥俄州立大学传播学院认知和脑科学中心王征副教授从问题顺序难题着手，为"量子认知科学"及其"人类非理性决策行为可能基于量子概率"，提供了有力证据。其论文《问题顺序的情境效果揭示了人类决策的量子属性》，2017年6月发表在《美国国家科学院院刊》。

比如，克林顿和戈尔分别任美国总统和副总统期间，盖洛普抽样访问了大约1000名民众。其中对随机抽取的一半民众，先问克林顿是否值得信赖；在答完后，接着问戈尔是否值得信赖（克林顿—戈尔）。另一半民众也被问同样问题，但两个问题顺序颠倒（戈尔—克林顿）。结果，这两半民众给出的答案并不相同。当以戈尔—克林顿顺序提问时，对两者都持肯定态度者达56%；但以克林顿—戈尔的顺序提问时，比例下降到49%，损失7个百分点。同样的问题，不同的顺序提问，得到的结果不一样。

依据传统"理性"决策理论，如果同样的问题，即便改变提问顺序，所得结果也应不变才对。其数学依据是经典概率理论的交换律。可现实并非如此，这在传统经典概率理论的框架内是无解的。而使用量子概率，此难题便迎刃而解。在对过去十年美国盖洛普民意调研机构和皮尤研究中心所做的70个美国全国大型问卷结果的分析，也充分证明了量子概率的可靠性和预测性，并通过了苛刻的"QQ等量"理论检验。

这些为量子认知科学提供了有力的范例，明确解答了顺序难题，成功地解释了不符合交换律的部分，提供了准确预测问题顺序情境效果的公式。

事实上，玻尔早就认定，量子力学会对哲学和心理学等其他领域产生影响。尽管有人认为人脑像量子计算机一样工作，有人认为不是，两者颇有争议。但量子认知科学指出，不管人脑是量子计算机还是经典计算机，人类认知和决策行为具有量子特质。

基于量子概率论的一场理论革命正在兴起。量子概率理论是一套数学框架，其从量子力学抽象而来，好处在于它可以应用到其他领域，包括应用到社会物理学、人工智能、有感知能力的人和复杂社会系统。量子概率在此成功的主要原因就在于，对于人类来说，观察者的测量也会明显干扰被试者的决策。量子概率可以更好地对人类如何决策进行建模。

有人从结果和需求，而不是从原因的角度，解释为什么量子逻辑符合人类行为，即有限的大脑被复杂的环境压制着，如果按照以传统逻辑计算则需更多的时间，而量子逻辑对决策可能更加有效，尽管这些决策并不是完美的。许多心理学家认为，严谨的经典逻辑在人类思考和想法中，事实上只占很小一部分，人类大多数思维过程是在无意识层面进行，概念间广泛而松散的联系、不严谨的逻辑会在此层面展开。目前，不能确切地说人脑或者意识是一个按照量子物理方式运行的事物，还是量子物理的数学语言恰好符合人类做决定的描述。也许只有似乎不合逻辑的人脑，具有揭示和理解量子物理的独特能力，与此同时，人类也发现自身就可能是一类量子。

量子的思维方式，也被引入到涉及个人和群体言行思想的经济活动中，并产生出量子经济学等概念。量子论方法也被引进到金融中，将叠加、纠缠、测不准、跳跃的影响显现出来，代表性的有喜好对冲而牟利的索罗斯量子基金会。

1998 年 Ilinski 用量子场论的方法将金融市场描述为由投资组合构成的"金融场"。Schaden 提出了从量子理论的角度处理金融市场的不确定性的方法，即由态叠加原理来描绘，导出了市场演化的"薛定谔方程"。

金融市场的属性和量子模型特性相近，认为市场不确定性是内在的。随机模型并不能反映金融市场的不确定性，而量子模型则是一个较合适工具，更符合实际金融市场的特性。对于经济中的不确定因素而言，人们发现不了规律，但进行统计分布分析，结果会近似地符合某些特定的分布。

经济学现象，类似量子力学中著名的测不准原理，在你我参与和不参与的情景下的结果完全不同，你我的参与将严重影响观测结果。

第 48 章

治理策略：量子无限可能、经典规范标准

左哈尔的《量子领导者》，在这方面有很好的论述。她总结而言，一定程度上讲，牛顿经典思维重管控，量子思维多创意。以下摘录的是她的主要观点并融入了一些我的个人思考。

从治理上讲，牛顿思维重视定律、法则和管控，强调"静态""不变"，世界各部分相互关联影响被几乎忽略为零，因此可以分割处理，除非直接相邻。世界上的一切都被视作是各组成部分的简单加和。

如果占主导的是牛顿经典思维，相应的治理组织形式，也就只能是牛顿经典式的管理构架。当人们希望企业、社会比较有明确性、可预测性以便于管控，人们就会创造方便于管控的阶层结果，以便可以轻松地自上而下地掌控一切。如此的组织架构也会同时减少个体成员发挥的自由空间，无法将个体的创意，贡献到集体的体系当中。人们喜欢依据牛顿经典思维建立标准作业程序，在这种结构下，领导总是在命令下属去做什么、让他们听令行事，但却不会真心询问他们的感受、意见，不会咨询他们该做什么、该怎么做。可有趣的是，在此类组织中，头头们却往往急切地要求个体成员们发挥主动性、创造力，然结果则几乎是南辕北辙。

面对竞争激烈的 21 世纪，面对未来"人类革命"的时代，企业管理、社会治理如若单纯采用牛顿经典思维，强调集权，下属只需听令行事，不得有不同意见，那就可能逐步陷入困境。

而量子思维重视的却是测不准、不确定性、潜力和机会，强调"动态""变化""跃迁"。世界各部分均在相互关联影响，是一个不可分割处理的整体。因此，世界上的一切不是各组成部分的简单加和，而是大于加和。

企业管理、社会治理，需要量子思维，需将每个人都看成有各种可

能、各种联系的能量体。这些能量体的本身特性和相互关系，表现在测不准、不确定、叠加、纠缠、跳跃。我理解为，这些能量体平时处于基态（像分子的能量基态），一旦合适的条件刺激（如光子能量刺激输入），就可以跃迁到不同的激发态（像分子的高能级激发态）。她建议放手让员工集体发挥每个人的首创意识、创新精神，就能"由下而上"地为团队、单位、公司、社会注入源源不绝的新动力。团队成员之间的纠缠特性，相干叠加，同相相长，能极大地增强团队的战斗力。

人们从"牛顿经典思维"转型成"量子思维"，面临的最大困难是恐惧！人们特别害怕不能掌控一切，害怕冒风险。人们试图用经典的量化计算去精确预估风险，希望能把控固定风险，结果这种恐惧心理，把人们堵在了创新的大门之外。恐惧、贪婪、怒气和利己，会成为负面的情绪裹挟，把企业和社会带向泥潭，使人们丧失发展契机。

语言的结构会影响思考的方式。传统的西方文化是比较牛顿经典思维式的文化，而传统的东方文化本质上则比较接近量子思维方式的。中国文字中拥有丰富、全面的内涵，而西方文字则是片断的、分裂的个别意涵。中文可以让学生学会更全面的思考方式；西文可以让学生学会更深入剖析的思考方式。西方文化太过于强调个人，东方文化则太过于强调集体，而两者都需要适当的折衷，东西方文化的对话和融合，会形成新的全球文化，并带来更多的创新。

量子概念对于个人和社会都同样重要，对两端都要关注，不能舍此或去彼，而是能够合作共同取得成功。个人是相当量子性的，社会也有部分量子性的，社会并非"单纯的个人集合"，而是个人、家庭、团队的集合；良好的集合，则是一群人的共同的目标、共同的价值、共同的意义的集合，他们为了更好的未来而奋斗。我在此要补充的是，这种集合，不是简单加和，可能是乘积，甚至可能是指数叠加，有时可能还是减除而得。

左哈尔认为，西方深陷各种政治、经济"危机"，正是缺乏量子思维所致。而东方，如中国的智慧结合西方的思维，将有着更加明媚的未来。东方思维具有更多的波性、整体性、关联性；而西方思维具有更多的粒子性、分割性、个体性。她甚至认为西方的左脑思维 + 东方的右脑思维 = 量子思维。

她认为，西方思维方式是以左脑思维为主的，理性的、逻辑性的、非常线性的思维；而东方是右脑思维为主的，更加注重感觉和直觉，是一种注重自发性和全面性的思维。西方线性思维的呆板导致了精神与社会的分裂，同时也造成了政治、经济、文化多方面的问题；而东方的思维也有不足之处，如它不像西方文化那么具有逻辑和理性。将东西方结合到一起，取其精华，去其糟粕，就可能得到一种全新的思维模式——量子模式。

第 49 章

真善美激发意识跃迁：人的轨道理论

本章完全是我依据我早年学习运用量子物理、量子化学，以及从事管理、感悟心理而形成的一些有关人的意识、情绪、心态的观点和想法，我自嘲为"人的轨道理论"（human orbital theory），类似于原子轨道理论、分子轨道理论，但内容涉及的不再是原子、分子中的"电子"在轨道"能级"上的行为，而是涉及的人的"情绪"在"心态"轨道上的行为。这些均是我个人假说，不一定正确，仅供批判。

真善美，就是指世界的终极真理、善良、优美。我们每个人存在的使命就应是对世界、对他人、对自我，每日审真、审善、审美，追求真善美。

使命能避免人生堕落，激励我们不断跃迁到更高的意识能级，直到永恒。

爱因斯坦的质能方程式告诉人们，世界上的一切，可以采用有形实在的质量表达方式，也可以采用无形辐射的能量表达方式。在光的参与、介导下，可实现质量和能量相互等价转换。因为有了光，就有了这一切。宇宙间所有一切，如亿万人事物等等，都可以从能量的角度去描述。追根寻底，一切的本质是能量及其转换。

经典理论指出，物质是由运动着的粒子所组成；量子理论指出，物质是由"波粒二象性"的量子粒子所组成；而由量子理论衍生出来的超弦理论告知大家，这些极微的基本粒子就是那些有着不同振动频率的弦的闭合圈，不同振动频率就是不同的能量和等级层次，这些由微到宏，组成了大千世界和生命与人。

基于经典理论的心理学，常将人比喻成富有弹性的、能扩张会收缩的能量球，把人与人的关系描绘成能量球与能量球的相互作用，并依据经典的力学、热力学规则去观察、理解、解释、预测许多心理现象。

基于量子力学原理和当代脑科学仪器的进步，人们实现了原位实时在线同步观察和研究，开始认识到人的意识更多的是量子思维模式，也可以说人似乎处于一种类近量子的状态、一种能量的量子态。

严谨准确地讲，生命，包括人，是处于经典规则（即退相干的量子态）和量子规则两者的共管区、交界处。人的思维特征更近于充分表达的量子特点。所以，可以把人看成是一个符合叠加、纠缠、跳跃、测不准原理的能量球，一个形体变幻莫测的量子能量球。

量子物理的半导体理论、原子轨道理论，量子化学的分子轨道理论，都早就系统成熟地描述了轨道能量层级，以及发生在能级间的电子跃迁及能量变化，即量子特性的跃迁带来的能量变化。如果移植这些方式和图解，用于描述量子思维特色明显的人类，无疑是有意义的。

有人假想，人类意识的能量级别由振动频率决定，并声称已经测量出不同的人在不同的体格和精神状态下身体和意识的振动频率。这些臆测毫无根据，已近于以讹传讹。

a）情绪能量输入输出与情绪在心态上跃迁　　b）人际形成集体的情绪心态轨道能级

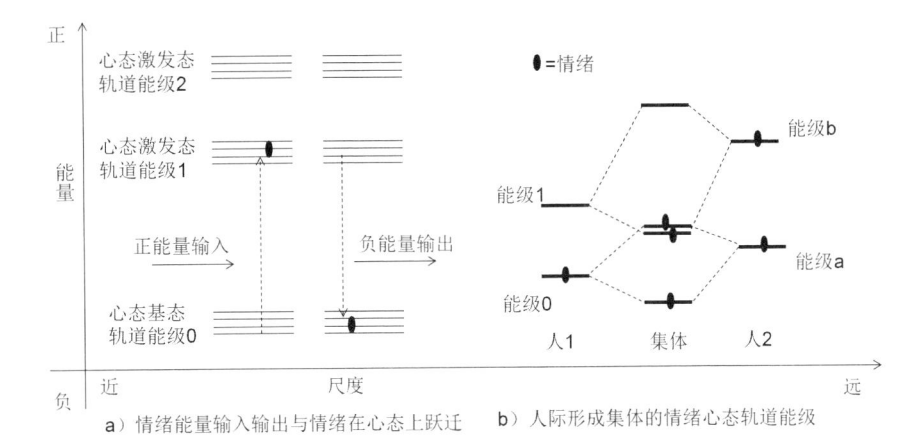

图5. "人的轨道理论"：意识、情绪、心态的变化规律

人们可以根据人类历史上长期公认的情绪心态分类，进行定量描述，

但这需要建立在实验可靠、逻辑严谨的基础上。人们可以定义负面情绪、消极心理表达为数值为"负能量",而正面情绪、积极心理表达为数值为"正能量"。但具体的情绪心态的能级数目和数值,都难以定量确定,其因人因时因地因事而不同。

为便于清晰表达,我命名在这"人的轨道"上,分有不同的轨道能级,对应于"心态",在心态上可以存在"情绪",对应于电子,可以上下跃迁。人的所处轨道的能量层级,即"心态"层级,有正有负,有高有低。

每个人,都有各自的情绪心态能量系统和层级,根据遇到的人事物情景,而显示不同的心态能量层级状态。有些人天生容易开朗,常常处于心态能量为正的某些能级,但偶尔也处于心态能量为负的某些能级;有些人天生封闭悲观,常常处于心态能量为负的某些能级,但偶尔也处于心态能量为正的某些能级。一个人所处的情绪变化,源自情绪所在的心态能级状态的改变,源自从周围获得的情绪刺激:得外界输入的正能量而上升、得负能量而下降,或者自我失去正能量而下降、失去负能量而上升。获得或者失去,不是随随便便地发生,不是简单的给予和接受,而是存在量子化的允许或者禁阻,取决于内外体系能量变化的共振、共鸣匹配是否得当。当然也取决于前线轨道性质和敏感性、轨道对称性等。

每个人的情绪,在心态轨道能量层级间上下运动,并非人们熟知的一般物体移动的连续景象。运动的方向,可上可下;运动数值,可正可负、可以上升也可以下降。根据量子论,轨道能级间的运动,方式是量子化的、跳跃性的、跨越性的、跃迁性的,运动幅度的大小取决于从体系外获得或者向体外释放的(情绪、言语、行动)能量,如热、光、声、磁、电等能量,包括各种一次性、多次性的输入刺激或者外向释放。这些获得或者释放的能量必须是一份一份的、数值大小恰到好处,犹如能量"共振"匹配,多了不行,少了也不行。即让情绪获得和释放发生的"分寸"和"尺度"十分精妙,否则主体不会发生情绪在心态能级间的跃迁。情绪刺激或者释放,一定在精确的痛点或者笑点,要起效,必须运"度"得当,不偏不倚、不高不低、不左不右。

"男儿有泪不轻弹,只是未到伤心处","拍马屁不要拍在马腿上",揭示为人做事的"度"非常重要,它是开启个人情绪在心态能级变化和人际互动的钥匙。

人与人之间的人际关系，就是情绪和心态的关联关系。这种包含两个或者两个以上情绪心态能量系统，以组成新的系统和层级，并非习惯于经典思维的人们那种正负能量直接相抵的零和想象。根据量子论，两个能量体系相近的时候，即当两人相互关联密切时，他们各自的心态轨道能量层级数目不会抵充平均消失，而是形成了新的共有心态能量体系和能级；两人间的心态能级总数为原有各自数目的加和，由于共振加强，会出现正能量的能级更正，负能量的能级更负。由此进一步拓展、推广到更宏大的人群、集体甚至国家，就可以理解宏大群体性的正负冲击力有多强，乌合之众的破坏力有多大，是益是损只能取决于情绪调控。

人类之所以总体在繁荣进步，关键是好人多、坏人少，积极情绪多、消极情绪少。我注意到，有人把人类的意识能级，由正能量到负能量划分为：开悟正觉、宁静极乐、平和喜悦、仁爱崇敬、理性谅解、宽容接纳、主动乐观、信任淡定、勇气肯定、骄傲刻薄、愤怒仇恨、欲望渴求、恐惧焦虑、忧伤无助、冷漠绝望、内疚报复、羞耻蔑视。

决定一个人意识能量层级高低的关键自身因素是这个人的使命愿景，即社会动机和心灵境界。而一个人的情绪心态轨道能量层级，几乎又决定了人一生的一切。每个人最终将会为自己的每个念头、言行而负责，无论付出或者获得。如不是有使命的引导、贤知的指引，绝大多数人的意识能级，终其一生，也不会有很大改变。但由自身使命激发的这种自我跃迁、非与外界能量交换的跃迁，可使人脱胎换骨，重获新生，并且能够改变周边人甚至影响世界。在一个较高的情绪能级中，某些瞬间的意识冲击，可以彻底颠覆一个人的价值观、世界观、人生观！

但需要特别提醒的是，需要超越经典思维、借助量子思维的方式，去看待积极情绪与消极情绪、精神上的正能量和负能量。

积极情绪与消极情绪不是敌人，而是姐妹，不能用积极情绪碾压消极情绪，过于张扬的"积极情绪"已不是积极，而是嚣张，带给自己的会是内伤，引来的是别人轻蔑鄙视；作为积极情绪的姐姐应该更多地呵护消极情绪的妹妹，转化妹妹，尽可能走向和谐共生。

第 50 章

有你没你一个样？世界因你而不同！

经典牛顿力学的哲学观，在个人奋斗的意义上，是非常消极的。因为人眼所见的宏观物体具有静止或者运动惯性，符合牛顿力学第二定律 $F = ma$，由此可测算出粒子什么时候会运动到什么地方、什么方向，甚至可算出万年后的日全食的分分秒秒，任何一个凡人都可预言神秘星球的轨迹。即当物体的初始状态明确了，粒子所有的未来运动状态都可精确预言。如果将其推广到人类社会，就会成为宿命论，即简单地认为，人一切都是命中注定，甚至是由出生时的星座决定的，而完全忽视奋斗的重要性。一句话，在这世界上，有你没你一个样。

然而量子力学的哲学观，在个人奋斗的意义上，是非常积极的。如果将量子力学的原理用于人类社会，就是告诉人们，当你决定睁开眼睛看一看这个世界的时候，这个世界已经被你影响，变得跟原来非常不一样。

测不准原理说明，粒子的动量与位置、能量与时间不可能同时被确定。也就是说，粒子的时间或位置越确定，它的能量或动量就越不确定。推而广之到生活中，如果想要在某个确定的地点或确定的时间获得你期望的幸福或快乐，热情高涨充满能量，那是不可能的；地点或时间越确定，幸福或快乐便越不确定。反之亦然。

幸福和快乐常常是在不经意间突然降临的。当你想到达喜马拉雅山峰并获得幸福或快乐，你很可能不会幸福或快乐；当人人都想到喜马拉雅山峰获得幸福或快乐时，那就可能变得过分拥挤，没有灾难就是万幸！幸福或快乐就像量子粒子的状态，当你测量它、想把控它时，它就不是测量前的那种状态。所谓意外之喜，惊喜从来都来自意料之外，即是在不确定的地点或不确定的时间而出现。

有人以美好祝愿奉献朋友：发大财、好生活！可现实是，常常不发财的却倒能好好生活，而发大财的反而无法好好生活！这些竟然奇妙地吻合于测不准原理，即，想发财可能就不能好好生活，能好好生活不一定非要发财。

测不准的人生哲学，幸福的测不准原理，就像美国小说家纳撒尼尔·霍桑所说：幸福就像一只蝴蝶，当你追逐时，它永远离你远远的，不让你抓到，但是，当你安静地坐下时，它却可能降落在你身上。

量子力学启示人们，宿命是不存在的，意志自由论应该是一种可以保留的理论。因为有些事情人们不可能知道它的未来，有些没有预见到的事情却可能发生，这就是偶然因素和随机性。虽然世上很多事情可以预见，但并非所有事情都是事先能确定，我们的行动不是机械地依照宇宙大爆炸起始时就可预见到的方式进行，而是具有人为的主动性。

社会进化、公司进步、艺术演绎，都是无法一步到位，需要许多尝试和失败、放大和验证，不断试错而前行。通常的规律是，不能求一步登天，但求步步为营，千里之行始于足下。这就像量子论的核心基础数学表达式——薛定谔方程几乎无法有数学解析解，只能通过迭代收敛逼近正确解。这种迭代方式在信息技术的进步中，特点尤其鲜明，如版本 1.0、2.0、3.0 等等，通过迭代试错而逐步走向收敛趋近正确的结果，控制每步允许的最大错误范围，防止走向发散而彻底失败，否则，有可能前功尽弃、推倒重来，必须回到上一步再次重新向前迭代运行；有时也要适时干预，防止迭代走向跳不出陷阱的死循环。

量子思维与牛顿经典思维差异很大，表达的意义也不同。量子：世界因你而不同！经典：世界有你没你一个样。牛顿经典描述的是一个被动的世界，现代量子描述的是一个参与的世界；牛顿让你觉得世界很简单，量子让你深知世界很复杂；牛顿聚焦分割局部个体，量子环视全面整体关联；牛顿只关注物质，量子会涉及意识。

我们常见世间瞬间幻象，难得世界全部真相。量子客体的状态会被我们的测量影响，测量就是一种力、作用力、相互作用。你看与不看世界，结果不一样。这个世界因你的看而变化，呈现为"你看到的"结果。通俗地讲，你睁眼看的世界，是一个有你睁眼的世界；你闭眼感知的世界，是一个有你闭眼的世界；前一世界和后一世界不完全相同，因为你闭眼和睁眼有差别，还不仅仅闭眼和睁眼本身的那点差别，而是因为你的不同动作行为对世界有不同的微扰，不同的动作选择影响了世界；这在宏观不明显，而在微观则非常显著。类似的情况在微观世界中经常发生，而宏观世界中不多见。

第 51 章

第三境界：经典与量子思维的互补与渗透

牛顿经典思维是工业革命时代的产物，量子思维是信息革命时代的宠儿。牛顿经典思维是几乎源自几个人，而量子思维则源自一群人。牛顿在 17 世纪提出的宇宙思想观，深深影响人类以前的发展。牛顿经典思维认为世界是由"原子"所组成。每个原子之间，像一颗颗撞球，相互独立，没有内在关联，即使因外力冲撞在一起也会立刻弹开，所以不会造成什么特殊的变化，或者留下什么后果。世界如此日复一日地永恒运转。牛顿经典思维本身并没有错，但过去的世人不知道其有局限。牛顿经典思维也没有告诉世人，在什么情况下，该思维会失效。

在过去的传统机械工程、电机工程年代，一切事物几乎都以规范化、有秩序、惯性的方式进行，牛顿经典思维显然是很适用的。但到了今天的信息时代，众多事物是由量子科技作为底层技术或者硬件创造出的，如计算机芯片和网络所主导，到处充满了测不准、不确定性与不安全感。牛顿经典思维已经难再广泛适用。而一旦进入人工智能时代，量子科技将从底层技术或者硬件，向更深度和更表面两个方向拓展，牛顿经典思维的无力感将更为显现，量子思维的测不准、叠加、纠缠、跳跃，在分分秒秒呈现。

一个物体在宏观世界中运动的时候，其周围有无数观察者在探测其轨迹，与宏观物体质量或者体积相比，观察者与被观察者的相互联系和作用力均微乎其微，被观察者的轨迹不确定性减少至几近于无，所以轨迹是确定的。

但微观中的原子一直在运动，其周围几乎是真空，无物质存在，没有装备仪器测量它处于什么状态。这时这个原子就可能会出现在任何一个地方。当有仪器测量微小的原子时，作为观察者的仪器必然非常微小，被观察者的原子也非常微小，相对于微小的仪器和原子而言，此时观察者与被观察者的相互联系和作用力就很大，所以，不同的观察者会发现不同的观察结果，所以其轨迹是不确定的。

经典的世界观，即牛顿—笛卡尔模式体系，强调精确数量化，不包容矛盾冲突或任何不确定的认知；坚信绝对不变的恒定；偏好独立和分离；追求单一、唯一性的垄断，惯性固执地偏信只能有唯一正确的思维方式、唯一真理或唯一最好过程；迷信人与物质世界间有一条不可逾越的鸿沟，在世界这个庞大机器上有人没人一个样，一切完全客观，人的主观意识基本没有用。

量子的世界观则认为，因为世界在底层基本结构上相互关联，几乎完全等价或者统一，所以应该从整体全面的眼光看待世界，整体超越部分，整体大于部分之和，整体衍生出部分并决定了部分的性质，与此同时，部分也包含了整体的信息。世界具有"复数"性质，具有多样性、多维性、多种可能性、多样选择性。在人们观察、测量或者决策之前，选择是无限的、变化着的，一旦人们最终选择完成，所有其他可能性，因人事物的波函数被微扰而崩塌，只存在对应的确定性。世界五彩缤纷，人事物有无数可能的发展方向，但结果会因时因地因人而不同。

微观世界的运行存在跳跃性、不连续性和不确定性。居于经典宏观世界和微观量子世界交界处的生命和人类，其运行也存在跳跃性、不连续性和不确定性。人事物发展的前景不可精确预测。人事物间的联系互动具有"蝴蝶效应"般的特色，异常复杂。微观量子世界，以及有宏观量子效应的世界，不可能在未被干扰的情况下被测量和观察到。这提醒人们，在厘清人事物过程的活动言行中，作为参与者的人，总是处于至关重要的不可忽视的地位。

经典的思维，认为世界的特点：分界、部分、机械、惯性、划一、精确、定域、割裂、被动、计划；量子思维，认为世界的特点：无界、整体、灵活、多向、差异、可能、离域、联系、互动、莫测。不同的学科实验所允许的误差是不一样的，物理实验要求最为精确（量子物理的微观行为平均化，最后呈现给人的大多为宏观结果），而社会最易出差错，从物理、化学、生物学、工程、医学、生态、到社会，对应的实验实践误差允许范围不断增大，其关键是量子特性和生命行为是否包含其中。

在量子世界，观察结果与观察者密切相关，可谓仁者见仁、智者见智。这些都源自真实世界的波函数，在你观察时它崩塌为你看到的模样。因此，在互联网信息场，就会出现这样的现象，某个问题你不认真看待它时，它就是认真的，反映了一定程度的真实；当你很认真对待它时，它又弥散轻薄四去，反映了相当程度的另一种真实。彼时，雾就像面前的一堵墙；此时，雾会轻松地被目光穿过。

经典与量子，两种不同的思维，两种不同的世界观，分别影响经济、社会、教育；人们需要尊重但不偏执于量子或者经典思维。过去人们认为，微观用量子，宏观用经典。2013年诺贝尔化学奖，就是奖励经典与量子的融合，解决了蛋白质和药物设计；经典和量子的双向延伸，是一种竞争中的协调。当代的科学发现告诉人们，量子态用量子，经典态用经典。超限跨越人为的边界，因为量子不仅仅在微观，经典不仅仅在宏观，量子和经典相互渗透影响我们的每一天。

牛顿经典思维理解处理世界的人事物原则是：相邻的不可分割，不相邻的可以分割处理，事物具有静止或者运动惯性；经典思维以机械分割的理念看待生态与社会。而量子论则认为，相邻的不可分割，不相邻也不可分割，因为世界是一个相互关联的整体，事物在静止或者运动中具有跳跃性。量子思维以有机关联的理念看待生态与社会。在操控处理生态与社会时，永远不可使用机械分割。因此视具体情况，综合应用经典和/或者量子，强调大制无割、绿色发展、智能发展，才能得到正确的结果。

自然的生态链和食物链告诉我们，每一环是相对独立，但是没有哪一环是可以缺少的或者被删去的。社会是以人为单元的生态，社会的家庭链、工作链、产业链也是每环相对独立而又相互关联的。在调控处理生态和社会时，需要铭记，要尊重多样性、物种的共存竞争和相互间的不可分割。单一品种的农业种植和转基因农业，带来的很可能是日复一日严重的病虫害抗性。同样，社会是以人为单元的生态，人的多样差异共存竞争、鱼龙混杂是常态，统一、规范和纯洁化追求只能导致无止境的残酷斗争和异化。

我们需要关注的是，完整解释世界的理论既包括经典思维，也包括量子思维，并非哪个思维更重要，而在于哪个思维更有效，有效地解释世界、改造世界。经典不限于宏观，量子不限于微观，经典和量子都可以双向渗透与互补，从而呈现给我们一个多姿多彩、多样性共存、各有魅力的世界。人就应该做在这经典和量子互补的舞台上行走、表演的天地之才。

四、经史篇

《易经》《圣经》《道德经》

  中华文化信奉儒道释。无为无不为，无为无不治；阴阳常易，道法自然；天耀中华，上帝土生土长在华夏；因果思维、同步思维、大道思维，塑造天下；三生万物，超限思维从三起步。

  本篇的重点是老子学说。

第 52 章

中华的"上帝"和《圣经》的"上帝"

《左传》说:"所谓道,忠于民而信于神也。"祖先坚信,昊天公义,上帝明察,罪恶必遭惩罚。这信仰是扬善弃恶的力量,是天下安宁的基石。

自古以来,中国人一直把自己国土称为神州,即是上帝的土地。从炎黄起,从尧舜而夏商周,远古二千五百多年间,远古祖先们坚信,他们与昊天上帝之间有天经地义的血缘相连。

黄帝治理神州时,每到一处筑祭坛,敬拜上帝,叫作封禅。黄帝第五代是尧,《史记》记载,尧有通神之智、高天之爱、敬畏上帝。《尚书》和《史记》如此记载,尧不将君位传儿而传舜,舜不将君位传儿却传禹这一历史佳话,被称禅让。其真正原因是祖先敬畏上天。

"上帝"是中国原生土著名词,《诗经》《尚书》《礼记》,包括二十四史里面多次出现。《尚书》提及上帝四十五次,《诗经》四十二次,《礼记》三十五次,《周易》也多次提到。《诗经》多次呼喊上帝,孔子说:"诗三百,一言以蔽之,曰:思无邪。"一颗敬爱仰望上帝的心,就是思无邪。总的概念,上帝是公义良善的,是主宰人类命运的。在礼仪之邦中国,最大的礼是祭祀,由天子主持,始于黄帝。

商周甲骨文和青铜器铭文揭示,上帝的概念形成于商朝,是祭祀的最高神,高于一切自然神和祖先神。中国的先祖一直是敬畏自己上帝的,商朝甲骨文已有了上帝的记载,如:上帝命下雨、上帝降灾祸、上帝授我福佑。商朝汤王率众讨伐夏桀说,不是我敢举兵作乱,我实畏惧上帝怒气,不敢抗旨呀:"有夏有罪,天命殛之;予畏上帝,不敢不正。"

甲骨文专家如郭沫若、胡厚宣等对殷墟甲骨文记载的上帝特征进行过专门研究。胡厚宣 1995 年的总结是:商人(殷商的人),相信上帝的权能极大,日月星辰风雨雷电等等都由上帝所调控,决定农业丰歉,决定城市修建与否,决定战争胜败,也会降灾或者福佑,也能够保佑君王或伤害君王,还会直接发号施令。殷商时候敬拜的至上神上帝的这些特征,和《圣经》旧约"God"的特征非常类似。而郭沫若则说殷商的至上神和以色列的至上神完全一致。

距今三千年的《逸周书》表明,周武王认为"德"就是为"惟上帝之言",唯上帝之言是从。大众生存就这两条宗旨:敬奉上帝,努力产粮。周武王发兵伐商纣前,两次提到上帝,攻入都城,面对百姓夹道欢迎,武王说:"上天(上帝)赐福你们。"周公辅佐年幼成王,不厌其烦地叮嘱:"乌乎,敬拜上帝不可欺瞒……"周武王成功讨伐殷商后,献祭上帝,周文王配祭,姜太公助祭。为纪念此事,姜太公做了一个青铜器"大丰簋",记录了周武王"喜事上帝"的这一祭祀活动。

在中国传统中,上帝的普遍启示有很多。《诗经·皇矣》中也记载了上帝特殊启示周文王,说:"不识不知,顺帝之则。"其描述,上帝命令周文王说,你要有光明德行,不能放纵声色,不能滥用杀戮,不能滥用刑戮,你不可完全依靠你那点有限知识,你必须全心全意顺从上帝法则,跟随上帝脚步。

北京天坛的祈年殿里没有偶像,只有写着满汉金字的"皇天上帝"一块牌位。这个上帝不是基督教上帝,而是土生土长的中华上帝!

"君权天授"是国家统治合法性的最高权力来源。君王皇帝称为天子,才有权力去祭祀上天、祭祀上帝。其他任何人,包括诸侯、官僚、老百姓都无权祭皇天上帝,这表现为百姓生活中没有形式上的上帝崇拜。然而,民众心中对上天的敬畏,常说"谋事在人,成事在天""听天由命""天理不容"等。我国民众概念里的"天",有两个含义:一个是物理含义上的天,一个是主宰神、至上神含义上的天,神性的天。

有人说,商周子民是通过甲骨纹路去判断天意,老子、孔子则通过观察自然、社会和历史来判断上帝之道。基于上帝的普遍启示,中国人知道上帝的存在。但特殊启示的被阻碍,使中国人有天人分离的焦虑和天人合一的渴望。老子、孔子都有与上帝距离甚远、无法亲近之感。

孔子信天命。孔子"君子有三畏"的第一畏是"畏天命"。孟子说"天将降大任于斯人……"讲的就是天命选择。老子《道德经》强调"道",是"天之道也",这里的"天"就是一个主宰性的存在。孔子"畏天命"的"天",也是一个主宰性的存在。老子指出,道是万物之主,财宝无数,荣华加身,罪求赦免,都不如或者需要大道在身。孔子说"朝闻道,夕死可矣"。道,太初有道,道就是上帝,生命在道的里头,这生命是人的灵魂之光。可见,道是中西文化深层的共同点,是全人类共同的、终极的信仰对象。

中国古代的上帝是谁,并不确定,商朝、周朝祭拜上帝,因为其是皇家和国家最高祭祀的至上神,商朝称为"帝"或者"上帝",周朝又称为"皇天",有时也称为"上天""天""帝""上帝""皇天上帝""昊天上帝""天地规则"等,但都不是基督教中的上帝。《圣经》的上帝和我国祖先所敬拜的上帝并不完全一样。

中华民族敬天顺道,有信上帝的道统,这也就成了西方宗教文化输入时的切入口。1582年,西方传教士利玛窦来到中国。当利玛窦发现中国祖先敬畏上天(上帝)的道统时,大为兴奋,他认为这是一个上帝信仰的远古印证,将God翻译成上帝,救助双目失明的穷人,并将其发展成中国第一个教徒。他竟然先后带领文渊阁大学士皈依上帝,包括徐光启等。

利玛窦借用中国古籍中的"上帝"一词,用它来作为英语"god"一词的汉译词。随着西方文明的渗入,基督教的影响越来越大,上帝一词的主要含义就慢慢成了西方的那个上帝。中国古代"上帝"和《圣经》中的"God",有差异,也有共同点;中国传统"上天"或"上帝"和《圣经》的"God"相似的地方是,均是唯一的至上神;不同的地方是上帝与民众的关系亲疏不同。

周公说:"皇天无亲,惟德是辅。"周朝的执政哲学就是以德配天,敬奉上帝,祈天保佑,所以从这个意义上来说,利玛窦他们用中国古代的上帝(上天)来翻译《圣经》的God这是绝对没问题的。有人说,由于中国皇家垄断对上帝的信仰,不允许百姓接近上帝,造成中国上帝文化隐退,跟上帝沟通受阻隔，造成中国人非常渴求"天人合一"。因为始终有"天人分离"的焦虑，渴求天人和谐，渴求重回上帝之道。

　　华夏文明与希伯来文明，都在把现代人的眼光引向远古岁月，因为那里有上帝为人类文明种下的根。犹太民族自认是上帝特选的民族，有强烈的神圣"选民"概念。而中国历史上，无选民概念，只有选王概念，天命选择只与天子有关，与万民无关。所以在中国古代，上帝面前人人是不平等的。犹太教中，上帝经常有特殊启示，即通过某人传达上帝之道，上帝与人关系亲密。而在我国文化传统中，上帝（上天）与人的距离比较遥远。孔子说"天何言哉"。老子反复强调天道不可见、不可听、不可触摸，天道与人存在着深渊般的隔离。

第 53 章

人类认知的童年：《圣经》《易经》《道德经》

经过时间、历史、人心淘汰过后，剩下的，传承至今的才成为经典，如达尔文的《物种起源》。家有家训、族有族规，民族有中华民族家训荟萃，那什么是人类的家训呢，《圣经》《佛经》《道德经》是也。

谈西方思维，不能不谈《圣经》；谈东方思维，不能不谈中国的《易经》《道德经》。它们都诞生于几千年前。《圣经》强调"不变"的上帝存在，《易经》强调一切皆"变"，《道德经》强调一切皆有"道"。

《圣经》的重点，要告诉人们，上帝的言行和其所定下的规则是不能违背和改变的。大多数西方人相信，上帝是世界万事万物等一切后面的缘由，是绝对真理，必须遵守，是每个人恒定不变的言行思维坐标。

《易经》的"易"，就是"变"，《易经》就是变经，认为天下没有什么不在变化的，并认为唯一"不变"的就是"变"，只有变的存在。变是绝对的，不变则是相对的。所有的变都按照《易经》所描述的方式进行。所以，我们许多中国人果真按照《易经》的思维描述，进行应变、防灾、算命，《易经》成为每个人的言行规范。

《易经》及太极八卦图强调自身能适用于一切、描绘变化的不变真理，认为其他一切皆变。然而，这可能就是《易经》无法弥补的缺陷。事实上，近现代科学告诉我们，我们大千世界，确实存在为数不多的、永远的不变规则，但这些不是由上帝创造，而是由物质世界规律所决定。这些不变的规则虽少，但重要而根本，不可逾越。例子有许多，如热力学的第一、第二定律，以及宇宙各类常数。再如低温有极限，而高温没有止境。中学生就知道，宇宙最低温度 -273 度，也称绝对零度，人们只能无限趋近，不可能使温度比这更低。这由传统热力学所发现，被量子力学所证明。又如，能量守恒、物质不灭等均可视为永远的不变规则。在生物进化中，蛋白质结构中有少量的但重要的永远不变的保守区域。圆周率也是不变的，但是其不可能精确地以简单数字去描述，只能无限趋近。

老子是孔子的老师辈，孔子敬佩、感服老子的高深如神龙见首不见尾。但孔子却跳过道家和《道德经》，推崇《易经》。汉朝以后，独尊儒家，传承《易经》，再加上权力阶层的利用，《易经》一统天下，墨家消亡，道家边缘化，变异为道教，或在形式与佛教结合成禅修。

《易经》是由孔子或其弟子继承《周易》，依据老子之前的远古道家的太极阴阳八卦图衍生而来。此图是伟大的，能描述、解释、预言许多自然现象和规律，韩国竟用此图作为国旗。太极阴阳图是由太极阴阳鱼图和伏羲八卦图组合而成。太极图阴阳鱼图形和抽象的阴阳卦符的来源，似乎与两性交往有很大关系。其可能从传说中伏羲女娲的家庭生活和大自然的有性繁衍中得到启示，并结合了阴晴圆缺等物候天象绘成的。

从古墓中发现的几千年前的壁画似乎在证明这一点，图中描绘为伏羲女娲的古装男性和女性，手上各执尺矩和三角，下身似蛇尾又似龙尾并相交，如 DNA 核酸双螺旋般纠缠在一起。今日细细分析，可以发现，这一图形具有写实性和高度的抽象性，既与数学几何相关，又与生物遗传的基因螺旋相关，如果横切纠缠的部分，得到的就几乎是阴阳鱼图。尽管这些推测揣度不免牵强附会，但也不无道理。

至于八卦图，尽管大多数专家相信，远古用它来算命和预测，可也有现代人们相信，八卦、十六卦、三十二卦、六十四卦等，都与现代的物质和能量，以及质能互相转化等原理一一对应。有人牵强附会地说，《易经》六十四卦与生物遗传密码有惊人的相似。组成遗传密码的四种基本碱基与《易经》中的四象非常对应，当四象以三联体形式排列组合成六十四卦时，便可看到它们间的独特关系。

有人考证称，16 世纪在华的德国传教士包威特把八卦太极图和《易经》带回德国告诉莱布尼兹，后者根据《易经》八卦原理研究出二进位的数学原理，这一原理成了今天计算机的发明。

七千年前仰韶文化遗址中，发现了许多中心有孔的泥陶圆饼，图形多种多样，其中不但有类似阴阳鱼的二元鱼类图形，也有三元的阴阳鱼图形，表明当时的人们并没有聚焦于两元世界，只是后来不知什么原因，悄悄发生了变化。

除此以外，由于象形文字的缘故，我们的先人一开始就熟悉形象相近、相似的思考方式，就容易用类比的思维，构建、描绘我们所处的世界。所以天人合一、大同小异成了普遍规律，如此，《易经》的被推广和广泛认可就很容易理解。这既使以后的人们很快就能超越西方，把握世界某些规律，取得进步，但同时也使人们丧失了对这些思维方式本身局限的警惕。

太极阴阳鱼旋转图与宇宙旋转运行图非常类近，也是生物生命轨迹图。世界上到处都有双螺旋S形留下的痕迹和印记。植物的叶片、花瓣、鹦鹉螺、蜗牛、田螺大都呈螺旋形分布，贝壳纹向是典型的双螺旋轨迹。蛋白质的二级结构，大多数是螺旋形。细胞线粒体内膜是由无数小的S形组成的大S形结构。核糖核酸RNA和脱氧核糖核酸DNA，都是螺旋状结构。

而《易经》最大的问题，集中在两个方面，即世界几元论和逻辑性。在几元论方面，《易经》仅仅聚焦于阴阳二元，忽略了非阴或者非阳的一元，以及各式各样的多元。在逻辑性方面，《易经》自己建立了一套自圆其说的说理体系，但其并不具有严密的自然逻辑性，比如，在五行学说中，讲水能压火，可自然界从来没有充分完备地证明水一定能够压火。比如，在油品火灾时，就不可以用水扑灭，因为油比水轻，油可以漂在水上继续燃烧扩散。

显然，《易经》及太极八卦图描绘的是一个二元的阴阳世界及规律。诸如皮下毛细血管的分叉方式，DNA双链螺旋和密码子，几乎都可以用《易经》和太极八卦图得到似乎合理的解释。应该说，我们能知道的绝大多数自然、社会现象和规律，《易经》都能够解释，或者说世界大多数事物都能被简化归结为《易经》规律。但问题是，对过去的梳理和马后炮式的解释，无法代替对未来的推测验证能力。最为麻烦的是，《易经》绝不是全部的真理。它完全忽略了一元、三元以及多元世界的存在。

非二元的例子有很多。例如，自然除了存在具有遗传功能的双链螺旋

DNA，还有特殊功能的三链螺旋 DNA 和 G 四联体 DNA。同样世界上还有单链 RNA，其可以成为病毒而独立存在，借助其他细胞得以繁殖。再如，原子是由带负电的电子、带正电的质子、无电荷有质量的中子组成，这三元组成的世界保持了原子的性质，进而组成分子构筑物质世界。其中原子核，由并非对立、与阴阳不完全吻合的电荷中性的中子和电荷阳性的质子所构成，这非阴阳的二元组成的世界，保持了元素的特征。

太极八卦图，具有严重的二元思维局限，而依据于此并更为狭窄描述的《易经》，强化了这种二元论思维模式。尽管二元关系是世界最重要、基本而主要的部分之一，但其远远不是全部。如远古时代，人们就难以认识到当时自然界就有单性繁殖方式的存在。

《易经》的存在，也深深影响了中国语文的二元造词方式，如山水，有无，物我，生死，危机，舍得，上下，左右，南北，虚实，曲直，进退，动静等。《易经》和太极图的辩证思维使得近现代中国人很容易接受"一分为二"黑白的思维，并将其固化。

与《圣经》比较而言，《易经》实际一开始就孕育着科学，典型如东汉以后道教对《易经》的附会，是为了长命百岁，梦想了西方人所不敢想的。中国人用一切皆变的《易经》思想，依据《易经》发明中医、炼丹、方术、风水等。

造成中国落后的原因，不是中国古代的科学技术不发展，而是发展太慢、蜗牛般缓慢发展，其中就有《易经》的负面效果和原因；而西方近代科学不是一般的发展，而是从无到有再到壮大，犹如井喷，更像宇宙爆炸式的发展。人们以不变的《易经》真理应对世界宇宙之万变。《易经》所阐述的并非自然的逻辑，而是将某些逻辑强制性地泛化扩展，形成阴阳二元论对一切的绝对垄断。言简意赅、简洁优美的《易经》铸造了最初的中华千年文明辉煌，助生了四大发明、中医、风水等，以及文官制度、古代三权分立等，此后局限性越来越明显，结果使古科学发育缓慢，后劲乏力，使可能源自中国的近现代科学胎死腹中。最后大多数情形下，《易经》成了供人赏玩的知识古董。

在比《圣经》更为久远的年代，中华古人能写出《易经》，令人惊叹。

这在当时是最先进的，不仅仅体现在其能正确描述绝大多数事物规律，更在于其拥有《圣经》所没有的系统完整、简洁优美的思维模式。正因为其过于早熟、先进、优美，沉浸在其中的古代中国人，如温水煮青蛙一样，失去了知觉。几千年中，后人只有崇拜，全然没有觉察其对思维的严重局限。

《圣经》《易经》都杂糅了科学，即欧洲的古科学和中国的古科学。具有讽刺意味的是，主张一切皆变的《易经》，几千年里本身却几乎未变，成为最为保守的文化，不但没有成功地孕育出近现代科学，连其文字表现形式还是古代的模样。主张一切都围绕上帝不能改变的《圣经》，却既阻挡不住科学的孕育和出生，也难以完全保持最初古代的模样，连自身的表现形式和解释也随时代变迁，发生了深刻的变革。

《圣经》允许近代科学孕育成长，是为了证明上帝的正确。上帝制造了世界上的一切，包括我们人类。《圣经》本身，并没有给出系统完整、简洁优美的思维模式，就是依靠人治（如果上帝是人的话），信奉上帝就行！所以，不要违反上帝的信条，一切荣耀归属上帝，只要信奉跟随上帝，即可得到永生！

人们创造宗教是希望获得上帝的祝福、呵护和服务。然而，事实上，它却成为中世纪欧洲人沉重的负担和枷锁。结果，先有黑暗近千年并落后的中世纪，后有人性觉醒的文艺复兴。最终，弄"拙"成"巧"，近现代科学冲破了《圣经》的束缚，成为强势文化。为了保持上帝的尊严，善男信女们和科学讨价还价，反倒需要科学帮助自圆其说，以坚定对上帝的信心。

今日科学的出现，不是得益于《圣经》，而是得益于文艺复兴。文艺复兴并非一个政治运动或宗教运动，而是一个文化文明运动，它是一种新的心态和社会文化以及生活工作方式。文艺复兴中，已丢失、但流传于阿拉伯并得到保护的古希腊文献，被欧洲再次发现。特别是欧几里得平面几何的再次出现，为西方文明和近现代科学提供了系统完整、简洁优美的思维模式。

平面几何不涉及世界本原是几元的，不论述世界的原初到底是来自一元、二元还是三元，因而具有非常的开放度。但它明确了从公理到定理，再到推理的思维方式，从而成为整个知识学科专业的框架体系，现代任何一个学科中几乎都有它的影子。

实际上中华民族有关道的思想，远比《周易》《道德经》更久远，先有八卦太极图，相传为伏羲所画，后有炎黄的著述实践，最后老子对这些思想作了重要的发展并集大成，开门立户成道家。

"道可道，非恒道；名可名，非恒名（西汉之前表述）"。尽管道家最终也没能清晰地定义"道"，这可以原谅，因为它产生于远古文明初萌的时代，有此伟大的思想已相当不易。《道德经》讲，道生一，一生二，二生三，三生万物。三在这里有了特殊而重要的意义。

三的应用广泛。如三足鼎立、三维空间、三人为众、三国演义、三角恋爱、三元色、天地人三才、天文学的三体问题、三光子或为人类视觉极限等。

但在《易经》和太极图中，则是简单的阴阳两元世界：太极生两仪，两仪生四相，四相生八卦，八卦生而万物生。《易经》及太极八卦图对世界的理解是简化的，彻底杜绝了"三生万物"的各种复杂系统和不确定性，以及多样性存在的可能性。由此看来，对当代而言，《易经》及太极图只能当成古代文明进化过程的化石和符号，以及娱乐消遣的测字算命的方式。

尽管道家、《易经》及太极图均源于远古时期道的思想，相互间有不少相似之处，然而相互间细微的、甚至巨大差异，显然少为人知。如果说道家乃是忠实于道的原初思想并作了重大原始的创造性发展，是最有发展潜力的哲学思想的话，那么，道教与道家的区别，《易经》及太极八卦图与道家的区别，需要特别关注。

《道德经》是老子为代表的道家，对太极八卦图的重大创新与发展。几千年来，人们忽视了道家与太极八卦图和《易经》如此重大的差别。凡是思想、思维都有长短和缺陷，因此不能让一种思维、思想长期垄断，更不能长期独霸天下，因其与道法自然的生态法则是完全违背的。中华民族得益于《易经》而早熟，固守于《易经》而落后，古老的《易经》被不加思考地运用于近代、现代，从而僵化、限制了思维。要弥补《易经》的不足，就需要人们发明恒经、杂经，对人们的思维方式和知识体系进行补充或者完善。

第 54 章

《易经》与代数符号：骰子观象心理学

道学的"旧约"是太极阴阳八卦图和《易经》，道学的"新约"是《道德经》。大多数人认为《易经》起源自"河图、洛书"。《易经》的成书，经历了上古伏羲、中古文王、下古孔子三个时代和人物。

对中华文明作出奠基性伟大贡献的三位伟人，分别是伏羲、老子、墨子。"观天文、察地理、画八卦"的伏羲，根据天地阴阳变化，发明创造了八卦及其符号，即以八种符号概括天地间的亿万人事物，如白天、晚上、男人、女人、春夏秋冬、东西南北等，以此记录时间，也因此结束了"结绳纪事"，成就了中国古文字的发端。从那时起，《易经》有了判断吉凶、算命、算卦、占卜等功能。

《史记》记载"文王拘而演《周易》"。周文王在被商王囚禁时，在狱中写下了《周易》一书，依据伏羲八卦演为六十四卦，并作卦辞和爻辞。

《易经》在春秋战国得到完善，《易传》为孔子所作。孔子为解"经"而作"传"。汉代的五行说等象数之学、魏晋唐的"玄学"、宋明的理学派、数学派、气学派、心学派、功利学派，使《易经》进一步发展。

经过孔子及其后学的逐步改造和解释，淡化了《周易》的神学性质。《易经》由单纯的占筮开始向自然观认识论的角度偏向。从阴阳符号出发，儒家阐发出一套阴阳理论，并由此建立了以"道"为核心的、天人合一的认知体系。进而，《易经》中的太极、两仪、四象、八卦的生成过程，被用于模拟宇宙万物发展演化规律、解释人类社会各个阶段的发展历程。

《周易》是古代探索宇宙秘密的工具，是历代统治者经邦济世的典籍，也是上古巫史文化的"百科全书"。由八卦衍生出了奠定中国东方神秘文化的三部巨著《道德经》《易经》《黄帝内经》。被儒家尊为"群经之首"的

《易经》，也是儒家中庸之道、仁义礼智信等思想的重要源泉。

《易经》阴阳学说是中医阴阳学说的基础。中医经典著作《黄帝内经》受《易经》的影响很大。东汉时期的《神农本草经》运用八卦取象的观念，明确了中医用药原则。张仲景《伤寒论》把阴阳学说和太极发展为六经学说，创立了六经辩证的原则，奠定了中医临床医学的基础。

《易经》衍生出风水学说，指导古代院落建筑和城建布局。《易经》衍生出军事理论、战争机动战略选择和排兵布阵。《易经》对体育、习武、健身防身有直接影响，八卦掌、太极拳、围棋等由此演变而出。围棋被认为是世界上最为复杂的游戏，成为检验人工智能水平高低的重要工具。

黑格尔在《哲学史讲演录》中说："《论语》里面所讲的尽是一些常识道德，这种常识道德我们在哪儿都能找得到，在哪一个民族里都找得到，找到的甚至可能还要好些，这是毫无出色之点的东西。孔子只是一个实际的世间智者，在他那里思辨的哲学是一点也没有的……我们根据他的原著可以断言：为了保持孔子的名声，假使他的书从来不曾被翻译过来，那倒是更好的事。"

黑格尔后悔看了《论语》，甚至认为中国没有哲学，只有伦理学，并认为其基本是充满了名言警句的道德说教。但据说他在读了《易经》后，不无惊讶地说道："须要注意的事情是，中国人也曾注意到抽象的思想和纯粹的范畴。"

有人说，《易经》紧扣人们焦虑的不确定性这个本质难题，运用了函数映射，以不确定性预测方法预测未来的不确定性，建立起了预测未来的方法论和完整体系。我国的各种算命卜卦原理方法大多来自《易经》。世界每时每刻都在变化发展，没有不变的，即变易；天地自然界变化无常，但有不变的基本法则与规律可循，即不易。世界千变万化、错综复杂，如理解了变化规律，掌控事物及联系就变得简单容易，即简易。《易经》采用八卦、六十四卦、三百八十四爻（分别对应 8 种 64 种和 384 种不确定性）。从而通过人为和暗示推动或者消除预测的结果。

《易经》卦辞不针对具体的事情，判断只是粗线条表述，如没有客观标准的吉、利、凶、不利等，这就便于予以随心所欲的、祸福相依的解释。人类选择性的解释、相信、记忆特点，和听闻、看见、相信、记忆的愿所愿的特点，如此预测会让人安心并更为笃信。事实上很多根本算不出来，是算命者观察分析出来的，甚至被诱导自己说出来的。算命语言的模棱两可，可以用于多种解释。《易经》卜卦提供了不确定性的思维模式与行为方式，在战争和政治行动等博弈对局中有所预防或者暗示的价值。

有人说，《易经》可用几句总结：第一，自天佑之，吉无不利；老天只会帮助努力的人，吉凶也是完全取决于自己。第二，顺天应人；顺天势就是借助外在而达到自己的目的。第三，穷则变，变则通，通则久。凡事情到了极点、临界，就会变，以便出路。

第55章

荣格同时性原理：《易经》揭示"巧合"

荣格通过治疗一位女患者，实例展示了他的同时性原理："她做事总想顾及两端以执中，凡事求圆满，结果却总做不到，问题症结是她懂得太多、受的教育太好，由此提供了她精良的武器，以达成完美目的——一种高度透明亮洁的笛卡尔式理性主义，对应于本质上永无差错的'几何学'思维。我数次尝试以更合理的态度，柔化她僵硬的理性主义，结果无效。我期盼某种不期之预突然出现，以打碎她封闭自我的铜墙铁壁。某日，我背窗面对她，聆听她滔滔不绝的陈述。她说她前晚梦见有人赠她金色甲虫。当她正对我'痴人说梦'时，我听到背后轻拍窗户的声音，转头看见窗外有只昆虫正撞击窗户，试图进入。我立即打开窗户，在昆虫飞入之际，一把从空中抓住了它。这是一只普通的玫瑰色金龟子，它黄绿闪光的颜色与金色甲虫极为相似，我交给她，说：'这就是你的甲虫。'这一体验瞬间洞穿了她的理性外壳，粉碎了她理智抗拒的坚冰，治疗持续下去，成效显著。"

《易经》并非完备严格的逻辑关系网络，而是一种拓展性的思维工具，类似当代的"思维导图"，辅助于发散联想思维，挖掘被忽视的可能性。

荣格著有《精神分析与灵魂治疗》等书籍，他是和弗洛伊德一样有名的心理学大师、精神病学家。他创立人格分析心理学理论，提出"情结"概念，把人格分为意识、个人无意识和集体无意识三层。荣格在《易经》的影响下，创造出了"同时性原理"，强调其与因果律完全不同的普遍性联系。荣格在揭示《易经》某种科学价值的同时，指出了《易经》与西方在思维方式和认识方法上的根本性差别。像荣格那样接受《易经》并深受其影响的西方学者，在全世界真是绝无仅有。

1920 年荣格与居留中国二十年之久、将《易经》译为德文的卫礼贤相遇，成为好友。荣格坦承，他的某些观点在根源上应该归功于东方思想的启蒙，最突出的例子就是《易经》启发他发现了"同时性原理"并敢在晚年公然提倡。荣格认为，如果同时性原理可以成立的话，那么作为人类知识建构的基本公理设定的因果律，就将受到极大的挑战。荣格认为同时性原理不仅从心理分析案例中获得佐证，更依赖《易经》所提供的完美理论基础及运作程序。

荣格于 20 世纪初开始研究《易经》，1920 年开始在心理治疗和精神治疗中采用《易经》的方法，竟然疗效显著。至 1925 年，荣格已经完全熟悉《易经》，并对其富有意义的解答很乐意接受。荣格曾这样评价描述："我只将三枚小铜板轻掷空中，让它们掉下、滚动，最后静止不动，有时正面在上，有时反面在上。如此初看似乎毫无意义，但有意义的反应却由此缘起，这真是奥妙。这也是《易经》的最杰出成就。""很可能再没别的书能如此体现中国文化的生动气韵。"

荣格对《易经》有独到的理解。他为《易经》英文版写了序言，选择编译部分内容如下：

我不是汉学家，但因我接触过《易经》这一伟大的典籍，所以愿意写下序言，以作见证。如果《易经》的含义很容易被掌握，就没有必要写序言。而事实并非如此。看《易经》，就像如同有重重迷障笼罩在它上面。西方学者常常将它看成咒语集，认为太过晦涩难懂，或干脆认为它没有价值。

我不懂中文，也从未去过中国，我向读者坦率表明，很难找到进入这一中国思想巨著的正确法门，它和我们思维的模式实在差异太大。想彻底理解此书，首先必须摒弃我们西方人的偏见。比如说：为什么像中国人这样天赋异禀而又聪慧的民族，居然没有发展出我们所谓的科学？这真是奇怪。事实上，传统的科学建立在以往被视为真理的因果法则上，然而，这种观点目前正面对挑战，康德《纯粹理性批判》无法完成的任务，正在由当代物理学家完成。因果规律公理已从根本上动摇了，目前我们所说的自然规律，只是统计学上的真理而已，因此必然会有例外。

人们还没有充分认识到，只有在条件严格的可控实验室，才能给出恒定而可靠的自然规律。如若让事物顺其本性发展，可能见到截然不同的景象：每一历程或多或少都要受到偶然性的干扰。这些情况极为普遍，因此自然状况下，能完全符合规则的事件反倒可能是例外。

正如我在《易经》里看到的，中国人的心灵好像完全被事件偶然性所吸引，我们认为的巧合，却似乎成了他们特别主要关心的。而我们所推崇的因果规律，却几乎完全被他们所漠视。必须承认，偶然性极其重要，人类费尽脑筋，竭力要防范控制偶然性所带来的祸害。然而，和偶然性所产生的后果相比，由理论思维而得到的因果关系顿时显得软弱无力，贱如尘土。

《易经》似乎并不采用西方人所看重的因果程序，去对待自然。在古代中国人的眼中，实际观察到的情形是偶然性的撞击巧合，是非因果因素汇聚所产生的明确结果。他们的兴趣似乎聚焦在偶然性事件所形成的机缘巧合本身，而不是花心思在为"巧合"的出现寻找解释的机制理由。

当西方人小心翼翼地过滤、计量、选择、分类、隔离时，中国人《易经》的卦象却能包罗所有，甚至包括最精致、最细微、超感觉的那些部分，所有这一切会汇聚一起，成为观察时的情景。

也就是说，当投掷三枚硬币，或拨算四十九根蓍草时，偶然的细微部分都进入了观察的情形的卦象中，成为它的一部分——而这"部分"通常对我们西方人并不重要，但对中国人的内心来讲，却具有无比重要的含义。

我提倡的同时性原则，正好与因果理论相反，后者仅是统计出来的真理，并非绝对可靠的，只是一种推测，假定事件是如何从因演化成果的，仅此而已。同时性原则却认为，事件在于时空契合，并非偶然作用，蕴含着丰富含义；即事件之间，以及它们与观察者主观心理状态间，存在一种特殊的关联依存关系。

古代中国人沉思宇宙时，在某些方面可与现代物理学家相媲美。……正如因果律描述了事件的前后关系，对中国人而言，同时性则描述了事件的契合。因果性讲了一个纵向发展的故事：D 如何呈现的？其是从前面 C 衍生而来，而 C 又是从此前的 B 而来，如此如此。然而，同时性原则则试图描绘出平等因素之间有意义的偶然巧合。比如，ABCD 如何在同一情境、同一地点、同一时间一起出现。如此状况下，ABCD 均是同一情境的组成因素，此情境则可抽象显现为一幅合理而可理解的卦象。

六十四卦是一种象征性的工具图象，它们展现六十四种不同种类但各有代表性的情境，此种诠释可以和因果解释相媲美。不同在于，因果联系可用统计分析去决定，也可用实验去控制。但情境巧合却是独一无二、无法重复的，故在通常状况下，同时性原则也就无法进行实验验证。

《易经》认为，能使同时性原则有效的唯一法门，只有观察者必须确信卦辞爻辞可以反映的内心的状态。当然，了解卦爻辞的确切含义，只有在得到卦爻之后，甚至可能要到证实了对卦爻的诠释之后才有可能，这一方面要求观察者对主客观情境须具有足够的感知，而另一方面，需根据后续事件的性质去进一步确定。

显然这种程序不是我们这些习惯于批判性思维、重视实验或证据的西方人所熟悉的，但如果模拟中国古人的角度去观察世界，就会发现《易经》会吸引人。

中国人不在乎对占卜应当持怎样的态度，只有我们西方人会被因果观念所偏执，进而对占卜满腹狐疑，再三关切。东方古老智慧强调智者须了解自己的思想，而并不关心自己的思想是采用什么样机制进行的。我们这些西方人，只有对《易经》的理论考虑得越少，睡觉才能睡得越安稳。

《易经》本身不提供证明与结果……《易经》彻底主张自知……个性浮躁、不够成熟的人士，不适合运用它，知识和理性主义者也不适宜。只有深思熟虑人士才合适，他们喜欢沉思他们所做的一切以及周围所发生的一切。而这不能和忧郁症的胡思乱想混淆在一起。

我曾想对《易经》占卜和人们所接受的科学信条进行调和，但没有成功，这不奇怪。我在此的立场是实用主义，引导我采取如此立场、使我了解它实际效用的，就是精神治疗学与医疗心理学。也许再也没有其他什么领域会发生如此多不可思议的事情。有缺陷的疗法也许会偶然生效，而那些可靠的科学方法却可能导致失败。此时，理性主义者常心怀畏惧，掉头离开；非理性主义者却可能听见一个声音：不要抛弃任何可能性，即便它违背了我们已知的所有理论（理论的寿命常常短暂），或者不是立即能够解释，也不要轻易抛弃。中国的《易经》占卜模式就属此类。具体方法学上显然是指向了自我感知，虽然它总被用在迷信算命上。

《易经》的内涵对某些人，可能明亮如白昼；对另外一些人，则微弱如月光；对于第三类人而言，也许就幽暗如黑夜。如不喜欢它，最好不要去碰它；如对它有排斥心理，则大可不必从中寻找真理。为了那些能明辨其意义的人，且让《易经》来到英语世界吧！

荣格从《易经》出发，建立了同时性原理及对占筮的看法，惊世骇俗！荣格多年的个人体验和医学临床经验常感觉到，潜意识浮现出的心理事件，有时竟然会以某种意味深长的方式与外部事件相巧合。而荣格的研究表明，在某些心理状态下，通过《易经》占筮得出与实际情况相符的结论，竟是常有的事，这也与他的体验和经验正好吻合。所以，他认为正规的占筮可将人的潜意识以象征的形式展现出来，从而揭示心理与现实这两个世界间存在的奇妙对应性和平行性。如此与因果律完全不同的关联，被荣格称为"同时性原理"。

荣格认为，宇宙演化中，因果关联不过是事物普遍关联的一种，此外还有其他的联系，例如，随时间并排地进行，某些东西在多地几乎同时出现，包括某种思想、奇异符号、心理状态、特定数字、某类物品……等等。尽管它们分属各自独立而不同的时间演进序列，在不同的地方露面，不可能发生因果联系，但却有着巧合的、甚至奇巧的对应关系，荣格将这些称作"同步"或"相对同时性"，即这些现象来自于同时性原理。学过电路的人，都知道电阻、电流的串联和并联两种形式，这两者对人们理解前后因果、并列同时关系会有帮助。

"同时性"涵义，见开头故事。女患者梦中赠品金色甲虫与偶然出现的"玫瑰金龟子"，可以视为具有"同时性"关系的两个物体，与此类近的巧合事件不可胜数。它们各自平行演进，在不同情境、以不同方式几乎能同时"巧合"出现，更证实了虚拟和真实世界的搭桥人荣格的权威和"神通广大"，具有强烈的心理暗示效果。

其实，我们许多人都有类似荣格的体验或者经验。如梦见从没去过的地方或者情景，后来在现实世界真的就出现了梦中类似的地方或者情景，好像之前真的来过一样，真犹如某些人胡说的"预示"或"前世印象"。又如，梦中遇见从未谋过面的人，后在现实中见到一个人，发现其面容很像梦中的模样。又如梦中的考题竟然与次日考场试题极其相似……等等。此类事情可遇不可求，并非经常性地随便出现，但有人在某时某地有此类事件的亲身感受并非说谎。

荣格说："因果律可以解释两个前后相续事件间的联接关系；同时性却指出了心灵与心理、各物理事件间，时间与意义上的相互并行平行关系……在平行事件间，未见因果连接的痕迹，具有或然性。唯一可认定、唯一可展示的，是一种环扣的共同意义，一种等价性。"

莱布尼兹认为，构成各种复杂事物的最后最小单位，是真正单纯的存在，可以称为"单子"。"单子"是具有"知觉"和"欲望"的精神性存在。每个单子能凭其"知觉"而全息反映整个宇宙，就像镜子映照物体一样。单子知觉水平有高有低，故由单子构成的事物就分出高低等级。构成无机物的单子"知觉"模糊，水平最低。动物则具备有感觉的"灵魂"，人更有理性的"心灵"。最高单子是"上帝"，"上帝"创造了所有其他的单子。单子之间相互独立，但由单子构成的事物却相互作用、相互联系，而组成和谐如一的世界整体。"上帝"在创造单子时已事前规定，令它们在发展中保持一致与同步，享有"预定和谐"。荣格认为，"预定和谐"的想法有其道理，可惜在莱布尼兹之后，人类只关注因果必然，"预定和谐"被冷落遗忘。

荣格指出在西方认知体系中，莱布尼兹的单子论似乎最能说明同时性现象。荣格揭示的同时性"巧合"现象与莱布尼兹的"预定和谐"观念相符合，"人是小宇宙"，就"反映了天地间某种预定的和谐"。荣格强调了"至诚"的重要性。他曾说："要使《易经》的同时性原理有效，观察者要相信卦爻辞确实能反映其内心的状态，当其投掷硬币或者区分蓍草时，要想定它一定会存在于某个现成的情境之中。"即观察者只有坚定信念去实现卦与事的契合，此乃诀窍。荣格认为《易经》"是地道的中国思维方式的表现"。

荣格还特别指出：我们西方科学建立在公理的因果法则之上……假如让事物顺其本性发展，可以见到截然不同的图像：每个历程或多或少都受到几率的干扰，这种情况极为普遍；而越是严格条件下获得的越精准的规律，自然状态下就越失去准确。

荣格指出，西方科学以因果律和实验方法为主要基础，而中国则着力探究自然状态下的规律，因而双方各自建立了不同的科学。现代科学技术的威力体现在，通过建立工厂或其他方式，使条件严苛，严格因果律无疑可充分表现并得到利用。但必须清醒地认识，世界上的人类能控制的领域很少并极其有限……

也就是说，在传统思维、经典思维中，人们看到的是因果串联的世界；在现代量子思维、在中华古人的思维中，人们看到的可能是情景汇聚的并联世界。在这种同时、同步、汇聚的并联世界中，当事人要通过努力争取好的巧合，有所准备防止坏的巧合。俗话常说，福无双至，祸不单行；另一种说法是，不可算命，天机不可泄漏。因为巧合与否有其规律，但不可预测；巧合是否发生，不简单的因为人为的因素所控制，但人的内心会不自觉等被巧合的预期所扰动，反而带来不可预测的后果。

第 56 章

忽视演绎的《易经》和"天人合一"

夏朝有了最早的《易经》叫《连山易》，商朝晚期产生的叫《归藏易》，都失传了。传世的《易经》是西周时候的《周易》，孕育成型前后用了一千多年。《易经》是《连山易》《归藏易》《周易》三者的统称。现在连山和归藏已然消亡，但是连山和归藏的核心思想并没消亡，已被融入《易经》。

古人可能根据一组生活经历，如白天黑夜、热夏寒冬、男人女人、动物植物……进而归纳总结出"阴阳"。《周易》最初是算卦书，判吉凶，思维不过阴阳两极，简单分别地看问题，进而演化综合衍生。因为世界太过于复杂，在解说演化中，阴阳发展为四象，四象发展为八卦，进而周易六十四卦……再进一步排列组合不断穷尽到应用（在这一点上，有点像占星术的星座学说）。事实上，世界并非仅仅阴阳并存、阴或者阳单存，同样存在非阴非阳，如此归纳法先天留下了不完全归纳的毛病。

此外，如果说天下均为阴和阳的合成体，通过观察利用归纳总结出阴阳，进而通过阴阳分合产生了四象八卦等，而最后还出现了与前置条件矛盾的推论，竟然从世界非阴即阳，而推导出了世界不全是阴和阳结合，有太阴（纯阴）和太阳（纯阳）。当然即使如此，仍然没有包含非阴非阳等。这显然不是真正逻辑严密、条件规范下限制的演绎！也根本不是演绎，而是数字符号排列组合的游戏全集。

20 世纪最伟大的物理学家之一、诺贝尔物理学奖获得者杨振宁认为《易经》影响了中华文化的思维方式，而这个影响是近代科学没能在中国萌芽的重要原因之一。由于《易经》影响，中国传统文化里没有演绎或者推演式的思维方法。

为比较和理解，用比喻解释一下归纳和演绎的区别。归纳法——起初的原始素材：我家灰猫爱吃鱼，邻家黄猫爱吃鱼，远处黑猫爱吃鱼，近处花猫爱吃鱼……归纳结论：猫爱吃鱼。演绎法：前置的公理条件，猫都爱吃鱼，狸猫是猫，推演结论：狸猫爱吃鱼。

归纳与演绎都是近代科学不可缺少的思维方法。杨振宁举例，麦克斯韦是19世纪最伟大的物理学家。他寥寥几篇论文，奠定了电磁波的准确结构，改变了人类的历史。20世纪发展起来的无线电、电视、网络通讯等等，统统都基于麦克斯韦方程式。他得到此划时代结果的路径如下：

他起先一篇论文用了归纳法，里面有一段话："物理学虽有不同的分支，但它们结构可以相互印证。"他用这个观念，以流体力学的方程式为蓝本，研究写出了电磁学方程式。这遵循了归纳法的要义。几年以后，他在另一篇论文中用归纳法猜出的电磁方程式，运用推演法进一步而得出新结论：电磁可以波的形式传播，其波速与光速相符，所以"光即是电磁波"。这一划时代的推测，催生了20世纪的科技发展与人类今天的生活方式。

而中华传统文化一大特色是有归纳法，没有演绎法。其中归纳法的来源很可能是《易经》，此种归纳具有不完全性。贯穿《易经》始终的都是归纳法，都是诸如："易者象也""圣人立象以尽意""取象比类""观物取象"，这些都是向上求整体"象"的方法。

中华文化就是没有发展出推演法。徐光启的一些话可以证明这些欠缺的存在。徐光启是明末大臣、大学者。他是最早与利玛窦合作翻译欧几里得的《几何原本》。欧几里得几何学对人类历史的巨大贡献，就是第一次把演绎法规律化。后来牛顿写自然哲学的数学原理，就是依照欧几里得的演绎法的形式，完全按照着欧氏方法，由公理，到定理，然后到证明等等。徐光启翻译《几何原本》时，牛顿还没有出生，不幸的是，比牛顿出生更早的徐光启，这一翻译在将近三百多年里对中国没有发生应该有的影响。

徐光启翻译了《几何原本》后，了解到演绎法一个特点就是"欲前后更置之不可得"。就是一条一条推论前进不能次序颠倒。这跟中国传统不一样，中国传统不注意逻辑和说理次序，要读者自己体会出来最后的结论。徐光启有几句很有名的话描述演绎法的特点："似至晦，实至明，似至繁，实至简，似至难，实至易。"我们懂了徐光启的概述以后，就会知道演绎其实比归纳容易。

杨振宁还认为《易经》的影响，产生了"天人合一"的观念，根源在于《易经》每一卦都包含天道、地道与人道在内，认为天的规律跟人世的规律是一回事。王阳明格竹子，就是要用人世间的"理"追求自然界的"理"，如此当然格不出近代科学。近代科学一个特点就是要摆脱掉"天人合一"的观念，承认人世间和自然界各有规律和复杂现象，这两者是两回事，不能混为一谈。

杨振宁还关注到中华文化的审美观与《易经》的关系。……中华传统绘画所追求的意境与西方传统绘画完全不同，是"观物取象"的"象"，不是照像的"像"；是精神的象，不是形似的像；是"天人合一"的象，不是歌颂自然的像。我认为这种思维精神是从《易经》来的。

儒家对《易经》的光大，阻碍了中国的科学发展，使得近现代科学不可能在中国产生。古希腊的科学和现代科学研究是诚实的，所以硕果累累。1953年爱因斯坦说："西方科学发展以两个伟大的成就为基础：希腊哲学家（在欧几里得几何学中）发明了形式逻辑体系，以及（在文艺复兴时期）发现通过系统的实验有可能找出因果关系。在我看来，人们不必对中国圣贤没能做出科学进步感到惊讶。如果这些发现竟然被他们做出来了，那才叫令人惊讶。"

不少人认为，没有逻辑，忽略次序，观物取象、取象类比等，再加上大而化之、无所不包、简单神秘的"天人合一"，就成了《易经》的重要内容。甚至有人说，《易经》说好听的是"归纳法"，说难听一点，是牵强附会的"鬼拿法"。

"罢黜百家，独尊儒术"后，儒家偏执发展《易经》，将其推向极端，天人合一，由理念变成了思维垄断，音乐"十二律"被等同于四季的"十二月"，从此不着天际，中医学也因为《易经》的金木水火土，而进入一个云里雾里的境界，远离了形式逻辑和实验验证的体系。事实上，中医学早在数千年前已确立了属于自己的符合道的自然哲学理论和体系，就如"脉象"分析传递着一个全息信号，但却被儒家对《易经》的发展带偏过头，变科学为"玄学"。

第 57 章

并非说道德：无有二象性、亲近科学

有人常误认为《道德经》是关于人的伦理说教的，其实不是。其是关于天地人背后根本规律的。

"波粒二象性"的量子逻辑不同于"一分为二"的经典辩证逻辑，前者动态、叠加、纠缠、测不准、跳跃、各象信息相关；后者静态、清晰、可区分、执信息两端。有人认为老子的学说是超越"一分为二"的"一分为三"全息逻辑，而我认为，老子及其五千言是关于大道"无有二象性"的自然逻辑和思维方式，即"无"和"有"之间的重叠、纠缠、测不准、跳跃。

道家思想以老子为代表，它传说源于黄帝；十道九医，中医传说源自炎帝。早在西周初年，姜子牙治齐时就倡导道家思想"修道术，尊贤智，赏有功"（《汉书地理志》），到了春秋，老子提出"道、利、无、反、弱"等核心价值观，成为道家思想的集大成者。

英国科技史学家李约瑟说："中国人性格中许多最吸引人的因素都源自道家。中国如果没有道家思想，就会像是一棵已烂掉深根的大树。"李约瑟 1924 年成为剑桥大学教授，研究胚胎学。1937 年，自信于"西方中心论"、奇怪于"近代科学没有出现在中国"的李约瑟，向来他实验室工作的鲁桂珍询问这个问题时，鲁桂珍反问他是否了解悠久的中国科学发明和医药学，李约瑟深受震撼，从此转而研究中国科学技术史。鲁桂珍后来成为他的夫人。

在 1945 年 10 月访华以后，李约瑟在《中国科学技术史・序言》里回忆道："我终身不能忘记的！遇到相见恨晚的河南大学李俊甫教授，他告诉我，炼丹术的大量资料在《道藏》中，这是其他国家化学史家完全所不知的。"

在仔细阅读《道藏》等道家经典后，李约瑟下了一个结论："道家哲学……发展了科学，有许多很重要的特点，在中国科学史上占有第一重要地位。从道家原理出发而行动，产生了东亚区域的化学、矿物学、植物学、动物学和药物学。""就科学思想的基础而言，古代的欧洲哲学和中国哲学之间，没有多大差距，甚至某些方面，中国人实际上占有优势。"

道家思想能成为科学根基的原因在于"道"，是以"自然"法则为核心的本征的、真理的、自发的、非刻意的秩序。"人法地，地法天，天法道，道法自然。"表达了老子的认识，即"道"是宇宙的起源。天地世界中的人事物，核心都包含"道"。

如同干细胞与分化细胞的关系，道家根基于以天地宇宙间的自在独立、自然而然、本征真理的"道"为出发点。道家认为万事万物均平等，内涵核心的"道"均值得探究。于是，道家的人生态度超然而独立、格物致知，各依本性，聚焦自己感兴趣的事物，发展成各具特色的专才。如此，化学家、药学家、棋手、音乐家、医学家、数学家，各有专长人士不断涌现。有趣的例证是，在东晋，戴逵是著名画家雕塑家，其兄戴逯官升至大司农。朝廷太傅问其兄："卿兄弟志业，何其太殊？"戴逯答："下官'不堪其忧'，家弟'不改其乐'。"

而儒家过度聚焦人类社会，将人类社会与自然和生态分离，对自然和生态少有兴趣。不同于道家人才培养的多样性，儒家只希望把所有的人都培养成同样的人。如此影响了正常和多样性的社会发展、阻碍了科学技术的萌发和发展。

儒家主张大家学习"圣人""仁人"，以复古建立如周王朝的理想社会和价值观，儒家移风易俗，礼乐教化，用德性来"化民"。道家认为必须遵循"道"的规律，减少干涉，让百姓自由自在地发展。老子说："圣人无常心，以百姓之心为心。"（第39章）庄子说："圣人不死，大盗不止。"道家强调无为无不为、自然清静、少干扰、不折腾，建立允许民众自由发展的环境。

李约瑟因此认为儒、道两家在政治上是对立的。"儒学尊崇……一直支配着整个中国思想，其对科学的贡献几乎全是消极的……道家对自然界的推究和洞察完全可与亚里士多德相媲美，并成为整个（古代）中国科学的基础。"

有位跨国公司的总经理，将我朋友赠他的英文版《道德经》，每日带在身边研读。他在给朋友回信致谢时，竟然不解地发问：实在不敢相信！这本书真是中国人写的！真是两千五百多年前中国人写的？其潜台词是，似乎只有西方人才能具有如此深刻的洞察力。我曾开玩笑问周边人，为何懂老子的国外著名科学家多于我国，得到的回答是：同胞们不爱读自己的古董，热衷出国读别人的经典，好回来"蒙人"。但也有人正言道，我们也该以读好自己的经典出国"蒙人"来作为回报。

第 58 章

老子不给棉花糖：延迟满足与即时享受

对古代统治者而言，征服天下，石上凿刻姓名，才是其生存价值的最高体现，而寡欲慎为的道法自然，显然让人提不起精神。许多人，即处于社会中间层面的人们，即"中士"们，看得懂《道德经》，更不愿践行，原因在于，道迎合真理性的、生命深层动力驱动机制，注重长远价值理念、强调永续发展、健康长寿；但道的生存发展方式，却会伤害欲望性的、生命浅层动力驱动机制，有损自我眼前的价值理念，包括自我价值、激情欲望、荣誉感、成就感等的实现。在长远和眼前两种不同的生命动力和价值理念的刺激下，目光短浅注重眼前利益的绝大多数人绝不愿选择延迟满足，当然选择后者，为追求功名利禄无所不用其极。之所以没几个人能践行老子的"功成身退，天之道也"，原因是人们对权力权势利益欲望，对能即时享受的"棉花糖"，依依不舍，无法杜绝，同样无法面对身退后的无所适从。

老子对《道德经》会不被理解，误解曲解，早有心理准备，他说："上士闻道，勤而行之；中士闻道，若存若亡；下士闻道，大笑之。不笑，不足以为道。"（第 41 章）其含义为：高认知水平者听闻了真理，心服口服并认真践行；中等认知水平者听闻真理，将信将疑；认知水平低下者听闻真理，哈哈讥笑——不被嘲笑，就不足以成为真理。德国著名学者歌德说过：最足以显示一个人品格的，莫过于看他所嘲笑的是什么东西了。

老子进一步表达："吾言甚易知、甚易行。天下莫能知、莫能行。……知我者稀，则我者贵。是以圣人被褐而怀玉。"（第 70 章）由这些可知老子内心的无奈、急切和悲凉。而这一现象竟然持续了两千五百多年。《道德经》因为一直得益于少数智慧人群的青睐，即有"上士"能懂其中的深刻道理并从中得益，甚至惊其为天书，故能流传不断；同时，又因为绝大多数人，如"中士、下士"不愿遵照或者根本不懂，故未能发挥其应有的巨大作用。

对常人而言，《道德经》难懂，不仅仅有语言修辞表达方式上的差异，认识层次上的差距，更体现在心理境界的重大差异。如果能有意识地改变心理境界，如果多关注长期远景，少关注短期显效，多关注进程永续，少纠缠于往复进退，如此，助人成功的道就自然来到身边。正可谓，得道多助。

心理学上的延迟满足与即时享受的例子，最能反映大多数人在阅读《道德经》时的反应，凡是具有延迟满足的习惯或者能力的读者，会比较容易理解《道德经》的内涵，也会参照其执行。而喜好即时享受者，看此书会比较吃力，不得要领，也会比较反感，甚至作呕。

所谓延迟满足，是指一种甘愿为更根本、有价值的长远结果，而放弃当前暂时、即时满足的抉择取向，愿意在等待期中发挥自我调控能力。延迟满足是每个人完成任务、协调人际关系、成功适应并改造社会的基本能力和素质。"延迟满足"不是单纯的"无为"的等待，也不是一味压抑自我的欲望，而是锻炼一种克服眼前困境而求长远发展的坚韧能力。

第 59 章

误传的无为而治：无为无不为、无为无不治

许多人误解道家，认为其"无为而治"，事实这句话并不出自老子。"无为而治"是误传，曲解老子的思想为所谓的放任自流、颓废避世、消极等待；而老子的原话是"无为无不为""无为无不治"，强调无限趋近"无为"而达"无不为""无不治"，如数学的求极限。"无不为""无不治"才是"无为"的追求目标。

老子的无为，就是接近无为，实质是特殊的、用力最小的有为，如微力、微扰，即精巧微妙而为，实际是四两拨千斤；无为就是敬畏自然、敬畏大道的有为；所谓无不为、无不治，就是接近把想做的事情都做到，并且喜出望外地发现，连未想到的事情也办到了，犹如永续发展是耗损近零的发展。无为无不为、无为无不治，是最小的能量输出，最大的成果产出。老子信奉的是道法自然，物极必反，而不是放任自流；他强调善行无迹，善言无瑕，善为超能，而不是消极避世。

老子的"有之以为利，无之以为用"（第 11 章）启发我们，需要挖掘光大"无用之学"，充分用足"有用之学"，探索建立"超限之学"。是以最小的投入，获得最大最佳的产出。

老子推崇的是自然而多样的个人才能表现，鼓励从不耻处开始，在被讥笑处做起，从不信和失信中善于发现信，以至于："为无为"，即，举重若轻，做事像没有做事一样，但实现了作为；"事无事"，即，事情做成了，似乎轻松得像未做但自然而成，事情完结也没有后遗症；"味无味"，即，从淡而无味中，能品尝出五味；"学不学"，即，学习别人所不学，学习难以得见的绝学；教无言，即，无声的教育，身体力行，贵言践行。

天佑中华！中华民族的始祖伏羲、女娲、炎帝、黄帝都是伟大的学者

与专家。伏羲画八卦太极图，女娲炼五色石补天，炎帝尝百草，黄帝发明指南车。道的思想自伏羲开始，老子集大成为道家，从此道有家了！阐述的内容从宇宙到人性到社会。纯朴、智慧、豁达是祖先的境界，中华民族早就崇拜能促进文明进步的圣贤。

可惜的是，不知从什么时候开始，中华大地上，帝王将相、才子佳人，霸占了方方面面；私欲膨胀、争权夺利、匪气奸计，逐渐侵染了历史的舞台。这与早年墨家被整肃，道家逐步失势，儒家、法家只沉湎于世俗社会，有很大关系。

老子在周朝末代出任过宗藏史（相当于今国家图书馆馆长），有机会接触大量的书籍经典。他继承的是来自夏商周之前的，当时残存的，始于伏羲女娲、炎帝黄帝的道的思想，进而创造性地发展出《道德经》。这部经典短短五千字，由像"天之道利而不害，圣人之道为而不争"等精炼字句所组成。老子成为道家的集大成者。孔子崇拜周朝的制度，法家则推崇中央集权制度。而老子要光大的不是夏商周过去的制度，而是发现无形的大道。然而，后人的误解，以及道教的隐士和出世、避世传统，是其缺少广泛而持续世俗社会影响的一个重要原因。

历史学家范文澜说过，中国传统文化主流有两支：一曰儒，一曰道；一明一暗、一显一隐、一阳一阴；似乎相反，实际相辅相成。有人想不通两千五百年前的《道德经》怎么会对今日有借鉴意义。我们不能根据年代久远古老和具体细节的不完善去妄评、低评《道德经》。要知道，在不发达的远古，人们确实不可避免地存在某些具体认知方面的缺陷。可是，一万年以后的人们，也会发现我们这一代存在许多认知的缺陷。

实际上，就具体知识而言，《道德经》涉及的具体细节，不会比今天更正确更完备，但其提炼出的概念理念和趋势方面的思维方式，却对今日具有重要的指导意义。道家是中华文明内核之一，最为重要的是，其与现代科学技术和文明没有冲突，甚至为我们提供了今后发展的重要启示。《道德经》是成语传播的中国精神。道家思想，是深入每个中国人骨髓的学说。它成型于佛教之前，后来一部分道家学说假托佛教将其变形为禅修得以延续。

老子被某些欧美报纸排名为世界作家之首。我认为，我们民族为人做事的精神内核中的"讲道理"，就是老子的"道"，墨子的"理"。《道德经》比《墨经》论述更为宏大，影响更为深远。令人惊叹的是，时至今日，《道德经》历经两千五百年，少有过时的字句，只有无法理解的内容。从可信的科技人文角度而言，恐怕其他各家难以说是中华文明真正的核心精髓，也难以说得上是可靠的根，可能仅仅是枝叶。道家、墨家，可说是根基之一。有根才能恢复、改造、嫁接，让老树重生，在合适的枝杈长出新的枝叶。中华历史是以道为根的文明进化树。它影响世界，连绵不断，流传至今。

道的思想，如果作为信仰，早于现有许多宗教；如果作为科学，早于古代绝大多数科学，儒家和禅修仅仅是变形的道家后继者。李约瑟说，中国人吸引人的特性源自道家传统。中国如果没有道家，就像大树没有根一样。

有人说，孔子属于东亚，而老子属于世界。中华历史上能完全被称为哲学家的第一人是老子，他同时也是世界最伟大的、最早的哲学家之一，能同时看透宇宙与人生。《纽约时报》关于世界上销量最大的图书调查结果表明，《圣经》和《道德经》排在前两位。西方诸多先哲高度评价老子，黑格尔尊崇老子哲学，并把它同希腊哲学一样看成人类哲学的源头。

《道德经》的内涵和道家思想与西方的主流基督教，没有明显冲突，容易被西方人所接受。所以，就有人写出了《老子与耶稣》这样的书籍。道家崇尚的自然有节制的理念，与当今的西方绿色环保生态理念不谋而合。注重"内外双修"的道家思想的盛行，同样归功于其在身体保养方面的指导功能和潜移默化的作用。它和气功、风水学、太极拳这些富有中国传统的文化紧密联系在一起，吸引了西方人。

常有人误认为，道者是避世消极，无为逍遥，柔弱无志，而忘了道者实际上是仙风道骨，善通无形，包容坦荡，进退有度。老子说："古之善为士者，微妙玄通，深不可识。夫惟不可识，故强为之容：豫兮，若冬涉川；犹兮，若畏四邻；俨兮，其若客；涣兮，若冰之将释；敦兮，其若朴；旷兮，其若谷；浑兮，其若浊。"（第15章），即得道的圣者，精微玄妙多变，不是固定不变的面孔或者容貌，无法用通常语言描述，但可勉强用以下语句形容得道的人：

他／她小心谨慎时，好像冬季试冰过河；他／她犹豫警惕时，好像敌防着紧邻四周；他／她端庄郑重时，好像前去赴宴的宾客；他／她融合可亲时，好像缓缓消融的冰凌；他／她敦厚质朴时，好像没有雕琢过的原木；他／她旷远豁达时，好像空旷的山谷一样；他／她浑厚宽容时，好像浑浊不清的水流。

有道的人，为人、处事、造物，大巧无巧，恪守自然，不拘一格，多面通达，一句话：做啥像啥。

心理学早就研究表明，在略显冷静悲伤的状态，人是最智慧的。如果说老子和《道德经》有什么不足的话，那就是略显孤傲悲伤，有点像"消极的道家哲学"或者"出世的道家哲学"。作为现代人、中华文明的承载者，应能继承老子的思维，继续创新，做出新的探索，如建立"积极的道学"或者"入世的道学"。正像学术界从"病态心理学"走向当代"积极心理学"，"死物生物学"走向当代"活体生物学"一样。

《道德经》将人对世界的认识与行为分为几个层级，如大道、圣人、善人、世人。大道，即人到了神仙永恒的境界：死而不亡、没身不殆、物我两忘、天地同存；圣人，即得道者，即人到了圣贤无欲的地步：无为无不为、无为无不治、外其身而身存、后其身而身先；善人，即人的德品和能力超出众人：善行者无迹、善建不拔、大事细处入手、难事易处切入；世人，即那些人不认识道而被上天选择而成为道具的羔羊：衣食老少、欲望男女、狂妄君王。

综述各方观点，可以这么说，在劝说为人的部分／层次，《道德经》与《圣经》互通；在论述自然世界的部分／层次，《道德经》与量子论互通；在治理竞争的层次，《道德经》与《孙子兵法》互通。

第 60 章

老子学说的自然密码和衍生奥妙

道法自然，最典型地体现在自然界的流线型上。为了减少运行阻力，更符合流体力学原理，自然界的物体外形大多是圆的，如星球、鹅卵石等；为减少阻力、获得升力，鸟类、蜻蜓等翅膀是圆弧流线型；为防止被狂风折断，幸存的树种均是圆形的树干。

在科学界，最出名的学刊是历史悠久的英国 Nature《自然》和美国的 Science《科学》。而全世界最早使用"自然"一词的是我们中国人。

我国古代文献中，"自然"一词首见于老子《道德经》。老子是第一个使用"自然"概念的哲学家、思想家，在全世界各文化各文明中，独一无二地，既早又明确地凸显"自然"作为价值观纲领，最早明确追求耗损近零的可持续或者永续的存在和发展。此标志着中华民族的先知，在文化上开始追求时空最佳优化、亲近自然，原创性地建立了有关生存和发展模式的思维规则和价值理念，从此，"自然"作为概念母体，成了中国文明最高精神追求中的核心基因之一，衍生出无数中国文化持续的创新内容。

"自然"是老子哲学中仅次于"道"的重要的概念，是老子推崇和倡导的生存状态、社会环境、价值取向，故"道法自然"。《诗经》《左传》《论语》等先秦典籍都没有出现过这一概念，先前的道家如黄帝、管子、姜子牙等著述留言中也未出现过自然。

"自然"二字由自与然两字组成。"自"指"自身""自在""自明"；"然"，表示如此的状态。自与然合成一词后，应可以理解为是自身如此、一直如此、必将如此、自身成就自身，具有的天然内在恒定性，故简要为："自在独立""自然而然""自如其然"。

与爱因斯坦的广义相对论和狭义相对论类似，老子原创的"自然"概念，应该存在两个方面：广义的自然论和狭义的自然论。

老子的"自然"，是广义而深刻的；世俗的"自然"是狭义而肤浅的。老子的"自然"并不单单包含望文生义所指的自然界，而重点表达了对终极真理运行状态，即自然界秩序的向往；也不单一指向宇宙星球、天地自然、生态环境、人类社会，而却重点憧憬对人与自然、人与人生之间和谐关系的关切。

在老子的论述中，自然是与人为相对立的，自然是不同于人为、但高于人为的状态，是事物按照自身的内在本质规律和运行规则而自我生长、自我成熟、自我衰亡、自我凋亡的全过程。老子的理想国中、道德世界中，道与万事万物万人各自自然，圣人与百姓各自安然，道顺任万物的自然本性而不强制干预主宰，圣人顺遂百姓的自然本性而不肆意扰乱，从而建构起包含宇宙星球、天地自然、生态环境、人类社会和个体生命的多方位多层次和谐秩序。

"道"在《老子》一书中出现了74次，而"自然"提到过5次。第17章：悠兮其贵言。功成事遂，百姓皆谓我自然；第23章：希言自然。故飘风不终朝，骤雨不终日；第25章：道大，天大，地大，王亦大。域中有四大，而王居其一焉。人法地，地法天，天法道，道法自然；第51章：道之尊，德之贵，夫莫之命而常自然；第64章：是以圣人欲不欲，不贵难得之货。学不学，复众人之所过。以辅万物之自然而不敢为。

道法自然，是老子关于自然及其与道关系的根本论断：道的运行法则是自然。尽管老子的自然并非单指自然界或者自然现象，但自然界和自然现象给予老子源源不断的灵感，故其书大量使用了天、地、水、万物等自然名词作比喻，来阐述深奥的道理。有时，比喻道："上善若水"；有时，比喻得道之人，"古之善为士者，微妙玄通，深不可识"；有时，比喻治理为政："飘风不终朝，骤雨不终日""鱼不可脱于渊""天地不仁，以万物为刍狗；圣人不仁，以百姓为刍狗"。

"自然"与"无为"是既相关又区分的两个概念，前者指道的自有运行状态，后者指人们应有的运行状态。如果说自然是自然而然的话，那么遵从自然而然的言行，就是"无为"，如此"自然"与"无为"紧密相连。不强加人为而任其自然的状态，是《道德经》中心思想"无为"的另一种描述方法。"自然"和"无为"，都是道的内在核心本质的呈现，透露出道的深奥与玄妙。

圣人以不欲为欲，以不学为学。自然是亿万人事物生存的最终状态，自然地生存最符合亿万人事物的本性。"道常无为而无不为"明确表示：无为不是无所作为。相对于自然的"无为"表示两方面含义，一是对自我意欲、对强为妄为和干扰自然之行为的限制、约束和排斥。二是要顺应自然而为，协助自然而成！像道那样，滋养万物而不主宰，水利万物而不争。三是对"有为"的警惕，要求逞能者少发号施令。无所不为的自然界即使也有狂风和骤雨，但时间极短、不会持久，大多数时间还是处于平静状态。

老子认为圣人与自然有着内在的联系。圣人能够依据人与物自身的性质和规律，不去无端干预和任意宰割，从而让人与物都独立自主、率性而为，自己成就自己。老子以圣人的口吻说（第57章）：我无为，人民就自我化育；我好静，人民就自然走上正轨；我不搅扰，人民就自然富足；我没有贪欲，人民就自然朴实。在第64章中，圣人与自然、无为都被老子直接联系在一起，即无为是方法而不是目的，最终是要成就自然的状态，达成自然的目的。

对"有""无"与"自然"的关系而言，老子不像西方早期主流哲学那样静态思索存在问题，而是动态思考运行的状态和趋势。老子现象学的思维，看到人事物和世界既有存在，又有转化，即他更关心过程中、转化中的要素，即"有"和"无"。我认为，如用量子思维来讲，"道"就是"无有二象性"，即"自然是有也是无、不是有也不是无，自然只是有只是无，即是道"。

所谓自然，可以用"有"和"无"的二者相互作用过程来描述。"有"和"无"二者，正是老子哲学思考的如量子纠缠状态的两个重要起始端点。两者始终缠结在一起，"玄之又玄，众妙之门"，就明确指出这是认识世界的一道大门。

老子认为，世界和任何人事物都不是简单、静止的"有"或"无"，而是"有"和"无"两种相反运动的相互交织转化的状态。人事物的存在、转化与超越可以同时并存，且具有同等地位。不可偏向"有"，也不可偏向"无"，

有人将老子的"有"和"无"误解成西方强调的"存在"和"虚无"，这里的"无"不是一无所有的虚无，"有"和"无"是用来表示动态转变的特点，任何人事物都处在"成为自身"和"去自身化"的两种趋势的交争过程中，同时存在同时运行。

第 61 章

孔子拜老子：犹如经典遇量子

孔子求教于老子，是真实的历史事实。但在历史长河中，因为儒家长期被尊为主流正统，而道家往往被视为"支流"，所以孔子求学于老子之事，就被掩盖在历史的泡沫里。尽管道家尽量宣传这一历史事实，而儒家却"讳莫如深"。然而在诸子百家文献和历史资料以及考古发现，包括儒家后学的著作中，真相还是逐步流露出来。

记载孔子见老子的壁画屡屡发现于包括山东、江苏、河南、陕西和四川在内的黄河中下游与长江中下游地区。孔子拜见老子的故事，记载在《礼记》《孔子家语》《庄子》《吕氏春秋》《韩诗外传》等著作中，先秦的三大不同学派都共同记载了孔子问礼于老子的事。这些书还明确，老子是孔子的先生和老师。

孔子见老子，儒家称是问礼，道家称是问道。《庄子》中提到老子的共有十六条。这十六条中有八条是记述孔子与老子之间的关系的。老子和孔子谈天道、天地万物的自发性、古代典籍（六经）以及"三皇五帝治天下"等问题；孔子与老子谈《诗》《书》《易》《礼》以及"仁义"等问题。

文子是老子的嫡传弟子，被后人唐朝皇帝追封为通玄真人。其《文子·道原》中记载孔子问道的故事，应该更为原始，更为可信。

孔子问道，老子曰：正汝形，一汝视，天和将至；摄汝知，正汝度，神将来舍，德将为汝容，道将为汝居。瞳兮，若新生之犊，而无求其故。形若枯木，心若死灰，真其实知而不以曲故自持，恢恢无心可谋——明白四达，能无知乎？

大意是，孔子求教老子，老子回答：端庄您的姿态形象，认真修行，专一稳定您的视线，而不目光飘忽、东张西望，天降的自然与和谐就会到来。收敛调控您的智慧,端正您的态度,把握好事情的尺度,神就会安住,身心均安,德就会成为您的容貌,道将成为您的居室。眼眸就会像初生牛犊般清澈明亮,无论何时何地、不问缘由何故。如果形如枯木,则心必像死灰,归真于实际的智慧,但不用自满骄傲,自以为得意,骄横跋扈,堂堂正正无需谋划心机。透彻智慧通达,就用不着权谋。

《史记》记载老子告诫孔子"吾闻之,良贾深藏若虚,君子盛德,容貌若愚。去子之骄气与多欲,态色与淫志,是皆无益于子之身",说的也是这个意思。《史记》在此段文字前后记载的是:"孔子适周,将问礼于老子,老子曰:'子所言者,其人与骨皆已朽矣,独其言在耳。且君子得其时则驾,不得其时则蓬累而行。吾闻之……身。吾所以告之,若是而已。'"

此次孔子回到鲁国,众弟子询问老子什么样?孔子回答:"鸟,我知它能飞;鱼,吾知它能游;兽,我知它能走。走者可用网缚之,游者可用钩钓之,飞者可用箭取之,至于龙,吾不知其何以?龙乘风云而上九天也!吾所见老子也,其犹龙乎?学识渊深而莫测,志趣高邈而难知;如蛇之随时屈伸,如龙之应时变化。老聃(即老子),真吾师也!"孔子对老子"渊深而莫测"的评价,就像经典思维者对量子思维"测不准原理"的印象评价。

另一次,老子送别孔子,赠言道:"吾闻之,富贵者送人以财,仁义者送人以言。吾不富不贵,无财以送汝;愿以数言相送。当今之世,聪明而深察者,其所以遇难而几至于死,在于好讥人之非也;善辩而通达者,其所以招祸而屡至于身,在于好扬人之恶也。为人之子,勿以己为高;为人之臣,勿以己为上,望汝切记。"

大意是,老子临别孔子,谆谆教导说:富贵者送人财物,仁义者送人赠言,我不富不贵,没有财物送你,只有几句话相送。当今世道,聪明而能看透局势的人,之所以不得善终,就在于喜欢说人是非;善于诡辩并合纵连横的神通广大者,之所以招来祸殃并不得善终,就在于喜好夸大张扬他人的错误。作为晚辈,在长辈面前不要把自己看得很高;作为臣子,不要把自己的能耐看得在君主之上!望你切记呀。

孔子曾经数次拜见老子,人们通过日食软件而推出其中一次的精确时间，那时孔子 34 岁，是公元前 518 年。

中国道家的黄老学派，包括黄帝、尧舜、大禹、姜子牙、老子、范蠡、吕不韦，老庄学派包括老子、庄子。后期的道家著名人士包括汉朝张良、诸葛亮、唐朝徐懋功、李靖、宋朝苗光义、明朝刘伯温等，其中共同而关键的人物是老子。经典思维的是孔子，拥有量子般测不准思维的是老子。为凸显儒家积极有为思想的正确性，几千年来有人误解老子的思想是"无为而治"。差之毫厘，失之千里，而根本忽视老子的原话是："无为无不为、无为无不治。"

第 62 章

老子的深邃反义和孔子的简洁直白

老子高调反对战争，同时也提出了许多重要战略思想，如"以正治国，以奇用兵，以无事取天下"。老子的思路是：得道多助，失道寡助；人不犯我，我不犯人；人若犯我，我必犯人。如在对待战争上，首先在各个渠道争取和宣传和平，倘若无可避免，就绝不小打小闹，而会出其不意攻其不备，也可能明修栈道，暗度陈仓，形形色色、虚虚实实，不一而足。用有些迂腐之人的评价，老子很可怕，因为他很阴险地在第 36 章里传授坏主意："将欲歙之，必固张之；将欲弱之，必固强之；将欲废之，必固兴之；将欲夺之，必固与之。"

老子还进一步发挥这些"阴招"：在第 68 章中说"善为士者，不武。善战者，不怒。善胜敌者，不与。善用人者，为之下。是谓不争之德，是谓用人之力，是谓配天古之极。"意思是，善为将帅者，不崇尚武力；善于作战者，不轻易动怒；善于战胜敌人者，不与其争斗；善于用人的将帅，对人谦下，这就是不争的美德，这是诀窍的用人之力，即是符合自然的道理。

朱熹说"老子心最毒了"！因为老子"善用人者，为之下"，杀人于无形之中。他虽没有直接解答为何如此，但他把这一哲理归为自然之道。然而根据"有无相生，难易相成，长短相形，高下相倾"等老子强调的规则，我们可以探知老子的隐秘："为之下"，不是忍气吞声，自甘下流，无所作为，反而是以退为进，委曲求全，符合自然，应势而上！对下属一味高压，只会招致抱怨，众叛亲离。而当主子们能走下高位与民示好，下属定会感激涕零，舍身相报。

被有人贬为"阴招"的第 69 章，论军事争战："吾不敢为主，而为客；

不敢进寸，而退尺。"其阐述以退为进、反客为主、哀兵必胜等战术，随之整整连用四个无，提出了一个易被忽略的、神出鬼没的，无招胜有招的重要理念："行无行，攘无臂，扔无敌，执无兵。"进而到达用兵打仗出神入化的最高境界。

老子以道的有无、阴阳两面为特色，指出"以正治国，以奇用兵"，强调"治国用正规手段，对外打仗不必如此，可出奇兵用诡计"。反过来，如果"以奇治国，以正用兵"即当朝君主言而无信，毫无疑问将失去民心，进而失天下；而"以正用兵"必会惨败。如果"以奇治国，以奇用兵"如此或许能撑一段时间，但不会太久。当然，如果实力远远超过对手，完全可以"以正用兵"，用冠冕堂皇的君子手段将对手灭掉。倘若实力相当，或弱于对手，"以正用兵"会致全军覆没。

孔夫子的学说清晰明了，答案唯一且标准，不用思考揣摩；而老子学说，超凡脱俗，原理清晰，答案却多元，因时因地因人而不同。因为没有标准答案，需要各自揣摩，在现实中使得缺乏独立思考能力的人不知所措，难以操作。数千年来，人们大多的所作所为与老子的学说常常背道而驰。老子对孝道和忠臣这样的政策和社会文化都有严重保留和戒备。

老子在第3章指出了顺应自然的社会治理模式："不尚贤，使民不争；不贵难得之货，使民不为盗；不见可欲，使民心不乱。是以圣人之治，虚其心，实其腹，弱其志，强其骨，常使民无知无欲。使夫智者不敢为也。为无为，则无不治。"其含义是：不要提倡尚贤崇能，使得民众不会争贤嫉能；不要贵重奇珍异宝，使得民众不扒窃偷盗；不要煽动贪欲奢望，使得民众不会邪心作乱；所以圣人之治，就是要民众心有谦逊敬畏，富足营养，弱化妄执，强化体魄，经常使得民众处于憨厚淡定、少计谋寡贪欲的状态。使那些阴谋家诡计再多也不敢轻举妄动、胡作非为。这就是自然而为但不妄为，如此能无所不为。

老子认为，如不道法自然，也就是不刻意追求正面的东西，实际上就在无声地助长反面的东西，一旦偏执追求起来，还会令人误入歧途，因为正反是相互依存相生的。许多事情即使怀着善良的本意去做，由于方向错误一旦实施就会变味。一旦"美德"被标榜,就标志着社会已经缺乏"美德"而出现了病态;一直歌颂牺牲,就会有人制造牺牲。所以不应该赞美和提倡仁义、计谋、孝顺、仁慈、忠臣等"美德",因为如这些缺乏,就是社会治理没有道法自然,社会长期非健康发展的必然结果。他在第18章中说:"大道废,有仁义;智慧出,有大伪;六亲不和,有孝慈;国家昏乱,有忠臣。"其含义是:大道被废弃,只得提倡仁义;巧智盛行,就伴来了虚诈作伪;六亲失和,就需要推崇孝慈;国家昏乱了,就显出忠臣可贵。

人们要记得,伽利略被审判时,学生愤怒:没有英雄的国家真不幸!伽利略摇头:不,需要英雄的国家才不幸。

要解决人类面对的问题,老子的回答是循"道"去治理,即依照自然规律。老子只给出策略和思路,而不是像孔子那样给出看似合理、具体而直接的答案。老子不赞成头痛医头、脚痛医脚,而希望人们运用其道的理念,进行系统化的治疗。事实上,只要人们能依照老子所说的道而行,就能找到实时、在线、原位、独特的答案。

老子善于分析出复杂的原因,不简单归咎人们道德修养品行,不将道德当饭吃,允许人性自私,知道争权夺利是人的本性,会酌情允许不让人反感的少量道德说教,以唤起荣誉感和崇高感。综合运用各类手段调控,做到雁过无痕,不让人们觉得自己在被刻意驯化,即使明道辨理走向成功,也不会认为功劳应该归功于说教者,而认为本来如此,自然造化。一句话,老子的无为并不是无所作为,而是换种方式作为。

孔子的方法,直奔主题,通俗易懂、清晰明了,似乎短时间可见效,至少可以治标(表),一旦成功就能使说教者人前显圣。可是如果能短时间收效的,必是用了猛药,往往会留有后遗症。

而老子的方法缺乏一目了然立竿见影的策略,而且复杂微妙,讲究润物细无声,施行时间不定,有时很长,即便成功了,人们也不一定记住老子的好,甚至认为本该如此。

人们之所以很难选择老子,是因为许多时候,人们的理智斗不过情感。因为"有无相生",所以老子需要劝说圣人无为,以便让天下百姓有所为。

统治者太想"有为",就会牺牲百姓,驯养愚民,会把民众变成"无为"。如此就能理解,古今中外英雄豪杰辈出年代,往往是动乱不堪、民不聊生的时节;而那些自律遵循老子劝导的"庸人"当家的朝代,反而社会安定,民众富足,岁月静好。

最让老子苦口婆心、操心的不是平头百姓,因为百姓无权无势、危害甚小。老子恰恰担心的是有权有势有名的"圣人们"的"积极有为"。因为老子知道,这些圣人们都热血沸腾要干一番大事业,而最终往往饮恨懊悔,丢盔卸甲,难以收场。在第2章结尾,老子劝圣人行"不言之教";在第9章结尾强调"功成身退,天之道也";在第66章的结尾,开导:"以其不争,故天下莫能与之争",在第77章的结尾,再次强调:"是以圣人为而不恃,功成而不处",在《道德经》结尾,用于结束的是"圣人之道,为而不争"。

庄子直白:"圣人不死,大盗不止",老子早庄子二百年就明白这个道理。所以老子一刻不停地解说圣人"无为无不为"的重要性。现代国家和治理理念中,将权力关进笼子里,时刻关注政府的动向和作为,把防止权力阶层的乱为落到实处,就是这个道理。

中国古代有"外用儒家,内用道家",事实是将老子的精华置之不理,而大肆歪用道家为权术计谋。所以有权力阴谋者称:《道德经》是一部本该列为绝密的书,应禁上百年千年,是一本不能让普通人阅读感悟的书。

第 63 章

老子的大道之象：近现代物理的视角

孔德之容，惟道是从。道之为物，惟恍惟惚。惚兮恍兮，其中有象；恍兮惚兮，其中有物；窈兮冥兮，其中有精，其精甚真，其中有信。自今及古，其名不去，以阅众甫。吾何以知众甫之状哉？（第21章）

上述大意是：大德的容貌，由道决定。"道"是物质，但恍恍惚惚；惚恍波动中，其中却有形象；恍惚难测中，其中却实物；细微又幽深，其中却有精神；此精神很真，其可被相信验证。从古至今，其名字从未改变，依据其就能知晓万物初始。我是如何知晓万物初始状况的呢？就是依据"道"。老子的描述，揭示了道的特性，其非常类近"波粒二象性"和"测不准原理"。

许多现代科学家、特别是物理学家非常敬佩老子。量子力学创立者之一，诺贝尔物理学奖获得者、丹麦的玻尔说：我没有创立什么学科，我只是从老子那里得到一些提示。

黑洞概念、宇宙从无到有学说提出者，美国著名物理学家惠勒评价老子：现代物理学大厦就建立在一无所有上，从一无所有导出了现在的所有，没想到的是，近代西方历经数代花费无数才找到结论，在中国远古早已有了这个思想先驱。

美国著名物理学家卡普拉著述《物理学之道》一书，认为道家思想在许多方面同现代物理学高能物理现象有着深刻的相似性，他说："中国哲学思想，提供了能适应现代物理学新理论的一个哲学框架，'道'暗示着'场'概念，'气'概念与量子'场'概念也有惊人的类似。"

据著名数学家陈省身回忆，去爱因斯坦家作客时，爱因斯坦书架上仅有的几本书之一就是《道德经》的德文译本。笔者曾经看到一份亲笔影印件，从而得知，爱因斯坦曾经在给他人的信中抱怨：他真的看不懂《道德经》。

《道德经》描述天地起源和道时，体现了惊人的超前性："有物混成，先天地生。寂兮，寥兮，独立而不改，周行而不殆，可以为天地母。吾不知其名，字之曰道，强为之名曰大。大曰逝，逝曰远，远曰反。"（第25章）霍金的宇宙大爆炸理论说：宇宙起源于一个奇点的大爆炸，大爆炸产生了时间和空间，宇宙中的物质被抛向远方，向四面八方逃逸，所以宇宙会不停地膨胀，等膨胀到一定的程度然后就会坍塌，坍塌就会收缩，最后产生大挤压，回到宇宙终结的奇点。而这非常类似老子所说宇宙"大道"的特点：大曰逝，逝曰远，远曰反。

简单地讲，"道"就是永恒自在自然的规律。"德"是人事物遵循道的表现。道德吻合和谐，成功幸福长久，道德冲突背离，崩溃失败难免。

对物理科学的历史进程作些回顾，再品味老子关于"道"的原始描述，一定收获不浅。以下为原文和白话译文的对比，以便我们感受一下"大道之象"。

视之不见，名曰夷；听之不闻，名曰希；搏之不得，名曰微。此三者不可致诘，故混而为一。其上不皦，其下不昧。绳绳不可名，复归于无物。是谓无状之状，无象之象，是为恍惚。迎之不见其首，随之不见其后。执古之道，以御今之有。以知古始，是谓道纪。（第14章）

译文：眼睛看不到它，可称为"夷"；耳朵听不到它，可称为"希"；手摸不到它，可称为"微"，因为人们的眼睛、耳朵、身体，均无法真切确定地感知到它，因而也无法描述它，只能茫茫然知道这浑然一体的它，就是"道"。"道"既不明亮又不昏暗，让人迷茫得难以形容。说祂是无，可万物却由它而组成，说它是有，可又不见它的形状。所以，只好说它是没有形状的形状，没有物体的形象，可以把它定义为恍惚。迎着它看不到祂的头，跟着它看不到它的尾。若能够服从它，这亘古就有的道，就能驾驭现在的所有；通过了解远古的起始，就能知晓大道规律。

诺贝尔奖获得者、物理学家李政道认为，量子力学的"测不准原理"与老子所说"道可道，非常道；名可名，非常名"遥相呼应，颇有相合之处。

可见几百年来自然科学的研究探索，正是在探寻老子"道"的真相，阐述其真理意义。鲁迅说："中国文化的根底全在道教，以此读史，有许多问题可以迎刃而解。"

现代宇宙生成论与道的类同性，在《道德经》中有很好的表述：万物生于有，有生于无，无名天地之始，有名万物之母。现代量子论与道的类同性，在《道德经》有很好的表述：道可道，非常道；名可名，非常名；暗示道的测不准。道是无，也是有，无有两者同出于道，异名同谓不可分割。现代弦论与道的无有玄论类同性：常无，欲以观其妙；常有，欲以观其徼。两者同出，异名同谓。玄之又玄，众妙之门。进一步表述有：玄德、玄同、玄通、玄妙。现代相对论与道德经的类同，有异曲同工之妙：大直若屈、大成若缺、大盈若冲、大巧若拙、大辩若讷；有无相生、难易相成、长短相形、高下相倾、音声相和、前后相随。

第 64 章

宗教是麻醉剂？功益与危险

公元 2 世纪的东汉，华佗用"麻沸散"麻醉病人，以外科手术治愈疾患，这些方法随后传到古阿拉伯和欧洲。近代以来，临床外科手术所用的麻醉剂无一例外的都是化学物质，如笑气、乙醚、氯仿等，麻醉剂是功效益处、还是危害遗患，完全取决于用量是否恰到好处。

麻醉剂成为外科手术减少病痛、保证手术精确成功的必备，适当的麻醉能使人们在所需时，获得短暂的肉体和精神上的解脱，减少病痛而尽快康复。因而，麻醉药剂师常常比内科医师、外科医师还要短缺和金贵。

宗教与麻醉剂非常相像，宗教确实是麻醉剂，人类必不可少！宗教具有独特的麻醉效果和心理治疗作用。人们曾经批判斥责宗教是麻醉剂，过分突出了宗教消极的一面，也夸大了其欺骗性。而事实上，宗教在维持人类文明发展和个人福祉方面，也常常发挥积极的作用。宗教对人类或者个人而言，可能真是让人喜忧参半的麻醉药。

麻醉剂对某些病人，必不可少但需适量。如果麻药剂量不够，则人会痛苦难忍得宁愿失去治疗的时机，进而走向死亡；如果过量，同样可能使人丧失呼吸功能、加速走向死亡。而宗教对人生，就似乎扮演着类似的角色。

宗教的首要任务是消除人们对死亡的恐惧，然后才是帮生者建立生存发展道德等。然而漫长而残酷的宗教战争、没有底线的宗教商业牟利、黑暗的宗教政治统治令人心有余悸。

宗教长久的生命力来自两个方面，一是人们希冀得到引导、关爱，希望获得真理和良知；二是人们希望消除内心孤独和对死亡、饥饿、野兽的恐惧，使精神或者灵魂有所归属。如果你接受"神"，"神"就无处不在，祂就在你心里，你在哪，祂就在哪，你心灵空虚的地方，就被祂占据和充实，你的孤独空虚就会消失。

人常常需要独处，有时不得不独处，并要学会独处，如出差在外，生病在床，走失在原野，孤独品尝失败等。如果你相信，宗教常常在人的内心深处给人以呵护和陪伴。频繁、规律的每日宗教仪式，强化人们内心对宗教的依赖，使之感觉救助似乎唾手可得。

在宠物狗的眼里，人就是神，即使这个人还只是个学步的婴孩。人们对牧师倾诉，不在于需要知道他是否真的是上帝的使者，而在于相信他是上帝的使者、需要他是上帝的使者，因而牧师是信仰者最好的心理医生。习惯强调终极关怀、暗示催眠、自省反省的宗教，就是一种超级的心理治疗与抚慰。比如佛教一直教诲众人：拿起、面对、放下。

日常社会的心理医生，需要进入人们世俗的内心世界，积极干预、治疗病人。因为病人既可能被迫害，也可能是迫害者；既可能是善人，也可能是恶人；因而心理医生必须经历千奇百怪地狱般的黑暗人心境遇，因此也承受着超于常人的精神压力。成千上万患者的不愉快经历，会累积并经常显现在他们的脑海，影响其工作、学习和生活，日积月累，甚至导致心理医生们无法排解压力而抑郁自杀。以自己的学识和能力医治和救助病人的心理医生，反而成为了自杀风险高的高危职业。所以心理医生一般身边会有几个非常乐观开朗的朋友，以帮助其缓解每日的心理重负。

而同样帮人缓解心理压力的宗教人士、佛教住持则没有因此而被精神压垮或者自杀者。其原因在于，他们不同于心理医生，几乎从不进入人的精神世界，只是把人引入到上帝或者佛的世界。宗教人士除了表面客气和礼貌待人以外，他们不愿多管世上的破事，不愿意进入人的内心，不愿感受病患者或者倾诉者所描绘的人欲的境地。宗教人士之所以不易被内心的这种纠结拖垮，那是因为，他们似乎在聆听信仰者的倾诉，但实际上，并不关心故事的梗概，也不想进入世俗者的内心世界，更不会纠缠于世俗的细节，而是试图将芸芸众生从世俗的内心世界引出，导入神佛的世界，在那里让信仰者走向超脱。

许多人不关心"上帝"是否曾经创造了世界,而在乎"上帝"能否让人心灵安宁。所以,"上帝"应是一位超凡的心理医生。

不管人们是否有真实的宗教信仰,是否真的相信上帝、佛的存在,人们还是经常利用或者运用宗教,借用上帝、佛陀对自己或者他人进行人生哲学的启示,这一定程度上反映了宗教存在的价值。最为典型的如在网络上广为流传的两则寓言,大意如下:

一则关于上帝与死者,讲述的是珍惜当下,珍惜每一天:有个人,他死了才刚意识到生命如此短暂。此时,他见上帝拎着一个箱子走来。上帝说:"我们走吧。"他说:"这么快?我还有很多事没完成。"上帝说:"你的时间已到。"他问上帝:"你这箱子里装的什么?"上帝说:"你的遗物。"他疑惑地问:"是我的东西,衣服和钱?"上帝说:"那些从来就不属于你,而属于地球。"他又问:"是我的记忆吗?"上帝说:"不是,记忆属于时间。"他猜测:"是我的天赋?"上帝回答:"不是,天赋属于境遇。"他问:"难道是我的朋友和家人?"上帝说:"不,他们属于你走过的旅途。"他追问:"是我爱人和孩子们?"上帝说:"不,他们属于你的心。"他说:"那么一定是我的躯体。"上帝:"不,你的躯体属于尘埃。"最后,他肯定地说:"那一定是我的灵魂!"上帝一笑而过:"孩子你完全错了,你的灵魂属于我。"他眼含泪水,从上帝手中接过并打开了箱子——里面空空如也!他泪流满面,心碎地问上帝:"难道我从来没拥有过任何东西吗?"上帝:"是的,世间没有任何东西是真正属于你。"死者:"那么,什么是我的呢?"上帝:"你活着时候的每一个瞬间都是你的。"

另一则关于佛与"穷人",讲述的是给予比获得更重要,给予就是富有:一个穷人问佛:我为何如此贫穷?佛说:你没有学会给予别人。穷人:我已经一无所有,还能如何给予?佛说:从财物和精神角度,没有人都一无所有。如果一个人在财物上一无所有,也至少可以给予别人七种珍贵的礼物。这七样给予分别是:颜施——微笑处事、和蔼待人;言施——说赞美安慰共情的话;心施——敞开心扉对人和蔼;眼施——善意的眼光给予别人;身施——以行动帮助别人;位施——即谦让座位、礼让他人、不居功自有;房施:有容人之心、谅人之量。这则寓言提醒人们,不要有太多的斤斤计较，如此给予，就不会一无所有，你可能会收获意想不到的财富和快乐。

有人开玩笑讲：绝对真理就是"神"的代名词，相对真理就是"科学"的代名词。判断迷信与否的关键不是"神"是否存在，而在于"神"是一个人，一个个体，还是一个无形的永恒所在。如果是后者，那就不是迷信，而是哲学、科学。

宽恕、感恩、自省、包容这些并非人类天生倾向的品格，属于积极心理活动，没有宗教信仰者，能保持如此心态，同样能进"天堂"，上"天国"；嫉妒、诋毁、倾轧、掠夺等动物性是人类天生倾向的品格，而这些常需要通过惧亡的方式，即生前死后关怀的宗教、或者类近宗教的方式去强加引导。可见，相当程度上，宗教心理学应是另一类积极心理学。天堂、天国并非真的存在，而是人们因相信其存在而心情愉快，身心健康，人生有所依靠和寄托。因此，天堂、天国在人们心里，而不在外界，其是否存在，在于你是否需要其存在，是否需要心情愉快，身心健康。当然人们需要防止那些利用天国、天堂的诈骗者。

第 65 章

独处需要伴：宗教哲理的启示

有人说，人类有史以来，最伟大的先知先觉者，是写出《道德经》的老子、身体力行创立佛教的释迦牟尼、背负十字架的耶稣。甚至认为真理就在老子、释迦牟尼、耶稣的描绘之中。

在以色列海法市，有一个漂亮的面向大海、建在山坡上的巴哈伊花园，以纪念巴哈伊教的创建者，该教不接受捐赠，只接受信奉者的贡献和义工服务，其教义的三个核心原则简单表述为：上帝唯一，宗教同源，人类一家。

宗教本身具有多样性，提供人们诸多选择！不同的宗教是从不同角度对宇宙和世界的解释，学会平等地看待和品味不同的宗教，就能从多个相互有差异的角度，逼近宇宙的真谛。如果宗教能以呵护众生为使命，而不是把众生仅仅当成宗教的祭祀品或者俘获物，这样的宗教就真正能使人乐善好施、幸福愉快，这样的宗教才可能源远流长。

忘我、无我并抑制自我，造神、有神并尊拜神圣，是宗教的特征。仔细观察东西中外的经典宗教，就会发现，宗教的核心要义是：有我还是无"我"、有神还是无"神"。宗教的根本，是人神关系。

来自东方的经典宗教，不同于西方经典宗教，重点在于强调"无我"、强调平等，从无我走入神仙的境界，期盼由人向神的升华趋近，强调人神的统一，并有"立地成佛"之说。而这与古代东方世俗社会所普遍缺乏的人人平等观念，形成鲜明逆反对比。

如起源于古印度的佛教，起源于中国的道教，都有类似倾向。道主张无，佛主张空，强调只要修炼得当，人人成仙成佛，体现了令人惊叹的宗教面前的人人平等。大乘佛教的空宗有"缘起性空"论，涉及"无我"和"无神"，其"涅槃"境界，绝非"有神之国"。

来自西方的宗教，如基督教、东正教、犹太教、伊斯兰教，重点在于强调"有神"，强调有超凡的、超自然的崇拜偶像（上帝、真主）存在。神甚至是人的创造者，祂永远并不可逆转地高于人和一切。这与西方世俗社会，早期就有的人人平等的朴素观念，有相当大的差异。

　　基督教曾经经历了两次分裂，第一次分裂形成了以罗马为中心、拉丁语的天主教，以及以君士坦丁堡为中心、希腊语的东正教；第二次大分裂由天主教形成了现在的天主教和抗教宗的新教，后者在中国称为"基督教"。可每次分裂均引发了长期的宗教战争。所有这些变革，都为从过分强调"有神"的宗旨中脱离。

　　宗教本身也在发展进化，与时俱进。宗教萌芽起始于万年前，真正形成于大约几千年前。流经千年而幸存的经典宗教，常含有独特的哲理；传颂至今的宗教故事，常具有独特强大的生命力，往往可在危难或者需要时，给人以重要启迪。

　　与宇宙大爆炸历史相比，与人类的历史相比，经典宗教也是很年轻的，其出现仍然是很近很近的事情，历史很短，只有几千年。所以，从科学意义理解，宗教与人类，神与人是分不开的，既是同源，又有先后，即先有人类后有宗教，先有人，后有神；人虔诚造了神，神应该不辞辛苦为了人。

　　这里的神，通常指人格化的超自然的神。如果换个角度说，自然宇宙就是神（确实是神，鬼斧神工，永远研究不完），非人格化的神，而神早就存在百亿年了，宇宙大爆炸时就有了。这里所指的神，就不再是宗教里的神，而应该是自然科学里的宇宙或者世界。

　　按照爱因斯坦的划分，宗教发展经历三个阶段：恐怖宗教、道德宗教、宇宙宗教。目前人们大多停留在道德宗教阶段。在文明水平、生产力水平低下的远古时代，人们为满足精神需求，产生了早期种类繁多的宗教，经过大浪淘沙式的长期淘汰、历史选择和人心的检验，只有少量的幸存了下来，成为经典宗教。尽管经典宗教产生于科学尚未问世的年代，这些宗教也尽量变革得与今日科学和谐共存。

　　爱因斯坦还创造了不同于传统宗教、迷信宗教，而与科学事实和精神紧密相关的宇宙宗教情感，并展示出莫大的慈悲情怀。爱因斯坦说："每个人是宇宙整体里不可分割的部分，而人们的情感和思想却告诉我们人和人之间的分离，但这其实只是一个光学上的假象。这些假象如毒药般毒害着我们，把我们禁锢在私欲里，使我们的情感只局限于少数最亲近的人。而我们的任务就是要从这种毒药中解脱，将慈悲博爱的情怀扩展到星球上每个生灵和自然界。"

不可能让所有人都能掌握科学的真谛，都敢于面对无能为力的世界和冷冰冰的宇宙。因此，我们需要尊重千千万万、即使外表强大但内心孱弱的普通人的精神需求，尊重善男信女的宗教信仰权利，让众人的心灵得到抚慰、安慰、远离孤独，超脱生死。

人们不得不在疾病和灾难的痛苦中离开人世。死亡的最后路程上，对崇尚科学理性者，因有规律同行同在，尚能内心平定，犹如观察并亲身经历一个正在进行的消亡实验。但对既不信宗教，又没有其他精神信仰的人而言，孤魂独行，无人陪伴，悲凉凄惨恐惧就会涌上心头，甚是悲哀。

伊斯兰教临终关怀就有鲜明特色。即将离去的人，在亲朋好友的陪伴下、情感陪护下，在宗教礼仪中，从各种束缚中解脱，放下一切，安详地迎接生命的最后时刻。即将远行的善男信女们因有宗教同行呵护，即使明知是麻醉，心中也安静许多。此时的宗教，成为人心之药。如果不分青红皂白，剥夺这些善男信女的宗教信仰权利，无疑是人性的毁灭和残忍。

宗教利用和利用宗教，在历史中一再重演。犹如宗教与科学的关系一样，宗教与政治的关系，也是藕断丝连。宗教和政治都会成为欺骗的手段。为争权夺利，宗教与政治间的冲突会连绵不断。如宗教与政治合二为一，实现对世俗和神灵世界的全面控制，就会导致长期的黑暗。这种现象在历史上都曾一再出现。

事实上，由于缺乏足够的智慧与多样性的思维，人的内心常常孱弱不够强大，有时也无法强大，因而需要宗教的"神"来主持与引导。但这种主持与引导可能会夹杂着真理、良知、偏执和虚妄，而这偏执和虚妄又会带来许多战争、愚昧和苦难。政治的狂热，只能持续几十年，而西方强调"有神"

的宗教狂热可以持续几百年，甚至上千年，甚至造成黑暗的欧洲中世纪！

许多政治信仰和各式各样的主义，也常从经典宗教中吸取营养，学习宗教的法式、程序及运动方式。因此，许多政治信仰也是一种广义的宗教，一种类似于宗教的群众运动。

宗教可以分为广义宗教与狭义宗教。狭义宗教指传统显性的宗教，而广义宗教指具有宗教形式，但不以宗教形式出现的各种学说和主义。广义宗教可能不涉及终极关怀，但必定涉及言行限制与思想道德规范。同样为了相应的教化，也就有了狭义的宗教学校和广义的宗教学校。

需要关注的是，在现代，有不少自鸣得意的大师或者偶像们，或者抄袭模仿经典宗教，或者独创惊天的学说，以"爱"的名义或者以"新兴宗教"的名义，招摇过市，妄图获得几千年前诞生的经典宗教在今日所具有的崇高地位，这就难怪人们将其称作"邪教"。判断这种新兴事物是否为邪恶，倒也非常简单，那就看其是否捏造"活着的"新偶像崇拜，是否与科学常识冲突。如是，即使不用宗教的名字，那也是邪教无疑。

在信仰宗教的人群中，不同思维层次的人，眼里的宗教也是不一样的，有的是迷信、有的是仰信、有的是哲理层面的真信，达到主客为一。以佛教为例，有的认为烧香礼佛就是信佛，这基本是最广大的信众、烧香老太级别的迷信；有的认为自我修炼到灵魂深处就是信佛，这是存人欲者的能达到的最高级的仰信；有的人几近不食"人间烟火"，由忘我到无我进而四大皆空，达到与佛信仰哲学层面的共鸣，这是真信。这时，宗教已是一种哲学智慧的替身和符号代表。此不仅仅适用于佛教认识，也适用于如基督教等认识。

如何理解仰信和真信的区别，禅宗五祖在考验其衣钵应该传给哪位后人时的观察，就是典型代表。五祖请众徒作诗，以评判每人的心性真相，究竟近佛多少。高大俊秀的大弟子神秀做了一首诗："身是菩提树，心如明镜台；时时勤拂拭，莫使有尘埃。"几近文盲、烧火做饭劳役的小和尚慧能做了一首诗："菩提本无树，明镜亦非台；本来无一物，何处惹尘埃。"读悟这两首诗，可知这两者境界差别很大，所以五祖悄悄把衣钵传给慧能，慧能成了禅宗六祖。所以，我认为对宗教的理解，常人一般能达到最高的，可称为"神秀级"；而超越常人而达顶级的，可称为"慧能级"。

第 66 章

中华与宗教：未醉的民族信奉"儒道释"

乾隆发明了藏传佛教的金瓶掣签：当活佛圆寂，人们将根据他留下的遗嘱预言和种种迹象，开始寻找活佛的转世灵童。挑选一个良辰吉日，将众多写有不同"候选灵童"名字的象牙签，密封于瓶内，在隆重的佛教仪式和权威见证下，当场随机从瓶内取出任何一签，被选中的灵童就被认定为"活佛转世"，即成为达赖和班禅的继承人。

地理条件和治理方式差异，决定了宗教的角色。

欧洲历史上一直小国众多，分离的时间远多于融合的时间，文明变化剧烈，为领土和文明的统一，就需要超越王权的神，这就常常引发宗教战争和长远的宗教崇拜。

与世界其他文明截然不同，漫长的中国历史少有宗教冲突的历史。中华文明是只讲道理不讲宗教，对鬼神都有同样平等尊敬的包容文化。

中华历史常常改朝换代，领土如拼图般地分久必合、合久必分，融合一体的时间多于分离独立的时间，换皇帝不换字画，换汤不换药，谁占有中原并顶礼膜拜中原文明、或者改换门庭效忠于中原文明，谁就成了中华文明的正统保护人而得有天下，所以文明很少剧烈变化。又由于自古王权、皇权常常强大，领土和文明的统一，就不需要强大的宗教的协助，少有宗教战争。而生灵涂炭的宗教纷争，在世界其他地方经常发生。

在几千年的中华文明发展史上，没有一个主导的宗教存在，平常靠儒家伦理和道家的自律规范，以及临时抱佛脚，得以安身立命。通过"儒道释"的"一团和气"，来实现对宗教的替代。中华古文明宽容到允许任何宗教存在，允许不同宗教在同一时间、空间共同交叉存在，也少有宗教冲突。

这在全世界各民族中几乎绝无仅有。有人说，儒家"拿得起"，就是左边一个"人"，右边一个"需"，即"人之所需"；佛家"放得下"，就是左边一个"人"，右边一个"弗"，弗近"不"，即"不人"和"人不"；道家"想得开"，一个"走"字旁加一个"首"字，就是脑袋走就是动脑子，智慧透彻。也可以从年龄与功能的角度理解"儒道释"：小时候学儒，成人学道，晚年学佛。

连绵五千年的中华文明呈现无宗教主导的社会与政治，可能的原因有许多，一是，全民过高的平均智商及长期丰富的历史文化，一切皆明了并大彻大悟，从而有了海纳百川、天人合一、九九归一的习惯与胸怀；有了跨文化、跨宗教、跨民族的发展视野。事实的基础是，中华民族是庞大的东亚移民、混血国家，也可能是古代最大的移民、混血国家，其规模尺度胜过欧洲，时间早于美国，文化的多样性极其突出，这在饮食美食的多样性上充分地表现了出来，对宗教也就极其宽容。因为就古代马匹等交通工具的能力、速度和便捷程度而言，如此的多文化交融非常惊人，远胜过机械运载交通发达后的近现代美国。

再者，全民族的功利性，也是宗教难成大气的重要因素。人们重视入世"在世现世"，忽视出世"前世来世"。实用主义第一，偶像和宗教成了可以收买或者贿赂的对象，需要则拜，有用则灵，从而有了平时不烧香，临时抱佛脚。求拜时林林总总的祭拜供品，滑稽地就像是对神仙、佛祖、上帝的贿赂、甚至收买。

也可能是源于我们的先人对宗教利弊和本质的深刻认识。人们少不了宗教，宗教是用来安抚人心的，是超级心理医生。但如果宗教成为了政治，成为了知县，既掌握世俗的政权和监狱，又掌握了人们的心灵，那就会使得社会及每个个人彻底失去自由而后患无穷。古代中央王朝，对宗教的态度，常常停留在息事宁人或者利用上。

对国人而言，众人有枪的美国，简直不可想象。时常发生的枪击杀人案，很令人揪心，正是幸亏美国有宗教主导，靠基督教对心脑的约束，枪支易得、甚至泛滥的美国，才没有走向内战和暴乱。

对西方而言，没有宗教主导的中国，同样不可想象，上上下下连绵五千年的文明，分分合合，不靠超自然的外力，并且历经灾难能数次复兴，这些主要依靠"儒道释"的文化影响和人们内心及伦理上的自省、自控。可以想象，事实在中国，因缺乏像宗教那样强有力的道德信仰对心脑的约束，如果像美国一样允许自由买卖枪支，那无疑将引来战乱。

宗教与共同信仰的关系，是待解的难题。

在中国，按照时间顺序，道教、佛教、基督教等先后兴起，并交叉发展。包容宗教是中国独有的特色和精神。在世界三大宗教诞生前，中华文明已超前完成了世俗化过程，所以，著名的德国社会学家马克斯·韦伯称中华民族为"未醉的民族"。丢弃了宗教固有的不妥协性，也就避免了宗教战争和毁灭。四大文明古国仅中国幸存，与超脱宗教可能不无关系。

崇拜世俗权力、但缺乏共同或者主导性宗教信仰的中国，在某些外国人眼中，具有不可信任感，偶尔也会被疑虑甚至贬低。二百年前英国公使马戛尔尼说："中国人没有宗教，没有信仰，如果说有的话，那就是做官，做官便譬如他们的宗教。"这句话振聋发聩，具有相当的针对性。国人对官员、官府的惧怕和信仰可见一斑，这也可以解释为什么，一旦皇权溃败，揭竿而起的人们，反抗官府之热烈、破坏力之强，连地上建筑都被焚烧殆尽。在鸦片战争中，洋人尽管怕百姓，但百姓怕官府、官府又怕洋人，这就成了被英国人巧用制胜的秘笈。

尽管中华古代历史留存下了能代替统一宗教的儒道释文化，然而，中华文明也面临精神世界不够稳定、一盘散沙难以捏合的永续困难。而这就要求中华文明的传人，应该并且能够超越宗教，在传统宗教之外，构建积极完整的个人精神世界和精神生活，以替代传统的宗教信仰追求。但是这点目前似乎一直还没有完成。

宗教是教育的一种特殊的神化形式，与自由开放的教育相比，意图掌控人们精神世界的宗教，均具有强烈明显的排他性。无数历史事实表明，"政教合一"对人类历史和文明发展是一个巨大灾难，所以世界各国都在尽力避免。然而，有人认为，"政教合一"，不仅仅包括描述狭义的，如政治和宗教的合一，也应该包括宽泛衍生的，如政治和教育的合一。

第 67 章

众贤心中的老子学说：无为、超能和幸福

林语堂说："我觉得任何一个翻阅《道德经》的人，最初一定会大笑，然后再笑他自己竟然会如此笑，最后觉得很需要这种学说，这会是大多数人初读老子的反应，我自己就是这样。"鲁迅说"不读《道德经》，就不知中国文化，不知人生真谛。"胡适说："老子是中国哲学的鼻祖，是中国哲学史上第一位真正的哲学家。"

尼采说："老子思想的集大成——《道德经》，像一个永不枯竭的井泉，满载宝藏，放下汲桶，唾手可得。"尼采是鲁迅、梁启超等人的精神导师。尼采自诩为太阳，光热无穷，孤傲自负，不把任何人放在眼里。他把为真理牺牲的苏格拉底喻为偶像的黄昏，把将上帝从理性世界的避难所中赶出去的康德喻为稻草人，还对柏拉图、达尔文、笛卡尔等巨人冷嘲热讽，就连对自己意志学说的鼻祖叔本华也不放过，但唯独对老子非常崇拜。

德国哲学家康德说："斯宾诺莎的泛神论和亲近自然的思想与中国的老子思想有关。"法国哲学家德里达认为，整个西方思想与民族精神，都以逻各斯为中心和最高概念，道是中华民族精神的中心和最高概念，二者惊人的相似，可以说是"逻各斯"与道同在。

黑格尔说：中国人承认基本原则叫作"道"；道为天地之本，万物之源。中国人把认识道的各种形式看作最高的学术……老子的著作，尤其是他的《道德经》，最受世人崇仰。黑格尔还说："以思辨作为它特性的这派，主要概念是'道'，这就是理性。这派哲学及其生活方式的发挥者是老子。"德国前总理施罗德说：每个德国家庭买一本中国的《道德经》，以帮助解决人们思想上的困惑。德国电视台的一项调查表明，老子还是德国人心中"最知名的中国人"，每四个德国人家里就藏有一本《道德经》。

孙中山晚年曾说，中国古代老子的政治哲学实在比西方好。毛泽东对《道德经》爱不释手。发言、谈话、文章中经常引用老子名言。

中国古代唐太宗、朱元璋、宋徽宗三位皇帝亲自注解道德经。唐太宗李世民以《道德经》为治理国家的根本原则，创造了大唐盛世，他要全国上下臣民都学习《道德经》，将其应用于日常生活工作中。曾国藩大彻大悟于《道德经》：大柔非柔，至刚无刚，进而治愈了心病，打败太平天国后解散军队，走过了看似表面风光、内里杀机四伏的政治险滩，隐退回乡，护佑和影响其家族后代。

耗散结构理论创始人，比利时的诺贝尔物理学奖获得者普利高津说："道家思想，在探究宇宙和谐的奥秘，寻找社会公正与和平，追求心灵自由和道德完满等三个层面上，对我们这个时代都有新启蒙思想的作用。道家在两千多年前发现的问题，随着历史发展，愈来愈清晰地展现在人类面前。"

美国物理学家卡普拉，在《非凡的智能》一书中说："在伟大的诸传统文明中，道家提供了最深刻并且最完美的生态智能，它强调在自然循环过程中，个人社会的一切现象和潜在两者间的基本一致。"

诺贝尔物理学奖获得者、日本学者汤川秀树说："早在两千多年前，老子就已预见到了未来人类文明所达到的状况。"他于1968年在《创造力和直觉——一个物理学家对东西方的考察》中指出："老子在两千多年前，就预见并批判今天人类文明的缺陷。老子用惊人的洞察力，看透个体的人和整体人类的最终命运。"

诺贝尔化学奖夏普莱斯研究边缘酸碱反应性，对老子的"有之以为利，无之以为用"非常赞同，并有深刻理解。据《文汇报》2016年5月5日的采访报道，他曾经每天读一小时《道德经》。

俄国文学家托尔斯泰说，做人应该像老子所说的如水一般。没有障碍，它向前流去；遇到堤坝，停下来；堤坝出了缺口，再向前流去。容器是方的，它成方形；容器是圆的，它成圆形。因此它比一切都重要，比一切都强。托尔斯泰曾说，自己良好精神状态的保持应当归功于阅读《道德经》。

认为老子对他影响巨大。

马克斯·韦伯认为：中国历史上，每当道家被认可（如唐初），经济发展就较好，社会丰衣足食。道家重生，不仅看重个体生命，也看重社会整体生计。

诺贝尔奖得主、社会经济学家哈耶克说，道家的"我无为而民自化；我好静而民自正"（第57章）的观点，就是他后来发明的自发秩序理论的古代经典表述。这些可见他的《自由秩序原理》，三联书店（1997），p72。也参见哈耶克于1966年9月在东京所作的《自由主义社会秩序诸原则》的讲演。

当代管理学著作《第五项修炼》的作者、"学习型组织"创始人彼得·圣吉最推崇老子的管理思想。日本"经营之神"松下幸之助最推崇老子的管理哲学。在松下公司花园里有一尊老子的铜像，下面石座上刻着中文：道可道，非常道。他在回答"你的经营秘诀是什么"时强调："我并没有什么秘诀，我经营的唯一方法，是经常顺应自然的法则去做事。"

哲学家海德格尔把老子的"道"视为思维推进的渊源，认为老子与他自己的思想很吻合，他将老子"孰能浊以静之徐清，孰能安以动之徐生"的字句挂于墙，悬于壁，是老子忠实信徒。

英国著名哲学家罗素到中国访问时，有人向他介绍《道德经》中几段文字后，他极为惊叹，认为两千多年前能有这么深邃的思想，简直不可思议。

英国著名历史学家阿诺德·汤因比在《人类与大地母亲》一书中对老子高度评价。他说："在人类生存的任何地方，老子的道家哲学都是最早的一种哲学。"

足球皇帝贝肯鲍尔欣赏老子。"千里之行，始于足下"成了当时他最喜爱的格言。他称雄足坛后，仍不忘老子的忠告，"胜人者有力，自胜者强"。他带领德国队夺得大力神杯后却突然"隐退"，很多人不解，他引用老子的话作答:"功成身退,天之道也。"几十年来,老子的《道德经》一直放在他随身公文包中。

世界上最著名的功夫偶像李小龙,根据《道德经》思想开创了截拳道。他的墓地位于美国西雅图湖景墓园,墓碑上刻着黑白太极图。两侧用中文刻着:"以无法为有法,以无限为有限"。

《道德经》在日本影响巨大。唐开元二十三年(735年),唐玄宗亲注《老子》。日本使者名代请《道德经》及老子"天尊像"归国,揭开了日本人和《道德经》的不解之缘。日本著名的怀石料理,名称来自《道德经》第70章"是以圣人被褐怀玉"一句。表面粗糙破落,而内心则怀抱美玉。忽略外在而强调内在的价值,这种理念与日本茶道精神完全吻合。

还有围棋。吴清源在下棋前,总要通读一遍《道德经》。日本棋坛的另一位顶尖高手坂田荣男曾坦率地说:我不认为吴先生的棋艺有多高。可是,总败在他手下,一直没明白为什么。其实,正是《道德经》的"无为,无我,无欲,居下,清虚,自然"思想,令吴清源心境澄明,发挥出最好的水准。

日本山岸主义丰里实验村,以创始人山岸已代藏而名。1968年,三十多人脱离日本共产党,参加此村,播种人人平等、财富共享、天人合一的理想。他们认为老子的《道德经》是最古老的共产主义教科书,如教人大公无私。山岸村民没有报酬,不分配物质,没有职务,大家平等,不分上下级,没有行政命令规则,所干工种全凭个人志愿。一切财产、货币,村民共享,无个人秘密。

外来的人当中有:信仰者、厌世者、实验者、体验者、逃避者及栖身者,目的多样,他们进村以后都得学习《道德经》。外人如果自愿入村,其个人财产(金钱、衣物、首饰、家具、书籍等)全部归公,实行公有制。他们认为:不争的人是上善,"上善若水,水利万物而不争,处众人之所恶,故几如道",不争即无错。无私"故能成其私",无所有的反面就是全所有。山岸式共产实验村现已遍及日本四十七个县,而且推广到德国、瑞士、美国、澳大利亚、巴西、韩国、泰国等七个国家。

美国前总统里根把《道德经》奉为宝典，在第二次就职演说中，引用了老子名言"治大国若烹小鲜"来阐释他的治国理念，访华时亲自去函谷关以示怀念。就这样老子深入到了奉行实用主义的美国人的心中。

哈佛大学开设幸福方法课而出名的泰勒·本－沙哈尔博士，被学生们誉为"最受欢迎的人生导师"。2011年4月在北京接受采访时称，他的积极心理学实质就是诠释《道德经》的精华，只不过是更系统化、科学化。现在的年轻人都热衷关注潮流，其实回归传统才会让我们更幸福。因此他呼吁中国读者认真阅读《道德经》。

第 68 章

《道德经》跨文化跨时空的魅力

中文讲得极好的美国学者邰谧侠先生介绍，老子《道德经》，是除《圣经》以外，译本最多的一部经典，是中国文化走向世界的典范，他本人也是被如此的中国文化吸引而来到中国，进行一辈子的研究。剔除二千五百年以来中、日、韩历代的注释版本和现代无数的网上各类译本，《道德经》纸质出版物共计涉及 73 种语言，1576 种译本。除了从哲学、文学角度理解老子以外，许多更从宗教角度，如天主教、新教、神智、佛教、基督教、仙道融合、督爷主义、绝地教等诠释老子。其中英译本数量最多，老子对德国知识分子影响最大，最早的德语译者有黑格尔，海德格尔等。虽然世界现今讲希伯来语的人口有限，但希伯来语的《道德经》有 18 种译本。

老子《道德经》早已全球化，是全人类的共同财富，其译本与《圣经》翻译现象不同，后者拥有专业组织者，而《道德经》译本基本上只是爱好者的成果。这种自然传播特别合乎道家传统。各种朝代、文化、宗教、主义，都用自己的方式理解、诠释、塑造自己的老子形象，它们形成了老子的众多"化身"。

东西方的众圣百家，千辛万苦攀爬而上，即将到达真理的山顶，结果发现老子早在二千五百多年前就已经等在那里，迎接他们的到来。

如果说，世界上有上帝、菩萨、神仙、如来佛的话，那他们应该是无形又有形的"道"之化身。只看那些一览无余的快餐、心灵鸡汤的肤浅之书，会让人走向弱智。人一生中，能够终身阅读，而每次阅读都能够使人感触良多，有新收获的书很少，而区区五千字的《道德经》就是其中最杰出代表。

自视清高、文化优越感强烈的某些西方白种人，阅读了《道德经》，几乎不敢相信自己的眼睛！不敢相信中国人能写出这样的哲理著作，这竟然是中国原初的哲学思想，在二千五百多年前的中国就有这样几乎洞悉一切的思想！

　　《道德经》是中华文明历史上具有广泛世界影响、具有当代重大影响的第一名著。它以论述自然哲理为源头，并由此衍生出了人生哲理、社会哲理、治理哲理。

　　《道德经》，初名《德道经》，又名《老子》，是一部仁者见仁、智者见智的神秘天书。《道德经》是先秦诸子百家分家前，为诸子们所共同景仰的哲理著作。至今中华文明的方方面面，每个人的言行，或多或少都渗透着《道德经》的思想血脉。

　　据联合国教科文组织统计，《道德经》是除了《圣经》以外被译成外国文字发布量最多的名著，世界上不同历史年代的著名哲学巨匠、科学巨匠、政治家对其均高度赞誉，评价的话语不胜枚举。《道德经》走遍了世界、走入了人心，是真正源自中国，在世界上具有深远影响的，具有跨越时代强大影响力的人类稀世珍典。

　　《道德经》问世后，历史上出现的一个奇异现象是，《道德经》在相当程度上被人为各取所需地加以解读，甚至是曲解：帝王将相斜读歪用（如用于权谋和愚民），儒士文人一知半解（如认为其消极无为），平民大众受知识所限不知不懂。难怪有人笑言，《道德经》应是绝密中的绝密，其中大部分内容以今天人们的惯常思维仍然无法理解。

　　《道德经》文字自由洒脱，正言若反，一语双关（甚至多关），一物多像，隐喻众多而深刻，大道无形（但能形无尽）。全文抛开人们习惯的强大直露的角度，而善从"弱力"的观点看待"引力、磁力和强力"。要想充分理解，需要逆向思维、多样性多角度思维。不同的人，对《道德经》会有不同的感受和理解，而这恰恰是《道德经》对思维多样性的重要贡献。正因《道德经》蕴藏着创新所亟需的自然、纯真、质疑、朴素等理念，所以，我曾花了两年业余时间，阅读理解研究《道德经》。

相传公元前 516 年农历 7 月 12 日，周王朝的最后一任国家图书馆及博物馆馆长、远古人文和科技知识思想的集大成者老子（李耳），在出关隐居前，被尹喜强留，写下了五千字文《道德经》。

命运多舛的《道德经》及其思想，几千年间起起伏伏，曾经是某些朝代走向国强民富的治理宝典，后因受不到足够尊重，老子传人就变异出道教，进而衍生出炼丹、火药、中医中药等，再后来借助佛教形式，形成禅修。

公元 627 年唐太宗贞观元年秋，在尊老子（李耳）为祖的李氏唐朝里，高僧玄奘（唐僧）带着《道德经》去取经。《西游记》也是《道德经》进入西方传遍世界的西送记。这就难怪为什么《西游记》小说中，既有道教背景、也有佛教背景。

人们常常只会使用《道德经》的某些名句，对全文很难做到真切把握并不失本意。有些古译今、中译英版本甚至误解老子的基本含义。无数人被《道德经》吸引，在人生的不同时段阅读并有所收获，甚至脑洞大开，但也常望洋兴叹。哲理深邃又极难读懂，是此书留给人们的深刻印象。实际《道德经》中藏有无数"夹层"，远非原先想象的那样简单。

造成这一局面的原因至少有三点：

一是版本无数。时间久远，流传版本太多，错简错抄误录也多，如有流传至今的战国竹简、郭店楚墓、西汉马王堆帛文等林林总总。

二是古今差异。古文常常言简意深、言少意多。而当代文字，常常言繁意浅、言多意少。远古由于时间相近、语义相近，古人尚可部分理解；几千年过后，文字习俗变动，社会变迁，许多表述就难以理解。

三是科技与人文的关联。涉及面极广，从自然到社会。其对道的本源、宇宙万事万物本源的描述，超越了几千年间绝大多数人的想象。仅仅用传统文人的角度看待"道"，必定会有许多困惑或者误解。

道的一个名可叫"人文"，另一个名可叫"科技"。由于古代本土科学未能发育成熟以及现代文理过早分家，所以古今众多人文学者难以从科学技术角度感悟理解老子、进而辨析其细节，这就影响了对全文的把握。

可以说，老子是人类历史上最早正确认识宇宙起源的古人之一。其从"无"到"有"的哲学思考，远远早于现代的量子论，包括相对论、弦论等。从自然、宇宙生成的科学认知切入"道"，简单易行易懂。如果借助于当代科学的新认知和新进展，我们可能比先人更容易理解老子思考的问题及其起源，更惊叹敬佩老子的先知和远见卓识。

正确理解《道德经》，首先需要进入老子所思所想的世界，熟悉并运用他的思维和方法，然后再考究历代各版本的词语字眼排列。阅读中，不能只见树叶，不见森林，不能抓住个别字句，不可断章取义、望文生义。否则，就难以精确理解，错误会很多，甚至会与老子的真正意思或者意愿相反，那就更难在思想言行中体现道与德的精神。

《道德经》的核心是：道法自然。套用老子的语言，自然至少有两个层面，一个是有，即宇宙天地万物的自然；另一个是无，即规律精神意识层面的自然。不要把自然仅仅简单僵化理解为我们所看到的、所触摸到的具体世界。

由于现代社会节奏快、压力大，加上中华文明演化中曾经遭遇无数次天灾人祸和扭曲，"厚黑"和"匪气"一时能左右逢源。对老子解读众说纷纭，其中不乏误读甚至曲解，如儒士文人认为其消极避世；普罗大众认为其是封建迷信；帝王将相用之权谋愚民。而读懂、继承、光大、更新《道德经》，却能对人起到矫正作用。从中汲取精神营养，进而展现出新的人物形象：超凡脱俗、仙风道骨、气质优雅、宽广胸襟。

老子的"无为"，不是希望人们什么都不做，而是"顺应自然"而为，顺势而为"，提醒人们不能妄为，所追求的是"无为而无不为"的至高境界。所以，无为 = 不妄为。老子并不否定"有、高、傲、上、刚、强、智"等意识存在的必要，但开导人们，更要善于从"无、低、谦、下、柔、弱、愚"的角度看待人事物并去适度把控。通过"无"才能实现"有"，若要保持最大程度的"有"，就要保留一定程度的"无"来作保护伞。否则，"有"就会全部变成"无"。这就是道，这就是自然。

由于涉及宇宙万事万物的起源，"道"比"德"更难理解。边网上查询后略知一点科技知识，边阅读《道德经》，对《道德经》理解会有很大帮助。这些科技知识包括：1. 经典力学；2. 爱因斯坦的相对论、质能等价转换、宇宙宗教情感；3. 量子力学；4. 超弦论、振频与与物质和能量；5. 当代生态理念。

《道德经》应该列为终生阅读，每每阅读，必有震撼，每次回味，必将无穷。其是跨越时空、种族、文明、学科的天书，是悟知永恒、弗争而成、终极强盛、宁静幸福的宝典，其内容涉及宇宙、世界、社会、生态、人生的根本规则。其貌似出世，其实入世。

《道德经》教人从不耻处开始、讥笑下做起，不信中善信，大彻大悟；身体力行、希言自然、贵言践行，以自然的视角看待一切，合乎自然地适度把控一切。无有相较、重无；弱强相对、重弱；薄厚相比、重厚；躁静相衬、重静。柔刚相照、重柔；名实相嬉、重实；愚智相映、重愚（是自我理智选择的愚）；傲谦相参、重谦；无为无不为，无心天下心，无身成其身，无争无人能争。

道的特点是自主自在自由自然，是世界宇宙的终极所在。道的运动和作用方式的独特永恒特点是往复反向、微弱永续，即"反者道之动，弱者道之用"。天下万物生于有，有生于无。

《道德经》的自然、社会和政治的生态伦理观念，充分体现在"天得一以清，地得一以宁，神得一以灵，谷得一以盈，万物得一以生，侯王得一以为天下正。天无以清，将恐裂；地无以宁，将恐废；神无以灵，将恐歇；谷无以盈，将恐竭；万物无以生，将恐灭；侯王无以贵高，将恐蹶"。

道包含无和有！所谓无，不是真的一无所有；所谓有，不是真的确定不变。无和有，就像道（像一枚硬币）的正背两面，就是道的"无有二象性"。

"无"与"有"的关系举例，比如：尊重自然看似木讷愚钝，实是达到"大智若愚"程度的大智慧；反之，耍小聪明，玩计谋，违反自然到极致，就是"大愚若智"程度的真愚蠢。人从生到死，包含着"无"（精和卵结合前一刻），和"有"（出生到临终时刻）。其中充满无数个"小无"和"小有"间的变化转换，死亡后分解成"小分子"进入自然界的再次循环；宇宙发展，包含着"无"（无穷小涵盖一切的奇点），和"有"（大爆炸到如今不断膨胀的宇宙）。其中充满无数个"小无"和"小有"间的变化转换。膨胀至极而衰，便回到奇点，重新开始新一轮循环。

尊道就得把握"无"和"有"。我以下几段将概括自己的体会。

老子教导我们，教，行不言之教；治，无为无不治；兵，善战者不怒；疑，美言不可信；思，外照和内明；德，不显德露德；学，学不学学绝学；言，诚守诺不轻言；政，绝圣弃智利民；善，无弃物无弃人；能，行无迹言无疵；研，以天下观天下。

无为不等于懒散放任，无为无不为不等于无所作为，无为无不治不等于无为而治，少私寡欲不等于无私禁欲。一切人事物，从"无"到"有"。一旦"有"，后续发展就向"无"复原，终归于"无"。之后开始新的"无""有"，这是亘古不变的道。一切人事物，通过"无"，才能"有"。若要最大程度的"有"，就要留有一定程度的"无"，否则"有"就会全部变成"无"。这就是道，这就是自然。

知道依道，顺势而为，就是德。道为体，德为用，即慎强、崇弱、用静。《道德经》强调：慎用激烈而难续的强力，多用细微永续的弱力；慎用难续的强动，多用持续的弱动，常用冥想的静动。遵道而行，因势而为，自然而成，是德。明德需要：绝圣弃智、修身厚重、以静制动；明德就是：正治奇胜、慎露锋芒、以无而成，明德必须：大智若愚、纯朴包容、祸福相依。

包容多变、玄通无痕、修德超能，就是善；得道多助，失道寡助，即是善；留有余地、进退有度，就能善；反借它力、柔胜刚、弱胜强，是善成；知人知己、淳厚守实，是智信；从无入事、从无到有、无所不为，即是无为。

第 69 章

第三境界：《道德经》与众不同，三生万物

《道德经》不同于《圣经》和《易经》，既没有强调人格化的超自然的唯一神，也没有仅限于单纯的阴阳之辩。

为何《道德经》在世界广受欢迎？西方人认为：与科学相容、与圣经相近。在国内外和历史上，有许多人认为《道德经》和《圣经》是相通的，也有不少出版物论述这些，但大多是牵强附会。

在现代，林语堂说，老子和耶稣在精神上是兄弟。在古代，法国传教士马若瑟（1666—1735）对《道德经》就产生过惊奇，认为"夷希微"就是上帝耶和华的名字。法国传教士傅圣泽（1663—1739）甚至说：道是神，道代表着基督信仰的神，是救世主。德国哲学家黑格尔说，老子的道就是上帝，上帝难以看不见的。

仙风道骨，表明道家思维思想文化对每一个中国人的影响，太极旗、神道教也分别标志着道家思维思想文化对韩国、日本等东方国家的影响。

在即将结束本篇最后一章时，我需要特别强调的是，老子《道德经》在提及"无"和"有"时，在兼顾"无""有"两者的同时，偏向于"无"，而不是只是"无"，目的是在功效上超越简单的"有"；老子在提及"柔"和"刚"时，在兼顾"柔""刚"两者的同时，偏向于"柔"，而不是只是"柔"，目的是在功效上超越简单的"刚"；老子还强调，大制无割、善建者不拔、善抱者不脱、至柔驰骋至坚、无有能入无间。这些都是老子时代的量子逻辑。如要全面地认知把握老子"道"的思想及其展现的多面性、全面性，需要特别关注《道德经》中论述"微妙玄通，深不可识"的第十五章。

老子强调"三生万物",突出三的独特作用,如三宝、三者、三言……世界上确实存在幸运数三的许多例子,三代表多样性复杂性,三在先秦是多数的意思。

物质由分子组成,而分子由原子组成。如果剖析原子的组成形式,以近代现代科学语言对照,就很容易理解道家的绝妙:原子是由质子、中子和电子三者组成。因此,我对"道"的解读如下:宇宙基本规律生成基本粒子(道生一),基本粒子产生质子和中子(一生二),此两者组成原子核,因而成元素;原子核进而拥有第三者电子而成原子(二生三),这就有了生成自然界一切的可能(三生万物)。每个原子中都有正电荷的质子和负电荷的电子(万物负阴抱阳),都有不正不负的中子粘结质子以吸牢电子(中气为和)。如以社会语言对照,也容易理解老子的奥妙:社会的最小细胞,家庭有父母子女,冥冥之中的机缘巧合出现一个家庭(道生一),一个家庭中有夫妻二人(一生二),夫妻生子女(二生三),子女成人能分别繁衍无尽(三生万物),各家庭均有父亲母亲(万物负阴抱阳),家中均有子女和睦相亲(中气为和)。

因为有三,才能表达复杂系统和不确定性、多样性。老子强调"负阴而抱阳",并非讲世界只有或者只是阴阳。如最大的生态系统,地球—月球—太阳,地球是负阴(月亮)而抱阳(太阳)。原子的中子是负阴(电子)而抱阳(质子)。

三是复杂性、自然性、超限思维的起始点。老子的重要概念、范畴,几乎均以"多位一体"的形式出现,表述最多的是"三位一体"。例如"道",有"道可、道非、常道";"名",有"名可、名非、常名";"德",有"上德""下德"和"常德";"宝",有"慈宝""俭宝"和"不敢伪宝";"智明"有"微明""习明"和"常明"。

"三生万物"启发我们,看一切都不能偏执非白即黑的一分为二,要知道和重视第三境界,三是超限思维的起点。正反、左右的两者矛盾或悖论,靠它们自身的互动常常无法实现统一、和谐、调解,而第三者的存在,却创造了走向圆满的各种可能。

很显然,人脑在构成和功能上,就最大程度地体现了老子"三生万物"

视角：大脑由左、右、胼胝体三部分组成，左主要对应于逻辑思维的科学技术，右对应于形象思维的人文艺术，胼胝体则代表着系统整合，这表明大脑是一个"是左也右，非左非右，超越左右的认知宇宙"。

王蒙认为，《道德经》本身与世界三大宗教的经书相比，有五个显著区别：它是哲学著作、而本身不是神学或者宗教著作，能被广泛接受，故而特别有趣；没有任何圣灵圣徒奇迹的记载，只有道德境界描述；它不要求任何特别的崇拜、礼拜、诵读等仪式；几乎没规定任何忌讳、禁忌、惩罚；没有强调自身唯一性，没有任何要求众人皈依、提出普度和拯救迷途者的意愿，没有传教士的热情，完全让众人自由自然地自己选择是否接受，没有强加于人的征服倾向。王蒙的主要观点摘编如下：

《道德经》是中国式的宗教性，中国式的世界和人生的终极关怀。老子说，道生一。"道和一"，就是源头、本原、造物主。然而显著不同的是，这个造物主不是人格化的，而是本质、真理。道生一，同时道即一，一就是道的另一个称呼。道无所不包，无所不主宰，所以说道生一，即一切的起源。道与一，具有伸延性、无限性、终极性，即是神性。道与一，是老子神学中的"上帝"，是本质与主宰、起源与归宿。

唯物论认为世界本原是物质，唯心论认为世界本原是精神。《道德经》眼中，世界本原是道——唯道论。"道法自然"，将本质化的"道"与原真性的"自然"相互联结，将彼岸性的终极与无限和此岸性的自然结合起来。彼岸一切只能通过此岸去把控，此岸的呈现是彼岸的信息、彼岸的下载。高度抽象的道，就是高度概括化的数学"1"，又是高度朴素的自然。大道至简。

道是源头，又不尽意，如同电脑里只有1没有0是无法工作的，故而《道德经》讲："万物生于有，有生于无。"并说："无名，天地之始；有名，万物之母"（或"无，名天地之始；有，名万物之母"）。此说明，"无+有"，同样是道教的上帝、造化、起源与归宿。

无就是0，而有就是1。……0+1=1，而1-1=0，1+1+1……= 万有。这里，最重要的是，依据数学的法则，不但1+1+1……= 万有，而且0+0+0……以至于无限大，即 0 乘上无限大，不确定而可以趋向于任何数，趋向于万有，即有生于无。如此，数学想象力与哲学想象力相得益彰、途殊而同归。

敬佩于道的无所不包、无所不在、无所不容、无所不变；人生，从无到有，从有到无，就是大道下载，大道演示、大道呈现。《道德经》是一部非常独特而超前的哲学著作。《道德经》催生了本土的道教，也终于帮助全民族培育了一种真正中国式的宗教情怀。儒家也讲道，也有宗教情怀。"朝闻道，夕死可矣"，将道置放在超越生命的位置，仅此道是"忠恕"而已。

《道德经》怀疑与警惕一切价值的偏执与过激，走向自然而然的本性复归。一切无为而无不为，帮助你清除心灵上的垃圾，达到宠辱不惊的境界。"失道而后德，失德而后仁，失仁而后义，失义而后礼"。就是说失去了自然而然的大道即本性，就不得不强调价值观念；价值观念不管用了，就得搞爱心教育；爱心缺失了，就得讲人际关系；人际关系也搞下去了，只剩搞形式主义。

老子又说，天下皆知美之为美，斯恶已，皆知善之为善，斯不善已。老子早就警惕性地预见：有价值，就有自以为是；有竞争，就有虚假作伪，就有粉饰夸张与过分，就有过度而向反面的转化。过分强调以善为目标的价值，有可能唤起人性恶的爆发。

《道德经》不搞禁欲主义，不以来生抹杀今生，不搞过分的繁文缛节与清规戒律，不搞价值狂热与价值强行推广，更不搞排他征伐。《道德经》的读者可以获得一种远见、解脱、警醒和预防。

五、认知篇

知识、学科、体系

知识是思维载体，思维才是力量，知识残缺导致思维残缺；平面几何是学科先驱模板，逻辑是知识发育的引擎；西方知识偏分解合成还原，中华知识偏整体全息关联；跨越中西，打破学科围墙，融会贯通，呼唤超限的知识体系。

本篇的重点是源自古希腊和古中国的两个知识体系。

第 70 章

打破知识的神话：知识的正负效应

古希腊哲学家芝诺回答学生疑问时，在桌上画了两个圈，并说："大圈的面积是我的知识，小圆圈的面积是你的知识，我的知识比你们多。但这两个圈的外面就是你们和我无知的部分。大圈周长比小圈长，因此，我接触的无知在广度上比你们多。这是我常常怀疑自己的原因。"这从根源上解释了为什么知道得越多，越能发现自己的无知；越是愚蠢的人，越自以为聪明。

知识的有与无，有两个著名的名言，一是知识就是力量，二是无知就是力量。

在文艺复兴、科学启蒙的时代，培根告诉人们：知识就是力量！那时，知识刚刚开始萌发，尚不具系统性，所以知识至高无上，谁拥有了知识，就拥有了真理。在信息爆炸的时代，知识的重要性不言而喻。然而各种知识泛滥得廉价易得，却带来了人们从未有过的无所适从和判断力下降。知识运用得当与否，可能带来祸与福的不同结果。拥有知识，可能走向成功；拘泥于知识，也可能导致失败。而其间起决定性作用的是，人们是否真正掌握知识所蕴藏和承载的规律、思维、精神，从而实现对知识的正确运用，进而能力善成。

知识是建造智慧世界的砖瓦，只有融会贯通，才能达到觉知为一，知行合一的境界。

创新不能仅靠知识积累，教育必须超越知识。教育可能存在的最大偏差就是把教育等同于知识，只专注灌输传授知识，训练出眼盯"棉花糖"、渴求瞬时变现的极端功利主义者或者精致利己主义者。机器人开始参加高考，并取得优异成绩，就在提醒人们，人工智能将使仅依赖知识的那种传统教育失去存在的价值。

知识有自己的规范。将知识道德化、权力化是一种偏误，如乐于抢占道德制高点，用以标榜、贴标签、扣帽子等，如以知识兑换权名利，或者以权名利代替知识和判断。

无知就是力量，出自奥威尔的小说《一九八四》，他描述了一个被极权统治窒息的社会：扼杀人性、剥夺自由、钳制思想、伪造历史、生活极度单调贫困、半人半神的个人崇拜。那是一个"战争即和平，自由即奴役，无知即力量""老大哥在看着你"的愚民乌托邦社会。

"无知五分之一法则"揭示，无论一个观念多么荒唐可笑，全世界总会有 20% 的人盲目相信。所以不必与知识水平和思维不在同一个层次的人争辩，因为那只是鸡同鸭讲。对付傻瓜没有更好的办法，只能闲看傻瓜变成大傻瓜，因为纠正傻瓜反而可能得罪傻瓜。

知识有自己的独立规范，知识与道德不能交换，知识与权力不能交换，道德、权力、名利的判断，不能代替纯粹的知识和判断。

知识多与少也具有不同的正负效应。知识都有适用边界，出界便成伪。经过深思拷问的知识才是真知。

知识多者，可有学富五车的正面效应。会读书的人，将书中的一切当成思想实验材料，在读中研究、深入思考、大胆质疑（有质量的怀疑），不轻易接受或者否定书中的观点，能学会把握表面字句之下、字里行间、其至无字天书中的最深层涵义与规律，在充分理解，批判吸收后融会贯通，掌握其中蕴含的智慧，或者由此孜孜以求，达到顿悟的境界，从而能得心应手地灵活运用。

知识多者，也会有墨守成规的负面效应。这些所谓的读书人拘泥于具体文字和表述，死记硬背，胡引乱套；无视可适用的边界与条件，违背知识背后所隐藏的规律，画地为牢，造成知识与知识之间的隔离，成为一个个分离的、无法贯通的知识孤岛。这样的爱钻牛角尖的人，知识越多越糊涂。

学富五车的人未必能力超群。知识要转化为能力，离不开知识的结构化和独立思考，以及随后的实践验证和提升。叔本华《人生的智慧》说：真正独立思考的人，是精神领域的君主。那些随波逐流于各类流行观点、权威说法与世俗偏见的头脑庸俗的、思维自我设限的普通大众，就像默默服从法令的平民。

学富五车的人，如果对他人和民众的苦难无动于衷，趋炎附势而只做"盛世"的拉拉队；他们虽然才华横溢，但对正义、非正义没有辨别力，那么，即使知识再多，也只能是没有人文精神和科学精神的"精致的利己主义者"。

独立思考的目的，是努力形成一个连贯的整体系统。知识多而未经独立思考就吸收者，其价值远不如知识有限但经过深刻思考的。缺乏思考的博学多识常使人变得更愚蠢麻木，因为很多书籍本无益处，只有经过深思熟虑的知晓才能成为真知。那些经过独立思考验证的知识，才能融入知识掌握者的思想，成为整个思维体系不可分割的组成部分。

例如，人们都知道"热胀冷缩"，但如没有掌握深层次的分子热运动与分子间弱键等作用规律，就会误将"热胀冷缩"概念无限外延推广，得出荒唐的结论。比如，冬天的输水管道常会因冰冻而爆裂，那是因为水温降到冰点时，将"冷胀热缩"，冰的体积又大于对应液体水的体积。其中的原理是，温度降低时，水分子间易于形成整齐排列的氢键，占据更大空间而将盛水器皿撑坏。可是如果固守冰的体积大于对应液体水的概念，就无法想象摄氏-157度的液态水，会像巧克力一样粘稠；在瓶中低于零度的水，倒出时会迅即成冰。

知识少，也具有两面性。一方面，人之初应该成为知识的储存罐头、留声机、记录器。知识少会导致一个人愚昧无知，这样的人易迷信轻信，被伪科学和反科学牵着鼻子走。另一方面，知识少也可能使人少受束缚，勇敢无畏，知识越少越自信，如成语所说的，初生牛犊不怕虎。

早在二千五百多年前，老子就要求人们不仅仅要学习人所共知的基本知识，还要学习人们所不愿学、学不会的知识，更要学习失传的、或者刚问世没人懂的绝学。真正有知识者，掌握真知的人，不会故意显示自己博学多能；而喜欢炫耀自己博学的人，往往没有多少知识，特别是没有真知，更没有掌握真理。真正有知识者不轻易放言，而轻易放言独断者，往往没有真正掌握多少知识。握有知识者，不愿作无谓争辩；而好于争辩者，往往并未掌握知识的内涵实质。

工业革命以前，那是一个知识贫乏的时代，知识的多少决定了一个人的素质、能力，决定了社会发展水平和文明程度。按培根的说法，知识就是力量！而在今天，培根的话就不一定正确。因为在现代，知识正成倍爆炸性地增长。信息、生物科技每五年产生的新知识，都超过以前存量知识的总和。互联网、手机的诞生也使得人们获取知识非常方便。这些知识真真假假，破碎凌乱，原因机理不详，更多依据不足，甚至是，闲极无聊者为博取眼球、获取流量来牟利所散布的哗众取宠的信息垃圾。对移动网络上这些海量知识人们最好微微地相信，即"微信"。这些海量知识往往在人们还来不及将其进行有序地记忆、理解、分类、取舍、存储、运用等结构化处理时，就如巨浪腾空而起，将阅读者吞没卷走，成虚幻折射五颜六色阳光的白色泡沫，并进而迅即破碎消失。

海量碎片化的知识，没有形成阅读者的个人财富，反而成为其沉重的负担，消耗掉阅读者的精力和时间，没有为读者的思考和消化吸收形成真知留下空间。于是，人就成为肤浅阅读的奴隶。最终，读者成为碎片知识的二传手、存储器，彻底失去独立的思维能力。因此，在当代，为防止这种现象在个体和民众中蔓延，就应该将"知识就是力量"的信条改变为：思维才是力量，思想就是力量。

因为思维、精神和能力的直接传递是相对困难的，需要借助知识作为工具才能进行。知识是思维、精神、能力的载体，传授知识的目的，就是传授思维、精神和能力；而发现新知识，就是试图拥有人类前所未有的新思维、新精神和新能力。

对每个人而言，关键不在于知识多与少，而在于不能只有知识，没有思维、精神和能力。要防止学了断章取义的残缺知识，而成为实践能力欠缺、思维僵化或者精神匮乏的人。导致僵化、残缺的知识学习例子有：只学习和了解被阉割的中华知识体系的某一部分，或者只学习和了解被阉割的西方知识体系的某一部分。现代社会，只有学贯中西、通古博今、跨越学科、面向未来的人，才能通过消化知识而获得真知，进而成为自己精神世界的主人。

第 71 章

知识的功用：思维、精神和能力的载体

在知识爆炸性增加，互联网简便快捷提供各种信息的今天，要成为知识掌握者，首先，需要依靠比较反差和分析对比，通过由表及里、去伪存真，剔除假的知识，保留真的知识。再者，需要依据个人的兴趣、爱好和特长，通过知识的结构化重组，经过实践检验，以产生真正的能力，展现鲜明的个性魅力。

知识碎片化，不系统阅读经典，会形成一个全面弱智的时代。知识结构化就要求以思维自由、精神独立、能力善成为理念，完成功能所要求的知识结构顶层设计，进行不同学科知识有与无、多与少、近与远的合理契合配置。因此，在告别了知识饥渴、知识短缺的现代，在知识过载、知识泛滥的当代，思维和精神及能力的重要性更为凸显。

知识难以面对未知及未来挑战，因为知识都是已有的、已知的，挑战却是前所未有的。知识是有局限的、有可适用的先决条件的，缺乏像规律、思维、精神、能力那样的充分而灵活的可扩展性。知识是关于过去和现在，会陈旧落后，不是尚不确定的未来。因此知识需要经常淘汰重组、推陈出新和不断扩展。

不能只让人接受貌似正确的知识，而不让人们接触似乎是异端的知识，否则人们将失去自我辨别能力，知识也将失去进化的可能性。因为正确的知识，随着时空变化、时代进步，会体现出局限性甚至表现为谬误；而某些被认为是谬误的知识可能还原出真实可信的面目。要锻炼人们对知识的自我辨别加工能力，只有让人们独立面对不同的知识，进行深入的实践验证、自我拷问和思考。

如果说，有恶的、坏的知识，也有善的、好的知识的话，对多样性知识的学习和锻炼，人们自然会产生接纳和免疫两种结果，即对良知、真知的接纳，对妄知、痴念的拒绝。人体的免疫能力在无菌无毒的温室里会消失殆尽。细菌、病毒无处不在地生长于真实自然世界，尽管细菌和病毒会引起人们发烧，但人们每天与其的频繁接触，往往调动和激发了人的免疫能力。也就是说，只有广泛接触不同的人类知识、不同观点的知识、不同来源的知识，才能在自由思维和独立精神指导下，养成辨别能力。

从生物学的视角看，也非常容易理解，在知识灌输中，为何容易产生反感或者抗性？因为，在自然生态中，物种在外界选择性压力下为生存发展会迅速产生惊人的抗性，如农药杀不死的抗性害虫，医药治不了的抗性病菌。道高一尺、魔高一丈，适者生存会导致适应性变异进化。长期单一使用的农药就是害虫抗性的来源，长期单一的医药使用就是病菌抗性的诱发起因。同样，在知识学习中，不问教育对象的感受，强力的知识灌输，由于其赤裸裸的人为目的性和长期选择性地持续施加压力，会使被强制的人们要么失去辨别力，丧失灵性而变为奴性；要么产生强烈反感，最后导致严重的逆反和抗性。

拥有知识并不保证人们能用科学的眼光理解自然和社会。如果要面对未来挑战，探索未知领域，超越知识局限，就需要人们在科学精神指导下，去发现新的未来知识。

知识是思维的载体。我们的知识传授和知识教育不一定落后，落后的是将这些知识当成了神圣的教条、上帝的金科玉律，当成了圣经，而忘记了去把握知识的内涵，特别是忘却了知识所演绎的思维和精神。

没有知识的传授，就谈不上精神的传授，但是拥有了人文知识与科学知识，不一定表明此人就拥有了人文精神和科学精神。知识会随着时代的变迁而老化和更新，然而其中所蕴含的先哲们的伟大精神和深邃智慧，诸如独特的观察视角、分析途径、解决方法等，却始终光彩照人。先哲们的人文精神和科学精神，仍在很大程度上，至少部分地指导着我们的行为和实践。所有知识上升到最高境界都是哲学，所有从不同观点出发获得的投影之高度综合，才是事物真实的形象。兼容并蓄、由表及里、去粗取精，掌握知识中所负载的精神内涵，这是在阅读时可取的学习态度。要通过知识的学习，实现在精神上、思维上与先哲们的对话，此岸与彼岸的对话，在精神世界走向崇高，从而成为懂"物理"、明"事理"、通"人理"的才俊。先成"人"，再成"家"。

知识有可替代性，知识寿命很短；精神有时代性，精神寿命较长；思维呈恒常性，思维寿命长远。

科学技术经过几百年的高歌猛进，在今天，知识爆炸式地增加，获得知识比五百年前容易许多，获取渠道也日益丰富，但伴生而来的结果却是：多少人迷失在知识里，特别是迷失在网络展现的海量数据知识里。今天人们很容易理解，知识是文明传授的主要载体，但不是根本，更不是全部。在知识中所蕴藏的，超越知识本身的思维方式和精神心态才是真正的核心。因而可以说，思维和精神才是力量！奠定文明物质基础的，过去是农业经济，后来是工业经济，今日是知识经济，将来是智能经济或者思想经济。

第72章

个性化的知识体系：防止惰知和无知自信

达尔文说：无知要比知识更容易产生自信。罗素说："在现代世界里，愚蠢的人总是自信满满，而聪明的人却充满疑问。"新司机常会比老司机更自信。任何时候都要警惕自我盲目自信，永续不断的学习验证研究才能屏蔽无知。

理性的人知道：许多我们自认为了解的事物，其实我们并不完全了解。一切需要考证，认知无极限。实验证明，那些最欠缺幽默、文字和逻辑能力的人，总是高估自己，当实际得分仅 12% 时，却认为自己得分在 60% 以上。大脑思维残缺者意识不到自己的残缺，越是无知的越自信的现象，被称为"达克效应"。这些人无法认识自身不足，也无法辨别错误行为，又无法客观评价他人，常沉浸在自我虚幻的优势之中，高估自己，也无法客观评价他人的能力，常由非理性的自认正确发展到自我迷信。

人类知识的呈现形式有两种，一种是知识真知，另一种是显摆表演。

普朗克是量子论的奠基人。1918 年获得诺贝物理学奖后，他每天奔波于各大学及社交场合，就他的理论作演讲。他的司机说：每次您都讲一样的内容，连标点符号都不必改动。我都听得烂熟了，下次可否让我来替您讲一讲。普朗克竟然同意了。一次到了慕尼黑出席物理学家的聚会，普朗克坐在车里，司机则登台眉飞色舞地大讲一番，讲得真和普朗克几乎一模一样。讲完后，一教授举手提问：我请教一个问题……随后，就问了个非常专业的问题。司机连忙赔笑：这个问题太小儿科了，好吧，让我的司机回答一下……

不少人不掌握什么知识真知，只是像普朗克司机那样，学会了显摆表演。但这种显摆表演，除了哗众取宠以外，对人们没有任何帮助。

有些人并没掌握足够的知识真知，只是掌握了一种显摆表演的内容，以抬高自己。他们能像普朗克司机一样，鹦鹉学舌台上显圣，却不自量力地期望获得和普朗克一样的声誉荣耀。糟糕的是，许多人假面具戴得太久，嵌入肉里，成了真面具；许多人入戏太深，忘了自己只是个司机，而不是大科学家普朗克。

一个人至少应该具备两个能力：认清自己的能力范围；并老老实实地待在里边，不要轻易越雷池一步。这个范围的大小并不重要，但最重要的是确定这个范围的界限在哪里。

每个人必须找出自己的才能在哪里，如果你必须在你的能力范围以外碰运气，必须做好充分的准备。1.最难的，就是能够清晰地知道自己几斤几两，认知自己到底掌握了多少真正的知识、真知；2.能够辨识那些貌似有知识者的显摆表演。演员、电视评论员、主持、网红、网络主播多是表演者，你在他们身上看到的，多半是这种过人的显摆表演能力，真正的知识含量并不高。

当今只要在网络上一搜，各种信息知识海量涌来，知识点可以随意免费获取，可当屏幕一关，你的大脑好像依然如旧，陷入了黑暗。因此，网络成为独立思考的聪明人的工具，却让思考懒惰的一些人变得更蠢。现实中，如果比喻网络是普朗克，许多人就好像那开车的司机；网络上知识量再多，许多人最多不过是学了个显摆表演，只会照着现成的做，而当问他下一步如何时，立马不行。

由此可见，一个个知识孤岛，碎片的、零散的、孤立的、不成体系的知识点，除了显摆表演展示的作用，没有多少意义，因为其不能成为思维、素质、能力、精神。关键是我们需要有将知识点串起来的思维方式，犹如用一根红线串起不同的珍珠，从而组成一根美丽的项链。很显然，最有意义的是思维方式，是融会贯通、灵活运用自己掌握的知识、甚至探索未掌握的知识，进而用以改善自我的智慧、能力及生活。

这些矛盾，在没有互联网的时代，就已经很突出。哲学家罗素曾经和好友阿尔弗雷德联手写了《数学基本原理》。随后，阿尔弗雷德独自开始研究思维与感觉之间的联系,并提出了"惰性知识"的概念,即指那些零碎的、分散的、孤立的、听起来高大上却没实际用途,无法在现实中运用的,缺乏联系的,缺少活力的知识。活力不足的知识,就是惰性知识,即死知识。网络之上,大多是惰性知识、是死知识,告知的是答案或者论断,而没有提供可以赋予这些惰性知识以活力的方法、思维、精神等,只有知识由死转活,才体现出知识应有的价值。司机,能背诵普朗克的讲演稿,展现的就是惰性知识。

死知识,即惰性知识,在大脑里就是孤立的点,前不着村,后不靠店。若干知识必须能够在大脑中自如运行,形成完整自洽的知识思维体系,能够用以指导人的实践,才体现知识的价值与意义。形成此体系包括聚焦、观察、分析、发现、预判、行动、矫正、结果与反馈九个步骤,这样的体系和步骤,常出现在科学家的发现发明的证明过程中,非常典型。

活知识,即有效知识,就是体系化思想化的知识结构。普朗克就是在物理领域,运用这些步骤,获得发现,形成思想,最终获奖。而他的司机,每个知识就只是一个孤立的点,相互无法联系成完整的系统步骤,所以只是惰性知识。死知识要转化成活知识,成为智慧和能力,需综合各方信息心得,我认为一般需要经过如下"4119"的过程提炼升华:"4"代表四个核心知识,分别是数学、逻辑、哲学、语文;"1"代表为某一个自然学科或者社会学科,对理工科最重要的是物理,对人文学科最重要的是历史;"1"表示成功构建自己个性化的知识体系。运用数学或逻辑的工具,关联并构建自己的知识体系。建立这样的体系,最容易做到的是,改变获取知识的习惯,变零碎的单个知识获取为某个知识相关的思维思想过程的获取。如改变网络搜索习惯,从单纯的知识点搜寻改为知识体系的搜索。依据思维的九步,即"9",学会在网络上搜索一个思想流程,而不是无意义的知识点。

就比如,针对某一科学奇闻,如冥想打坐,偶尔听之,或者用于闲聊,没有任何价值。但如果你假设性地体验科学家认识"冥想打坐"所走过的路,就像要去从未去过的地方旅行探险,如在网上简单搜索此科学认知证明的工作全程,从最初如何聚焦到观察、分析……再到获知最后结果,通过简单的搜索，而非人云亦云，就变得非常有价值，进而潜移默化为自身的思维、能力、精神等非物质财富。

当人们熟悉了知识体系的产生过程及其九个步骤，大脑就会慢慢形成体系化的认知能力。此后看待问题，会步步为营走过每个过程和完整流程，就不会急于表态，不会那么武断情绪化，如此你的错误就会减少，智慧就会增加，判断力就能建立，无论在你熟悉还是不太熟悉的领域。

人类的每个神经元，单个认知能力并不强大，可当成万上亿的简单的个体神经元相互连接在一起，成为大脑，就会有智能产生，进而能帮助人，改善人的生存环境。同样，杂乱无章的知识点，相互连接成为完整的体系网络，这才能构成真知，即真正的知识本身。不成体系的一切，特别是惰性知识、知识泡沫，会成为占据大脑空间的垃圾，干扰正常的认知过程，导致失败糟糕的人生。

网络上几乎什么都有，关键是你的大脑如何看待它。如果没有思考和关联，网络上无数的知识点，就是一粒粒无意义的沙子，而网络就是沙漠！如果有思考和关联，网络上无数的知识点，就成为活的神经元，而网络就像大脑！网络只是个工具，而知识，可能连工具都算不上。只有系统化的知识或者思想，才能构成真正意义上的工具。先进的思想淘汰落后的思想，先进的工具也会淘汰落后的人。

进入信息互联时代后，互联网必将淘汰低端使用者，特别是那些只会搜索知识点的人。只有那些善于运用网络构建自己的知识体系、思维架构体系的人，才能有自己的体系用以指导自己今后的人生实践。没有独立思想体系的人，随时会被变幻莫测的时代所掩埋。而拥有自己独立体系的人，则引领淘汰规则和标准。

第73章

破除学科崇拜：知识体系源起的两条路线

知识是学科之树上的枝叶，没有树叶，树木不可能生长，没有树木，枝叶就根本不存在，只看枝叶，根本无法知道森林是什么模样；只看树木，不会知道枝叶的脉络走向。

由于南北极天寒地冻，人迹罕至，所以知识、学科、文明的差异与融合主要体现在东西两个方向上。东西方的知识、学科、文明曾经或者正在各领风骚千百年。早在古代，由于地域阻隔和交通不便，东西方的知识、学科和文明独立发展，少有交往。当代正加速出现东西方的竞争、互补与融合。两千多年前的春秋战国时代，中国就有"蹴鞠"，后来作为一种健身竞技的文明传向西方，进化演绎成现代足球，从而风靡全球，成为"世界第一运动"，是竞技体育中最受人们欢迎、影响最大的一个项目。起源于古希腊的现代奥运会在东京、汉城、北京的举行，标志着东西方文明在融合中开始了新的里程。

知识是人类的认知，学科是系统化的知识，学科也是指学校传授和研究的知识分科。学科的历史就是有关科学技术与人文艺术的发展史。

要探明知识的起源，就有必要剖解人们心中理所当然的"天经地义"，明晰知识和学科体系的过去、现在和未来。两千多年前，在古希腊出现了许多伟大的学者，他们博学而智慧，对各学科专业都作出了贡献，如希腊三杰：苏格拉底、柏拉图、亚里士多德。后来，意大利文艺复兴三杰之一、欧洲的"墨子"达·芬奇更为突出，他是人文、自然科学一肩挑的学术、技术泰斗，曾经设计制造及测试降落伞与装甲战车，设计出潜海机械、滑翔翼与机器人。他首先从事解剖学，并得到超越当时数百年的科学新发现。

同样，春秋战国时的墨子，中国的"达·芬奇"，才艺能力出众，从哲学、算术、物理成像，微分到机械制造，以及组织治理才能等，历史上也难有人望其项背。同样，明朝皇族后代朱载堉，视富贵权势为粪土，安贫乐道，在音乐、舞蹈、漫画、诗歌、数学、计量学、天文历法、超级算盘制作等艺术和科学领域都为人类作出了卓越的贡献。

如果追根溯源，知识与学科有许多不同的远古起源，直至今日尚未中断的至少有两个不同的起源或者路线：东方中国和西方希腊，尽管前者的知识、学科与专业分类归纳方式，今日不是主流，或尚未成为主流，但并不表示其将来不能融合其他文明的精华，发扬光大走向主流；而后者，即来自古希腊文明，是今日流行的，人类知识、学校、教育、能力、乃至产业的黄金标准分类方法，然而其本身也有局限性，已引起人们的关注。更令人惋惜的是，作为此文明缘起的国家和民族，希腊已不再拥有千年前的光环。

早年，由于知识、学科的深化，人有限的精力和寿命无法应付快速的知识和学科发展，因而早期百科全书式的知识，犹如一株逐渐长大的小树苗，快速生长并分离出枝丫后，不得不分化分工。融合而浑然在一起的早期学科，逐步走向分化，类似于奇点量子波动大爆炸分化生成宇宙、类似于遗传中干细胞逐步分化出专门化的功能细胞一样，最后发育生成形状各异、功能不同的器官组织。

人们常常容易误解，似乎今日的知识和学科天生就如此，其分类是天经地义的，而不知道今日知识体系起源于西方的科学或者学科的分类研究法。我们现在熟知但又浑然不知其前世今生的目前知识、学科与专业及其划分形式，最初源自古希腊。这一体系将客观世界分解、分类并加以研究，然后综合还原。实际上，植物及昆虫的门、纲、目、科等分类，即为这种分类和思维方式的典型代表。

古希腊的路线，源自希腊，传播于西方。因为宗教对人们思维自由的无端禁锢，《圣经》思维走向垄断，其他的思维、思想失去了生存空间。这种学科分解深化演绎逻辑的思维方式先几近遗失消亡，后在欧洲文艺复兴后发展光大，经过意、法、英、德等国前赴后继传承和创新，成为西方学科模式,最终昌盛于欧美,流行于世界。其特点是形成了以分解合成还原论为指导的学科分类与知识体系。但其因分割而导致信息丧失,并难以再生复原,致其难免以偏概全,因此在其深化发展的同时,为尽量恢复失去的信息,无止境的学科交叉和综合就变得难以避免。正像手可以分解为五个手指和手掌,然而,这五个手指和手掌的加和并不等于手,因为在分解时,无数的复杂生物学、细胞学联系被中断,生物信号传导被中止,酶的反应或者级联反应会消失,难以完全恢复,存在不完全复原的可能。

两条路线不同命运的原因差异: 如何体系+如何逻辑

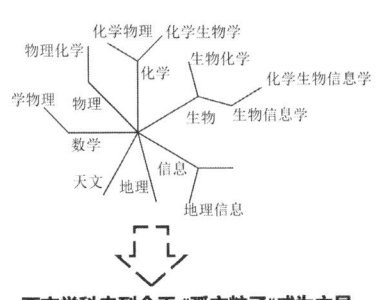

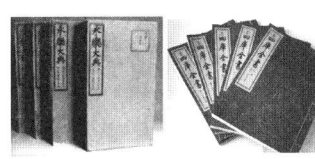

较晚才问世的大英百科全书　　　　中国很早出现大典等百科全书

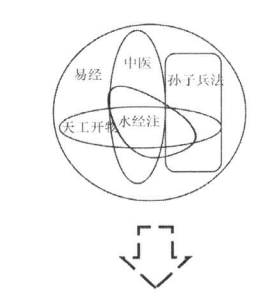

西方学科走到今天,"孤立粒子"成为主导　　中华学科发育停滞,"整体波动"却被忽视
成为主导现代的认知实践学科专业体系　　　　被丢失的独特认知实践学科专业体系

图6. 欧洲起源学科的分解合成还原　中国古代学科的系统综合及相互关联

这一路线,先分解,后加和,即还原。其进程是,最初出现平面几何、解剖学,然后分化出数学、物理、化学、生物。但,由于部分之和不一定等于整体,为弥补在分解中丢失的信息,就需要不同学科不停地交叉和融合,进而出现了数学物理、物理化学、化学物理、生物物理、生物化学、化学生物学、生物信息学、化学生物信息学……所以,学科渗透与交叉,

在今日变得越来越重要，这就是为什么人们常说，学科深度分化与大规模交叉是主要趋势。形象地讲，这种学科分类法，把世界理解成了由无数相互独立的放射线组成的整体，由于中间有疏漏，所以常常需要在两者之间增加新的东西。

这种思路，与牛顿经典思维非常相像和吻合，即把各学科看成一个个独立的"粒子"，相互是可以分割的，几乎不存在相互关联和影响，整个学科体系就是一个又一个粒子的加和。这和世界是由一个个粒子组成的思维方式，如出一辙。

源自古中国的路线，基本是整体论。其昌盛起始于两千年前，最初产生了道家、儒家、墨家等学派。此路线对世界的理解是万物相关、天人合一。其发展中出现了《易经》、天象与节气，强调相互制约与联系，进而强调宏观与宏观或微观与微观间同层次的相互联系和阴阳辩证，并将宏观与微观进行规律的雷同类比，而忽略了宏观与微观规律的关联与差异和调控，对制约宏观规律的微观控制因素，把握不清，这就成了其发展的主要弱点和障碍。可以形象地说，这种知识学科分类方法，把世界理解成由无数相互关联的、直径由小到大的同心圆圈所组成的整体，但问题是其圆圈与圆圈间的空白地带如何填充，无人予以回答。

中国古代的各类学科之间，分工弱，明显的是更强调相互联系，围绕一个核心而全面展开，如讲天文的可能包含政事，讲中医的可能包含化学、矿物学、植物学、天文学。

由于墨家的衰败消亡，逻辑失传，实验被弃，以及思想禁锢、官位权力崇拜盛行，最终源自中国、影响东亚，甚至波及阿拉伯的中华文明的知识和学科体系，走向僵化而衰败、没落。这样，古中国强调系统综合及相互关系的辩证整体论及知识体系，由于拙于深入解剖分析，特别是丢失了原来领先的来自墨子的形式逻辑与系统实验方法，致使其知识学科体系发育不全。如果中国的古科学能够在形式逻辑原理推动下，发育完全并延续到今天，则可能会出现以经、史、子、集、工技、农艺、医卜等学科专业形式走到现代和当代，甚至会成为世界知识学科体系的主流。

这种源自中国的整体论，与量子思维中的波性描述非常相像和吻合，即各学科相互关联，不可分割，相互影响，是一个整体的"波"，以一个一个的波峰波谷扩展向前。但显然，这种思维方式，还缺少量子论所揭示的"波粒二象性"内涵。

标志学科发育长大成型的重要标志是百科全书。

为了解中国古代各学科的发展，有必要回顾一下中国典籍的历史。四书六经是中国儒家经典四书和六经的合称，包括《论语》《孟子》《大学》《中庸》这四书，以及《诗经》《尚书》《礼记》《乐经》《周易》《春秋》这六经。而随后还有三国时代的《皇览》、唐代的《北堂书钞》和宋代的《太平御览》等典籍。

明代的《永乐大典》是世界最早、最大的百科全书，编纂于明朝永乐年间，历时六年（1403—1408），比法国《百科全书》和英国的《大英百科全书》都要早三百多年，共有一万多册，三亿七千万字，是西方同期典籍无法比拟的。其类科包括经、史、子、集、工技、农艺、医卜、文学、戏剧等。即使今日，大英百科仍然认为，这是世界人类有史以来最大的百科全书。

清代《四库全书》在乾隆"文字狱"背景下，经十年（1773—1782）编成。江苏、浙江贡献了最多的原始图书资料。它分经、史、子、集四部分，加上衍生物的类、属，共三万六千余册，近十亿字。由此可见，古代中国有其独特的学科分类和归纳方式。

需要指出的是，如今占主导地位的、源自古希腊的分解合成还原论思维，面对复杂的微观、介观、中观、宏观、宇观世界，如量子、人体、宇宙起源等，越来越力不从心，因此，古中国的系统综合及相互关联的思维，现正以复杂整体模型方法，重新显示出生机。而两者的相互融合，以及对两者的超越，正显示出新的可能。

聚焦于特定尺度，关注相互联系，并横跨数学、物理、化学、生物的纳米科学技术的出现，就显示了整体论思维的优越性。中国学者在世界纳米科技领域的优势和引领性，一定程度上得益于中国的科技人员既熟悉西方的分解还原思维，又熟悉本土的整体关联思维。基于量子力学和电脑的因特网的出现也从一个侧面显示了系统综合及相互关联的思维威力。关注时空上多尺度、跨尺度、介尺度的思维与方法、科学与工程正方兴未艾，诸如系统医学、整合医学、系统生物学、系统工程等扑面而来。这些有可能为人类贡献新的更有价值的认知实践体系、新的知识学科专业体系。

跨越中西和古今，将波性、粒性融合升华在一起的"波粒二象性"量子思维，对新知识体系的发育也将具有启发性。

第 74 章

平面几何"逻辑"与大道至简"九九归一"

"对酒当歌,人生几何",有点匪气和擅弄权术的曹操只能发出这样的悲叹。他并不知道,尽管人生有涯,但这世界确实有生命力无涯,规范人事物运行的"几何"。这个几何,就像隐藏在宇宙万物表象后的"道"或者"上帝"。

平面几何是门数学,其高度抽象。它遴选出现实世界并不真正存在的、抽象的、标准化的点线面圆等元素,并作为基础,提出不证自明的五条公设、五条公理,并结合二十三条定义,运用精密逻辑思维循序渐进地逐条证明出每一个命题。因此几乎可以说其是,看似有形,实是无形,并且因其无形,而能够形无尽。从中学开始,人们就要学习平面几何,可人们学了知识,学会了边、角度,会算面积和土方,甚至培养了某些贪婪的地产商,却忘记了,或者忽略了其传授的形式逻辑,忘记去掌握其中的思维特征和深刻的哲理。

平面几何优美简洁,大道至简。其创立者欧几里得,也被认为是全面而系统地应用公理化方法的第一人。它从人类理性、不可辩驳、简单明了的公理出发,用严密的逻辑(形式)演化出定理,再到推论,构筑了庞大、严密的知识体系,以至于成为所有科学、学科效仿的对象,成为知识和思维体系的最根本遗传基因。

《几何原本》流行范围像《圣经》一样广。平面几何不关心、也不强调世界是几元的,当然,更不可能去推崇一元或者思维垄断,而是强调无论几元,在平面范围,一切都必将符合这些少量的但不可更改的规则,以及由这些规则在严密逻辑推导下显露的必然结果。

柏拉图继承了哲学泰斗毕达哥拉斯"数论"的传统,极为重视数学中的哲学理念，在其学园大门口刻有"不懂几何者不得入内"的铭文。平面几何的原书名为《形论》，对应于毕达哥拉斯的《数论》。平面几何对源自欧洲、光大于全世界的文明产生了极其惊人的影响。没有平面几何——这一显形的自然法则，现代社会的一切价值体系，包括法律、民主、平等都无以构建，以至于英国哲学家罗素论证，人的独立和生而平等来自平面几何原理。著名的社会和科学哲学家波普尔也持同样的观点。所以，可以认为，平面几何是希腊理性主义的高峰。

平面几何是一种建立在公理基础之上的逻辑推演，其结论正确与否只取决于逻辑推理本身是否正确，有否漏洞，而与任何实际观察无关。"对就是对，错就是错"，一旦确立就不可推翻，不存在争议和误差。平面几何能够帮人们打下逻辑思维的坚实基础，也容易形成黑白两界、对错分明的几何思维，影响与有误差的社会和自然的交往。在思维训练中，如何使其发挥全部正面作用，关键是明晰理想的抽象的世界与真实的自然世界的区别。

"逻辑"源自严复对"Logic"的音译，取代了"论理学"等汉语译名。缺少逻辑的人云亦云的跟风派常遭规律的愚弄，而逻辑是教人如何正确地思考、表达和行动做事的科学。逻辑学在中国时常遭难，屡次受到批判讥讽，因被禁止而曾经缺席了中国学科教学数十年之久。如今我们依然没有普及逻辑教育，甚至连两千多年前亚里士多德形式逻辑中那一点最基本知识，也没做到在群众中普及。

明末传教士利玛窦教授徐光启，通过翻译出版欧几里得几何学，将逻辑知识教给了中国士大夫们，然而不幸，这些很快在中国无影无踪。鸦片战争后，中国留学生在西方发现了被广泛应用了两千年多年的逻辑知识。1920年代，苏联开启了对逻辑学的大批判，勒令取消逻辑课，随后影响波及各相关国家和我国达几十年之久。1978年后我国逻辑教学短暂复苏后，再度形同虚设。可悲的是，应该作为人人必修的通识教育中的普通逻辑，缺席数十年，产生严重的负面影响，社会上的某些思维病态，如社交媒体上常见的宣泄情感、迷信传统、口水大战、倡导暴力等背离理性逻辑的交流方式，即为后果。

我们在个人、产业、社会、生态等领域，发生或者遇到的许多问题和灾难,与我们绝大多数人忽视、违反基本的形式逻辑密切相关。中学阶段,人们都学过平面几何,但常常不知道为什么要学习平面几何,甚至不知道其是形式逻辑训练这一真正隐含目的,不知道它在科学发展中,在人类历史和文明中的重要作用和崇高地位。

欧几里得的平面几何学,只能抽象展现于人的大脑,无法在现实世界完全真正看到。这显示了人类与其他动物相区别的独有的高超抽象思维能力。仅凭大脑纯逻辑思维,无需与自然任何接触和实际测量,能创设出符合自然界"空间规律"的几何学,创设出一个与自然实在世界平行的可独立存在的理性精神世界,揭示出"物质"之"魂",这是一种理性的"天人合一"。

欧几里得的平面几何学使用的工具是圆规和没有刻度的直尺!这和双螺旋缠绕的《伏羲女娲图》中女右手举"规",男左手持"矩"非常相似!无独有偶,在古中国,另一种由道家哲学、道教衍生的有无轮回、充盈而亏思维也占据了重要地位,其视九为充盈的极点,一是轮回的起点,把世界划分成不同层次,而且不断上升并轮回。"九九归一"是古中国有趣的计算学、思维学和哲学,在东方广为流传。它主导着知识的发育和思维的扩展,同样具有较严密的自然逻辑,可人们并没有对其予以高度关注。"九九归一"的计算学和思维,同样不关心世界是几元的,当然,更不可能去推崇一元或者思维垄断的,而强调无论是几元,天地间的人事物都必须遵循一定的内在联系和规律。

"九九归一"的计算学,最为典型的如,基于算盘的加减乘除口诀。算盘是中国古代的伟大机械计算机,在阿拉伯数字出现之前就已经非常流行,是中国古代比四大发明更伟大的发明。它表明中国早就脱离了结绳记数的蒙昧年代。随着电子计算机(电脑)的出现,算盘的作用大大减少,但其对心算的作用仍然与过去一样,没有其他可以比拟。源于几千年前的加减乘除四诀中的乘法口诀,以独特的方式,滋养出中华民族普遍的高水平数字运算能力。

乘法口诀,产生在两千多年前的春秋战国时代。它的优点是,可以不加思考地将十进位范围内的所有可能乘积，以规则明晰的数字运算瞬间反映出来。中国发明的十进位制和九九表先东传后西传，进而流行。古代的其他文明，如希腊、埃及、印度、罗马均没有进位制，乘法表几乎要无限大。现在，为争夺算术运算能力的领先地位，有些国家开始逼迫小孩背诵 12×12 甚至 19×19 的乘法表。

乘法口诀，对国人的影响很大，管他三七二十一，已经像成语一样被使用。而乘法口诀的表现形式，更蕴含中国古代"九九归一"的思想。而某些国家，由于不背诵这样的乘法运算口诀，其算账时的笨拙，令国人惊奇。有故事讲，外国小老板给三个人发百元钱，共117张，老板先每人发30张，然后你一张，我一张，他一张……重复9次，最后非常兴奋地发现，刚好发完，每人所得同等。

古代风水中，当九数尽时自然回转一，暗合道家哲学的自然的循环往复，即反者道之动，有无相生，"有"走向尽头和圆满，会变成"无"；"无"到极点，物极必反，就会走向"有"。为保留最大程度的"有"，需要留有余地，防止满盈则亏；但保留最大程度的"无"，就会为"有"的生存留下空间，反而能否极泰来。所以，中华民族文化认为九是最大的，过则从头开始，回到新的原初状态。当然这种返回，应该是升华再造，是涅槃的新起点。

古中国，在冬季节气上，民间一直传承九九天气变化规律，即"冬九九"，又称"数九"，从敦煌汉简和居延汉简中就发现有"九九"的残文。类似的如"三九四九，人在冰上走"到"九九闻雷，响声持久"。

中华文化传统说天有九霄、九重天之说，这都反映了典型的"九九归一"思维。围棋有九品之说，共分为九个品位，从低到高分成：守拙、若愚、斗力、小巧、用智、通幽、具体、坐照、入神。在现代人工智能的模拟和测试中，人们常常使用围棋进行能力判断，因为围棋是所有智力游戏中最为复杂的和变化多端的，围棋的可能性走法（10^{171}）超过了宇宙原子数的总和（10^{80}）。起源于中国汉朝末年三国时代的围棋，先传播到朝鲜韩国和日本，随后流行世界。

第 75 章

两条知识发育路线的典型：中医与西医

1956年石家庄发生乙脑大流行，死亡率达30%，老中医蒲辅周先生用白虎汤治疗，临床效果非常好，治疗167例乙脑患者没有一例死亡。但有关人员说这不能算医疗成果，原因是167例患者用了98个方子，平均每个方子不到两人，都是个案，没有统计意义。1957年北京和唐山乙脑再流行，有人应用白虎汤治疗效果不佳，蒲老说该年湿气重，需加一味燥湿的中药：苍术，结果死亡率又从30%降到10%以下。这典型地说明了中医强调联系、统一辩证、个性化治疗的特点。

另一个故事，一位牙病病人去看医生，被安排在牙科，结果不小心，牙落进喉咙，医生无奈地请其去喉科治疗，到了喉科，该科医生说，牙已到了胃，该去胃科；胃科医生一查，牙已到了肠子，该去肠科，肠科医生说牙已到肛门，须去肛门科，最后肛门科医生说，看到了，肛门里有颗牙，快去牙科……这典型反映了西医分科的特点。

由两条不同的知识、学科和科学发展道路衍生出了在同一领域两个独立的体系——中医与西医（现在的科学医学、原初传统西方医学）。这是东西方思维方式、知识与学科和科学发展道路的差异，在医疗健康领域的重要和充分的体现。历经数千年，中医尚能与西医一定程度地并存及保留差异性，为知识与学科和科学发展，保留了极其珍贵的历史标本、创新源泉和文化与思维的多样性。

通过研究中医思维与学科的古化石，通过中西比较，即现代医学与古代中医的比较，就能在这种"化石"中获得许多重要启示。西医是以质量描述的医学，有形；中医是能量描述的医学，无形，如虚实冷热干湿气。

西医，即目前广泛认可并流行的现代医学，看待疾病的特点，简单说来，就是分解合成观或者分解还原论，以及逆势疗法。分解还原思维体现在，经过千年的发展，不断分化为外科、内科、麻醉科、小儿科、妇科等等，林林总总有数十个科，而且在继续不停地分解，犹如庞大的科学实验体系。通常，西医依据解剖死人，来更好地了解活人，医治活人。其特征性的逆势疗法体现在，对准导致疾病的直接源头如分子靶标，施以治疗，即所谓的反向矫正、针锋相对。熟知而坚守中医者，有时评价西医的偏激语言就是"头疼医头，脚疼医脚"。

中医就是数千年前起源于中国，在东亚流行，并走向全世界，是少有的能够持续至今的古代医学。据传，在古代中国的概念尚未出现之前，中医的称谓已经存在，可见中医的"中"，并不简单是中国的"中"，而更应是中和的"中"，阴阳平衡的"中"。历史上，中医以药为医的郎中众多，以刀为医的郎中极少。擅长解剖，重视实证的华佗，是古代中医外科、内科、麻醉科等"全科"大夫的杰出代表，被誉为"世界上最早发明麻醉术和首创开腹手术的医学家"，他也是最可能将古代中医变成近代科学、引领科学发展的人，可惜被权贵曹操所害。

中国人认为身体各部位间存在相互关系，看看针灸穴位图就能明白复杂的相互关联网络和作用。要想切除身体上有问题的器官而不影响其他部分，显然中国人会认为如此思维十分简单愚蠢荒唐。相比较，外科手术在西方早已盛行数千年。

传统的西方人，包括当今的欧美人，强调观点的独立性，关注单个事物存在的重要性，注重人能改造自然并能使自然更加适应人类。西方医学将这些特点充分表现了出来。

中医强调人体各部分的相互强烈关联，头疼可能医脚；强调人与自然和谐相处，要天人合一，不但要体内和谐还需要内外匹配以保持身体康健，认为人体的工作节奏就像四季一样循环更替；西医则特别注重单个器官的独立功能，哪儿有问题就针对哪，对待疾患是针锋相对。

中医看待疾病的特点，就是平衡整体观，依据天人合一、阴阳辩证，通过对立统一辩证思维，来辨症判断活人，医治活人。但由于其过于张扬辩证逻辑，而忽视在绝大多数时候发挥作用的形式逻辑，所以，有时候，纯粹想象也成了医疗依据。因为中医强调万物相互联系，几乎每个医生都是全科医生。此外，在道家哲学的应势而为、借力打力的思维方式引导下，中医顺势疗法应运而生，常有头疼医脚、以毒攻毒的案例，对西医难以奏效的个别慢性疾患、亚健康矫正能显示出一定的、甚至独特的疗效。

十道九医，中华医学起源于道家，如炼丹，包括外丹和内丹，以及融合作为道思想一脉的《易经》。由《易经》到阴阳辩证再到经络学，以观察活人，医治活人见长。然而，不可否认，在中医本身发展中，有着固守古法，对细节和实体不够重视等弊端。然而，西医单从尸体解剖而获得的认知也有缺陷，因为（套用现代的语言）这种操作，非在线、非实时、非原位，即容易忽略活的机体的相互动态联系。比如人体中的酶，大部分只在人活着的时候存在，在体温下才起作用。生命一旦停止，就意味着支撑生命的生物化学反应的全面停止，信号传导系统的崩溃和酶的分解消失。

由此可见，人们要善待不同的观点，洞察各自的缺陷。西医、中医对治疗感冒的不同态度和方法典型地反映了其思维差异。感冒发烧时，西医鼓励喝冰水降温，中医鼓励喝姜汤发汗。同一病症，观点和处置截然不同，事实上各自均有一定的科学和实验依据（升温免疫和降温护脑等），两者各有千秋，但都有缺陷。

不可一味地迷信中医药，因为它常常缺乏足够的规范实验证据和严谨性，中医药的肾毒性、中医的笼统玄虚，常被人们诟病。

同样，也不可轻信迷信西医药，由于严重的分解还原思维和人为分科设置，在西医中，哪个科都管不了、不想管的疑难杂症，难以医治的亚健康比比皆是。西药的分子靶标单一针对性，而容易产生道高一尺、魔高一丈的青霉素等的抗药性等问题，至今难有有效的应对解决方法。

中医的思辨性、文化性自成体系，但缺乏严谨可证的理论体系，以及其对哲理层面的过度关注，都引起人们极大的争议。对中药的物质性、有效性和可利用性，人们没有多大的争议。中医药的疗效在实用中，很容易被过分夸大，中医药的理性价值在研究中，也常常会被无意识或者有意识地贬低。

人们常用"现代"去解剖"古代",用"现代西医"解剖"古代中医",用一种有缺陷、不完美的思想,去解剖另一种有缺陷、不完美的思想,而不关注两种思维、思想的互补性、平等性和可能的超越性,这样就留下了许多遗憾。对同一事物,能保留多种观察思维角度,不是庸人自扰,而是人类的福分。

事实上,中医中药的某些独特的启发性和独特思维方式,正在展现出来。如中医强调,血气充盈运行,血与气同等重要。而气是什么,与气功是什么关系,没人能知道。有趣的是,当代实验研究表明,调节人体精神和物质流动,需要信号传导分子,而现在已知的体内绝大多数重要细胞信号传导分子,几乎都是气体小分子,如一氧化氮、一氧化碳、硫化氢等等。如果说,气即信号,气场即信号系统,那么,中医中"气"的运行可能具有现代意义。人们曾一直怀疑针灸麻醉的可信性,然而,近来实验研究开始逐步证明,针灸确实诱导出与麻醉相关的新蛋白生成。至于针灸所依赖的经络,尚有严重争议。如果将血液运行网络、气体信号分子的运行网络进行整合提炼,难说人们就不会发现以某种网络性质和形式存在的,具有现代意义的经络系统。很可能在此系统中,穴位可能就是这些网络的节点。

宇宙间的星云通过万有引力和经典牛顿力学建立了相互间的信息联系,人类发明了互联网建立信息联系,细胞中各部分通过信号分子建立了信息联系,因此,人们就不能简单地排除人体各部分存在的信号联系网络——经络存在的可能性。

有人说,中医是整体论方法,关注人体整体健康;西医是还原论方法,关注焦点是疾病。有人说,中医以单个完整的人为对象,个性化给药;西医是以器官作为对象,经过群体测定发现药;中医依据经验使用大剂量的多成分混合药,西医则使用活性成分单一的结构清晰的药。

有人说,医学不是科学,其不是要贬低医学,或者宣传伪科学,而是要强调医学的独特性,强调西医和中医的可结合性和互补性,强调其中不仅包括科学技术,更包括心理学和人文艺术。所以治病的最高级形式是治心、治脑、治人,建立和落实身心境健康的理念。医患良性互信互动也是医疗的重要组成部分。

西医文明先进的形象，犹如白大褂，出现不过两百年。在此之前，西医远远落后于中医。《医疗和帝国》记载在 18 世纪，原本地位低下的理发师外科医生开始向近代转变，在印度马德拉斯，外科医生爱德华·巴克利则将一个装满中国外科医生使用过的外科工具和药材的中国百宝箱寄给了英国皇家医学会会长托马斯·斯隆去进行研究。那时的西医治病常靠放血，声称可治百病。历史记载，1799 年 12 月 12 日，美国第一任总统华盛顿喉咙疼痛，呼吸困难，他和私人医生均深信放血的作用，在连续数次放血共 2500 毫升后，华盛顿停止呼吸，终年 68 岁。19 世纪的西医还给患者喝白兰地，松节油灌肠，滚开水泼胃部，鸟屎擦头，人屎涂伤口，且对瘟疫束手无策。

在中国历史上，由于政治黑暗、自然灾害引发的大饥荒，常常千万人死亡，但少有瘟疫的影子。西汉以来，先后发生过 321 次疫病流行，但因有中医药保障，均能在有限地域和时间内遏制住疫情，从未因此而死亡千万人，历史上从来没有出现过西班牙大流感、欧洲黑死病、全球鼠疫那样每次瘟疫数千万人死亡的悲剧。

中医很早就有"以毒攻毒"的免疫思想，宋代中医用人痘接种预防天花，技术外传后，西医琴纳 1796 年受此启发发明牛痘接种术，使得西医的免疫飞速发展，此后挽救了近 20 亿人的生命，使欧洲文明走出瘟疫肆虐的年代，走向繁荣昌盛。

有人说，西医没有把人当作整体，只是把病人解剖分割成没有关联的孤立器官，对如何综合各系统和脏器的知识，西医缺乏统一理论，常机械处理，血压高就降、血糖高就降、有盲肠就切、有肿瘤就切。西医对付单一因素疾病，比如传染病，成效卓著，对多系统、多因素疾病束手无策，而中医却可从容应对。中医理论是复杂的，不机械的，非线形的，需要悟性。中医是"辨证论治"，"方"对应"证"，而不对应"病"。可以验"证"的康复，而不是验"病"的康复。如肾病西医就没有什么特别的药物，只能透析。而中医治好很多。曾大声批评中医的胡适，后来其肾炎就是被中医治好的；而梁启超贬低中医，肾病找西医，被错割掉好肾而亡。

Science 在 2014—2015 年出了三期中医药专刊。第一期就叫"今日中医——呼唤整合"。众多著名西方医学科学家，折服于中医药的疗效，表现得相当谦卑。医学的判断标准不是科学不科学，应是治病救人能否"有效"和"安全"。目前，美国已有 44 个州允许中医针灸医师执业，欧洲法律认可了中医针灸。

第 76 章

我从哪儿来？元素轮回和化合的神奇

表面看，周期表里的元素来自地壳，但是实际地壳里的元素来自宇宙的起源和演化。在宇宙大爆炸时"炸"出来的、自然出现的元素只有三种：氢、氦、锂，其余都是从高温的恒星核心以及垂死恒星爆炸后的余烬中锻造而来，可以说恒星是制造重元素的工厂。后代的恒星系统又吸纳了这些重元素，从而形成行星，继而诞生人类。

诺贝尔是化学家，也是化工专家，由他发明的硝化甘油，不仅仅成为炸药，运用于开山筑渠、战争，也成为心血管急救药物。他设立了诺贝尔奖，奖励不同国籍、种族、信仰，为人类文明作出突出贡献的人。由此可见，化学是现代文明仅有的几个重要基石之一。很可惜的是，许多人不是呼吁发展绿色化学，而是如一些影视艺术明星那样公开表示"恨化学"，与此同时却追逐喜爱化妆品、甚至爱致幻的精神药物等，却不知道琳琅满目的化妆品商柜，一定程度上就是商业化世俗的化学试剂实验室！所以，我常嘲笑拒绝现代科学的人是：恨化学，但是爱毒品。

了解门捷列夫的元素周期表，就会明白许多道理。元素周期表不仅仅提供了宇宙的规律和次序以及人类认知的体系，更重要的是其第一次完整地告诉人们一种有若干基本单元组成的并周期性变化的思维，或者简称为元素周期思维。元素周期表是宇宙的《圣经》和《易经》。俄国人门捷列夫 1869 年发现了元素周期表，无疑是打开宇宙化学奥秘的第一人。我们因此知道，作为物质，我们确实是相互关联的。一切从宇宙的创生开始，一切在生命与无生命间进行着真实的轮回。然而，历史应该歉疚的是，为人类作出杰出贡献的门捷列夫居然没能获得诺贝尔奖，而其中一次，他败给了一个可能的弄虚作假者。

人类是地球的儿女、宇宙的儿女。人是由地球和地球以外的元素所组成，学习核物理和核化学知识可以明白，这些组成地球的元素除了地球本身的以外，大多来自宇宙某个遥远的星球。行星地球主要是由来自外太空恒星物质，如氧、碳、钙、铁、钾等所组成，而这些外太空恒星物质又组成了生物和人体。

人本来就是宇宙、地球的一部分，人也就是一个行星、一个小宇宙，宇宙的全息在每个人身上有所体现。无论是物质，还是精神，我们犹如水、灰土、渣石、电磁波……没有生命前，我们不知道这个宇宙的存在，更不知道自己的存在，也不知道组成自己的元素和它们的故乡的存在。组成我们的微小部分散落在世界，无知无觉、随波逐流了不知多少世代。正因为父母，我们由宇宙中的各微小部分，按照父母交付的核酸基因密码和建筑蓝图，有机组装而成，来到世界，睁开双眼，用鼻、眼、嘴、手、脚等，通过拓展我们器官的仪器，以经典测量或者量子测量、经典思维或者量子思维感知了我们所存在的世界。

我们可能会抱怨父母，因为父母两情相悦或者传宗接代均出于他们的需要，在没有征得我们的同意的前提下，让元素组成我们，让我们来到了这个充满着各种变化的世界。

我们更应感谢父母，因为他们赋予我们生命，使组成我们的元素，从宇宙的不同角落，特别是来自地球散落的尘埃雨露空气中，汇聚成有意识的你我，从而知道了宇宙的存在、他人的存在和自己的存在，使得每个人能感知宇宙的存在和运转规律，感触宇宙和地球的绚丽多彩，进而沐浴到感恩、慈悲、挚爱、友谊、平和等美妙的感觉。

尽管我们必将死亡，并以元素的原子和分子的形式再次回到出发的地方，回归宇宙和地球的四面八方。可我们应该高兴，尽管个体记忆和意识全部消失，物质各归各处，但经过个体加工的人类群体记忆和意识，思维和精神以及能力会不断遗传下去。我们至少曾经看到了宇宙、地球和世界，同时也看到了作为元素的自己的前世今生和未来。

地球上的含碳氧氮的分子组成了生命，亲辈赋予生命，百年后，此躯体化成含碳小分子，回归地球。生命仅是基因信息的载体与加工器。基因信息依靠物质得以遗传，这些基因信息使得物质得以重聚、重组和循环。中国延绵数百年乃至千年不断的族谱就说明了这样的过去与未来的基因信息联系。

如此，在元素化学的启示尚不可能出现的宋代，儒家张载说："民，吾同胞；物，吾与也。……存，吾顺事；殁，吾宁也。"

第 77 章

超越生死：地球的碳文明

如果能在月球上，看地球的起起落落，你的内心肯定会有不同的感觉。

我们今日世界的运转依赖的是化石能源，创造的是化石文明。地球上的生命，是碳循环的重要部分。目前，地球上文明的驱动力，就是碳能，所以地球文明是碳的文明。尽管碳元素本身不可能在地球生成，而只能在其他恒星核反应演化中产生，但它在地球上扮演着无法替代的角色。

碳之所以成为生命和文明的基础，是因为，在元素周期表中，只有碳，其特殊的价键结构，能创造出惊人的物质多样性，为各种探索和试错提供了多个可能和方向。

碳能衍生的分子种类，占了地球上分子种类的绝大多数。硅是与碳最为相似的元素，可以发挥与碳相类似的功效，但它组成的与各类含碳有机物对应类似的分子，都比碳类稳定性差，所以，尽管无机硅是太阳能电池和太阳能利用的重要支柱，但是，有机硅在地球尚无法创造出包含生命的文明。地球是碳基生命的天堂，由于硅与碳的类似性，宇宙是否有适合硅基生命的存在，目前还不得而知。

生命主要由碳水化合物组成。生命就是地球上碳和水的循环途径之一：从二氧化碳和水，转变到植物、动物和人，最后再变回到二氧化碳和水，不停地循环，生生死死，死死生生。

很幸运，由二氧化碳和水组成的我们，能够成为生命，亲眼看到我们本来所归属的宇宙。

太阳系不普通，它独特而孤独，可能是银河系甚至宇宙唯一的生命家园。地球的生命可能是一系列错愕巧合共同作用的结果，在宇宙其他地方出现相同情况的概率很低。事实上，我们每个人成为人出现在世界的概率也非常之小，如果父母未相遇，我们可能依旧是尘埃。生命出现的概率非常之小，出现为人的概率如此之小，我们应该少点抱怨，应该感恩上苍，让我们能够拥有生命成为人。尽管作为人，要肩负如此多的责任，经历许多苦难。如果没有成为生命，我们犹如尘土，永远混杂在茫茫的宇宙中，没有时间，没有音乐、色彩、情感、理智。

观察那些令人震撼的恒星、行星的死亡和新生，就会感到人体的死亡多么渺小，都不好意思有过多的遗憾和伤感。人是宇宙自然能量与物质的及其微小的一部分，躯体逃脱不了自然能量与物质所进行的物理、化学、生物的变化。能量与物质的循环往复，永无止境。地球几乎是一个相对封闭的体系，无数能量与物质转换、生命与事件在地球上出现或消失，所以，我们和地球上的山川河水、一草一木，总有着或多或少的关联。

在太空，作为个体的星球和能量，一经消失，将永不会再现。作为整体的宇宙，永远不停地进行着一轮又一轮的能量和物质重组与再生。作为个体物质和精神的人的消失，意味着个体生命和智慧永不再现，而人类作为整体，在进行着一轮又一轮的物质及基因信息、生命和智慧的重组与再生。

月隐日出，宣示白天的诞生；日落月出，宣布白天的死亡。野外常常无法看到自然死亡的动物和鸟类，似乎它们比人类更能早早预先知晓死亡的来临，平静地悄悄离开，泯灭于大地，让大家自然忘记，而不打扰、惊扰继续在世的同伴。

道家的庄子，看明白了其中的道理，因此能泯灭生死差别，而视死如生。既然人的躯体属于物质自然，那我们就应以谦卑的心态，与物质自然融为一体，欣赏、融入、享受自然。人也是精神世界的参与者、创造者与拥有者，其信息，由逝世者向出生者不断地传递，追求精神的延续升华。要想永生，就需以无我的心态，超脱物质与能量的生死循环，让有价值的灵魂与信息代代相传。

人有天文年龄，取决于日月星辰的转换。人有生理年龄，取决于身体的运行功能。人有心理年龄，取决于精神情绪心态。年轻不取决于年轮，而取决于心态。人若言行上平和，就可实现生死的精神超越。不断重复过去说过的话、过去演绎过的故事、沉浸于过去的氛围，意味着衰老和消亡的加速；经常学习新知识，感触新事物，憧憬哪怕百年后的愿景，意味着年轻和更新的状态。

第78章

纯粹与应用：原理和技艺

人文艺术的基础是历史学，自然科学的基础是物理学，工程技术的基础是机械学……所有学科的汇聚综合抽象就成哲学。物理学的基础是实验与数学。哲学像是包天下，数学更像独行侠。许多时候，人们常将数学归入"逻辑学"而非"科学"。那种忽视学科专业领域方向之间内在逻辑联系的认知，会使人的大脑中，形成一个个僵化而互不关联的知识孤岛、精神孤岛，最终导致能力受限；而简单地，不经翻译地将一个学科、领域的知识、思维，移植到另一个学科、领域，则会谬误百出。原理与应用是相互独立、相互依存的整体。

对原理与应用的关系，就是"抽象"与"实际"的关系，有幅国外漫画，给出了超凡但又简单的注解。

在漫长的由"抽象"小村通向"实际"小村的小道上，分布着具有不同纯粹与应用特性的学科专业，有人在往"实际"小村方向走着。社会学家默默走在小道的最前面，最接近应用。其身后的心理学家在嘟囔，社会学仅仅只是心理学的实际运用，可以说社会学就是应用心理学。

而在心理学家身后的生物学家也在嘟囔，心理学仅仅只是生物学的实际运用，可以说心理学就是应用生物学。生物学家不知道，在其身后，化学家边走边在申辩着，生物学仅仅只是化学的实际运用，可以说生物学就是应用化学。

化学家同样不知，在其身后，物理学家边走边在得意着：化学仅仅只是物理学的实际运用，可以说化学就是应用物理学。物理学处于各学科的顶端，物理学家感觉很美。而远远走在最后的是数学家，正在对走向"实际"小村的所有人们高喊：你们在哪，已经看不见你们了，实际上你们无法、也永远不能离开我。

总想多说几句化学或者化工，因为这是我本人的专业。化学是生物学与物理学之间的桥梁，化学家常常创造自己的新体系进行研究，而物理学家和生物学家聚焦于已存在的自然现象。化学家对世界最大的贡献是创造性和想象力，甚至有人说，化学是理工科中的文科。

在纯粹学问与应用学问的关系上，根据不同的经济发展水平和社会阶段，应该有不同的侧重。实用性可以改变工作和生活，人人可见，名利立显，不易忽视；而抽象性，能改变思维，难为大众所发现，会曲高和寡，易被忘却。当生存的威胁消除以后，原理的重要性就应该受到更多的重视。因为有形的终将消失，无形的方得永存。有形的限于形，无形能超越形，无形者形无尽，融入万形显"大道"，卓越者可成"大器"。原理是推动学科和知识发展的关键。

纯科学和纯艺术，是应用科学和应用艺术的源泉；应用科学和应用艺术，是纯科学和纯艺术生成的土壤。为了应用，纯粹必须存在。纯粹告诉人们，世界上有比财富更为尊贵的东西——"道"的存在。

近一百五十年前，美国物理学会第一任会长亨利·罗兰，在 *Science* 创刊号上，警告当时经济快速发展，财富急速增加，蒸蒸日上的新兴美国："停止纯粹科学进步而只留意实际科学应用，我们很快就会退化成中国人那样。多少代人以来，他们都没有什么进步，因为他们只满足于科学的应用，却从来没有追问过他们所做事情中的原理。这些原理就构成了纯科学。中国人知道火药的应用已经若干世纪，如果用正确的方法探索其特殊应用的原理，他们就会在获得众多应用的同时，发展出化学，甚至物理学。因为只满足于火药能爆炸的事实，而没有寻根问底，中国人已经远远落后于世界的进步，以至于我们现在只将这个所有民族中最古老、人口最多的民族当成野蛮人。"一百五十年后的我们重读此言，不仅心中万分感慨。在原理和应用方面的典型例子，可见下两章，分别关于化学工程学和化学的诞生。

"原理"像青藏高原的雪峰，它纯粹、圣洁、澄净，孕育着三江之源。"技艺"像雪域融化成的河流，犹如长江、黄河和澜沧江，它朴实、带沙、携冰哺育着中原江南大地，最终汇入大海。茫茫海洋、苍茫大地的水汽蒸腾，风吹云转，将雨水化雪，再送上雪域高原，如此循环往复，生生不息。在如此大尺度、复杂的过程中发现原理的足迹，就需要深入思考和严谨的实验证明。因此，基础研究需要的是，慢腾腾的仔细。

无论自然科学，还是社会科学，任何原理在实用中，需要根据新的补充数据，推进原理的不断创新发展。在全世界具有重要影响的马克思有关资本的学术和原理中，有三大支柱，即德国古典哲学、英国古典政治经济学和法国、英国空想社会主义。但人们往往没有强调当时孕育其产生的重要科学氛围和条件，即达尔文进化论（1859）和牛顿力学（1687），而正因如此，马克思的伟大著作《资本论》中会有生物进化的烙印，有牛顿经典力学的烙印，如生产力与生产关系等创新名词的出现。

众所周知，现代社会，量子力学（1900）影响巨大，催生了电子、现代化学、先进材料和计算机及网络，颠覆性地改变了社会与生活；基因（1957）发现和人类基因组计划正在催生新的人类生存发展模式和生物经济。所有的原理正面对一个新的时代，需要进一步的创新发展。虽然这个时代，达尔文进化论和牛顿力学在发挥着作用，但是量子力学、基因生物学、信息技术也正在发挥更大的作用。如果只注重原理目前的应用，而忽视原理的进一步发展和创新，将留下许多风险和新的遗憾。

在诸子百家中，唯一高度重视原理，并作出卓越贡献的是墨子、墨家和《墨经》，其奠定了许多重要的科学技术基础，可惜，被埋没了两千五百年。

由于儒家法家等思维的影响，古中国众多的文化传统入世而不出世，注重实际，却忽视抽象的理论架构。"技艺"不等于"原理"。五千年的中华美味佳肴、悠久领先的炼丹术没有孕育出近现代化学；如天女散花的烟火爆竹、指南针没有孕育出近现代物理学。

迷恋出世，由道家异化而成的道教，几近被抛弃，如不是屠呦呦获得中华本土第一个诺贝尔科学奖，并告知受启发的源头，可能人们更加速地忘却道教，也不知道两千年前道学大师葛洪的存在。细细品味，如果把儒家思想看成水面上的冰山一角，你会发觉，作为冰山水面下的巨大部分，作为中华每个人的潜意识、社会的潜意识，道的思想、道家、《易经》和道教的伟大贡献仍体现在方方面面。这些在"技艺"与"原理"方面真正形成了系统的中国古科学，直至今天仍然保留着影响的历史古化石——中医药学。然而，需要警觉的是，她现已被脱衣裸身，正面临手拿手术刀的"西方现代科学"大夫的解剖、检验与研究。

不能说古中国人一点也不重视原理，墨子、墨家和《墨经》就是典型代表，只是其遭受过历史上毁灭性的摧残和重视不够。"技艺"与"原理"结合完美，而几近被遗忘的还有中国农历。公历源自西方，因算法简单，现为世界上大多数国家通用，其是单轨制太阳历法，缺乏较强的天文学意义，却有强烈的基督教宗教色彩。而农历是月亮、太阳历法双轨制的阴阳历，虽天数不确定，但人为因素少，能很好地对应各种天象，便于不同文明间平等交流，并体现天人合一东方思维的文明传统。

第 79 章

第一性原理与比较和反差

马斯克从反直觉的量子理论中获得启发，很强调"反直觉思维"，推崇量子物理的"第一性原理思维"，即刨根问底、追寻最原始假设和最根本性规律的思维习惯。他超越人们通常的"类比"式思维习惯。

"第一性原理"概念由古希腊哲学家亚里士多德所提："在每一系统的探索中，存在第一性原理，是最基本的命题或假设，不能被忽略或删除，也不能被违反。"

在一个逻辑系统中，某些陈述可以相互推导出来。而"第一性原理"是不能从任何其他原则中推导出的原则，是自在、自有、自然的第一原则。欧几里得几何这样一个非常庞大的体系，就是由五条公理法则推导出来的，这就是几何学的"第一性原理"。第一性原理，在学术狭义上，指的是一切基于量子原理的物理、化学、生物、药学计算，不使用经验参数，只用电子质量、光速、质子或中子质量等少数常数。"第一性原理"与牛顿创立的宗教词汇"第一推动力"有一定的关联性。对整个宇宙、世界而言，量子论是我们不能忽视的第一性原理。第一性原理就是万事万物的基因，或者说是"世界之根""思维之根"，由"根"就可以长出思维的新芽。

我把创造创新分成"我跟随""我最优""我原创"三个层次，并认为在如何理解三者的差异方面，比较思维能提供"我跟随""我最优"这两个台阶，无法达到"我原创"这个台阶，而只有"第一性原理"思维才能达到"我原创"这个独领风骚的最高台阶。常常追求石破天惊突破和颠覆性原始创造成创新的马斯克的话很典型：要运用"第一性原理"，而不是比较思维去思考问题！人们在生活中总是倾向比较，别人已经做过或者正在做的事情我们也都会去做，这样的结果只能产生微小的迭代进步。

缺乏独立深度思考，没有刨根问底的细心，更少追本溯源的耐心，都喜欢追前沿热点，喜好和身边人比较，和已出现的事物比较，不自觉跟在别人屁股后面走……

如果想通过思考抓住人事物的最本质，挖出"第一性原理"，就得要像挖掘采矿一样，锲而不舍地递进思考，提问应答，凡事多问几个为什么，至少递进深入地连续发问三个为什么？

为人做事格物，就像写数字，小数点后面的数字，不管写错哪个，基本都是小错误；而如果小数点前面的某个数字写错，基本是大错误；而如果小数点的位置点错，则是不可饶恕的超级错误；显然小数点的位置对数字书写而言，具有第一重要性。

人事物的运行和本质，都含有不同元素、要素，这些元素要素的重要性不是相同的，差异极大，并非同等加权。这些元素、要素存在本质上不同的优先级，即第一重要性、第二重要性等等。如果追根究底，抓住人事物的本质，抓住了第一优先级、即抓住了第一重要性，即使在第 n 优先级、第 n 重要性错了，即使无可避免，也不会犯很大的错误。

这就像孵小鸡需要从鸡蛋开始，就会发现如果我们想要层层深入，探究其根本源头分别是保护性的外壳、半通透性可呼吸的蛋衣膜和受精的蛋白和蛋黄组成的核心，很显然，蛋壳、蛋衣膜不是必不可少的，用受精的蛋白和蛋黄进行孵化，一样可以孵出可爱毛茸茸的黄小鸡。当我们抓到了为人做事格物的核心本质，许多难处就不复存在。所以人们说，半秒钟就看透事物本质的人，和一辈子都看不清的人，命运注定截然不同。

"第一性原理"，就是本质思考，其从最本质最基础的无法改变的条件和规则始发，不靠横向比较和经验累积而进行的推算，遵从严密的逻辑关系、不引入估计，拨开层层现象看本质。"第一性原理"，或者本质思考的一个广泛例子，就是关于本质安全的思考。

人们许多的心理活动和言行举止，多属寻找安全感。孩童依偎妈妈，不仅仅是喜欢获得爱，更是希望获得最基本和必不可少的安全感；老人搀着年轻人的手，不仅仅是为了借力，更是为了与社会和时代保持联系，希望获得真正的安全感受。

安全感是人们最基本需求，失去安全感的人会惊惧惶恐、坐立不安。通过建立外部条件环境条件和保护机制，叫获得性安全，但这不是源自自身本源的本质性安全，具有不稳定性和不可靠性。而由事物本身的性质结构所铸成的天生安全，是本质安全，具有独立性、稳定性和可靠性。即，来自自身强大的安全感、来自内心的安全感，是真正的安全感。

筷子半浸于水中，看上去会有拗折的假象。这是由于水对光线的折射所造成的虚假影像；又鱼人尽管不懂水的折射率，但日积月累的经验，也就能够透过表面影像正确判断鱼的真实方位，在捕鱼时预先校正调整好飞叉的角度。这些规律，都是通过人们的判断力，对真实与假象间的比较与思考而获得的。它明晰地告知人们要尊重事实，但不能迷信"事实"，而是要服从规律。

西方有一句名言，"听过的我会忘记，看过的我能记得，做过的我才理解"。体验、身体记忆远胜于理解记忆，也远胜于语言记忆。比较和反差可产生深刻的体验和身体记忆。重视反差与反例，是活跃思维与深刻思想的最有效途径之一。

比较和反差，可使思想深化，让人们趋近本质，去伪存真，领悟出看到的事实未必是事实，有可能只是事实折射的一个部分，人们有了这样的认识，才有可能进行正确的判断。

信息时代的资料讯息，可能浩瀚而又狭隘，热闹而又浅薄，令人开心而又让人愚蠢。如果没有比较和反差，去促进、活跃思维，就无法透过这些讯息中的蛛丝马迹，形成、强化有价值的思想，就会终日成为假象、艳闻、鼓噪的奴隶，就会成为别人的点击率、收视率、票房价值。伪科学神话捕获的是迷途羔羊、墙头草和愚昧，政治煽动需要的是马前卒、轻信者和炮灰。

在成才规律上，一个人从小到大的生活境遇前后差别越大，思想越深刻。

人们之所以喜欢旅游，之所以喜欢品尝不同地区国家的菜肴，是因为可以获得新鲜的刺激和从未有过的体验，从而引发更多的思考。旅游是脱离原有环境、感悟不同的人生、修禅悟道的有益方法。

文化交流、学术交流，特别是跨文化、跨领域的交流之所以有重要的存在价值，就是对同一问题或者事物，通过不同的视角、经历、民族、文化、信仰、宗教等观点的交流与碰撞，使思维活跃，思想深刻，进而发现并掌握真理。

"熟悉"是理解的大敌，理解是理性的剖解。中国成语如"习焉不察""熟视无睹"已揭示出这一认识真理。只有通过比较与反差，才能使"好奇"从"熟悉"的迟钝与麻痹中惊醒过来。文化人类学所强调的根本方法之一就是"他者的眼光"，其实就是反差与比较。

规律和差异，会在细节中一不小心透露出来，细节探索展现着研究者锲而不舍的精神。所以说，魔鬼藏在细节里，细节决定成败。

第80章

新学科诞生与产业创新：化学工程为例

大锅菜没有小锅菜好吃，因为按比例放大炒制中，大锅菜无法无差错地重复小锅菜所需要的特定的热量传递和物质传递，难以保证色香味俱全如初。同样，将一个老鼠按比例放大到大象那么大，巨如大象的老鼠就无法站得稳，也无法生存，因为此时巨大的老鼠，无法完全重复小老鼠的血流状态和受力状态。

新学科的产生与产业文明进程密切相关。道家蜕化为道教，为长生不老而开始了炼丹术；而西方为发财致富，发明了炼金术。最初的化学形态在古中国和西方萌发，尽管那时尚无一门叫化学的学科。那时的古化学对产业和人类文明的贡献还不突出。

而近代，约18世纪开始，化学原型在欧洲出现，最初仅仅是贵族的爱好，为厨房间的娱乐兴趣，随后才成为严谨的化学科学。人们将化学器具，如瓶瓶罐罐等化学制备过程直接放大运用于工业，从而出现了如诺贝尔的炸药、德国的合成氨等化学产品，形成了最初的化学工业，随即在第一次世界大战中大显身手。由此，在欧洲形成了由试管化学，逐级试错放大，直接到产业的链条，使得欧洲成为化学科学和化学工业最为领先的大陆。

事实上，化学制备过程的放大与规模化，一直是个难题。由于化工装置内的传热传质非常复杂，无法简单地按照等比例放大，否则成功率很低。可见，放大与规模化，是门工程学大学问，化学制备过程的放大，需要建立新的工程科学去支撑。

20世纪初，化学落后于欧洲的美国，认识并抓住这点机遇，独辟蹊径，将人们认为是雕虫小技的化学制备过程，如蒸馏、过滤、结晶、升华等有形的单元操作从化学中独立出来，作为学问单独仔细研究与发展，提炼其中无形的规律，建立"三传一反"的工程思想框架，形成化工原理，进而提炼形成了独立于化学，但与化学相对应的工程学科——化学工程学。这一原理和学科思想的进一步演绎拓展以形无尽，创造了形形色色、五花八门的化学工业装备、流程和产品，使得美国化工产业飞速发展，处于领先地位；同时又促进了美国化学的发展及后来居上，形成了更高效的由化学、经化学工程、再到产业的完整创新链条。而后，由于在工程学中，只有化学工程对应分子的制造和反应，所以化学工程学几乎成了分子工程学。与生物化学、分子生物学对应的生物工程学，几乎可以说就是从化学工程学中脱颖而出，并有着浓厚的化工影子。

由此可见，新学科的产生与产业发展新形式，可以相互促进。新学科的形成对产业领先地位的建立，具有决定性作用；化工的催化剂和催化原理同时也告诫我们，从学科到产业，捷径不是几何学上两点间的直线，由于高势垒能量的存在，直线无法成为捷径，捷径是不断降低能量势垒的多步曲线过程。人生和社会也同样如此。

科学技术工程的各学科，在定位上，本来相互就有差异，需要尊重各自的角色和规律。如化工学科的出现，就是学科升级促进产业升级的典型例子。这些例子对我们展望新的工程科学技术学科的出现，会很有帮助。

随着经济社会和信息技术的发展，设计的重要性已经与制造平齐，甚至超出。因而，设计中涉及的新学科会应运而生。社会不仅需要制造工程师，更需要面向个性化需要的设计工程师、创制工程师。

有关物质创造方面，人们建立了许许多多的科学技术工程学科，但在精神创造方面，尽管人类有音乐、美术、哲学、科学等等，但还没有形成系统、完整的精神产品设计学、产品工程学，以满足个性化需求，为人类提供充分的形而上的享受，这可能是未来的重要机遇。

第 81 章

炼丹术与权力缠绵：双向加害和化学萌发

神话传说，射九日而还天下清凉的英雄后羿，从西王母处得到不死之药——长生不老丹，结果被后羿的妻子嫦娥偷吃，结果她竟然飘飘欲仙，不由自主地飞奔到了月宫，成为月中仙子。但现代的人们有所不知，长生不老却是癌细胞的主要特点。

人类通过化学化工，创造出了令万能的"上帝"都可能汗颜的无数分子水平的新物质，建立了今天的灿烂文明。

在大学校园的艺术壁画、博物馆的藏品、现代工程的命名中，人们还似乎能找到"炼丹术"的些许身影。但在现代科学发展史上，它似乎已经变得无足轻重。智商超群的中华民族的先人，未能开拓出现代文明和现代科学，中华本土的炼丹术没能进化为近现代的化学、化工、冶金、材料和药学、制药业，有一些重要的深刻原因掩埋在历史风尘中，诸如：不追求真理或者真知，为取悦皇权而玩弄雕虫小技。人们说，儒家反对"奇巧淫技"，就是反对创新；而如果谨慎审视，道家蜕化为道教后，炼丹术的服务宗旨及表现，不能说儒家的批评没有一点道理。

尽管如此，需要肯定炼丹术的是，它不仅仅发现了一些重要的化学现象，还原创了一些化工反应和分离器具，为中医积累了药效和毒性等人体试错经验，为中药制造提供了最初的技术程序和剂型。最为重要的是，炼丹中发现的火药，传入欧洲。炼丹的技艺和原料为欧洲炼金术所吸纳，炼丹原料"金液"的泉州古发音，在中东和欧洲逐步演化成为今日西文的"化学"。

然而可惜的是，人们公认，化学源自古埃及的炼金术，炼金术是近现代化学化工未曾中断的始祖和符号来源，而炼丹术至多是滋养化学化工成长的"奶妈"。人们忘记了曾经辉煌一时的古中国的炼丹术及其对化学的贡献。炼丹没能进化的外因内因，深入分析出来有许多，如违反自然的立论，皇权崇拜和急功近利，只有现象、丢弃逻辑、缺乏原理等等。今天看来，总结而言，炼丹术有其必然死去的致命内因：没有严谨的形式逻辑、不重视系统实验和观察；炼丹术有其必然死去的致命外因：脱离世俗大众的需求、攀附帝王皇权。

如果说，炼金术是化学的父亲或者母亲，那么，炼丹术则更像化学的"奶妈"，只能为炼丹争取一个奶妈的位置，是有其深刻的历史背景、演化轨迹和自然逻辑。

记载中的古埃及炼金术远远早于希腊，早于中国！中国早期的炼丹术和西方炼金术有着许多类似之处。起始时间不同，炼制过程相似，追求目标不同。古中国炼丹为了不死永生，埃及、希腊、阿拉伯的炼金为了创造财富。

古人常期望长生不老，而其中最为重要的一环，就是炼丹和丹药。由道家蜕变而成的道教，是炼丹术的系统原创者。炼丹流行的朝代，远至周朝、战国－秦汉起，下到唐宋和元明等朝代。比如，长生不老丹，就是由砷、汞和铅等制剂组成，许多服用者服用后，混身发热，中毒而亡。三国何晏大将军曾带头服用砷制剂"五石散"。当然，炼丹的出现和发展，同样带动了一系列的重大发明，最典型的如火药，其改变了人类的历史进程，其被用于战争，明朝官员万户用其制作火箭，把自己绑上，开始了无畏无惧、最终自我牺牲的航空航天探索。

公元前2世纪，道教传人刘安和其门客合著的《淮南子》高度精炼表述："为神丹既成，不但长生，又可作黄金。"在古中国，炼丹一开始就以成仙、超凡脱俗为最终目的，炼金则是借助的手段而已，炼药治病，只是副业。那时，谁要是重点追求炼金发财，那就是俗！会被看成为俗念所迷惑，会被视作发横财，那就更会被天诛地灭，祸及子孙。

而世俗地追求财富的阿拉伯人，在公元7世纪，融合了埃及法老炼金术与古希腊思想，兴起了炼金术及最初的化学化工的原型。并建立了较为规范系统的炼金实验方法，而不是盲无逻辑、心血来潮的乱试。公元8世纪，在大唐盛世，西域胡商频繁往来中原，古中国炼丹术流入阿拉伯首都报达（即巴格达），从而滋养了阿拉伯的炼金术及原初的化学化工。

穆罕默德指出：知识即使远在中国亦当往求之。在千余年前，被认为是"化学之父"的穆斯林博学者哈扬和拉齐，都曾经介绍中国炼丹术到阿拉伯世界并加以运用。那时，哈扬著《东方的水银》介绍炼丹；拉齐著《秘典》，指出瑜石来自中国，并用硇砂作为药剂。公元12世纪，哈扬和拉齐的著作被译成拉丁文，随着伊斯兰教的势力扩张而传播到欧洲，其成为化学知识的重要来源。一当欧洲结束长达近千年的黑暗中世纪，炼金术进而演进为近、现代化学。

阿拉伯人称炼丹术为 Al-kimiya（Al 冠词，kimiya）。据百年前中国化学会发起人之一和中国科技史学会名誉理事、中国美术家协会会员、中国化学工程学会会员的曹元宇教授考证，中国炼丹术中最重要的原料"金液"，古泉州发音正是 Kim-Ya，而泉州正是唐代最繁盛的通商口岸。而后 Al-kimiya 演变为 Alchemia、Alchimia、Alchemy。最终，17世纪，演变出化学的德文、法文和英文。

导致炼丹术无法成为科学的重要外因是，皇权崇拜和急功近利。皇权与炼丹存在互相利用：道教的方术、帝王的欲望、迷信盛行。皇权与炼丹又双向加害：帝王未永生而短命，炼丹未成科学而衰亡。唐代是炼丹全盛期，服丹身亡的有唐太宗、宪宗、穆宗、敬宗和晚唐的武宗、宣宗等六个，中毒的皇帝还不算。秦始皇求仙药，徐福出海寻。明嘉靖帝朱厚熜修仙炼丹三十年，不理政事。

导致炼丹术无法成为科学的重要内因是：缺乏逻辑、没有原理，只有现象、不成系统。使用模糊不清、故弄玄虚记载炼丹化学现象，一可防止泄密，二可显示自己高明。最早炼丹书东汉魏伯阳著《周易参同契》："河上姹女，灵而最神，见火则飞，不见埃尘。鬼隐龙匿，若知所存，将欲制之，黄芽为根。"

炼丹术由兴盛走向衰亡，并最终归宿于博物馆的历史，一再提醒我们，发展科学技术，要与皇族权力、世俗权势和急功近利保持适当距离，进而防止双向加害。发展科学技术，要强调形式逻辑的重要性。需要恪守形式逻辑、聚焦原理。重视基础和交叉，防止思维垄断，尊重自然生态。

科学技术的发现和知识累积途径，至少离不开两只翅膀：理论与实践。理论就是流传至今，仍然兴旺发达的论理学说：形式逻辑，即，时间较早的源自古希腊的逻辑思考、推测与推理；实践就是今天我们一直使用的实验研究方法，即时间稍后的源自阿拉伯的系统实验与观察。

炼丹术，如同中国传统科学，实践式观察，均缺乏完整体系，更没有完备术语和符号系统。而炼金术则却具有炼丹所没有的完整符号系统，能进行严密的逻辑推演。西方炼金术的研究是系统的，构成完善的理论体系。如果查阅公元前1世纪希腊炼金手稿符号、1609年炼金教科书中引用的符号、17至19世纪炼金与化学的部分符号，可发现，它们均具有很高的一致性、继承性。这些炼金符号，随后依据原子和分子的原理走向近代化学，而后依据元素周期原理和结构原理走向现代化学。搜索研究历经公元750年阿拉伯的哈扬、900年阿拉伯的拉齐、1803年建立原子学说的英国的道尔顿、1811年建立分子学说的意大利的阿佛加德罗、1869年建立元素周期表的俄罗斯的门捷列夫、1928年建立量子化学的美国的鲍林、1978年建立超分子化学的法国的莱恩等化学化工文献，读者很容易认识这一点。

发展科学技术与工程，成为其亲母，而不再成为"奶妈"，我们需要从炼丹术与中华文明、西方文明的相互关系中，吸取历史经验与教训。要面向当代社会和生态的需求，防止"双向加害"，重视形式逻辑和过程，聚焦基本原理，鼓励基础和交叉，防止思维垄断，尊重自然生态。进而希冀在绿色化学、微纳化工、纳米科学、化学生物技术与工程、介尺度科学等方面，能作出原理性、领域性、概念性的原创贡献。

第82章

前沿科技产业需要首席技术官

全球的创新模式，正在发生重大变化，科技企业家＋智慧金融资本＋社会规则突破，正成为主要特征，科技商业世界正成为经济的主流。现代创新型企业亟需以研究开发为导向的首席技术官及其团队。他们的素质和能力，决定性地影响着企业的技术进步和命运。这一阶层的竞争力决定着国家的产业前途和命运。

在近代工业社会，那时没有"首席技术官"，只有专注制造生产的总工程师，而工程师与总工程师到底有何区别，现在很少有人知道。其实，工程师关注的仅仅是自己工段的事务，而总工程师关注的则是各个工段的相互交叉联结处和全局整体宏观事务，即战略布局和关键节点。

今天，后工业化时代的社会对"首席技术官"的要求，明显高于那时的总工程师。时代需要不断创新，引导创新的源泉至少有两个：理念和问题。共产主义的理念落实与绿林好汉的杀富济贫，就是诠释这两者差异可用的例子。对化工制药行业的首席技术官而言，为节能减排而改进工艺，是问题引导的创新；而依据节约原子的理念所进行的原子经济性探索，是理念引导的创新。追求绿色制造，就会发现现有的工业仍有很大的进步空间。

创造创新大致有"我跟踪""我最优""我原创"等类型，这些相当程度上均取决于首席技术官及其团队的水平。例如，模仿孟山都公司的草甘膦，发明出与之类似的其他灭生性除草剂，就是一种跟踪；杜邦公司实现超越，发明超高效、高选择性、无公害的磺酰脲除草剂，就是一种原始性创新；而孟山都公司另辟蹊径转型转向，通过草甘膦—转基因配套联用，实现除草选择性，从而开辟转基因时代，就是一个革命性的原创。颠覆性、石破天惊的创新取决于首席技术官及其团队的创新素质和能力。判断他们是否具有创新素质，就是考察是否具有诸如：批判思维、挑战权威、敢冒风险、独立体验等特点，而盲从单一思维、崇拜权威、谨慎戒备、依附人格则丧失了创新的任何可能。以色列与中国在创新创业方面的差异，不少与这些相关。

判断他们是否具有创新所需的思维精神模式，一要考察他们的思维是否自由，至少既具有逻辑思维（形式、辩证）能力，又具有一定的形象思维（美术、音乐）能力；二要考察他们是否精神独立，至少拥有科学精神（质疑、严谨），又具有人文精神（关爱、超越）。

首席技术官有两种类型。一种是个体全能型，有点像墨子、达·芬奇等，文理兼通、技压群杰，天人合一、包打天下，这在新兴创业性公司中经常出现，如马斯克、汪滔。另一种则是全面整合型，有点像奥本海默、朱光亚，其是主流。他们善于学科专业的分解集成、知人善任和为我所用，如比尔·盖茨，任正非等，跨国公司的创始人、研发总部的"头头"，常常具有这种特点。

跨国企业的创新研发能力是众所周知的，其核心来自研究开发的领袖团队。这些团队并不包打天下、经天纬地。这些企业也不喜欢购买"交钥匙工程"，因为钥匙太容易被拷贝，无商业秘密可言。

他们往往能够根据产业发展的理念，或者产业发展遇到的实际困难，抽象出重要关键技术瓶颈，拆分成单纯学科专业课题，如力学、光学、手性化学、结构生物学……进而寻找到世界上在该问题研究上最优秀的学者，委托分包请他们研究解决。涉及其中的每一个学者，并不清楚企业在解决哪个瓶颈或者不知道瓶颈的全部，但却可以发挥各自特长。最后将各自单一的成果在公司内集成、中试、工业化。这一分解集成还原过程，保证了创新的专业性、优异性、保密性，这与会弱化内部研发能力，无法真正保密的"交钥匙工程"不可相提并论；这样，既实现了社会分工，也发挥了各自优势，还完成了技术保密。

这类过程涉及研究和管理、产业和社会的紧密结合，是传统学科所不能够覆盖的，因而将来可以萌生出新的工程管理学科和形态。

全面整合型首席技术官的工作特色之一是"翻译"能力，能将企业的经营战略和社会责任转化为纯学术、纯技术问题；特色之二是能通过分解分包、合成还原，汇聚全球最优秀的"脑袋"，防止并避免企业建立小而全、大而散的研发队伍；特色之三是能收集寻找散落民间的新颖思想，如通过广泛的外部小额招标，使得闲置低效的社会、大学、企业的智慧、信息、物质资源能相互自由匹配、通过试错探索，从而把握住偶然的机遇。

哪天我们拥有了这样的首席技术官及其团队，拥有了这样一个庞大的阶层，创新创业将不再成为一种社会焦虑。

第83章

科学与科学以外：文盲、科盲、美盲和常识

2020年春节新冠肺炎疫情期间，全国各地当时出现的奇葩传染事件，如乱吐口水，感染病毒者开出租车运客，染病后四处走亲访友并喝酒划拳等，让人无言以对。而意大利、韩国、西班牙、英国、法国、德国等，疫情刚开始出现时，无数民众无视官方警告，继续集会、抗议封城、唱歌跳舞、鄙视戴口罩，甚至在国会上嘲笑戴口罩的议员……直到病倒和死亡率急剧上升，一切悔之晚矣。当然更奇葩的是美国，从最高领导到精英阶层，竭力回避潜在的疫情，为保经济拼命轻描淡写，直至大难临头……这都充分说明科盲多么的愚昧可怕。科盲像文盲一样，会在特殊时期，给自己和身边的人带来灾难。

更有甚者，偏信华为的5G信号塔传播病毒，导致新冠肺炎，于是英国和荷兰的多处信号塔被科盲们烧毁，逼使英国内阁大臣出面怒斥危险的阴谋论、愚蠢的胡说八道。

疫情期间，在白宫记者会上，陪同特朗普总统左右的美国传染病首席专家福奇，公开表达与总统不同的专业判断，不谄媚权贵，不受政治的左右。特朗普蔑视科学和专业的意见，喜好党同伐异的阴谋论，轻视情报机关的报告，再加最初检测技术失误，导致失去了疫情防控的黄金70天。最后为转移矛头掩盖失误，创造出"中国病毒"一词，造成了歧视亚裔人的严重后果。

在科学日新月异的当代，科盲其实就相当于早年的文盲。现在文盲不多，但科盲不少。我国当前，十个就有九个是科盲。在公民具备科学素质比例方面，我国2018年仅有8.47%，与美国28%（2018年），加拿大42%

（2014年），瑞典35%（2005年）的数据相比，差距甚远。

过去的文盲是不识字，现在的文盲是没有人文常识，更不要谈什么人文精神；尽管现在不识字的文盲已经很少，但没有科技常识的科盲却很多，更不要谈有没有科学精神了。为甄别是否是科盲，可用于大众鉴别的判据有：太阳和月亮是绕着地球转吗？天下真有"鬼火"吗？所有东西都是热胀冷缩吗？光是波还是粒子吗？鸟是恐龙变来的吗？

此外，除了科盲，我们不能忘了"美盲"，还要防止"美盲"泛滥。由于普遍性的急功近利和美育的长期被忽视或者缺乏，审美能力薄弱成为比较严重的问题，其根本在于审丑能力不足，导致人们沉迷于臭美而不知其味。寻找美盲，非常容易，看看周边，千奇百怪的城市建筑雕塑、弹眼落睛的景点设计、五颜六色的装饰搭配，比比皆是。典型的如用卧室的窗帘装饰办公室、用厨房的品位建造实验室、用造猪圈的视角建造大楼等等。红黄搭配，又被称为"西红柿炒鸡蛋"，是我国标语、展板、旗帜常用的搭配，常常看上去陈旧而杂乱。如何使两色和谐、定量、科学、唯美地契合，就检验着我们全民的美感水平。

生物的本能是生存优先。可以说，人类历史上如果没有出现科学，应该属于正常；而竟然萌发出科学，这反而是不正常。这种不正常使得我们的思维，远离了动物，接近了"上帝"。创新出现极不容易、极其偶然。

科学家们常创建假设，然后寻求反面验证推翻这个假设，证伪失败则说明假设是真实的。而普通人则完全相反，提出想法，然后寻求正面佐证，以证明想法是对的。过程中，他们只想知道此想法的有效性，同时拒绝任何与自己不一致的舆论信息。科学重要的特征就是证实和证伪，而证伪更重要，而不能说"因为没法证明是错误的，所以正确"。找出有效到无效、正确到谬误、证实到证伪的边界非常重要，如药物依据计量都应该存在副作用，没有副作用的就不是药物。

科学是反常识的、永远在革命的、不单以追求实用为目的。希腊产生科学的原因，纯属偶然的是因为希腊有不追求实用的哲学传统，出了毕达哥拉斯，他把埃及几何学和自己的哲学结合起来，认为世界应该是数学的，而不是什么神的，从而开启了产生科学最关键的第一步。如非这样，人类到今天都还没有科学。一百多年以前，科学家还不是社会上最受尊敬的人，但原子弹的爆炸让人们见识了科学的力量。

能产生超越时代的、具有物质和精神双重推动作用、甚至颠覆认知的，只有科学技术，而文学艺术、宗教信仰都做不到。在科学技术发展之前，人类每一千五百年，人均 GDP 才刚刚翻一番，而在过去的二百多年里，由于科学技术进步，使得人均 GDP 每五十年就翻一番。而中国由于原初基数低和后发优势，恰遇信息科技的萌发，得以跨越通常的发展阶段，改革开放后，使得人均 GDP 在五到八年里就翻一番。

科学（包括纯粹科学、应用科学、工程科学）具有如此作用，源自其能催生出实用的技术和实业，发展产业和社会。"科学"本身不是真理的全部，仅仅是真理的一部分，并是探索真理手段。人类以科学方式取得进步，一点点靠近真理。但有人通过科学，掌握了一点雕虫小技，就狂傲自大，目空一切，而不知道，无法企及的未知是无穷尽的。人们的认知能力有局限，科学的态度就是宽容、谦卑与尊重，如此才能发现真理，并永续有益。

最初人们认为牛顿经典力学是真理，后来才发现，其适用于"宏观的低速"，爱因斯坦相对论适用于"高速"，也可以说，牛顿力学及其公式是有缺陷的，而爱因斯坦的公式是相对普适的，尽管用于地面物体运动计算时会过于复杂。但爱因斯坦的观点也并非绝对正确，就有科学家声明发现了不服从"相对论"的粒子，说不定将来量子力学超越或者突破牛顿力学的历史故事，有可能在相对论身上再次以类似的方式重演。

科学技术来自逻辑和实验，故而可靠。由于其可靠性，一方面，就有人借助科学作为外衣，来证明某种学说或者思想的正确性；另一方面，也容易使人对科学产生迷信。科学不是静止的，其在不断发展完善，永远没有终极的一天。昨天还认为很科学的东西，有可能过些时候，会被认为不够科学。除了高度抽象的"道"，或者无所不能的"上帝"，世界不存在能触手可及的终极真理、宇宙真理，只有对真理的不断揭示和趋近。

同样，在人际交往、产业发展、社会管理、生态保护等领域，发生或者遇到的许多问题和灾难，大多与迷信经典思维密切相关。中学阶段时，人们熟悉了以牛顿力学为代表的经典思维，也熟悉了在此背景下产生的、或多或少打上经典思维烙印的众多的人类思想（心理、经济、社会等），但恰恰不清楚经典思维的局限性。人们所知甚微的是，百年前随量子力学而诞生的、支撑起今日文明主体的是量子思维，以及在此背景下产生的、并或多或少带有量子思维烙印的各类学说、思想。

当人们沉醉在经典思维当中，或者只知道、只会使用经典思维进行思考时，人们会认为经典思维就是"科学"，乃至"科学社会""科学经济""科学生活"等名词，都也就应运而生。在我们惊奇并明白20世纪初诞生量子论以及随后的量子思维以后，就明白经典思维并非绝对正确，也知道它并不能百分之百地代表科学。因此，我们需要谨慎地知道，在我们经典的认知中，哪些部分至今还算是科学的，哪些已经明显过时，哪些经过改造可以使用，哪些需要彻底更新。

世界上的认知，基本可以分成科学、非科学、伪科学、反科学。科学开宗明义地申明其可适用边界，如果跨越这些边界，科学就可能成为谬误。科学及知识允许想象，但必须符合逻辑，必须可以在完全相同条件下被重复验证，必须是不取决于随意独断的真实存在。科学讲究真实，真实到接近无我；艺术讲究浪漫，浪漫到喜好主观表现甚至强调我就是艺术。某些演艺者寿命不长，这与长期生活在非理性中，过于癫狂痴迷执着，不无关系。

尽管科学和宗教本没有交集，那为何宗教一定程度客观推动了早期科学的发展？早期只有宗教才会供养科学这样精神层面的研究者和追求者，很多科学家都曾在宗教组织中担任要职，比如牛顿、伽利略等。在研究探索精神世界，宗教和科学尽管方法、目的、结论不一样，但二者感兴趣的领域范围是相同的。

没有申明可适用边界的知识、不可证伪的知识，属于非科学，其属于科学领域之外。艺术、信仰、宗教、神学属于非科学，信仰、宗教、神学或可视为是关于人类感受和心灵安宁及寄托的某种艺术，甚至是行为艺术。这种感受，因人而异，信则灵，不信则不灵，深信则不疑。信仰和宗教不允许怀疑，因为如果允许怀疑，就说明原先的信仰或者宗教信仰还不牢固或者出了问题，也就没有了宗教和信仰。宗教和信仰都是无法验证和重复的，通常也无适用性边界限制，故常被称为"放之四海而皆准"的真理。

非科学的事物大量存在，有些具有独特的存在价值，如：魔术使人娱乐，充满想象，尽管其幻象的结果是非科学的。如在魔术中，人可以自己飞，使用的手段却是科学的方法和技术。魔术可促进科研与乐趣，提高孩子对科学的学习兴趣，丰富想象力。在孩子游戏中，可以引入魔术，让其感受哈利波特魔法学校的氛围。将游戏与科学有机结合，寓教于乐，不失为是促进学习的极佳方法。

科学的不可能万能，科学的可靠性、正确性、严谨性，决定了其必定会留下许许多多的空白等待填补。因为宇宙虽有边界，而此边界每天都在加速扩展，所以，即使未来科学发挥的领域越来越宽，边界不停地向未知领域扩展，也终有不能企及的边界以外的时空。这些时空将会被艺术、信仰、宗教、神学等非科学所填补。在科学已经明确的领域，非科学不得不放弃影响或者主动退出，否则就是自欺欺人，谋财害命；在科学无法明确或者企及的区域，人们不能盲目坚持强调科学主义或者以迷信的态度固执坚持科学，因为这种坚持和执着就违反科学适用性的规范，如此可能获得反科学的结果；所以为了科学的发展和荣誉，有必要允许非科学在科学以外的时空，自由展示其魅力和行为艺术。

科学主义是个贬义词，应予以警惕，不能把"科学"这种单一工具提升到判断一切的高度。工具就是工具，能用就用，不好用就用别的工具。

伪科学与许多非科学不同，总是信誓旦旦地自称为科学，但其从不遵从科学的方法和思维，常是在没有系统实验数据、甚至没有空白对照双盲实验证据、或者推理不合逻辑的情况下，偏执强调其断言，犹如"灵光闪现"。申明是科学的占星术、算命等就是一种伪科学，它们总是只作极模糊的、能包含各种可能性的预测，使之可以随意解释，以满足各方心理需求。但如果将这些说成是心理学，公开声明是非科学，有艺术成分，那也没有多少错误。

反科学，是以科学的名义，通过极端强化某一宗教或者政治意识形态的论点或者假说，超越伦理所需要的限度，对科学发展进行出于政治目的的制约或者定向，实际呈现了毁坏科学的效果。这些事件包括纳粹鼓吹的人种论、欧美某些人偏执反对基因克隆，美国有些人反对疫苗导致麻疹再现并泛滥，美国以政治不正确打击诺贝尔奖获得者沃森等，当然还包括我国某些人盲目反对农药和转基因，罔顾伦理开展人体胚胎基因编辑，也包括苏联东欧及其我国曾经对化学共振论的批判，苏联对孟德尔基因和摩尔根遗传学说的批判，以及建立荒唐的李森科的无产阶级遗传学等。

有人说，凡是科学的，皆可证伪；凡是哲学的，都能质疑。但凡是形象和善、貌似强大、实质邪恶、自称科学的学说理论，根本不允许有任何反对和辩驳。不允许的原因，是经不起证伪和质疑，而这恰恰反证了其邪恶和虚弱。

第 84 章

人生哲学的全息原理：内因外因融合

1666 年，牛顿在乡下老家躲瘟疫黑死病。在宁静又无聊的乡村日子里，他在那独立发明微积分，完成太阳光谱七色的分解实验，发现了万有引力定律。1687 年出版《自然哲学的数学原理》。

过去认为，外因通过内因而起作用，而现在内因外因能融合而成第三者，就像基因的甲基化和去甲基化，内因外因变得同等重要，能纠缠化合到一起，甚至相互无法区分。内因外因融合中最典型的就是表观遗传，通过核酸甲基化环境造成的情绪、性格、认知可以遗传几代甚至永远。

现在大到宇宙爆炸和宇宙边缘，小到光子、电子，人们都可以科学地描述，但就是对人生的许多特点和过程，无法清晰地概括。现将古今中外已有的种种有关人的特点和数据，作一汇总讨论，模仿牛顿的"自然哲学的数学原理"，故而，戏言为"人生哲学的全息原理"，围绕人，探索描绘从分子核酸到巨大星座视角的人的"命运交响曲"。

个体差异性正是改变思维的重要基础，是创新的重要来源。机械产品是流水线生产，整齐划一。生物存在个体差异性，天底下没有同一片树叶，孪生兄弟姐妹还有容貌性格差异；生物个体不同于机械产品，无法给出统一的特征描述与标准，更何况性格、气质等特征，还受出生地、生长、学习、工作环境的影响，受着周围人和事的影响，所以性格才千差万别，这就是表观遗传学的规律。创新的机会，也就来自个体差异性，来自个体差异性的自由表达和展现。

常言道"性格即命运"，"命"是基因所决定，"运"是环境所决定，两者长期的相互作用，就会成为在几代人中显现出的"命运"表观遗传学特征。

人生地理环境影响性格。晏子说："橘生淮南则为橘，生于淮北则为枳，叶徒相似，其实味不同。所以然者何？水土异也。"对生物成长而言，环境与基因同等重要，在表观生物学规律被发现的今天，非常容易理解。人的体格、性格与血型、出生的时空、后天生活环境有着一定的、但不绝对的关系。广东人、山东人、四川人、江浙人、湖南人、湖北人……种种性格特征非常明显。林语堂在其《中国人》一书中，有非常有趣的描述。地理环境促使一个地区的居民形成独特的言行特征、心理素质和性格特点；历史积淀、历史文化对人的性格有潜移默化影响；气候规律和饮食习惯使人的生理产生变化，进而影响性格特征。

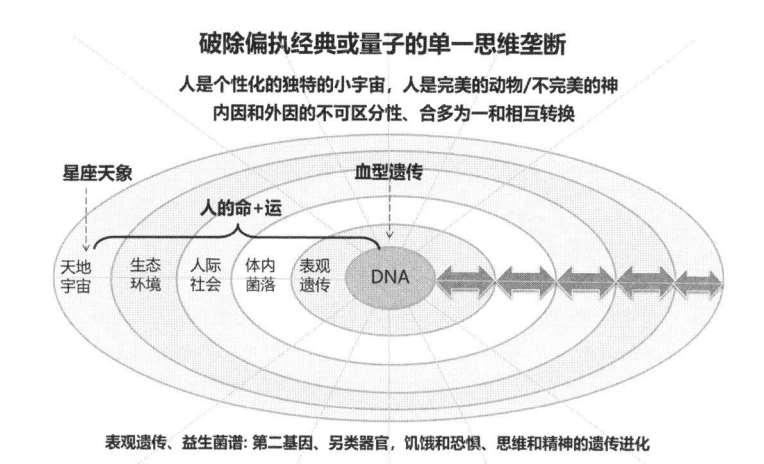

图 7. 人生哲学的全息原理：内因外因融合、多因素的融合

血型与星座常被有些人用来分析性格。然而，追求绝对精确化，必定夹带着迷信，而走向其反面。一个人的特点，犹如量子几率波函数，在人观察以后，立即坍塌，常会显示出我们目前希望看到的结果，如明显的规律性，而某些原初天生具有的可能性或多样性被忽略或者丢失。事实上，基于血型与星座的性格分析，是一种分类的概率统计分析结果。血型及星座与性格的关系，按类而言，具有一定的共性与规律性，小类别涉及的样

本数越大，即越宏观，则可能越精确；而具体到个体，则无法谈得上准确，只能视为似乎出现的概率。

血型与生俱有，不会改变，如果说人的血型与性格有一定关系，那么就需要友善对待每个不同的人，顺应人性。江山易改，本性难移，采取相应的方法，以便相互更加宽容和体谅，避免矛盾，使事情向好的方向转变，既有益自身健康，又创造宽松和谐的人际环境。

天象星座对人有多大影响，没有确切的数据证明。但近距离的日月运动必定对人类的命运有所影响。有研究认为"泰坦尼克号"沉没是百年前月亮惹的祸。那天，地球和太阳、月球形成了一条直线，月球距地球的"近地点"距离是一千四百年里最近的，其对海洋潮汐产生巨大影响，使格陵兰岛冰川的一块冰山脱离，漂向北大西洋，导致"泰坦尼克号"的末日。由此可见，近距离的天象，与人生、地理一样，对人及人类的命运有所影响。

像图书馆按英文字母排列书籍一样，将生活中的随机杂乱的事件和情绪感情，按照数个基本模块，即星座，梳理分类、依次归并排列上架，会给人以可知感、可控感、安全感、秩序感、甚至愉悦的感受。如此，人们不必孤独地自我化解情感，而是在与别人的交流中，通过感情共振而消解压力和不适（从这个层面讲，有点像太极阴阳八卦的六十四卦分类和预测）。

人们可能不知道精神分析大师弗洛伊德、荣格、科恩说过些什么，但每个人都有认识自我和他人的烦恼、并希望寻找到调控情绪的依据或推脱责任的借口。星座提供所有人一个对自我进行精神分析的框架，是每个人都成为自我的精神分析师，并且很自然地会把别人也带入其中。当人们聚集交谈，星座是最易找到的共同话题，是抒发内心真实想法的出发点。敞开心扉是心理健康的关键步骤，作为非科学的星座论坛之所以广受欢迎，原因在于它打破了交流障碍，把过于私密的个人情感去个人化，让人们愿意吐露痛苦和负面情绪，相互暗示，共享欢乐。

没有任何科学数据证明行星真会影响人的性格或行为，但美国国家科学基金会2014年资助的一项研究发现，几乎一半的美国人相信星座属于科学。一个有着坚定精神信仰的人，如相信星座的人，心理健康状态确实会比较好。星座学说以围绕日月天地斗转星移的归类组合的独特方式，让人们感触到超越自我的、影响情绪和行为的力量；星座的作用，不在于自我反思、自我鞭挞，而在于自我解脱、自我鼓励，这些对害羞的青年人尤其重要。星座强调了群体的共同情感特征，淡化了每个人情感的个性化特征，"难相处"或情绪有问题等，不再被认为是个人缺点。这种共同拥有感，大大缓冲消解了对抗悲伤或焦虑时的孤独感。

胎儿的重要器官在怀孕后几个月内开始发育，所处的春夏秋冬，一定程度上决定了出生婴儿的特点。人们也发现，天体引潮力对胎儿的智力发育有影响。

指纹学，指纹图形学，是中国古代的又一发明，带有全息的遗传信息，可以预测某些疾患，但会被迷信地用于预测命运。

20世纪初，人们发现了人体节律。它是调控工作、生活的重要参照。但由于基因和个体差异，环境变化及外部刺激，人体节律的潮起潮落描述，无法定量准确，也谈不上很可靠，只能提供可能的概率。体力、智力、情绪健康三象正弦曲线，其周期高潮可视为阳，低潮可视为阴，临界可视为冲（不阴不阳、可阴可阳）。其犹如三输入的逻辑变量，变化多端，多样性明显。这就很像中医诊脉时需要三个手指，此可能对中医及其他平衡医学的诊断技术的发展有所助益。

遗忘曲线是可考据的科学，其核心是"保持和遗忘是时间的函数"。遗忘在学习之后立即开始，最初遗忘很快，以后逐渐缓慢。根据遗忘曲线，为记住所有的内容，采取递次缩减时间间隔的复习方法，犹如不停地进行数学积分以求圆满，会达到事半功倍的效果。

思维导图是形象化帮助人们思考的放射性图形工具，其构图外形如同脑神经元细胞结构图，是一种将思考具体化的方法，图文并茂，简单有效。

过去人们常常认为出生时的星座天象与人们的一生运气紧密相关，因此就出现了以算命拆字、星座运势为生的特殊服务行业。随着科学的发展，人们又认为血型、特别是后面发展起来的基因，是决定人们人生运势的决定因素等，几乎发展成了"科学算命"。而当代的科学发展和实验表明，基于纯粹外界条件的"算命"，如星座运势预测，就像媒婆们的娱乐；纯粹内在根据的"算命"，如基于基因序列和血型等，就像科幻者的娱乐。这两者虽都具有很低程度的合理性，但绝不是人生命运预测的可靠分析判断基础。

当代的新科学发现表明，尚有许多其他因素影响着人的一生及其运气，至少有诸如表观遗传和体内菌群这两个重要因素。

基因上的甲基化等化学修饰基团可在不改变DNA序列的情况下影响蛋白质的表达，这种现象称为表观遗传学。表观遗传对每个人甚为重要。人们发现，饥饿和恐惧、健康和幸福、思维和精神，会在一定程度上遗传。即作为基因的内因与作为环境条件的外因，会合二为一成第三者、或者第三境界，即表观遗传因素，在分子水平上以基因的甲基化方式留存记录下来，通过遗传影响几代人的一生。只有在特定的外界环境条件消失很长时间以后，这种表观遗传因素和其引起的变化才会消失。

体内菌群体，又被称为控制人的第二大脑。体内菌谱和益生菌，就是影响人健康与寿命的第二基因、另类器官。人际关系、各类生态与环境都会通过表观遗传或者人体菌群影响每一个人。

因此，可以说，人的一生是受到遗传基因、血型种类、表观遗传、体内菌群、人际社会、生态环境、星座天象、天地宇宙的共同作用。这种作用不是单一的，而是多向的；不是仅仅被动的，也可以主动的，如喝酸奶，使用特定的益生菌打破原有的体内平衡去调节胖瘦。人们可以通过改变这些因素，去改变自己的命运。可以这么讲，每个人就像一个个性化的小宇宙，在与自身内部和外部的相互改变中不断自我进化。由此可见，除了调剂自我体内的情绪和菌落以外，为了自己，为了下一代，为了社区，我们需要创造良序的社会和人际氛围，创造优美的生态与环境。

第85章

突破知识的围墙：完整学习、大制无割

强调知识体系的专业化分工，以培养工业化所需的"螺丝钉"，苏联最为突出，其次为法国和德国；而在打破学科分类、强调交叉方面，美国、英国、瑞士则相对突出。

苏联式教育体系，特别是高等教育体系，显著特征是专业分工极细，实用性极强。其工业化的教育模式培养的亿万螺丝钉，在通过集体力量把苏联从一个落后的农业国变为先进工业国的过程中，发挥了重要作用；然而，在发展到一定水平后，个人活力不足、创新能力不足严重拖累了苏联的竞争力。贻笑大方地宣扬过无产阶级生物学的权威、苏联科学院院长李森科，当年曾经明确强调了苏联教育模式的指导思想：在苏维埃制度下没有了"人"，只有一些蛋白质的合成体，我们按照社会主义建设的需要，把他们培养成农艺师、工程师、医生、教师……强调把人培养成技术性的工具，即有技术含量的、可以替换的齿轮和螺丝钉，这样的工具必须实用、好用并便于使用。而如此的氛围下，导致以追求真理，探索真理为最终责任的人文和社会学科，只会在"真理"已经确定的前提下，做技术工具性的图解工作。

实体组织、职业导向、学科窄化三重结合的苏联大学专业教育模式，体现出行政色彩、职业训练、学术研究三者的融合，弱化了学生思维和能力的提升和拓展，忽略了用于形成知识框架的纵向课程深入体系化、横向扩展结构化。结果，学生成了知识点汇总堆积的杂乱仓库。

国际先进大学，基本没有职业色彩特别强烈的专业，研究型大学更是如此，只有开放性的"主修"或者"课程体系"。如果这就算"专业"，那也应该是一个非实体的、柔性的、按照内在逻辑编组的课程组织形式，具有同类共性和个体特性，不会因师设课，而是因结构而设课。

主修课程表必须根据学科的主辅修知识课程结构和学生个人的特点来选择决定，没有课程可以随意任选。在导师组的帮助下，学生按照知识课程体系的基本框架类别，选择合适的课程组合，包括主辅修的搭配，形成独有的个性化结构。

有人说，麻省理工在科学技术领域最显著的特征追求是：梦想和革命，并以此引领全世界的制造业。在麻省理工，传统僵化、习以为常、天经地义的学科分类和方向定向，变得没有多大意义。他们认为，科学最令人兴奋之处，在于交叉领域。博学是提高学生素质能力的标准配置，他们的研究只聚焦一个共同主题，即拓展人类。一个麻省理工的学生，可能精通五个以上领域的研究。这里似乎已经根本没有了学科的概念。

长期以来，传统的研究者都忠于并固守自身领域，迫不得已才偶尔跨界。然而未来人类面临复杂而艰难的挑战，这就要求人们必须在一种开放的氛围环境中，在多学科交融互动中共同解决问题。当代的麻省理工更关注人类本身，而技术反而成为附庸。他们自豪地宣称，我们消灭了学科分界，没有研究定向，只追求颠覆性的梦想。

如此，麻省理工试图消灭很多东西，如没有专业、没有课程，甚至连教室都没有，取消面对面的线下课程，模糊本科生和研究生的区别界线，以研究探索课题代替墨守成规的知识内容。例如，传统意义的应用数学家在麻省理工很少，没有应用数学系，这不是应用数学不重要，而是作为基本技能的应用数学早已融入所有系所，整个学校就像是一个巨大的应用数学系。

2016年11月14日，芬兰正式公布，从那时开始到2020年之前完成，废除小学和中学阶段的课程式教育，转而采取实际场景主题教学。成为世界第一个摆脱学校科目的国家。

分科教育方式，并不是人们原初认识世界和现象的最自然方式。分科教育系统是19世纪确立下来的，已近两百年，已不适应21世纪的教育体制。从现在开始，赫尔辛基的孩子们就不用再上单独的数学、物理、化学、地理课等课程；他们的课程将是贴近现实，更有助于理解这个世界运作规律的主题式教学，诸如"多角度理解世界大战"，或者"怎样在咖啡馆工作"这样的主题。

这在教育上是一个根本性转变，学校教育不再是分科之学，如数理化，而是设法帮助学生围绕问题核心的认知并形成自己的主见。2013年芬兰就开始了"现象教学法"的试验，针对生活实际话题，融合各学科知识，培养孩子融会贯通的哲学思维能力。注重思维能力的培养，如三年级的学生有门主题为《时间、年龄、我》的课程；而反观我们中国的孩子，虽然聪明、成绩优秀且听话，但思维、思辨能力却普通偏弱，并幼稚而手拙。如此整体关联的教育颠覆了原有的分科教学模式，学生认知成为教育核心，而不是传授的教学内容。通过兴趣分组，讨论研究，交流提高，互相评分等，类近于企业工作法。从而彻底告别传统的知识灌输，变成主动的学习能力提升。

学生不再是被动的角色，他们将在团队中互帮互助并讨论问题。这对教师提出了更高要求，教师不再是从前的掌控者，必须以咨询顾问的身份参与教学。

第 86 章

超越左右：手性对称的世界

只有左或者右，是残疾；协调左右、超越左右是智慧，人脑与社会之脑均是如此。

世界的对称有多种，而最为有趣的是人体的手性对称，即左手不可能换为右手，右手不可能换为左手。左右脚、左右眼均是如此，左右脑也是如此。

人的器官多是以左右成对出现，体现着超越单一功能、单一思维的重要作用。单眼只能感受到平面影像，而不是立体景色。单耳只能感受声音强弱，无法感受距离及方向，没有立体韵感。右耳听忠言，左耳听情话，因为左脑偏逻辑，右脑偏直觉。右脑管"五感"（视、听、嗅、触、味）和身体左边器官，左脑管"五感"和右边器官。左右脑对肢体器官的控制各有分工，而对五感的控制则共同而有侧重，从而互相验证、互为标准，保证了判断的正确性。

因此，在谈论信息对称时，手性对称这一化学的基本原理具有重要启示，既简单又不简单，关于生命起源的最重要化学原理莫过于手性对称。

1844 年，巴斯德发现了分子的手性对称。原子连接次序相同，而空间排位不同的手性分子，具有不同的功能和益害。如，左旋肉碱是有减肥作用的氨基酸，而右旋糖酐是血浆代用品。天然分子大多内部左右消旋，表面的左右现象被掩盖和消失。左旋或者右旋分子，是否有正面功效或者负面功效，取决于条件、环境和面对的问题，没有统一的定论。

人脑是意识的来源。人脑由各类具有手性立体差异的蛋白质分子组成，而任何分子与分子间的相互作用，诸如吸引或者排斥，以及相互的分子识别和传感，外界对大脑的刺激，均会引起大脑内部的分子群体状态及其识别传感发生变化，因而我们有了喜怒哀乐的意识表现。

左右脑差异小的是动物，差异大的是人；昆虫的脑，纯粹而简单，无左右脑之分，犹如一张银行卡上处理简单运算的低级芯片；再聪明的猿猴，尽管在动物界已经足够聪明，其确实也存在一定的左右脑差别，但差别很小；而人脑差别则很大，人的左脑擅长逻辑，右脑擅长形象；与电脑一样，储存图像需要较大的空间，所以人右脑的信息容量是左脑的一百万倍。

左右脑通过作为连接桥梁的大脑第三部分——胼胝体，相互协助、相互激励、相互抑制，从而组成了我们有情感、有理性、有信仰的思维自由、精神独立、能力善成的人。左右脑的差异与胼胝体连接，三者并存互联，是"三生万物"意识的根本来源。单一依赖左脑或右脑，会使得原来互联完整的包含理性和感性及灵性的思维世界，被一分为二，情绪失控、冷漠忧郁就结伴而来。过分的左脑训练，会使右脑难以发挥。顿悟就是右脑潜能的闪光。绘画疗法能劝助右脑脱离痛苦的图像及情绪记忆。同样，多用右脑也有利睡眠。

左脑重理性，善推理，逻辑强；右脑重感性，善创新，跳跃强。没有左右的是虫脑；只有左脑或者右脑，则是脑部残疾；有效协调左脑右脑、能超越左右的，是大成智慧。

因为生物特有的机能上的用进废退（当然也会竭尽而衰），人脑的功能维持与发挥，既需要糖分等物质营养，更需要精神的营养，如左脑需数字、语言去运转逻辑，右脑需彩像、音韵去运转想象，只有这样，人才会幸福。要消除内心的孤寂，免除孤独，需强化左脑与右脑间逻辑与想象的交流，让代表自然真实世界的左右两个"我"自由对话合作，让左右的两个"道"自由贯通融合，让左右的两个"上帝"交流沟通。

人的器官因手性对称而分左右。推广来看，社会也分左右，人群也分左右，思潮当然也分左右。左右存在均有其必要，但不能只依赖左或右。而人脑与社会之脑——即社会的意识形态和社会智库的角度，有类近之处。人脑和社会，作为一个整体，缺少了哪个局部结构，缺少了哪个功能，就会运行困难，如果走向极端，特别是单一的极端，就会灾祸不断！各个部分和结构间需要融会贯通，否则就会淤塞和烦恼；即，通则不痛，痛则不通。影响国家和社会发展的极左与极右例子有许多，如纳粹、红色高棉等。

　　左与右的同时存在，并能够手性对称，才可能构筑完整多能的宇宙和自然界的魔术手，如核酸、蛋白、酶等。基因由互相吸引、互补，并且无法相互替代的左右两条核酸链所组成，复制、遗传、进化等功能得以发挥；蛋白酶往往由左右两个以蛋白单元所组成，协同的作用才显示催化效果。

　　左脑思维让生活更加便捷，右脑思维让人们更加快乐，具有电脑和人工智能无法企及的能力，才能保持人的尊严，占领未来先机。手性对称并融为一体，才能真切地感知和操控世界。从手性角度思考，会发现在智慧的层次上，左与右不是简单对称、正反对立、黑白互补；左与右的手性对称实现的是功能互补和提升，而不是简单的对立统一；左与右的存在理由，源自于无论如何转换，它们也不具有相互替代性；如果两方面属于简单对称，适当转换就具有相互替代性，那么这两个方面都会失去独立存在的意义。

第 87 章

第三境界：超限知识体系——系统/交界

呼唤走向世界，源自中国的知识体系。

中国的知识体系，在一定的历史阶段，主要在过去的一千年里，由于缺乏严谨的形式逻辑原理，发育不良，自身的缺陷比西方更为明显，所以最终没有发展发育完全，今天我们使用的几乎完全是西方知识体系。这也带来了一些问题，一是不能充分解决中国发展的问题；二是对世界知识体系没有明显的贡献。

几百年来，我们是尽力用囫囵吞枣引进的、断章取义的、好恶选取的知识体系来理解我国现实，结果认知与行为脱节、话语体系与运行体系脱节、说教与现实脱节，用"上海滑稽戏"语言演"东北二人转"，进而带来了一系列问题。

由于缺失自己的知识体系，用了不合适的知识体系工具，结果常常无法充分解释自己的社会，认识不清社会趋势，不知如何化解越积越多的难题。

"五四"以来，中华作为失败虚弱的大国，低头膜拜西方，西方成为真理和科学代表。当时学习西方，就是一种正确的选择，当时唯一的分歧在于向哪一个西方国家学习，或者向西方学习哪个方面。

没有知识体系的文明，不可能引领并获得外界发自内心的尊敬。现代知识体系在西方产生和崛起，"西方中心论"也就成为必然。我国知识阶层在思维和思想上依附他人的情况下，不可能造就能走向世界的中国特色的知识体系，也就不可能成为一个真正的"对世界文明作出较大贡献"的大国。

要摆脱这些，关键是思想解放。尽管前秦时期有百家争鸣并基本确立了中国思想体系，但随后，这一思想体系很快退化为王权依附体系。因而，中国历史传统上缺乏知识创新能力，只有依附于王权的知识图解说教。只有当天下大乱或者王朝解体时，乱世出英雄，才会产生一点新思维或者新思想的苗头。近代"向西方寻求真理"后，王权依附就演变成为西方知识依附。要建立独立的新知识体系，在法律规范言行的前提下，就要有更多的思维自由。一旦思维被控制时，就不再具有想象和创新的能力。

知识体系是文明的内心硬核，没有此内核，文明只能成为文化或者化石。知识创造源自个人的想象力和创造力，基于此并通过共识，才能强化为群体知识而显示巨大现实威力，经历岁月的砥砺，最终才能积淀而成为文明。这在欧洲的文艺复兴和中国的春秋战国时代，表现得尤为鲜明。

个人的知识体系，即结构化的个人知识，是支撑任何一个人气质素养能力的内心硬核，没有这个内核，任何思维模式都难以运行，也就很难成为知识的创造者或者运用者，只能成为满足于吃饱穿暖的自然人。

我国知识界、思想界、思维界在一定程度上贫乏、贫困、平庸，没有为诊断现实、改进运行、预测未来作出显著的贡献，要么是事后诸葛亮，要么是拍案惊奇，甚至是胡言乱语、讥讽谩骂，就是没有心平气和的讨论，只有诅咒，在不同的认知极端震荡时，表现得非常情绪化。这样就无法形成源自中国、能走向世界、受国际欢迎接纳的中国知识体系，我们的文明疆域、思想疆域仍然缺乏辐射力和魅力，与历史上自然走向世界的老子哲学思想、中华饮食文化、中医中药文化无法相比，都差得很远，更遑论国际话语权。

1956年毛泽东明确指出，中国应当对于人类有较大的贡献。而这种贡献，在过去一个较长时期内，则是太少了。这使我们感到惭愧。但是要谦虚。不但现在应当这样，四十五年之后也应当这样，永远应当这样。他强调了"应当"，说明我们还没有做到，他强调"较大"，说明我们只有较小的贡献。我们由于缺乏自己创造的知识，没有自己的知识体系，目前我国对世界文明仍然缺乏与大国地位相称的实质性的贡献，缺乏国际的话语权和尊重。我们如要改变近现代以来单纯移植西方文明知识的习惯，就得继承革新中华文明原有的知识体系、完善成长逻辑，探索能够走向世界的、源自中国的知识体系。

人生哲理是从探讨生死开始的，人类真正的哲学思想、科学的思想是从探讨宇宙本原和秩序开始的。东西方科学思想的差异，主要体现在思维方式的差异。东方思维认为世界的演变是"此消彼长"的"转化"或者"轮回"。西方思维认为，世界的演变是"不变"要素的结合和分离，是"聚散"。

一旦剥离了现代科学历经千年发达至今的表象，回归其思维方式，同时亦隐去古中国科学的泥土味和原始形式，也回归其思维方法，仔细分析，就可以发现中西之间有趣的差异：西方思维长于分析，东方思维长于综合。

比如，中医：整体论方法、关注人体整体健康，西医：还原论方法、关注焦点是疾病；中医：单个完整的人为对象，个性化给药，西医：器官作为对象，群体测定发现药；中医：依据经验使用大量多成分混合药，西医：使用活性成分单一的结构清晰的药。

知识与学科体系发展的东西方思维差异，具体体现在到底是偏执于转化、还是分合。东方知识体系的思维主线认为："变"是"产生"和"消灭"，就是要素的变化、转化和轮回；西方知识体系的思维主线认为："变"是不变要素的结合和分离，概括就是"分合"和"聚散"。

西方知识体系描述，往往是结构模式、几何描述、演绎推理，具有公理论的特征；而东方知识体系描述，往往是功能模式、代数描述、类比推理，具有模型论的特征。

这些特征也深刻地反映在普通西方人与中国人的日常思维差异上。用形象来表述，西方思维就像"瑞士军刀"，刀、剪、开瓶器、牙签、镊子等基本要素组成，以满足日常的需要；用形象来表述，中国人的思维就更像"万能钥匙"，即一把钥匙，可以开不同的锁，以不变应万变。如果中国人有把刀，一定会既用于切西瓜、也用于涂黄油，也用于裁纸，以不变应万变。

实际上，思维方式既无天经，也无地义，一切看能否帮助实现理念、能否解决问题。道法自然，实际这些思维方式自然界都有，甚至更全。如酶是自然界的化学家、化学工程师，几乎能把许多物质转化，如，依靠酶，我们吃到肚里的动物、植物、矿物都会被酶转化成能够吸收的小单元，或者便于吸收的物质，最后在体内重组化合，成为我们身体的一部分。

自然界具有体系模式多样性和互补性。自然界的酶通过柔性变化、分子识别、进而与对象紧密结合，最终将其转变成新物质。酶具有多样性，有不同的种类、功能和调控作用。如转化方式有转化酶，分合方式有分解酶、合成酶，所有的酶都是通过量子相干性、量子隧穿而呈现高效率。

形象地讲，如果说，过去西方思维强调的是知晓树叶的模样，那么中华思维强调的是知晓森林的模样。而中西整合和超越中西思维的要求是，既要知晓树叶的模样，又要知晓森林的模样；既要做到关键细节清晰，又要做到系统全面关联；既会点线面体的分解结合还原；又会整体相关的模型发展。

过去学科专业的分解产生了庞大的"知识工人"阶层，社会与生活被极其简单的分析思维所统治。这些"知识工人"尽管有良好教育背景、熟练的技能，但由于人工智能时代的到来，这样的人即将过剩。而今后重视整合、特别重视"波粒二象性"的量子思维特点训练，就能培养催生出"智慧总师""首席技术官"。

要跨越左右，训练锻炼整合性的超限思维，方法有很多，主要通过人文艺术体育，如听交响乐、逛书店、学习绘画、参加群体对抗体育等。绘画就是观察事物之间联系，再把这些联系组合成一个整体。当然还有就是在发现现实问题的过程中，寻找解决问题的专门性学科办法。

能够超越这种东西方两种固有思维方式的超限思维方式，更强调格局、整体和系统，特别关注不同的体相、尺度相互形成的界面或介尺度，尤其关心在此的临界规律和与主体规律的关系。在大融合中，既关注全局，又关注关键节点（交界）。这样的思维不会陷入非此即彼的困境，在从微到宇的跨越尺度过程中关注关键的介尺度，能很好地处理整体与局部、系统与界面的关系。

六、智慧篇

思维、精神、能力

烦恼源自思维梗阻和禁锢，思维发展需要多维度；幸福和智慧，在于思维自由和精神独立；思维三要素：逻辑、形象、格局；精神三首要：质疑、关爱、使命。善待观点超越观点，打造自己的思维工具箱；超限思维，爱智慧近真理。

本篇的重点是独立自由。

第88章

民族的智商、情商和灵商

运行智慧的基础、思维与精神的基础，是智商、情商和灵商。

人的思维在大脑，因而思维水平必定与智商和情商甚至灵商相关。一般而言，人们很少关心一个群体的智商与情商。智商与情商不等同于创造力，不代表现实的高能力，它只代表潜在素质和发展空间。只有逻辑与想象和实践的结合，才能体现创造能力；逻辑与想象和信仰的结合，就能体现出不同凡响的影响力。

世界智商地图已经为人熟知，智商最高的是犹太人和东北亚人，如华人。以华人为代表的东亚地区是全世界最高智商的庞大群体之一，这与人们的感知没有差别，也没有大的异议。

某些论者否定"由于先天基因因素，不同种族的平均智商存在差异的事实"。东西方各有自己的"政治正确"，西方的"政治正确"也渗透到社会的方方面面，以至于能无视实验真相和科学依据。2019年初，持智商差异观点的诺贝尔奖获得者、20世纪最伟大的科学家之一、DNA之父詹姆斯·沃森，被扣上"种族歧视"的帽子遭受打压和边缘化，他创立的纽约长岛"冷泉港实验室"剥夺了他在冷泉港的名誉校长、名誉教授和名誉受托人在内的所有荣誉头衔并彻底除名。前些时候，令人尊敬的九十多岁的老先生心情郁闷摔倒在地，导致骨折。

许多心理学家认为，不同族群的平均智商差异大致可分为五个层级，阿什肯纳兹犹太人（来自欧洲）平均智商最高，高达110—115，突出之处在语言能力智商部分；东北亚人种（中韩日）的平均智商106左右，强项是视觉空间智商，这和人们的感觉类近，即亚裔工程师特别多，比犹太人的工程师多；白人，平均智商是100左右；拉丁裔，智商大概90多一点；

美国黑人，平均智商85，比白人低15点，智商85是美国军队征召入伍的最低要求。自从人类开始智商测试后差异一直如此，直到如今。并且，越是精确测量G因素智商测试，就越能测出一般智力的水平，从而印证平均智商的五个层级。

智商存在趋中心回归现象。其表述为，尽管同一种族人们的智商是离散的、存在偶然的高低差异，但有一个覆盖所有人的平均值，即平均智商，任何一个家庭下一代的智商都倾向于回归这个平均数值，而不论父母的智商高或者低、也不论生活环境或者家庭的贫富高贵低贱。人们在黑人家庭实验观察中肯定了这一现象。典型的如，一对智商非常高、工资很高的黑人夫妇，其孩子的智商会偏低。而智商都很低的夫妇，他们的孩子反而常常表现比人们预期要好。

外在环境确实对孩子智商有一些影响，但进入成年后，环境对智商的影响基本消失。即成长环境对智商的影响是有限的。对在白人家庭和白人环境中长大的黑人智商观察验证，证明了这一点。2009年，家庭年收入超过16万美元的黑人学生SAT考试平均得分，低于家庭年收入低于2万美元的白人学生。

华人和犹太人为什么普遍智商高，却少有人解释。有人从基因和物质角度解释差异，认为民族智商差异来自大脑物质差异。东亚人比白种人脑容量多1立方英寸，白种人比黑种人多5立方英寸，但这种分析很容易有种族主义的嫌疑，也没有直接相关的、大样本大数据基础上的可靠科学依据支撑，而反例是，爱因斯坦的脑容量就不是很大，而且，人的一生，只用了脑子的一小部分。另外，也有报道称华人与英国白种人的眼动模式不同，可能性源自不同人种大脑结构和功能的不同。多年前，人们仅仅是以欧洲人种为基础，绘制出大脑的结构图，目前看来，不同人种之间大脑的结构可能会有某些差异。

不同肤色人种中，都有极聪明智慧的人。黑人中有非常众多的音乐、运动等方面的杰出人士，同样也有杰出的科学家和工程师。101岁去世的黑人女数学家、美国登月幕后功臣、被誉为"穿裙子的计算机"的凯瑟琳·约翰逊，她只靠纸笔，算出了精确的轨迹，使得阿波罗在1969年降落在月球上，让阿姆斯特朗创造了第一次月球漫步、又回到了地球的奇迹；在此之前，1961年她帮助小艾伦·谢泼德成为第一位进入太空的美国人；1962年她帮助约翰·格伦成为第一个绕地球轨道飞行的美国人。我说这些，表明我并非对黑人兄弟姐妹不敬，而是在本章陈述智商分布的科学事实，而我本人对黑人的科学家、政治家、文化和民族英杰、特别是才能超群的运动员和艺术家，充满敬佩。

将智商高低与遗传完全挂钩，会有种族主义嫌疑；但如将智商高低与童年发育和文化环境关联，可能会有新的发现。

诺贝尔生理学或医学奖获得者斯佩里曾研究认为，右脑的信息存储量是左脑的一百万倍。而95%的人，仅仅只用了左脑。许多人终生只用了大脑的3%到4%，其余都蕴藏在右脑的潜意识之中。右脑在三岁以前即发达，儿童十二岁开始和成人一样因使用右手而转以使用左脑为主。

我对中华高智商的可能解释是，中华语言文字的独特性对高智商的贡献不能忽略。中国古人早就总结发现，灭一国先灭其历史，灭一族先灭其文字。语言文字，特别是文字（而不是劳动，即以符号描述人事物）是人类区别于动物的重要标志，甚至最重要的标志。

中华语言的同文不同语（方言差异性可能在全球最大也最为显著），对文明统一和保持文明多样性有双重的重要贡献。比如，广东话等地方语言是中国汉语的历史与朝代的活化石，粤语就不是粤人古语，而是原来黄河流域中原古老夏朝的官方语言。最重要的是中华文字的发音，各地方言迥异，但均有四声，高低婉转，抑扬顿挫，让外国人听来简直就是音乐。特别要提醒的是，音乐是滋养大脑的，特别是右半脑。

中文是唯一传承至今仍广泛使用的象形文字和语言，传统汉字与简化后相比，葆有内涵衍生的灵魂和自身合理的逻辑性远胜于后者，只是后者对书写较为方便。简化前后的比较汇总如下：亲，親需见；爱，愛要心；产，產在生；厂，廠不空；麦，麵有面；运，運有车；导，導有道；儿，兒有首；飞，飛双翼；云，雲含雨；养，養供食；习，習需复；进，進有佳；党，黨有黑；开，開關见门；乡，鄉里有郎；圣，聖人有耳有口之王。

源远流长的象形文字与《易经》的类比逻辑结合，激发和形成了中华民族的独特的思维方式，如重视人事物间的相似性、相关性（如宣扬大同），而不重视差异性，或者缺少对特立独行品格的关注和运用。加之儒家一直弘扬、官府利用的中庸之道，对科学技术的产生，形成了严重阻碍或者冲击。

中文运用图形特点和多方位的组合进行表现，主要依靠形象、部分依靠逻辑表达含义，而英文则是依靠固定符号的单位排列组合，完全依靠逻辑表达含义。如果将中文由简化字退回到繁体字，再到甲骨文，其象形的特点和原初的生动形象无以复加，这简直就是惟妙惟肖的图画！实际中国历史上书画本就是一家。图像携带的信息远远多于文字（电脑时代，这点非常容易理解，小小的图片文件所占的信息存贮体积，远大于一篇文字性文件），而图像处理在右脑，或者说图像重点滋养右脑。

认知心理学研究表明，学习象形文字（中文）和英语、德语所兴奋的大脑区域是不一样的，但它仅仅聚焦研究讨论了左脑，因为人们通常习惯性公认，语言文字的处理在左脑，而几乎完全没有考虑到中文语言在形象、音调方面的特殊性。难怪联合国公布的世界上最难学的十大语言中，汉语位居榜首。

此外还需注意到，独特的语言文字和饮食，使得中国人在童年就开发了别人通常难以开发的右脑，当然也包括左脑，智商之高就不足为奇。如果有一天，丢弃了中文和中餐，估计中国人的智商就会有所下降。而高智商，是中国人受人尊敬的唯一优势资源，可为世界多作贡献并感恩回馈人类、可以复兴中华文明。

中华文明对世界影响最大的当属美食，无论左中右、白黄黑，人们都能被其吸引；影响第二大是道家哲学，第三大是儒家伦理。而中华饮食恰恰是导致高智商的另一个可能重要因素。中华美食正广泛影响世界。中国食材的多样性举世皆知，如蔬菜品种是西方不可想象的，数不胜数；最新鲜的原料，烹饪前必须是活的；地缘和烹饪技巧的差异又让我们拥有了最多样性的菜肴；我们还有相对健康安全的饮食习惯，如此蒸煮为多，像包子不同于面包，没有烤制中生成的可致癌的痕量烯胺化合物；当然油条、大饼中会有自由基（豆浆是自由基猝灭剂），但中国有比西方种类多得多的蔬菜、瓜果、茶叶还有自由基猝灭剂豆浆，常年保持这样的饮食习惯，就大大降低了自由基的危害。

全世界都对中华菜肴的名目繁多和鲜美留有深刻的印象，这些菜肴保证了最充分、最多样的氨基酸和元素供应，从而滋养了左、右大脑。中华五千年文明的精华和种类的多样性，在菜肴上表现得淋漓尽致、显而易见。中国有八大菜系，每个菜系有数个分支，而上海本帮菜仅仅是淮扬菜系的分支之一。可以开玩笑地说，中华五千年的创造精神与文明精华都在菜肴里了，吃中华美食，就是接受中华文明的滋补。

就烹饪技巧而言，西方餐饮几乎是一种科学技术、形式逻辑，有时甚至已被机械地庸俗化，像牛顿经典力学思维一样，强调精确、规范和可预测，却无法应对差异性的人类个体，严谨而乏味，讲究严格的定量定时，如配料中1克糖、2克盐，用火4分钟，所以管理相对容易，便于格式化操作，优点是容易标准化、工业流水线式的生产操作，典型如德国的3分钟鸡蛋、5分钟鸡蛋。缺点是哪里的餐饮几乎都是一个味，缺乏新奇的滋味。

中国的中餐则不像科学技术，更像人文艺术，尽管其仍然保有配菜和操作的逻辑，但其在仁者见仁、智者见智方面，更像量子思维，具有跳跃性、差异性和互动性。中华菜肴，变幻多端，就连菜谱都说盐少许、糖少许，没有明晰严格的定量概念，成品如何取决于做菜人的心情和环境。因此同一菜谱，同一厨师，烧出的菜都可能会有差异，就像一个天天不同样、既同一又多样的行为艺术。所以，人们百尝不厌，流连忘返。

正是由于烹饪技巧和食材上的巨大差异，导致了西方人与中国人在节假日里的差异选择。西方人喜欢旅游，那样才能找到新鲜的刺激，感受不同的人生经历；中国人节假日则喜欢宅家团聚一起操弄饭菜，在碟盘中寻求新鲜的刺激，品味人生的大千世界。

上帝是公平的，在关上一扇门时，总会打开另外一扇窗。困难在于，人们往往不知道，那另外一扇窗在哪。中国人的智商太高，获得的是庞大的人口压力、最高的高原、极低的人均水源和耕地。美国人平均智商不很高，因此获得的是稀少的人口压力、无际的大平原、极高的人均水源和耕田，欧洲人也非常类似。日本国土狭长，人口众多，地震频繁，所以，获得的是与中国人等同的高智商（日韩等东北亚的高智商可能与中华文字和饮食的影响紧密相关）。

如果说智商是如同石油一样的资源的话，中国占有了全世界规模最大、质量最高的智商资源。到宋朝为止，中华文明为世界作出了伟大贡献：四大发明，文官制度，包括名片等，直至19世纪仍然领先于世界。而宋代之后中华文明对世界已经少有大的贡献，近两百年曾几乎成了愚昧、贫穷、落后的代名词，而今刚又重新走向复兴。

我们只获得极少的诺贝尔奖，此状况与百年前中国出席奥运会的境遇非常相似，而与当代中国在奥运会的地位极不相称。可见，当代我们对世界和人类文明的智力贡献，与占有的潜在智力资源极不相称。

人的相当部分智商来自遗传，即基因等，而情商很大程度上来自后天。就相互影响而言，根据最新的超越内因与外因学说的表观遗传学，可以这么说，有少量智商应来自环境文化，另一部分智商来自遗传。千年前，国人的智商、情商想必很高，否则不可能有那样的文明发展。几百年前开始的衰败中，国人逐步变成了高智商、低情商的人群，因为糟糕的非基因环境因素，形成了新的表观遗传特征，如混乱、饥荒、愚昧、素质低、修养差已成为某些外国人心目中的国人群体图像，要修复和更正这些，需要富裕和谐、自由平等环境下的相当时间长度，但完成修复已经绝不遥远。

这一切都提醒我们，高智商仅仅代表大脑（如电脑）的硬件水平高，"上帝"的制造水平高，不代表一个人或者一个民族的软件水平的高超和思维智慧。如果一个人或者一个社会一再遭受权力毒害（如官位崇拜教）、资本独断、或者宗教垄断式的政教合一，思维禁锢必带来日后的落后和饥荒。

情绪，是一个人的底层操作系统之一，我们必须学会和自己的情绪相处，了解和管理好自己的情绪。高情商者，善于了解和管理情绪，低情商者，往往为情绪所控。情商低者还会表现为低能幼稚的巨婴，自认为是世界和别人的"核心"，巨婴沉迷自己作为别人中心的"日心说"，一切都应围着他/她而转。个体有情商,组织也有情商。高情商组织,氛围好、战斗力强、效率高。当然,一个组织是否高情商,主要决定于组织的领导者,但成员的作用也不容忽视。要提升组织情商,关键在于提升组织核心管理者的领导力。

情商高低的一个最基本判断是,情绪是否稳定以及是否善解人意。总体憨厚、腼腆,但内心深处善良、热情,是国人的本质。由于对利益的获得,人们难以有客观定量标准,而近似于"道"的公平、公开、公正原则是可行的定量参考。但近代中国,由于长期混乱没有法治,不尊崇规则喜好人际关系,以及权贵暗箱操作,使服从规则的与破坏规则的人们都不满意,因而情绪较难稳定,容易激动,对情绪的自我控制能力就较差,有敏感脆弱的被压迫、被虐待者心结,会把负面情绪表达出来,或者感染他人,进而在内因外因融合上形成了一定程度群体意义上的表观遗传特征。

形成良好的情商,既需要一定的外部基本条件,也需要有终极关怀的信仰,因为此类思维能矫正不良情绪。然而,古代我们只跟随儒家孔子的伦理,忽视超越性出世又入世的哲学,如道家老子的《道德经》等,故对自我、世界和自然缺乏认知,就难以做到情绪稳定和善解人意的境界。保有高情商的基本条件还包括,是否具有形式逻辑,因其对形成和维护社会或者生态规则,形成与感性互补的科学理性的氛围具有重要意义。然而,我们早早抛弃了最早的本土原创的形式逻辑,如墨子的思维体系,对从西方进口的形式逻辑,又先是冷藏,后又一知半解、不求甚解或者囫囵吞枣,再加上权力阶层没有自律,所以,没规则、潜规则、规则虚置现象就很普遍,进而就难以保证社会群体情绪稳定和善解人意。

潜规则横生,逼使民众心理畸形;权利不平等,导致贫富悬殊,使得民众安全感缺乏。不公平的机制和冤诉无门,从而导致国民火气大,不公平感强,大家常生气、好发泄、嗓门大、爱吵架,有时甚至会形成怒火暴力等破坏性的力量。长久积累,势必影响群体情商的提升。

事实上,不喜欢按章办事,玩弄规则或者规则不透明的社会,民众的情商都高不到哪里去。应该感到庆幸的是,情商比智商更容易改造,哪怕错过了幼年和童年,已步入成年,我们仍然有改进情商的可能与空间。

犹太人与华人有太多的相像之处，如均有高智商，重视孩子的教育，重视家庭传统，但华人与犹太人之间也有明显差异，理解这些差异对文明的发展有重要意义。犹太人对全人类文明发展作出了不朽的贡献。人口稀少的犹太人，在思维、思想、学术、商业领域的创新创业，功勋卓著，就其与其他民族，特别是华人的特征差异而言，可以概括为，犹太人及其社会鼓励：批判性思维、挑战权威、敢冒风险、独立体验。可惜的是我们早慧的中华文明，在近千年中却一度失败于自身孕育出的不思进取的文化氛围，如：官位等级崇拜；枪打出头鸟，虚伪中庸者求实惠；重外表排场仪式，轻实质内涵结果；误将权谋诡计当捷径，看成是聪明智慧。

灵商是装载着智商和情商的命运之舟的舵手。通常所说的智商，是指在标准条件下，如风和日丽、心境平和时，大脑处于冷静不冲动时的智商，可以称为静态智商、基础智商。事实上，人的各类情感会严重影响大脑的发挥，如狂喜、愤怒、悲痛、绝望等极端的情绪，都会严重影响智商的表达和展现。这时发挥作用的不是静态智商，而是上下波动的动态智商，即实时智商，是临场情感与静态智商相互影响的集合体。这也就说明为什么在处理复杂问题时，需要冷静。要有时刻稳定高水平的智商、需要稳定高水平的情商，而稳定之锚，就应该是一个人高超的精神世界，即超越性的信仰，即灵商。

与灵商类近的，是左哈尔在《量子领导力》中提出的魂商。其魂商的本质是四个灵魂自问：我从哪里来，我到底是谁，我为什么在这里，我能做什么。魂商是每个人最基础性的特质，不受不同文化和宗教的影响，尽管宗教各不相同，但也都试图回答这四个基本问题。

犹太人信仰超自然力量，认为众人外还有俯视的"上帝"，如此，即使拥有万贯家财的犹太人也有所谦卑，同时，他们非常自信，追求与"上帝"平等的境界，自称为"上帝的选民"；华人则追求世俗利益，成功后容易骄傲。犹太人重实质，比较冷漠、吝啬，华人讲究面子、求小巧。犹太人直接、坦率，而华人说问题时圆滑。犹太人的会议有内容、少排场，而华人的会议排场大、但内容少；犹太人要求孩子自立、独立，而华人对孩子百般呵护、溺爱；犹太人冷静、理性，华人易发热冲动、热情感性。

无论个人、群体、民族，智商、情商、灵商都一样重要。能被花言巧语、心灵鸡汤、传销洗脑的可怜人，被收走榨取的是"智商税"；抱怨、愤怒、懊丧、焦虑、轻狂等负面情绪泛滥，因而事事不易，被收走榨取的是"情商税"；空虚、自杀、自私、欺骗、邪恶等恶劣言行浮现，而导致四面楚歌，被收走榨取的是"灵商税"。

在结束这一章时，我要强调，讨论民族的智商、情商和灵商，是为了正视科学事实，以便全面正确应对，建立基于智商补偿的社会公平和关爱体系，而不是允许种族主义倾向。因为我们大家都知道，亲缘远程混血杂交具有智力、健康和容貌的优势，这就是自然生态确定了不同人种在生存发展中的平等地位。

第89章

烦恼源自思维枷锁和禁锢

某日,一架飞机空中突然发生故障,当空姐要大家戴上氧气面罩时,机上所有人顿时都乱作一团,惊慌失措。只有一位老太太,沉稳安详地端坐,好像什么也没发生一样。最后,飞机排除了故障,有惊无险地平安着陆,当所有乘客都欢呼雀跃时,老太太仍然面目平静,空姐不解地问她:"老人家,无论是危险时,还是平安时,您都很安详,似乎无动于衷,为什么?您是怎么做到的?"老太太微笑作答:"我大女儿已过世,我这是去看我的小女儿,如果飞机没事了,小女儿正在机场等着我。如果飞机失事了,我就去天堂找我的大女儿。"可见,一旦人的思维改变,就会有"山重水尽疑无路,柳暗花明又一村"的感觉和获得感。

井底之蛙看世界,世界就在井口里;用望远镜看世界,世界就在镜头里;用一朵花看世界,世界就在花蕾中;用一颗心看世界,世界就在爱心里。僵化的思维产生问题,多样的思维解决问题,超限的思维能超越问题。仰头看天,难以区分谁高谁低。井底之蛙看天,受井口制约,难辨高低大小,这些都是烦恼;卫星镜头看地,纵横交错清晰,一目了然;可见,所有的烦恼都源自思维问题,所有的烦恼都源自低维度思考。

道法自然,是宇宙的"思维"、天地的"思维"。人生旅程,没有导游,是由不断涌现的问题所组成,人生过程就是如何正视这些问题并解决这些问题。没有问题反而是最大的问题!不怕遇到问题,就怕没有解决问题的思维能力!反自然的、人为的、自以为是的思维,如直线的、偏执的、单一的思维,惯性的、条件反射式的思维,往往是产生问题的原因,而不是解决问题的工具。在如此思维控制下,前行的路上,几乎都是逆风;眼前的春雾,都可疑是鬼魅出没的坟场。而摆脱这些思维,超越了这些思维,人们心中就如装着阳光，装着太阳，每个人都似乎像葵花，淡定灿烂从容！

当人的思维速度快于语言表达速度，快于行动施展的速度，通常不会出现大的失误。人们常说，贵人语慢语迟语清晰，贵人行稳行准行及时，原因就在此。怕就怕在，思维错误并迅速，特别是当言语行动快于思维，犹如无脑者、甚至脑残者的快人快语躁动，如此不可能不产生众多问题和谬误。

人们常说，本事越大，脾气越小。人生最大的财富是，高姿态、低身段、好心态。如此能圆融圆满地激发潜能。过于执着就是一种迷失，不懂舍得和进退是思维缺失所致。如果光抱怨问题，而不能看清本质，进而积极行动，无疑是吸食毒药，从而摧毁意志和热情。

所有这一切言行举止问题，如不思进取，行动力差，人际关系糟糕，好表现、爱刷存在感，贪玩贪吃贪小，厌学厌世厌食、脾气暴躁，性格怪异等，归根到底，都是思维出了问题。与其抱怨不如去改变，从改变思维入手，去改变生活和命运。多变思维，多寻方法，不抱怨他人，不找替罪羊，不找借口。抱怨等于放弃奋斗和责任，并不等于问题的解决。

老人烦恼于生死，青年烦恼于欲望。由此可理解，一切问题确实都是思维问题。思维是解决所有问题的命门。思维正确的人，相比那些思维错误的人，做事要容易得多，效率高，成功率也高。只要人们的思维正确，即使再笨拙，操作都不会出现大的缺憾。

有正确的思维，就能发现问题或者提出问题、解决问题或者化解问题。因为，思维是人们言行或者命运的最底层系统或者算法。正确的思维是知谬守真，即在知晓和辨别假恶丑的前提下，发现和坚守真善美。对于我们的眼睛而言，不是缺少美，而是缺少发现。越计较，越痛苦；越宽容，越欢乐。但如思维步入歧途，心里自然放不下，问题就成了负担和烦恼，人生就越不会幸福。

有正确的思维，就有好的心态，就容易改变自身心态而化解问题。因为，生气，源自不够大度；郁闷，源自不够豁达；焦虑，源自不够从容；悲伤，源自不够坚强；惆怅，源自自己不够阳光；嫉妒，源自自己不够优秀。

人可以专注，但不要执着，不要固执，更不能偏执。人的固执源自深藏的低水平认知。认知水平有限，导致想法单一、思维僵化，进而判断力缺乏，人就表现出固执。固执者缺少反省和觉知。优秀的人保持的是独特个性，而不是固执。固执是某种程度上的人格缺陷。固执往往是对不同意见的一种逆反，对进步和成长的拒绝。认知、见识、阅读、经历丰富者，容易形成独立思考能力，遇到问题不会执着一种解决方法，而是有多种可能的方法。认知水平越高、真正厉害者反而谦虚。苏格拉底说：我唯一知道的就是我一无所知。

大多数人生来具备的特质，往往既是其最大优点，也可能是其最大缺点。特质越极端，其积极或消极影响就越明显。例如，目标清晰、创造力强、善把握大局者，可能不注意生活小节；重实务、关注具体、处理细节完美者，可能创造力不强。思维的特性很难两全其美。而成功者与平庸者最重要的区别就在于学习研究能力和思维适应能力。

达尔文说：大自然的历史长河中，能存活下来的物种，既不是最强壮的，也不是智力最高的，而是最能适应环境变化的。适应变化的能力，主要是思维的洞察力和推理能力。

思维被枷锁锁住的人，犹如戴着镣铐在随乐起舞，没有内心的喜悦，只有变形的动作。要从枷锁中解放，发现自我，我建议一直简单有效的方式，就是参加穿越古今的体验式样的旅游，即"时空穿越旅游"，时间可长可短，如一周或一个月，地点可以在一个孤立小岛上的真实社会，朝代可是秦朝、汉朝、唐朝、宋朝，或者某个人们感兴趣的时代，所有参与旅游的人均需预约，随机生成在穿越时代的社会地位和社会角色，按时真实体验并担当其义务或者职责。由于时空、角色地位、文化背景的巨大变化，自古穿越回来的人们会重新发现自己，在价值观、思维方式方面会发生重大改变，从而挣脱无形的枷锁和禁锢。

第 90 章

情绪调控和幸福觉悟：让思维平和舒展

为保持人类整体的进步，自然就会出现适者生存的优胜劣汰。生命的策略就是，让喜好正面、积极情绪者，健康长寿；让偏执沉湎负面、消极情绪者，失去健康，提前消亡。世界卫生组织研究发现：世界上 90% 的疾病都和情绪有关。所以，对个人而言、对社会而言，要尽可能多地转化消极情绪为积极情绪，而不是用积极情绪碾压、消灭消极情绪。

情绪不稳、幸福感缺失的原因，是因为我们有太多的问题，而产生问题的根源，却是深藏不露的思维。转化消极情绪为积极情绪的最主要办法，是改变思维。

思维对人而言，具有最高程度的极端重要性。就像镜子里出现的映像，由镜前存在的事物所决定。痛苦与欢乐，都是心灵的映像、思维的映像。人的言行决策均被大脑的思维所控制。思维，是个人躯体、外表形象、内在精神的幕后控制者和最终决策者。

无数实验数据和图文表明，人的身体健康和心理健康，人的创造力和想象力（而不是歇斯底里或者精神分裂），都需要稳定、平和的情绪。正像《脑内革命》所说，影响幸福的思维方式有多种，是利导思维、还是弊导思维，健康状况大不相同。不同的思维方式，会产生不同的脑激素分布，进而产生不同的效应、不同的人生、甚至不同的面容。思维进化挑战的是人类的认知极限。幸福人生依靠的是思维优化脑内荷尔蒙。

要拥有幸福和顺利吉祥，就得把情绪锁进笼子里，把思维放到笼子外。情绪平稳是思维正常运作的根本前提，犹如低而恒定的温度，是计算机运行的基本保障；事实上人脑也如此，头脑发热，没错也错。情绪自我控制力、缓冲力、平衡力强，是强者和智者的重要特征。

1988年4月，24岁的哥伦比亚大学哲学系霍华德·金森博士对121名自称非常幸福的人进行调查，得出这个世界上有两种人最幸福：一种是淡泊宁静的平凡人，一种是功成名就的杰出者。二十年后，他回访了这121人，他总结道：只靠物质支撑的幸福，都不长久，会随着物质的耗尽而消失。只有心灵淡定宁静所引发的身心愉悦，才是幸福的源泉。其告诉人们，所有悲惨的事，往往都与钱有关，所有幸福的事，往往都与钱无关。

拥有憨厚、单纯的心态是种幸福。古人常讲，水至清，则无鱼；人至察，则无徒。位于三江汇流处通高七十一米的乐山大佛，是我国现存最大的一尊摩崖石刻造像，开凿于唐代开元元年，历时九十年完成。在乐山大佛的两边有幅对联，令人印象深刻：大肚能容，容天下难容之事；开口便笑，笑天下可笑之人。

查看一下世界的幸福指数地图，你会发现，物质财富的分布和幸福指数的分布，并没有直接关系。实际上，在解决了基本温饱和生存所需之后，幸福是非物质的。幸福取决于思维方式、生活方式、价值观。幸福的存在，是因为有幸福的方法和能带来幸福的思维。要拥有幸福的社会和幸福的人生，就应该把幸福和思维放出笼子，把权力、情绪和问题锁进笼子。

人生的幸福，取决于是否拥有自然、宁静的内心。前世后世、终极关怀等，这些看似与每个人的日常工作生活没有直接关系，似乎可以搁置一边，然而其作为潜意识，一直对人们的言行举止、情绪内心和思维思想均有着显著而不易觉察的影响。思维也与人们的终极信仰相关。有终极信仰者，其一生就不再会像热锅上的蚂蚁，无所定向，四处乱窜，就不会惶惶不可终日，焦躁不安，不知所从。

炫耀自己幸福的人，往往不幸福；问询别人是否幸福的人，自己也恰恰不幸福；因为每当我们表现出对幸福的关注，就暗示我们自身正处于不幸福之中，否则不会有如此多的关注。幸福就像心跳，忘记自己心在跳，表明心跳正常，而特别关注心跳，反而表明心跳有点不同于往常；幸福也像呼吸，忘记自己在呼吸，表明呼吸正常，而专门留意呼吸，反而表明呼吸有点不怎么正常。

事实上，对人事物，均能恬静淡然处之，忘记询问什么是幸福，才是幸福；从容淡定的核心，就是要用正确的思维对待问题，而不执着于无力化解问题的固有思维。因为，正是有问题的思维才产生了问题。思维没有问题，一切烦恼和困难，都只是过眼烟云。

我们一生都和问题时刻纠缠在一起，世上不可能没有令人烦恼的问题，关键是如何看待问题和解决问题。当我们在解决完老问题后仍然敢于直面新问题，享受化解问题后如雨后见彩虹般的，喜悦感、成功感、成就感和自信认同感，那么问题就不再成为问题，这也叫带着问题生存、发展和幸福，与问题共舞。

所谓问题，是我们遇到的疙瘩、阻碍、挫折、困惑，人生旅途如此，社会发展、生态保育也如此。问题有多种多样，有的是由于心态失衡、心智模糊、情绪失控等认知错误所导致的问题；有资源能源人力的配置错误、分布不当、时机丧失等操作导致的问题；也有由不可抗力，如各类灾害、地动山摇等自然因素所导致的问题。我们的任务是，通过让思维走向自由和高峰，转化问题为机遇，转化此问题为彼问题，转化眼前问题为未来问题。

比如，人们经过千万年终于清醒认识，对人类社会危害最大的，是权力滥用问题，为趋利避害，必须把权力抓进笼子里。当然，也有做梦，想将别人的权力关在笼子里，自己权力留在笼子外。

对人一生中伤害最大的，是不受自我控制如野马的情绪，为做最好的自己、尽可能完善的自己，必须把情绪关进笼子里。实在关不住，就转化此情绪为彼情绪；把一时无法化解的糟糕情绪、哀思情感打包于"行李箱"，深度长期冷藏，使之处于遗忘与不遗忘之间。

骨子内里成熟者，看到的是后果，而不是逞一时之快和只看到眼前的成败，不会和小人渣事纠缠，也不低头，而是调控情绪，智慧地解决问题，不将自己的缺陷和损失放大。否则，自己会越来越渣，越来越糟。"费斯汀格法则"告诉人们：生活中的 10% 是由发生在你身上的事情组成，而另外的 90% 则是由你对事情的态度所决定。

最糟是发脾气，较差是压制脾气，较好是转化脾气，最好是观察脾气。所谓观察，就是自我觉察、觉观、到觉照。观察是微调、微扰，非强力干预，给予发展选择性。观察是微弱的干预，一种不干预的干预。在牛顿经典世界，接触才能干预，在量子思维世界，非接触的，观察即能干预。

智慧不够情绪补。人与人的沟通包括情绪和内容，只是两者所占比例因人因情况而不同，情绪直接影响内容的表达和理解。不能成为情绪的主人，就会沦为情绪的奴隶。脾气发泄是本能，脾气调控是本领。能调控情绪时，你就是优雅和成功的。调控不了情绪，即便得到整个世界，早晚会毁掉自己。可以有脑力劳动、体力劳动，但要强力减少情绪劳动。

不停抱怨就是恶化氛围、放纵自我和放弃责任。要谨防走向地狱般的抱怨。抱怨不是批评，也不是建议，是非建设性的逃避，是破坏性的指责，有时甚至是一种语言暴力。不停地抱怨，是消极情绪的宣泄，放任开脱了自己，但决不会使自己平和，反而毒害环境，伤害他人，允许自己沉沦甚至堕落。

情绪具有传染性，不能经常和有负面情绪的人靠得太近。阻碍人进步的往往不是能力问题，而是情绪问题。真正优秀的人，早已戒掉了情绪。绝大多数沟通障碍，就是情绪问题。世上伤人最多的不是瘟疫，而是日常的负面言辞。调控情绪的三个步骤：1. 延缓判断，转换负面情绪为正面表达；2. 转移方向，转换方式释放负面情绪；3. 深呼吸 3 秒钟，冷静思考，梳理情绪产生的根源，寻找解决方案。心理学对此提出了"脱困四问"：哪种情绪类别、发生了什么事、初心是啥、行动是什么。

学会给自己的情绪乘以正负矫正系数，深知自己的短处，如此言行才会精确得当。强化情绪控制，尚只是扬汤止沸，单求表面平和，难求内心的安宁，治标不治本。只有改变情绪感受，才是釜底抽薪，直抵本源，由内心的安宁而达外在的平和，标本兼治。

要平和心态，首先要从降低音量、放慢语速、清晰语音开始。愉悦不是狂喜，而是淡定平和随意，是他人看来的小小的要求、欲望的实现，自我感觉的满足。尼采说，语速快捷者可能招致竞争，张扬导致嫉妒，语速缓慢者招来同情，低调胜强，以柔克刚。

情感的表达方式，取决于文化与修养。有人用精致而独特的方式向朋友、家人表达情感，如折叠千纸鹤、独特的生日歌等；有人会用普遍而通俗的方式向朋友、家人倾诉情感，如夸张的肢体动作，喝酒时的感情深、满杯一口闷等。

支撑情绪稳定的，特别是危急时刻调控情绪的，靠高情商和大格局。人必须和自己的情绪友好相处，高情商者善于调控情绪，低情商者被情绪操控。

生命预置的程序是：积极情绪有利成长，消极情绪自取衰亡。

人体具有抵御外敌入侵的免疫系统，能自然将侵入人体的细菌及病毒消除。人们通过实验早就发现免疫系统能自然杀伤癌细胞，不让其成为癌症。笑口常开，超效灭癌，欢乐情绪对癌症的治疗影响很大。

日本的实验已经证明，欢笑，即使假笑，都能提高人体自然的杀灭癌细胞功能。忧虑、哀伤、烦劳、应激……如气急败坏等不良情绪会使自然杀伤癌细胞活力减弱，即防御系统经受不起消极刺激。日本1995年阪神大地震医学研究表明，因地震而精神焦虑不安者的自然杀伤癌细胞活性仅为一般情绪稳定者的50%。实验同样证明，潜心某种爱好，同样增强自然杀伤癌细胞的活力。

第 91 章

关爱心理忧郁者：睡眠及催眠

远离泥土，远离自然环境，远离杂草丛生的植物生态，没有了病毒病菌微生物的刺激和微扰，人的免疫能力或者抗性就会下降。完全禁锢封闭在非自然的水泥森林和环境中，花草植物等挥发油和新鲜空气对人的滋养就无从谈起，人就会成为温室的花朵，脆弱并容易过敏，甚至接触书纸都会过敏。特别是那些整日完全偏执沉静在有机食品、净水等环境中的人，情况更为突出。把自己吃穿用一切都"有机"化以后，结果人却变成了令人懊丧的"无机"物。如果人们再缺乏日常与阳光的亲密肌肤接触，情况就会变得更糟糕。

严重的心理创伤，会像伤口救治保护一样，被一层一层地包裹起来，要想解脱和医治，也需要一层一层打开、释放、舒缓。

忧郁和失眠，会使人思维混乱，精神失常，痛苦不堪。谈人文关怀，至少应该从关心忧郁和失眠者开始。

人是大自然的一部分，与土壤、湖泊、树林、草地多接触，能减少很多毛病。早年尚未走出丛林的人类，尽管寿命不长，但没有花粉过敏、失眠、抑郁。

如果害怕面对孤独、害怕面对自己的内心和不确定的未来，那就早点睡觉，早睡可以逃过夜晚的胡思乱想，因为人们最为害怕夜晚，人们的情绪在夜晚也最为容易波动。这就可以理解为啥夜总会、宴会、歌舞、辩论、演讲煽动总喜欢在夜间举行。除了晚间休闲时间较充裕外，主要是人们在黑夜降临时，害怕面对内心、面对情绪波动，于是选择相互抱团取暖，以求相互安慰和逃避。这就像人类的重大节日都安排在冬天，因为早年人类能够面对鸟语花香的春天、夏天和秋天，而不敢面对冰冷、孤寂的冬天，他们通过重大而隆重的节日，驱赶寒冷和内心的孤寂。

经常忧郁、经常失眠，就会招惹上抑郁症。人类罹患抑郁症的比例正不断升高，并广泛流行，但许多人对此不知不觉，缺少敏感。二十多年前，全世界抑郁症患者的比例是12%左右，也就是说，同桌吃饭的每十个人中，可能就有一个抑郁症患者，他或者她自己不知道，亲朋好友不知道，抑郁症魔鬼正静悄悄地折磨着人。

而按现在的流行说法，抑郁症的比例已达20-30%，至少在中国可能已经如此。一般认为，抑郁症没有病菌、病毒，是心理疾患、心理感冒，会通过精神传染、影响他人。让抑郁症患者认知、承认自己抑郁，是走向康复的关键一步。如果周围的人足够乐观和理性，就可以医治、帮助这些抑郁的人。聊天是缓解轻型抑郁的有效办法，但重型抑郁必须去看医生并寻求日常及时的救助。

抑郁症比感冒可怕的原因在于，不易觉察、不自觉、特征不明显，而且当事人往往会否定，把痛苦失望深埋内心，不想打扰别人，并尽量以灿烂正常的面貌示人。事实上，连续三个晚上失眠，如难以入睡、早醒、半夜醒来难以再次入眠，就是轻型抑郁症。抑郁严重后，人会失去一切欲望，包括饮食，世界成为灰色。重型抑郁，都有常人难以理解的自杀倾向和自杀追求，其特征是追求美好的自杀氛围和静美死亡。可一旦自杀氛围的美感被破坏，抑郁者的自杀想法可能暂时中止，或者彻底终止。

亚里士多德说："哲学、政治、诗歌和艺术领域的杰出人士，很显然都是抑郁者。"狄德罗说："沉默寡言的人们所具有的杰出的、几乎是如神般敏锐的洞察力，归因于他们机体暂时性的紊乱。"抑郁症在寻常人的眼中是疾病，这些患者神经脆弱而敏感，然而，许多科学与艺术的创造与抑郁者紧密相关。在科学艺术发展史上，这些事例不胜枚举，典型的如牛顿、贝多芬、狄更斯、梵高等。

因抑郁症而自杀的人，均有难言的苦痛和幕后推手，甚至由一群人或者某个人担任潜在杀手。他们生前曾在两者间徘徊痛苦，要么生存下去，因抑郁备受煎熬，不停让步，毁坏底线和原则，以致名誉受损；要么毁灭自己以保存现有声誉，悲壮地离世以止损；有责任感、完美情结、善良担当的人，容易走向自杀。如此情况中，可以说，每个人都可能是推手、杀手，我们可能是罪人，人类是罪人，因为至少我们没有及时发现，及时伸出援手，因为被害者所要保全的恰恰可能是人类的良知。

有一种极端的说法，没有抑郁症、孤独症，只有汞中毒。确实，汞污染是许多国家最大的环境工业污染问题，中国、美国汞污染比较严重。节能灯不同程度地含有微量汞，一只处置不当废弃的节能灯，可以污染1000升水。事实上，汞中毒是重金属中毒的典型代表，所有重金属中毒都可能导致抑郁症。防止和解除轻微的重金属中毒，要多喝水，多吃味道浓烈、香甜的蔬果和大蒜、洋葱、鸡蛋，因为它们富含硫化合物和含硫氨基酸，会与体内积聚的重金属紧密结合，从而抑制与蛋白质和酶的结合，最终起到排毒作用。

然而，大多数抑郁症与污染无关，而仅仅是生理机能的变化和对外界压力的一种反应。人脑中存在的主要兴奋性物质为5-羟色胺，我们常见的三种神经症——抑郁症、强迫症和双向情感障碍都与体内5-羟色胺水平偏低有关。5-羟色胺通常通过饮食和体内自我化学反应合成而获得，缺乏会导致抑郁。男性情绪经常亢奋，对5-羟色胺的补充与使用率明显比女性高，相比较而言，女性补充5-羟色胺的速度明显低于男性，更容易患抑郁。

5-羟色胺的前体是色氨酸。在人体内，色氨酸是化学合成具有催眠和增进睡眠相关的褪黑素——松果体素的原料或者前体。在体外，实验室和工厂，人们正是用色氨酸为原料，化学合成市售松果体素。

可能由于发展过于快速，社会剧烈转型，人们的心理和身体适应难度加大，据统计，我国大陆成人睡眠障碍或者失眠患病率高达57%，其中一半伴有抑郁、躁狂等各种精神疾病，由睡眠障碍引起的抑郁症是正常发病原因的四倍，远高于其他发达国家。

抑郁的负面影响不仅仅在让人悲伤，最糟糕的是使人丧失活力，几乎对所有的事情都失去兴趣。抑郁症是"心灵的感冒"，跟风寒感冒一样，是任何人都可能得的病。越回避抑郁，它会来势更凶猛，躲也躲不掉。只有理解、阳光和关爱，让孤立的个体知道自己并不孤单，才能使人找回生活的勇气。

把问题或者失败都推给他人和环境的人，可能是精神病；把问题或者失败都归结于自己的人，则可能是抑郁症。抑郁者看到的是被自己扭曲的世界，一个灰色的世界，偏执于自我否定性的负面妄想。要矫正这些很难，抑郁者坚信自己看到的是事实。因为抑郁者的感觉和情绪出了偏差，如果矫正这些感觉，抑郁就会少一些。接纳过去，接纳现实，接纳差异，就拥有了未来。

抑郁情绪强大到能掩盖客观存在，因此尤为重要的是，帮助他们去感受和体会积极向上的情绪。有的抑郁的人甚至认为自己值得高兴和赞赏是不得不爱上抑郁，因为抑郁迫使自己去寻找并抓住快乐，甚至不理性地偶尔游戏人生。

通过老鼠实验，人们推论发现，一个人一旦抑郁了，很难再让其体会人间的快乐，创造新的快乐情景也基本无效。釜底抽薪的办法是，设法激活其以前的快乐印记，强行快乐起来。由此也总结出，出生在幸福的家庭，累积了很多快乐的童年回忆，长大后，大多坚强乐观，因为他们在遇到痛苦、挫折时，有许多可以回忆起的童年快乐财富，支撑其克服暂时的困境。早早储存的美好记忆，可以抵御未来的挫折与痛苦。

人们总结出八条可以缓解抑郁症的方法。1. 接触或者观察自然界。接触大地土壤，家中养一些动植物等等；2. 远离让你不舒服的人或事物；3. 每日感恩和冥想。晚间睡前，写下当天该致谢的五件微不足道的小事物，通过利导思维让正面的内源激素分泌布满全身；冥想可提高神经的可塑性，将被负面情绪固化的神经，被新的活源冲刷出新的通路；4. 强迫社交。打断大脑的自言自语，自我否定等等，让社交和与他人的问答占据头脑所有空间；5. 避免停留在狭小阴暗空间；6. 经常锻炼。轻微出汗，可激活身心活力，保持精神健康；7. 学习和分享点新东西；8. 寻找到人生价值和意义。把每天都当成人生的最后一天，对自己的人生价值和意义有种不假思索的、乃至盲目的自我信仰和天赋使命，以经受住人生苦难。即使不知为何而活、活着有什么好，但坚信，终有一天会知道。

第91章 关爱心理忧郁者：睡眠及催眠

吃富含色氨酸的南瓜子、黄小米，枕边放置薰衣草香精，对增进睡眠，缓解抑郁有明显的好处。有助于改善情绪的另一天然化学物质，就是多巴胺，主要在从事欲望本能和愉快活动时释放。把握愉悦，改进睡眠或者抵抗抑郁的简单方法还有，经常光照，置身温暖环境，长距离散步，聆听舒缓音乐等。

阳光是植物光合作用的必备条件，也是人体许多与光相关的化学反应必需的外界条件。长期缺乏光照，会使一些动植物体内的生理光化学反应停止或者消失，造成免疫力的下降。所以要适时用温暖的灯光替代日照，以保持阳光、乐观等积极情绪。对人而言，性格阳光和自然阳光的作用，共享一个道理。

心静自然睡眠就好，犹如食欲的本能会导致饥饿一样，睡眠是正常的机体本能。如果大脑思虑不断，想得过多，必影响睡眠；有时强迫自己不想，以试图增进睡眠，其实这没有任何用，因为"不想"也是一种"想"，最好的安详是超越了思虑，没有"想"与"不想"，只有忘我的安逸恬静，睡眠会紧随夜色，悄悄并不可阻挡地到来。

有人问张大千，睡觉时是把胡子放在被子里面，还是被子外面？此话可能是无意的聊天闲话，也可能像是精心策划的一种让人无所适从的思维陷阱。结果，从未想过此问题，也从未被这一问题烦恼过的张大千，到了晚上上床后，一会儿把胡子放在被子外面，一会儿把胡子放在被子里面，辗转反侧，夜不能寐。

睡眠是健康的首要，远胜于饮食。没有睡眠，就没有健康，连续数日的睡眠缺乏，必定导致精神混乱和代谢失常。蛋白合成、肌体的修复、心理的平和、大脑的整理，均在夜间睡眠中进行。没有好的睡眠，就没有好的胃口。在跨国、跨多个时区旅行时，出差在外第一晚，一般睡眠会差，临时服用安眠药、助眠药调整，会起到好的效果。盘腿的冥想静坐，跷腿倚坐等都会对短时间的入眠和恢复有明显帮助。但需要注意，研究表明，断断续续的睡眠，对人的损害很大，极容易导致血管硬化和堵塞。

对安眠药的使用，人们思虑过多，常常谈虎色变。事实上，世上一切都可能有害，同时又可能有益，一切均关乎剂量，关键是益损的平衡。对人而言，没有绝对的利益，也没有绝对的危害。脱离剂量谈危害，就是耍流氓。剂量变化了，食盐、米饭、水都会由益变害，如食品是人类必须，但暴食暴饮美味可以把人撑死。药物安眠可以让透支的肌体心理得以恢复，其所带来的益处远远胜于造成的损伤。

人们，包括医生，对安眠药使用有极大的理解误区，人们极其恐惧对安眠药的依赖性。事实上安眠药的依赖，主要来自心理，而非身体。解除了对安眠药的心理恐惧和依赖，人们就可能对安眠药的使用自如起来，做到可用可不用，今天可用明天就可不用。只要心态正确，即使经常使用安眠药，或者长时间使用安眠药也不会形成依赖性。有一种简单的方法，将安眠药放在床头，如果上床闭眼，半小时后仍没睡着，就可以吃安眠药；因为有了安眠药这最后的保障，许多人没过半小时，就等到自然睡眠如期而来。只有连续数月每日服用安眠药，其身体依赖风险才会有所增加。人类的福音是，一些新的依赖极小的安眠药正在临床试验，不久应能服务于社会。安眠药需要个性化用药，药效因人而异，需要尝试而确定，甚至有的对此人是兴奋抑制剂、是安眠药，对另一人却是兴奋剂、清醒药。

实验表明，通过记录一个人睡眠时的脑电波，将其转换成对应的音频轨迹，制作成个性化的大脑音乐光盘并播放，会使失眠者很快入睡，而且睡得很深。

物种的演化，使得人有精神、情感与意志，这就使得人不同于任何其他的物质与生物。人是唯一可以有意识观察世界并发现规律、发明工具的生物。人可以自我暗示，也可以接受他人暗示。因为暗示，混在安眠药瓶里的面粉药片，可以发挥安眠药类似的效果。所以，匪夷所思的安慰剂及冥想的作用早为科学所证明，其起作用的关键在于人有思想与精神。难以想象，对动物或其他生物而言，安慰剂和冥想，会有什么奇效。

催眠术是一门成熟的技术。如被催眠者配合与信任，大约80%的人可以被催眠入睡。通过专门训练或者摸索，人们也可以实现自我催眠。通过催眠，催眠师可以了解到患者的内心世界和曾经发生过的故事，从而可以用适当的方式，打开患者心中的一个一个死结。

人脑中有个做白日梦、开小差和发呆的区域和"默认模式"。研究发现，催眠可使敏感易受影响者大脑的"默认模式"改变，分管开小差的部分活动减弱，即催眠可"关闭"大脑中思路开小差的功能，让注意力集中。催眠疗法能在临床治疗中显示作用，就是利用了催眠状态下大脑易于接受建议的特点，催眠师通过语言等建议和暗示，帮助人们戒烟或减肥。

第 92 章

禅修、冥想静坐与思维"超导"

禅修强调的是真心禅,而不是"口头禅"。禅是顿悟、创见,只要愿意修,一切均可禅、一切均是禅。所谓禅,就是专注而忘我,在观察研究身外和世界中,更注意观察研究自我、悟我,犹如一个超然脱离身体的"超我",在俯视研究身体里的"我"的言行举止、所思所想。

处在三维空间的我们,难以超越这一维度对一切进行更高维度的观察,但禅的训练,从冥想的角度,似乎让古人们看到了某种希望。

现在流行于世界的禅,原产于中国,光大于日本,禅是古代中国的一种精神象征。禅学并非仅仅源自印度的瑜伽或禅那,中国的禅对印度的禅几乎仅仅是名词的套用。今天遍布世界的禅学,事实是印度原来没有的,它是道家对印度的瑜伽或禅那的一种革命。此外,印度禅认为下辈子才能成为佛;中国禅认为今世就能成佛;只要放下屠刀,可以立地成佛;能否成佛,不在于是否烧香拜佛,关键是要心中有佛。我称之为"禅修革命"。

道家思想借助于佛教的外衣和推动,以禅的方式获得复兴和发展,使禅那在中国演变中,发生了脱胎换骨的变化,从而使道家由经验感悟、思辨发展为思维、精神的实际训练。禅学的核心思想来自中国道家,禅学的肢体动作大多来自佛教的启示,禅学的发育成熟得益于中国唐朝,禅学走向世界的传播和流行要归功于日本。

禅似宗教非宗教,实际是一种生活方式,一种入世又出世的学说,一种愉快生存发展学说,一种终极关怀的学说。禅不立文字,直指人心。以比喻和象征性的寓意和寓言启发人们悟懂在字里行间、话里话外的无字天书,从而达到立地成佛的功效。禅反对口头禅,鼓励真心禅,需要从每日的点滴做起。认为工作就是修行,生活就是禅悟,在世就是布道。禅不在装腔作势中，而在日常的点点滴滴中。

延续至今的禅，已不像宗教，更像哲学和智慧。禅者，敢于说杀佛弑祖，体现了其独特之处。儒道释的充分融合升华，产生了人们今天所感知的禅。禅不认同生死轮回，不认同原罪和前身有罪，主张灵魂深处爆发革命式的"顿悟"，以身心训练，代替和扬弃了吃斋念佛，认为神是平等的，人人可为神，见性成佛。

当代国人修养的缺乏，有目共睹，原因在于缺乏和忽视身心修炼和自我养成，而禅可弥补不少这方面的缺憾。禅更像是教人返璞归真的人生体验、思维训练和品行养成。人人可以体验，又不是人人轻易能体验到的。

禅修少不了冥想打坐。实验研究表明，哪怕短暂的冥想打坐，长期坚持，也可改变大脑的血流途径，影响脑部功能，改变大脑结构，有助改善脑部对行为与情绪的控制能力，此对改善注意力和自我调节能力非常重要，具有明显的放松训练功效。早先科学实验已证明：冥想可改变大脑的微观生理行为和结构，使部分脑电波类型发生变化，使人自律，减少焦虑，让人思维更敏捷，带来快乐，迅速减压。打坐入静时，双腿的内屈，使下身血液循环变慢，原大量积累在第二心脏—小腿肚上的血液上涌，人的重要器官都在上半身，特别是心脑。打坐使人上半身血液循环加强，从而心情安定，妄念减少。

传统的静坐养生，可追溯到数千年前。一般认为，儒家至宋朝二程、朱熹，开始重视"静坐"，宋朝前无"打坐"。然而，记载寓言的《庄子》写到，黄帝曾向广成子问询长寿秘诀，广成子说："无视无听，抱神以静，形将自正。必静必清，无劳汝形。无劳汝静，乃可长生。目无所视，耳无所闻，心无所知，汝神将守形，形乃长生。"

道家、儒家、佛教、瑜伽对打坐都很重视。打坐沉思者相比其他人会具有更好的人体免疫功能。"久坐必有禅"。静坐不但可增长功力及养生疗疾，另外还可以开悟增智，"水静极则形象明，心静极则智慧生"。相比较而言，如果说西方的拳击是一项强运动的话，那么中国的太极拳就是一项柔运动，而冥想静坐则是一项静运动，我称之为：一种量子思维阻力为零的"思维超导"运动。

寂静对人的大脑来说非常重要。结果发现，小鼠每天两小时的寂静，会在大脑与记忆、情绪和学习相关的海马体内形成新细胞。暗示寂静可以让你的大脑真正成长。一直嘈杂的生活环境，会使人长期沉浸于高水平压力荷尔蒙。《心脏》上的一项研究发现，两分钟的沉默比听"轻松"的音乐让人更放松。研究还发现，由于嘈杂，飞行路径、铁路或高速公路附近的家庭或教室的儿童阅读成绩较低，认知和语言技能发展较慢。

人在至深静定状态，如冥想打坐，认知能力可大幅提高，大脑中噪音降为零，像超导体一样，脑中运行的意识流极为强大，跑得很远很深。静思是入圣的习惯。诸葛亮讲，淡泊明志、宁静致远。夜静思、晨静思，都是很好的习惯。极静之处，无干扰无噪音，似乎能感知单分子的变化，静默中，能够体会细微的变化，思考容易深入。

禅定可重塑大脑和神经，就像长期弹琴、拉奏、学外语，内心专注和快乐、放空、慈悲等正面思维，可改变或者加强特殊脑区的构造和功能。过去几十年来，脑成像揭示了禅定改变大脑的许多事实，如丹麦科学家在1999年和2002年用正电子断层扫描禅定，发现脑部快乐分子多巴胺明显增加，印证了"禅悦充满"；2001年美国宾州大学研究者用单光子断层扫描禅定，发现重要脑区的血流量增加，提高皮质活动，使人更专注。2005年，哈佛大学和麻省理工的团队研究禅定，发现相关脑区皮层明显增厚，抑制了衰老导致的大脑皮层变薄或者萎缩；2007年，威斯康星大学的团队用功能磁共振，发现禅定持久、不受干扰、相关脑区激活、可重塑大脑，慈悲和快乐的部位变得特别发达；2007年，艾默里大学的科学家用功能磁共振研究禅定，发现不仅培养专注能力，且能阻止大脑老化；2009年，丹麦科学家用高清晰度磁共振研究，发现禅定不仅重塑大脑，也能改善脑干，而且脑干的构造变化比大脑还大。

2007年和2010年，大连理工大学唐一源教授等在《美国国家科学院院刊》发表论文，基于功能性核磁共振成像等技术，发现冥想训练对提高注意力和自控能力有重要作用，对大脑参与自我调节区域的前区扣带皮质的影响，有助于治疗与预防许多病症，如老年痴呆、抑郁症、精神分裂症、失序症等。45位俄勒冈大学本科生和68位大连理工大学的本科生作为实验对象参与了研究。

过去认为脑神经细胞间的联结在幼童期即被固定，长大后也无改变。但大脑造影及神经科学实验技术的进步，推翻了这些假设，认同大脑会不断进步，建立了"神经可塑性"概念。冥想打坐不仅仅能短期提升大脑活力，长期还可改变大脑神经回路，大脑能以难以想象的方式得到训练和修正。持久的慈悲心能训练改变前额叶神经活化的左不对称值，提升快乐感受。心智训练导致大脑可塑性改变，影响和强化视觉化影像能力，控制思维能力。冥想打坐提高专注力、记忆力、学习、意识等等。

冥想训练有两个重要的技术细节：1.静坐盘腿，此从散盘、单盘、双盘，可以逐步严格，经过很多层级，不必苛求一步到位；2.无我忘思，此从呼吸控制开始，一心一意、专注但不执着，进入心无杂念、似睡非睡的状态，可有很多步骤，也不必一步到位的苛求。

禅修包括禅定和觉悟。禅修包括经历自我认识、自我消失、自我升华的三个阶段，体验到如此次序变化：唯我→有我→小我→大我→无我，以我为原点开始思维方式升华。第一阶段，将消除消极情绪，如，烦躁、疑虑、消沉等，建立起自信、乐观、平和的健康身心状态；第二阶段，将两种不同方向的心理感受变淡，无论不满、愤恨，还是喜爱、渴望，解脱烦恼，对周围葆有智慧和雅量；第三阶段，将对立观念消除，如，黑与白、有与无、我与他、大与小、生与死、主观与客观等，超越了宁静和清静，获得不受束缚、无烦恼的真正内心自由。

为便于修炼，可将这三段论形象地称为三个阶段的物态"相"。"相"就是相互关系的"相"；在物理化学上，物质不同的形态称作"相"，如水的液相——河水，固相——冰雪，气相——云雾。逐步提升的三个阶段，就好像人们，首先是进入自然而非强制、思绪自由流动的多相；随后是进入单纯聚焦的唯一相；最后实现消失和永恒的无相或者空相。

禅修的最终追求，不执着于有，也不执着于无；不辨我，不辨物；而是"不二"，不落两边，超越二元念想，因为有和无都已是二边之见。不执着不是不涉及，从有或者无，来寓意解说理念，是为了开悟知见和方便契入，决非禅修的本意。

禅要求人们感悟当下、当今、现时，远离过去与未来，进入超然的状态。教育人们借助自身的力量、身心训练，拯救自我，升华自我，超越自我，获得身心解放。

禅的训练，犹如感悟从自我、到生命出现、再回归到三十八亿年前的单细胞的问世，再回到宇宙创生的一个宇宙成长的逆过程，即由我→世界（地球）→宇宙→起源，返回到无内无外、无主无客、无物无心、无悲无喜的"原初"和"真我"。

有人认为，通过禅修闭关，你可以在寂静中更快乐地回到先天，活出自己真实的原状。此类闭关以心法，即自我心理调控为起点，以无为法，即顺其自然为核心。也就是说，通过观心的方法（观念自己的念头，也可称为无念法）导入，然后让一切自动地发生和进行，不刻意追求。无为方法和有为方法的最大区别在于：有为方法是人在做，天在看！而无为方法是天在做，人在看！无为方法能完全颠覆传统的自以为是的修行理念和做法。其告诉我们，只需要将一份信任与交托予"道"，连接就会自然的发生。不管发生什么，你只是单纯地看着，而没有自以为是的头脑活动介入。

实际上，充满神秘色彩、易被误解的冥想打坐，早已具有现代科学技术的研究价值。例如，人们近年发现了冥想打坐者与普通人在练习前后的脑部影像显著差异。在1999—2014年发表的冥想静坐SCI论文，共有477篇，许多均在著名权威学报上，并获得大量引用。被誉为哈佛大学第一选修课的本-沙哈尔《幸福的方法》一书，只有三篇，而其第三篇就是"幸福的冥想"，其包括了，第9章第一冥想：爱自己和关爱他人；第10章第二冥想：幸福强心剂；第11章第三冥想：超越暂时性的快乐；第12章第四冥想：散发自身的光辉；第13章第五冥想：想象；第14章第六冥想：慢工出细活；第15章第七冥想：幸福的革命。

就人们日常生活工作中的禅修觉悟而言，我尝试尽力理解，可以概括描绘为：所谓觉，就是由人格的我，变分出三个相互关联的主体：本我、非我、觉我（超我），最重要的是煅炼升华出一个第三者，即觉悟后的我，即觉我（超我）。本我是灵魂思维精神被锁在肉体欲望牢笼中的高级动物；非我是逃离牢笼，融化于社会生态自然宇宙的自在自由者，那么觉我就是醒悟后仍回来始终观照跟踪本我的我。觉我既与本我、非我有关联，但又不同于本我、非我，是相对独立的第三者。觉我是本我的升华，觉我与本我如影相随，不可分离，但觉我一直无声、平静、祥和、超然地如实验跟踪般地觉察、觉观、觉照着本我、非我，随时进行记录、分析、评判和总结。觉我与宇宙本原的精神是一体的，与"佛陀"的境界是相近的，与"上帝"的视界是相通的，这也就是"忘我"，这就是"三尺头上有神明"。

如何了解自我，战胜自我，超越自我，是大学问。对冥想静坐的禅修者而言，我是本我也是非我，是本我也不是非我，只是本我只是非我、即是觉我超我。

第 93 章

一念之差：反智与聪明、平庸与智慧

2000年美国宣布"已经成功消灭麻疹"，讽刺的是，麻疹这种本该消失的恐怖传染病，2019年再次卷土重来，在美国爆发疫情，无数儿童的生命正遭受威胁，其背后是一场反智的人祸，反疫苗运动是其祸根。目前，疫苗犹豫，正成为复杂的全球性社会问题。而2020年新冠疫情，本来也应是一场可预警防范、可能控制在小范围的病毒疫情，结果付出了巨大代价。

许多人把自己囚禁在惯常单一的思维牢笼里，不敢冒险探索与开拓，不敢有点滴特立独行的思维——随波逐流或者盲目跟风，没有心跳、梦想、历险……我们来到这个世界，成为人，本身就是一个奇迹，而将奇迹锁进思维牢笼，就会成为行尸走肉。天下只有想不通的人，没有走不通的路。想通，靠的是改变思维。

不少人不想思考，不敢思考，不会思考，他们是从事各行各业的、自认为"平庸"的亿万饮食男女。不思考会导致大脑退化、失忆痴呆等健康问题，也会出现严重危害社会和生态的"平庸之恶"，这种恶，病程发展慢、康复慢、潜伏期长，重在预防。一旦发生，如想清除，则很难。

人可以平庸，但不可作恶，自作孽不可活。平庸懒思和群众运动结合，就能产生乌合之众。古斯塔夫·勒庞在《乌合之众》中指出：群体夸大自己的感情，因此它只会被极端的感情打动。乌合之众能产生无比强大的对人类文明的摧毁力，对人们和人类而言，每次事件发生后都是追悔莫及。

有人有时思考，但常激情思考。他们在外界刺激和诱导下，进行条件反射型的激情思考和快速应答，表现为心血来潮的言行、无所顾忌的盲动冲动、歇斯底里的神态表情。在欣喜若狂，或者怒不可遏的状态间不停地震荡，类似低烈度的精神病。

  智商、情商不是绝对静态的，会波动调整。人们处于情绪亢奋状态时，其智商、情商会趋近于零。这就像在炎热的环境中，电脑发热偏离最佳状态而无法正常运行一样。正确的思考需要合适的环境，即深沉的宁静、冷静。愤怒中思考和激情思考，就犹如在伸手不见五指的黑夜或者大雾中疾行，从而经常悲剧地成为极欲偏执/厚黑者所驱赶的羔羊。这就是被情绪蒙住双眼的"聪明之愚"。

  有人虽然常思考，博览群书，但往往习惯性思考而不自知，自认为很"聪明"，很正确，或者永远正确，自认是人们眼中自身强大、内心强大并引领或者领导着众人的精英。可是，其常因思维僵化而跌落在思想陷阱而不自知，还自作聪明。当他们实施其"聪明"的判断，继而摧枯拉朽、雷厉风行地行动起来，就会产生严重的"聪明之愚"。这种病症发展快、康复难。这种"大愚若智"会给所在团队、单位、机构、公司、地区带来深远危害，地位越高，危害越大。如果领导者的"聪明之愚"得以与民众的"平庸之恶"相结合，就会出现巨大灾难。

  而在这其中，对社会诚信与和谐危害最大、最为普遍，时常一再发生的是左右和上下的相互隐瞒、谎言，以及大话、套话、假话、空话，心急如焚的真言者、预警者反而可能遭责难和牢狱之灾。这些都源于缺乏自信或者反省，试图掩耳盗铃。不允许民众在宪法允许的范围自由地说实话、说真话、发表意见，最后付出的是全民族，包括领导管理者自身的惨重代价，这些已经被无数的历史事实所一再证明。

  托克维尔认为法国七月王朝的不幸教训是，"（王亲们）总是将幸运视为应得的天赋，把逃脱躲避当成成功……"并对重大难题嗤之以鼻，因此，当真正的灾难降临时，往往毫无防备且一触即溃。一个健康的社会不该只有一种声音。

  有人认为，外国的月亮确实比中国圆，源自西方的学问比东方高级、深刻，可是读《西方文明的东方起源》就会知道，千年前的东方、特别是中华文明，就为世界提供了诸多伟大的思维；无独有偶，也有人坚信，无论身处在哪，"太阳首先从东边升起"（忘了南北极恰恰不是如此），认为东方的文明、中国的文明在世间最为辉煌、最为独特,而这些同胞们,读读《西方的智慧》就会知道,是建立在科学基础上的西方文明把人类包括中华文明,带出了愚昧和险境,从而走向现代。人们常会忘记了一度辉煌的、一度科技发达的伊斯兰文明,曾经是中华文明与西方文明的纽带,也曾经保护挽救了延续至今的西方文明。

没有独立自然的个人或者个性,就没有多样、差异的思维,也就不存在评判和选择的自由,也就更没有了批判性思维。缺少了批判性思维,创新创造也就无从谈起。没有了多样、差异性的思维,集体和民族,就丧失了与时俱进的意愿和主动创新的能力,只会在危机四伏、险情逼迫时,匆忙无奈而被动冒进,从而走向溃败。

对权力或者资本崇拜到极端的人们,常常试图垄断一切而忘乎所以。自然规律的"发现"可以是无限的,利用"发现"而进行的"发明",因受自然的度量所控,因而是有限的。如果无视这些制约关系,违反自然法则、打破自然容忍的底线而贸然妄动,将引发生态危机和社会灾难,并成为对每一个人生存和幸福的报复和报应。

从自然和生态中"异化"孤立出来的人,缺乏幸福感;从自然和生态中"异化"凸显出来的国家,其国与国之间的交往无疑于尔虞我诈的丛林社会;从自然和生态中隔离出来的人类社会,就成了整齐划一的工业品生产线,或者《动物农场》。如此运行,无疑走向地狱之路。一个个体就失去多姿多彩的个性,也失去对不同瘟疫的多样性抵抗能力,最终失去了创新创造力。

聪明和智慧常容易被混淆。聪明是单项能力,智慧是综合境界;聪明人常得手,智慧者会放手;聪明人喜鹤立鸡群,智慧者愿别人闪光;聪明人嘴忙目转,智者耳聪心静;聪明人重细节,智慧者重整体;聪明人烦恼会失眠,智慧者超然安眠;聪明人想改变别人,智慧者懂顺其自然;聪明人关系紧张,智慧者关系和谐;聪明得上天所赐,智慧靠自身修炼;聪明利于获得知识,智慧拥有自由思维;分科之学让人聪明,整体之学教人智慧。从聪明到智慧,差别就在思维。

第94章

思维的维度：高与低

　　天空还蓝、霞光涌上的黄昏，可以看到缕缕白云，但有的云块部分是黄橙色，还有云层稀薄的地方透出天蓝色。从下往天空看的人想象不出为何云层有些地方是黄橙色，而有些地方是白色。因为仰天而视，天空及云层就是平面；而如果搭乘飞机到云层之上往下看，就可见立体的云层，是橙黄的落日照在云山的峰顶，而显示出黄橙色。由此可见，不同的层次和维度，看出的人事物是不一样的。

　　思维自由，才能实现主流与支流、有序与良序共存的思想多元。人们可以统一行动，统一政策，但不能统一思维，事实也难以甚至无法做到统一思维。统一思维很容易走向思维禁锢，思想钝化。由于人的天生差异性、多样性，思想钝化就会像原教旨主义的幽灵一样，通过无休止地清洗些微差异的思想或者思想者，进而走向相互怀疑、戒备和自我毁灭。没有体现违法言行的思维永远没有罪，因此，人类也不能允许任何名义的思维类犯罪认定。对非法剥夺他人自由思维权者，须人人记录、永远存档、终身追责、犹如针对纳粹，因为互联网所提供的大数据、区块链技术使这些见不得阳光的违宪行为无法遁形。

　　思维自由也有其限度，那就是尊重事实与逻辑，超此限度，便是"想入非非"。奖励出头鸟，而不是枪打出头鸟，才能奖励出创新思维。对创新行为应该审慎地鼓励，而不是禁止，但应以法律为其限度。

　　一个人如果思维受制于人，无异于行尸走肉，如果思维僵化，而言行自由，则会偏执极端，害人害己。思维自由远胜于言行自由。一个人尽管身体残疾，言行受限，但如能思维自由，则同样可以利己利人，获得幸福，如霍金。

思维自由所在的思维面积或者思维体积,取决于思想产生的维度、空间及过程。思维空间可分成多种类型,如孤点思维,是一个孤点,思维完全固化,无任何自由可能,基本不存在真正的思考,是孤立的点思维;一维思维,思维的空间范围,就是一条线,思维限制禁锢于线上左右运动,自由度极小;二维思维,思维允许在一个面上,在水平和垂直轴固定的平面内运动,自由度较大,但仍然受限;三维思维,思维在一个立体中,在(X、Y、Z)垂直轴固定的立体空间内运动,各轴的含义相互独立且相关性为零。因为自然界就是三维空间,思维与真实空间的吻合,将使思维有很大的自由度;四维是图像难以描绘的空间,四维思维,在(X、Y、Z、W)规定的空间内运动,如W为时间,就是在三维再加上时间的维度里运动,极为自由。

多维思维,意味着更多的自由。除了维度以外,思维的疆界有大有小,有人如宇宙,有人如豆粒。每多一个思维维度,就会增加无数种思维方式,每多一个看事物、看人的角度,就相当于把我们带入一个新的思维维度,从而带来更多的自由。

在地球自然界,存在着许多不同的生命群体,生活在不同的层次或者维度。大地上站立的最大的生命群体是森林,而森林和树木,就像存在零维世界,俗话说,人挪活,树挪死,可见树对原位、原点的依赖到何种程度。

地球上另一个很大的生命群体,是线虫,就像一条线,它们生长在土壤下、植物中,极其微小,但会移动,就像存在于一维世界。沿碗口边缘爬行的蜗牛永远不会知道,这样的爬行没有终点,因为它不知道一维的直线,可能是二维空间弯曲圆圈循环重复的一部分。

人们看蚂蚁,觉得它们一生的生活范围极小,而它们觉得在自己的世界很大、逍遥自在。蚁群的社会制度非常严密,从蚁王到工蚁,分工细致。如果说我们生活在三度空间,很轻易看清楚它们的一举一动,借助电子显微镜,可以看清楚纳米级的细节。而蚂蚁们似乎生活在二维空间,蚂蚁几乎只有长宽,没有高,身体是扁的,视线是扁的,在他们眼中,我们就是大象无形的群山或者天神！蚂蚁无法认识到人类的存在，而我们是否也会无法认识到超越我们的生命存在？

在球面上爬行的瓢虫，永远爬不出球面，因为它不知道二维的平面，可能是三维球体循环重复的一个部分。人们其实是通过旋转叠加和拼接才看清三维球面。人类生活的这个三维立体世界，同样也会是超越了我们眼睛和想象力的高维世界的一片投影。

无知是低维人的永恒困境，无法消除。被困在很低维度，从不会怀疑，源自缺乏逻辑，总以为自己看到的是真相。这些真相是低维真相，即高维真相的低维投影。人类的认知，就是通过组装拼接，从低维向高维进化。高维的知识、思维、行动对低维而言，就是不可阻挡的飓风，必须主动升维，因为高维就是力量。

世界有绝对真相，有绝对零度，但人们永远无法达到绝对真相，达到绝对零度，只能无限趋近。而趋近就必须依靠逻辑和理性，升维的动力和工具，来自理性和逻辑，而不是感官直觉，直觉发挥导向、试错、探实作用。

现代的学科专业体系和整个知识体系几乎都由西方建立，只是近年才稍有所改变，掺入少量的东方因素。正因如此，相对而言，东方人更容易成为一个多维的思想者，因为东方人了解西方人，既会从东方思维考虑问题，又会从西方思维考虑问题。而目前自我感觉良好的西方人则普遍不了解或者不愿了解东方，西方是否会重复东方以前发生的故事，即重演东方由领先到落后的新演义，未可得知，但如西方不能持续保持领先的先进性、开放性，这种可能性并不能排除。

我们并不知道真实的世界最多有几维，但可以肯定的是，我们能看见的都是三维世界。用高维（多维）看低维，例如，三维看二维，二维看一维，非常容易和简单，一目了然。而相反，如用低维看高维，如，一维看二维，二维看三维则非常困难，几乎不可能。人们可以从高纬度看清低纬度的人事物，就像从喜马拉雅看大地，一览无余；而处于低位度者，却看不清高纬度的人事物，犹如从盆地看群山环抱的天际深空，不知深浅、厚薄、高低，不识真面目，只因身在此山中。

在低维世界难实现、不可能、不相通的事情，在高维世界则可能是相通的、关联的并显而易见。用多维方程的解析能力去解决低维方程，简便、容易。而用低维方程的能力去解决多维方程，根本无解，一切几乎不可能。

从个体实在而言，我们能否进入高维的世界，突破光速，而实现宇宙的星际旅行，不得而知。但如果我们能够在思维上进入高维世界，所有烦恼忧愁则会迎刃而解。思维的种种可简要用三维坐标图表示。如，力学思考，力为原点中心的思维维度：O=力，X=量子力学，Y=牛顿力学，Z=未来尚不可知的力学；如，人文思考，人为原点中心的思维维度：O=人，X=唯我、泛我，Y=小我大我，Z=无我有我；如，角度方位思考，方位为原点中心的思维维度：O=方位，X=东方西方，Y=上方下方，Z=南方北方。

可以认为，三维空间物体是四维时空中的物体在三维空间的投影。1884年，英国牧师艾勃特在其出版的科幻小说《平面国》中描绘了不同维度的世界及相互关系。二维国是平面，一维国是直线，零维国只是点。二维国的数学教师经过三维国民的"向上的"方向启蒙，看到了三维世界，俯瞰了二维世界，从而接受了三维真理，并进一步以严密的推理与大胆的想象推测更高维世界的存在，并恳请三维人带他去游览超立体空间的四维国，以及进入五、六、七、八维……世界。

改变思维，不是从一种极端走向另一种极端，用一种思维代替另一种思维，而是强调思维维度空间的变化，即从一维走向多维，从低维走向高维，从低阶走向高阶，由单一垄断的思维走向差异多样的思维。"会当凌绝顶，一览众山小"的境界告诉我们，从高维很容易看清和理解低维，而低维无法看清和理解高维；从多维很容易看清和理解一维，而一维无法看清和理解多维。高阶、高维、多样的思维应该填满我们每个人大脑中的思维工具箱。地平人在路，到处都有遮眼阻隔；山高人为峰，世间便是一览通途。

第 95 章

想象与好奇和童真：科学重未来、艺术重过去

不能因强调逻辑而忘记想象，形象思维与逻辑思维同样重要。想象可以无边无界地随意驰骋、自由翱翔，而逻辑只能在边界和条件制约的允许范围内运行。爱因斯坦说：想象力比知识更重要。因为知识是有限的，而想象力概括着世界上的一切，并且是知识进化的源泉，严格地说，想象力是科学研究中的实在因素。

近年人们惊叹来自美国好莱坞的想象，如电影《阿凡达》《盗梦空间》。可我们忘记并应该感到惭愧的是，五百年前古代中国人早有了超越当代的想象，如齐天大圣孙悟空。

现代中国电影的肤浅与贫乏，溯其根源与过早的文理分家有很大关系，导致从业者缺少严密的逻辑和自由的想象。导演和演员科学素养普遍比较缺乏，更谈不上科学精神；即使有人文知识也无人文精神，致使他们的作品有外表无内容，只有形式没有内涵，只有漂亮面孔和空空的脑袋。演老子、孔子的，眼中都放不出沉稳而智慧的光芒。只有娱乐，除了娱乐，还是娱乐，娱乐至死。中国电影人根本不敢，也拍不出具有思想性、拟实性的科学幻想电影。

2003 年影响全国乃至世界的非典疫情过去后，十七年间竟然几乎就没有什么像样的、甚至可能就没有艺术作品反映相关内容。无论电影、小说、音乐、美术、演艺等，从科学和人文的角度去反省、去艺术再现惊心动魄的白衣医护前仆后继抗击萨斯病毒的悲壮故事，没有揭示前期犹疑、后期绝地死战控制局面的原因根源，更没有关注疫情过后留有后遗症人们的痛苦和社会救治。对如此全国范围、全球范围的重大事件，缺乏艺术想象和缺乏艺术再现，未能围绕当时的社会治理、医疗困境、各种人性，进行讴

歌、揭露和批判，如此艺术创新和想象力的源泉、科学普及的极佳素材被彻底遗忘，非常令人遗憾。

结果，2020年新冠疫情给予没有成长、缺乏记性的我们以更为沉重的猛击，它以更为震撼、颠覆性的冲击力轰击全国、席卷世界，病毒瞄准我们刻意回避或缺乏觉察的种种弱点和缺陷，给我们以重创。科学重在前沿、重在未来、重在创新，文学艺术重在过去、重在记忆、重在怀旧。由此可见艺术和想象在回忆过去，提醒现在，不忘未来方面，应该具有科学所没法比拟的优势。

照相、电影、电视都是近现代科学技术与艺术结合的产物。惟妙惟肖的古代西洋油画，被近代照相化学和技术逼到了墙角，最后以野兽派作为标新立异的表现形式，而求得生存。

当欧洲尚处于极端黑暗的中世纪时，古代中国已经有了伟大的想象，如《山海经》。1500多年后的明代又出现了《西游记》《封神演义》，清代有了《聊斋志异》等。即使清代文字狱禁锢知识分子思想，但未能使中国人的想象力"消失"，阅读龚自珍的诗，就可知其想象力之丰富。

《西游记》中孙猴子拔几根汗毛，就变出许多小的孙猴子，用现代的话解说，这就是干细胞技术、克隆和单性繁殖；千里眼，就是望远镜；顺风耳，就是雷达。《封神演义》中的土行孙，就是建造地铁中的盾构。后人读这些小说，即使由此联想附会，也需要的惊人的想象力！

同样，伟大的科学发现和原创性的技术进步之所以在中华大地出现得很少，因为过早的文理分科，使我们科研人员想象的翅膀难以长成，异想天开成了禁忌，失去了学术追求的乐趣，工作犹如苦行僧。相比较而言，科学技术更多关注未来，而人文艺术更多地关心过去。

如果在幻想中，加入合理的逻辑规范，就犹如进行思想实验，其实际效果会在开放性和广度、深度上，超越计算机的模型模拟或者模拟实验。爱因斯坦说，理论的真理在你的心智中，不在你的眼睛里。爱因斯坦少年时，通过思想实验发现著名的狭义相对论；薛定谔发表了关于量子力学猫的思想实验；伽利略做过许多思想实验，不少人相信，他并没从斜塔上同时扔下两个铁球去证明亚里士多德的错误，而是通过思想实验完成验证。

近代中国想象力的消失，核心源自童真的泯灭以及童真中最为重要的好奇心的消失。好奇心的消失与文字狱、统一思维的盛行有很大关系。军队需要统一规则、命令、行动，简短语言以加快语速，提高效率。而对科学技术的发现发明、人文艺术领域的创造创作等文明进步的源泉动力领域而言，统一思维、命令推动、计划指令就意味着毁灭。保持年轻的秘诀在"好奇心"！

在甲骨上创造了象形文字，是古中华的伟大想象，给了中国人雄冠全球的高智商（另一个是犹太人）。得益于象形文字，古中国人在诗歌等文学创作中早早地就采用了赋、比、兴的手法，从而丰富了比喻、嫁接、联想、遐想等形象思维。进而将类比作为主要的思维方式，甚至主要的形式逻辑方式。最终，在象形文字的启发和类比思维的推动下，有了古中华天人合一、万物关联的理念，在辩证和类比的基础上，出现了《易经》、中医等等。

如果说，逻辑是创造力、创新力之父，那么，想象力就是创造力、创新力之母。现代超分子化学、生物酶学的基础与诺贝尔化学奖得主费舍尔的想象有关，他在1890年指出酶与底物的相互作用可以类比、比喻为柔性的"锁和钥匙"关系。

梦是变形的自由想象，白日梦更是极致变形的自由狂想。音乐超越语言，是天堂的语言、天籁之声，能制造幻象，超越想象，是安心慰魂的维生素。美术超越视觉，将线条、色块组合，能滋养想象，是宁静冥想的维生素。

很可惜的是，有这样一个报道说，在全球21个受调查国家中，中国孩子的计算能力排名第一，想象力排名倒数第一，创造力排名倒数第五。

童真般的微笑，是童真般的好奇心和想象力存在的外在表现。人对发现新事物、新规律天生具有好奇心，这在没有受过世俗污染的孩童身上，表现得更为突出。随着年龄增长，再加上受到世俗的明暗规则"防染"童真被扼杀了，也扼杀了纯真和创造力。一个人如果到老，仍然保留一颗善良的童心并能微笑看世界，那就极不容易。

儿童天生具有创造力，因为他们具有天生的想象力，这就是为什么儿童画和没有受过多少教育的农民画受人欢迎的原因。不正确的后天教育和氛围，不仅仅扼杀了想象，甚至常常还没有训练出正确的逻辑。

儿童动画片，是最贴近儿童的艺术形式，无拘无束的故事情节、夸张的想象、鲜艳的色彩和灵动的线条，为孩子喜闻乐见。如果进入成年，还能看懂儿童动画片并且非常喜欢，并为之开心一笑，说明观者还能保持一颗童心和天真无邪的想象能力。只有自由想象，才能展开人们自幼就有的童真的思想翅膀。

"知识不是力量，探求知识的好奇才是力量"，爱因斯坦的这种教育理念，得到德国教育界的认可和推崇。他还说："想象比知识更重要，想象力概括着世界上的一切！"

1968年发生了一起震惊全美的"幼儿园剥夺女儿想象力"的控告事件。一位母亲给3岁女儿买回了生日蛋糕，当妈妈取下蛋糕上的樱桃时，女儿指着原来镶嵌樱桃的凹处不断喊叫英文字母"O"。因此，母亲到法庭控告幼儿园剥夺了孩子的想象力，因为她的女儿在此之前，能把类似的"O"说成太阳、足球、鸟蛋、苹果……从幼儿园教她识读了26个字母后，孩子便失去了这种能力。结果，幼儿园败诉，因为陪审团被这位母亲的辩护词所感动：她曾国际旅行到东方，见到公园里的两只天鹅，一只被剪去左翅羽毛，放在较大的水塘里；另一只完好无损，被放在小水塘里。管理员说如此能防止它们逃脱，因为天鹅被剪去半边翅羽就无法平衡，飞起即掉下；在小水塘的天鹅，虽羽翅完整，但没有起飞所必需的滑翔"跑道"，只能老实待在水中。这母亲的辩护词后来成为修改法律的依据，以保护幼儿在学校拥有玩的权利、问为什么的权利。有人认为，在20世纪中后期开始，美国科技创新一直引领世界，有那么多诺贝尔奖获得者，与有这样的意识和规定有着密切关系。

决定一个人成功与否，不是知识多少，而是境界与责任，信仰与视野，以及自由丰富的心灵、真善美的全面人格。"为什么我们的学校总是培养不出杰出人才？"钱学森之问，就点出了这可能的问题所在。

第 96 章

魂归何处？思维精神的遗传与升华

老子说，死而不亡者，寿。

人们常常争论：超越肉体的灵魂是否存在？科学的证明是，肉体分解出的分子或者原子永远存在，可以重组轮回；人自上辈继承的遗传信息、和自己与环境相互作用生成的表观遗传信息，作为一种信息或者精神会存在，进入后继的遗传和演化进程；但此岸和彼岸不是一回事，彼岸从来没有人到过，人格化的灵魂不存在。

人们也在争论：超越人类的上帝真神是否存在？科学的说明是：自然与社会有其自身运转规律，掌控着各自一切，我们可以借势但不可逾越，这个规律可以被总称为"上帝"，可是按照人们意愿、人类意愿，特别是听人使唤的人格化的上帝真神不存在。人们可能还会心有不甘地希望，总有什么来自自己的"东西"能永远存在。如果说，在基因遗传和人类进化进程中，确有什么超物质的"东西"存在的话，那就是由个体贡献汇聚而成的人类思维和精神，作为超越个体、超越遗传的外界因素，像氛围、土壤一样，以不同的方式、不同的程度滋养后代，可以长存延绵。

思维是基于人类大脑机能的运行模式，精神是人事物发展中呈现出的某种优良性质。这些由前人、他人孕育汇聚的思维和精神，反过来又哺育每一个个体，对人类和每个人的生活工作作出影响与贡献。每个人的思维和精神世界，有共同之处也有差别，可以融合但也多元；因此每个人就像是单个容器和培养皿，用于人类精神与思维境界的进化和提炼升华。

人们来这世界，到离开这世界，不是一个追求新鲜的旅游者，而是作为思维、精神炼丹的载体或者材料。人类、社会犹如炼丹炉，播下的是物质，收获的却是精神；投入的是肉体，回收的却是灵魂。

如果只有衣食住行和欲望，浑浑噩噩如行尸走肉般，只有低级的本能，这样的存在者对人类的文化文明、思想精神的传承、光大或者创新，没有任何微小的贡献，那就太近似动物了。对人类发展而言，如此的人生旅程，也就像马克思引用德国诗人海涅的话所说的，播下的是龙种，收获的却是跳蚤。

　　物质与精神相依相存，个体的物质与个体的精神相依相存，个体物质消亡后回归物质整体世界，个体的精神被处理、扬弃、提炼后，可为信奉它的、被它吸引的其他个体物质所继承，进入精神整体世界。在物质世界的新个体出生成长后，精神整体世界通过潜移默化再次扎根于个体的大脑中，影响个体的成长和成熟，犹如精神种子，进入个体物质中，生长出新的个体思想和精神。物质组成方式在遗传中重组，精神思维也在遗传中进化。进而实现物质与精神层面的不停顿地循环升华。

　　要获得思维、精神的升华，就需要正确地看待物质，看待自我，至少物我平等。道家庄子的观点忠告，不能以物观人，否则物重人轻，更会落入物质贵而精神贱的物质主义深渊。如果只重物而忽视精神，必将物欲横流、重物轻友、重色轻友。智者的劝诫是，首先有物我平等的心态，进而步入物我两忘的境界。当人放低身段、柔软身躯，从自我傲慢的激发态，降低能量到平和的基态，放出的是迷人的光芒或者能量，而不是从周边吸取光芒或者能量；要如此，人需放下虚高的自我、自我绑架的自我、自我封闭的躯壳，"上帝"或者自然或者"道"，就会在你面前敞开胸怀，进而你能看到、感触到真实的世界。总而言之，唯我者失我，忘我者得我。

　　婴幼儿几乎"无我"，睁开大大的明亮双眸，新奇于外部世界五彩缤纷；童年时段，人们开始有了朦胧的"自我"，想我是谁；青年的自我意识最为强烈，登峰造极，我就是我，崇尚行动，以致冲动。步入成年，人开始有忘我的意识，开始深切地关注周围，把自己放入环境中，在环境中观察自我，关注自己是谁；步入中年，人们能够开始抛弃心高气傲，能静心思考我与自然生态社会的关系，认清本我；进入老年，能够依靠智慧的帮助，忘却生死的差别，得道者能够"超我"，与"道"、与天地相融。

　　有形的都将消失，无形的方得永存。只有在忘我的境界中，人才不会偏执地执着、自我束缚，反而会超越自我，释放出叹为观止的潜能，这是一条走向成功的真正捷径之路，也是最难以实现的艰辛之路。忘我而不失我，能给自我一个更广阔的空间、更高的境界，使自我从常人的世界走向常人难以企及的世界。

人从远古和自然的物质而来，人是在父母的基因主导和现实环境影响下的小分子物质重组和蛋白质表达，人死亡后会分解成小分子物质，回归自然和未来。从精神角度，人从先辈的精神和思维中来，在人的肉体和大脑中，先辈的精神和思维被检验提炼、扬弃和重组，一代代传递给后辈，在后辈个体中，被摈弃或被升华，进而不断演化。

爱因斯坦说："如果我们能在我们的孩子和年轻一代中继续活着的话，我们的死亡就不是结束。因为他们就是我们，我们的肉体不过是生命之树上枯萎的叶子。"肉体会走向死亡，精神则可以不朽。

人类没有终点，社会没有终点，思想没有终点。

第 97 章

内照反省：思维和精神的纠错机制

对个人而言，孔子《论语·学而》强调的吾日三省吾身，即每天应多次反省自己，非常重要，每日的起床前、午饭后、入睡前都是心静反省的好时节。对社会而言，巨大的冲击，如遭遇疫情，必会有巨大的反思，以及随后的巨大重组。

就像人体需要生物学上的纠错机制，清除每天发生的具有癌症倾向的基因突变一样，反省是精神和认知上的纠错机制。反省是一种能力，一种后天养成的摒除陋习、积善成习的必不可少的能力，其通过反馈、比较、确证已发生事件的对错，防止错误积累，从而保证在"道法自然"的方向上不断演进。反省与纠错对个人、民族、文明、社会都具有不可替代的作用。因为任何一种观点、思维、精神、认识和实践，随着时间前行，出现微小错误的概率不可避免，极其微小的错误随时间累积，都可能产生巨大的错误。

完善有效的机制，可以催生主动创新，在预测未来的情况下，有效应对可能出现的变局；缺陷严重的机制，往往只能够启动被动创新，常常是在紧迫关头危机压迫下的不由自主的选择；完善的机制，可以主动反省，吸纳外部资源而纠错；不完善的机制，只能在高压之下，被迫自残止损而进行纠错。

有的文明之所以殒落，是因为滋生了难以修复的内乱，进而变得愚昧，越是如此越害怕反省，越讳疾忌医，在错误的轨道上越走越远，从而不断沉沦。有的国家对侵略殖民他国拒绝反省，不断狡辩，如此，该国会一再出现危险的血腥念头。有的民族故步自封，夜郎自大，缺乏反省，进而被人嘲笑而不自知。

反省是痛苦的,它使反省者看到自己的失误、失败,甚至看到自己灵魂中缺陷、丑恶的一面,逼使自我实现思维和精神的升华,从而修正错误,防止再犯类似的错误,向真善美再靠近一步。

普通人的谢罪、赎罪,表达了坚决自省反省的态度和改正错误的,他们自觉以赎罪之心进行补救。但日常,很难看到这样的人,人们似乎总想蒙混过关,有了错误还总是申辩责任不在己,而忘了所有人都需要自领责任。主事者或者官员谢罪和引咎辞职,也是自信反省的担当,并非见不得人的事,相反葆有廉耻心,反而会得到民众的宽容,社会也会因此越来越文明进步。引咎辞职,本是个常识,可是面对重大失误,人们经常迷惑在假大空套话之中,这些主题多半伪饰,核心内容不着边际,拐着弯地竭力自我表功表扬的所谓罪己,就是回避自己的责任。殊不知,即使位高权重的中国古代帝王,都会有"罪己诏",这是在朝廷出现问题、国家遭受天灾人祸大难、政权处于危难之时,皇帝自责自省或检讨自己过失、过错发生的常用方式。著名的下过"罪己诏"的帝王:大禹、商汤、周成王、秦穆公、汉武帝、唐德宗、宋徽宗、清顺治。

面壁思过,在有的人眼里,就是思他人之"过",可其真正的含义,是思自己的过。闭门思过,核心是思自己的缺点弱点,而不是思他人的缺点弱点。如果一个人只看到他人的缺点,看不到别人的优点,就像相互吸引和同化一样,能学到的,只能是他人的缺点;能够看到自己的缺点,并看到别人的优点,也如相互吸引和同化一样,所能学到的,必将是别人的优点。虚心使人进步,学会赞扬他人,被褒奖的他人会心生感激,自己也就从狭隘的自傲中解脱出来,从而能融洽人际关系。一个身在其中而抱怨周边的人,其本身最该被抱怨;一个身在其中而憎恶周边的人,其本人可能最该被憎恶;一个身在其中而抛弃周边的人,其本人最该被抛弃——因为他留给周边的形象或者状态,就是这个人的形象或者内心世界的反射。

老子说,自知者明,自胜者强。此话的关键在于战胜自己。获得反省能力越早,走向成功的可能性越大;获得反省能力越晚,走向成功的可能性越小。有的人终身不知道反省,不愿意反省,只会固执莽撞,最终只能悔恨不已。

反省，是一个人进步的决定性能力，它与人体利用夜间的睡眠，全面修复蛋白质更新组织是同样原理。人需要反省更正自己的错误，将有价值的更正信息反馈给自己的大脑。敢于承认错误，改正错误的人，表明其拥有自信，反之，就是自卑、不敢面对真实的自我。而潜意识中认为自己永远正确的，常常在言语中不可自制地隐含自我夸耀，而在说话中"我、我"字不离口的人，不少是愚蠢的自恋者。

　　当然，对智商情商均很高的人而言，频繁过度的自省可能导致抑郁。

第98章

前提条件与边界和度，激发态和基态

如果有人说，我的脚下是大地，头顶是天空，绝大多数人都会觉得这句话千真万确。其实，这话省略了前提和边界条件。一旦前提和边界条件发生改变，上述表述就可能是错的！

若你悬浮在太空中，可能你头顶上是大地，脚下才是天空。科学发展到今天，我们应该被启蒙而认识到，每句话其实都是有前提条件的，只是以前人们在惯性思维驱使下认识有限，不知道其存在着前置的边界条件；或者知道有边界条件，为了简洁高效或者习惯，隐匿省略了其有效的前提条件，因为前提条件应该是人所共知，共同默认的。当然，不能排除，某些时候，前提和边界条件被人们故意省略了。由于有意无意地没有提及边界条件，所以，就会出现有意无意的被蒙骗者。

日常生活中，人们在言行中早已习惯于不自觉地故步自封于某种条件、边界而难以逃脱，常常一不小心就会成为井底之蛙，而自己浑然不知边界条件的存在。

世界上的一切都是有边界、有条件的，即使宇宙无穷大，它也是有边界的无穷大。宇宙在不断、不停地向四面八方膨胀，没有止境，但其有边界，可以测量到，时间度量也在此边界之内。

平时，对各种信誓旦旦的真理，我们需要一份警惕，要问上一句，它有没有讲明适用的边界、长处和缺陷？就像一种药品，没有标明副作用、不适应症和有效期，是不可相信并不能轻易选用的。只有挑明适用边界的论断，才可能成为真理，特别是科学真理；对于信仰，我们可能无需对其要求苛刻的完备科学性，因为其本身就不是单纯理性判断的结果，一旦成为信仰，就不允许怀疑、甚至不允许适用前提条件的存在。对谦逊自白的假说，需要送上一份尊敬，因为它明明白白地表明其可能具有的不确定性，有限的适用性，这既展现了坦诚，保留了些许自信，更服从了科学的思维、规律和精神。

人有寿，物有边，事有度。任何事物、规律，任何言行都有其有效的存在前提与条件，在前提与条件之内，是正确的，而一旦超出前提与条件，就可能成为谬误。就像人类的存在和言行，常常是以地球的存在为前提的，在可预计的将来不可能改变，除非科学技术的极大进步，未来可以改变或者放宽这一前提。

天下事、天下物、天下人，都有其存在的"边界"和表现的"度"。事物的真实秉性在边界、度和临界点附近，会最大程度地暴露出来，过一分则左，少一分则右，临界点也是了解两边性质的最佳切入点。认识人、事、物，关键在于找到其边界和度。把握其边界和度，就能够真正知道其特性和规律，从而趋利避害。

度的运用，同样适合于人际和社会关系。距离产生美，过近的距离和过密的相互关系会成为烦恼的来源。正因为有边界和度，从科学角度而言，天下几乎不存在放之四海而皆准的真理、思想、理论和学术（目前除了热力学定律）。人们的思维和思想的僵化，想象力的缺乏，创造力和发现天赋的消失，与缺乏对边界和度的深刻理解有相当关系。度是把握事物本质的最重要切入点，物质性质在此暴露。"度"有重要的应用价值，把握好度，就能巧用支点改变平衡，改变世界，甚至推动地球！

为了将拖车或者板车拉向高处，我们需要将时高时低的坡堤修整成连续的坡度，这样，即使残疾人也能将轮椅车从地面移向高处。这时，坡度是连续变化的、车轮是连续的，我们周围的一切，是连续变化的。久而久之，我们把连续、不间断变化，渐变的形式逻辑，当成了规律和唯一正确的思维，乃至真理。如果这样，那么最后，人就成了思维僵化的井底之蛙。

事实上，即使在宏观世界，某些关键点、关键的临界和度，就已经是打破这些单调连续变化的突变，突变点前后，事物遵从不同的规律，就传统认知而言，此往往更符合辩证逻辑。比如，水到了100度，才沸腾，99度都无动静，0度才结冰，0.01度都是液态。可见度的临界性、关键性和不可替代性。

从量子思维的角度，更容易理解"度"的意义和在此的规律跳跃性。世界上的所有物质都由分子（原子）组成，分子存在基态、激发态……分子在吸收额定数量（度、量子化）的外能后，会从稳定的基态跃迁到兴奋不稳定的激发态；分子在失去额定数量（度、量子化）的内能后，会从兴奋不稳定的激发态跌落到稳定的基态。吸收和失去的额定数量（度、量子化）不是随意的定量，而是与基态和激发态能级差吻合匹配的特殊固定量，故量子，不可多也不可少，必须严格地恰如其分，否则会纹丝不动，这就是度！

我认为，人的精神是量子态的，故存在"人的激发态和基态"（参见第49章）。所以，人在兴奋和抑制的状态，即激发态和基态，分别对应或者很像分子的激发态与基态，人们需要吸收或者释放额定的能量，才能在两种状态间转换。

表扬某人过了头，被表扬者会觉得你在嘲讽他；表扬不到位，对象感受不到表扬，觉得你不真诚；如果恰到好处地吻合对象的内心之需，加以赞扬，被表扬的人就会心领神会继而喜笑颜开，从而真正达到表扬所追求的激励效果，这就是度！而这度的精确性、可允许的操作宽度因人而异。

同样，批评人过了头，被批评人以及大家都会觉得你在找茬，从而不会有发自内心的自责和认真的反省；批评轻描淡写、不到位，对象就会不在乎，没有疼痛感；如果能恰当准确地对准对象的内心之虚，加以合适准确的批评，被批评人就会放下戒备，丢下面子，心服口服，这也就是度！而这度同样存在个体差异性。

第 99 章

结构与功能

结构,指组成整体的各部分的搭配和安排形式的形态,如原子结构和分子结构、房屋结构、生态结构、经济结构和社会结构等等。功能,指事物、技术或方法所发挥的实际作用、角色和影响力。

功能来自结构,结构是组成整体的各部分之间的相互联系和规范性以及时间空间次序,结构来自逻辑,特别是形式逻辑。任何人、事、物,有结构才有功能,没有结构就没有功能(杂乱无章)。在无外界因素干扰时,相同的结构往往具有相同的功能。少数情况下,因为外界因素的制约而可能使结构变形,或者限制部分结构发挥作用,从而折射出不同的功能差异。当然,相同的功能,也可以源自不同的结构。

结构是微观的、基本的,功能是宏观的、多样的。有结构而无功能则是无效的结构;有功能而无确定对应的结构,则功能必定不能稳定,或将转瞬即逝。功能与结构之间的关系,在极个别的极端不正常情况下,因为外界因素的干扰和制约,会呈现出扭曲、折射、逆反、镜像等不同的响应。蛋白如此,细胞如此,社会如此,知识学习也是如此。

结构决定了每个连接节点上连接点、即螺丝钉的性质。放错地方的资源叫垃圾,放错学科的知识为谬误,放错行业的人才那是无用之人,放错位置的物品就是弃物。知识结构决定应用的功能,要具有功能首先要实现知识的结构化。合理的结构,如知识结构、学科结构、实践结构决定人的思维方式和素质能力。要使学习到的知识产生功能,就应该选择性学习与获得知识,按照个人兴趣、性格特点,实现知识的个性结构化,进而才能体现功能。

西方思维理念是结构模式,几何描述,演绎推理,具有结构的、几何的、公理论的特征。东方思维理念是功能模式，代数描述，类比推理，具有功能的、代数的、模型论的特征。在西方，往往先从结构谈功能，会使结构与功能对应绝对化，实际上极端环境条件会扭曲理想状态的结构与功能之间的对应关系。在东方，往往从功能谈结构、重功能轻结构，缺点是容易忽视结构对功能稳定性的重要维护意义和主导作用。

功能弱化往往是因为结构弱化，功能缺乏是因为结构缺乏。人们只能在结构性的限制条件下，将功能尽量发挥。结构决定功能，有相应的结构，才有相应的功能，分子如此，社会也如此。庞大的组织内耗的存在，往往源自最初结构设计的不合理和基本逻辑的缺乏，以及由此导致的结构混乱及功能的随意性，即结构上缺乏本质的功能设计或者安全设计。

没有严密的形式逻辑，就不会有可靠的治理结构，即没有可靠的结构安排和治理效能。无论社会、大学、公司或者其他组织，均如此。

第 100 章

初心、过程与结果：全息整体研判

起点、过程和结果，必须是符合逻辑的自然过程。只问目标，不问过程；只求收获，不问耕耘，是心浮气躁、急功近利产生的主要原因。

屈原的"路曼曼其修远兮，吾将上下而求索"警示：漫漫人生是一个不断实现生命价值的过程，是一个体现个人修炼和价值提升的演化进程，而不是仅局限于荣辱富贵的最后一个点或者结论。

儒家的《中庸》认为求知需要历经包含五个环节的完整过程：博学、审问、慎思、明辨、笃行。《大学》认为成才需要经历八个环节的完整过程：格物、致知、诚意、正心、修身、齐家、治国、平天下。道教重视达到预定目标中的"过程"，作为近代化学来源之一的炼丹，要经历一个包含从择地到开炉共二十一个环节的严密"过程"和十一个操作方法。

法国哲学家、科学家和数学家笛卡尔的"我思故我在"将我与它、心与物相结合，实现超越，使目标与过程有机结合。希腊赫拉克里特的观点是，一切皆流，万物皆变，强调世界的本质就是一种流动变化的过程。英国教育家怀特海则认为，客观世界不是某种确定不变的东西，而是在不断发生、消亡又产生，这是环环相扣、川流不息、不断变化的过程。

无论是事件还是人生，均由起点、目标（终点）和过程共同组成，起点、过程与目标不可分离。"条条道路通罗马"，寻找或创建一条最优或相对较优的过程并实施就十分重要。过程实施的质量，相当程度决定了最终达成的目标结果的质量，也相当程度决定了最初的起点设想是科学的、是想象的、还是乌托邦的。过程实施手段的优劣，也常常决定最终目标是否能够达成。

所谓顶层设计，并非是理念空想，而是在起点设想影响下、在最终目标规范下，对过程与结构的符合逻辑的合理安排。是时间与空间，强与弱，理智与情感，表与里，深与浅，近程与远程，快与慢的明确排布。有些时候，为迎合他人和获得支持，人们常把目标提炼、包装得尽善尽美。实际上，过程思维与实施的优劣或者善恶，常常相当程度决定着整个事件的成效或者善恶。

不能因为目标（终点）理想的高尚，而在过程实施中不择手段、羞耻不分、恶形恶状。不择手段只会砸碎最终目标理想的最后魅力；也不能因为过程手段的优雅平稳，就贸然相信其追求的终点目标一定纯洁高尚。

起点、目标和过程的优劣或者善恶，三个方面共同决定着整个事件的优劣或者善恶。思考是起点，思维是过程，思想是结果，思维与思想的关系，如同过程与目标的关系。不能以愿望正当，作为不择手段、忽视手段卑劣的理由；也不能以手段正确，来掩盖目标的错误，去掩盖恶劣和缺点。评价一个事件的好坏善恶，需要包括起点、过程和终点的整体全面评估。

在社会科学中，如果事实判断与价值判断互相纠缠，就难以区分和得出正确的研究结论。然而事实判断与价值判断的这种区分，对科学而言，是十分必要的。事实判断，只涉及其科学意义上的"正确或错误"；价值判断，只关乎个人或者群体主观情感意义上的善或恶。我认为，这可以称为人文和社会科学领域学术判断的"事实和价值二象性"，更与量子思维而合拍。德国的政治经济学家和社会学家韦伯建议，在研究对象的选择上，采用价值判断，即"价值关联"——慎重考虑选什么进行研究，此研究是否有"价值"；在研究过程中，采用事实判断，尊重事实和规律，远离价值判断，即"价值中立（不干涉）"——在研究过程中避免价值（好和恶）判断的干扰。

对一个人而言，做事为人的全面评价，应该建立在起点、过程、终点三个要素基础之上，即评价建立在是否心好、说得好和做得好、结果好的基础之上；而不能仅仅单独看是否心好、或者是否说得好与做得好，不能不愿面对、或者回避结果的好与坏。就人生和教育而言，起点、过程与终点目标同等重要，终点目标依托过程而存在，人才素质在过程中养成。重视确定终点目标后的实施过程，重视理论引导下的实践，政界、业界和学界英才能在实践中塑造。因此要强调与过程相关的思想、理论、方法、技术、策略、工程等方面的研究与训练。

创新，有源头起点创新、实施过程创新和目标结果创新，所有创新都需要经历过程到达目标；问题导向的创新是局部优化的被动创新，理念导向的创新是全局优化的主动创新。不能因为过程手段的精巧正确，而忘记目标对过程的引导，以防止过程中累积的错误。如果仅仅强调过程实施的环环相扣，但不在过程中及时进行目标导向下的修正，那么即使到达目的地，极有可能不是原先设定的彼岸。

过程是促进目标、理念、价值、兴趣实现的关键基础步骤。过程突出操作在目标实现中的重要性，凸显人的体验及实践在人生定位中的重要性。过程影响目标，实践丰富理念，千里之行始于足下。如果说，起点的思路影响出路的话，就可以说，过程细节决定结果的成败。对过程及其实施必须精心设计，精心组织。重视过程，分阶段考核，要警惕只重目标结果不问实施过程的极端功利主义、浮躁行为，一旦发现要对之进行校正。

第 101 章

思维颠覆在先，实践跟进在后

尤瓦尔·赫拉利的《人类简史》讲述人类进化历程；伦纳德·蒙洛迪诺的《思维简史》讲述了人类认知演化历程，很有启发性，选择性地摘录如下。

小孩子最爱问"为什么"，甚至在话还说不全时，就提出了人生的第一个问题。在孩子们眼里，一切都是新鲜的，正是像婴儿这种对认识世界的强烈渴望，使得人类不同于动物，成为一个会思考和质疑的物种。

敢于不断提出问题，好奇心和求知欲推动着人类的不断进步，让人类一步步从直立行走到月球旅游，从住在洞穴里到驾驶飞机，从广袤草原到住进摩天大楼。

这种与生存本能并无紧要关系的思维追求，能想象一些不存在的东西，成为人类进化成智人并不断思维进化的一个重要特性。先想到的，然后才做到。想象能包括所有可能。人类正确思维的最初源头，竟然往往是幻想式的想象！经过验证过关，而成为远见。有时源自于以略微不同的视角、有时近乎荒诞的方式看待世界：伽利略想象如果物体下落在没有阻力的理论世界；道尔顿想象如果元素由看不见的原子构成，如何反应形成化合物。海森堡想象原子世界是由与我们日常体验完全不同的奇异定律所统治。

伽利略是做抽象实验的第一个人，他想知道物体如何下落，可当时没有计时器，只好减慢速度，他用一个斜面，让球滚下来。"抽象"体现在伽利略把球和斜面用油抹得非常光滑，减小摩擦力到最低，以近理想状态。结果发现球下落速度和球的重量无关。

历史一再证明，人类往往是先有颠覆性的改变思维，才有生产生活的颠覆性改变。宗教遗址"哥贝克力石阵"的考古发现揭示，一万六千年前人们似乎是为了便于宗教祭祀，才住在一起，然后开始转向农业生产。思想有多远，人类才能走多远。

人类虽被定义为能制造并使用工具的直立动物，但原始人类制造工具时并不知道其中的原理，如钻木取火时，就不懂得热学和燃烧规律。而现代人是先掌握科学原理后才发明出工具，如先有电学，后有电灯；先理解二进制，后发明计算机。

求知欲并非终点，人类的文明发展是由思维方式的不断进化呈现出来。人与其他动物最大的差异，是求知的欲望和对未知事物的好奇心。神秘感，是人最美好、最深刻的一种体验经历，它促使人们揭开神秘的面纱，去探索未知的一切。在进步的大环境下逐步走出舒适区，打破我们现有的思维定式，实现变革。是通过祖先上百万年、千万年进化，人类被赋予了理解自身以及世界的能力和渴望。电脑能帮人解决问题，却不能代人提出问题。人工智能还没有好奇心和求知欲！

人类对世界的认知经历了以下的台阶：宗教神话、观察推理、非量化的自然观、量化实验方法、感官观察世界、测不准的世界。因为没有秒表，亚里士多德率先用定性、非量化方法观察和推理分析世界。一千九百多年后，伽利略把量化实验引入了科学，推翻了亚里士多德"物体下落速度和重量成比例"的学说。牛顿运动定律剖开表象，几乎解释了能观察到的一切，以至于此后二百多年人们以为世界都没什么好研究的。普朗克等的量子概念，超越了直接感官体验，为认知开辟了新世界，催生了今天的信息时代。

人类思维的发展过程中有两点必不可少：前人知识的积累，突破极限的冒险。

人类是唯一能够利用过去知识和创新去进一步创造的动物。社会的"互联性"能激发出创新性，犹如神经元互联累加整合成大脑神经回路一样。特别当不同领域学科的人偶然汇聚在一起时，想法和知识能指数级暴涨，极易产生新观念。

瓦特在修理一个用了近五十年类似蒸汽壶时，才偶然产生了增加冷凝器以改进"蒸汽机"这一想法。牛顿花费了好多年收集行星运动轨道编绘，天文学家哈雷为请教数学问题访问牛顿，竟给了牛顿灵感，进而写出运动定律。爱因斯坦在数学家格罗斯曼的协助下，思考曲面空间的古老数学问题时，偶然中完成了相对论。

  突破极限的冒险例子有很多。伽利略的实验是定量化的，相比于亚里士多德无实验的定性推理，在当时这是一个颠覆性的革命进步。牛顿原以为只有天体间有引力，却发现地球上物体间也有引力，这对当时的他而言，简直不能接受。达尔文是虔诚的教徒，如果自然进化成立，那还要上帝干什么？进化论迫使达尔文面对自己的信仰危机。抛弃地心说，坚持日心说，尊敬教会的哥白尼经历了剧烈的挣扎。玻尔提出了轨道量子论，数年后，爱因斯坦为自己缺乏勇气而遗憾地说"我也想到过，但没敢发表"，死忠因果论的爱因斯坦始终无法接受奇怪的量子力学。薛定谔创立量子方程的初心，竟然是"维护传统而非颠覆"。

  今日看来理所当然的理论，创立之初都曾荒诞不经过。怪异的观点，在中世纪可能会招致灾祸，在现代也会受到嘲讽。面对颠覆性思想，个人需要勇气，社会需要包容。科学原理创立之初大都"无用"甚至"有害"，因其会摧毁传统的理论框架。对真理的追求使得思想家们不得不经受磨难，即便像普朗克、爱因斯坦在开始他们的科学之路时都也左右碰壁，论文无人问津，遭受到冷遇。量子论诞生本不为了实用，纯粹为解释原子本质和光性质，而今天从家用电器到超快激光，都离不开量子论。量子论揭示了一个我们无法看清并实际存在的真实世界。把能量从"连续的"设想成"一份一份的"，是从经典到量子的一个重要飞跃，今天看似很容易理解，而事实普朗克为此思考了二十多年，并经历了很长的凄惨岁月。

  古罗马的衰落，就是因为贬抑思想；而古希腊的辉煌、欧洲中世纪后的复兴，恰恰是因为尊重并弘扬了新思想。全新的思想会给社会带来阵痛，整个社会都必须遭受冲击，但是就像分娩，只要忍受一时之痛，发展就会一日千里。

第 102 章

失败和成功：几何捷径与最小能耗

颠覆平凡的田中耕一的故事，非常励志，它告诉人们：人人生来平凡，人生常有低谷；困境惧怕坚持，上苍酬谢勤奋。田中耕一出身贫寒，是个养子，有沉静、坚毅、节俭的品质，但命运不佳。很长一段时间里田中耕一显得平淡无奇，他沉默平凡、憨厚踏实、普普通通，因为是电气工程专业的学渣，他只好无奈地在化学分析仪器公司工作，却意外拿到了诺贝尔化学奖。田中耕一的获奖原由是发明"生物大分子质谱分析法"。过去分析大分子，必须激光照射，但一照就碎。田中鬼使神差地加入了甘油作为缓冲剂，解决了这个问题。

他惭愧地说，因为专业基础不好，不知大分子不能这么做；因为失手，不小心把甘油加了进去，又因节俭习惯舍不得扔，阴差阳错做出了一个专利……

备受内心煎熬的田中耕一坦陈了自己的侥幸后，希望瑞典皇家科学院撤奖。颁奖方回应：诺奖就是奖励那些率先改变人类思维方式的原创性成果，你的得奖理所应当。获奖后田中第一个感谢的，是他的小学老师，该老师化学专业毕业，常鼓励着田中和同学们不要循规蹈矩，尽情去尝试、实验，独立思考，不要按课本标准答案答题。

得知他获奖，他的领导匆忙赶回国，把一千万日元的奖励双手奉上。大学母校更是慌忙把田中的名字写进校章，破例授予其荣誉博士学位，政府在最高荣誉日本文化勋章中，匆忙把他的名字补上。获奖后的田中不是去到处演讲、收获掌声、丰富生活，而是主动回归了平凡无奇的上班下班，拒绝升迁，像没获奖一样，唯一改变的，是他决心做出他认为真正值得获奖的研究。只是这一沉寂就是十六年。2018 年的 2 月，田中耕一的最新成果在《自然》发表：只需几滴血，就能提前三十年预测阿尔茨海默病。

成功的人，常是平凡的人，只是多了一份专注。失败的人，也是平凡的人，只是多了一份偏执。培根说，显而易见的优点导致赞扬，不易觉察的优点带来幸运。成功与失败是同一事物的两个方面，青少年时常纠结于失败与成功，不能自拔。可人生好像是体育馆里的比赛，做运动员，必然要面对成功与失败；如果害怕失败，那只能做观众；如果想轻松，争取做裁判。

孙子讲，胜兵先胜而后求战，败兵先战而后求胜。一个指挥员，如果在战役胜利后欣喜若狂，则这场战役本不该胜利，因为它超出了预料；如果在战役胜利后淡定安详，则这场战役本就该胜利，因为一切均在把握之中。《孙子兵法》是超越军事领域，启发人掌握失败与成功诀窍，把握道家、兵家思想的天书。

不打无准备之仗，是指不打没有胜利把握之仗。所谓常胜，就是不打不胜的，只打能胜的。不倒翁、不倒杯等玩具，没什么天机诀窍，就在于其重心低，只耗费最少的能量，我称之为"能量最小极值原理"，所以稳定易复原。这启示人们放下傲慢，放低姿态，仔细体会什么叫"哀兵必胜"。

不成功便成仁，是指精神意志不能失败，必须坚持，坚持就是成功，虽败犹荣。而不能简化成杀身成仁，为成仁而杀身，就说不上是坚持和意志。

人们往往只看到他人成功的一面，而忘却不成功的一面。每一项成功都有无数的失败作铺垫，只是这种失败，许多人看不见不知道而已。自然/上苍或者"上帝"会公平对待每一个人，男女平等，老少无欺，如果一个人在某件事情上轻轻松松地成功了，一定会用后续加倍的"磨难"补偿请其归还"顺利"。这就是老子所说的：天地不仁，以万物为刍狗；圣人不仁，以百姓为刍狗。

人们羡慕成功，但不愿体验失败的心路历程，而这个艰难历程对走向成功极其关键。绝大多数公开发表的论文，几乎都是关于成功的试验、实验结果与发现，并在科学杂志上得以公开发表；而为此进行的或与此相关的、耗费了 99% 的财力精力的失败实验与结果均在尘封的实验记录本上，因为数量庞大，而难见天日，也少有人愿意去研读。有人问一位科学家："你试验一种新型电池总是失败，为什么还要继续试验？"科学家回答："失败？我从来没有失败过，我现在已知道了 5 万种不能制造这种电池的方法。"

以科学的方法把错误重复与重现出来并定位，确定生成的原因，才能避免再次失败，实现错误的零容忍。失败学比成功学更有价值，懂得失败，把握失败的原理和原因，学会直面失败，就有了不败的基础。

因为大道无形，所以要借势而为，借风巧进，逆风也能进。我小时候，就常见大运河里的无动力运输船，通过风帆，借助自然的逆风，采取之字形而逆向巧进。

事物有其本身的运行规律，存在可操纵性和不可操纵性。常会出现"有心栽花花不发，无心插柳柳成荫"的事例。故而无论有心和无心，栽花插柳都必须同时进行，否则，一事无成。对待此古语，有人则会误解为一切努力都是徒劳无用的，幸运来自歪打正着，而事实上它却在提醒我们，有心无心不是关键，如何"用心"是秘诀。因为，如果无心，却又不插柳，杨柳绝对不会成林荫。必须要提醒的是，要明晰边界和限度，个人的"用心"要和外面的"前提条件、边界与度"相吻合，尊重规律才会有好的效果与预期。

为最大程度地追求成功的目标，同时最大程度地保持理性的谨慎与平和的心态，以免深陷其中而不能自拔，需要理解运用传统的智慧：办事以不即不离之法，用心在有意无意之间。

在一个高度聚焦的时空点上解决所有困难，将是不可能的，因那将是巨大困难，也会烦恼不断。而如果将矛盾分散在不同的时间段、不同的空间段，问题就会被解耦，而被各个击破。

如果做一件事情，只能解决一个问题，可以选择不做；如果做一件事情，能同时解决几个问题，再困难，也得去做，特别当其是关键的节点或者支点，可达到一箭多雕、事半功倍的效果。

心理学上有一个"瓦伦达效应"，它描绘越刻意追求成功，就越容易失败。瓦伦达是美国著名高空走钢索表演者，在一次重大的表演中，不幸失足身亡。他妻子事后说，知道要出事，因为他上场前总是不停地说，此次太重要了，不能失败；而此前的表演，他只想着走钢丝，而不关心可能带来的一切，从而每次都成功。因为，人脑里某一想规避的想象图像，会像实际情况那样，刺激人的神经系统，分散注意力而导致失败。这一心理学现象，很像量子论的"波粒二象性"以及"测不准"。

认为别人傻，自己才是真正的傻；认为别人聪明，才是真正的聪明。很多时候，成功取决于团队合作，而一个每次合作都希图获取最大利益或功名的"小聪明"之人，愿意与其合作的人将会越来越少，最终将成孤家寡人，难免失败，最终落得个徒有其表的结果，真可谓"大愚若智"。而一个每次合作都拿取较少利益或者功名的人，往往有良好的声誉和口碑，愿意和其合作的人越来越多。对于后一类人，尽管每一单次合作获得都不多，但多次乃至无止尽的持续合作，会将每次合作收获不断累加，从而帮助这一类人容易走向成功。这可谓"大智若愚"，这也提醒"团队精神"的重要性。

得意过头到忘形，就会遭灾，因为这时候人已经失去了警觉，大脑已经远离正常的平衡运行状态，情商失控，智商近零。同样，如因失败而慌乱，或者因遭受一次没有预料到的冲击而慌乱，急不择道，那就离另一场更大的灾祸绝不遥远、甚至更多的灾祸麻烦会同时一起接踵而来，形成"灾难瀑布"。如果能为几个麻烦汇集而来而经常训练，做好准备，并且做到平心静气、处惊不变，那么胜利和成功就不会太遥远。因为，情绪是慌乱的野马，不加控制，瞬间不加思考就有简单条件反射的现实危险。算命先生的血光之灾的预言，不是算命先生有什么先知先觉，而是迷信者把自己的半信半疑、心神恍惚、言行失常流露给了算命先生，有时终于导致迷信者自我应验。

急中生智，危中生智，不是人们真的在危急关头的短短瞬间或者高度压力下有什么大智大慧，而是人们日常潜意识中早有腹中预案，并且冥冥之中，几乎连自己都不知晓这预案的存在。这种预案，常常就是在非危急、非紧急的状况下，常思常想，慢慢琢磨中形成，腹中早有了定谱。因此，对于危机，如果平时不烧香，临时抱佛脚，只在大难临头时，方祈求成功，那只能等菩萨保佑，自求多福了。

危机意识是源自东方的辩证智慧思想。孟子说"生于忧患，死于安乐"，一个国家如果没有危机意识，迟早会灭亡；一个企业如果没有危机意识，迟早会垮掉；一个人如果没有危机意识，必将遭到不可预知的灾难。现代西方也有类似的意识，而我们近现代却反而常常遗忘。

祸福相依、物极必反，是失败与成功的临界控制和临界转换点。戏台上的好多故事告诉我们，飞鸟尽，良弓藏；狡兔死，走狗烹。古代机敏的将帅明白保留少量匪患的存在，是保住自己权力的基础。项羽若不死，韩信必是汉王股肱之臣；太平天国如在，曾国藩的权力不致被剥夺；战争有限的胜利，可能是政治上的完美胜利；战争极限胜利，也会催生极限胜利带来的灾难。

每天我们都会面对许多突如其来的、数不清的变故。如果每天准备承受失去的、不幸的越多，就会发现真正发生的、失去的越少；如果每天都奢望获得的、幸运越多，就会发现真正拥有的越少。畏惧失败的人会无法面对失败，并彻底丧失继续尝试的勇气。而积极乐观的人却总能使自己相信，失败是继续前进的动力，在不断提高过程中走向成功。反省自己的失败，可以了解认识到自己的不足、局限和不成熟之处。审视别人的失败，可以深受启发，悟到真知，从而少走弯路。

王阳明的心学告诉后人，好心态，决定人生质量；顺境时未雨绸缪，逆境时反省自我。没有谁生来就内心强大，而内心强大来自后天的磨炼与积累，是慢慢由天地精华和人间百态凝练而成的个性化气场。内心强大的人能耐住寂寞，憨厚而放下面子，拥有美好的憧憬，怀抱远大志向，坚信上苍自会天赐良机！

君子敏于行，恒于心。尽了努力的失败，不是失败，因为它能使你正确评价自己是否需要再尝试下一次，使你明白这努力方向是否你天命所系，是否你真正的长项和兴趣。努力后，犹如人们打磨矿石寻找宝玉，如有天赋，会自然流露。

雨果说，对有自信而不介意暂时成败的那些人而言，没有所谓失败！对有着百折不挠坚定意志的人，没有所谓失败！对别人放弃，而他仍然坚持；别人撤退，他仍前冲的人，没有所谓失败。

不能把物力和精力纠缠在效益不大的日常琐事矛盾上。火箭飞行器在大气层中，会被地心引力拉扯撕咬、被空气摩擦而燃为火烬；但如果加速挣脱了大气层的束缚反而成为众望所归的苍穹卫星。

要成功，首先得学会积小胜为大胜，拥有成功的体验和信心，进而才能顿悟，化腐朽为神奇，变失败为胜利，而不是把胜利建立在赌博和买彩票心理上。由于逻辑思维的缺乏，特别是形式逻辑能力的缺乏，相信不劳而获的偶然机遇，相信天上掉馅饼的时来运转，全世界华人普遍就有非常突出的好赌心态和习惯，并全球闻名。而这赌博，仅仅是将财富在不同人之间重新分配，并没有为人类和社会创造新增的财富。并且，对个人而言，这种成功率极低极低，犹如天上掉馅饼，用于浅尝辄止的偶然游戏还情有可原，如常常念之，无疑中了毒瘾。

物质遵循"最小耗能"原则运动。先进国家的20%GDP来自催化剂，催化剂能降低化学反应能垒，可以给人们关于成功与失败的许多重要启示。它化腐朽为神奇，将化石如石油变成纤维，最终做成衣服。人之所以能够消化吃下各种各样的动植物，如五谷杂粮，肉禽鱼蛋，也在于生物特有的催化剂——酶。催化剂或者酶，之所以能促成困难的反应，依据的是变一步为多步，将阻力化整为零的催化原则。所谓人生中的捷径，往往意味着高能垒，这种捷径只是看上去便捷，实际是无比困难的"几何捷径"，即距离很近、跨度很大，可望不可及，不是真正的能量消耗最少的"能量捷径"，因而无法成功实现。因此，要跨越巨大能垒，要使反应方便进行，就需要发现并使用合适的催化剂或者酶，将巨大的能垒演化为无数个容易跨越的小能垒；将巨大的高山，演化为无数个矮小的山峦；将必须巨人方可跨越的一大步，变成常人可以跨越的无数小步。

追求捷径，就是自寻短命。要克服事物由失败走向成功的巨大能垒，人们就需要发现做事为人的合适催化剂或者酶即方法，使得所面临的、难以高攀的人生喜马拉雅山，演化成一个一个难度很小，可轻易跨过的人生阶段中的小土丘。

学会接受失败，否则你永远不会成长。接受你是不完美的，才能自觉走向完善。生活不是一条一直上升的直线，而是一条上升的曲线。允许自己有人的正常情感，其中，包括积极和消极的情感。

上善若水，善行无迹，大象无形，无为无不为，无为无不治。讲的都是最小的能量消耗，最小的投入、最大的产出、最佳的输出、圣人多面多能。

有人在总结科学界的杰出青年（杰青）和愤怒青年（愤青）的差异时，对比道：杰青没有一天休息，动脑动手、异常辛苦；愤青间歇式玩命工作，随后就是扯淡挖苦。杰青认为天道酬勤，功夫不负有心人；愤青认为天下不公，辛苦不如有靠山；杰青在学先进，愤青逐腥而怒……

第 103 章

幸福的秘诀：自律、真诚、坚毅

从 1938 年开始，哈佛大学进行了一项研究，花七十六年跟踪了 724 位男性从小到老，探寻影响人类幸福的关键是什么。结果发现：自我节制和人与人之间真诚相待，真心欢喜或者真爱，是关键。具体内容包括：1. 不酗酒不吸烟；2. 锻炼充足；3. 保持健康体重；4. 童年被爱；5. 共情能力；6. 青年时能建立亲密关系。2016 年由此发布了《幸福研究报告》，结论是：幸福与财富、声望或者玩命工作无关，幸福是良好的关系和心态，是爱的力量。

我国传统就有"家和万事兴""在家靠父母，在外靠朋友"等说法。人是群居的动物，人是社会化的动物。人，不是单独的个人存在，而是和一群人共同存在，即"仁"。人需要真心待人，进而被以诚相待，获得内心安稳、和谐，有发自真心的喜欢或者真爱。如此良好的亲密关系，就好像城市的交通，顺畅发达就是繁荣。

有一项起始于 1946 年的"英国出生队列研究"，持续了七十年，跟踪了 7 万人，是人类第一个全国性出生队列研究，被称为"英国保守得最好的秘密"。其研究结果指导着英国教育、医疗、社会福利等的政策改革，故也被称为"英国科学皇冠上的宝石"。

粗粗浏览该研究结果，有人基于片面认识而叹息：有人生来注定要失败，因为家庭社会经济水平对孩子未来影响巨大。低社会经济水平家庭的孩子，从出生起就面临许多困境，如高死亡率，矮个子，行为和情绪问题多，阅读和数学能力弱……易犯罪、酗酒、高失业、健康差……几乎从一开始，"高阶层"家庭与"低阶层"家庭孩子的认知差距就不断加剧，此后在学业和人生成就上的差距也同样如此。费因斯坦图揭示：认知能力高的孩子，若出生于低社会经济水平家庭，十岁时，其认知能力就会下滑，并比出生于条件优越家庭的低认知孩子还要差。

可仔细分析研究结果发现，即便没有投好胎，出生于高风险/低社会经济水平的家庭的孩子，20%能够凭自己的努力改变命运，没有滑向底层。51.6%的能通过良好的家庭教育而翻盘，实现了命运的逆袭。他们完成高等教育，是专业人士，工作收入较高，拥有私人房产。这些"跨阶"的孩子均拥有共同特点——内在的动力，即坚毅，包括坚持和热情。即自身努力+家庭良好教育，使孩子相当程度走向成功，如果再加上合适的学校教育、社会关爱、国家扶持，就有光明的前景。

研究发现，父母手中掌握着能改变孩子命运的工具，这个工具并不是父母的收入和父母自身的受教育水平，而是父母对孩子和教育的持续关注。这些包括：1. 给孩子读书，鼓励快乐阅读；2. 与孩子聊天，倾听并温暖地回应；3. 给孩子以明确的要求，摒弃暴力管教，坚持规律作息；4. 创造良好的学习环境和氛围，陪伴孩子，带孩子串门、远足、旅行。结论是寒门子弟的成功逆袭，依靠内心坚毅和父母教育。

宾夕法尼亚大学心理学教授 Angela Duckworth 认为如果孩子的成长依赖外界评价或者物质奖励，那和马戏团的受训动物相差无几。所以需要培养孩子成长的内在动力，关注孩子内心，激发热情与坚持的双重力量，培养他们坚毅品质，建立内驱动力。坚毅不只是坚持，还有热情；坚毅是挚爱和坚持的由浅而深、双向递进；坚毅是不断试错、探索和练习、不轻言放弃，直到发现真正的兴趣和真正的自己；坚毅就是看淡成败，把成长型心态、而不是固定型心态放在第一位，成长是硬道理。

麻省理工学院提出了决定事业成功和生活幸福的人格定量的五个维度：外倾性，亲和力，责任心，情绪稳定性和开放性。经济合作与发展组织（OECD）就此进一步完善，提出了"社会与情感能力"的五个维度测评框架，包括：任务表现（尽责性）；情绪控制（情绪稳定性）；协作（亲和性）；思想开放（开放性）；与人交往（外向性）。这一能力由后天决定，具有很高的可塑性，发展的关键阶段是儿童青少年时期，有效的教育干预与系统的学习，可提升幸福感与成功潜力。

本 - 沙哈尔在研究中发现,绝大多数人追求完美,这恰恰是不幸福的原因。人们要设法克服负面情绪,将其看做正常现象自然接受。他认为,成功不一定会带来幸福,恰恰相反,幸福其实会带来更多的成功。就像赛车一样,车好就会跑得快,而不是跑得快车就好。允许失败才是核心。我们必须知道,焦虑、沮丧、愤怒等非但不是不好的情绪,反而是健康的一部分。如同中国道家观念中的阴阳两面,其实都是道的一部分,缺一不可。怎么样让自己先幸福起来呢?首先要关注自己的优点,保持运动,多深刻静想思考。如果总是浅浅的浏览学习,人生也是会停留在浅浅的层面。幸福不会商业化,因为幸福是和心灵相关的东西,需要的是真实自然。

第 104 章

思维模型工具箱：诺亚方舟、终身成长

一个人的智慧和魅力，来自思维。就像肌肉一样，有意识地进行思维锤炼，智慧和魅力就会增长。人类思维方式的数目，远远少于知识种类的数目，而思维的作用却远远胜过知识的作用，思维的寿命远远长于知识的寿命，思维具有知识所远远没有的可延展性、可演绎性。

现时代，思维的影响博大而精深。如把人生或者社会比喻成一座建筑大厦的话，那么，知识是最基础的砖块和水泥，思维是核心的钢筋和主梁，精神是体现风格和形象的屋顶和门窗。为充分调动所有的认知能力，每个人都应建立自己个性化的思维工具箱。

以法国社会心理学家托利得命名的托利得定理，强调多模式思维同时存在的极端重要性。对待不同人事物、科学上的不同理论，通过宽容和接纳，使得自己不断进步。看一个人智力是否属上乘的简单判据，只看脑子能否同时容纳两种以上相反的思想，而无碍于为人处世。

英年意外早逝的张首晟曾提出"人类最伟大的九个思维模型"。他假设世界末日到了，他的"诺亚方舟"上只能够携带一对动物和一个信封，信封背面，可以总结所有人类知识，他会写下：自然界三大基本常数；万物都是由原子构成；欧几里得几何公理；自然选择、适者生存；人人生而平等；让自由之风吹拂；笔胜于剑；隐形之手；大道至简。

为便于读者思考，我以下例举可供选择的几十种思维模型。如果随着岁月成长，一个人能有更多的模型，必定更为智慧，如能与时俱进、与年同长、拥有越来越多的思维模型，如 30 岁能有 30 种思维模型，50 岁能有 50 种思维模型，这必定进入智慧境界，长寿健康。

1. 几何思维

欧几里得的几何定理，也称为平面几何，是人类思考和认识世界的最基本的第一思维模板。欧几里得几何定理公理系统，是数学最精华的思想，其最伟大之处在于：将一切建立在不言而喻、无需证明的公理上面，就是先确定第一性原理，进而形成整个知识体系。但几何思维强调完全的正确准确、没有误差存在的空间，这是面对现实生命世界时需要留意的。

2. 常数思维

世界存在着永恒不变、不可违抗的基本规律。世界的道，是"常道"和"非常道"的合成。道恒不变，如代表宇宙根本规律、人事物根本规律的基本科学常数，如光速，其数值几乎恒定不变。最重要的常数涉及两个方面：能量和信息。

爱因斯坦对宇宙能量最深刻的认识，$E=mc^2$，物质和能量是一回事；信息熵公式：$S=-p \log p$；量子力学海森堡测不准原理，$\Delta x \Delta p \geq \hbar$。光速常数、普朗克常数等等。我特别强调的最根本的永恒不变的是绝对温度及其零度 $K=0$。

测不准原理告知人们，科学有正确的边界，也有一个永远不能跨过的界限，即总有未知存在。由于客观世界和主观世界无法完全割裂，观察者和被观察世界存在永远的相互作用，所以人们不可能无穷精准地了解清楚客观世界，客观世界不可能完全独立于主观世界而存在。

3. 基元周期思维

两千年前，希腊人提出世界由原子构成。百年前，宇宙被门捷列夫等归结为一百多种元素的组合体，即元素周期律。组成世界的基本单元，除了原子、元素等众所周知的基本单元以外，还包括，组成蛋白的几十种基本氨基酸、人类必需的十几种基本维生素、组成 DNA 的四种核苷酸等等。

我在此强调，把世界分解成静态割裂的孤立单元，是传统的西方思维，将世界看成相互动态联系是传统的东方思维；认为世界可以分割对待，是经典牛顿思维；认为世界是纠缠关联，是量子思维。所以，最全面的表述是，亿万事物都由基本单元、以及各基本单元相互间各层次复杂互动关系所组成。

4. 平等思维

西方强调：人人生而平等，即每个人的基本生存权和发展机会均等。这样的思想模仿了平面几何的公理系统，是把科学的基本理念和原理运用于人类社会和国家的治理。中国的老子强调人与物、人与人、人与神、人与天、人与地、人与道的平等，以及在认知和拥有规律方面的平等。

5. 永续思维

强调的是柔胜刚、弱胜强、笔胜于剑、柔弱永续。强暴、巨变、瞬变，可以闪耀一时，但难以长久，并常会复原；而慢变量弱变化则常常可能延续几世，甚至不可逆转。

6. 道简至隐思维

不盲目自信，坚信并尊重规律的存在。世上有常道，更有道可道、非常道；世上有常名，更有名可名、非常名；道法自然，才能应势而成；大道至简，所以不能轻视而逞能；道隐无形，故要十分谨慎敬畏；借力打力，谨慎干预，可以小动而大成、微扰而巨变、甚至不动自成。

7. 有无利用思维

老子说："有之以为利，无之以为用。"其表达：已经存在的事物，仅仅是可以带来些便利而已；而那些尚不存在的事物，或者虽已存在但无任何功用的事物，恰恰反而可能最为有用，故要拼命挖掘、转型思考，化腐朽为神奇。

8. 延迟满足思维（长期思维）

人们易陷入"简单思考和决策"的舒适区域，而变得懒惰并头脑简单。需要长期、缓慢、全面思维，以预案应对今后的紧急、瞬间、危机。决策第一紧要的是效果、而非效率。"时间观"是导致人生成功和失败的最重要因素。要避免常人的条件反射思维。

9. 迭代复利思维

冰冻三尺，非一日之寒，积小胜为大胜，建立机制，自动走向卓越。

每天进步 1%，一年后能力会提升 38 倍。每天退步 1%，一年后，其所有能力几乎消失殆尽。复利效益不仅体现在能力，更体现在各种复利，如盈余、人脉、微笑、情感、健康的复利。有人说"复利是世界第八大奇迹。

成者赚、败者输"。

迭代递进方法，就是设置主动的引导控制机制，保证有效迭代并向目标递进。以小步快跑，快速更新，累积正确，剔除错误，控制两次迭代之间允许的误差大小，防止迭代发散，自动向最终结果搜索收敛逼近。

10. 底线止损思维

设定最低目标，争取最大的期望值；谨记"鳄鱼法则"。对难以控制的即将到来的灾难和损失，设置不可逾越的底线，以便迅速脱险。墨菲定律说，当你越害怕一件事情的时候，这件事情发生的概率也就越大，最好的应对方式是做好准备、划清底线，向最好处努力，作最坏的打算。

11. 多模思维

宽容接纳各类不同的思维。在工作、生活中，无论是和自己趣味相投、气场相近，一见就有亲切感的人；还是和自己意见相左，很难说得来、难谈得拢的人，都要容得下、看得惯；否则就是自己的智力有问题。平常需做到：言者无罪、闻者足戒，广开言路，从善如流，善于纳谏，一心二用。

12. 少言善为思维

由美国心理学家斯坦纳而命名的定理是少言多做思维：多听、多做、少说是一个人成熟的表现，兼听则明。

在哪里说得越少，在那里听到的就越多。每个人在潜意识中，都很容易认为自己是宇宙中心，要让别人多说，虚心听取别人的意见，才能取得进步。善于倾听者受人欢迎，积极倾听可化解矛盾。

13. 第一性原理思维

不参照现有的经验，从源头重新开始思考。易于产生原始创新、源头创新、从无到有的颠覆性创新。

14. 类比更优推理

根据两个事物在某些性质上的相似，通过比较而推断出它们在其他属性上也类近。通过比较，容易产生模仿式创新和更优创新，如中医和《易经》的思维方式，很大程度采用类比的思维方式。

15. 系统整体思维

整体美学思维，强调整合能力，而不是分析能力。发明独轮车的是英才，发明四轮车、三轮车的也是英才，而发明两轮车即自行车的则是天才。因为其看到引入速度，才能有不会倒的自行车，体现的是"既见树叶，又见森林"的系统思维，以及发现看似无关领域之间的联系，组合各种独立要素在一起的能力。

16. 临界思维

关注尺度之间、地域之间、规律之间的过渡交界区域的独特性，从而一斑窥豹、一叶知秋，进而统揽全局。临界思维（介尺度），关注交界处的规律妥协或者突变。与临界有关的"马太效应"：当事情达到某一个临界点后，好的越来越好，坏的越来越坏。经济学上有边际效益等。

17. 共振与度的思维

能量、情感的同频共振，相同频率耦合而振幅加大，作用力倍增。只有程度匹配的能量、情感才能同频共振。

18. 成长思维

一个事物的善恶判断，涉及成长、发展和完成的起承转合的完整全周期，即与起点、过程、终点的全面整体判断相关。不能执着于出发点的善恶和正当性，更要看过程（路径、工具）、终点（结果）的善恶和正当性。对任何事物的评价判断就应运用完整全面评价方法，而不能以偏概全，也不能不论手段。远的如文艺复兴、近的如"文化大革命"。

19. 工程思维

在此主要涉及工程项目实施的一些特点，未包含工程科学的内容。基于标准化、数据化、专业化，将工程以紧紧相扣、步步为营的工段方式推进，包括谋划、执行、衔接、落实、汇报、评估、完成、考核阶段。其中有，围绕目标完成的时间任务进程表格、关键工作内容清单和执行人、各阶段关键点和阶段衔接、考核验收标准、包含人、事、时的路线图。

除了上述以外，其他重要思维还有：量子思维；经典思维；对称性思维（省略，见本书手性对称内容）；分析剖解思维；极限思维；辩证逻辑思维；形式逻辑思维；发散思维；汇聚思维；逆向思维；感恩思维；斯德哥尔摩综合征思维；乌合之众思维；特洛伊木马思维；反本能、反条件反射思维；缓慢思维；短期思维；局部思维；黑白二元思维；反智思维等等。

第105章

摆脱精神绝对贫困：科学和人文及融合

据传，易中天讲我们有些国人：耿直却又圆滑，坦诚却又世故，多疑却又轻信，讲实惠却又重义气，尚礼仪却又少公德，主中庸却又走极端，美节俭却又喜排场，守古法却又赶时髦，知足常乐却又梦想暴发，烧香算命却又无宗教感。矛盾复杂，很难归纳成一个模式。我认为，这就典型地表明人们在缺乏思维自由、精神独立、信仰使命后，在一分为二的黑白思维影响下，人就会言行分裂、随波逐流，在传统与现代、东方与西方、新潮与保守之间摇摆，变得空虚如浮萍。

弱智是先天的生理缺陷，残疾是先天或者后天不幸留下的身体疾患，对这样的情况，社会和人们应予以足够的保护和关爱。但脑残则是先天智力正常，但后天驯养所造成的精神和思维的残废不正常，需要通过学习和调整，改变思维，而成为正常人。

精神和思维的残疾，有人称其为"脑残""炮灰"，形成的后天因素有：缺乏信息来源多样性，长期困于封闭、单一的信息环境；信息来源单一并重复灌输，反复不停地进行大脑清洗，形成惯性的单一僵化垄断思维；自我封闭，故步自封，懒于学习思考；自认为是智者，言语嚣张，狂妄自大，无比自信；丧失共情力，缺乏同情心，麻木冷漠。

一个没有科学知识，也没有人文知识的人，那是自然进化中未摆脱动物性愚昧的人。只有人文知识，没有人文精神的人，无疑是精神的半身残疾；只有科学知识，没有科学精神的人，也同样是精神的半身残疾。人文精神的首要核心是关爱，对他人、对自然、社会的关爱之心，科学精神的首要核心是质疑，对老师、领导、权威的质疑。因此，既没有人文精神、也没有科学精神，那几乎是欲望盲流的重症残疾。

由于科技已成为强势文化，所以，人文知识传授中需要渗透科学精神，其要旨并不在于科学知识的多少，而在于掌握科学精神的实质、学会科学的思维和论证方法。这样，才能避免实际工作中出现天马行空、自以为是、漫无逻辑的传统人文言行方式。查尔斯·默里的《文明的解析》就在人文中代入了科学。科学知识传授中，也要体现人文精神，将知识发展的原动力告诉大家，将科学发展中感人至深的科学故事告诉大家。人文精神缺失会造成压抑，并迷失科学的初心和使命。没有科学的人文是残缺的人文，没有人文的科学是残缺的科学。培养精神健全的人，就是强调人文精神和科学精神的结合。典型如"绿色化学"，就是在人文伦理、环境生态规范下的新化学。

科学知识传授中需要渗透人文精神，而不是把科学术语与概念当成"行话""黑话"，要让人们知晓，冷冰冰的科学定理背后蕴藏的历史、感人的故事与人生。从而自觉地知道我们的一切科学和艺术源自于人，我们所做的一切都是为了人。

过早的文理分家，如大学低年级以前，甚至高中就开始的文理分家，造成个体及群体的知识割裂与精神分裂，使之丧失创新能力与精神。

强调科学中的人文，就是提醒人们不能忘记，科学的目的、科学的人文关怀、科学进程中的人物和感动；强调人文中的科学，就是提醒人们不能忘记，哲学的科学基础、历史的完备事实、文化中的定性与定量。

在科学知识传授的过程中，许多人往往剔除了人文精神，这样下去，把人当作工具培养的目的性越露骨，精神上的残缺就越明显。量子理论是打破学生传统思维方式的重要课程，但在讲授时，人们往往忽略了其产生及传播中涉及的许许多多感人故事与人文精神。普朗克曾经说过："这个世界上不是新思想战胜旧思想，而是有旧思想的人衰老死了。"这句话虽然有点偏激，但真实地反映了一个超凡脱俗的真理发现中遇到的种种艰难历程。这样的故事让学生学到，一定会印象深刻，终身受用。

中国现代史上的"反右"扩大化及随后的"文革"，对知识和知识阶层造成了灾难性的后果，使得本来不够健全的知识传授、思维训练和精神培养体系，被进一步相互割裂或者被彻底抛弃，造成了知识传承的断层。知识的弱化和凋零，进而造成了建立在知识基础之上的精神和思想大楼的摇摇欲坠。知识创新难以为继，也就失去了强大动力，精神畸形和思想僵化成为相当长一段时间的重要特征。

尽管科学在文明进程中居于领先和强势地位，但人类也万不能随意对一切人事物都采取科学主义的评价标准，因为理性与感性同为文明不可缺少的两面，正像人脑至少分成左脑和右脑一样，一定要为人文、感性和信仰留下空间，以保留多姿多彩的世界。因为理性和科学再发展，也永远不能解决世界上的所有问题，永远会留下空白地带。正像宇宙既是无限的、不断膨胀发展的，永远有未知，必为科学以外的认知留下空间，同时宇宙也有边界，也应尽可能用科学去描述填充。

我国民众具有科学素养的人口比例非常低，而具有民主素养的比例可能更低，如果不汲取科学知识和人文知识中所包含的质疑与关爱，就难以走出精神的绝对贫困。在呼唤赛先生、德先生的"五四运动"已过去一百多年的今天，我们的社会仍然充斥着许多"科盲"和"民王"。所谓民王，不仅仅是民主意识欠缺（"主"字少了一点）那么简单，"民王"一旦掌握权力，哪怕小小的权力，都会最大限度地加以利用，他们并不比专制的帝王更能体恤民众或者他人的痛苦。

因此，在此状况下，通过科普，主要是科学精神和科学思维的普及，进而带动人文精神的建立，是安宁平和的路径。有人说，欧洲是通过文艺复兴，解放个人和人性，经由人人平等博爱的人文精神，发现科学和拥有科学精神，那么，我们可能另辟路径，通过科学普及和拥有科学精神、科学思维，进而拥有人文精神。

第 106 章

第三境界：超限思维，善待并超越观点

罗马皇帝马可·奥勒留说，听到的一切都是一个观点，不是事实。看见的一切都是一个视角，不是真相。

黑天鹅、灰犀牛，会发生在不同社会体制和制度的国家，如美国 2008 年次贷危机、苏联 1986 年切尔诺贝利核电站事故、2020 年新冠肺炎等。严重的误判延判，会铸成国家灾难。而造成这一切的原因，不外乎信息来源渠道单一、信息观点类同、类型单调、缺乏多角度多观点多层次的情报和数据等。

在自然科学中，化学的发展比较充分，其原因在于思维的多角度并存且可供选择，如有元素的、光的、热的、声的、磁的、电的、立体的、绿色的化学等。

超限思维，犹如医院外科手术室无影灯的思维。

不同的动物，所看到的世界和景象是不一样的，蛇拥有的是红外线成像的感官；蝙蝠拥有的是主动声纳成像感官，并不依赖眼睛或者可见光感官；乌贼的世界是灰色；麻雀的镜头永远粉红色；鹰类具有特殊的目标物跟踪放大或者夜间视觉增敏作用。人所看到的世界，只在可见光部分，电磁波长为 390nm—780nm 的一小段，而在此之上或之下的世界，是都看不到的，必须通过仪器去拓展、补充人们的视觉感知。

所以无形的不一定无形，有形的不一定是此形，阳光下不一定就"明亮"，黑夜也不一定真"黑暗"，对于用不同电磁波段来"看"世界的生命而言，世界景象千差万别，每种看到的都是真实世界的"幻影"，只有综合在一起，才能掌握世界真实的全景。眼见不一定为实，"能看""能听"的健康人会自傲、封闭自己，不愿深究真理。而有时感官缺陷的残疾人，因为承认认识能力有限，反而会以谦卑的态度接纳未知事物，变得"耳聪目明"。

手里拿着锤子的人，看什么都像钉子。

立场观点是不客观的，是人为选定的，或高或低、或左或右、或宏观或微观。立场观点很大程度上已经预先决定了可以观察到的现象及其结果，而这常常可能是片面的。因此，某种程度上讲，有什么样的理论，就有什么样的观察；有什么样的理论，就有什么样的发现和结果。因为，人们会无意忽略，或者有意掩盖旁落的事实，或者不愿接受事实。

对事物的善恶判断，与观察者的立场观点息息相关。将无数独立的立场观点的观察结果整合，才能获得基本真相。

从单个立场观点获得的某个某些影像，只是"道"、自然或者"上帝"为启发人类而透露的真理、真相的点滴痕迹，只有将这一系列无数点滴痕迹逻辑合理地关联，才可能得其概率和轨迹，进而有获得局部真相和真理的可能。

没有观点就没有观察，有观点方能观察，观点本身纠缠观察。对单一观点而言，能给出最大信息量及信息多样性的位置为合适的观点。就如差的无线电收音机，灵敏度差，无论怎么调谐，只能收到一个广播台信号，而好的收音机，灵敏度高，稍稍调整接受频率，就会冒出许多广播台。

只能产出单一好评或恶评，即产生单调信息、甚至单调极端信息的观点，不是最佳的观点，甚至是最差的观点。其极易导致偏听、偏信、偏见、偏行，乃至愚蠢而不自知。最佳的观点是那些能够带来最大量信息、最具信息多样性的立场和观点，即其所提供的信息或声音，有好有坏，有左有右，有实有虚，有上有下。

无论是最差的观点，还是较佳的观点，都有明显不足。仅限于单一或者某些观点，只能看到片面的世界，甚至单点的世界。单一观点会限制人们的思维，来自无数观点的无数结果，符合逻辑的组合集成和提炼，就能逐步超越观点，趋近真理。世界的真相，只有由来自无数观察点的无数结果合理融合，才能被揭示。限于某一个观点、立场的就是"人"；超越一个观点的才能接近智慧，才能成为"仙"或"神"。

人们熟知月亮上有环形山，大诗人李白曾有这样的描述：今人不见古时月，今月曾经照古人。人们相信，古人看到的月亮就是这个样子，天经地义地认为月球的完整印象，就是这个样子。

事实上，由于公转自转等原因，地球上人类所看见的月球永远只是朝向地球的那一面。如果乘上宇宙飞船或者通过卫星，从另一观察点、立场观察，就会发现月球的另一面，是永远面对着太阳的，而且没有环形山，相对平坦。因此，要想获得对月球较为全面的理解，至少需要两个面或影像的结合，才能比较全面地反映月球的全貌。

同样，冰山一角，不仅仅说人们只能看到冰山的一部分，而是冰山只露出了在水面以上的很小一部分，从而让人们容易直接看到。如果根据浮力推敲，就可以知道，冰山还有巨大的部分沉没于水下，容易被人忽略而发生错误的认知，导致犹如泰坦尼克号那样的灾难。所以要获知冰山的全貌，必须铭记需要从水下的立场观点，探索被隐藏的、潜在的巨大部分。潜在的巨大部分影响着冰山的移动及其方向，就像潜意识、潜能影响着一个人的言行举止，就像广泛存在的社会潜意识、潜规则在相当程度上控制着社会及其进程。

世间客观规律的唯一代表，只能是客观世界本身。人们需要基于若干观点立场的观察，超越单一观点立场，无限地向真实、真理趋近，才能拥有"上帝"般的睿智，犹如"上帝"俯视众生，一目了然，没有迷茫。

寻找"上帝"的痕迹，就能梦见"上帝"；遵循真理的轨迹，才能发现真理。寻找研究魔鬼的足迹，一不小心，就会踏上魔鬼的足迹，成为魔鬼。悟道者得道，悟鬼者成鬼。

机械制图中，三视图，即三个角度视图的应用和规范，极其形象地说明了善待观点、超越观点的重要性。

在谈及观点和限度时，人们观察镜子时的感受，就非常具有代表性。当看一面竖长的镜子，你会发现自己的脸似乎变长变细了；当看一面扁平的镜子，你会发现自己的脸似乎变短变圆了。事实是，你的脸还是你的脸，没有任何变化，但在不同的镜子里，即观点里，就会呈现出不同的影像。这也就难怪中国古语云"情人眼里出西施"了，因为除开气质、气味、修养的差异外,在不同个体眼中,对象形体认知的差异化不可忽视。因为人们眼睛大小方圆存在不同的个体差异,在不同人眼中,展现的形象是否中意,也就有所差异,或喜欢或排斥。这种镜子影像的差别来自人们的心理投射,但客观上也可能来自镜子的物理特性。镜子边缘分布对影像的拉引或者挤压,使人感觉似乎有种吸引拉伸力存在。想想能将人或变高或变矮的哈哈镜,就更能感受到这点,也就更感慨观点和立场的所谓正确性、合理性,并非绝对存在,只是相对的存在了。

要善待观点、超越观点,中国历史上儒法两家及其观点的争斗就是典型的例子。儒法一直在争论谁对谁错、谁高谁低。庄子早说过:以道观之,物无贵贱。以物观之,自贵而相贱。从"道"看去,万物间无贵贱,而从"物"看去,某物总认为己贵,而以别物为贱。从真理看去,儒与法都是对社会的不同理解,难说高低;从儒或法看去,各自认为本家为高、别家为低。当在贬低儒家时,别忘了,是儒家注释推崇光大了具有朴素"道"意识的《易经》,建立了古代中华文明的主轴;当在贬低法家时,也不能忘记,是法家为秦朝提供了统一中华、长期集权强盛的理论工具。

东西方差异是善待观点、超越观点的另一个例子。当人们用欣赏的目光看待西方时,也要学会用欣赏的目光看待东方;当人们用批判的目光看待东方时,也要学会用批判的目光看待西方;因为他们都领先过,也都曾落后过,但都有各自不能替代的优势。如东方当代的形式逻辑来自西方,而西方的自由思想来自东方道家的道法自然。所以,英国学者霍布森写出了著作《西方文明的东方来源》。

宏观与微观差异,表象与深度的差异,也是善待观点、超越观点的例子。对宏观的自然物体而言,对人事物的表面现象而言,观察结果的简单加和是有效的和基本正确的,犹如盲人摸象,发现象腿像柱子,象身像墙,而将这一切组合加和起来就可能是象的全貌。这时,经典牛顿思维起了主要的而非全部的作用。

对微观的自然物体而言,对人事物的极深内涵而言,观察结果的简单加和则可能是片面的、无效的。如对光的理解,从波的角度会认定光的行为是波，但实际上，其不同于通常的波；从粒子的角度会认定光的行为是粒子，但实际上，其又不同于通常的粒子；因此，对光子等而言，微观细小至极，粒子与波的特性已融为一体，无法区分。通常，掌握量子力学的人会认为，光就是波、粒二象性，即光既是波，也是粒子，简单而言，是两者的加和。实际上，对光全面的理解，应包括所有角度，至少包括波、粒两个角度的观察结果，因而存在各种可能组合。对光正确而全面的描述应该是，光是粒子也是波；光不是粒子也不是波；光只是粒子只是波，即是光量子。这是三种境界，同时是三者合而为一的境界。

王国维曾用北宋词人晏殊、柳永和南宋词人辛弃疾的名句，总结提炼出古今之成大业、大学问者，必经过三种境界：第一境界，昨夜西风凋碧树，独上高楼，望尽天涯路；第二境界，衣带渐宽终不悔，为伊消得人憔悴；第三境界，众里寻他千百度，蓦然回首，那人却在、灯火阑珊处。

也有禅师用诗句，分别描绘参禅前、参禅时、悟道后三种境界：落叶满空山，何处寻行迹；空山无人，水流花开；万古长空，一朝风月。据说，苏东坡也曾经用三首七绝诗词，来表明禅修的三个阶段的心得。

现代当代量子思维讲：光是粒子也是波、光不是粒子也不是波、光是光量子。与此表述最为与接近的，是唐代禅宗高僧青原行思曾提出的参禅三境界：老僧三十年前未参禅时，见山是山，见水是水；及至后来，亲见知识，有个入处，见山不是山，见水不是水；而今得个休歇处，见山只是山，见水只是水。

现在，这已是世传的禅修著名的"话头"，既讲"认识"，又讲"世界观"，包括"社会观"与"人生观"，意味深远。

以上认知，可以分解为：其第一境界——山是山，谓"俗界"（世俗），以为"世界为有"（存在）；第二境界——山不是山，通过"无"、借助道家倡导强化的"无"，能认知"世界为空"，佛教大乘空宗"缘起性空"就是说，一切处在不断"生、成、坏、灭"中的万事万物（包括权、财、色等），并无"本体、末体"一类"恒定"不变的实体，故名"空"。但驻此"境界"易走"虚无""悲观"乃至"绝望"，故需要进一步；第三境界——山只是山，名曰"不二法门"或"不落两边"，从而超越。

后人常认为上述三段论，是肯定、否定、再到肯定，似乎完成了一个认识上的飞越。但对三段论的如此理解，是一个简单而浅薄的误解，而不知道其是一种非惯性的量子思维对惯性的经典思维的超越。因为惯常简单加和的理解，对宏观或者表象世界，只能说得上基本正确；而对于微观或者极深细致的世界而言，几乎无法说其就是正确。

　　很少有人认识到，在世界上，还存在着否定的同时伴随肯定、并达到的一种浑然一体不可分割的超越，类似于量子力学所述之光的"波粒二象性"，即在一定条件、边界、度的情况下，事物才会表现和显示一定的特征。

　　参禅三境界，更通俗的解释是："看山是山，看水是水"。心思是简单的，看到什么就是什么，别人说什么就相信什么。看到的往往只是表面。在此第一重境界的人们，是出得来，而进不去；"看山不是山，看水不是水"。随着阅历增加，看到了世界的方方面面，特别是更多的反面，不愿意再轻易地相信什么，认为这才是真实的世界。绝大多数人都困在这一阶段。在此第二重境界的人们，是进得去，而出不来；"看山只是山，看水只是水"。葆有本真纯朴忍耐的人，看多了，经历更多了，悟得深了，终有一天豁然顿悟，明白世界原比我们想象的还要复杂，我们能看到的仅仅是其本来千万个真实面貌的一个方面，或者一个瞬间；同时也明白世界也很简单，就是大道无形、大道至简，道法自然。那些以前认为好的坏的对的错的，都会在规律里走向其应有的结局，凡事不必计较和偏执。在此第三重境界，人们是进退自如，来去随意。

　　人具有量子思维，是量子态的，介于高级动物和"神仙""上帝"之间。所以可以说：人，是动物也是神，不是动物也不是神，人是一体多像的人。也可以说：人，既善也恶，既不善也不恶，人是情景中的人。对于作为社会单元的家庭而言、作为父母的子女而言，因为我们与父母的血缘关系兼具包含和超越的，因此也可以类近表述为：我，是父也是母，不是父也不是母，我是独立的我。

　　这些为改变思维、超限思维而提炼的表达方式，即源自量子思维，借鉴禅修三境界的三段论，我自嘲为"超限表达"方式。

第 107 章

第三境界：思维自由三要素、精神独立三要素

　　思维的真谛在于自由，根源于多样性。思维是否自由，要看是否允许假说的存在。健康的群体和社会不能只有一种声音，健康的生态和自然不能只有一个物种。思维走向自由的、必不可少的三要素：形象思维、逻辑思维、格局思维。

　　精神的真谛在于独立，精神走向独立的、必不可少的三要素：人文精神、科学精神、信仰精神。人生的大厦需要这三个精神支撑。科学知识不等于科学精神；人文知识不等于人文精神。

　　把心死还是脑死作为死亡标准，在医学上，迄今为止还在争论。如从超越人、动物、植物的角度去评判，就应以大脑活性存否作为最重要的人存在的判据基准，即脑死则人亡，否则至多是脑死身存的生物——植物人，犹如几无意识会呼吸的植物。

　　对一个国家或者文明而言，思维自由、精神独立的智者们所组成的群体，就是一种无形又有形的智库、思想库，就是国家和人民的大脑所在。大脑在，文明才会进步，大脑功能多样并健全，文明才会包容而辉煌。

　　人的一生旅程，文明的进程，民族的觉醒，在摆脱了最基本生存所必须的衣食住行的需求约束以外，最重要的是思维历练与精神培养，即思维自由与精神独立。思维自由远重要于言论自由、行为自由；精神独立远高于人格独立、资产独立。人的内心（就指人的大脑）自由独立，决定着其是否淡定从容、智慧宽宏。

　　思维自由在脑中，不易强制干涉别人，也难以被别人所强制干涉；即便失去了言论自由、行为自由，也可以葆有思维自由，除非失去生命。所谓思维自由，就是在尊重自我生理特点的基础上，拥有感性的形象思维、

理性的逻辑思维（形式和辩证）、悟性的格局思维。

　　精神独立在骨子里，不易侵犯别人，也可以不被别人所侵犯；即使失去了财产独立、甚至表面上失去了人格独立，也可以葆有精神独立，除非出卖灵魂。精神是否独立，重要标志是能否允许良心、良知、良序的存在，是否允许真相、真知、真理的存在。精神独立来自于对他/她人、常识、规则的尊重与把控和对自我的尊重与把控。

　　精神要独立，就需坚守善良，宽待假说，善纳众议。独立意识、独立能力比什么都重要，先独立后担当，独立是责任的基础，否则，不但不能承担责任，反而成为依附者，成为社会和他人的负担。

　　独立与自由是幸福必不缺少的基础。思维自由才能实现过程的顺畅、结果的多元，即思想的繁荣（主流和支流并存），才能发现他人所不能发现的奥秘。精神独立，才能超凡脱俗，保持个性特色和自我独特的认知体系和言行风格。

　　独立与自由有不同的层次和含义。对于国家而言，为走向富强，真正站立起来，必须追求并实现国家的独立与民族的自由；对于个人而言，为走向幸福和创新，担负起理应承担的责任，真正站立起来，就必须追求每个人的独立与自由；对民众群体而言，为实现民族、文明真正地站立起来，需要自省而实现精神的独立与思维的自由。

　　奴隶时代，朝不保夕，人们要的是人身自由。信息时代，资讯泛滥，人们需要的是思维自由。在封建和资本社会人们追求的是财产、资产独立；信息和思想的时代，人们需要的是精神独立。

　　太多的人只重物质利益，结果是思想和精神的世界大多为未开垦的蛮荒之地。前不见古人，后不见来者，只要人们愿意，就可在这思想的无主旷野上狂奔，跑马圈地。

　　一个失聪、失明、失去言语行动能力的人，他的思维仍可以自由；一个没有家产、没有立锥之地的人，他的精神仍可以独立。而一个五官健康、言语行为正常的人，由于其思维不自由，其内心就没有自由，就不会有幸福，内心会不停地发生与他人和周边及社会生态的碰撞，进而体现在言行冲突上；一个有万贯家产、富可敌国者，由于精神不独立，尽管可以规避物质世界的盗贼，而在精神世界只能委身依附甚至投靠无门，财富就是带来更大危机的风险源，因其会成为强烈吸引灾祸的磁石。

思维不自由，就无法辨别和验证初心、过程和结果，思想就不会正确。精神不独立，就会成为他人驱赶的羔羊或者沉重负担。成为羔羊是指容易被人利用，成为炮灰、殉葬品、或者投名状；成为负担是指，因为不独立，要么不敢承诺，因为没有自信；要么轻诺寡信，因无法做到，践行必须要依赖他人。本来其理应自己承担和面对的个人责任（包括生活、经济、政治）、家庭责任、工作或者社会责任，会转嫁成为其父母、朋友、同事、单位无法逃避、不可预期的责任。

缺乏独立性而一味逆反的某些年轻人和独生子女一代的某些"娇骄者"，尤其需要警醒。没有独立，就无法承担责任，也就没有责任。因为精神依附、缺乏历练，就失去了独立承担责任的能力，进而随波逐流，个人欲望会成为自身的主宰。所以，思想自由，精神独立是个人强大、民族强大、国家强大、文明强大的基石。

任何有价值的新思想在出现之初，常常源自个体的独立思考，并只被少数人所接受。凡是创新的，最初总有人不同意或者反对，若无人反对，则说明这不是新的。所以，学者必须有独立精神，只有如此才能担当起真理追求。实验证明，经不起诱惑，就会失去独立性，失去了独立性，人的智慧必将降低。

无独立就无责任。汽车商福特家族为培养家中小孩的独立和实践能力，以寒暑假给家人擦皮鞋作为劳动付出，换取零用钱，结果孩子们均抢着做家务，从而抑制不劳而获思想的滋生。

犹太人与华人一样具有高智商，重家教、重教育，然而，犹太人更强调孩子的独立性训练，这与许多华人家庭一味偏袒溺爱，形成显著差异。对孩子的奉献、作出的牺牲和投注的关爱方面，现代中国父母是最感人的，然而遗憾的是，缺乏对孩子独立性的关注与训练。而我们古人早就说过，穷人的孩子早当家，说明我们的先人是很强调独立责任担当的；而在中国走向小康后，我们的年轻一代，是否还能如此，是放在大家面前的共同课题。

娇养使人蜕化，失去生存能力；宠惯使人堕落；无论对孩子还是老人，无论是平民还是权贵，宠惯使其失去判断能力，失去自我控制能力。

古代中国长期占主导地位的大一统的强政府弱社会、强宗法弱个人，导致了个人对政府和官员，对上级、长辈和权威的依赖，弱化了独立思考能力，弱化了对是非标准和真理的坚持。

长期奴化驯育和家庭溺爱，会侵蚀人的独立自由意识，从而产生强烈的依赖性人格，毁灭民族和个人奋斗精神，丧失创新和引领能力。独立自由意识培养训练的起步，就是不要讲那种貌似百分之百正确、但又几乎百分之百没有用的废话，这点在科学技术领域往往容易做到，也形成了共同道德规范。

事实上，针对性的、启发性的话只可能在某些时候正确，不可能面面俱到、四平八稳。思维自由与精神独立的基本底线体现在，不能人云亦云，不能剽窃，甚至不能出现和允许自我抄袭。只有这样，才能逼迫每个自我不得不主动走向创新。因此，思维自由权、精神独立权，是区分个人、社会、文明的愚昧和智慧、禁锢和开放、落后和进步的分水岭和标志。

陈寅恪对王国维的表彰是"独立之人格，自由之精神"，且以此自许。笛卡尔说：我思故我在。自由的思维，需要独立的精神看护。黑社会、传销、洗脑等为实现对下属的控制，不希望他人的思维自由、精神独立，通过残酷和流氓手段巩固他人对自己的人身依附并控制他人，以使得黑规则畅行以暴敛财富。没有思维自由与精神独立和思想解放，就不可能有发明创造，也就不可能为人类的文明进步作出贡献。僵化的思维、依附的精神，只会导致依葫芦画瓢，进而堕落成依瓢画瓢。

洗脑的方式多种多样，共同特色是，不需要你思考，不鼓励你思考，不允许你思考，只告诉你什么口号，告诉你什么错的，什么是对的，硬性强记即可。这种洗脑，在现代偏左的集权国家就普遍存在过，如红色高棉、苏联东欧等极端强调集体意识的国家，常灌输别国人民都生活在苦难之中，唯有自己人民最为幸福；个人极为渺小、无足轻重、可以忽略，组织才是伟大；执政者的选择就是人民自己的选择等等。同样这种洗脑，在偏右的极端强调个人权益的国家和地区，也存在，诸如上帝、肤色、性别、种族方面的禁忌和政治洗脑，当代典型的有，通过教科书洗脑让台湾年轻人不认为自己是中国人；美国奥巴马通过洗脑让女孩子觉得世界都欠黑人的；加拿大给儿童洗脑，让大家都认为可以自己选择性别等等。而鼓励动脑的特色在于尽可能说理，摆出正反实例，让个体自己去判断，哪个是错的，哪个是对的。

水环境污染，就是反常的水质营养过剩。与此类似，"快餐"式的精神营养，就犹如西洋快餐，包括微信上流行的"心灵鸡汤"推文，报纸电视的"低级红""高级黑""超级愚"宣传报道，会使人精神虚胖和局部营养过剩，导致精神上的高血压、心脏病、糖尿病、痴呆症等等。这些"快餐式"的精神营养，包括"快餐"和"鸡汤"式的书籍、应时即景的宣传、貌似公正的网络推送、哗众取宠的演讲，它们所导致的"快餐"负效应不仅仅显现于个体，也同样显现于群体、组织和社会，最终，"心灵鸡汤"也就成了众人的迷魂汤。

洗脑是人类社会经常发生的现象，要么被别人洗，要么洗别人。要不被某些人为商业或政治目的欺骗洗脑，保持思维自由、精神独立，就应该从信息源头去寻找验证。《人类简史》作者赫拉利有如何破解被洗脑的两条黄金法则可以参考。其一，要得到可靠的信息，必付出昂贵的代价。如果获得免费信息，这可能就是商业世界的产品，需要警惕；其二，如果某个问题非常重要，你应去阅读经过同行评议的相关科学文献，或者阅读知名学术机构出版的书籍，或者知名教授的著作。

群体是力量型的，而不是智慧型的；个体的价值不在于力量，个体的价值在于智慧和原创。人群聚集，所有人的认知和思维会纠缠、同化在一起，因而此时能否思维自由、精神独立，就不仅仅取决于个人，因众人已紧密关联在一起。如群体处在心平气和的理性氛围，每个人智商趋近平均化；而在群情激愤的情绪化中，所有人的智商降为最低值。所以《乌合之众》说：一旦融入一个群体，你就会传染上他们的动作、习惯以及思维方式，做出一些荒唐可笑但毫不自知的事情。因为人一旦融入某个群体，就很容易失去思考能力，别人都那么做，所以我也这样做。

诺贝尔奖获得者高琨说：时代需要敢于脱离群体，能独立思考的人。伟人之伟，在于从不接受别人的思想灌输，不屈从身边世俗人群的哄抬推搡，只遵循头顶上引导独立思考的力量。

人身上最性感、最具神性的部位，不是眼睛，不是胸和腿，而是大脑。脑的存在价值就是自由思维、独立精神，否则无异于机器。萧伯纳有句名言：一年中能思考两三次的人并不多，而我每周要思考两三次，所以我名闻天下。许多人误认知识就是智慧，现在的年轻人接受的信息量非常多，杂乱而碎片化，并且在这些信息面前停止了思考的脚步，如极容易人云亦云，迷信专家所说、网红所言。一个真正强大的人，必定是能自由独立判断是非对错的人，不被群体或者权威所左右和清醒的人。

一提及思维自由、精神独立，许多人自然认为，那只是来自西方，中华文明似乎缺少这个文明基因。而这恰恰大错特错。中华文明有自己的思维自由、精神独立、天道崇拜。代表性人物，远古如屈原，现代如鲁迅等。

端午安康。全年唯一纪念人物的节日，是端午节，缅怀屈原，持续跨越了两千多年，中华历史上几乎绝无仅有，世界历史上也极为罕见。可是多少年来，人们过了端午节，却淡忘了人物，更忘了其蕴含的精神。屈原在中华民族的心目中，应该最能代表思维自由和精神独立，他像一个永难淹没的精神岛屿，永续矗立在中华民族的心中。

屈原是中国第一位伟大的浪漫主义诗人，楚辞的创立者。五月五端午节包粽子、赛龙舟的习俗就源于人们对屈原的深切怀念和敬仰。尊重屈原不应只在端午。他追求真理、发明、发现，而不是权力、金钱、财富、帝王。他人格独立、忠贞爱国、坚持真理、宁死不屈，"举世皆浊我独清，众人皆醉我独醒""路曼曼其修远兮，吾将上下而求索"等诗句，维系着历尽磨难的民族精神中最闪光的部分，尤其是当国家民族处于危难之际，其感召力就更为突出。

第 108 章

第三境界：思维自由三首要、精神独立三首要

思维自由的三要素是逻辑思维、形象思维、格局思维，与这三者一一对应的第一要义、首要核心分别是：形式逻辑、想象力、视野。

精神独立的三要素是人文精神、科学精神、信仰精神，与这三者一一对应的第一要义、首要核心是：关爱、质疑、使命。

理性思维主要通过逻辑来表达，逻辑包括形式逻辑、辩证逻辑，而从科学思维的角度，形式逻辑更为核心，更为重要。

感性思维，即形象思维主要包括想象力、梦幻力、文学形象、音乐形象、美术形象、运动形象，其中对人的创造性有巨大贡献的、核心的首要因素是想象力。形象思维在古今中外有各种多样性表达，如，中国的绘画有写实的重线条、也有写意的重色块，差异表现在工笔花鸟和泼墨写意国画；西洋油画有写实派、印象派、野兽派等。

格局思维，指思考问题和对象的时空整体性、理性和感性的综合性，包括认识范围大小、维度高低，认知程度的深入精细等。格局思维，是一个人人生观、价值观、世界观的另一种综合反映。格局思维包括视野、胸怀、系统思维、整体思维。其中核心的首要因素的是与人经历阅历有关的"视野"。

就精神独立而言，人文精神的第一要义或首要核心，就是关爱。对每个人和每个生命体的尊严、价值、命运的维护、追求和关切，就是人文精神。关爱是人文精神中最重要最基本的方面，它包括对亲朋好友、同事、社会、自然、生态的关爱、感恩、赞扬、祈祷、宽恕、理解、慈悲、帮助、怜悯、同情、共情等，是感动人心的人文关怀与人文情怀，包括对自身的深刻了解和对他人的深切关心。人文知识不等于人文精神，许多人文知识

丰富的人却没有人文精神，就会失去感动周围、感动上苍的关爱；爱的对立面不是恨，而是冷漠，如，会弹奏音乐者，没有爱心；熟知历史者，没有同情；绘画设计者，对周边的美感没有关心。

处在激烈的升学和就业、升职等竞争阶段，今日的人们面对着越来越多的诱惑及生存发展的压力，看书思考很少，无暇顾及必不可少的人文知识、人文精神，大多沉湎在微信八卦和扯淡上，连人文的经典书籍都懒得一读，就更谈不上人文精神，而这必将会对未来的个人发展和文明的兴旺产生负面影响。恢复优秀的中华传统文化，犹如雪中送炭，可丰富、充实人们的大脑，进而为实现人文精神的升华，提供可操作的平台；也为调整人们的知识结构，进而调节其他能力结构提供重要契机。

科学精神的第一要义就是质疑。科学技术是社会和文明进步的第一推动力，质疑则是科学技术前进的第一生产力，是思维自由和精神独立的重要体现。科学跟随真理，而不是民主；民主跟随自由，而自由跟随独立。

质疑是有质量的怀疑，绝不是否定或者打倒，怀疑一切绝不意味着要打倒一切。质疑包含两种可能性，一是表示愿意在获得肯定的证据后，支持新的观点，放弃自己的观点，接纳新学说作为良知；二是表示，如若获得对新学说否定的证据后，将光大自己的观点，将新学说作为谬误加以抛弃。

科学的事实理论来自重复性观测验证、反思、批判和超越，而不是简单否定，更不是彻底否定。比如，伽利略对亚里士多德的超越，爱因斯坦对牛顿的超越，非线性科学对线性科学的超越，无不是以批判的理论为主导，以新学说超越或取代旧学说。

科学精神包括：大胆质疑、谨慎求证、独立判断、尊重事实、服从真理、谦虚坦诚、反思自省、包容与尊重。科学要求自省、包容，要求对不同学说、不同观点、结论的尊重，对发现者、发明者的尊重。与新闻报道中司空见惯的泛娱乐化的炒作不一样，科学允许石破天惊，但不允许哗众取宠。

许多拥有科学知识的人却鲜有科学精神。社会上和大学校园里，会误认为科学知识就是科学的全部，重视科学知识传授，但不注意传授科学精神、忽视科学思维的情况比比皆是。面对科学，我们时刻不能忘怀的是，在解决文明的困厄中，需要培养的是能独立解决问题的人，尊重事实寻找规律的人，能在同中求异，在异中找规律的人。信仰是左右脑理性与感性的奇妙匹配，信仰不包容怀疑。理性的领域虽无比广阔，但也给信仰与感性留下空间。信仰精神的首要核心就是使命，自我加持的使命感，能使人坚忍不拔、信心永存。

七、地缘篇

东方、西方、北方和南方

　　东方重关联和谐，西方重分立自由；东方常威权独断，西方常辩论多样；东方偏辩证逻辑，西方重形式逻辑；东方重集体，西方重个体；如能中西合璧、拓扑演绎，就能获得超越复古和创新的自由。

　　本篇的重点是东西方思维差异。

第 109 章

世界的第三极和中华文明的西长城

人们往往认为地球只有两极,事实上地球应该有三极,但都是冰天雪地。第三极并不只指珠穆朗玛峰,而是整个青藏高原。人们说,北极要化了,南极快挂了,世界可能只剩第三极,这第三极,也常是人们在文学艺术作品中追求的诗与远方。

在中国的西部,那一片世界海拔最高的地方,就是有灵性的青藏高原。相较于人烟稀少的南极和北极,这世界第三极数千年来是人类活动丰富而多样的天地,是中华民族世世代代多个民族聚居交流的地方。这里的地理和人文,对中国和全球的气候有重要影响,对中国和全世界的人类思维有重要影响。

青藏高原自然地理意义重大。高高崛起的青藏高原,虽然造就了中国西北的干旱,但也加强了东亚和南亚的季风,北回归线附近本应是沙漠的福建、广东、广西,还有南亚、印度等,因有季风降雨滋润,而成了连绵绿洲,相比较而言,世界的其他同一纬度的地方均是延绵的沙漠。除此之外,青藏高原还是亚洲大陆的水塔、加热炉、鼓风机。

青藏高原的人文地理意义更为重大。青藏高原的最大贡献是造就了中华文明的两条母亲河——黄河和长江;更有人认为,在护卫中华文化方面,青藏高原堪比自然长城、西部长城,要比人工的北部长城更难以逾越。中华文明之所以延绵五千年,重要的原因是因为有难以被征服的青藏高原的拱卫。

北方的高纬度和寒冷气候,除能生长野草以外,难以生长茂密的庄稼,只能支撑游牧文明,后者无法最终取代先进的农业文明,因为农田变成牧场是亏本生意。在古代,中华文明东有大海,西北是沙漠和高山,以及青藏高原，仅有来自北方游牧民族的威胁和武力，能强迫中原改朝换代，但始终无法同化中华文明。只有到了近代，欧洲、日本的资本主义国家、帝国主义列强凭着先进的航海技术，才有可能突破沿海防线侵蚀我中华文明。

同样，因为这第三极世界的存在，地理和灵性的青藏高原，使得中华文化有独立的传统、强大根基、持久的生命力。

在哲理思维上，人们能接受"三位一体""三生万物"，而中华传统更强调这第三者须包含"中和"的理念。如果说，在地缘地理上，"南极""北极""第三极"分别代表最南、最北、最高三个最具特点的地方，那么在文化宗教上，同样人们可以认为欧美是基督教文化板块、阿拉伯和非洲是伊斯兰教文化板块，对应于这世界两极文化，中国等是儒家—道家—佛教（儒道释）文化，显然这也是世界"第三极"。

与世界第三极和青藏高原紧密相关的一件千年大事，就是三峡大坝建设。可能无心插柳柳成荫，它竟然收获了巨大的生态效益。建坝前流出水温常年平均摄氏20度，大坝建成后，水全从坝底流出，常年摄氏5度水温，相当于15度温差的能量留在了库区，因为如此巨大的热量，在水面抬高到175米后，导致水库大量蒸发，长年扩散，以致环境湿润效应持续外溢，十多年后彻底改善绿化了西北。困惑中华民族几千年的西北生态环境问题，因三峡大坝而解决。但同时，可能与三峡有关的生态问题有所显现，如建坝后，洄游的珍贵鱼虾资源濒临危机，原来湿润的贵州、云南经常干旱，上海入海的泥沙成陆减少，盐潮内侵。

第 110 章

再造希望的灯塔：中华文明和亚洲东方

春节的主题是回家，"文革"后传统民族节日的恢复，就是文明价值观的回归、"回家"。持续两千多年传统的回家过年、一生平安的祝福，看似稀松平常，要完全做到其实很难，因为在每个新开始的又一年里，都会有许多不可预测的状况在等待着人们。而2020年的春节又更为特别，病毒疫情此时正夺去许多人性命、毁灭许多家庭，在全国和国外蔓延。

中国在地理上是一个不断成长、扩展的历史过程，最初的中国——地中之国概念，仅指几千年前中原某个地区。《尚书·禹贡》中有"中邦"一词和九州之说，疆域核心开始包括陕西东部、山西南部、河南大部、河北西部。

中华文明具有韧性。短期看文明似乎柔弱，但长期看又是无比坚强。中华文明有漫长的形成过程。最初，中华大陆有许许多多个孤立的文化圈，它们互相不断竞争、交叉融合、提炼升华，继而进化为如宇宙星云般的强大文明漩涡，不停地主动、被动地融入更多的其他文明。悠久的历史、庞大的体量，持久不衰的强大吸引力——这就是中华文明

与热兵器时代不同，冷兵器时代，个体的体力起着主导作用，孔武有力的野蛮者可以战败文化先进的文明者。历史上有许多人之所以貌视中华文明，因其貌似柔弱、宁静似水。侵略者妄图在物质、肉体、思想上侵入、奴役、进攻、同化中华。但这些入侵者，由于缺乏对源远流长的中原文化的认识，缺乏无生有、有生万物的伟大智慧和博大胸怀，最后都被包容性、消化能力极强的中华文明反向同化。

中华文明可以说有许多版本，如日本版本、朝鲜版本、韩国版本、台

湾版本、港澳版本、大陆版本，文明的不同进化方向和模式，相互影响，在东亚可以看出端倪和趋势。

许多汉唐古中国的文化习俗，由于不断的战乱和焚毁，在中国土地上和生活中，早已没有踪影，仅在被挖掘后得以重见天日的古代墓穴中可以看见。而某些中华文化在日本、朝鲜和韩国、越南等地却有很好甚至完整的保留，日本将某些汉唐的中华文明发挥到精致、甚至极致的程度，值得我们重新"拿来"。犹太人就曾经将几千年里散落全世界的人种和文化，包括几近消失的希伯来语及其文化，重新聚拢凝练，再造现代犹太文明。

民国著名大师辜鸿铭，当时名气超过鲁迅、蔡元培、王国维、章太炎、陈寅恪等，出生在马来西亚槟榔屿，祖籍福建，作为英国人的义子，十岁去英国，成年后，他曾应邀前往日本东京大学演讲，在那里他做了《中国文明的复兴与日本》的演讲，他说：今天的日本人是唐代的中国人，那个时代的中国精神，在今天的日本保持着，但在中国却已经失传大部分。如用类似于辜鸿铭的观点看，中华文明的进化到现代有许多版本，主体版本在大陆，唐朝版本在日本，明朝版本在韩国，其他版本在港澳台。

应该感谢日本、韩国无意识地保留、保护了许多中华古文化与古文明。但得警惕日本为推卸侵略和屠杀责任而进行的狡辩，这涉及发动战争的日本有否具有自省的良知和道德底线。同样要警觉某些韩国人对中华文化发明权的蓄意侵占。

文明抗争中，强权终将消失，文明会按照应有的轨迹继续下去。道法自然、兼容并包的文明能维持、繁荣国家。但思想垄断和禁锢，犹如强心针，短期能刺激迷惑民众、长期则弱化国家，甚至使之灭亡。

乱世出英雄，常常指在乱世，政治领域频出争权夺利的枭雄。大量多样性新思想、学说在乱世会应运而生，而这并不证明乱世有利于文明进步，而更说明治世的思想独断、思维垄断和残酷控制危害了文明进步。汉唐的辉煌表明，灿烂文明只生长在安定宽松的政治环境和土壤中。

中华文明的包容性和先进性体现在，佛教在萌发地几近消失，在中国变形后发扬光大，进而走向世界。苏维埃在俄国已经解体，在中国变形后更具有生命力。忍辱负重的中华精神，以道儒释为凝聚核心，将几个进入中原执掌政权的北方少数民族，一同融化共存。

经济和军事实力远超日本的大清，由于社会经济产业结构的落后和体制的腐朽，思维僵化，忽视结构决定功能的形式逻辑，甲午海战惨败，给中华民族留下了奇耻大辱，暴露了与日本在文明和社会制度上的差距。19世纪末，朝鲜和中国分别沦落为贫穷的受害国，而日本则成为强大的帝国。正是对西方文明的态度和接纳西方文明的时间差距，导致了三国不同的近代命运。

日本早在德川幕府到明治维新时期，认识到当时是以知识的力量一决雌雄的时代，就向西方派遣了大量留学生，早期归国者，如伊藤博文、井上馨等身居要职，留学成果惠及民众和国家，使得日本兴旺和强大。而在此之后，八国联军攻入北京后，清朝刚认识到差距，才开始派遣海外留学幼童，发起了洋务运动，但十年后他们全部应召归国，朝廷怕他们忘记奴才的本分而背弃皇权，要他们每周日聚集到官府，背诵包含儒家思想的《圣谕广训》。只认识到在硬件，如武器和技术上的差距，而不认清自身在思维方面的巨大缺憾，其结果可想而知，因此，清朝的国运早在甲午海战之前，已经命中注定。

大约同期，朝鲜王室向日本派遣的留学生，回到国内后也是昙花一现，他们在发布资本主义色彩的政纲，暗杀守旧派大臣的甲申政变失败后，被驻朝的袁世凯军队押赴刑场全部镇压，结束"三日天下"。

在古代，日本几乎全盘接纳了中华文明和文字而进步，后又大量接受西方文明的影响而走向现代化，东西方两种文明都被日本完整地吸收继承和光大，使之在全球文明竞争中后来居上，成为唯一一个最发达的非欧美国家，并且靠本土力量，培养出亚洲最多的诺贝尔奖获得者。

他山之石可以攻玉，经过类同的其他东方文化用百年消化过的西方文明，更易于被中华文明所吸纳而产生进步力量。在近代，中国被东西合璧、领先强大的日本现代文明所深刻影响，包括模仿和引进如社会、干部、信仰、电力、主义等词汇。

郭嵩焘是中国第一位驻外使节、首位驻英公使，其记述英国和西洋的日记，遭到顽固派攻击谩骂，郭嵩焘因惧怕而退缩，1891年抑郁而终。那么，大清为何要谩骂完录所见的郭嵩焘日记呢？他认为中国士人将西洋人看成长毛发臭、尚未进化的夷狄，实属自身无知，西洋文明已达高度远非华夏文明所能及。中国想要融入世界主流文明，必先经过二三百年的漫长转型。在他看来，制度改变才有国家的改变，要想赶上，首先应学习西方政治制度。他认为，秦以后的中国，靠君主个人道德维持的政治不能长久，可以持久的是西洋的民主共和国家制度。1877年他预测已全面学习西方的日本必将倒逼打败中国，结果十七年后的1894年，即在他死后三年，甲午战争正如他所料地爆发并如他所料以大清失败而收场。他是那个时代思想站得最高，看得最远的国人。

与郭嵩焘的眼界和境遇不同。日本福泽谕吉伊始就倡导现代文明的核心价值：人的自由、平等权利，其《劝学篇》写道：天不生人上之人，也不生人下之人。而郭嵩焘心中没有自由、平等等字眼，无法突破儒家上下尊卑的桎梏，认识不到民权第一位，国家制度是从属的道理。福泽谕吉则身体力行，几十年推行教育事业，面对死亡威胁，也没停下开启民智的脚步，他桃李满天下，将自由、平等理念传入每家每户，使之在日本生根开花，今日他的纪念肖像就在最大面额一万日元纸币上。日本最大面额的纸币上面头像不是天皇，也不是任何政治军事人物，而是写了几本书，办了一份报，办了日本第一所大学的福泽谕吉，说明这个国家对现代日本民族灵魂人物的尊敬。

"一个伟大的思想家远比政治家重要得多，因为比起政治来，思想更持久，更有历史穿透力"，"福泽谕吉是这个国家的启蒙老师，他的思想改变了日本的历史走向。"

早年是儒家信徒、知名汉学家的日本福泽谕吉，不惑之年三次赴欧美，由于受到巨大思想冲击，思维转型巨变，他指出，祖先遗传的人人想做官的"官场迷信"，是孔子儒学教育的遗害。他反对"脱离实际的学问"，开始排斥孔子并摒弃儒学及汉学。

福泽谕吉创立并翻译引入了许多现代名词，包括政治、税法、国债、纸币、博物馆、蒸汽机等等。这些后来都融入了中国词汇。福泽谕吉给自己的角色定位为"日本国家大校长"。他认为，教师不能只注重将知识传授给学生，发展能力比传授知识更为重要。他最重视人格独立，谢绝官位，以己为全国示范："一人之自由独立关系到国家之自由独立。"个人的自由独立，必须要具备数学、地理、物理等科学知识；人民要成为国家主人，可与政府相均衡。

福泽谕吉认为，一国文明程度的高低，可以用人民的德智水准来衡量，他看不起中国与朝鲜的不思进取、抱残守缺，断定西洋为当时最高文明，所以极力主张努力学习西洋文明，脱亚入欧。他的观点曾被讥为"全盘西化"。百年后的今天，日本被公认为融入世界文明、同时又保存文化传统最好的东亚国家。

而在五十多年后，以湖广总督张之洞为代表的清朝官员的认识依旧停留在"中体西用"，只学技艺、不改体制的认识水平上。近代著名知识分子，如魏源、严复、梁启超、蔡元培等，没有一位像福泽谕吉那样踏实勤奋，也没有人像他那样在生前看到自己国家的繁荣强盛。

福泽谕吉对日本的首要贡献，是强调"独立"二字。国家强盛，首先在强民，强民标志，是国民具有独立之心。人人都想做官的国家无法强盛。如苍蝇麇集在腐食上一样，人人都认为不依赖政府就没有发迹的机会，因而就毫无自身独立的想法。在他影响下，一批独立知识精英、新日本人脱颖而出。

福泽谕吉认为，中国儒学，永远让人匍匐在孔子的脚下，不得站立起来。他赞赏马丁·路德的宗教改革，认为其解开了人们精神枷锁，使人心和思想得到解放。

如果把日本比喻成一杯水，维新政治家改变的是杯子的形状，而福泽谕吉改变的，则是水质。维新政治家推动的是对日本国家制度的改变，而福泽谕吉是思想导师与精神领袖，他改变的是日本的世道人心。

福泽谕吉认为，无独立，就没人负责、没人担当，全国人民就会是一盘散沙和群氓。国内不独立的人，接触外人时也不可能保持独立。不独立的人，就会依赖别人，进而一定怕人，最终一定阿谀谄媚。怕人和谄媚久了会成为习惯，就会变得厚脸皮，不知羞耻，该讲理的时候不敢讲理，只知对强者屈服、对弱者奴役、仗势欺人。

日本通过明治维新成为世界最富强的非白人国家，但对在二战中的犯罪行为的回避心态，正在将日本再次拖入战前的阴暗心态。古老文明及其转变的历史与现实故事给我们启示，要防止再次面临潜在并致命的退步，中华文明和民族就需要实现两大转变：传统文明由自我复制的死循环走向开放性的更新与再生，进而建立文明的自信；思维精神从奴役束缚走向自由、解放、创新，从而为人类文明再作贡献，重续几百年前的辉煌。

改变文明发展的途径，需要合适的切入口。如果不同阶层，如富有的和贫穷的，特权者和平民们彼此相互钳制，就会像一群笼子里的螃蟹，都动弹不得，这样，就会造成一放就乱，一卡就死的局面；面对剧烈变革将导致社会混乱，束手无策又等于自取灭亡的两难局面，这时，保护环境生态、促进科技进步是最容易达成的社会共识，依此以最低损耗推动复杂社会关系的改革，可谓是文明再出发的重要机会窗口。

常言道，君子之交淡如水，小人之交甜如蜜，另一说是小人之交粘如漆。当前中国，甜腻繁琐的人情关系网，犹如无孔不入的贿赂关系，正侵蚀着正直进取心、高雅气质和创造力，培养着精于算计的小人，绑架着纯真亲情友情，加重着权名利追求的色彩，捆绑着民族的良知、良心，阻碍着文明进步，需要特别警觉。

中华文明需要激发民智、通过创新来振兴中华，而不是只在意行政命令和一味地大项目大投资运行中的自娱自乐。创造力和创新能力需要伟大想象力，其源自个体差异性，而要人才有个体差异，就要允许他们不受文件、会议指挥的束缚，否则只能事与愿违，甚至可能导致严重腐败。要求个体创造创新灵感的迸发，就得踏踏实实从改变氛围土壤基础做起，提供每个人自由发挥的宽容环境和心境。这些基础包括：诚信的环境、崇实的氛围、灵性的教育、清廉的管理、文明的政治、真正的法治。这样，才可能让思维自由和精神独立，从而让人才放心地展开创新的翅膀。

第111章

东西方认识起点的差异：无、有、空

不知是地理生态环境差异，还是人种饮食的差异，造成了人们对世界认知的重大差异。

中华的真正哲学和科学技术的始祖是道家和墨家，"道"催生了中医药等发展，而且，中国本土第一位诺贝尔科学奖，就与"道"有着一定的关联。中国的道家思想及其传人，注意到人们很容易认识"有"，追求"有"，沉湎于"有"，而缺乏超脱、缺乏对世界真正本质认识。老子并不想特意忽视"有"，因此，他在不否定"有"的同时，石破天惊地特别强调了"无"。老子在宇宙发生上使用了"无"，在与"有"相对应的意义上使用"无"（如"墙"为"有"，室内空间为"无"），并且，他怕人们被"有"的思维所禁锢，故意突出"无"的功用和第一性。

作为世界本源的"无"与"有"，及其功能和相互间的转换，就是"道"，就是天下万事万物背后的操纵者，就是一切之根本。道的"无"是描述进程，有两个特点：一是大道无形，指"道"不能轻易为人感官直接感知，却是真实存在的无处不在的规律，人们不要被假象迷惑；再者，大道起始于无，犹如我们的自然界，从时间空间几乎为"无"的大爆炸中产生，无是真实世界的天地万物之始。人们不能执着于有，而忽略无。

道家连绵不断的影响，中华的民族认知和性格，从"无"始，有阴柔的特色。如关注万物、万事、众人的相互联系。强调的是无、阴、弱，守拙，"无"生"有"，有生万物。要"有我"必须先"无我"，强调以柔克刚，以弱胜强。也诞生了"顺道借力用势"的许多哲学、经典和操作方法，如孙子兵法"上兵伐谋""哀兵必胜"这样的天书和太极拳"柔中有刚"这样的运动。它们的共通之处是常常力求避免看上去很得力的"扬汤止沸"，而擅长彻底有效的"釜底抽薪""欲擒故纵"的行为。

西方的哲学起源和始祖在古希腊，今日人类文明很大程度上来自古希腊，而当代希腊在欧盟债务危机中，竟成为"欧猪"，这对历史则是苦涩的嘲讽，其中深刻的根源需要深思。古希腊哲学可概括为，先肯定世界的存在（有），而后追问变动世界内的本质、本源是什么，从而形成诸多哲学流派。

西方认知由"有"始，有生万物。强调万物、万事、众人的分门独立。强调的是有、阳、强，"有"胜"无"，强胜弱，刚克柔，喜好到处布道。诞生了描述弱肉强食"进化论"这样的天书，和由其衍生出的极端理论的法西斯理论基础——社会达尔文主义：优生学，以及拳击这样猛烈的运动。直到近年，源自西方的现代科学在研究宇宙起源时，开始认知世界其实真的存在那个太极的"无"，并理解了"无"的独特意义。

老子一个最了不起之处，在于比西方人更早提出了"无"，"无"具有更大的包含性。西方第一位发现"无"中有深意的现代哲学家海德格尔，接触到老子思想，不禁相见恨晚，惊呼老子为知音。海德格尔突破了"无"是"不存在"的肤浅认识，认识到"无"是"有"的隐藏不显。他和别人合译《道德经》，整日琢磨、钻透、欣赏，并将"孰能浊以静之徐清，孰能安以动之徐生"字幅挂在自己的书房。

中华几千年传统文化的基因是儒道释。佛教，源自古印度，但在现代印度影响越来越小，在中华发展光大后，随之传遍全世界。有趣的是，佛教对世界的认识则为"空"，超越"有"和"无"的"空"，既不是有，也不是无，可以通过"有"或者"无"去认知"空"，尤其大乘佛学，先假定"现实世界"的存在（即有），继而分成"有"和"无"两种解释及争论。空宗认为，现实因缘而起，没有不变的恒定性，所以"空"；有宗认为，现实世界是唯识变现的"有"，所以"空"。

有人创新理解为，佛的"空"只描述状态，没有强调世界"本源"的含义，只是说明万物相同。佛的"空"不是真正普通意义上的空空如也，"四大皆空"并非否定客观世界"有"的存在，而是强调大千世界种种表象背后不为人知的真实，这里佛教的"空"与道家的"道"，有异曲同工之妙。

佛教认为，事物是由条件（如地、水、火、风等）构成而存在，俗称

"因缘和合"。"空"不选择世俗的"有""无"两边，不是非此即彼。"空"不是"有"，也不是"无"：超越有无二者，但又与二者关联。我将此总结为：空不离有、也不离无，空不是有、也不是无，空只是有、只是无，空即道，是条件构成的因缘和合。

看破红尘的"空"，在认识上扩大了人类的视野，不失为一种方法，对抚平人心的创伤，保证精神世界的安宁具有积极意义；但它对利用欲望改变现实世界，推进文明发展具有消极作用。

中华与西方是如此不同，变换不同的视角看世界，都得到了令人惊讶的真知灼见。地缘政治学在国际关系上很受人吹捧，可能人们需要建立地缘心理学，才能寻找到东西方"无"与"有"认识起始差异的本源。

西方从"有""有我"出发，强调人权、法治、自由、民主。中华从"无""无我"出发，强调中庸、孝悌、悲慈、仁义礼智信、温良恭俭让、无为无不为。

人们一直惊奇，为何近现代中国许多著名的文学艺术大师、科学巨匠，集中出现在清末民初。一个重要的原因，是这些人既系统继承、承载和发扬了中华的优秀文化传统和思维方式，也系统习得、继承和发扬了西方的优秀文化传统和思维方式，实现"无"与"有"源头的结合，真正实现了文明上的中外交融、东西合璧。

"无"的意识对中华及东方思维的影响随处可见：以处下、处弱、处柔、处庸的态度，去处理人事物；对敌者不能只有仇恨，而也要有怜悯；对可怜之人，需要提醒其必有可恨之处。

"无"的意识在中国古言中的体现很多，诸如：办事以不即不离之法，用心在有意无意之间。而在艺术上，中国传统的水墨山水画，对景色、事物、人物，也喜欢用这种留白简约、云雾隐现、似有似无的描绘。

德、俄、美等西方国家的幸运动物是鹰，其国徽或者图像上，总喜欢高调显神，敏锐不屈，咄咄逼人，鹰击长空；中国的幸运动物是龙，可在文字描述中或者图画上，龙总是腾云驾雾，神秘莫测，神龙见首不见尾。这些就以另一种方式，诠释了东西方在"无"与"有"认识起源方面的思维差异。

第 112 章

东方弯圈与西方直线：思维单元

认识世界，有一种源自希腊的西方方法，就是不受制于宏观，而直达微观；不受制于整体，而直达细节；借助层层剖析、分解的思维方式，寻找事物的基本单元。通过聚焦和使用基本单元，再原路返回，进而复原而得到整体图像或者规律。

现代类似的思路有许多。如力学的有限元方法，它将实体对象逆向分割成细小的带有整体信息或者性质的基本单元，对这些单元进行仔细研究，最后再根据规律将其集成拓展，而获得整个对象的规律。

化学的合成子方法也是如此，将复杂的天然有机分子逐步逆向分割成各个基本的、难以继续分割的合成子，聚焦这些合成子，通常这些合成子需简单易得，可以用市售试剂为原料，经过简单一步人工合成而得到。然后人们根据各个合成子间的连接规律将其顺向合成出整个分子。

生物的细胞方法也类似，一切生命都可以逆向分割成生命的基本单位——细胞，无数各类细胞的顺向合适集成就是生物组织和生命。

认识自然界，人们也是从一个一个地详细认识各个物种，研究不可进一步分割的物种奥秘，进而拼装各个物种的规律而成整个生态世界。认识社会，人们也是通过一个一个的认识家庭，特别是认识不可再次分割的个体的人，进而提出生命的权利、自由的权利、幸福的权利等"人权"概念。

因此，思考的不可分割的基本单位——思维单元，是认识思维差异的一种切入点。

东方思维源于古中国，影响亚洲，代表为中国。西方思维源于古希腊，影响全世界，代表为欧美。

从千年树根的横向切面，基本可以看到向外扩展的两种图纹：围绕中心一圈一圈的年轮和从中心开裂扩展的放射形裂纹,这两种纹路方式,分别很像东方、西方在思维单元风格上的差异。人脑神经细胞是理解世界的基本单位,而神经元的形状也可以看成两种形状的组合:中心部分是圆形,数个突出的边缘像树枝叉开、成放射型的线,而这两种形状,分别很像差异明显的东方、西方思维方式在一个单元上的集成。

东方看待事物,喜欢圆通的理念,就像东方人的脸,圆润和谐。东方认为,世界是同构的,万物类似,天人合一,互相关联制约。看待世界、理解世界的方式,就将世界看成一个由大小不同的、没有开端没有结尾的圆圈,其相互组成的结合体,圆圈暗示世界的整体性和相关性。而理解了每一个圈,再将其整合,就理解了整个世界,缺点是相互纠缠在一起,无法实现对规律的深化把握。

西方看待事物,喜欢一竿子插到底的理念,就像西方人的脸,棱角分明。西方认为,人的生命有限,有限的生命无法理解无限世界,因而需要将无限的世界分解分割成尽可能多的有限世界,由专门的人进行专门领域的研究关注。结果,在学术界的眼中,世界就被分解成数学、物理、化学等。这种有限世界的形成是很有必要的,可以研究深入。因为缺乏这种思维,道家的庄子就认为,他生命有涯,而知识无涯,以有涯对付无涯,无疑是折腾自己,因此,他结果干脆逃避、放弃向外求知。

西方分解出的一个个学科犹如放射线,无数放射线的集成还原就成了原初真实的世界。这种分解的缺点是,学科专业领域(放射线)间关联性信息消失,因此,为了复原丢失的信息,在进一步分化细化的同时,需要不断的学科专业综合交叉集成来完成认知。

圈与线的思维差异,同样典型表现在处事上,东方人弯,西方人直。值得注意的是,源自西方的当代纳米科学技术,与近现代的其他学科明显不同,其反而带有典型的圈思维特点,即如把物质世界看成从质点到地球的圆球的话,纳米科技强调了在纳米大小尺度同心圈范围内,物质的独特特点和相互联系。同样正在兴起的系统思维、整合思维,如系统工程、系统生物学、整合医学,也与近现代的其他学科明显不同,强调的是认知的自洽闭环和系统完整。这体现了东西两种思维的某种靠近。

十字架的直，就像西方人思维的直。太极图的曲，就像东方人思维的弯。英国国旗的米字旗和韩国国旗太极八卦阴阳鱼图是有趣的形象代表。太极图阴阳鱼的曲和基督教十字架的直，似乎分别对应于中西方思维认识的基本单位：弯圈与直线。

思维好比基因，比肤色更能表征人们是何种文明的传人。

认知是否受限，所拥有的思维时空的大小，与一个人或者群体的原始的思维元论有很大关系。如果说，"一分为二"和"合二为一"是二元思维的话，那么根据思维涉及的主体多少，可以分成一元思维、二元思维、三元思维模式和超限思维模式等。

第 113 章

东西方思维版图：独立自由、和谐关联

2020年新冠疫情防控犹如大戏台、照妖镜，照出了民众性格和所有国家治理方面的优点和缺点，以及深层次的社会问题。东方国家，主要是中日韩和新加坡等，尽管前期反应较慢，但后期能全力应战，东方国家集体意识强、整体协调行动能力强，疫情不久得以控制。而西方国家，如意法德英美等，个性独立、自由奔放、不受拘束，对疫情若无其事、不肯戴口罩，疫情爆发后才慌忙应对，集体行动能力相对较弱，错失时机，从而导致疫情加重得颇难收拾。

尼斯贝特的《思维版图》论述，很多是通过严谨的心理实验而得出，其中一些有价值的观点，收录摘编如下。东方思维的形成，源自于"家"，其强调的是关系，融合，和谐；西方思维的形成，源自于"己"，其强调的是独立，自主，感觉。

在论述单声部音乐为何产生于中国时，尼斯贝特认为：中国人很在意自我调控，反而不太关注对环境的影响和对他人的控制，会在人际关系中把与他人的摩擦降低到最低，顺从官方治理。在古代，希腊花瓶、酒杯上描绘的是战争、体育竞赛和豪饮狂欢，而中国画卷、瓷器上展现的是家庭生活和乡间野趣。中国人认为幸福是一种物我平等、人际和谐、淡泊宁静、知足常乐的生活状态，而那种自由施展才华的生活并不是幸福，所以对幸福的看法与古希腊人明显不同。

他认为，儒家思想是常识性的信仰，信从者遵守中庸之道，认为两种、两个对立的观点或者个体间，都含有真理成分。

道家主题的绘画可能是一个孤独的人，或渔夫或樵夫，坐在树下。儒家主题的绘画往往表现一个家庭，男女老少共同从事一项活动。"达则兼济天下，穷则独善其身"，取决于生活的状态，古代中国人可能会兼有儒家或道家思想倾向。

中国人喜欢用有表现力的、隐喻性的语言，而不愿意直接用极其精确甚至刺耳的字眼，不愿意把类别划分清清楚楚。中国人追求的不是自由、而是和谐，因为他们的社会生活互相依存。道家强调人与自然的和谐，儒家强调人与人的和谐。同样，中国哲学的目标是遵道而不是发现道。

在希腊人眼里，家庭是各有特点又互不相干者的集合。而在中国人眼里，家庭是各个成员相互联系而组成的；对于中国人来说，复杂性和这种相互依存的关系非常重要。

尼斯贝特在论述为什么是古希腊人创办了奥运会，而不是其他民族，他认为：在自己掌握自己的命运，根据自己的选择来行事的意识，希腊人最为突出，对个人意志有极为清醒的认识，超过了当时的任何其他古老民族，也超出了现在世界上的绝大多数人。

希腊人对世界充满好奇，追求自由和个性。希腊人对世界本质的追索远远走在同时代人们的前面，并通过对事物的归纳和探索去构建能充分描述和解释规律的精确模式。

希腊哲学把组成世界的独立底层个体——人、原子、房子——作为基本的分析单位的来研究其属性、了解其特质，识别其类别，依照规律加以分析。所以，他们认为世界本并不复杂、是可知的。希腊人喜好脱离背景而进行研究的逻辑分析。逻辑运用剔除了描述性话语的"血肉"部分而只留下完整的"骨架"结构，如此就很容易判断一个论证正确与否。

希腊当时独一无二的城邦及城邦政治，特别是市民集会，鼓励人们凭借理性的论证来说服彼此。城邦使得知识的叛逆者们可以有生存空间四处游走，从而保持一种相对来说自由探索知识的状态。不同的习俗和信仰都能在希腊传播，其明显的后果就是人们要学会处理各种矛盾，并需要发展形式逻辑从而在遇到不一致观点时能应付自如。

由于中央集权所导致的中国民族的同质性，使得中国人很少有机会遇上一个信仰和习惯完全不同的人。即使看到一丁点意见分歧也很少会裁决哪个观点正确与否，而是千方百计化解分歧。

希腊的个人主义和自我认同文化，形成了辩论文化，辩论需要丰富的知识和清晰的逻辑，就有了三段论的逻辑推理。

中国人本质是"和"文化，喜好个人与集体的融合，个人意识不如西方人那样强烈，不喜欢干扰别人或影响环境的个人言行，总是尽力将各类人际关系的摩擦降到最低。

中国人更加注重事物间的联系，而欧美人更加注重单个实体。古代中国人强调适应环境，而不是改造环境。

大多数中国人都在努力寻找一条矛盾双方均可兼容的中间道路，而大多数美国人的回答则是要求一方作出改变。美国人的历史分析是"逆向"推理，他们目标结果导向习惯从结果出发、进而上溯原因的次序。而这是亚洲人很少有的。在美国，因果关系是最起码的逻辑。这说明为何是希腊人而不是中国人关注因果关系。

中国人见"森"，美国人见"木"。中国人相信否极泰来、祸福相依的"变化"；美国人善用单线条的形式逻辑分析事情原因在于，美国人相信事物是不变的，可用静止的眼光分类并剖析事物，即坚信世界是由规律组成的，规律一旦被发现就可永久使用。

由于世界太过于复杂，美国人这种独立看待事物的观点相对容易认识事物的本质，至少更便于接近事物本质，这也是美国人获得最多现代科学诺贝尔奖的原因。中国人尽管很聪明，但中国万物联系观点面临的问题是，因为世界极其复杂、影响因素众多而无法解析，结果始终在事物外围进行隔靴搔痒般的思考。

以美国人方式得出的结论可能有错，但有改进机会，且离真相靠近，至少有一些简单的准确的原则可指导日常言行。而中国过分强调联系的观点，常是事后诸葛亮，面对问题容易大而化之、给人似乎正确的感觉，但因缺乏针对性的精确指导性，使办事解决问题者手足无措、无从下手。导致他们缩手缩脚，不够利落。

第 113 章　东西方思维版图：独立自由、和谐关联东方亚洲人比西方人能够更准确地觉察到他人情感和态度的变化。亚洲人习惯用委婉、巧妙的方式来表达观点，令西方人理解上如堕云里雾里，所以西方人，特别是美国人会发现亚洲人难以理解。亚洲人则发现西方人，特别是美国人，常会态度傲慢甚至有些粗鲁。

如将人际社会关系看成一种"场"的话，与具有场独立的人相比，有场依存的人更喜欢与他人在一起。英语是"主语突出"的语言，东亚语言是"主题突出"的语言。

在宗教差异方面，东方较为宽容，一个人甚至可以是儒生、佛教徒和天主教徒；而西方较为排他，宗教战争常盛行，有时持续几百年。东亚很少有宗教战争。

欧洲大陆思维相对较倾向于整体观，介于东亚和英美国家之间。长期以来，英美哲学家忙于个人主义。亚洲人用广角镜看世界，西方人则是坐井观天。有研究表明亚洲人能够全面看事物，能站在他人立场考虑问题。

中国人早于伽利略两千年前，靠直觉就认识到曾难倒过伽利略的一些问题，中国人认识了"超距作用"规律，包括认识磁性、声学共振，并知道月球的运动会导致潮汐。中国人认为，世界可看成是由连绵不断相互关联作用的物质所构成，故而关注整体包含的复杂性，即背景、环境都是整体不可缺少的一部分。任何事件都是由各种力量综合作用而产生。

中国人对事物本质范畴缺乏兴趣，以致难以发现事物真正的规律。希腊人简单化思考一切的倾向，乐于对物体的根本属性作假定性的推测并归类，通过高度抽象的概括，进而发现无形的规律，规律有助于揭示事物效用的最大限度。

中国人没有发明逻辑、但发明了辩证法。但此种辩证法与黑格尔的辩证法有所不同。黑格尔辩证法中，推理的最终目标是通过某种"攻击性"解决消灭矛盾，其正题后面是反题，矛盾由合题来解决。而中国辩证法目的是要把控全局，实现和谐和超越，其通过矛盾了解亿万事物间的联系，根本不存在"是"与"非"之间的对抗，试图萃取吸收相互冲突但却有价值的观点，尽力超越或同化对立面，中庸之道是儒家论证和追求的目标。意义上更进一步的差异是，中国道家或阴阳学说还认为，"是"实际也暗含"非"，或者"是"很快就会向"非"转化。

从有无背景、有形无形角度，辩证思维是逻辑思维的反面。与逻辑思维不同，辩证思维不寻求脱离背景，反而要在合适的背景下看待事物：一切的发生不是孤立的，而总包含在有意的整体之中，整体中各因素不断变化和重组。所以辩证思维认为，孤立地思考一个事物，将抽象规则运用到具体事物中去，容易走向极端，获得错误结论。

西方文化不回避矛盾，只关注"是"和"非"两种状态，用逻辑学构建认知世界，从广义上讲，科学就是扩展意义的逻辑学，这因此也是西方现代在知识体系的分类和科学规律发现方面领先于东方的主要原因。而东方文化调谐矛盾，更容易接受两种矛盾同时共存，当不得不作出选择时，更喜好采取中庸的解决方式，倾向走折中的中间路线。

中国人感兴趣于知识运用，而不是发现知识及其抽象理论。相比欧洲，古代中国更容易接受君主专制和压制自由言论和首创精神。欧洲保持了对自由的追求和科学的进步，创造出了以马丁·路德为代表的一类新型人物——认为个体与大群体需要相分离、必须坚持自由地思考。

西方人倾向抽象原则，认为这适用于每个人，而为了适应具体情况而忽视普遍规则是不允许的。对东方人来说，每件事都坚持同样规则，是固执僵化和愚笨，可以说是残酷的。西方认为协议一旦达成，任何情况下都得遵守，对东方人来说，环境变化左右着协议的执行和变更。

西方人虽有科学的头脑，但高估了人类行为的可预测性，故而易受基本归因错误的影响。西方人偏好简单，东方人喜好复杂，这既反映在归因方法的不同，也体现在知识组织体系的差异。

西方人会专注一两件事物，而易为专才，东方人关注相互复杂联系而更可能成为杂家！东亚人关注的是集体目标和协调行动，不像西方人那样关注个人目标或自我提高。东亚人认为维持和谐的社会关系可能比个人成功更重要，把成功常常归功于集体而不是个人，不祈求个体与众不同，希望自己成为大家所期望的人，不像西方人那么在意平等。西方人认为自我是自由人，每个人具有独立于环境或周边的属性。但东方人认为，人是相互关联的、变化的、一定条件规范下的人。

东方人不断受依赖性信息的熏陶，西方人不断受独立性信息的影响。如果环境交换，东方人也会具有一定的西方人思维，同样，西方人也会有相应变化。

东方人视成功和成就属于群体，西方人视归属个人。东方人重和睦相处，会通过自我批评以确保和谐；西方人重视个性，力求自我完美。东方人很在乎他人感情，力求人际和谐；西方人在意自己的感受，宁愿牺牲和谐来换得公平。东方人能接受等级制度和群体控制，西方人更喜欢平等和自由活动的个人空间。东方人回避辩论和争议，西方人则对各种论辩修辞兴趣盎然。

西方人教育孩子如何清楚明白地表达思想，当好一个"输出者"，听众的理解相当程度独立于背景之外。如果传播有误，那是讲话者的责任。东方亚洲人则把孩子往"接收机"方向培养，理解说者的意思是听话者的责任。

一个小孩成绩不好，西方人可能的看法是，这孩子不适合学习，朽木不可雕；而东方人的看法是，如果给他足够好的环境，他可以学好。西方哲学眼中的世界是静止的，其由独立原子、独立物体所组成。而中国古代哲学眼中的世界是连续的、变化的。西方更多关注的是个体，特别是从个体品质和性格入手，分析寻找事情存在或者发生的必然性。而东方更多关注的是群体，特别从社会环境、家庭环境和突发因素入手，考虑环境改变与事情发生变化的关联性。

西方乌托邦者认为：我们是稳步地、几乎是直线型地走向完美的理想国、理想社会、人人平等的社会；一旦到达了，就会成为永恒状态；这可通过人类努力达到，而不靠什么神灵命运的介入。乌托邦是基于人类本质的几个极端假设，这些属性假设往往和东方人心目中的未来相对立，东方人倾向找到极端间的中间道路，他们所设想的是循环往复而不是继续单向单调向前。西方人认为未来会一直朝一个方向单调发展，东亚人们会预料要经历命运的反复、时好时坏。

西方社会中，个体间的冲突主要通过法律对质来解决，西方人强调满足正义原则的需要，对冲突要明确推断出谁对谁错，谁胜谁败。东方社会则主要通过调解来解决。东方解决冲突的目的，是让双方减少敌视，最终都让步并妥协。

中国古代哲学家认为世界是由连续的物质所构成的，古希腊哲学家认为世界是由相互独立的物体或原子所构成。西方人倾向于认为个体是孤立的单位，社会是由个体的简单加和组成，个体彼此间、与社会间呈现契约状态，包括一些权利、义务和自由。大多数人东亚人认为，社会并不是个体的简单集合，而是个体间的有机相互嵌入的集合。因而可以理解，东方人少有个体权利的概念。

由尼斯贝特的观点可以发现，人的思维习惯，不是一成不变、一生不变，而是可以改变、经常改变的。环境对人思维习惯的转变和影响尤为明显。如果说，西方习惯一针见血式的思维，喜好进逼和冒险；那么，东方则是包罗万象式的思维，生怕顾失此彼而左顾右盼。东西方思维没有对错之分，只有某时某地的可用与不可用之分，如果能在东西方思维之间取得一个动态平衡，而不是静止的偏执固守，那将进入智慧的境界。

第 114 章

东西方的逻辑偏爱，演绎缺乏症

一张普通的纸张，可以被折叠成千纸鹤、小飞机、五星、兔子、钻石、机器人等等，而如将这些折品打开还原，则仍然是一张折纸，完好无损。折纸是一种千变万化、简单易行、令人愉悦和深省的、从科学到艺术的游戏，其既可以启发演绎、拓扑的道理和创造力，又可以训练考察一个人的动手能力，是考试面试中最好的试验材料。在科学上将折纸得以广泛深刻应用的例子有不少，如化学研究实验中必不可少的滤纸及其折叠，又如生物与材料纳米科技非常前沿热门的核酸DNA折纸学。

逻辑是抽象思维，主要包括形式逻辑和辩证逻辑。形式逻辑又包括归纳、演绎、类比。

西方人中，希腊人相对更重形式逻辑，表象和条件是其重要特征。现实社会中，自然进化历史中，绝大多数时候，渐变为主，遵从的都是形式逻辑。形式逻辑具有的不可变性，前后次序不可颠倒，有一个浅显易懂的例子，女儿生不出妈妈，妈妈生不出外婆。平面几何是初中必学的内容，但很多人，特别是教师已经忘了其列入教育的深刻原因。它实际是用于训练一个人的形式逻辑能力。现在从小学到大学研究生阶段的各学科专业教科书和知识框架，几乎无一例外地都基于平面几何的叙述框架，没有超越。我们到了现代才传授平面几何，但还不重视形式逻辑！上海徐家汇这个名称和光启公园，就是为了纪念徐光启，而他的最重要贡献之一，就是在明朝时将《几何原本》翻译引入中国，从而使得中国人能接触到形式逻辑。

大多数中国人天生懂辩证逻辑得益于《易经》《道德经》和中医。我们严重缺乏形式逻辑。何谓辩证逻辑？阴阳结合、对立统一、物极必反是其主要特征。现实社会、自然进化中短时间里的突变，往往最典型地体现了辩证正确性。但由于辩证逻辑中，对立统一的转换点、临界点难以定量把握，相互转化的条件、边界、临界值难以精确预测和定量，人们容易失去参照坐标，有人就会随心所欲，信口胡言，最终成为诡辩。时常乱用辩证逻辑的套路是模糊边界，比如起先可能要讲的是白包含黑、黑包含白这一道理，随着诡辩者的信口胡言，结论竟会变成白就是黑，黑就是白。甚至有人极端片面地说：辩证的威力不在于能轻松地驳斥任何观点，而是能轻易地为任何观点找到貌似合理的理论根据。任何学识的人，稍加辩证训练都能巧舌如簧，把一个严谨的科学家辩得哑口无言。辩证不解决任何问题，但可让人失去正确的思考能力，患上思维懒怠症。

形式逻辑是静态的、递进的，既使人懂规则，但也使人易于僵化。辩证逻辑是动态的、突变的，既使人灵活应变，也易使人走向诡辩和计谋。正像我们需要两副面孔——逻辑与形象，要滋养我们的科学与艺术，丰富我们的技术与娱乐，我们同样需要形式逻辑和辩证逻辑健全我们的大脑。

人由猿进化而来，99.9%的时间段里在渐变，明显符合形式逻辑；只在0.1%的时间段里在突变，明显符合辩证逻辑。渐变是程序式的演绎、演化；突变是对立统一、相互转化而成的物极必反、盛极而衰、满盈而亏。

如果说，古中国的道家主要弘扬的是辩证逻辑的话，那么，墨家主要弘扬的是形式逻辑，而近代中华文明的落后与混乱，与早年墨家的消亡、形式逻辑的丢失有很大关系。墨家消亡后，使得国人只懂道家的辩证和儒家推崇的道学经典《易经》主张的辩证和阴阳转换，以至于有的人堕落到诡辩和信口胡言。近现代中华文明的重生并继续发展，正是有赖于对古希腊和欧美形式逻辑的引进和吸纳。

16世纪，伏羲黄老的阴阳学说和老子的《道德经》被引入欧洲后，当时就被尊为辩证法。道思想所蕴藏的辩证思维，在西方沿着莱布尼兹——康德——黑格尔的脉络传承光大。有理由相信，黑格尔受东方老子、《易经》的古代辩证逻辑的部分启发，建立了近代辩证逻辑，后被马克思发展为现代辩证逻辑。这些思想进而又再次传入中国，与尚存的中华古代辩证逻辑相结合，并对后者进行改造，从而使中国的辩证逻辑更为根本和完善。

然而，必须警觉的是，数千年在中国立足未稳的形式逻辑却一直发育缓慢。

形式逻辑包括：1. 归纳，个体到类别；2. 演绎，类别到个体；3. 类比，此类别到彼类别。我国的学术研究和讨论，一般是多描述，少概念，无提问，而提问是解决问题的先驱。我们本土原有残存的形式逻辑是多类比，少归纳，无演绎。演绎实际是原理的变形再现。要尊重形式逻辑就得记住，公理—定理—推论的执行逻辑，这些时间空间次序不可颠倒。

其中类比是最具有想象能力，也是最不靠谱的逻辑思维。类比几乎是介于逻辑思维和形象思维之间的一个思维方式。西方人的形式逻辑，重演绎、归纳，少类比；而东方传统思维，特别是古中国人，即便在微弱的形式逻辑思考中，也是重类比、轻归纳，没演绎。因而可以说，古中国人的传统基本是"辩证＋类比"，并由此构筑了庞大的认知体系。

有人将类比归为形式逻辑，或者是归纳的一部分，或者是演绎的一部分，或者认为其两个都不是，是独立的第三者。但共同的是，大部分人都认为它是形式逻辑中最薄弱、可信度成疑的一环，即类比推理被认为是一种初级的、简单的逻辑方法，这种推理所得到的结论常常不可靠，因而需要告诫是，要极其谨慎地使用它，其结论具有很大的随机性、偶然性。

说类比是形象思维也有依据，因为其主要通过相似、比喻、嫁接、联想、遐想等与形象类近的方式进行。古中华早就采用了赋、比、兴的方法进行诗歌创作，而这些正是类比式的思维。把各种各样的实质不相关的东西加以类比论断，灵感闪现时能得到归纳、演绎逻辑推理无法企及的效果，也可能得到简单、庸俗、滑稽、旁落的结论。

象形文字的引导，使得我们中国人很少创造抽象词，但类比的形象词比比皆是，如，口若悬河、口蜜腹剑、胸有成竹……进而，导致古中国的学术、政治、思维几乎主要建立在类比方法上。《易经》就是类比思维典范，而中医和天象研究更是突出的例子。

这样的结果，既展现了古人的智慧，又留下了许多缺陷和遗憾。因此如果我们把类比归属为想象，更能促使我们民族在保持清醒、明晰优势、继承传统的同时，在创新的道路上独辟蹊径。因为创新是形象思维和逻辑思维的结合，创新需要大胆想象，小心求证，需要巫师一样的异想天开，又需要工匠一样的踏实严谨。

古中国少归纳、缺演绎，丢失了本应拥有并领先的程序逻辑（形式逻辑体系）和实验验证，因此不可能发展出近现代的科学。归纳与演绎都是形式逻辑，是近现代科学中不可缺少的基本思维方法。归纳，就是从纷杂的自然现象中抽提出自然规律，实现这一过程非常艰难；演绎，则是用自然规律，推导出没有关注的现象或者结果，这一过程相对容易。演绎法的一个特点就是"欲前后更置之不可得"。

我称之为"演绎缺乏症"，即指我们中国传统思维方法里面只有归纳法而无演绎法（即推演法）。结果，虽然我们古人会归纳，但因其难以深入，而迷惑于其中，无法走出；而演绎虽简单，但我们古人却不会，因而我们只能望洋兴叹。演绎的先后次序可以通俗地理解为：先祖辈、再父母、后子女；先树干、再树枝、后树叶；先格局、再布局、后破局；先议定原则、再议定细则、后议定各例。

演绎推理是科学家们最经常使用的思想工具，即由已知演绎出未知、从一般演绎到特殊。演绎或者推演，作用绝妙无比，也恰恰是我们国人创新所缺，故在此举四例如下。

例子1：人类演绎出机械飞行器。这是极好的基于第一性原理原始创新的例子。自然界是没有固定翼的飞行生物的，只有会折叠翅膀的鸟、以及能煽动翅膀的蜻蜓。观察它们的翅膀，发现其横截面都是流线型，人们进而建立了飞翔的空气动力学原理，进而依据此原理，探索各类飞行器，包括自然界不存在的形状独特的飞行器，最后发明的固定翼飞机，因为节能安全高效就脱颖而出，成了我们今天的空中运载工具。这是典型的无形胜有形，无形形无尽。鸟的飞行到固定翼飞机，经历了流线型和此后的空气动力学的升华，这个过程是形而上学的过程，最终成为本质原理。此无形最终被赋形，进而成为飞机。此是提炼、升华、聚焦。

例子2：人类演绎出化工过滤器。这是一个极好的由基础科学向工程科学转化的例子。通常在化学实验室里，用于小规模液固分离过滤的都是布氏漏斗，而这样的漏斗如果依葫芦画瓢进行同形状等比例放大，应用于大规模的化工制药行业，建设成本和运行安全甚至效率都会成问题。人们发现并建立了对应于分离的传质原理，因此依据原理和规律，人们尝试了数个类型的可能过滤器，最终发明了与布氏漏斗外型完全不一样、更高效安全的、仅仅相当于几辆轿车大小的板框过滤器成为工业主角。而如将布氏漏斗直接放大，则占地和体积将相当于几幢楼。

例子3：人们还演绎出了血管支架。动物和人类的自然血管会有淤积和阻塞，为模拟并代替生物的血管并保持畅通，人们发现并建立了血流动力学原理，依此尝试了各类血管流动辅助装置，结果发明了非管道型的、而能像雨伞一样撑开复原血管内壁、并网状漏空的心脏支架，从而救助了无数病人。

例子4：喜马拉雅山峰原来在海底。考察喜马拉雅山区时，人们发现高山地层中有许多鱼类、贝类、鱼龙的化石。最终发现，约4000万年前，这块地区大地逐渐从海中隆起，3000多万年前横空出世，成为高原和山峰。演绎过程是：鱼贝等海洋生物，生活在海洋中，在山上发现鱼类和贝类的化石，说明喜马拉雅山曾在海面以下。

如此从一般推出个别，从抽象推出具体。整个演绎，前提正确、推理严密符合逻辑和规则、结论可信。

拓扑，是演绎的典型，是形变而理不变的学问或者游戏，其重点研究与运用物体连续改变形状和保持性质不变之间的关系，它在保守物体间的位置关系的同时，让物体的形状千变万化、叹为观止。而拓扑折纸，则基于一张折纸、采取不同折法，可以折出许多完全不一样的人脸。

第 115 章

幽默与寓意：西方和东方

对西方人而言，试图读懂听懂中国人和东方人欲言又止、半隐半显的寓意方式和思维，犹如读天书，真正像弯弯绕，充满了不确定、似是而非和神秘。可一旦真的理解其意，则酷爱不已。最典型如许多禅修的故事，用寓意讲出顿悟、惊醒和震撼。

对不少东方人、中国人来讲，来自西方的幽默常被误解误读，认为其就是"搞笑""寻开心""耍嘴皮子"，或者"冷笑话"的代名词。事实上，幽默的外在表现形式，是使人捧腹大笑或者含蓄一笑，其与笑话相近，让人愉快。但不同于普通笑话的是，幽默暗藏有深刻的意涵，总要留下思想痕迹，而留给人们最多印象的，则是放松和清醒。

幽默是极致的自由与想象。有幽默感的人会有更高的主观幸福感与乐观人格。幽默，可使人们活得更潇洒、更快活。

我们许多人的大脑中，思维僵化而不自由，精神依附而不独立，想象力枯竭而不丰富，理性孱弱而无辨别力，结果发现不了周围人、事、物间的逻辑冲突、不严密和滑稽的和谐。正由于这种拘谨死板，我们许多人，无法在生活的瞬间，点破荒唐的一本正经、或者正经的荒谬，很难随意或不经间发现幽默，创造出会意的幽默。而幽默是丰富娱乐人生、巧妙针砭时弊的绝佳助手。

幽默快捷即时、立马显现。幽默作为一种特殊的心理活动和独特的语言表白，它在最后引出的笑声中，直接点出幽默的结论和真谛。幽默思维总是在协调的事物中找出不协调的滑稽因素，进而敏锐地发现平常事物中的怪诞，并用似乎非常自然的口吻说出来。幽默就是以一本正经的胡说八道方式、超凡脱俗的置身事外的态度，发现不和谐中的和谐，和谐当中的不和谐。幽默与创造力密切相关，相辅相成。

幽默的人，常常自嘲，不会在乎别人的愚弄和嘲笑，生活态度积极向上并自信，常常能一笑泯恩仇，如此自然会受到周围人的喜欢，也就更容易建立自信心。

在中国，四川人和东北三省人是比较具有幽默感的。总体而言，东方人、中国人中有幽默感的人相对较少，原因是因为历史上，在帝王宗法的严格管制下，说说笑笑似乎不正经，人们不得不学会严肃，甚至伪装得道貌岸然，敢于和官员或者上级及圣上玩幽默，那是大逆不道。

此路不通，必有它途。寓意顿悟，另一种具有思维启发作用，虽不会引人发笑，但同样能令人心灵震撼的寓意思维，则异军突起、高度发达起来。寓意迟缓间接、不期而遇、内涵深刻。寓意隐晦，不直接，含义层层，如洋葱一般。寓意常余音绕梁，需慢慢品味才能得到真谛和结论，细思有味。寓意可以仁者见仁、智者见智，说寓意故事者，既可以防止被恶毒者歪曲、挑唆和迫害，又能期盼智慧者吸纳而顿悟，体现的是大智如愚，留下的是宁静、淡定、默契和不留痕迹，犹如滴水穿石。

幽默思维与寓意思维各有千秋，互为分叉发展，就像手性对称的思维。幽默思维是对寓意思维的淡化和超越，通过即时"笑"的意味或形式，使人娱乐清醒。寓意思维是对幽默思维的深化和升华，通过缓慢而突然的"顿悟"方式，让人回味。可以说，幽默包括寓意是创造力的表观特征，这些特征在人际交往中，会很容易表现出来，也比较容易加以识别。

幽默和寓意可以培养寓学于乐、寓生于乐、寓工于乐的能力。以游戏、幽默、寓意和快乐，而不是苦行僧的方法去推动真正的工作，就能拥有承载快乐的竞争力。欢乐、游戏、笑声不仅仅是娱乐本身，而是一种生存方式或者状态。寓教于乐、寓工于乐，已成为竞争、工作、学习、研究、企业、组织和个人幸福的关键。

第116章

找回东方逻辑和实验：墨子创新与量子卫星

科学来自实验和逻辑。墨子的逻辑，早于古希腊；墨子的实验，早于古阿拉伯，更早于近代英国。而古中华，几乎丢掉了在起源时间上、系统内容上都遥遥领先的形式逻辑和理性实验。

墨子强调充满科学思维和精神的"言有三法"：考之、原之、用之。墨子能造车及云梯，造滑翔机械，在力学、光学、声学、染色等方面有诸多贡献，最早发现小孔成像原理，比西方更早地发现微分学原理，是中国逻辑学的奠基人。汉朝独尊儒家后，尚理善实的墨家遭排斥压抑，墨家及其流派因坚决反对并排除家长制的社会结构和治理方式，与其他流派，特别是儒家结下了怨恨。墨家追求真理，不容于权贵，逐渐湮没无闻。宋朝以后，权贵阶层以孟子对墨者的贬低为依据，不允许开启民智、追求真知和真理的墨家学说生存，直至将其赶尽杀绝。相传部分墨家和其侠士传人远走日本。而在中华，墨家则完全成了"隐形"或者"沉默"的文明基因。

道理，道理，莫忘记老子的道、墨子的理。墨子与逻辑学的关系能给后人许多启示。墨子是古中华形式逻辑的开拓者。他怎么也想不到，他的后代会不懂逻辑，不会使用逻辑，如他地下天上有知，真会感慨"前不见古人，后不见来者，念天地之悠悠，独怆然而涕下"。

国人即使略知现代形式逻辑，也是近百年前从外引进而来。最初，大约1600年前后，中国学者徐光启（上海徐家汇名称因他而来）与意大利来华的传教士利玛窦首次合译训练形式逻辑的欧氏《几何原本》，从此"几何"一词一直沿用至今。随后，近代，西方"形式逻辑"最早经由严复的译著进入中国。事实上，绝大多数国人，即使学过平面几何，也不知道为什么要在初中就学习平面几何，记住了边、角、线，会算面积、算土方，小学没毕业,也能做个财大气粗的地产商,恰恰忘记了形式逻辑。没有了逻辑,概念必然混乱,环顾周围,语无伦次者比比皆是。

墨子的逻辑思维比亚里士多德早一百多年,墨子的实验思想及实践比培根早约千年。可惜历史长河中,墨家被灭,墨子更没想到,后人封给他的,是带有贬义的成语"墨守成规",这个成语中的"成"字,不是陈腐、陈旧、推陈出新的"陈",而是,成功、成熟的"成"。"墨守成规"嘲笑墨子的传人遵守定制成规、遵守成熟有效的规矩。墨守成规,千百年来,成了讥讽一切规矩、规则、法律的代名词。不守常规、不守成规成了破坏规则和秩序的借口。

《墨经》是当今仅存的墨家文献,也是中国古代重要的逻辑学、科学和哲学著作。《墨经》从理论上对春秋战国时期积累的科学技术经验进行了概括和总结,抽象出多系列精辟的概念和公式,主要涉及机械运动若干原理、光的运动与反射、几何学的基本概念,以及某些生理、商品与货币关系等。墨家具备了孕育现代科学技术的两大因素:逻辑和实验,如果墨家犹存并发展到今天,它将使中华文明在两千五百年的后续历史进程中,规避掉许多的厄运。

只有通过严格的逻辑思维和系统实验结果,才可以提炼产生真正的科学。爱因斯坦说:西方现代科学,建立在古希腊的形式逻辑体系,和通过系统实验而发现的因果关系之上。

文艺复兴中,欧洲人从阿拉伯发现自己丢失的希腊经典《平面几何》,从而承接了的形式逻辑;同时,又从阿拉伯那里传承了发源于埃及希腊炼金术等原始而粗糙的系统实验方式,并加以发展完善,从而开辟了人类与科学技术互动的时代。值得注意的是,为人类同时保护保存逻辑思维和系统实验的阿拉伯,由于自己丢弃了这两者,在随后的岁月里,迅速落后于欧洲。而中国,一直到19世纪后半叶,大梦初醒,才刚开始从西方和日本引进形式逻辑和近现代科学技术。

中国的先贤,只有墨子完整地走了这两步,但恰恰被早早地赶下了历史舞台,使得古代的中国知识分子失去了正确的思维方式和行为方式,失去了操作能力,而成为权力的依附。只能迷信上天、君权、宣扬道德哲学,结果造成了科学技术的落后。

思想和思维本是两个相近但不同的概念，丢失了墨家以后，古中国就成为理性思维的"弱智"与妄臆独断思想的"巨人"！结果，西方人重思维，重过程，重逻辑；中国人重思想，重结论，重高度。西方人重训练思维养成，注重证据。古中国人喜威权灌输和自我感觉玄乎或者有高度的思想。没有思维训练，极易形成好人与坏人，君子与小人等非黑即白的、一分为二、二元对立的世界观。对结论的前提条件和逻辑推理的过程的忽视，或者避而不谈，导致结论常常漏洞百出，自相矛盾，难以自圆，最后只有拖出皇家、权威或者暴力来护场。

规则、建设服从的是形式逻辑；革命、颠覆服从的是辩证逻辑。中国历史上，除了中华始祖伏羲、女娲、炎帝、黄帝以外，一再出现流氓霸权的皇帝，因此人们感叹，为什么常常是有匪气的人在社会得以通行，原因在于，由于缺乏形式逻辑，在思维和日常行为中，善于巧立潜规则者，那些无规则、破坏规则者，不受惩罚反得其利，谁有匪气谁得巧。因而，古中国进入了漫长的没有严密逻辑思维的时代，有术有家而无学，许多思想都缺乏最基本的逻辑贯穿始终。

亚里士多德等希腊哲学家发现的形式逻辑体系（典型如欧几里得平面几何学），培根等发现的可找出因果关系的系统实验，促进了西方科学与思维的进步。我国传统的说理方式忽略形式逻辑，不重说理次序，犹如诗歌，只有联想、感情和跳跃，要读者自己揣摩体会出最后的结论，甚至可以把自然次序加以颠倒。

无论中外，平面几何是初中基本必学课程，其传授的主要不仅仅是几何，更多的是严密的程序逻辑（形式逻辑）思维方法，因为形式逻辑是要天天使用的逻辑主体。辩证法在一定程度上就是辩论的方法，其基础和前提是形式逻辑，否则辩证逻辑难以成立。我国历史上缺少形式逻辑的根本原因，是一切由权力说了算，皇上一言九鼎，官员傲慢裁决。但近现代，辩证逻辑常常不恰当地被用于代替了形式逻辑，且过量使用。形式逻辑常常需要严格的训练，甚至学术训练，而辩证逻辑，易学易会，难以辨伪，可以强词夺理，还让人看上去有学问的样子，甚至有人将辩证逻辑发展成了"黑"就是"白","白"就是"黑",没有底线和界限的诡辩。

人不同于动物,体现高级思维的地方就是逻辑。当然,动物也有粗浅的逻辑。历史上,王权、皇权的好恶和观点,就是不可更改的权力"逻辑",皇权就是"真理",不可怀疑。公然撒谎、颠倒黑白、指鹿为马,连自圆其说都不需要。不想要形式逻辑,最多用辩证逻辑作为幌子,进行诡辩。良知、智慧靠逻辑支撑,放弃逻辑,就是放弃良知,放弃智慧。

逻辑,特别是形式逻辑,是规则的基础。遵守规则,就是遵守逻辑;改变规则,也需要服从逻辑地进行修改,而不是心血来潮、朝令夕改。

教育家杜威在《我们怎样思维》中,提及逻辑对人内心的影响,他说,形式逻辑思维能力强者,内心就会强大而外表宁静,逻辑思维能力孱弱的民族或者个人,由于缺乏分析与讲理习惯,其行为及其权威,就只能靠原始的野性和野蛮来体现和维持,如大声喊叫以壮胆取胜,因为,在原始丛林中,声音洪亮才有效果,气势汹汹才能显示力量。

所以,训练有素的学者、科学家,常常是一个有良好形式逻辑修养的人,说话轻声细语,不急不慢,条理清晰,主次分明,谦虚平和,给人不容置疑的可靠性和信任感。

规则是形式逻辑在日常生活中的体现。所有规则,都是用鲜血或者生命的代价换来的,对规则的轻视,必然带来惨痛的代价。无视规则的严肃,会付出血的代价。在中国刚刚进入机动车社会、汽车社会的年代,第一代汽车驾驶员、刚拿到驾照的新手和乱穿马路的人,就是如此漠视规则。他们造成对无辜者的伤害和死亡,也造成自我的伤害和死亡。当然,耳濡目染无数的意外事故和伤亡,将使新生代的司机和路人体会到规则残酷无情和人文关怀的两面性。

网上微信群有个"这个小镇真脏"的笑话。我称之为"逻辑与情感的辩论",很说明许多人对社会问题的认知水平,现修改摘录如下。

A和B同住在一个小镇,皆为业主,但处境地位看法不一。小镇的卫生由业委会聘请物业管理。A批评是:"这小镇真脏。"A基于几何思维,用形式逻辑，依靠概念、判断、推理（包括归纳与演绎）反映事物的本质，试图无差错地找出改进的途径。而 B 则发散联想，用"八卦逻辑"，依靠类比、转移话题、淡化责任、邪恶假定、躲避约定、稳定为先、消解焦点、迷糊视线、心灵鸡汤、主仆颠倒、混淆权责等感情方法，试图化一切为无形，以稳定现状。

针对 A "这小镇真脏"的批评，B 的典型荒唐回答有：1. 子不嫌母丑，狗不嫌家贫，你骂自己小镇，有没有爱心？ 2. 隔壁小镇更脏，你咋不说？3. 有本事你建个干净小镇啊。4. 以我们大家目前的文化素质，现阶段还不太适合住很干净的小镇。5. 以前更脏，现在已经不错了。

B 的回答还有，如：6. 你这么说是什么居心？什么目的？没有小镇，哪有你家？ 7. 隔壁的小镇给了你多少钱，让你在这里满嘴乱喷？ 8. 再脏也是自己的小镇，我为小镇里的新建的漂亮房屋而感到骄傲和自豪。9. 隔壁小镇也这样脏过，我们现在还处在小镇建设的初级阶段。10. 其实，隔壁小镇也一样，天下乌鸦一般黑，世上根本就没有干净的小镇。11. 我们这么大的一个小镇，问题太复杂，管理没有你想得那么容易……12. 不要再吵了，这个小镇不能乱，要稳定！13. 要理解物业，管这么大的小镇容易吗？除了他们，还有谁能管得住这么大的小镇？ 14. 讨论这个问题没有意义，有时间，把自己家打扫干净，做好本职工作吧！

B 的更难听的回答有，如：15. 你是对咱们小镇不满？你不喜欢咱小镇，你走！ 16. 脏是脏了点，既然改变不了脏，那就改变自己的心态去适应它。17. 脏的地方是少数，大多数地方还是好的，你为什么只会挑刺？ 18. 虽然脏，但毕竟安全。你要看那些经常打架斗殴的小镇，我们应该感恩小镇多么安全。19. 你懂个啥，其实物业公司在下一盘大棋……20. 你没有看到一直在改革吗？探索的过程有风险，我们在摸着石子过河，你要理解，你要看大方向。21. 你说自己的小镇脏，那你借住到隔壁小镇去寄人篱下呀？为啥还赖着不走？ 22. 我会向物业公司举报，屏蔽你的发言权。

A 与 B 这样的辩论和争吵，在日常生活工作中，司空见惯。

提到逻辑，就得好好记住我们的先人墨子主张的"兼爱、非攻"，即提倡平等、博爱、反对战争。墨子是中国历史上的第一位科学圣人。墨子的之表法：考之者、原之者、用之者，就是逻辑。

二千四百年前，《墨经》讲"止，以久也，无久之不止"。物体之所以会停下来，是因为受到力、阻力的作用，如果没有阻力，物体运动永远不会停止。此与两千年后的牛顿惯性定律几乎完全类似，也远超同期的亚里士多德，这位古希腊圣杰忽视运动惯性和摩擦阻力，而错误地臆测：如果一个物体不受到力的作用就会停下来。

最早实验证明光的直线传播和成像原理是墨子。他做过一个实验，在门上挖一个小孔，并站在门外面，门里面有一面墙，结果发现墙上的影子是倒过来的，而光只有沿着直线传播才会发生这种现象。所以，《墨经·经说下》："光之人，煦若射。下者之人也高，高者之人也下。足蔽下光，故成景于上；首蔽上光，故成景于下。在远近有端与于光，故景库内也。"

墨子在《墨经》还讲"端，体之无序而最前者也"。这个"端"指的是小颗粒，"最前"即接近原子，"无序"即量子性的粒子，是所有物质组成的最基本单位。从这个含义上讲，墨子是所有科学家里面最早提出原子概念雏形的人，与他同期的希腊科学家、哲学家德谟克利特，也提出了相同的观点。"端"还不限于早期静止经典的原子概念，并有所超越，"无序而最前"，是包括了无限趋近而不可得到完全描述的物质的最基本组成单位概念。我把这称为：端是波，也是粒子；端不是波，也不是粒子；端是"无序而最前"的量子。

2016 年 8 月，被潘建伟院士命名为"墨子星"的量子卫星，在九泉成功发射升空。其被 Nature 杂志评选为 2016 年度国际的重大科学事件。同年 12 月该卫星与阿里量子隐形传态实验平台建立天地链路，创造了一个里程碑的新纪录，随后在美国 Science 杂志上发表实验报告，成功在相距 1200 公里的地面站点之间分发了纠缠光子。最宏伟的、人控的量子效应已经呈现在天上，而墨子以这种方式再次降临人间。

第 117 章

思维的垄断与多样：东西南北

由于自然生态的差异性和多样性，天下没有一模一样的树叶，这是很自然的；然而，人类社会常常希望塑造一模一样的人，甚至完人。由于人的社会性以及人为的权力等级强制，为便于控制他人或者防止被他人视为异类，就有了牢笼般的思维圈养习惯，妥协的人们很容易丧失思维差异性、多样性。

就像蛋白质的功能和表达形式，取决于基因遗传和环境条件，人的思维方式同样也取决于遗传和环境。人的思维与基因具有一定的相关性，不同的基因遗传，可能导致不同的思维方式特点。

人生的思维与环境更为密切相关，不同的地理方位、出生地点和所处环境生态，可导致不同的思维方式差异，这充分体现在原生家庭、家乡文化对人的正负影响和烙印。不同思维的产生有其特定的环境地理因素。就对人类思维方式的影响而言，环境的作用不弱于基因，这点只要观察人们对童年戏耍时的村落和家乡的怀念，对小时候习俗的记忆和美食的回味，就能获得最好的例证。

以前，我们很强调内因，即基因，甚至血型对人们言行命运的影响，认为内因起决定性作用，外因通过内因而起作用；而远古和现代，人们同样强调外因，即日、月、星、辰，特别是社会、生态、环境的影响；而当代，科学前沿已经表明，有一个内外因的分子水平上的核酸修饰体，即表观遗传，在相对一段时间里，在遗传或者习性上影响人们的言行命运，特别是某些思维方式。

思维角度有多样性，如东西南北上下左右。所谓跨文化交流，就是交换立场观点，熟悉并交换不同的思维方式，这是大学校园、人类社会必不可少的、最重要的交流，这比简单交流一般的所见所闻更令人惊奇和不可思议。许多时候，文化文明的冲突，主要是由于各自执着自己的思维方式，而完全拒绝别人的思维方式，进而发生言行碰撞而产生的事故。以下列举一些思维方式及特点，以便感受到思维多样性的存在，并产生不一样的体验。

东方思维：写信封，地址的空间方位书写是从大到小，从整体到细微，从远到近，从森林到树叶，宏大叙事在前，细节描述在后。阅读书写，竖排，先从上到下，后从右到左（阅读次序，现代大多改为西方模式，先从左到右、后从上到下）。从上到下、从右到左的书写，不仅在古中国以及受其影响的日本，即使遥远的以色列也是如此。这种现象，可能源自早期简牍书写方便的需要。

西方思维：写信封，地址的空间方位书写是从小到大，从细微到整体，从近到远，从树叶到森林，细节描述在前，宏大叙事在后。阅读书写，横排，先从左到右，后从上到下。

就人际关系而言，东方人重情，通情达理，合情合理；但常为情所困，人情社会进一步加剧了官本位社会的人治色彩。过热、过载的中国人情关系、社会关系已经复杂到成为社会进步、创造发现的障碍。亲情、友情已成为对理性判断的绑架与筹码。骗子们直接以久违或数年前老朋友的名义，以浓重的地方口音打电话进行诈骗，进行"友情"绑架。而西方人重理，但常为理所偏，直接明了但可能伤人。合适的处理方式，应是东西兼顾，左右协调，合理合情。

情与理的思维有差别。艺术需要情，科学需要理。艺术谈情，科学入理。冷静者易理智。清晨人更清醒，便于进行更加严谨的思考；近傍晚，人容易激动，观看戏剧电影，容易心潮起伏，激情洋溢。

南方思维：南半球，12月是夏天，7月是冬天。地球自转使水流漩涡呈顺时针旋转。

北方思维：北半球，7月是夏天，12月是冬天。地球自转使水流旋涡呈逆时针旋转。

上下思维：由上望下，政治上的中央集权，化学生物学的从基因到药物研究。

下上思维：由下望上，政治上的自由民主，化学生物学的从药物到基因研究。

其他如左思维与右思维、权力思维与资本思维、计划经济思维与市场经济思维、牛顿力学思维与量子力学思维、形象思维与逻辑思维等等。

两种以上不同工作方式和思维方式的交流和碰撞，人们常常遭遇，思维方式的特点，由于是群体选择、日积月累形成，个人常常也无可奈何。如社会治理中的运动式治理方式与法律条规治理方式，就是分别由长期习惯形成的两种思维模式或思维惯性。前者强调的是疾风骤雨式的社会洗刷，有"运动"的脉冲节奏，以求短期见效，但容易反复过场、回归从前，似乎一切变化从未发生过；后者强调的是，法律条规对社会顺序渐进的治理，强调规范性、合规程序和时间节点，虽然其理性渐进，但因不能过度自由发挥，常使人感觉进程太慢。

这两者也可分别称为运动性思维、程序性思维。两者有很多的差异性，运动性思维包括脉冲性、间歇式操作和工作方式，呈现心血来潮、人治和情感冲动性特征；程序性思维要求，程序性时间节点和流程操作及工作方式，要求较大的时间提前量准备，是机械、法治和理性的特点。

给出以上的两种差异的思维角度，不是为了说这两者哪个更重要、哪个更正确，而是表明，存在着许许多多其他的思维角度。综合不同的角度，尊重自然的规范，就能趋近道法自然的境界。

哪一种思维方式更切合实际，要具体问题具体分析和试验，但前提是要拥有一个装着多种思维工具的大箱子，这样才可以选择和改变。如果箱子中只有一种思维工具，即某一种思维垄断了一切，就不存在解决问题的可能性。

垄断是非常可怕的，会出现万马齐喑的局面，垄断最终均走向异化，垄断成为垄断自身的敌人，最终自我毁灭。恐龙的垄断与灭绝，转基因的生态安全与物种垄断，讲的就是类似故事。因全面垄断、顺应不了生态变化的绝大多数恐龙消失了,而顺应环境变化的鸟由恐龙演化生存到了今天。许多人类精神,如思维、思想、哲学、宗教,起始时可能非常正确,其先知或者创始者相当伟大,可一旦获得垄断地位,就自我封闭,无法开放、吸纳、更新、进化,就会将自身推向极端,异化为愚昧无知、甚恬不知耻的工具,将人类带入灾难。要防止判断上的无知和利益追求上的无耻,必须借助于自由思维、独立精神、自然竞争。

改变思维,强调的并非排他性思维,而是强调更包容的思维、超限思维,包含保留原有的思维并超越原有的思维。

人会以自己的世界看世界,以自己的思维看世界。一个只会下象棋的人,看世界都是象棋盘,人人都是棋子,服从相应的规则。一个只会打麻将者也会如此。一个既会象棋,又会麻将,还会足球、篮球、橄榄球等的人,会思维多样。防止思维被垄断、被洗脑的简单方式,就是熟悉三种以上的观点。

第118章

第三境界：超越复古和创新，中华与欧美

在中华历史上，执政者的愚民和政权更替的内乱，不断破坏农业生产力，游牧民族的南攻，使得文明停滞甚至倒退。

在欧洲，当世俗政治、宗教政治等处于崇高地位，科学技术和文明进步必受压抑。当政治与科学平等、影响力相同、政客与科学工作者的地位相等时，文明就会快速进步，欧洲从而越过中华，后来居上。

以管束压制、消灭竞争和共生为特色的专制极权，连绵不断的战乱，诸子百家为权贵所用的取舍原则，延缓了中华文明前进的步伐，剥夺了人民幸福感，导致文明由辉煌转向停滞，科技由领先变成落后。这种停滞落后，是相对西方而言的。宋代后，中华文明也在发展，但是缓慢。而欧洲在结束了黑暗中世纪的文艺复兴后，发展迅猛。

尽管清朝康乾之世在西方人眼里，表面上还是强盛、理性的代名词，但西方思想家实际已经开始用鄙视的目光和负面词语评价中华。在1750—1780年间出现"停滞"说，1850年后出现"倒退""野蛮"之说。但应该甚为庆幸的是，世界上许多灿烂的古文明早已销声匿迹，中华文明尽管曾奄奄一息，此后在与西方文明碰撞交融刺激后，重新焕发生机。

大约二百多年前，中华民族的文明仍然总体上居于世界领先地位，因而在欧洲穿鲜艳柔软的中国丝绸，品尝沁人心脾的中国红茶绿茶，享用精美漂亮的绘有西方图样的中国瓷器，传颂和研究中国的文化、哲学和思想等，是当时风尚和高雅的标志。那时的欧洲刚脱离愚昧野蛮不久，犹如突然富裕的暴发户，就像今天富裕起来的中国乡镇企业家，脖子未洗净就系起了领带，或挂起了粗粗的金项链，那时的欧洲看着中华大地，带着对数千年老贵族尊敬神秘的眼光，顶礼膜拜。然而，鸦片战争后，一切都改

变了。

  在西方，陶瓷是中国的代名词，它给中国带来荣耀和财富，也引来强盗的贪婪垂涎而招致厄运。当时，英国等西方国家用从世界各国，从南美到大洋洲搜刮的白银购买精美的中国艺术陶瓷，陶瓷是西方欣赏中华文明的精神替代品。大约持续了百年，西方在享用东方文明的同时，觉得花银子买东西不是个好买卖，他们既要获得陶瓷，又想不花银两，所以用鸦片战争进行"自由贸易"的故事随之发生。

  英国商人们，鼓励操控殖民地（印度）种植毒品鸦片，并卖给中国，再赚回银子，以换取陶瓷，而其中并不输出引领西方强大的"科学和民主"。鸦片给中国带来的是灾难，积贫积弱、家破人亡。当清朝官方开始打击鸦片贸易时，英国用战争逼迫中国继续接受鸦片的自由贸易，随后卖给中国的鸦片数量翻了一番。中国抗争的失败，导致了近代中国悲剧的开始。随后，中国有十多万人充当奴工，被用船只绑架"自由贸易"到美国。

  在鸦片战争和义和团动乱时期，以逸待劳、军队和装备优势远超外国军队的大清，竟然丢盔弃甲，整个国家闭关自守、夜郎自大、僵化落后、上下欺瞒，暴露了与欧洲在硬件、软件上的巨大差距。此时，中国人才真正品尝到了科学与民主的威力。

  三十年河东、三十年河西。历史在近两百年，被彻底翻了一个个。当时的欧美暴发户成了贵族绅士淑女，曾经数千年的中华老贵族沦落为近乎可怜的乞丐。国人开始用神秘的眼光看着西方，引进蒸汽机、电报电话、铁路轮船，羡慕并顶礼膜拜，有些人恨不能、恨不得自己也变成黄发蓝眼白皮肤。

  1888年，美国作为勇于创新，敢于尝试和冒险的新兴的大国，给前去旅历的恩格斯留下了深刻印象："这个国家的历史并不比商品生产的历史更悠久，它是资本主义生产的乐土。""美国是一个新世界，新不仅是就它的时间，而且是就它制度；这个新世界藐视一切继承和传统，远远超过了我们这些旧式的、沉睡的欧洲人；这个新世界是由现代人们根据现代的、实际的、合理的原则在处女地上重新建立起来的，……在美国，一切都应该是新的、合理的、实际的，一切都跟我们不同。"

近年，我们也应关注另外一个启迪性的事实，希腊的古文明，点燃了欧洲的希望之灯，从而使欧美繁荣发展成为世界文明的中心，并给世界带来了科学、法治、自由、民主和奥林匹克。因此，无论怎样高度评价古希腊对人类的贡献都不过分。然而，近现代希腊故步自封、好逸恶劳，高福利反竞争、不可永续发展的后果，使希腊正成为欧盟的累赘和沉重负担。

2012年，透明国际发布的国际清廉指数（CPI）排名中，希腊排在一百八十三个国家的第八十位，列欧盟倒数第二。自身工业缺乏，经济能力有限，税收管理问题严重，贪污腐败盛行和民众勤劳品行的消失，再加上美国金融寡头的玩弄，使希腊步履艰难。在希腊房屋建成后就得交房产保有税，为逃税，以各种理由长期无法建完的房屋比比皆是，或少窗户，或缺个小门，以弄虚作假来逃税。一个古老而引领世界的文明，落到今天的田地，令人唏嘘。

欧洲的文艺复兴，带来了科学昌盛。中国则可能需要走不同的道路、一个次序不同的道路，即通过技术发明的震撼，带来科学振兴，进而带来文化昌盛和思想解放。

中西文明的融合，才有了中国的现代化，也为世界文明的整体进步作出了贡献。清末民初，人才辈出、大师涌现的重要原因，就是对中西两种文明的双重完整的继承、发扬和创新，而不是简单的偏废取舍。而中西文明的冲突，也同样撕裂了中华群体。典型如，反智崇谋、盲目排外的愤青，崇洋媚外、自惭形秽的汉奸等词汇，在网络舆论场上时常出现，用以互相攻讦。事实上，愤青和汉奸，有时相差仅一步之遥，常常相互转换，只要有所利益。他们有的只知东、不知西，有的只知西、不知东；有的既不知东、也不知西，被讥笑为不是东西。

日、韩、中国陆续举办奥运会，标志着东方与西方的文明融合共进，进入新阶段。标志着西方文明融入东亚并扎根的重要事件几乎是平行的，现代本土大学创校时间次序，平行于奥运会召开的先后次序、也平行于国家现代化的大概次序。如日本庆应大学1858年建立，东京大学1877年建立；韩国延禧大学（延世大学前身）1885年建立；中国北洋大学1895年建立。奥运会召开时间则依次为：东京，1964年；首尔，1988年；北京，2008年。

第118章　第三境界：超越复古和创新，中华与欧美由于西方文明在全世界取得胜利，尽管才发达荣耀两百年的欧美人内心的西方中心论、优越论和狂傲的自以为是，一点不比乾隆鄙视西方的眼光柔和。

在北京奥运会前后及举行中，个别中方观众的某些不雅表现，就被冠以全民族素质差的帽子。而在伦敦奥运会，同样的欧美观众的不雅表现，就会被冠以自由民主、个性张扬的漂亮外衣。同样在倡导"自由贸易"的旗帜下，美国竟然烧毁了在中国生产的美国队伦敦奥运会运动服。

各国世界地图，都将自己国家置于世界中心，这可能是自尊心作祟，更可能是为了读者快速识别，尚属情有可原。而在奥运会的赛情进程报道上，许多西方著名报刊的报道，将西方霸求永远领先的阴暗心理充分表露。美国著名的新闻电视及网络媒体 CNN，在报道全球金牌排列时，为突出美国，在美国奖牌总数领先时而金牌落后时，就以奖牌数排列；当美国奖牌总数落后而金牌领先时，就以金奖牌数排列。《纽约时报》的网站上，在中国奖牌和金牌总数一度超越美国时，原列于头版的奖牌榜，干脆消失。反正，规则必须由美国定，美国必须是第一。欧盟的一家网站上，将欧盟所有国家的奖牌总数算在一起，奖牌榜上欧盟金牌高居首位，中国则位列其后。更为惊叹的是，久负盛名以科学公正为宗旨的严肃学术刊物 *Nature*，毫无数据和事实依据，哗众取宠，公开抹黑取得惊人成绩的中国年仅 16 岁的女奥运冠军，尽管事后被迫道歉，但这一失态成为笑柄，人们由此可以觉察西方对失去领先地位的恐惧，内心深处已非常不绅士、不淑女。

如上的现象，以类似的方式，在 2020 年的新冠疫情期间，在全球再次上演。

相对西方后来居上的迅速崛起，人们常常争论诸子百家的保守和创新性对中华民族和文明的影响。公元后第一个千年，中华文明的辉煌与领先，就难以指责儒家为保守；公元后第二个千年中华文明逐步走衰，也难以说明儒家有所创新；儒家的核心就是中庸和谐。问题关键不在于儒家是否保守，道家和墨家是否开明，而在于儒家被敬奉为唯一正确的学说和思维，并且统治者按照自己要求和心愿，一再地对儒家进行打扮改造，使之成为

"得心应手"的精神统治工具，实现对全民族的思维垄断和精神摧残。最后使儒家为专制皇权代为受过，几乎成为众矢之的，以致儒家的合理的部分也难以获得人们的认同。

基因和蛋白质演化中，结构中会包含大量的可进化区和微量的保守区域，与此相似，物种和种群演化有继承也有发展，需要保守也需要创新。人类社会是物种和种群演化的延伸、继承和发展，这也就是历史和现实为什么会常常在传统保守、改革创新之间震荡平衡的深刻原因。比如，文艺复兴，就是人类历史上最伟大的复古；而皮鞋鸡蛋（提取废弃皮鞋的蛋白，制成人造鸡蛋，而无法低廉地去除残留的有毒含镉皮革染料），就是一种卑鄙的创新。对文明而言，复古和创新同等重要！其取舍的底线是：这种创新和保守，是否尊重人性、生态和科学。

不能说，现代就必然反传统，传统必然不现代。保守不代表落后，创新不代表先进，关键看是否有利于生态、文明和人性，是否有利于科学技术的发展，是否有利于人的解放和尊严。当原初设想应造福于人的"神"，反而成为黑暗中世纪束缚人压抑人性的势力，那时欧洲的解放，就是回归传统，恢复古希腊文明，通过文艺复兴，复辟和保守古代创立的科学人文精神。这时，保守传统就是最好的人类解放。中国在1977年恢复高考，随后全面否定"文化大革命"，也是类似的"复原"。同样，创新能力极强的美国，其宪法颁布后的两百多年间，很少改动，显示了其保守的一面。如果有一种制度创意，是对自由思维和独立精神的禁锢，那么，这样的创新不如没有。

保守和创新，不能按照出现的时间顺序来确定是否积极或者消极；而应该根据其对发明创造和文明进步、自由思维和独立精神的贡献，确定其意义。许多保守的思想，可能含有某几点积极意义，汲取其中合理的部分，可能对发展有所裨益；同样，许多创新的思想，可能还有消极意义，或者随着时代的发展，其消极意义显现出来，如果此种创新思想占据垄断地位，影响就更大，这就要及时地整理和清理。任何一种学说、思想可以成为主流，但不能霸成垄断，垄断的结果会使其差错积少成多、错误不断累积、弊端不断放大。

日本有评选年度汉字的习俗，我国也应如此。比如"管"，所表达的管制，就很具有代表性意义，如经济、思想、社会等管制，家长管束等均表述了此状态。如能将"管"变为"思"，思维、思想、我思故我在，则民族和文明活力就会迸发出来。

1996年，亨廷顿在《文明冲突和世界秩序重建》阐述了以中国为代表的东方亚洲社会和英美为代表的西方社会的重要差异，认为无论相互间存在怎样的经济联系，根本性的文化差异将使二者无法同居一室。

即在众多亚洲社会，儒家精神强调相对保守的、族群的价值观，如权威、等级制度，但个人权利和利益居次要地位，在乎大家一致的重要性、避免正面冲突、喜好"保全"面子，总体而言强调国家高于社会，社会高于个人。喜好以百年和千年为计算单位思考社会的演进，将长远利益放在首位。

而在英美等基督教文明为主体的西方，在社会和文化方面与此形成鲜明对照，强调相对开放的、个性化的价值观，即自由、平等、民主、博爱和个人主义，以及美国人倾向于不信任政府、反对权威、赞成制衡、鼓励竞争、崇尚人权、倾向于忘记过去、忽视未来、集中精力尽可能扩大眼前的利益。

亨廷顿强调各文明的冲突、替代，这与他的西方思维和西方文化背景有很大关系。而我想强调的是：各文明的包容融合、超限升华，这不仅仅源自东方思维和文化背景，源自对西方思维和文化背景的了解，更源自牛顿经典思维与量子思维的有机结合。

八、养成篇

个人、家训、教育

因思维差异，虽人格平等，但人品分层；关爱孩子就是关爱未来；内观身心境，做自己健康和成长的主人；改变思维和自我，让精神长相由心而生；以思维施教，用不言之教、因人施教来转变家庭和社会，培育独立自由、理性平和的一代新人。

本篇的重点是思维教育。

第 119 章

重新定义人：工具与目的二象性

亿万人群，远远看上去，宏观上就像宇宙，它是由至少三个尺度的单元所组成，如宏观特点的群体，接近微观、实为介观的社会单个细胞家庭，微观个性的人所组成。

如果说，庞大的人类社会，可以用近似宏观经典思维分析理解的话，那么推测微观个性的人，就应可以用量子思维去综合理解。

而更进一步，对一个个体而言，实际上人的身体，犹如宏观工具机器，近似符合经典力学描述的规律；人的大脑，深不见底，微妙精细，犹如电脑，在微纳尺度内处理信息意识，似乎更符合量子力学描述的规律。

人，具有"工具与目的二象性"，犹如量子的"波粒二象性"。卢梭、康德等早说过，人是目的，而不是某种道德理想的手段和工具。然而，永远的现实是，每个人恰恰不可能不被作为工具，当然，绝对不能忘却每个人的价值。如果忘却了人的价值，那么人就和驴马骡子牲口一样可悲；丢掉了人的价值，我们每个人随时都会处在危险之中。完整地讲，人既是工具又是目的。

认知人的"工具与目的二象性"，就能清晰地知晓，在人的培养和成长中，工具性和目的性兼具是教育中必须坚持的底线，不能只重视目的性、成为"贵族"而忘记自己应该承担的社会责任；也不能只成为工具，而忘记自己应该拥有的自由意志与幸福快乐。

人是能制造工具并能熟练使用工具进行劳动的高等动物，人制造了图腾，最后因为内心不够强大，常常失去自我、抛弃自我、跪拜图腾。研究表明，当人们完成延续人类的生殖工具功能，四十岁后，遗传疾病会集中涌现，因此，每个人都是人类的工具。人能制造工具，但最怕成为工具。

可是，常常有这么一些人，希望别人成为自己的驯服工具，却忘了，如存在这样的社会氛围或者文化土壤，绞尽脑汁想利用他人者，有可能自己反而成为别人所利用的工具，这叫，螳螂捕蝉，黄雀在后。

人可能是家庭财产继承或改变境遇的工具，也可能是宗族繁衍、民族或国家存在与发展的工具。有用之材、望子成龙、望女成凤、养儿防老、养女贴心等词语，典型地反映了人的工具色彩及沉重的背负。

同时，我们不能忘却，每个人也都是人类的目的，如果忘记或者忽视这一点，那就很容易滑落到视他人为草芥、草菅人命，甚至反人类的陷阱之中。因为没有每一个人、每一个具体个体，就没有人类。

对每一个个体的最大尊重，也是对群体的最大尊重。个人的幸福、尊严、快乐、享受、生存，都需要家庭、大众、社会与人类去关心呵护。人人皆是"神仙主"。哪怕一个不拥有名利、权势，贡献微弱的普通人，微不足道的"小工具"，也有权追求和守护自己的幸福、快乐，也应该获得应有的尊重。

任何人无权以多数人的暴政，如群体或者集体意识压制个体的基本权利和幸福。只有这样，才能彰显人之为人的目的，体现人的价值和人文关怀。

一个人只铭记自己是工具，就远离了幸福与乐趣；人仅仅是工具，是人的悲哀；一个人只强调自己的感受，就抛弃了理应承担的责任及与身俱来的价值。如果有人狂妄地设定自我为所有人的生存目的，那么，此人要么损人利己，要么危害社会，这样的人握有重权，将使周围甚至人类及社会陷入黑暗。

人类的许多失败、困惑与谬误，均与极端化强调人的工具性或目的性有关。想想多少人曾经成为了"没有幸福的工具"，多少人正在"没有责任地行乐"。健全的人生，体现在对他人负责与获得个人幸福之间的和谐平衡。对他人批评责骂，源自推卸责任的潜意识或怨恨；对他人赞扬欣赏，来自内心的坦荡与真诚。

不做没有幸福的工具，不去没有责任感地及时行乐，有付出才能获得真正的享受。

顺道为德，这些包括自然道德、社会道德、职业道德等。敬重尽责自然角色，如由血缘及其派生出来的角色，包括父子兄弟、母女姐妹等，就是有自然道德。同样，从政者得有政德，从学者得有学品，从医者应有医德，不能德不配位。

第 120 章

人的职业与兴趣的四种组合

人生舞台上,每个人都是状态纠缠的多重角色演员,或父子兄弟,或母女姐妹。人是多重态的叠加,犹如量子态,以什么面目展现在人们面前,取决于对象是谁,其所处的环境和个人意愿。人是物质与精神的不同组合方式。职业是物质享受的收入来源,兴趣是精神享受的思维基础。职业是种约束,兴趣是种自由。职业是人工具性的标志,兴趣是人目的性、图腾性的标志。人常在职业与兴趣间犹豫,徘徊徊徊,以致不少人愁白了少年头。

每个人都是自觉不自觉的演员或角色。我认为,总体而言,按照角色,人有四种分类,取决于职业与兴趣的相互关系及组合方式。任何个人不仅应得到物质方面的享受,更应获得精神上的享受。在我们传统僵化的教育中,人们常考虑专业职业,极少考虑兴趣。所谓兴趣,就是好玩、刺激、能激发以前看不见的潜能,具有挑战性,乐此不疲。

第一类人:只有兴趣并迷恋其中;没有专业职业追求,不考虑未来靠什么生活、生存,很容易变成游手好闲的纨绔子弟。第二类人:只有专业职业,没有兴趣;一切为了生存,为了家庭的生存,乃至于为更大群体的生存,其本人几乎就是一个苦行僧。第三类人:既有专业职业追求,也有兴趣追求。但其兴趣无法成为其专业职业,专业职业也难以发展成兴趣。但是,这样的人只要合理地摆正专业职业与兴趣之间的关系,就可以拥有一个完整、甚至相对美好的人生。因这样的人清楚,为生存,须好好学习,就业谋生,其对专业职业的选择会很谨慎,很投入并尽责;同时,这样的人,也会保护自己的兴趣,留出时间,解放自我、享受兴趣。第四类人:兴趣就是专业职业,专业职业就是兴趣。这样的人很可能成为天才,因为他们工作起来没有太多的痛苦。兴趣与专业职业方向越接近，合力越强。只有做热爱的专业职业，才能真心投入，并充满激情。如此，人是幸福和快乐的，事业也容易取得成功。

处理好专业职业和兴趣的关系，就会有良好的教风与学风，他就学会了如何幸福。悟性和兴趣是最好的老师。人的专业职业和兴趣二象性，在人生的不同阶段，会不断变化。

时空变幻、大变活人的魔术是引导学生产生科学学习兴趣的重要方法，其强烈的光电刺激、幻象的产生与谜底的揭晓都会对人的思维形成冲击，而激发他们的理性思维与智慧。

在人生的职业与兴趣选择阶段，对大多数人而言，专业是职业的入门训练，在入学的第一天，就需要思考清楚，如何对待专业。对少部分人而言，如果你的专业无法抛弃与更改，而且也不会成为职业，那就需要切记，不同的专业可以传授不同的知识体系和训练独特的思维方式，思维训练使得你在将来从事其他职业时，拥有别人想不到的独门秘诀。文学家鲁迅所学的专业是医学，政治家撒切尔的大学专业是高分子化学，他们后来的职业生涯都从所学中获得了独特的思维方式和启示。

认知人的"工具与目的二象性"和职业与兴趣的相互关系，对端正被教育者的学习与成长态度，对优化教育者的工作方法，具有引导作用和重要意义，可使得我们当今的教育，尽早创新升华、切换到思维教育。

第 121 章

完美动物、不完美神：小人和君子与圣人

人品的分层，犹如养殖水塘鱼苗的分层。在人们眼中，似乎所有的鱼都是一样的，相差不大，都是水中精灵。其实即使在一米深的水池里，它们的差别也巨大，有的终日在水面游动不息、绝不下沉；有的终日沉于水底、从不上浮；有的居于中间，以上层鱼的排泄物为食。这些鱼能按照水深分成许多层，从不互相来往、互不认识、不通语言，就像不同的物种。人的分层与鱼的分层非常类近，世界观、价值观、人生观差异巨大，有的几乎无法对话，道更不同。

太阳照射在每滴水上。如果说自然、宇宙就是"上帝"，就是"神"，那么，每个人都可以说是神的某种化身、具有一定的"神性"。

能造就神的只有人，而人不能忘记自己天生应该具有的神圣，而仅仅只是被他人使用的工具，也不能仅仅成为某种理念、理想的使唤工具。人过去制造了无处不在的神，又匍匐在神的脚下，愚昧了自己，荣耀了神。今天的人，可以合成化学，合成生物，这样的人不就是以前人们所想象的"神"吗？

教育，发展培育的中心是人，学科与知识处于从属的地位；而学科教育是以组成学科的知识训练为核心，发展的中心是知识，就连对思维、精神、体系、能力的强调都很少。在传统的知识体系中，人处于从属和被配置的地位，一定程度上导致了人的异化。

在中国几千年的历史里，都把伦理和人的培养放在第一位。但因忽视自然规律、特别是科学技术的学习，使得人文训练缺乏校正和参照坐标，而极易误入歧途。近现代学科的迅速分化，促进了知识、学科以及经济发展。

但我们不能忽视另一个倾向，因为学科分化急速，而交叉不够，丢失的信息不仅仅不能完全复原，又由于不同的学科对人的个性、品格、气质会产生明显不同的、强化的影响，过度的学科分化，可能带来被教育者的气质性格缺陷或者人格分裂。

人是肉体和精神的统一体。每个人都具有神性及动物性。每个人都是"神"的不同角度的影像，每个人都是神的肉体化身，这个神就是自然、道与真理。要葆有神性，首先要葆有人性，孟德斯鸠说：为保存风纪，反对破坏人性，须知人性却是风纪之源。不能没有底线地一概提倡大义灭亲，尤其对儿童少年。

匪夷所思的安慰剂及冥想的作用早为科学所证明，其能起作用的关键在于人有思想与精神。这也最大程度地揭示了，人与动物的巨大差异。

人，终归是完美的高级动物，是不完美的神。帕斯卡尔说：人既不是天使，也不是禽兽；不幸的是，有些想当天使的人，表现却与禽兽无异。

在神学和专制时代，将个别人或一些人升华为神，这些"人"永远正确，无所不能。与此同时将大部分人降为物。自以为神的人压制科学，用神学思想或神授皇权统治一切，凌驾于人与物之上。在中世纪之前的欧洲，"五四"之前的中国，这类现象最为突出，今日仍有残存。皇帝贵称为"天子"，君权神授等。近"神"的人们所欲为，为物的人麻木不仁，苟且偷生，以致鲁迅惊呼这些就是在"吃人"。

科学时代，随着科学打破了神学的一统天下，人们开始觉醒，迫使神学退出政治舞台与世俗社会，所谓的神被还原为人。此时要防备的另一危险是，新的极端主张——科学主义有可能出现，将物凌驾于人之上，或者将人等同于物，这就是以另一种方式忽视人。

传统科学关注的是无我意识以外的自然世界事物的规律，冷静而理性；现代科学开始关注生态友好与人的内心精神、情绪和激情。人，甚至生物的生存及幸福是第一位的，而科学所揭示的自然规律又不可违背，因此，现在要解决的问题是让相互矛盾的两者，最终突破固有疆界走到一起，逐步互补发展。所以对生命研究进行规范的动物福利、生物研究的动物伦理，生态环境意识对硬科学的规范，如绿色化学与可持续科学概念等，应运而生。

不完美是人的特征，因此，我们不能苛求别人完美，也不能在教学中要求学生完美；作为不完美的家长，也无权利要求孩子完美。因为我们本身就不完美，我们就没有权利强迫孩子必须做到我们这辈子没有做到的事情；我们更没有权利要求孩子按照我们的想象去成长、去面对未来。

但是，这里说不完美，不是鼓吹思维和精神方面的不健全。就像尽管人需要的物质很多，但维持健康需要基本的关键的几个维生素，这些对健康而言，它们一个也不能少。同样，在教育和社会领域，要防止把某些年轻人培养和纵容成无信仰、无逻辑、无责任、无底线的动物人，需要灌输给他们基本做人原则。

人与人之间最大的距离是价值观，稳定的人际朋友关系，通常由三观一致的人组成，而不取决于血缘和利益。

2020年疫情期间，微信朋友圈时常出现不忍直视的诸如振振有词、义愤填膺、捕风捉影、是非不分、常识稀缺、见风是雨的愤青言论。缺乏独立精神、自由思维的键盘侠们因时间多余、精力过剩，喜好争强好胜、议长论短、煽风点火、热点追踪，这些现象在2020年2~3月间达到了顶峰。他们呼啸而至、乌合成众，发出种种极左或极右的妄言。这些人中可能还有我们的亲戚朋友、同学故旧，可见，巨大的低认知基数是中华文明再造辉煌并走向领先地位的最大障碍。

不和命运较劲，人就生活得通透；不和自己较劲，内心就容易安宁；不和别人较劲，日子就能过得舒坦；与什么样的人争辩，就注定会成为什么样子的人。与层次不同的人的交往，最好的方式是不争辩、不计较、不解释，做好自己。永远不能和不属于自己同类的人作过多解释，否则，那纯粹是浪费生命、浪费时间。

因为思维的差异、精神上的差异，尽管每个人的人格平等，但人品就会分层。老子给人的分类共有两种：善人和不善的人，并有四个认知级别：上士、中士、下士、圣人。孔子给人的分类也是两类：君子、小人。

交友要慎重，否则会丢魂。朋友有三种：损友、益友、净友。我们整个社会需要提醒并帮助青少年，未来不要成为小人、渣人、恶魔，同时要让孩子们知道并防备这些恶人，因为这世界真的存在小人、渣人和恶魔以及产生出这些恶人的问题家庭。章子欣、章莹颖的惨剧，曾经发生的滴滴网约顺风车等恶性案件，就是对后来人的提醒。

因为小人思维、君子思维、圣人思维的存在，男性、女性、艺术家、科学家、政治家、企业家、军事家中，均有小人、君子、圣人之分。小人无过，君子常错，圣人受难。好在这世界上，小人终归是少数。

君子会维护朋友，小人嫉妒朋友；君子愿和对手当面说对错，小人常在背后谋损招；君子重诺，小人妄言；君子勇担责任，小人寻找嫁祸替罪；君子以同道为朋，小人以同利为朋。

小人认为，世界应该以他认为最佳的方式对待他，否则这就是不公平，不是以自然之道的方式对待他。小人完全从自我出发，眼中没有世界和他人，小人无公德心，只有他个人认为善的，才是善；他个人认为恶的，才是恶。别人认为的善，公众认为的善，在其眼中不能称为善；别人认为的恶，公众认为的恶，在他眼中不能称为恶。许多旅游者缺乏公德的公众形象，均与这些有关。你花了九牛二虎之力帮忙，帮他成了事，而他却非要让你感觉，是他帮了你，给了你机会。

小人骗子撒谎时正气感十足、大义凛然、理直气壮，似乎谎言都成了真理。贪婪的小人熟知各类洗脑骗术，久而久之，隐藏不住的恶形恶状得以充分表现竟能达几十种：贪得无厌、得寸进尺、理所应当、厚颜无耻、投机钻营、丧尽天良、丧心病狂、凶神恶煞、穷凶极恶、小人得志、得意忘形、恬不知耻。因此人们需要对改头换面的暗网、直销、电信诈骗、老鼠窝、赌博、吸毒保持警醒。万万不要接近，别梦想自己百毒不侵，或者是孤胆英雄能扭转乾坤，无论你多聪明、经历多丰富，骗子小人早就备好一款特别适合你的，一不小心，你就成了饿狼嘴里的东郭先生、冬天毒蛇眼里的农夫、渔夫老婆手里的金鱼。

所谓男盗女娼，即看男人都像小偷蟊贼强盗，看女人都是献媚卖身的娼妓，如持这种有色眼镜看待他人者，大多自己就是为盗为娼之人。这样

第121章　完美动物、不完美神：小人和君子与圣人

的人，看不见别人的努力、勤奋，把一切污名化、邪念化并泛化。所谓邪念就是被扭曲的三观，如同老化散光后又屈光不正，在邪念之人眼中，世界本丑恶，都丑恶。在他们认为丑恶的世界里，巧取豪夺、阴谋诡计、构陷加害、献媚卖身成了他们获取一切的手段，且觉得都是自己应得的，是世界欠他的；不管手段方式是卑鄙或者高尚，只要是其拥有了，哪怕是骗来的，都被视为其劳动所得，必须拥有和永远把持，不容侵犯、不容丢失。这类人之所以不知羞耻，理直气壮，因在此类人眼中，阴谋诡计、巧取豪夺就是他们的立命之本，生存之技，还自认为从事的是正义的事业，且与全世界同步，没有什么特别或者稀奇。他们不会认为这是邪念，而认为是在保卫自己所得，所以正气凛然。

做了恶行的小人，能对另一个做同样恶行的小人振振有词。常以自我为是非标准，要求朋友与其站队，他的敌人就是你的敌人，他的朋友就是你的朋友。心中充满仇恨的人，一张口说话也是仇恨，这样会恶化周边关系，并诱导本可以自我矫正抱怨的他人变抱怨为仇恨。一肚子仇恨的人常以泄愤代替事实、捏造事实、添油加醋，在他们看来泄愤重于事实。事情过后，明明是自己错了还不知道反省，好像一切都未发生，因为泄过了愤，一切都结束了，他们不知道事实依据已被扭曲，心中平和的人们所关心的、所在乎的事实已经不真。

要和你认为可以长久共事的人一起工作。和一个品性好的人交往，有可能让自己终生受益；而和一个品性不好的人交往，有可能会给自己造成终生无法弥补的伤害。不能和让人生气、多事的、不懂感恩的、敷衍的、谎话连篇的、阳奉阴违的、缺乏专业知识和基本原则的人接触。

最难得的是有的人，见过世间至恶，经常与自私无礼者打交道，却依然有正直温暖的心，和澄澈明亮的眼睛。还能谦卑地向对方说出："这不是宽恕，而是帮助。"宽恕会纵容恶行，帮助能教人向善。一段温暖的话，也许能让消沉者的人生逆转而上。每个圣人都有过去，每个有过错之人都有未来。希望我们每个人都能在低谷时，遇见照亮人生前路的那个人。

古话说："说人是非者，必是是非人。"上等人看到别人的优点，中等人看到别人的优点和缺点，下等人只看到别人缺点，人渣利用别人的缺点。如果对应于老子所说的人的分层，可以将人分成自然人、学习人、研究人、智慧人四种，分别对应于下士、中士、上士、圣人。当生存是人生的唯一内容，在自然状态的人，遵从丛林法则、弱肉强食，可称为自然人；当学习是人生的重要内容，不断学习新事物、新思维、不断超越自己的是学习型的人；以研究探究的方式对待世界上的一切，包括周边的人事物、包括自己的起居生活工作，从研究中发现规律和方法，指导自己的生存和发展，并获得幸福，可以称为研究型的人；能平等地看待生死、看待我和非我以及一切人事物，看待一切思维方式，在学习、研究和觉悟中实现与自然和社会融为一体，道法自然，这样的人可称为智慧型的人。

如果"圣人"标榜自己，忘记了他人，忘了自己的职责，就是假圣人。真正的圣人，是为了他人，让他人更幸福安康。

一个人到底是完美的动物、还是不完美的神，是小人、君子或圣人，不仅仅取决于他人的感受、自我所受的教育，最重要的是自己是否转变为与之相适应的思维方式。

第122章

善恶二象性：自我与迷失和觉悟

2020年2月25日，武汉封城的第35天，中学老师吴悠，被举报非法"卖处方药""赚差价"。

2020年1月23日武汉封城始，焦虑的他在微博留言：我囤有口罩，有需要的，免费送。很快，急需口罩的留言一千多条，他不会开车，便骑电动车，奔波全城，送光口罩。但越来越多的人，特别是疑似或确诊的隔离在家的患者向他求助、求药、求生活用品，把他当成了救命稻草。他干脆写了个"免费帮送药、食、口罩"，挂在电动车前。

吴悠刚刚工作实习才两个月，为了送药送口罩，自掏腰包买了一万多块钱的口罩和酒精。他四处救人时，奶奶脑出血，需住院却没有床位。他被举报调查时，奶奶昏迷，被送进医院。举报者冰冷的质疑，竟然是因为他到处送药送口罩还不收钱。在内心黑暗邪恶的人眼里，这世界的人都和他/她一样，没有好人，不存在善良，只有奸诈或者貌似善良的愚蠢。

当善良被侮辱，世界悲哀就从此开始；让善良受伤，是所有人的耻辱。要使世道变好，从不冤枉好人、不欺负老实人开始。

"卑鄙是卑鄙者的通行证，高尚是高尚者的墓志铭。"

人，有善恶的二象性，人既善也恶，人非善非恶，人就是人，具有经典和量子思维的两种特征。人性善恶并存，关键看观察角度与社会施加的影响。宣扬并相信人性本善，小人们就只好道貌岸然，暗中琢磨怎么浑水摸鱼；而君子们也就不会袖手旁观，不让潜规则大肆横行。偏信于人性本恶，就会使小人们更为直露地明火执仗；"君子们"也会借上帝、天道的名义、以暴力四处征战，强取豪夺，绑架规则，弱肉强食。

在介于微观和宏观之间，有一个非常有名的介观微粒的布朗运动。这种运动是指介于量子和物体间的细小微粒，由于受热不均匀，或者分子振动不对称，外界分子或者其他微粒的影响，这些微粒会围绕其所在的原初位置，作无规则的、杂乱无章的随机机械热运动。自我为中心和自我迷失的人们，就像正在进行布朗运动的细小微粒，即没有生命的卑微颗粒热运动。

庄子：人生的根本，是如何与自己相处。

把聚光灯照向自己，就看不清周边，也看不清世界。当人以自我为中心，言行举止独断，就会丧失正见、丧失体会他人感受的能力，缺乏站在他人立场考虑问题的悟性，如拥有权力，就会丧失良知。自私是生物的本性，但不能过火。执迷不悟的自私者，难以理解"吃小亏占大便宜"的启示性、"无我而有我"的真谛。自我为中心者，只能感知自己的需求与痛苦，而不能感知别人的需求与痛苦。过于注重自我感受，会夸大自己所面临的灾难与困惑，漠视他人的感受，常常自说自话，口语上经常表达如"我认为，我觉得，我心想……"，"我"字经常不离口的人，缺乏的是自我认知和向上提升的自我修炼觉悟。

通过离体观我、离体觉我，我有超我（觉我）同行等同于觉悟；我和你/他同行等同于仁义；孤独者心中，只有本我，没有超我，误认我就是世界。需合理合情地建立自我，追求忘我，自我觉悟。每个人都没有身体和大脑的使用说明书，需要一生研究自己，而非仅仅满足自己，也不能抛弃自己，而应该是合理合情地调控自己。我们要把自己当实验品、实验对象，研究感悟自己的规律、宇宙的规律。

心理学的自利偏误概念揭示，人们的认知，是天然错误的，看别人时，会把对方的成功，归为环境因素；把对方的失败，归结到他自身。当看自己时，会把自己的成功，归结为自己的天赋与努力；把自己的失败，归结为他人或环境因素。分析自己时，偏向利己的解释；分析别人时，偏向不利对方的解释；比较自己时，往下比、与不堪者对比，比下有余，自己感觉很好；比较别人时，往上比，与更优秀者对比，比上不足，感觉对方真不行。

某些人，目无定视，眼光飘忽，话语轻飘，顾左右而言他，则常常是丧失自我信心，准备随时抛弃人格原则，寻机迎合、心术不良的表现。

不要轻信自己聪明，以为五毒不侵。风险投资，商场角力，如战场，无所不用其极（如金钱、美色、绑架、威逼），常呈现尔虞我诈的氛围和逐利的特点。艺术和科学虽然不一定纯洁，但与政治和商场相比，干净许多。小人好博弈，就是赌博，以小博大，以巧取直。对渣人而言，社会就像是一个传销场。用悬崖策略和身败名裂的威胁以及德高望重者的声誉绑架一位善良正直的人，就可以谋求利益。这些小人、渣人，看中的是人的弱点和可利用点，你的善良，可成为他手中的把柄。你的自责，可让你丧失反抗力并看不到真相。

面对流氓和痞子，只好宁愿违心地认为，他们是高尚和善良的，因为这样他们才有规则和道德的自我约束，少干坏事。而不应该，指认并要其承认是流氓痞子，因为一旦其公开承认接受自己是流氓和痞子，就更会无所顾忌，肆无忌惮，不顾底线，横竖横柱死柱，变得比痞子还痞子、比流氓还流氓。

恋爱，政治迷信，宗教崇拜极容易使人丧失自我。反过来，过于注重自我感受者，犹如痴人说梦，在文学上也许有感染性，实际上无异在自我欺骗。

在自我修养、修炼的基础上，进而实现社会修炼。当通过切实的措施步骤和完全的权利落实，使得社会上的每一个人，都切实感受到自己必须为自己负责、担责，自己是社会的真正主人之一，这个社会才可以说进入到了主人翁意识觉醒的良序社会。有了公民意识，一个人才有公德，最后才有公心。否则，每个人都会认为自己是社会的旁观者，是过客，甚至是偷猎者，直到关系到每个人的社会危机无可避免地发生时，才想起自己拥有从未行使或者能够争取的权利和责任。2020年的新冠疫情，是对人们最好的提醒。

智商和情商需要一定程度的相互匹配。智商高者易孤僻地局限在自我的世界，情商高者易与周围他人互动。世界的主体由具有中等智商与中等情商的人所组成，智商高而情商过低，易损遭折，犹如出头的橡子会先烂，继而自我痛苦或者麻烦不断。情商高而智商过低，易被使唤，从而承受过多的重负、责任与磨难。

只有在科学、艺术的顶尖水平学术机构，才需要并容忍个别高智商而低情商者。而一般社会环境普遍欢迎的是情商高于智商者。

改变世界的人可能会兴奋，但更多是痛苦；顺应自然者，更为平和，但可能会让人觉得缺乏成就感。影响和引领，不同于驱使和强迫。所以，人们需要根据自己的追求和特点，选择是做一个应变者、领变者还是改变者。

用心、而不是用躯壳，去感触世界，方能从精神上走出自我。天文学观察与研究，能使人感慨宇宙之浩瀚，人类的渺小，认清自我的狂妄和脆弱。科学研究能够使人忘我，甚至会忘记人类是大地的主宰这一普遍性的妄想，而能更客观地看待社会与自然。

权名利情是竞争的根源，能使人有上进心，推动人类进步，也会带来灾难。过度的权名利情追求，是个人烦恼和世界纷争的根源，用权者被权用，为名者被名累，逐利者被利逐，煽情者被情困。一个算计他人的人，将会被苍天所算计。

老子说，知人者智，自知者明。这就是我们通常所说的"明智"。通过仁爱趋近自然，通过自然而趋近"道"，就能有超强感知能力，容易自然获知别人的心态，谦逊地照顾别人的感受。要获得心灵和精神上的轻松，要避免以自我为中心和自我迷失，最合适的姿态是正直、真诚，大巧者无巧。

同情与共情不是一回事。同情就是从自己角度可怜别人的处境，是自我为中心者的情感投射；惋惜别人不幸的同情，有时就好像是对自己的庆幸；共情就是设身处地、感同身受地为别人着想，共情是走出自己的世界，进入别人的内心，是一种"神入"情结。

我们需要同理共情，学会从其他人的角度看待自己及所在的领地，如此才有准确判断与和谐关系。通过他人的眼而看清自己的优缺点，并习得他人的优点，进而建立自信，如此自信的人在竞争中只需战胜对手，且无后顾之忧；而不能建立自信的人，在竞争中，既要战胜自己、又要成胜对手，最终常常会失败。

剑桥大学的精神病理学教授西蒙·巴伦－科恩《恶的科学》揭示人性的阴暗面：零度共情能力的人，会做出残酷和邪恶的事情。"恶"源自共情被腐蚀消失，如此的人极端地以自我为中心，坚信自己想法完全正确，毫不顾忌自己言行对他人的影响。只关注自己，只想着"我的感受""我想要什么""我要达成什么目标"，把别人当成"物品"。"共情腐蚀"会发生在人情绪激动、疲惫不堪、恐惧害怕、被"信仰"洗脑时……这时候好人也会做出坏事，极端情况就是零度共情而作恶。

零度共情者，无论有意无意，都经常让身边的人受伤，无法和别人相处，是一种极端孤独。零度共情意味着不知自己会给别人留下怎样的印象，不知如何与人交往，困惑于无法与别人建立联系，形成了一种根深蒂固的自我中心主义。和零度共情的人交往，会减寿。负面零度共情，如边缘型、精神病态反社会型、自恋型人格等，均源自早年被溺爱的经历、有糟糕的父母和不堪的童年；正面零度共情，如阿斯伯格综合征者，对社会不产生威胁，但有社交障碍，不理解别人在说什么，也无法描述自己的情绪，一旦进入如社交对话这些无规律可寻的情景，就会无法承受。但他们脑中系统化的机制却特别强，能轻易察觉并迷恋别人无法感知的规律。

2018年杭州偷窃赌博成性的保姆纵火案，就是善良被吞噬的悲惨典型。原本幸福美满的一家人中，美丽大方的妻子，三个活泼可爱的孩子，被烈火吞没而亡，对保姆及其家庭照顾有加的受害者一家人，只剩下帅气体贴的丈夫，凄惨孤独地继续人生余下的路程。

对小人、恶人，要警惕其共情力的缺乏；对自我要防止因为共情过度而被小人阴谋者所绑架，甚至被裹挟而成为"乌合之众"。

不能因为世上有小人，而不帮助陷入困境、急切需要帮助的人；也不能因为救助正陷于困境的人，而忘记防备这些人中可能就有难以辨识的小人。

古话道："升米养恩人，斗米养仇人。"不是所有人值得善良以待。过了头的善良，就是傻笨和愚蠢，容易纵容不安好心者；无底线的善良，换来的不一定是感激，却可能是得寸进尺，甚至是恩将仇报。

用善激发出他人内心的善，恶容易激发出他人内心的恶。善会被恶欺骗，而恶不会激发出善。二桃杀三士故事从另一角度启发人，分桃难均，不管用心如何善良，如何为他人考虑，无感恩之心的得桃者、欲望强烈的得桃者均不会感激，可能会因自己得桃的大小迟早会心生怨恨。所以，人性的善恶，需要直指人心，这种在神性与兽性之间的摇摆，与人类的天生基因缺陷、"善恶二象性"相关。

马克·吐温说：善良，是一种世界通用的语言，它可以使盲人感到，聋子闻到。而那些身不残但心已废的人，却会欺骗善良、利用善良，进而吞噬善良而自肥。民间有一种说法：可怜之人，必有可恨之处；爱默生说：你的善良，必须有点锋芒，否则就等于零。没有锋芒的善良在恶人眼里就是示弱，是可以亏待和加害的对象。

善良要有度。善良需要辨别善良，一味忍让把善良留给不懂感恩的人，就是对恶人的纵容。在施以援手前，首先保证自身不被中伤。善良的底线和尺度：行善不迎合、不降自尊，拒绝索取，施援适度。人心难测，欲壑难填，无论是亲人、朋友还是同事，无底线的善良和付出，善良就变得廉价，没人会珍惜，一味地示好，偶有照顾不周，必招怨恨。品行低劣的人，无法改变，反而会把善良拉下水。

"小人固当远，断不可显为仇敌；君子固当亲，亦不可曲为附和"，需选择性地与人交往，做一个智慧冷静的善良人。

不能对人性进行测试！善良之人，无法知道世上有人渣的存在，除非曾身受其害；地痞人渣，无法相信地球上真有善良的存在，即使善良之人被其害残，也会认为是被害者愚蠢至极，活该如此。

人究竟处于自我、迷失或觉悟的哪一个阶段，取决于思维处于哪个阶段，而思维的演化取决于教育和自我顿悟；"善恶二象性"告诉我们，善与恶永远会分别存在、不会消失，也永远会相互纠缠、相互转换，看我们以什么样的思维方式和行为方式去对待。

第 123 章

仇恨斗争：告密和自毁

在一个源自真实故事的电影中，一个"坏人"收养了仇人之子，将其培养成去刺杀其亲生父亲的杀手。日积月累的后天教育和灌输，竟然完全泯灭了血缘亲情，让其对亲生父亲有了不可遏制的仇恨。

举报身边人、亲近人的刑事犯罪，是公民应该承担的责任；对身边人、亲近人并不违法言行的告发、投诉而导致灾祸，就是告密。

告密让众人相互分离、互相提防猜忌戒备，难以凝聚。告密是所有专制者最喜欢的手段，他/她用此可以抓住所有人的把柄，想治谁就治谁，想怎么治就怎么治，世道败坏从告密开始。在某些流行告密的国家和社会，有关允许告密的法律条文本身就是非法的、侵犯公民基本权利。告密出卖成风的社会，人人自危，破坏了人与人之间相处的道德底线，使互信荡然无存，甚至互害成为风气，这种风气会混淆价值判断，毁灭社会道德基础。

告密者的诉求在于私欲，为了达到自己的目的而不择手段。历史上的告密者绝大多数下场悲惨。因为告密行径卑劣无耻，从中获益的主人也蔑视告密者，常导致这些告密者身败名裂，如出卖耶稣的犹大、东德的"斯塔西"、商朝的崇飞虎、三国时的苗泽、唐朝武则天时代的杜肃等。告密者被社会主流抛弃时，社会才真正有希望。

公开公平监督、法律监督、舆论监督，经受得住公众评判。匿名举报或者秘密监督，易被小人利用，可能打击敢为人先者，助长阴暗真小人的邪气。

如果一个社会缺乏"忠诚的反对者"，只会增加"不忠诚的赞同者"，歌功颂德，在批量"生产"不会为危机踩刹车的佞臣。

仇恨斗争是极端负面情绪的巨婴症，是自毁的负面极端思维。

实验证明，在正面情绪引导下，人的免疫系统功能增强，会生成新的免疫性蛋白；健康开朗，伤病会自然愈合，容易长寿。所以进化选择中，源自佛陀、观音、基督、老子等倡导的友、爱、平和的思维精神文化代代传承，因为这些文化在建立了人间的"天堂"、人心的"天堂"。但在负面情绪主导下，人的免疫系统功能迅速降低，健康每况愈下，直至死亡。偶尔产生的负面情绪，特别是情绪的剧烈波动，也会给器官留下损伤。所以，情绪负面者，难有长寿者。生命自然进化的选择，就是杜绝仇恨和斗争的文化代代相传。故西方谚语讲，上帝要让其灭亡，必先让其疯狂。而仇恨斗争和狂喜张扬，都属于疯狂。煽动仇恨和斗争者，难以长存，如苛政秦朝。

友爱追求的是人与人的链接，具有无孔不入的自然渗透性、扩展性、传播性。仇恨和斗争等负面情绪，手段是分割、目的是毁灭。本来远离危险和麻烦，就是动物和人类的自然反应，故仇恨斗争容易被同类排斥和拒绝。为了实现传播和渗透，仇恨和斗争需要包裹在友爱等正面情绪的外衣下求得传播，以迷惑分化众人。仇恨斗争无法广为传播，因其无法完成人与人关爱情感的链接，而是对他人的拒绝、对自我的蒙骗，从毁他走向自毁。

仇恨斗争的可持续性，必须建立在所谓的绝对纯洁性追求上，否则，就难以为继。为保证所谓的纯洁性，仇恨斗争依靠自体单一遗传（非与他体的交换遗传）生存下去，或者与更为决绝的仇恨斗争体进行交换遗传，结果成为更高级的仇恨斗争体，从而更为拒绝他人，终达自决。无数始终以斗争为第一追求的个人和团体，如德国纳粹、红色高棉等，在不停顿的斗争中和对外对内的纯洁化中，在自我神化的所谓钢铁意志中，不停地整肃，由强大走向不堪一击，走向自我毁灭和自我终结。

世界本源有仇恨斗争，也有友爱平和；只强调友爱平和，是粉饰太平，是在故意削弱人的意志；只强调仇恨斗争，是蒙蔽利用众人，故意毁灭人的德性；即使最简单的对立统一思维，都在强调，仇恨斗争与友爱平和是对立者，也是统一体，以对方的存在作为自身存在的前提，相互依存并相互转化。正如，祸福相依。

老子认为，满盈则亏。故为了最大程度地保证身体健康长寿、社会和谐永续，就需要实现友爱平和，将仇恨斗争缩减到最小，但不是将仇恨斗争消灭。因为如果痕量的仇恨斗争消失了，友爱平和也就不复存在。所以，对国家、阶级、团体、个人而言，保持自身的物质和精神的正常发展，应该最大程度地实践友爱平和，不忘有最微小程度的斗争性存在；应该绝大多数时间在实践友爱平和，只有极少时间用于与人斗争；最大程度的友爱平和，是为了健康长寿，为了他人，为了自己。不忘有微小的斗争性存在，是为了最大程度保留住友爱平和的圆满存在，而不会满盈则亏。

仇恨斗争，是心中的地狱，现实的地狱。人类的仇恨斗争史，造成了数千年数亿万人的无辜死亡。人类好不容易通过哲学、科学、宗教，通过数千年和百亿人的追求，才找到了宽恕、宽容、忍耐、感恩、赞扬等正面情绪，才知道积极心理学，才知道心中会有"天国"的存在、"天国"会在身后世界存在，正像知道心中会有"地狱"的存在、"地狱"会在身后世界存在一样。

仇恨斗争，以蔑视个体的尊严、他人的尊严为主要手段，以自我膨胀为重要特征，始于自恋，而后自私，最终自毁。仇恨斗争的特色是，拒绝接纳、害怕接纳，被众人排斥、也排斥众人。仇恨斗争害怕妥协、害怕安宁、害怕柔弱，需要敌人或者假想敌以延续自身、叙述自身存在的理由。仇恨斗争，以迷惑人心的所谓纯洁化追求、或者理想追求为目标，进行的是不间断的、永无止境的清洗、清除、毁灭，对他者的清洗和自我清洗，直至自我终结。

由此可见，由于思维受限，思维就会被禁锢于怨恨之中不能自拔。此恨绵绵无绝期，是诱导自我毁灭的毒药，是人类生命和社会整体进化中的被淘汰对象。

第 124 章

中庸恭让与特立独行：祸与福

孔子与中庸学说启示了人们几千年，历史学家范文澜说，孔子全部学说贯穿中庸之道。孔子的"中庸"之道，要求我们以权衡、平衡的眼光对待及处理事物，"去其两端，取其中而用之"。中庸之"中"，即指矛盾双方的"平衡点"。但因双方的强弱、轻重时时可能变动，所以，这样的"中点"（平衡点）也会随时移动，此"中"绝非简单的"折中"，这里的"中"即应该表述为事物性质倾向突变前的"边界"与"限度"。

中庸思想，劝说不要走极端，此在社会和伦理领域具有积极和重要的适用价值。在绝大多数时候，偏执固守某一看法，坚持极端行事，确实有害。两千四百多年前，古希腊欧里庇得斯说："上帝首先要毁灭那些走极端的人。"上帝欲使其灭亡，必先使其疯狂。佛家一再劝说人们放下"执着"、摒弃癫狂，与之有着异曲同工之妙。

尽管"中庸"在日常生活和社会中能解决不少问题，但许多时候也失之偏颇。一旦极端的两者势均力敌，迷信中庸者希望零和状态出现，就会在其中拼命调和，被戏说为酱缸文化的东西就出现了。

在无法把握规律趋势时，用中庸调整心态和行动是比较好的安全选择，但绝不是最佳选择。"办事以不即不离之法，用心在有意无意之间"，既有世俗老到、老于世故者对风云变幻难以预测的无奈，也有见机行事、顺势而为的机敏（甚至投机和狡猾）。而更为智慧的真正理性应对，就要研究、明晰其中的原理，即人、事、物的真正内在规律，由过去的变化，探索其未来的渐进和突变可能，进而采取行动。依道而行，大事从微观细节切入，难事从容易之处做起。

消除了一端，必生成新的此端或者一端，犹如南北磁极相依存在而相互制约平衡。故最好的方式，是允许多样性的极端同时存在的"多极分化"，让其多样性地相互制约，无法自行其是。"马太效应"，就是好的愈好，坏的愈坏，多的愈多，少的愈少，在社会和经济领域常常出现。马太效应源自广泛存在的强调、加权、期许而产生的趋势惯性积累，最终导致两极分化。其作用既可能消极也可能积极，因此需要因势而动。老子讲：天之道，损有余而补不足；人之道则不然，损不足以奉有余。如果在一个人为封闭体系中不能有效控制马太效应，还不如在自然开放体系、至少如细胞膜的半开放体系中，模拟天道的环境，即以全面多样性的方式会让马太效应失去效应。

如果不问边界条件，无论何事何时何地、特别是在学术、艺术、商业上都滥用"中庸"，就可能成了不明事理的政治平衡和保守平庸，会导致平衡有余而学术创新不足，易于僵化。

中庸之道发展性的现代诠释应是：立体三维地看问题，而不是一维地站在两个极端看问题。古代人之所以如此推崇中庸，源自对祸福不确定的忐忑不安，意欲通过中庸避祸趋福，但时常的结果是，避祸未成、趋福不得。我有"祸福二象性"的个人理解：凡事，是福也是祸、不是福也不是祸、只是福只是祸、即是道。要有益地发展中庸，使之有长远生命力，就必须能从"无有二象性"的角度，认知、继承、把握、光大老子的"祸福相倚"的规律，对自然与社会规律有更深层次的理解，不能简单地把祸福间的中庸当作零和游戏来捣糨糊，和稀泥。

超越中庸，必须把握规律，明晰无处不在的边界与限度。获得极端条件下的观察，具有重要意义。如在科研中，极端条件是把握人、事、物规律的最好窗口，"天机"往往在此阶段泄露。在科学艺术领域，特立独行、一意孤行，有时也确实是必不可少的，因这能够打破惯常的平庸均势。突破限度，立足临界可暴露物质事情的内部特点。尊重极端，超越各极而用。某时以彼为主，此以辅助；某时以此为主，彼以辅助；某时取彼此均衡之合，伺机而动、依道而动，这才是真正的中庸之道。

在描绘人才的作用时，人们常常会划分英才和庸才。所谓英才，他/她们个性突出，特立独行，就是能干出前人没有的经天纬地之事，能开辟一个全新局面，如牛顿、爱因斯坦等等。庸才也是才，是平庸时代所需要的人才。所谓庸才，他/她们个性模糊，心不在焉，顾左右而言他，无能力做事，但擅长琢磨人的平庸之才，其不能开辟新局面，但能维持原有局面，使领域或者社会不会有大的震荡，但会导致其缓慢走向死寂。

究竟是应该中庸恭让，还是应该特立独行；是祸还是福，取决于面对的领域和情景，不能一概而论，因人因时因地而不同。

与科学家、艺术家不同，一个管理者、领导者如果过于特立独行，无疑是灾难。19世纪法国著名历史学家和思想家托克维尔评价查理十世时说：在历史中我们见过不少领导者，他们的知识结构、文化水平、政治判断力和价值选择，会停留在青少年时期的某个阶段。然后不管他活多久，也不管世上如何变化，他都表现为那时刻的僵尸。如果某个机缘让他们登上高位，他一定会从其智力、知识发展中停止的那个时刻去寻找资源和灵感，构造治理理念、价值选择和大政方略。他们性格一般都执拗、偏执、愚蠢、自信，愚而自用，以为他捍卫了某种价值，能开辟发展新方向。其实，他们往往穿着古代戏装，却在现代舞台表演，像坟墓中的幽灵突然出现在光天化日之下，人人都知其是幽灵，其却自以为是真神。可是，其选择的理念，推行的政策，无一不是发霉的旧货。

第 125 章

健康的身心境和正向调整

选择和什么样的人经常交往，就像选择什么样的人际"风水"。有人花三年跟踪了700名百岁老人，发现他们的长寿秘密是：性格开朗，豁达少愁，不发火，心平气和。也有人跟踪调查整整五年，得出结论：人是唯一能够接受暗示的动物，并明确，每个人会被身边的人缓慢改变。有位抑郁的年轻人，对医生的建议将信将疑，但他真的按照医生要求，从身边找出一个每天很开心的朋友，早、中、晚都去探望他一下，几个月后，他兴高采烈地去感谢医生，因为"抑郁症"真的神奇消失。

身心境健康会极大地影响人的思维和精神。世界卫生组织对健康的定义，就包括身体健康和心理健康。而我们中华传统还更强调人与人、人与环境自然的相互关系，及健康影响，更为强调关注"身心境"的健康。

各类运动不仅能使身体强健，更能使体内产生内啡肽，有助于消除忧郁，治疗情绪，增进兴奋。音乐具有同样的效果，这也是为什么人们喜欢边散步边听音乐的原因，两者共用可大大减轻精神压力。瞬间短时的压力增大，会激发人的免疫系统和斗志；而长期多角度的缓慢持续压力，包括来自外界的压力、自我施压，如得不到释放不断累积，会使人精神疲劳（类似金属疲劳）而抑郁，使得自我认知错乱，进入自我单向否定阶段的负反馈，进而有自杀的幻感，进而危及自我生命。

无论体重如何，爱好运动的人都比懒汉活得更长。英国莱斯特大学的研究人员分析了2006年至2016年间英国生物银行474919名、平均年龄52岁者的身体数据。结果发现，快步走的女性预期寿命为86.7岁至87.8岁，男性预期寿命为85.2岁至86.8岁；而慢步走女性的预期寿命为72.4岁，男性的预期寿命为64.8岁。

要保证身体健康，就要进行力所能及的劳动，就得运动，以获得坚强体魄；要使心理健康，就得奉献，通过"给予"感受心灵的愉悦。健康的人有义务帮助智商低下、身体残疾、心理残疾的人。因为，历史悲惨现实告诉我们人群中出现残疾和智商低下者比例和概率的，属必然现象。如在我国占出生人口的1.3‰是天生痴呆。由于自然或者"上帝"的安排，苦难降落在他/她们身上，而这些困厄本来也完全有可能降落在我们身上，他/她们是在替我们大家承担着困难，作为占有了幸运比例和概率的幸运者，同为自然的传人、"上帝的子民"，我们更应给予他们应用的关爱。

病从口入，祸从口出，实验早已证明。处于轻微饥饿状态的老鼠寿命远远高于饱食终日的老鼠，所以我们的古人教导人们饭吃八分饱。今日热门而前沿的人体微生态益生菌研究发现和最新成果，均支持了这些古老的观点。

钱学森的老师辈人物，诺贝尔化学奖获得者鲍林就一直宣传维C的健康作用，并身体力行，他本人很长寿，可是有一部分医生并不买账，认为他是在臆想，过量维C会带来副作用，如体内结石。事实上，除了作为一种重要的抗氧化剂之外，治疗时期的大剂量维C或者富含维C的果汁确实能激活人的免疫能力，2020年新冠疫情就展示了其功效。近年还有实验发现，维生素C在体内还参与了胶原蛋白、儿茶酚胺类物质以及肉毒碱等的合成过程，并具有重要的表观遗传酶调控功能。此外，维生素C在诱导多能性干细胞方面显著提高了体细胞的重编程效率。

每个人体内都存在庞大的微生物种群，特别是益生菌种群，在食物供给低于饱胀时，本来占主导地位的益生菌得到很好的滋养，主导整个微生态；食物供给过于饱胀时，益生菌已经吃饱，发展到极致，难以进一步发展，而本来占次要地位、处于饥饿状态的致病菌得到了发展机会，从而破坏整个微生态。

人体微生态庞大而复杂，犹如一个宇宙。这个种群相当程度上调节着人们的健康、心情和胖瘦及寿命长短，该种群具有一定程度的遗传性，但同时具有环境条件的可改变性，有人将其称为人的第二基因。这就可以理解为何长期共同生活所产生的"夫妻相"和共同习俗与举止言行。

加州理工学院的研究表明，除了基因，肠道细菌也可能导致孤独症症状，研究结果揭示，当小鼠被自闭症患者的粪便中的微生物定殖时，小鼠会发展成自闭症，在老鼠体内，肠道的微生物构成可能会导致自闭症的一些标志性症状。

日本全民的长寿和均匀的体形，得益于日本料理的合理、健康和人们的饮食适量，甚至是饮食的热量定额定量。变形的身材、啤酒肚、过营养脂肪堆积的面孔，不仅仅影响形象，也预告着较短的寿命。其中，"腐败肚"的危害最为突出。

研究揭示，关爱、慈祥、善施等行为可以长寿，并强化机体免疫和提升幸福感；而愤怒、生气、懊丧等恶劣情绪类似应激反应，忧郁、悲哀、失望、压抑等消极情绪和反常反应，会显著改变人体代谢常态，并显著降低人的免疫能力，使免疫系统也走向消极弱化，逆转原本平和安详如睡眠般的生理心理过程，严重影响健康，使伤口难以愈合，生理数据恶化。这已被无数科学事实、实验所证明。

关爱他人就是关爱自己，因为给予就犹如超级精神药物，能医治好我们的身体和心理深处不易被人觉察的心理疾患。可以捐出并存放一日的零用钱，作为善款资助需要的人，以获得心灵的健康和精神的馈赠。要拥有积极的情绪，就得乐善好施，投身自然，寄托精神，适时回避不健康的氛围，学会与乐观者同行。

对志愿者的调查发现，志愿工作不仅可以回馈社区，而且有益于身心健康，容易感觉到活着的价值和意义。除了生活自律以外，高龄长寿者的一个重要特征是，长期坚持力所能及的脑力劳动、体力劳动，如家务劳动，有忘我关心天下、奉献服务天下的心态，此正乃"上帝"和"天道"的心态。

自我培养伟大、正面、平和的情感，是我们每个人一生都需要的自习课。情绪一旦激化，走向极端，都会产生不良效果，可能害人或者害己，范进中举而"大喜"，结果"发疯"，就是典型的例子。积极情绪与消极情绪，犹如一个硬币的正反两面，人们常常看到二者的巨大反差，却没有注意到它们能相互转变，就如无与有、阴与阳一样，相互依存。

人生常是自我实现的预言。悲观者与乐观者有许多认识差异，看问题时选择的角度不同而已。悲观者认为未来就是分离与准备分离，乐观者认为未来就是欢聚与准备欢聚。要从悲观走向乐观，就得转变思维，防止一味陷入非白即黑的经典思维，而要有多样性的思维、多角度思维，有祸福相倚、否极泰来、万物联系的思维。

人生需要许多支柱。如果一个人不相信自己，也不相信他人，不相信信仰，也不相信科学和艺术，人生的大厦随时可能摇晃，空虚随之而来。可怜之人，必有可恨之处，从世俗的角度，最生动地诠释了这一切。

消极的人害怕改变，积极的人欢迎机遇；消极的人觉得没必要称赞他人，积极的人能看到他人优点并予以赞扬；消极的人说话总在讲着自己，积极的人会理解对方的心情；消极的人觉得世界应围着自己转，积极的人却伸出手搀扶他人；消极的人总将错误推给他人，积极的人会为失败负起自己责任；消极的人知错也不愿道歉，积极的人会因为给别人带来不便说抱歉；消极的人只想着个人利益，积极的人不去伤害他人感受；消极的人想看到他人失败，积极的人则希望看到他人成功；消极的人讨厌被批评，积极的人欢迎建设性的讨论；消极的人认为自己什么都懂，积极的人总想学习新事物；消极的人放任你悲伤的情绪，积极的人会鼓励你振作奋进；消极的人遇事先退缩、说自己不行，积极的人想办法改变，让自己活得更好。要从消极走向积极，就得转变思维，要有点蝴蝶能搅起飓风、世界因我而不同的量子思维。

有人就喜欢追逐不愉快的景象、人物、事情。儒家早就告诉我们，少看不愉快的，少听不愉快的，少说不愉快的，少做不愉快的。这些均会干扰正常的思维和精神。要减少不愉快，并非要绝对地做到视而不见、听而不闻，而是不要一直停留在不愉快的表象，而要深入解剖分析其内在核心，明晰不愉快的成因原理。

一个人心中，或多或少存在一些心理伤痕，因受外界的刺激或者引诱，会在不经意间发出和表现出心理反射却不自知，如消极语言，消极情绪。

这些需要训练自我心灵体操，进行心理操练和控制。而如果这种心理伤痕是在幼童少年时种下，成年后其反射表现会更明显，除非在成长的年代有很好的家庭氛围或者学校教育予以及时矫正。

轻微淡淡的悲伤与冷静有利于大脑的高速运转及智慧展现。可是，情感的每一次波动，既是深深的精神享受，又是对身体的深深伤害，犹如品尝烈酒；理智与情感，前者应稍稍占有更多的位置，才能有更多的平和。所以，尽管化学、生物学等某些科学领域的实验研究，对研究者有强制性的安全保护及营养补偿要求，然而，许多激情洋溢而极易情绪失控和混乱的娱乐或者表演艺术行业，何尝不是有害健康的危险职业呢。

近朱者赤，近墨者黑。一个人的水平，就是最常交往五人的平均值。看一个人的人际圈子，就能明白对方是什么样的人。想快乐和幸福，就和喜悦甜蜜的人在一起；想糟糕烦恼，就和消极、悲观的人在一起；想要成功，就和充满能量的上进的人在一起；想懒惰无趣，就和整天抱怨、蔫头耷脑的人在一起。与智者同行，你会不同凡响；与高人为伍，你能登上巅峰；与优秀者在一起，你就会变得聪明；和舒服的人在一起，就是养生。迁就不和谐的人，曲意逢迎不仅浪费时间和精力，得不到真正的快乐，还会被视为虚伪、阴险。

马可·奥勒留在《沉思录》里说，不要去猜测别人心里在怎么想，琢磨别人心思从来不会幸福。每个人更应该关注自己内心的所思所想，如做不到这一点，那真是可悲可叹。不管别人言行思想是否正确，而只管自己言行是否正确，那么这个人生将是何等丰富！说实话，一个好人不会窥探别人内心的黑暗，而会目不斜视地直赴目标。

人要获得健康的身心境，就得有健康的情绪和言行，而最重要的是心态的正向调整，而这一切都取决于思维转变。

2015年美国学者在心理科学杂志上发表研究成果，他们发现，某地区社交媒体上负面字眼越多，该地区居民冠心病死亡的风险就越高；积极词汇使用率高的地区，冠心病死亡风险则比较低。此似乎论证了我国古人的老话：损人不利己。负面情绪和心态会影响健康、易导致心血管疾病，如火爆急躁、放肆好斗、悲观偏执、愤怒敌意、缺乏信仰等。而国内有大学通过对微博的情感分类和波动分析发现：愤怒情绪更易在社交网络中传播，而且对众人的健康杀伤力更大。

过度上网可能导致青少年脑部负责处理情绪、语言、视觉、听觉等功能的灰质萎缩，长远地负面性地影响注意力、记忆力、决策力甚至订立目标的能力，会削弱青少年的克制能力，容易导致"不当"行为。许多调查表明，沉迷于电脑游戏导致极度缺乏睡眠，使得不少年轻人神色茫然、心不在焉，这些精神沉迷于电脑游戏的儿童，会呈现如灵魂丢失和行尸走肉化的趋势，从而对"真实人际关系"失去热情和激情的危险。实验表明，与海洛因或者酒精一样，网瘾过度能伤害青少年的大脑内部物质结构。

网络上有人不假思索就向别人倾泻怒火，有的三观污秽到让人无语，有的用语不堪入目，而这些既污染人际交往氛围，于己也无益。出言不慎，对别人是言语暴力，其实也在伤害自己。

第 126 章

成长就是环环相扣的生死接力

生死之问，是哲学产生的源头。忘记了生死，回归宇宙本原，人就能彻底自由。生死是人类文明早已设置好的程序性进步的基本步骤。否则，有权、有财的人就可以长命百岁或者万寿无疆，霸财霸权，为所欲为，永无满足，如此，新生的个体、新生的思想就永远没有出头的希望。

未征得个体的同意，人作为人类物质与精神延伸链上的一环来到世界，为即将逝去的一环做后备，也为今后出现的一环作铺垫。完成使命后，人将消失在宇宙。链的那端代表过去，在不断暗淡中消失，这端代表未来，在不断延伸中呈现，环环相扣，像接力。人就是此时链上正闪光的一环。

人无法停留在这一环，下一环的出现已经预告了此环退出的可能时间。物质的物理、化学、生物反应或损耗决定了人的存在时间长度。生命完结，大自然需将其回炉，进行原子和分子的重组，按照物质守恒、能量守恒、信息守恒的规律，进行有效的物质（包括人）转移与循环。以能量、物质和信息的方式分别进入新的循环。

如果生命意外消失，延续至今的生命接力可能会终止，但其他接力链条仍会继续延伸扩展。经过百万年漫长的进化、杂交、混血，每个生命的接力中都有许多相似的成分，每个人几乎都是古代皇族名门的后代。个体的存在与否，只可能局部地影响生命接力的继续方式，但无法改变、撼动生命接力的整体趋势。

生命既是工具，服务人类；生命也是目的，是人类永远少不了的基本一环，人类的影子在每个人身上全息浓缩、折射演绎。生命更是过程，无数个体的演化才能综合成人类的一步进程。

每个人是独一无二的，都是人类（物质与精神文明）延伸链前移的一环。面对永恒，人有尊严，不卑不亢，不惧怕死亡，因为人都要死，是永恒不变规律。不主动逢迎死亡，因为人是宇宙唯一的智慧主人，对个体而言，生命只有一次机会。任何人都没有权利去扼杀别人或自己的生命。只有死亡本身才有权利和义务让生命回归本原。人没有权利无视亲朋好友等社会关系，因此没有权利自私地用死亡逃避对生命的承诺与责任。人是生物的也是社会的，人是一切社会关系的总和，孤立于社会组织以外的人难以长寿。

死亡是生命的策略，以便淘汰对生命遗传没有直接帮助的个体，四十岁后遗传病的频繁出现，证明了这一点。死亡是生命最神秘的部分，人终生思考不得其解。其实人都需要认识到，自身的死亡和再生每时每刻在细胞层面和体内菌落层面进行着，都需要认知身体死亡以及为死亡作好准备，如此生死教育，才能让人更懂得生命的意义并珍惜生命，开心而善良地生活着，让将逝者坦然、从容地面对死亡，让生者平静、坚强地送走逝去的亲朋好友。

渐冻人、瓷娃娃、玻璃人、企鹅人等遗传类罕见病患占人口的十万分之一。人类的繁衍和发展中十万分之一的不幸都由他／她代为承担，而人们对这些往往不知不觉。基因遗传、复制、翻译、表达总会有因内在或者环境因素导致的错误，就像歌唱家唱歌也会不小心走调一样，这种错误很少出现，但总会出现，至于出现在谁身上，是出现在你身上、我身上，还是他／她身上，具有很大的随机性。罕见病患是我们的同胞，他／她每天都被提醒着正在走向死亡。我们和社会应该以完善的福利和人文关怀，不让他／她孤独地面对死亡的靠近。

第 127 章

善待生死与终极关怀：清明

2020 年的清明即将来临之际，举国都在期盼疫情早日结束。我们的祖先早就总结规律：瘟疫始于大雪、发于冬至、生于小寒、长于大寒、盛于立春、弱于雨水、衰于惊蛰、完于春分、灭于清明。几千年来，发生在中国的历次瘟疫都是按这个规律始终的，只是此次疫情的结束时间还在未定之天。

清明节，是重要的非宗教遗产，更是全民集体反思的日子，是心理平和回归精神世界的日子。生死观，决定了人生观、对待权名利情的态度，也决定了一个人会有何种气质和风度。几千年来，中华民族清明节的节日精神是"将生死并置"，让生与死进行一年一度的沟通。

相传春秋时期，晋国大臣介子推，大腿割肉，煮汤救助逃亡的晋公子。十九年后，公子成了国君晋文公，而介子推不愿争功讨赏，隐居绵山。纵使晋文公派人火烧绵山三面进逼，介子推也拒绝复出，背负老母而身死柳树下，留一血书于树洞："割肉奉君尽丹心，但愿主公常清明"。晋文公因此恸哭不已。然而，中国的历史告诉我们，尽管有此节日提醒，我们的政治和官场，并非总是清明。

孔子"未知生，焉知死"的论断，导致了中华民族文化传统长期的重"身"不重"心"的极端现实和世俗倾向。国人普遍缺乏世俗以外的超越意识，没有共同认可的占主导地位的宗教文化，不重视终极关怀，不懂得慎终追远，只求安身立命。殊不知古人设置的"清明节"，就是为了防止后代滑向世俗深渊而留下了警醒和忠告的重要一环！

要善待生死，勿忘终极关怀；要警惕欲望，勿忘经常反省。这提醒我们，有必要将清明尽可能落实在每个节点时分，从年年有清明，过渡到月月有清明，发展到周周有清明，最终实现天天有清明，犹如西方宗教每日三餐的祷告、日常的祈祷、周末的礼拜等，让超越和清醒跟随终生。每日清明和反省的时间可以在起床前、午饭后、入睡前，每周清明和反省的日子可以在周末，每月的日子可以是月头和月尾，每年的日子就在清明周。

现代人为追求生活刺激，也有的是为了引导反省、唤醒超越意识，开始流行过"生命末日"，以便让每个人问询自己、提醒自己，如果生命只剩下一天，你会怎样度过？在英国，有人发明了棺材旅馆，在这样的空间里度过一夜，想必人生观和个人哲学思想，都会有很大的改变和飞跃。在这2020年大疫情中，许多人也会自问，如果不幸被感染并无法救治，濒临死亡，最后时刻如何度过。

清明就是要追求清明宁静，生死并置的境界。具有禅修精神的宋朝晁迥，则早就点出了静明与智慧的关系："水至静则形象明，人至静则智慧生"。

出生，是每个人没有准备的一课，死亡，是可以预先读懂、并可以准备的最后最重要的一课。个体的终结，包括死亡、消亡和凋亡三种形式。正常的死亡，可由手术、药物失败或疾病导致；消亡是自然、平和、淡定的死亡；凋亡是不知生死，生死置之度外式地走向终结，此时的死，就是睡着了，永远地睡着了。凋亡属于自然设定的程序性死亡，像树叶在秋冬自然枯黄变红，静美而优雅地逐步消失，没有疼痛，可谓永恒。良好的心态是，清明宁静，生死度外，智慧超越，忘我而存。那样的死，就像睡着了，永远无梦地睡着了。

出生是生命的偶然，死亡是生命的约定。生命的意义，就是死亡的意义。没有死亡就没有生命。人们应尝试把自己看成人生和社会的观察者、探险者、体验者，也要把自己看成被观察的对象、被实验的对象，如此觉悟，自己就能成为自己的医生，自己就能成为自己的导师，并乐在其中。月月拍照，照片不会告诉你岁月的变化。而将数十年拍摄的照片放在一起比较，将告诉你是如何一步一步走向死亡的。死亡不是一个最终节点，而是另一种开始。生是死的开始，死是生的策略。

乐观的生活态度可以提高抗体蛋白的分泌，提升细胞活力，提高生活质量，促进健康，推迟终点的到来。对死亡的恐惧和悲哀，只能降低人的免疫力，所以悲哀无助于延长生命，不可过多悲哀；而忘记生死、融入自然的喜悦，会提高人的免疫力和对致命疾病的抵抗力，有助于生命的发展和延续。

道家哲学讲，不以生喜、不以死悲。自然生态的演化步伐，不会因人们的死亡恐惧和悲哀而停止下来。乐观的生活态度可以提高生活质量，也可以让激素分泌优化，从而提高免疫力，促进健康，推迟终点的到来。死亡是生命的约定，无法躲避，可以推迟，但迟早要来。人从自然生态中来，以假定的旁观者身份作短暂逗留，用智慧感触一下世界，最终，要再回归静穆无言的自然生态。

不得好死——中国人骂人最狠毒最彻底的一句话，恰恰道出了最高的、终极关怀的哲理。人无法知道终年和明天哪个先到，而死亡是每个人都必须直面经历的，人需要冷静、安详、坦然地走向终结，而不是轻率或者恐慌。为了最终的心安理得，需要平常时时刻刻地大爱、行善、自省和超越。

最为不堪的是突然病逝、意外丧命与自杀。所以我们在为死者哀痛时，必须体悟生命的重托，为亲朋好友，为这个世界好好地活着。厚葬礼仪挽不回生命，仅仅在提醒着新的循环轮回的开始。逝去者已是无生命的物体，随后将产生滋养出更多的微生物或者分解出各类物质，开始以矿物和生物形态自然循环。死者的精神、音容笑貌让人怀念；事实上，如能继承其有价值的思维和精神，才是最好的纪念。

人们也容易觉得自己的痛苦是世上最大的痛苦，他们忘了，我们在感受自己的痛苦时，更应该感同身受地理解他人的痛苦，因为我们都是来自自然生态的同命运、但不同机遇者。失去唯一孩子的失独者，极其痛苦！这些为人父母，是在为群体、民族和国家，以及为人类承受痛苦。人们应该为他们提供足够的养老福利，以回馈他们的付出。让他们接触哲人的思想，帮助他们心理平复。帮助他们将情感转移到为校园做义工，关心更多的孩子，这样，痛苦就会减轻，也是对逝去生命的最好怀念。

墓园是活生生的历史，是关于过去的无声教科书。墓碑铭文是深刻的总结，是对未来重要的提醒。有人建议，墓碑上刻上二维码，让每个逝去的人，在互联网上虚拟复活，便于再见。在墓园温故知新，可知道昨天而理解今天，进而可预知明天。对于墓地，不同的民族有不同的理解。我们国人，常常认为在墓地周围建造设施和房屋是不吉利的，会带来不幸和灾难。而日本人则认为，这样做是吉利的，会带来幸福和财源。而在西方，墓地是最好的宁静幽美的公园。可见，不在于墓地本身的价值和地位，而在于我们愿意如何去理解墓地的意义。

各种葬礼中，如土葬、火葬、天葬、海葬等，火葬最少侵扰世人，能消灭病害且不占空间。活着时，保留少许牙齿、头发和DNA，可减少信奉入土为安的国人对火葬的心理障碍。将火葬剩下的磷酸钙骨粉作为水泥，在高温高压下做成晶体钻石或者3D打印成面部雕塑，将会让亲朋好友心灵恬静。

信奉伊斯兰教的社会里，一旦有人即将去世，亲朋好友都会尽量从四面八方赶来，为其叨念经文，让逝者没有孤独感，陪伴其走完人生的最后一程。

人逝世时，最后一个失去的是听觉，就让将逝者在熟悉的音乐中平和安详地慢慢闭上双眼，在一种特殊的欣赏音乐的状态中将自身和思绪带离世界。

第 128 章

出世与入世：物我平等、天地永恒

庄子临终前，平静而安详，弟子们拟厚葬老师。庄子说："我死后，天地为棺椁，日月为双璧，星辰为珠玑，万物作殉葬，难道有比这更好的吗？"弟子们怕庄子遗体被鸟兽损坏，庄子却说："在地上会被鸟禽、老鹰吃掉，在地下会被蝼蚁吃掉，从鸟禽、老鹰嘴里抢过来给蝼蚁吃，为什么要那么偏心呢？"

感恩父母，让我们由寂寞无闻的水、石头、空气、光热能量，变为人，来到人间，开始一段人生旅行。我们认识石头、树木，而它们不认识我们，所以我们离"上帝"和真理最近。

以无我的方式研究世界，最接近于自己不存在的世界。人是宇宙注魂的精灵，宇宙之花，由宇宙凝炼而成，是宇宙的一个梦，一次苏醒。

要让微笑舒展的时间，多于苦眉愁脸的时间。厌世者会说，死了一了百了，再无烦恼！真能一了百了？那我要问，是哪位有此经历的已到彼岸者，反馈给你这真实体验，还是此岸人的一种臆想推断？

最重要的旅行是一生最后的旅行！是去未知、无人可知的地方。如能让未知变为可知，濒死就会成为去看望故去亲朋好友的优雅旅行。尽管不知道是否有彼岸，在彼岸他们的存在状态，如将故去的亲朋好友、宠物和世界的美好影像、照片、故事收集在一起，带在身边，此去彼岸的一路，一定能气定神闲的吧？

狄德罗所言，人是尘土，必归于尘土。环顾周围，多少人，在权名利情中迷失，犹如忙碌的蚂蚁，躁动如热锅上的蚂蚁。人容易误认为自己会永存，或自己的亲朋会永存，或自己的基因会永存，从而对名誉、地位、财产、权力产生无止境的占有欲。

上半辈子，重入世；下半辈子，重出世。以出世的精神，做入世的事情，是智者的超然又务实的心态。出世者心态无我，入世者心态有我。仅仅想着出世，就会失去世俗赠与的活力而不免消极；仅仅只会入世，在面临许多烦恼时就常常难以解脱。

为了引导人们更好地在思维、思想上出世与入世，反省世间的林林总总，人们建立了大学、博物馆、图书馆。为解决出世入世问题，世界上生发出了无数的宗教、哲学、学说。宗教式的出世与入世，也部分包含科学、哲理的成分。除了强调并引导人们出世顺应自然的道家，中国的传统哲学、诸子百家的著作，大多是在思维思想上教导人们入世而不出世，以致中国人大多失去了出世的能力与意识。

当然还有通过科学和艺术觉悟出世与入世。艺术强调个人感受、喜怒哀乐，是最好的入世方式。科学强调无我自然、因势顺变，是最好的出世手段。所以，享受和发展科学与艺术，既是人们生存必需，也是精神必需品。

一个人在出生时，因为毫无准备，往往因惊恐而啼哭，随后依靠本能和启蒙而教育渐渐入世。当死亡来临，没有任何心理准备的人，将会显得很被动，因而会感到恐惧、悲伤、留恋，此种"出世"会将一息尚存的人抛向心理的无底深渊。

要想顺应自然并内心安详，就应"出世"在死亡之前。人无权选择以何种心态入世，但决不能丢掉以何种心态出世的选择权。要平和、安详地回归大自然——我们来的地方，就需要将思维、思想上的出世安排在离世之前。

细胞消亡方式有多种。细胞坏死（非程序性被动死亡）是痛苦的，犹如腐坏流水的烂苹果，源自被动选择。细胞凋亡（程序性自发死亡）是无痛苦的，源自符合自然规律的主动选择，犹如自然界秋天到来，发黄变红的树叶飘落大地，优美而安然。泰戈尔说，生如夏花之绚烂，死如秋叶之静美。

不要让人们在寒冷、黑暗中离开这世界，应该在舒适、柔和的光线下和舒缓的音乐中离去。

人生最看不破的是生死。而死亡恐惧，比死亡本身更为可怕。恐惧最大的来源，是对未来的认识不明，是无措于未来的不确定性。人的一生需做到的是：尽人事，听天命；不攀比，做自己；信未来，不担忧。消除愚昧和困惑，消除恐惧，就能超越生死，塑造人群集体的乐观善良性格。

不知道生死的是植物、动物；限于生死、纠结于生死的，是世俗之人，超越生死是智慧之人。而超越生死需要相应的信物，即代表信仰的、寄托信仰的具体之物，如此才能不时地远离世俗，思考并实践一些更有意义的事情。

人的死亡，从出生就已开始。每个人都要走向死亡，这是生命智慧的策略。因为，只有适时终止繁殖，进行死生换代，予以遗传物质核糖核酸最大程度的新的重排可能，才能保证生命群体与环境生态的相互融合协调，以便群体的生生不息；同时，只有死亡，才能自然平和地消灭那些超级兽王、人类独裁者，从而为群体的健康和可持续发展留下机会。如果没有死亡，得以永远生存并霸占一切的不是普通人，必是独裁者；死亡为后来者提供了许多先例、经验和榜样，使得后续发展更加健康；死亡也为生存者提供了更多的发展生存空间和资源。

人是无法知道自己的真正死亡时间，如哪天几点几分，任何一次与死神的接近，都有可能起死回生，从而让生命重续，因此，每个人的死亡时间，只有别人知晓，而自己会不知不觉中进入叫"死亡"的另一世界，就如每天人们不知自己何时睡着一样。可以说，每天的入睡，就是死亡瞬间失去知觉的体验。

90后女孩康瑜在十四岁时写了一首诗《星星》：小时候 / 问奶奶：星星是什么？ / 奶奶说： / 人死了就变成天上的星星 / 现在 / 爷爷奶奶 / 变成了天上最亮的那两颗 / 我常常望着夜空不说话 / 等星星说话。

第 129 章

偶像、理性与感性

最为接近人及其社会的，是猿猴及其"社会"，猿猴具有以下特征，有偶像，但没有信仰；有语言，没有文字；有嚎叫，没有音乐；有规矩，没有优雅；有欲望，没有高尚。我们应该庆幸感恩的是，我们来到这世界、生活在同一个世界，但我们不是猿猴！

以个性化的方式，理解掌握了普适性的永恒真理的人，就成为内心真理永驻的人，心中有"主人"的人，内心恒定，不会随波逐流、不会懊丧颓废，会与形形色色的理念学说交流，交流不是为被同化，而是为了理解和穿透；内心有使命的人，不会懈怠，会与形形色色的人合作，合作不因为志向相同、不是为了迷失，而是为了阶段性的借力同路。

人的内心需要主人。由于人脑由主管情感的右脑、主管理性的左脑、和左右的相互连接所组成，所以，人们内心的主人不是一个，至少是一对，严父、慈母、以及他们的联手。温馨的女主人叫感性与偶像，严肃的男主人叫理性与科学。这两位主人分别把控、也联手引导人的一生，从而建立一个人一生的理想，永远的信仰。

用一生去追求并坚信的人生最高目标叫理想；活着看不到、几辈子也难以实现，但深信不疑的崇高未来叫信仰。

因为人心是脆弱的，宗教和爱情能给予安慰、温暖和寄托，所以，宗教和爱情，对寂寞空虚的心灵有无比的威力。

爱情如大火，会越烧越旺，从而使恋爱中的人失去正常判断和理性分析能力，失去自我反省和警醒能力。火起难，灭也难，灭后再起更难。因为思维与情绪的惯性会左右人们，将曾经的爱恋对象美化或贬低。一个良好修养者的心态应该是，爱过一个人和被一个人爱过，只要没有践踏人性的言行底线，尽管成为过去，也要尽量帮助这个人。平等真诚相待，感恩爱己者和所爱的人，人间才会有大爱存在的可能。

恋人是偶像的一种，追求恋人或者偶像，是因为对幸福感的期待，拥抱恋人或者偶像，是幸福的实现。男女恋人间的相互美化与崇拜，有可能同样成为精神控制的手段，好比被催眠。培根说，"恋爱中的人，智商最低"。此时，极易美化对方，形成偶像崇拜。因而，爱恨情仇会伴随恋爱的整个过程。好在近代科学研究表明，近乎癫狂的爱情激素一般持续不到三年左右，也就是说，这种爱恋情感不会给人们造成不可恢复的永久智力损伤。

失恋可能导致忧郁症，导致严重的打击。要走出失恋，替代法是一个可以施行的消极疗法。具体步骤是，长期抑制对特定目标的思念，让失去他／她成为习惯与自然，进而解脱。对偶像的理性批判，才是真正的积极疗法。打破偶像的最好办法，是见识它的真相。对争取不到的感情，应智慧地视为其不存在，因为无论是否愿意，都不存在选择的可能。这时，失恋者应最大程度地忙碌，以转移注意力。

想尽一切办法挽救因失恋而备受打击的自信，自信来自自我暗示与自我认定。让失恋者加倍爱自己、呵护自己，既然少了一份爱，更该自己给自己增添一份爱，以达到情感总量平衡。

有必要警惕对人、事、物的偶像崇拜。被偶像控制的人，极易被利用，而成为炮灰或者工具。偶像崇拜犹如信仰，如果偶像是附寄在现实实体，如活着的某个人身上，那就更加危险，一旦破灭，崇拜者将失去生活的方向和希望。人不能痴迷偶像，但不能没有信仰。追求信仰、拥抱信仰的幸福感，胜过拥抱偶像。

显而易见但隐含陷阱的利益和欲望会常常引诱涉世不深、热情有余的年轻一族。机场上，趾高气昂、脸蒙口罩、眼戴墨镜的偶像们昂头走过，带动机场一众年轻男女的骚动和跟踪，以及不停顿的手机追拍，充分显示了年轻人对一夜成名、一鸣成功的追捧、期待和非理性的投射。

原始人类，有崇拜、图腾，但就是少有理性。理性的张扬，才能发展出科学。科学独立于信仰与偶像，但不反对信仰与偶像，只要信仰与偶像这二者尚未严重阻碍理性张扬和科学发展。

科学也可以借助于信仰与偶像作为保护，就像早期科学孕育在宗教的保护壳中一样。在科学尚未明晰和达到的疆界，科学会允许信仰与偶像的存在。如果信仰和偶像在科学已经明晰的领域还敢兴风作浪，或者阻碍科学的前进，科学就会如推土机一样，坚定对抗并粉碎信仰与偶像。信仰与偶像、理性与科学，会一直并存，其原因在于，生命虽有限，可认知无止境；宇宙有边界，可膨胀无止境，世界和宇宙总有科学和理性暂时无法企及的地方，为信仰和偶像留下一丝空间。

科学具有巨大的包容性，尊重任何一个假说，但只相信可重复的证据。科学见容于任何宗教、政治主义、诸子百家、各种学说。科学不盲从任何宗教，不拘泥于任何一个主义，不信奉任何一家，但尊重任何一学。

信仰、偶像、敬畏是不允许怀疑的，不讲证据的，没有真实的验证，只要求你信，而不许多问为什么。而理性和科学依赖的是证据，需要符合形式逻辑，经得起真实的实践验证。

第129章 偶像、理性与感性

第130章

心中的主人和永远的太阳：信仰

1895年5月，英国传教士李提摩太从浙江天台山寺院的墙壁上，抄得智慧之方《大补清心丸》：阴阳：全体；好感：足量；慎言：足味；诚实：一片；正直：三钱；责任：酌量；正义：多多益善；好心肠：一个；小心：一点；投机：清洗干净；安宁：一块；快乐：大量；信仰：精心调配；宽容：完整；耐心：万分；敬畏天地：随需定量；清心：随需定量；日时：随需定量。以上共十八味，抟自成丸，名为智慧之方，可以清热解毒。一次一百零八丸，温汤服下，益己益人。禁忌：讽刺挖苦，中伤诬陷，流言蜚语。

李提摩太附言："本处方来自净灵山革心殿，专治世间所有男女一切疾病，如没有信仰、不孝顺、没有爱心、缺乏正义感等，服用此丸者，无不药到病除。"

李提摩太对华友好，但却被历史遗忘，他是第一个把《西游记》译成英文传播到西方的人。李提摩太认为，中国最需要教育、启迪民智，应循序渐进地改革，而不是革命。革命会带来破坏、死亡，不一定能让中国摆脱落后，甚至可能会让其陷入长期分裂和内战，被列强吞并。

每个人都需要崇高未来。

就像需要科学精神、人文精神一样，人们也需要精神信仰。每个人对信仰的态度，各有不同，包括服从、追随、忠诚、责任和使命。真正能体现信仰精神的核心是"使命"。一个人是否有使命感，从外表气质、言行举止常常就能够看得出来。判断一个人、一个团体、一个社会是否有信仰，其实很简单。重点看行为，不是听语言；重点看人后，不能看人前。

信仰就是"六神有主"。与"从容不迫"相反的，是"六神无主"，具体表现为惊慌失措，没了主意，不知如何是好。道教认为人的心、肺、肝、肾、脾、胆各有神灵主宰，称为"六神"。事实上，人如果没有坚强的心理依托，没有坚定的信仰，如果再没有科学精神或者人文精神支撑，就如失去了"六神"的主人，就谈不上也不可能做到情绪稳定、意志坚强、淡定乐观。

不同于科学的理性质疑，信仰源自理性和感性的巧妙匹配和不可思议的关联。并且更重要的是信仰超越了这一切。信仰就是相信并且敬仰，信仰中不能允许怀疑。

内心空虚的人就像狂风巨浪中剧烈摇晃的空船，信仰犹如空船中的压舱石，给这类人带来安全和坚定的方向。信仰也会成为精神控制的手段，犹如被催眠。敬畏是低层次的信仰，它是通过渺小自己去放大对象的原始信仰。理性和敬畏可以说是截然相反的两面。敬畏是不讲证据的，信则灵，几乎为轻信和迷信。理性讲证据，允许想象但必须符合逻辑。

实质邪恶、表面光鲜的具有欺骗性的宗教或者政治信仰，依赖的是幻象魔术和群体心理操控。老子说"信言不美，美言不信；善者不辩，辩者不善；知者不博，博者不知"。黑格尔认为："说到信仰，我真正所指的是我的个人信仰，是一种完全属于我自己的内在确定性。"

信仰因信而存在，因崇高而敬仰。可怕并可怜的是有人不但没有信仰，而且什么也不相信，更麻烦的是还不自信。这样，忧郁、烦恼与彷徨紧紧相随。

许多信奉上帝的西方人相信，如果上帝不占领你的心灵，魔鬼将占据你的心灵。就心灵的慰藉而言，智者清楚并关心的，不是上帝是否真实存在，而是自己是否需要上帝；也常借助上帝来励志，暗示告诫自己：你若不帮你自己，上帝如何帮助你。

拥有信仰者，也不能躺在信仰身上，如果你都不帮你自己，信仰如何能帮你。当思考信仰真实性时，信仰就可能已不存在。信仰从来就不是一个已经存在或者曾经存在或者未来存在的东西，而是内心臣服的一种永恒，仅是人们相信其存在的理由，这种理由会在人们的推理中不断坚实并得以升华，而成为崇高的理念。信仰因信而在，因不信而不在。

信仰的最初创立者，要么是欺世盗名之辈，要么是大智大慧的天才。历经百年、千年的淘汰，只有真正具有生命力的信仰才可以流传下来。树立偶像，是信仰和宗教的重要一步，其目的是招募和收拢甚至控制信徒。

不怕没有信仰，因为信仰的建立需要漫长的过程。就怕虚假的信仰，因为它像魔鬼，为争夺世俗权力，会披上道貌岸然的外衣和使出掩盖真相的伎俩。这些道貌岸然者，会宣扬连自己都怀疑或者不相信的信仰，这还不如稻梁谋者，几乎与谋财害命无异。如果一个人对信仰都能采取如此虚伪的言行，那他们就做好了不问底线，敢做各种坏事的准备。

用心虔诚和身体力行，是信仰自然魅力和吸引力的来源。当一种信仰失去了年轻人的向往和热情，就会逐步走向衰亡。许多家庭中，老人的信仰均不被后代所认可，就意味着信仰的崩溃已经开始。

年轻人之所以不愿与父母多交流，因为他们内心深处可能讨厌父母的文化与价值观，尤其是父母某些强词夺理的说教，这些既缺少说服力、也没有道德感召力。年轻人对年长者的沉默以待和貌似诚恳的应付，表达的不是认可，而是基于尊敬长者的一种礼貌，更可能是惹不起躲得起的回避心态，不少年轻人，因为善良，所以不希望代际间起冲突；但年轻人又有自己的坚持和执着，又不想被干涉，就会采取息事宁人的方式，希望让生死的自然规律起作用，等待老人们故去，一切都会解决。

信仰的特征魅力，源自神圣化的、共同的真理认同。信仰有几种类型，如政治信仰、民族信仰、文化信仰、宗教信仰。每个类型的信仰又分成不同的派别或者层次，彼此会有差异甚至冲突、斗争以及血腥的战争。就像人的追求分不同境界和层面一样，人的信仰也可以分不同的层面。不同的人群，会需要不同的信仰和精神支柱，来保持心态平衡。人在物质的世界、世俗的世界需要邻居和伴侣，人在精神世界、非世俗、崇高信仰的世界也需要邻居和伴侣，需要同理心、能量的共振和心理的共鸣。

一个社会需要神圣化的共同信仰认同，才能具有团结的力量。大量调查证实，一部分国人实际上并无信仰，即使有，也是世俗的追求，什么私人定制、财富追求、官位崇拜。国人信仰间缺乏相互认同、信仰无法神圣化，导致庸俗的利益欲望甚嚣尘上，不少人随时准备为利益的获得而抛弃信誓旦旦的信仰，以致幸福感缺失，并影响到对国家和社会的认同。

需要警醒的是，当人、当社会失去终极性、神圣性、真理性的信仰，则难以感知精神的存在，就像猿猴只会嚎叫而不知音乐，如此，人们及其社会就会十分接近那样一种动物状态，即以食物、交配和权谋等欲望为追求的猿猴及其社会。

信仰是人类社会升起的人造太阳，是社会文明的希望的太阳。对现代社会和人类而言，信仰不是科学，但有其不可替代的自身独立存在的价值，能在科学尚无法触及、尚无定论和无能为力的领域，帮助人安身立命。换句话说，信仰可能不完全基于科学，并不拘泥于科学，可以超越科学，但不能违反科学。

自认为是上帝选民的犹太人，认为他们赚钱不是靠聪明，而是靠信仰；成功的秘诀源自与神性的交会。犹太人自认发明了信仰，因此也是依此建立资本市场。犹太人认为其独特的智慧，就是他们与唯一的、所有人的创世神订立了彼此承担义务的约定，从而有了信仰的源头。意味着人们不仅内心相信真理，并且必须坚定地用真理指导言行。如此的信仰激发了市场的信心，让亿万人参与长期的资本投资，投资人之间的联系和义务通过法律合约规则维系，而不是靠家庭或个人维系。超越了家族、宗族内的忠诚关系，降低了社会运行成本，提高了产出和效益。许多国家的公众既不相信政府会履约，也不相信企业家不会监守自盗。缺乏信仰，就没有正常的资本市场。因为如果信任只存在于家庭范围之内，一旦脱离血缘关系圈，人与人之间就无信任可言，这样公司扩大规模就没有可能。

当信念缺失，人们失去了更根本性的东西，如法律的神圣性、公众的信任，所有人都会遭受损失，因为永远没有足够的律师、警力、监管者，去强制执行合同、抓捕贪污分子、根除政府贪腐等。

第 131 章

力戒条件反射，暗示与感恩

"鳄鱼效应"指，当一条鳄鱼咬住你的脚时，如果条件反射，你试图用手从鳄鱼的嘴里拽出你的脚，它便会同时咬住你的脚与手。你越挣扎被鳄鱼咬住的身体就越多，直至你失去生命。在鳄鱼咬住你的脚时你唯一的出路就是自己用刀砍去一只脚，及时止损。但由于条件反射，人们常会在巨大的不可控制的威胁面前，不自觉地作出非理性的错误判断和选择。

条件反射、自我暗示、外界暗示、定位预期、慈善奉献都影响着人类的生活与思维。

一个人内心强大、心理强大，才是真正的强大；伴随着这种强大，外表、外形会变得谦逊与平和。要达成心理强大，首要是防止外部条件刺激下被动的条件反射。所谓条件反射，就是一定的外界环境条件给予刺激，并不断地重复刺激，从而建立起外部刺激条件与生理心理反应间的固定关系，进而形成了不加思考、不受控制的机械条件反射。

常有人喜欢用强化的宣传灌输，试图建立起公众的顺从式条件反射，达到有利于控制他们的目的。事实上，如此操作，很容易建立起公众对宣传说教的反感甚至反抗的条件反射。

人们的潜意识、真实意图很容易在条件反射中暴露无遗，容易被别有用心者识破并加以利用。所以，在许多时候，特别是非常时刻，需要力戒条件反射的言行举止。

宽容对敌人是策略，对朋友是美德。条件反射是糟糕的行为思维方式，所以任何情况下，都不能迫于形势作出匆忙的决定。急中生智来自准备充分的预案或经验积累。条件反射反映出的既可能是修养不够，更可能是判断失误，从而导致错误百出。我们应该静心观察对方或者外界的变化与表现，在平心静气中分析出规律和结论，在适当的时候予以回应。

暗示，无论是自我暗示、环境暗示，还是他人暗示，都是心理与情绪管理和控制的手段，避免了人们条件反射导致的心理抵抗与反感，从而以温馨柔和的方式引导对方按照暗示的方向前进或者行动，可以达到直截了当的指点难以达到的效果。如果接受了他人定位暗示或者自我定位暗示，就相当于获得了方向性的明示，也就趋近目标。

人们曾经只将"安慰剂效应"视为心理假象，其效果来自对患者的欺骗，只是心理层面作用影响到了人们的主观感受，但不会改变对象的生理指数。但近来的研究表明，如明确告知患者其服用的是安慰剂，依旧能诱发安慰剂效果，产生疗效；这项研究还在胸腺和骨髓中发现了神经递质的受体，这无疑给安慰剂疗效提供了强有力证明。神经影像学研究也表明，安慰剂的镇痛与大脑特定区域和相关神经递质的变化相关。

目前安慰剂研究，主要针对功能性疾病，对于器质性疾病，尚未发现安慰剂能有显著疗效。安慰剂可能改变的是人们的症状体验，而不是症状背后的根源。但至少安慰剂疗法可为病人建立战胜疾病的信心。

感恩能将消极情绪转换成积极情绪，把消极情绪转换成积极的形态表达出来。当遭遇偷盗后，罗斯福写信告知友人时如此这样理解此事：我很感恩，因为小偷只偷走了一部分财物，没有偷走我的全部；他偷走我的东西，没有伤我的人；最重要的是，做小偷的不是我，而是他。

我国人口众多，患心理疾病亚健康人也多。心理健康的第一要素，就是会感恩。感恩自己由宇宙尘埃成为人，成为这个世界灵性的一份子，从而可以观察看看这个宇宙、这个世界。

人需要对自己的每一点获得而感恩，世界只有一个我，我只能活一次，我们本来只是尘埃。因此我们要为呼吸每一口新鲜空气，看到每一抹色彩、每一丝细雨、每一朵云彩而感到愉悦！愉悦不需要理由，每件事或物，哪怕给你造成了许多麻烦，只要转换思维，都可以成为愉悦的缘由。

感恩，是最伟大高贵的理性和情感，是每个人每天的必修功课，至少一次，要么在凌晨，要么在深夜。感恩是发掘他人的优点和善良加以珍视，是放低自己位子仰望他人，这比习惯性地从内心抬高自己看低他人要难得多。

人类情感上的最大需要和能产生获得感的、最值得付出的，是感恩。人性中最大的恶是不懂感恩。比贫穷更可怕的是心穷。不懂感恩的人，会把别人对他的好当作滋生内心欲望的膨胀剂，把别人的帮助看作理所当然，如此这般，他们非但不会心存感激，反会肆意索取，一旦欲求被拒，就责怪曾经帮助过他的人冷漠无情。懂感恩的人是内心富足、未来道路宽广的人；不懂感恩的人，是路越走越窄越来越心穷的人。

自私自利的忘恩负义者只看得到自己的利益，他们会得寸进尺、贪得无厌，肆意伤害那些真心对他们好的人。对待不会感恩者，只有严厉惩罚和将他们淘汰出局，才符合人道天道的本意。

人们需要经常感恩同事、朋友、师长，以及所遇的所有助过自己一臂之力的人。父母和子女间的感恩是最基本的，但世界上人心的黑暗可以超乎想象，所以，莎士比亚在《李尔王》中写道："不知感恩的子女，比毒蛇的利齿更能噬痛人心。"

老子说：事无事，为无为，味无味。自我拔高，升高快乐与感恩的敏感值（阈值），愉悦就会弃你而去；谦逊，降低感恩的敏感值，愉悦就会不期而来。

学会与孤独打交道，从孤独中品尝出生活的恬静滋味，学会在独处中寻求生活乐趣。学会自己与自己的对话，我与"超我"（觉我）的对话，弱小的自我与强大自我的对话，自我与自然的对话，自我与"上帝"的对话，平和外表，强大内心，与天地相融同在。当一个人静下心来时，就应启动大脑，去思考天地，透视人间，观察自然，俯瞰自我，这样就会愉悦悟明自己，体验"上帝"的感受。

有人说，羞涩感是内心良善，不愿违背自己意愿的人才会具有的品质。慈善奉献是最无价的精神享受，是无形精神产品的一种拥有，是无可比拟的心灵修炼过程,是修复心理生态状况的重要方法。向贫困者、残疾者、身处危境者,伸出双手,看起来好像是被施助者获得了救助,实质能使施助者获得博爱、永恒的心灵感受。奉献的目的,不是物质利益或者精神层面的索取,而是为了自己心灵获得安宁,与此同时获得精神升华和发现新世界。

第132章

非物质资产"精神长相":修养与气质

一位手艺人,喜好雕刻妖魔鬼怪,偶然间他大吃一惊地发现,镜子里的自己变得丑恶了。他向寺庙方丈求助,方丈回答:"我可以治疗你,但你须先帮我雕刻100尊观世音像。"于是,手艺人忘我地研究观世音善良慈悲的神情、仪态、表情,力求逼真。半年后他终于完成所有的观音雕刻,跑到寺院找方丈治病。方丈笑道:"你的病已好,请看镜子里的你。"手艺人发现,自己相貌已变得正气、端庄、豁达,从而明白了"相由心生"的道理。一个过而立之年的人的长相,是一个人的性情、生活和经历的写照,是灵魂的模样。关注身外的风水,不如关切内心的风水。

成年以后,特别是三十五岁以后,人们的容貌往往由其内心世界所决定。许多科学观察证明了这一点,这只能用量子神奇去解释,其远远超越了经典思维所能理解的范畴和描述。心善则容美,气质修养源自内心的境界,是内心世界的外现。气质修养来自每日的言行心理修炼。无意识的习惯、不经意的微笑、面部表情、走路姿态等,都是逢场作戏时的临时抱佛脚所无法掩盖的,会在与人交往的很短时间里表露无遗。一个时常愤怒、愤愤不平者,会逐渐将愤怒变成不自觉的习惯,脸上肌肉因频繁横向运动,会留下永远的纹路和痕迹,继而形成横肉肌群,从而成了始终愤怒的人。所以,要想容貌像菩萨,内心就得像菩萨;要想容貌像天使,内心就得像天使。

教育不仅能推动物质进步,也能推动精神进步,如个人、人群和民族的教养、气质、魅力均可通过教育得以改善。人的习惯,一旦养成,就难以更改,就像狐狸的尾巴,藏都藏不住,正可谓"江山易改,本性难移"。气质和修养会在不经意的言行举止中流露出来,将主人从刻意隐瞒中出卖。

相由心生，慈眉善目、满脸横肉，均会在长期的日常的"用进废退"的生物积累效应中保留下来，成就不同的气质、气场、魅力。职场录用新人时之所以看重短短的面试环节，原因就在于此。

"富不过三代""三代出一个贵族"，这类现象，从表观遗传学的角度完全可以理解，也更能说明，修养、教养等非物质资产的巨大作用。气质和风貌源自个人的独特思维和精神，是非物质的个人资产！在精神中，意志力是最被低估又最不容忽略的非物质的个人资产，执行力是拉开人与人能力差距的关键，因为所有人都得先从基础和底层开始。即使成为领头羊，也要先学会管理自己。

脸就是履历表，内在的思维和精神滋养出素质和修养，决定了一个人三十五岁后外在的形象和风貌。心有境界行则正，腹有诗书气自华。善良，是最好看的精神长相，精神决定气质。源于自身的内在美，是真正的美，它源自自身内涵。任何事物不会因人们的夸赞而更好，也不会因人们的贬低而更糟。

奥黛丽·赫本留有遗言：若要优美的嘴唇，请讲些亲切的话；若要可爱的眼睛，请看别人的好处；若要苗条的身材，请把食物给饥饿的人；若要美丽的秀发，需有孩子手指每天穿过它；若要优雅的姿态，走路时得记住行人不只你一人。

脸上的岁月痕迹、身体上的病，都是因情绪打了败仗。养好心，就是养好容貌，养好精神长相。面相年轻，因为心宽；精神年轻，因为心大。无法改变别人，但可调整自己，做到三不：不争辩，不解释，不计较。丰子恺说：心小了，所有的小事就大了；心大了，所有的大事都小了。所以，聪明太累、难得糊涂、不以物喜，不以己悲，不困于心，不乱于情，就能少点心事、近些智慧。

从容的模样，就是临事不惧、遇事不慌，不急躁亦不拖延，不手足失措不沮丧，不强作欢笑、不发脾气或瞎猜疑。言行举止能透露品行，稍微细察一个人的说话做事方式，就能清楚此人能不能交往。当我们知道他身边都围着什么样的人时，基本上就可以断定这个人的本来面目是什么样。

有人说，如果你周围的人都像混蛋，那你就是混蛋；你身边人尔虞我诈，那你很可能奸狡巨滑。如果你周围的人都像好人，那你就是好人；身边的人优秀善良，那你很可能也很优秀善良。

鬼谷子有识人五句诀："居视其所亲，富视其所与，达视其所举，窘视其所不为，贫视其所不取。"

能尊重素昧平生的人，并为之让步，展现的是胸襟与教养，而不是傻。国与国家的区别、人与人的差别不是有钱没钱的区别，而是人的素质修养的差异，是"成人之美"与"乘人之危"、"锦上添花"与"落井下石"的差别。

第 133 章

人的教育与幸福感悟：舍就是得

巴西的狂欢节诠释了什么是普天同乐，万民同乐。1852年阿泽维多的乐队走上街头，创造了这一欢乐形式，从此这一节日被保留下来，一直延续至今。节奏明快的乐曲中，让不同肤色的男女老少都跳了起来。巴西狂欢节被称为地球上最伟大的狂欢节，节日里，每个人都想最大程度地成全别人。而与之非常类似的一幕，早在古中华文明创造的过年（即春节和闹元宵）这一节日中有充分体现。

老子说，知足者富。做幸福的自己，也能让别人幸福。

真正的幸福，依赖每个人内在的脱俗的智慧。幸福缺乏症，不是因为缺少感性，而是源自缺乏理性和自省。任由情感野马肆意驰骋，没有管控管理情绪的能力，想随心所欲地痛快生活的人，注定烦恼缠身。

教育的目的，旨在让人们消除贫困和愚昧获得幸福，教育不仅仅要教会人们如何安身立命，也要教会人们如何思考、如何认知他人和社会及自我，如何超凡脱俗。实验表明，受教育程度与患阿尔茨海默症的风险成反比例关系。研究表明，教育能够降低成年期的死亡率。人的幸福，依赖于健全的教育，包括家庭教育、学校教育、社会教育、自我教育。由于教育质量水平存在着低劣、失偏或者不足等问题，让受教育者遭受了不少痛苦，如东西方知识体系被硬性分割、文理过早分科、知识与思维分离、知识与精神分离、理论与实践脱节、知识和学科被神圣化等，类似残缺的教育让受教育者深感痛苦。

身体残缺是有形的，可以评价评估，可以通过借助外界器械或者器件装备，得到一定程度的补救、自助和他人帮助。而教育致残则是无形的，几乎难以评价评估，无法通过外界的条件或者工具加以弥补。除非受教育者因偶然机遇自我觉醒和反思，进而找机会设法自我改进。但，大多数时间，残缺者不承认自己残缺，甚至常常会拒绝反省，拒绝自助和他人帮助。教育致残的表现形式，就是在教育中和知识传播继承中将人视为工具，无视给受教育者带来的精神残缺或者心理残缺、思维局限等问题。

大学有众多系科专业，哲学与宗教、艺术与科学、工程与医学、人文与社会等，它们既是为发展兴趣方向和训练专门技能而设置，也是为训练思维和提升精神而设置，更是为人的充分发展而设置，最终是为了人的幸福而设置。校园文化需要突出的核心是人的教育，是"爱"的教育，是爱与被爱的能力的教育，而不应该仅仅是作为人才培养工具的学科教育、知识教育。

人存世的核心追求是幸福，人们的内心需要淡定通达的恬静。遥望薄云掩过的明月，静心自问，我们在世上，为了什么？追求什么？没有人愿意追求烦恼和痛苦，可仍有许多人会烦恼和痛苦，这主要是因为我们缺乏思维教育，丢失了感悟幸福教育的能力。我们的教育常常忘记自己的根本目标是教育受教育者如何去追求获得幸福，并帮助他人获得幸福。

婴孩灿烂的微笑，不满意时的啼哭，告诉人们，那时他/她还没有很强的自我意识，幸福对他们而言可能就是含到奶嘴。随着人渐渐长大，自我意识增强，对客观世界的要求就更为苛刻，所以，成年人灿烂的笑容少了。

幸福并不与财富拥有、经济水平高低直接相关。全世界幸福感最强的地区，如不丹、南美等等，经济发展水平都不是世界上最高的。如果既有很高的经济水平，又有很高的幸福感，如北欧，那将是人间天堂。我们许多人群的幸福感不高，其核心原因不在于经济，而在于心理，世俗的权名利情又成了消耗幸福感的恶性肿瘤，像无处不在的权力崇拜，死要面子不求实效的虚名，道貌岸然的利益交换，纠缠不清的亲情友情，都能消耗幸福。

古人一直教导：君子之交淡如水，小人之交粘如漆（或者甜如蜜），并以此评价人际关系。然而，极度错综复杂、以利益为目的的社会关系，大大降低了个人的自由度，消耗了我们民族的智慧和幸福感。

一个高位者，得经常防备被篡位夺权；一个富有者，得经常防范被谋财害命；一个心机重重者，得经常担心遭人算计；一个善良者，得经常提醒自己坏人就在身边。如此，幸福感就被莫名其妙地"偷走了"。能否幸福取决于有意识的思维方式，取决于有否熟知的、多样差异的思维方式可供挑选，以解决面对的困惑。

从来没有救世主，民众的幸福不是权贵者恩赐的，而是自我选择和创造的。同样，一个人的幸福不是他人和老板恩赐的，而是自己选择和创造的。依靠他人，而不是依靠自己，将选择权和创造权交予他人，就是交出了幸福。

教育开发的是一个人的潜能，绝大多数人的潜能一辈子都没被自己和他人发现过，更没有被开发和应用，犹如买来终身没有开封的电脑。

教育的目的，是通过灵魂拯救而达到幸福。身体健康靠锻炼，心理健康靠奉献，公益和慈善是最无价的人生体验和幸福享受。"以其无私成其私"，"千金散尽还复来"。

"给予就是获得。"给予和获得的交换对应关系有多种，钱与物质关系叫买卖，钱与精神关系也叫买卖，物质与物质关系是互换，精神与物质的关系叫馈赠。

世界万事万物在不同层次上相互联系，道的真谛就是轮回往返。帮助他人就是帮助自己，帮助穷人就是帮助自己。贫穷者会遭受着饥寒交迫、贫病交加的痛苦，贫穷者本身已经不幸福，因为缺医少药，很容易生病，也极容易成为各类病毒、病菌的驻扎地、营养汤，这样就把自己变成了病毒病菌在承载者，他们将病毒病菌传染传播出去后，就危害到了自以为是的富人的幸福。一个人的快乐不是快乐，是偷乐；共同的快乐，才是快乐，最愉快的是普天同乐，万民同乐，共同富裕才能共同幸福。

思维转变，才有感悟的转变。幸福，即幸福追求，是人生存在的意义、也是人生和人类依据的公理。

第 134 章

中华谱系、家训启示、家庭教育

巍巍壮观的中华家教、家训、家史、家谱犹如现代的生物进化树、基因谱，让每个人知道，自己不是无根的浮萍。面对自己的民族属性、政治意识、宗教信仰、地域起源，能使人更为包容、大度，更有使命感。面对家族数十年、数百年乃至数千年的风云变幻和长长的历史跨度，人的视野和时间观、看问题的视觉会被迅速拓展，有更宽广的时空感觉。中华家族谱系由成百上千个姓氏组成，跨越数千年，所谓的文化自信，就是如此经历过数千年风雨的自信。

从原生种子联想到原生家庭，我们应该有所悟觉。

过去人们种庄稼，用的都是自然的原生种子，即果实谷物成熟后，选择品质优良的留作种子，播种新一轮植物。但在许多农业先进国家要求使用种衣剂，即在种子的外壳包裹一层由农药、营养等成分组成的保护层，通过药物缓慢释放，消灭病虫草害和土壤中微生物的危害，使种子在发芽生长发育的整个阶段得到保护。许多国家已立法，已不允许使用自然原生种子。

有的人童年幸福、有的人童年不堪。按照弗洛伊德的精神分析理论，以及近百年的社会实践和科学实验的验证，童年是一个人极其重要的成长发育和教育阶段。童年的良好教育与家庭养成，将会成全其特质，定型将来的社会角色；而如果童年不幸，将会让其成年后一再受到如影相随的影响，甚至直到终年，除非获得很好的后期精神矫正。今天的社会状态，反映的就是十年前社会的儿童教养水平和质量，而今天的儿童教育水平和质量则将决定未来十年和更长时间内的社会状态。在这其中，家庭教育是所有教育的起步和源头。

家庭是教育的第一个重要单元，中华民族生生不息、历经灾难而不灭，与优良的家教传统有着密切关系。学会做父母，需从理解家训开始。当然，学校教育可以相当程度地纠偏或者弥补父母的失职和家教的不足。为感受和了解中华民族历史悠久的家教，以下介绍一例，即钱氏家训，其最初始于公元 900 年左右的吴越国钱王。吴越国，即今日的江浙沪和安徽、福建的一部分，通常所说的地理和文化的江南。

家教不在于字句，也不拘泥于形式，而在实质。大道无形，重在潜移默化、润物无声。"文化大革命"，曾经毁灭了多少历经千年的中华家族的文化根基和传承，特别是家训。钱氏是中华源远流长、百千个姓氏家族中的小姓。由于家训的影响，钱氏尽管人口不多，占全国比例很低，但钱氏后人在科学技术等学术领域，可以说人才辈出。钱氏家训仅仅为众多家训的一个缩影。

个人篇

心术不可得罪于天地，言行皆当无愧于圣贤。

曾子之三省勿忘，程子之四箴宜佩。

持躬不可不谨严，临财不可不廉介。

处事不可不决断，存心不可不宽厚。

尽前行者地步窄，向后看者眼界宽。

花繁柳密处拨得开，方见手段；风狂雨骤时立得定，才是脚跟。

能改过则天地不怒，能安分则鬼神无权。

读经传则根柢深，看史鉴则议论伟。

能文章则称述多，蓄道德则福报厚。

家庭篇

欲造优美之家庭，须立良好之规则。

内外门闾整洁，尊卑次序谨严。

父母伯叔孝敬欢愉，妯娌弟兄和睦友爱。

祖宗虽远，祭祀宜诚；子孙虽愚，诗书须读。

娶媳求淑女，勿计妆奁；嫁女择佳婿，勿慕富贵。

家富提携宗族，置义塾与公田；岁饥赈济亲朋，筹仁浆与义粟。

勤俭为本，自必丰亨；忠厚传家，乃能长久。

社会篇

信交朋友，惠普乡邻。

恤寡矜孤，敬老怀幼。

救灾周急，排难解纷。

修桥路以利人行，造河船以济众渡。

兴启蒙之义塾，设积谷之社仓。

私见尽要铲除，公益概行提倡。

不见利而起谋，不见才而生嫉。

小人固当远，断不可显为仇敌；君子固当亲，亦不可曲为附和。

国家篇

执法如山，守身如玉。

爱民如子，去蠹如仇。

严以驭役，宽以恤民。

官肯著意一分，民受十分之惠；上能吃苦一点，民沾万点之恩。

利在一身勿谋也，利在天下者必谋之。

利在一时固谋也，利在万世者更谋之。

大智兴邦，不过集众思；大愚误国，只为好自用。

聪明睿智，守之以愚；功被天下，守之以让。

勇力振世，守之以怯；富有四海，守之以谦。

庙堂之上，以养正气为先；海宇之内，以养元气为本。

务本节用则国富，进贤使能则国强，兴学育才则国盛，交邻有道则国安。

上述精神是被范仲淹称为"东南重望，吴越福星"的五国十代时吴越国王钱镠临终留给后代的精神遗产。其不仅是钱氏后人的行为准则，也是中国人可以参考的成长训言。作为吴越国创建者，钱镠保全了中国东南一方和江南，规避了中原战争带来的生灵涂炭，获得了百年的和平，为今日中国东南富甲全国作出了奠基性贡献，从而有了留给后人的"上有天堂，下有苏杭"的美誉。钱氏为祈祷和平，重建了上海龙华寺等大量佛教寺庙，钱镠之孙末代国君钱弘俶效仿印度阿育王造了八万四千阿育王塔，赠予各地。

更重要的是，钱弘俶遵照钱镠"善事中国，保境安民；如遇真主，宜速归附"的遗训，主动纳土归属后起的宋朝中央政权，而自己和平退位，这就是著名的典故"纳土归宋"。这在成王败寇、迷恋官位的中国历史上绝无仅有。到了清朝乾隆二十三年（1758年），为表彰台湾高山族原住民七姓中的一支忠于朝廷、有功于国家，乾隆皇帝赐其姓"钱"。

曾有一个术士告诉钱镠，吴越国有百年鸿运，但如果填了西湖国运将增添十倍，千年大运。钱镠则答，百姓靠湖水灌溉稻田，填湖就断了百姓生机，何况哪有千年江山而不换主人的？钱王否决了填湖的建议。后来吴越国历经三代五王，寿命百年。事实上，一国之寿是历史大势所决定的，西湖无论存否，吴越国寿命也难说能有千年。钱镠的表现是明智的，如若他听信术士之言而将西湖填掉，千载之后，他将永远成为不可饶恕的历史罪人。钱镠对杭州城建设，作出了贡献，他曾说："千百年后，知我者以此城，罪我者亦以此城。苟得之于人而损之己者，吾无愧欤！"

第135章

隐形教育：不露声色、不言之教

不露声色的教育，犹如春雨润物细无声，一夜醒来，不知不觉满眼嫩绿。

有人总结说，教育中有三种用得最多、但最没用的，然而今天仍被人迷信并继续不断使用的方法是：语重心长讲道理、气急败坏发脾气、声情并茂秀感动。

个人、民族和国家的幸福根本在于教育。中国的古代、近现代历史的正反教训，东西方富强国家的崛起都充分说明了这一点。不同家族、家庭的命运也充分说明了这一点。富裕取决于经济，经济取决于科技，科技取决于人才，人才取决于教育。德国、日本现代化成功和后来居上的关键在于高度重视教育。

教育在于管理人们动物性的本能，让其向完美、完善、健全和神仙多靠近一点。多发现自己的缺点、多发现别人的优点；一个只发现自己优点、只关注别人缺点的人，会发现整个世界都在与其在作对；一个发现周围氛围都不对的人，需要自问，自己到底有没有问题。一个只发现别人缺点的人，可能在恶化周围氛围的同时，也会不自觉沾染"学习"上别人的缺点。

如李鸿章所说，表扬在朝堂之上，批评在你我之间。乐意赞扬同伴同事、甚至对手，善于批评自己、甚至敢于自嘲，是需要通过学习才能获得的人生艺术。教育可使人明白，与人交往，须遇强不弱，遇弱不强，不能恃强凌弱；进而懂得，大雪无痕、大爱无疆、大道无形。

教育的形式多种多样，贵在能读无字天书，能作无言之教。宣传的张扬特性，决定了往往宣传不如训教。进一步而言，训教不如言教，言教不如身教，身教不如氛围教育，进而是最高级的不言之教，即所倡导的一草一木、身体力行、山水故事的无声教育、潜意识教育。教育分不同级别，有的囿于只言片语，或者限于字面，可贵在字里行间，极品在无字天书。中华诗词琴棋书画与美食、言行举止和待人接物，就是最好的养成教育。"懂"教育的级别不一样，就像有人只生活在一楼，有的在九楼。

除了极个别顽固不化者以外，人总是要清醒的，不是清醒在青少年，就是清醒在中老年，要么清醒在人之将死、其言也善的最后弥留之际。就怕清醒时，人已过中年，难以有挽回补救的可能，因此对青少年学生时期的教育尤为重要。

真正的教育第一着眼点，首先引导学生学会如何做人，为受教育者注入精神和灵魂。当教师准备在讲台上，向台下学生宣讲连自己都不相信，或者连自己都不感兴趣，甚至连自己都没搞明白的东西时，无异于在犯罪和谋财害命。

就教育的层次来讲，课堂内教育难以弥补课堂外教育，即社会教育；学校教育难以弥补家庭教育。所以，家教成了为人教育的基础。要让孩子幸福，就要学会为人父母，掌握朴素的教育而不是溺爱和羞辱。常常自我不完美的父母，强求孩子完美，将自己没能实现的理想，强加在孩子身上。完美的是"上帝"，不完美的才是人。不完美是自然或者"上帝"留给人充分发挥、创新施展的重要机会，关键是如何在不完美中活出精彩，做得精彩。

漫长的历史上，人们常常误解教育，庸俗化对教育的认知，将教育简化为学校而忘了社会，将学校简化为课堂而忘了课堂之外，将课堂简化成读书而忘了书本之外，将读书简化为考试而忘了考试之外，将考试简化为分数而忘了分数之外。同样将教育简化为动脑而忘了动手，将教育简化为知识而忘了思维、实践和实验。

旧时代中国的知识分子之所以常常成为统治者的奴才、附庸和被迫害者，原因在于失去了墨家的精髓，败落为四体不勤、五谷不分，不具有操作实施能力的人群，成为依附阶层，因为难以真正促进文明发展和社会进步，失去了独立存在的价值。当代社会急功近利地追求教育功利性的早日实现，严重简化教育过程和忽视教育过程，忽视实践教育和动手能力，造就了许多思维、知识和能力残缺之人。

学校和家庭应该多花时间去研究、探索如何开展创造性劳动，让学生和孩子在劳动过程中学会面对成功与失败，磨炼出坚强的魂魄，通过劳动把知识变成力量，在劳动中创造新的价值和新的自我，使之成为面向未来的"适者生存"之道。

有人把领导力捧得很高，执行力却一点没有，动手能力更见不到，有知识、有眼界，却四体不勤。如此一旦久而久之，忽视劳动会成为习惯，人们就无法区分自食其力的诚实劳动所得，与不劳而获、投机取巧、巧取豪夺之间的差别。人的独立性，就是通过劳动标识出来的。当一切来得都太容易，人反而会感到失去自我价值。来之不易的劳动所得，人们常会倍加珍惜，如果来得太容易，一切则会来得快，去得也快。

只有劳动才会不断创造新的价值。通过辛勤劳动而取得的收获，与投机钻营、巧取豪夺得到的完全不同。前者能培养出科学家、工程师、医生、农艺师、演员，后者只会催生票贩、掮客和"黄牛"。应该在学校课程中嵌入劳动教育，因为劳动教育注重过程、感悟过程、在过程中得到启发和升华，传递的是一分耕耘一分收获的价值观。在专注过程、追求极致中会产生新的创意和技术。

劳动不仅仅用于动手能力的培养、职业精神和创新精神的培育，更能给人们的心灵世界传输力量。当一个人不清楚自己的初心和目标，对人生和未来迷茫失措之时，一味苦思冥想只会徒添烦恼，不如静心投入到现有的、公认的可以创造实际价值的劳动中去。在这样的劳动过程中，起初人们可能感受到的是无奈和劳累，但只要坚持下去，常会有意外的收获，这也可称之为"劳动觉醒"。人生时而会有风雨，而由基本体力劳动锻炼出来的技巧、应急应变能力，以及忍辱负重、吃苦耐劳等品质，能使人们在经历风暴灾难时立于不败之地。

常常有这么一种糟糕的教学，是从学科看学科，从专业谈专业，由术语到术语，从概念到概念。问题较轻者，教学时犹如播放留声机；问题严重者，则犹如传播帮规中的黑话、套话。而课堂教学，应该通过科学中的人文、人文中的科学，借助学科专业的视角，涵盖整个学科体系，培养完整的人，而不是分裂的人。

爱因斯坦说过，所谓学校教育，就是忘记了在学校所学的，剩下的那些就是教育。爱因斯坦还说：科学就是智慧。哲学在希腊语中是智慧之意，哲学就是智慧的学问，哲学就是热爱智慧。雪莱说：大学就是智慧。

第 136 章

从太学、书院到大学：精神家园

判断大学或者教授水平的高低，我自感有三点心得：1. 看实验室：仪器装备竖向叠加排列的为高水平，横向平铺分散的为低水平，因为空间值钱并有限，需最大程度提高空间使用效益；2. 看发表：论文的字号、图表为小号，排列拥挤的为高水平，字号、图表为大号，排列松散的为低水平，因为如学刊水平高，版面就有限；3. 听报告：演讲聚焦一点，思维独特的为高水平，宏大叙事、但缺乏感人至深细节的为低水平，因为圣人做事，大处着眼，小处入手。

未来的社会、未来的人类，在大学里孕育。在此参考借用别人评价大学校长的话，来评价一下大学：校园外可以媚俗，但大学校园不能媚俗，因为好的大学，代表着国家的文明程度和精神高度，引领着国家的发展方向和价值取向。每一个民族都有俗文化和雅文化，雅俗之间最好取得某种平衡。不过，只有雅文化才真正代表这个民族的文明水准，象牙塔里的发明创造才代表这个民族的智力水平。

大学的角色进化，大约包括了：传经—知识—研究—服务—引领等步骤。人类所有最美好的事物，都聚集在大学里：年轻、独立、自由、民主、秩序、尊重、包容、科学、艺术、爱情。

大学社会地位的高低是社会文明程度高低的试金石。先有大学，后有强国。先有哈佛，后有美国。意大利的波斯尼亚大学历史近千年，英国剑桥有八百年历史。洪堡在德国推动科研与教学相结合，倡导独立于政府、独立于社会、独立于教会的大学理念，让大学远离政治和宗教。正因为洪堡创立了人人效仿的现代大学，才有了后来德国强盛的基础。

在东亚，现代大学首先出现在日本，然后是当时的朝鲜南部，最后才是中国。这与东亚的现代化文明进程轨迹相吻合，也与思想开放和物质丰富程度的轨迹相吻合。这可以部分说明近现代中国落后的原因。

尽管中国先后向外、向东西方输出人类文明和思想，但中国并不是东亚与西方交流较早的地方，而恰恰是向西方开放，并实质性交融最晚的地方，现代大学的出现时间也作证了当时中国在东亚处于落后的境地。

时至今日，有时我国还在争论，中学和西学哪个为体、哪个为用，至今还未完全从中西争论的悖论中走出来、解放出来。中华文明，由几千年的遥遥领先者，只用了百余年就成了落后者，被西方列强暴击，其中的原因值得深思。需要深思的是，为什么现代大学没有产生在中国，中国的太学和书院为什么没有自主发展成现代大学？

尽管我国早在公元前15至16世纪的殷商时代就有了大学的雏形"右学"，其后又陆续出现了冠名为"学宫""太学""国子学""书院"等具有高等教育性质的大学；尽管《大学》中也提出了"大学之道，在明明德，在亲民，在止于至善"和"苟日新，日日新，又日新"的大学教育理念，但我们没有产生自己的现代意义的大学。

中国的古代太学为国立的古代大学，主要是培养政府文官，与鼓励自由独立思考、无标准答案教学的现代大学，有极大差距。中国和英国历史上都出现过"书院"，中国古代的书院是古代的私立大学，重在传承文化、陶冶情操、解释继承经典，梁山伯与祝英台，就是在这里谱写了古代中国大学生优美的恋爱传奇。梁祝一曲，奏出了古代中国大学生的浪漫与对自由的追求，可看成是中国古代大学的校园之歌。古代中国大学重传授和传经。欧洲的古代大学深受教会的控制，也是重传经。

欧洲在文艺复兴中，通过对人、人性和自我的发现，让科学从宗教中独立了出来。这以后，因为没有了思想和精神上的束缚，创新成为与传承并列的另一重大功能，古代大学脱胎换骨成现代大学，继而发展成为引领文明和社会发展的动力之源。

新中国成立之前的几百年，中国的思想逐渐走向封闭、单一，甚至几近荒芜。西方最初对没有了先进思维的中国发动冲击，借助了买卖鸦片毒品这一工具。思想的衰竭是中国落后最初的和最根本的症状。思想之火暗淡以后，只剩下了有着千年之久的文字游戏和权力游戏。思维僵化导致集体的判断力全面下降。

大学是现代文明和现代思想的基础。古代大学只有传承，没有创新和发展，是封闭的。现代大学强调发展、力主创新，是开放的。大学是迄今为止文明的最高组织形式之一，需要对各种学科专业领域的优秀或者顶尖的学者、专家进行有效协调、管理和服务，难度也是所有社会组织中最高的。大学拒绝匪气、霸气和蛮横。

曾子的《大学》描述了古代大学的神圣：格物、致知、诚意、正心、修身、齐家、治国、平天下；北宋大儒张载有言"为天地立心，为生民立命，为往圣继绝学，为万世开太平"，这是当时人类教育最高的向往之一。世界上，有许多百年的大学，但少有百年的公司。大学之所以能长存，是因为其理念在育人，注重社会价值和公益，近于"道"；后者重在金钱利益，注重寡头集团的物质私利，突出"欲"。少数公司能经营百年以上者，恰在于其强调社会责任关怀，能不断创新，追求对社会的价值贡献。

对于一些大学的现状，有人激烈地批评说，文明的愚蠢，就在于缺乏真正的大学，没有健全人格的养成地，只有人才培训店，重在培养工具，打磨规范的螺丝钉。

大学与社会既应亲近也需要疏远，为创新，需要保持适当的距离；大学与自然既亲近也疏远，同样也需保持适当的距离。亲近是为了解，疏远是怕被"眼前景象"所"洗脑"。大学发展的机制重在大学自治、教授自治和学生自治。洪堡那时的德国大学傲视群雄、现代美国大学在质量、数量和水平上占绝对优势，都来自上述几点。校园里的行政民主化、学术行政化、社会责任无限化、职级官位化，都在侵蚀大学创新精神和效率。

大学的教育需要激发学生崇高感的使命教育，同时也要教会学生谋生技能和体面生存的职业能力。大学继承发扬光大着人类的文化与文明，是萌发新思想的肥沃土壤，是人类最后的精神家园。我们现在需要转型或创造先进的大学制度，为发展与超越世界先进水平打下基础。

应该强调"先进大学制度",而非"现代大学制度"。原因是,"先进大学制度"不仅要"拿来主义",还要"以古为新",是西方现代文明及大学制度与中华优秀传统文化及大学制度的结合。我们要通过吸取精华,剔除糟粕,走出适合自己、能显著增强国际竞争力的新发展道路。

社会上的人们可以媚俗,但大学绝对不能,如丢弃了对高尚的追求与保持,中华民族的精气神或将无所归依。

目前,全球 GDP 的相当部分为全球跨国公司所创造,而占据顶端的是全球 500 强,并且越来越集中,随着全球化竞争加剧,全球的 GDP 主要来源于 500 强。同样,随着网络技术的深化,语言和国界作为交流的最后障碍逐步消失,大学教育的兼并和集中趋势会明显加强。随着网络公开课的推行,也有可能未来世界的高等教育主要的影响力都集中于一流的世界 500 强大学。2020 年疫情期间全国的大学包括海外的一些大学,为规避病毒传染扩散,都推出了封校不停学在家上课的网络课程,这一现象可能会加速大学教学的网络化,值得我们关注。

跨文化交流的实质是思想交流、思维方式的交流。教育不改变生活环境,却能改变人的思维方式。教育的目的不是学会一堆知识,而应是学会众多思维方式。有人说:"为终身学习打下基础,不传授任何具体知识和技能,却能令人胜任任何学科和职业,才是真正的大学教育,因为具体的专业的知识和技能,是由被教育者大学毕业后依据意愿去学习和掌握。"

世界几大主要文明在公元前 5 世纪前后将文化用文字传承了下来,并形成各自的经典,人类摆脱思想钳制进入了文明轴心时代。今天,西方文明强大于其他文明的力量源泉,不是来自教会或者丰富的物质供给和意识形态,而是大学。孔子的伟大,在于他建立了一个学校,让他的思想理念得以世代相传。柏拉图的伟大也在于建立了学园,在学园里他带领学生探索无形却无处不在的万物背后的逻各斯,即道理。

从柏拉图到亚里士多德,到亚历山大时期的科学,到罗马时代的法律,一直到中世纪的基督教神学,到公元 5 世纪奥古斯丁的基督教包含信仰和理性两者的道理之学，最后到了最早的聚焦自然和社会根本规律的近现代大学。维系始终的是思维方式。

文明越发达，越需要专家学者等知识精英形成的智慧共同体，即大学，去构建完整的理论体系，形成社会文化认同，为社会发展提供工具和力量之源。其中包括作为改变世界的有力工具科学，和处理人与人关系、避免人情和面子的法律。科学和法律这种法理思维，都是从希腊哲学演变而来，其强调谁都不代表真理，都相信万物背后有一个普遍的共性"道"在支配世界。

所以近现代欧洲城市里，总有作为城市中心的学院，或者是大学，在整个社会起着核心或者灵魂作用。所以强大而成功的现代国家，往往都出现在先期已立起来的不朽大学之后。有人认为，西方现代文明就是操作现实的城市运动和引领理想的大学运动。

民族崛起的关键是精神崛起，对应的最高手段就是大学。现代德国的强大，源自洪堡对大学的改造和贡献。美国的强大是因为有真正的大学，当五月花号船上搭乘的所有103名新教徒上岸后，立足未稳，就建立了北美最早的大学，并在次年以最大捐赠者名字命名为哈佛。哈佛大学以后一百六十年才建立了美国和美国宪法。甚至有人因此说，文化重于制度，先有大学后有宪法。在以色列还无法建国的时，犹太人就建立了比其国家还早二十五年的希伯来大学，创校校长魏茨曼就是后来以色列的开国总统。1868年明治维新开始，日本远比中国落后，水平远远不能与中国比，福泽谕吉就创办了庆应大学，这个日本第一所私立大学，早于东京大学。他说，民族崛起，要依次经历：第一人心的改变，第二政治制度的改变，第三是器物与经济的改变。

同期的中国，先洋务运动，后经济建设，决策者拖延政治体制变革，其后果已经证明此路不通。梁启超后来才发现，当时日本人早先见之明地认为，倒序或者捷径是走不通的。梁启超倡导先"新民"、后有"新制度"，陈独秀力倡：个人独立、自主人格，不做他人附属品，20世纪现代中国的全新开始，是新文化立国，新教育立国。最具标志性的开端事件，是蔡元培从德国回来，依照柏林大学模式改造治理的北京大学，让其成为整个民族精神的摇篮。

晚清以后，我国基本摸索出了中国式高等教育的发展道路，尽管规模不大，但在世界上占有一席之地，不比西方落后。上世纪五十年代开始，中国高等教育深受苏联的影响，苏联是把人变成工具的教育，培养出来的只能是宏大机器上的齿轮和螺丝钉。而要转向真正的育人轨道，已形成的习惯惯性却不容易改变。

第 137 章

追问和探究点亮灵魂,避免脑伤和巨婴

心理健康堪忧的中学生,源自超乎常人认知的"自律";心理健康堪忧的大学生,源自超乎常人的"幼稚"。在情感和心理方面,中学生的早熟和大学生的晚熟,从反面提醒着我们适当的年龄应做适当的事这一简单至真的道理。联合国教科文组织 1972 年发表的报告《学会生存》中认为:人是在创造活动中并通过创造活动来完善自己的。……教育既能培养创造力,也能压制创造力……换言之,教育既能培养人,也能毁灭人。

教育的目的在于培养健全的人,对于每个孩子而言,就是唤醒他们的潜能,点亮他们的灵魂,帮助他们找到使命,明确自己要做的事情;教育的目就是养成每个孩子阅读、发问、深思、探究的能力,防止他们被命题作文和标准答案培养成循规蹈矩的工具。

犹太民族重视培养孩子阅读经典和提问的能力,很小就开始练习相互辩论,通过相互辩论训练分析问题和逻辑思维的能力。以色列的学校半天上课半天自由活动,非常支持孩子的兴趣;学生也觉得,压力不大,非常自由,非常适合自我驱动型的优势儿童。

除了优质学校教育,犹太孩子还能从家庭和教会教育中获益匪浅。作为孕育杰出智慧源泉的犹太人家庭教育有两大特征:疑问和思考。让孩子从小学会思考对人类有重要意义的科学和哲学。

我们的教育强在技能训练,弱在激发源自学生内心的梦想境界,缺的是一些灵魂性的东西,如超越的思想。要超越,首先就得有疑问。启蒙是推翻一切没有依据的成见和迷信。敢于质疑前人,才存在前进的可能。西方哲学家笛卡尔、休谟、康德均倡导质疑;我国的老子、庄子、屈原、鲁迅也倡导怀疑,了解他们的学说可拥有质疑的意识和能力。如在质疑方面,老子就有"反者道之动""有无相生""知人者智""胜人者有力"等名言。

众多孩子无法从教育中享受到快乐,而且不快乐教育的时间一再提前。童年被透支的孩子,难以形成健全人格。"不能输在起跑线上"的比拼心理,正给儿童的早期智力开发造成难以弥补的脑损害,越来越多的孩子在教育中享受不到快乐,反而留下了痛苦的学习记忆。

教育首先要把孩子培养成普通而幸福的人。而把孩子放在第一位的家庭,盼来的多半是失望甚至悲剧。复旦大学投毒案、清华大学铊毒案,警醒人们不能培养高学历的野蛮人、精致的利己主义者、有文凭的流氓。反思大学教育,人格养成和人文精神培育方面的不足或者低效,主要在于过度注重知识传授。另一方面,大学不应只强调成功教育,而不注重失败教育。大学不仅仅为培养杰出人士,而是为培养健全的人,即他/她们应能坦然面对人生,善待同学、朋友和亲人,培养同学友爱,而不是只会怨憎仇恨。

苏格拉底说:一万次的灌输,不如一次真正的唤醒。教育是一个灵魂唤醒另一个灵魂,是一颗心灵感召另一颗心灵,是一个生命点亮另一个生命。我们需要呼唤有灵魂的教育。"亲其师,信其道",密切师生关系,是突出影响教育的关键因素。

科举制废除之后,基于政治经济文化的颠覆性变革,中国教育走上了向西方学习的道路,但在这个过程中过于强调功利性。而教育目的是培养完整的人,所以学校要重视那些短期看起来无用,但长远可能很有用的各种学问,如历史、哲学、数学等,实际上,越优秀的学生,越愿学这些"无用"之学。苏格拉底说:教育的目的在于唤醒一个"主人",而不是塑造一个"客人";真知绝非知识所能传授的,而是需要学生在思考和实践中逐渐领悟而得。

孔子说:"学而不思则罔,思而不学则殆。"即学而不思比思而不学更危险,充分肯定了思考的重要性。传统学校教育的学习型思维,深受"学而时习之"观念的影响,强调灌输和死记硬背,容易造成学生厌学、懒思、怠惰等缺点,束缚了学生的思想和思维,丧失了培养学生创新意识的机会。

帮助孩子从小建立探究式思维学习能力,是建立未来研究型社会的核心基础。例如，训练小孩的资料检索能力，是小学教育应该容易做到的。因为许多知识距离真实世界太远，学生常有"为什么学"的困惑。解决这种困惑的一种可取的方法是，逆向教育，先让孩子们了解真实世界，然后聚焦当今核心问题，再引领他们趋近与之相关的基本原理，继而掌握产生这一基本原理的具体学科与公式，最后思考问题解决的可能性。一旦认识到自己的使命，小哪吒们就知道自己未来应该成为什么样的人，内心就会激发出无尽的求知欲望和实践动力。人生是自我发现之旅，内生驱力比外部强加的更为有效，是人生成长的第一推力。

教育，应重在建立阅读视野和思维方法，从而早早建立未来科学家、工程师、创业企业家的思维方式，以从周边发现问题、解决问题。通过跨文化交流，早早建立未来社会学者、政治家、媒体和文化人的思维方式，理解文明的渊源和传统，并擅长沟通。

大中小学教育是一个观察、发现、思考、辩论、体验和领悟的过程，学生在此过程中，逐步掌握发现问题、提出问题、思考问题、寻找资料、得出结论的技巧和知识。教师应该适度讲解知识点，更多地提出引人入胜的问题，引导学生自我感悟后推导出结论。这样的要求就需要学生大量研读、深思和写作，而不是死记硬背知识细节。通过这种方式领悟的知识点，终身难忘，并能举一反三。

探究式学习，研究型思维，就是让学生基于项目和小组进行学习，不过分强调系统、学科专业分野、不分课堂和校外，主要通过动手完成，而非死记硬背，像一个科学家那样，观察记录、实验验证、探索研究。

人出类拔萃的原因不是刻苦努力，而是深度思考力。人天生的思维极易流于表面思考，然而深度思考才是不断逼近问题本质的拷问。大脑用进废退、越用越灵活通达，也就不易有顽固僵化、甚至愚蠢的思维习惯。通过深度思考获得结果，会给人们带来成就感、幸福感。完整的思考是一个层层递进过程，人们无法做到第一次思考就触及问题本质，必须一次次一层一层地追问、包括对自己的追问。无数次深度思考后，才能逼近本质，最终言简意赅地表达出来。深度思考包括四方面的表现：1.精准的程度分层的用词和精妙比喻。2.深刻准确表述概念及概念间的关系。3.能发现规律、趋势及其背后隐藏的恒定不变的东西，如原理和机制、甚至大道。4. 思考时人必须很安静，水面平静才能看清上面的倒影，人在情绪平和时才能看清问题的本质；人在平静时才能做到清醒深刻的自我认知和评判。

没有探究式的教育，那么教育就会成为真理灌输式的教育，这种教育就会以偏概全，把相对真理当成绝对真理，把零碎、片面、杂乱的知识当成真理，把表象当成本质。教师的盲从会导致学生的偏执，某些中小学，不仅仅不能激发师生的求知欲和创造力，还在把师生带入歧途，某些老师家里除了教材和教辅，根本没有其他书籍，从不读教材和教辅之外读物的老师还自以为每天都在传授真理，教的都是天经地义的知识，跟随这些老师的学生认为学到的都是绝对正确的东西而不知道所有的正确都有边界，不知道让科学站立起来的基础不是证实，而是证伪。

基于实证的教育科学研究是克服教师职业倦怠的重要手段，学校应该帮助老师从单调教学中解脱出来，给他们时间和精力进行哲学上的超越性思考，反过来再影响教学实践。

要高度重视讨论，但要注意分寸。

2009 年 *Science* 发表论文，用证据证明，讨论比老师更重要，讨论胜过老师的存在。但要注意，讨论中的辩论不一定是越辩越明，因辩论的敌对性太强，容易越辩越僵，双方各执一词时，容易将辩论引向极端，辩论者以为这样才能吸引注意，殊不知这样容易以偏概全，获得的恰恰不是真相。如缺乏共同的标准或者价值观，双方一直辩论不会有好结果。有共同的逻辑和价值观，彼此能真诚相待、准备接纳对方的观点才有价值，这时可不叫辩论，而是讨论。故老子说，辩者不善，指辩论不会有好结果，双方会气急败坏、变得不善良；善者不辩，指善良人不会去辩论，不把自己观点强加于人。

不同的人生活在不同的世界，有的在山顶，看到了大海，有人生活在半山腰，看到了树丛。在山下的人，受视线所限只见世界一角；在山上的人，所见甚多，就觉得世界无边。认知就是如此不同。与能理解的、同层次的、心有灵犀一点通的人争论，可能是寻求真理；而和不同层次的人争辩和解释，那只是无谓的自我消耗，甚至变成人身攻击。不可能通过辩论警醒无知者，辩论也不能纠正他人，只有时间能为沉默的人争辩。

拔苗助长和持续压力，会造成一个人脑伤和培养出巨婴。体力劳动减少，脑力劳动增多，正不断演化成增加的工作压力，使人的心灵成为职业风险的主要受害者。长期的神经紧张和智力超负荷，会成为慢性而长期的压力，并以无意识的方式静悄悄地损伤人们的身体和精神，甚至造成某些结构性改变。

短暂的压力所造成的应激反应和影响往往是暂时的，并能很快复原；有时甚至可能会使得人们功能转化得比以前更好。老鼠短期受压后，就可能会增加其大脑某些区域的"新生"细胞数量，并且改善记忆。

慢性压力可以改变大脑的结构。动物和人体研究表明，过度频繁、强烈持续的压力，特别是慢性压力，会导致心理和生理的紊乱，进而发生渐进而持续的改变，如发生高血压和 II 型糖尿病、重度抑郁、眼科等疾病。

压力加剧并影响睡眠的原因多种多样，包括日常的社交，夜间光亮、特别是电子屏幕的强光或蓝光会阻碍减轻焦虑的褪黑素释放；过多的工业加工食品导致抑郁；非自然的饮食改变体内菌落，影响免疫和大脑功能。城市化的生活会增加压力。好在我们找到了一些抗压的方法，比如接触大自然有利恢复，如降低压力标志物含量。通过吃特定的食物或服用益生菌可帮助减轻焦虑症状、消除精神疲劳，提高抗压能力。

我们要尊重成长的原生态教育。往往最有才华的学生，一般不总是成绩考第一的学生，而是那些成绩在优秀、良好之间的学生，因为他们没把成绩当成唯一追求，但知道想学什么、自己有哪些兴趣。

学习过度用功与田间过度施肥一样，极易培养出"高分低能"的平庸者。童年被透支的学生，也难以形成健全人格。超越阶段的拔苗助长、巨大竞争压力、残酷的中小学教育会造成受教育者脑损伤！

小学阶段需降低竞争烈度，以关爱、安全感、接纳、尊重等情感教育作为教育内容。小学阶段就引入惨烈的分数淘汰制、布置给学生过量作业、侮辱差生等，这些刺激会对脑发育造成干扰，从而加快自控力和分析判断力的形成，如此少儿会变得乖巧、懂事、听话，心理早熟，并导致成年后情绪不稳、独立思考和创造力弱、专注力和自控能力缺乏、运动能力差、出现血压血糖高等问题，埋下身体健康和心理健康隐患，导致情商和情绪能力接近巨婴。巨婴容易出现愤怒、焦虑、自卑、烦躁等负面情绪，四十岁后逐渐丧失工作激情。

美国的比格在《学生学习的客观规律》中说：偶然的失败，甚至包括受惩罚的失败，在某些情况下，对学习进步而言并非不利；但相当经常的成功，是必不可少的。"学习以成功为动力。"除非动机非常强烈，连续失败会使学生失去信心而受挫折，阻碍进一步的努力奋斗。

第 138 章

五类爸妈：从动物到"上帝"

情绪教育是养育孩子过程中的重点，也是很容易被忽略的一个部分。情绪失控会造成许多悲剧、惨剧，且情绪教育失当会影响一个人的一生。2018年10月28日重庆发生了一件我们应该永远记取的恶性事件：一位女乘客因错过了下车站点而狂躁发作，无理要求司机途中停车未果后，与司机争吵抢夺方向盘，导致车辆失控坠江，致使车毁人亡，让不少无辜群众成了她情绪失控的陪葬品。

人都有生物学上的父母，就像禽兽有父母，动物有父母，所不同的是，禽兽的不少行为，动物的不少行为，如弱肉强食、长幼无序等，对动物而言均属异常。可人类如发生父母子女间互不惦记，感情精神无法永远连接，就令人可畏了。可是，有多少父母真正承担起了为人父母的天赋责任和保卫了作为父母的荣耀，没有做到或者忘记了自己职责的所谓父母，只是生物学意义的父母，类似于禽兽动物、有时甚至连畜生都不如。

在儿童少年成长的过程和一生中，好的父母胜过好老师；同样，好的老师、好的前辈则能成为孩子精神上最好的父母。如果给父母分级，由低往高的爸妈分别为：畜生级、禽兽级、动物级、人类级、精神级。

金庸就在作品中启示，母亲成就孩子性格；父亲成就孩子未来；人生需要四种人围绕：高人指点，贵人相助，友人欣赏，小人监督。因为母亲一般和孩子相处较多，故而意义更为重大，每年的三八节，应该成为如何做母亲的全民学术讨论节、如何做父亲的全民反省自律节。

家长焦虑与浮躁的心理问题，远比孩子的学习问题可怕。孩子的困扰主要是情绪问题，学习不好很少因为是智力原因。都说好妈妈胜过好老师，因为最伟大的教育，是情绪平和的妈妈所给与的。孩子内心平静，才会勤学沉思，才能渐渐形成远见卓识，继而成就发明创造。

妈妈天生眼尖，一眼就能看出孩子的优点和缺点。当看到孩子缺点时，妈妈需以静制动，这时特别不要在别人面前大呼小叫指出孩子的缺点，因为孩子需要母亲良好情绪的呵护，只有不露声色的教育，才能让心知肚明的孩子暗生内心成长的动力。在孩子面前母亲学会示弱，懂得以弱胜强。要托举孩子；强势霸道的母亲面前，孩子只能处于下风，久而久之他/她会甘愿处于下风，从而丧失竞争动力，也可能出现另一种极端，就是叛逆，在破坏性成长中变成畸形的自我。

母亲要经常以慈降躁。母亲，就是慈祥、温柔、温馨、温和，如此母亲形象是关于母亲的无言规则，是给母亲指定的方向。指手画脚、声嘶力竭、长年唠叨的母亲，会失去引导孩子的能力，在自己变得抓狂的同时，孩子也会觉得这世界没有让他/她心安的地方，失去前进的方向。

父母做好孩子的情绪教育，最好的方法就是：接受、认清、疏导、放下。情绪本来就是人的一部分，孩子在发脾气在哭的时候，先让孩子释放，而不是在第一时间去压抑。要顺其自然，接受孩子也会生气而且包容它。但不要让坏脾气控制孩子太久，太久会伤害身体，而绝对不能出现的，就是情绪失控。

如果80%以上的小学教师拥有硕士学位，我们中国的基础教育面貌就会完全不一样，千家万户在教育问题上的烦恼可能会基本消失。我们必须警惕，儿童受到的生活、学习中的不公正、不合适对待，都会在二三十年后，以加倍的烈度反馈给社会。

学会让言行慢过思维，是幸运的事，当然，没必要强制性地鼓励轻言慢语，快人快语同样有魅力。但是如果能让思维一直快过言行，让沉思默想成为习惯，人生的感悟与命运就会不一样。

"富不过三代"是众多家庭的魔咒。据记载，西汉王吉的"言宜慢，心宜善"的家规，使得其后代躲过无数劫难，家族先后培养出了35位宰相、36位皇后、36位驸马。仅仅"言宜慢"三个字就让王吉本人在险恶的官场上，十年间从一名知县成为朝廷重臣、西汉名臣。

在心态调整中，情绪调整在先，是表象；思维调整在后，是本质；价值理念调整是核心。

第 139 章

国家未来取决今日教育，但不是昨日知识

明日的社会，在今日教育里。爱因斯坦说："国家的未来取决于今天的教育。"杜威有一句话，"用昨天的方法教今天的学生，就会剥夺了他们的明天"。同样，用昨天的知识教今天的学生，去应对明天的挑战，无疑是在为明天准备牺牲的炮灰，对民族和未来不负责任。关注、提炼、传承和光大由昨日知识所承载的思维和价值，是最为重要的。

下面摘要选编的是爱因斯坦有关教育的言论：

单用专业知识教育人，远远不够。专业教育，可以培养有用的机器，但不能培养和谐发展的人。最基础的是，要使学生理解并喜爱正确的价值观，获得对真善美的鲜明辨别力。否则，学生即使具有专业知识，也只像受过良好训练的狗，而不是一个和谐发展的人。

要具有能力处理好与他人和集体的关系，学生必须具有学习、了解、感悟他人的动机、幻想和疾苦的素质或者能力，这些是宝贵的精神财富，只能或者主要通过与教师的亲身接触而获得，而不是通过教科书得以传授。

爱因斯坦所说的"人文学科"，是指构成文化和保存文化的师生共进方式，而不是历史和哲学里那些深奥难懂的专门知识。

过度不恰当地强调竞争，过早地偏执地直接地面向应用或专业化，会扼杀了人的精神，特别是追求真知的精神，正是这种精神在促进专业知识等文化文明的发展。学校管理和教师态度对学生的心理正负影响很大。教育工作的基点，可能是恐怖和强迫，也可能是争强好胜，也可能是诚挚的兴趣、天赋好奇、真理追求与愿望理解（只不过儿童这种好奇心过早就衰退了）。不同的工作基点，对学生产生不同的教育影响，具体要看推动工作的主因究竟是怕学生受到损害，还是怕他们滋生自私的欲望，抑或是对快

乐和满足的追求。

须着力鼓励年轻人发展批判性的独立思考能力。这是生命攸关的价值教育。多而杂、负担重的学科（学分制），必定导致年轻人肤浅，会损害青年人独立思考能力的发展。要让学生乐意将教育的供给视作难得的宝物，而不是不得不负担的艰苦任务……

不应向青年鼓吹世俗成功，更不应将其当成人生目标。因为世俗意义的成功，往往从他的同胞那里所取得的，要远远多于他对同胞的贡献。然而，看一个人是否有价值，更应当看他贡献多少，而不应当看他取得什么。

在学校和生活中，工作最重要的动机是工作中的乐趣，是工作取得结果时的乐趣，以及对这一结果的社会价值的认识。启发并且加强青年人积极向上的心理力量，该是学校最重要的任务。只有如此心理基础才能导致愉快的愿望，进而去追求人的最高财产——知识和艺术技能。

在学校里所学的那些奇妙的一切，都是多少代人工作成绩的汇总，是由地球上每个国家劳动者的无尽热忱的努力所产生。而现在这一切都作为遗产交付到青年手中，希望青年能够领受它、尊重它、增进它，并有朝一日再忠实地转交到下一代手中。这样我们这些总是要死的人，就会在我们共同创造的不朽事物中得以永生。只要始终不忘记这些，你们就会发现生活和工作的真正意义，在对待其他民族和时代时，自然会有正确的态度。

想象力比知识更重要，因为知识是有限的，而想象力是知识进化的源泉，包含着世界的一切，推动着进步。严格地讲，想象力是科学研究的基本要素。爱因斯坦强调：在真理和认识方面，任何以权威自居者，必将在上帝的戏笑中垮台！

我国的教育擅长教学生记忆答案，不太擅长激发创造力，因此爱因斯坦的观点和犹太民族的教育观值得关注。在犹太人眼里，教师比国王更伟大。教师的地位甚至高过父母，"父母只是把孩子带入今世的生活，而教师则把他带入来世的生活"。

犹太人崇尚创新。学习以思考为基础，没有创新的学习只是一种模仿，要敢于怀疑，随时发问。鼓励学生提没答案的问题；智慧在犹太人心目中占有重要的地位。读过书而不会用书上知识，就是头驮书的骡子。

无畏失败、独立好奇、自信自豪、"厚脸皮"是以色列学生的特点。以色列中小学自由、开放，国际竞赛成绩虽不佳，是因为他们更在意启发学生的好奇心、培养他们独立思考与阅读兴趣。赢在起点、输在终点，可能是我们中国的教育特点；相反的是以色列教育，起步晚，后程爆力强，看似输在起点，却赢在终点。

国家未来不能由昨日的知识所决定，而应该由今日教育、特别是思维教育所决定。

第 140 章

第三境界：思维教育，超越知识和技能

联合国教科文组织曾经声明，教育具有双重功能，即激发人的潜在创造力的功能，或者封闭洗脑使人僵化的功能。罗素在《西方哲学史》中说：人生来只是无知但不愚蠢，反而是教育让人变得愚蠢。

在近代化学家看来，世界上的一切都由元素组成，性质呈现连续、周期律的变化，物质的性质差别，是由元素组成差别、原子连接次序差别所决定。对当时教育的启示，这种差别是决定性的、先天性的。

而在现代手性对称的眼光里，即使类似的元素、类似的原子连接次序，不同的环境条件，也可以诱导生成或左或右、左右并存的分子立体结构。环境诱导可以在不改变物质成分组成的情况下，使性质产生重大差异，如左右旋的分子，尽管连接次序相同，但生物活性几乎完全相反。

在近现代生物进化目光里，既存在从基因到蛋白质再到组织的中心法则，体现为先天性的决定性作用；也存在环境对中心法则的表达方式产生的重要影响，体现为后天的巨大差异。适者生存、"用进废退"，则明确无误地表明了环境、后天不可忽视的作用。条件反射也强调了生物主体与环境的对应协响应性，这些对教育的启示是，先天、后天同等重要。在磷浓度快速变化的环境中，水蚤的杂种演变实验表明，环境变化甚至可永久影响物种遗传。

当代的表观遗传学及其规律，已经揭示，环境氛围与内在基因的相互作用，可以导致遗传物质在分子水平上发生结构变化，变化会固定下来并持续很长时间、甚至永远，这时，就难以说，内因外因哪个更决定性、更重要。教育条件、方法、模式、氛围与被培养者个体之间就处在这样的相互重叠、纠缠、测不准并跳跃的量子关系之中。

以上对教育的启示是，就人们可以努力的范畴而言，后天更为重要，是决定性的。国与国竞争力的差距，根源是教育质量水平的差距。兴盛教育不靠大楼，而靠老师；国家的强盛，是由小学教师在讲台上奠定的，后起的德国、日本以及一贯有此传统的犹太人，早已证明了这一点。运气最好的孩子是能遇上生命中的贵人，贵人能够改变孩子的思维和认知，让孩子站立上更高的平台。教育是国家最可靠的安全屏障，亚里士多德说过："思想的防线是一个国家最廉价和最有效的国防。"

我观察，从中学、大学、研究生阶段，教育分别呈现三个主流思维模式：1. "见山是山、见水是水"的初级阶段，特别是中学、包括小学教育阶段，人们认为获得的知识就是绝对真理，根源在于知识和判断力的有限；2. "见山不是山、见水不是水"的中级阶段，如在大学，接触到太多的知识和学派，人们不知道哪个更有道理，对知识充满狐疑，学会了批判性思维；3. "见山只是山、见水只是水"的高级阶段，开始学会了研究与甄别，进入挑战权威、大胆设想、小心求证的批判性（审判性）思维和创造性思维阶段。由此，我的想法是本科通识教育要关注批判性思维教育，在研究型组织中关注创造性思维教育。

我们现在通行的是传统的、视人为机器的、与工业生产习惯相匹配的知识教育。要想彻底改变现状，就得提倡思维教育，强调要超越以知识传授为核心的应试教育和快乐教育、以技能为核心的实践教育，即用思维方式的训练和升华来超越并代替知识点的传授。

"菠菜补铁"就是一个以讹传讹的真实故事，源自于数学计算错误。1870年，一位德国化学家发表论文称菠菜中的含铁量非常高，足可以媲美红肉，论文一发表，便成为公认的共识流传于世。然而到了1930年代末，批判性思维发挥作用了，有几位科学家先后都对菠菜的高铁含量结论产生了怀疑，进行了实验复查，结果发现，原来菠菜中含铁量并不高，是小数点被那位德国化学家放错了位置，从而把结论夸大了十倍之多。事实上每100克菠菜含铁2.9毫克，菠菜中的铁又不易被吸收，而且，菠菜中的草酸等会降低铁被吸收。

批判性思维能力是难以用考题测验出来的，而是要通过多样性思维被严谨推理出来。由此可见超越知识的思维和改变思维的重要性。

以传授知识为核心的应试教育，乐于培养思想的奴隶和使用工具，往往忽视学生的个性、自我意识和主体价值。这种教育无法容忍、欣赏和接纳诸如反叛、挑战、怀疑和否定等言行，而这些恰恰包含着创新所需要的精神基础。在这种僵化氛围中，孩童会丧失天真和想象，成人也会丧失探索真理的勇气。

苏联的苏霍姆林斯基说：不能让学生把掌握知识当成最终目的，而应只当成一种手段，避免知识变成僵死的、静止的学问，而让知识在学生的脑力劳动中和集体的精神财富交换过程中发挥作用。没有这一过程，难以想象学生能真正发展成为有智力、道德、情感和美感而完整的人。

我国的应试教育模式，简单地把"教育"等同于"知识"，学生多知识积累，缺乏思维训练，特别是缺乏批判性思维和创造性思维训练。应试教育是一个以知识为中心的教育，知识被浓缩为关键概念和公式为代表的"知识点"，考试的目的就是测试对知识的掌握。家长常问的是：今天学了什么新知识？如此，学业负担重，课外辅导多，死记硬背，就成为常态。犹太家长常问小孩"你今天提了什么新问题？老师有没有回答出来？"他们在孩子很小的时候就开始了批判性思维的熏陶。批判性思维并不属于学科知识，而是一种超越学科的思维转换能力；而创造性思维则是在创造知识。

应试教育下，知识点掌握得越多，好奇心和想象力保留得就越少。爱因斯坦说过，"我没有特殊的天赋，我只是极度地好奇"。他还说过："想象力比知识更重要。因为知识只是局限于我们已知的一切，而想象力将包括整个世界中那些未知的一切。"好奇心和想象力是超出知识以外的因素，是知识为中心的教育中不受重视的方面。爱因斯坦感慨："好奇心能够在正规教育中幸存下来，简直就是一个奇迹。"随着所受教育的增多，好奇心和想象力会递减。知识体系有严格限制性的框架和假定，好奇心和想象力则常异想天开、也大多并不正确，故而常被否定和压制。

在知识传授中，有人提出的"少而精、博而通"，这就是思维教育的重要通道，这可使得思维训练和精神培养拥有最大的空间和时间，这就接近了思维教育。过度的通识教育，可能造成通识者所知泛泛而不精，像三脚猫、万金油，样样似乎行，样样不精通；过度的专业教育，可能造成专业者认知狭窄不活络，类似螺丝钉，只能发挥一种作用，直到生锈被抛弃。未来的培养目标应该是塑造 T 型人才，即一专多能，既具有基本的突出功能，又具有普遍适应性，犹如变形金刚，具有极大的可变性、适应性，又万变不离其宗，具有极强的拓扑演绎能力。

中小学教育中，应设立对孩子终身有用的、偏重学术性的写作课，强调批判性思维、概念分析和深度思考，鼓励学生广泛并有重点地阅读，多角度考察问题。而不应该继续偏重于文学性的作文课。

思维教育包括：批判性思维、创造思维创新思维、量子思维。量子思维是最具代表性、最具想象、最可操作的思维训练工具。思维教育当然还包括自由思维的三要素、三首要，也包括精神独立的三要素、三首要。

不同的思维模式导致不同的教育。教育的目的不是学会知识，而是学习多种思维方式。真正的教育，是学会批判性的独立思考、拥有时时刻刻的自我觉知、打下终身学习的基础。学会思考和选择，拥有信念和自由，这是教育的目的，也是获得幸福的终极能力！

教育的价值，是要帮助学生从知识转换到思维。爱因斯坦说："大学教育的价值，不在于学习事实，而在训练大脑会思考。"超越知识教育的是思维教育。而这是我国教育所普遍缺乏的、甚至严重缺乏的，特别缺乏的是批判性思维和创造性思维。

创新的载体是创造性人才，核心是创造性思维，即新的、与众不同的、建设性的思维。创造性思维由知识交叉、好奇心和想象力、价值定位四个因素决定。创新的动机，即价值定位，包括短期功利、长期功利、内在价值的非功利三种形式，而创新层面的低水平重复，如"同质性"和"羊群效应"，常由短期功利造成。

诺贝尔奖获得者中村修二认为：东亚教育效率低下，所有人都深受其苦。东亚的教育体制特异之处在于，常得到局外人赞赏和局内人的诟病。日本在东亚几国里相对宽松，韩国以极端应试主义和学历主义闻名。中村修二认为，原因是东亚国家的现代教育体系本就有着循规蹈矩的"普鲁士基因"，再加上原有的儒家传统和科举文化。得益于科举考试而成功的人，就像上了釉彩的出窑瓷器，马上可用，但你如果想对瓷器做什么改动，结果一定不是刮伤就是破裂。还有的国家后来还又加上了苏联式教育的实用速成导向和思想灌输功能。普鲁士的教育初衷不是培养出能独立思考的学生，而是大量炮制忠诚且易于管理的国民。当今社会需要具有创造力、充满好奇心并能自我引导的终身学习者。

以知识为核心的应试教育受到人们广泛诟病后，日本尝试了追求创造精神的快乐教育，希望帮助孩子成为最好的自己。然而减负快乐教育后果不佳，收效甚微。这种宽松教育追求创造力的培养，却忽略了前提——基础知识的积累与巩固。其最大问题在于：它只可能适用于世外的校园，而不适合这个竞争的社会。日本的尝试很容易培养出及时行乐、逃避责任的一代人。这一结果又逼迫日本逆向实行"去宽松教育"，朝着"教育强劲化"的方向发展。

1632年夸美纽斯《大教学论》最早提出了以确定性、机械性、标准化和批量为特点的教育制度，如，固定的学年、固定的班级授课等制度。牛顿经典力学（世界观）的出现更在理性上强化了这一现象，人们追求制造流程的机械化、批次化和产品的格式化、标准化。与此相适应，教育及人才培养更严重地强化了此倾向。直至今天，在牛顿经典力学思维模式指导和强化下，教育部似乎成了一个工业部，各个学校就成为了下属的工业生产部门，教育成为了工业化的生产线。在确定、机械、批量、标准特点的格式化教育下，个性突出、成绩一般、顽劣不化但有特殊潜能者，有可能成为次品或废品。

在经典思维世界里，对象与观察者间的相互作用小到都可以忽略，事物的表现是独立于观察者的，一切都是客观的、自主的、宿命的、不可改变的。而在量子思维世界里，对象与我的相互作用大到无法忽略，微观事物或者深入的细节随着观察者的行为，而表现出相应的变化。

人脑思维处在微观，人的言行体现在宏观。人的某些感官感知经典规律，某些感官感知近似量子规律，人是宏观与微观，量子力学与经典力学适用规律的结合，当代有关人的思维是量子性的假说和实验依据的发现，特别暗示了不能以惯性、机械、分割的方式看待人的思维。

受量子理论的"波粒二象性"启示，我们应该明白，人性的善与恶应该多重状态并存，不存在单一的确定状态，关键看观察角度与施加的影响，教育应该通过积极暗示、顺势激发引导被教育者的发展方向。量子理论的"几率波函数"启发我们，人不可能像机械那样确定，随时可能因观察者不同而发生变化。同样，"测不准原理"及"量子纠缠"也启示，被教育者与教育者之间存在强烈的相互作用与暗示诱导。

人的潜能、角色和表象是多样的，其演化方向取决于教育者对其定位和干预的角度与方式。就被教育个体而言，即只需选择性地对其最感兴趣或者最优秀的方面进行引导，就可能培养出最优秀的学生。

感知了量子思维哲学精髓的人们，那些在实验中发现人的思维是量子性的人们认识到，微观和意识的世界中，物质的发展和运动恰恰是量子化的，即跳跃、不连续、不确定。量子力学催生了现代信息社会，搭建了以芯片、计算机、网络、人工智能支撑的平台。与此相适应，教育及人才培养模式本也应迅速改变，以多变、互动、个体针对、点菜式、非标准化为特点的教育模式会应运而生。

日常生活中，最能体现个性化和个人价值的是餐饮，其可对未来教育产生重大启示。基本的热量和营养是每个人必需的，但也有个体差异性，各种美味佳肴则在结合两者特点的基础上无穷变化着色香味，使得人们的饮食过程既是物质享受，又是精神享受，所以人人都乐在其中。温馨个性化的餐厅让人轻松愉快，流连忘返。

如果教育能如此实现差异化运行、点菜式选课教育、点菜式服务，学习和教育就不会成为沉重负担。合格和特色、标准和个性等并存，可使教育效果最大化。

寒暑假是进行不同思维、不同教育探索的重要时间段，特别是实践思维。然而在许多地方，寒暑假已经完全被异化，向着不同方向异化，失去了寒暑假应有的教育和育人价值,违背了教育规律、科研规律,也违背经济规律。

在没有空调的时代,极端气温会造成生理上的不适,包括知觉、情感、记忆、思维等一系列问题,影响学习效果,不宜教学;而更重要的是,人的大脑是一个自组织功能系统,犹如计算机需要自动定时的内存碎片整理,学习到一定程度需要给大脑一定的休息和知识整理时间,为下一步的学习做好准备。

寒暑假是为学生专设的实践时间,用于走出课堂或者校门的实践教育;而不是为教学、管理、后勤服务人员设立的法定假日。开阔眼界和思路,适当休闲的非课堂性质的游学、游研、实践、研究,应该是师生的寒暑假主要行为。有必要对目前的教学教育时间分配模式和功能进行改变,可以先解决好假期问题,后解决周末问题,再解决课外问题,最后攻坚,解决课内大问题。

陶行知说:"中国教育之通病是教用脑的人不用手,不教用手的人用脑,所以一无所能。中国教育革命的对策是手脑联盟,结果是手与脑的力量都可以大到不可思议。"

在教育主体论述上,传统的教育要么强调以学生为中心,要么强调以教师为中心的教育模式。通常以学生为中心的教育模式,在教育考核与教育实施中,既会激发学生的主动性和积极性,但也会呈现出对学生的过度迁就,忽视了学生的被教育身份以及所处的幼稚年轻成长阶段的角色特点,容易产生学生随意说了算的弊病。而以教师为中心的教育模式,虽能更好地体现教育的系统性和规律性,但也容易落入教师一言堂、单向强制性灌输的俗套,而忽视被教育者的兴趣与主动性。陶行知说:"要想学生好学,必须先生好学。唯有学而不厌的先生才能教出学而不厌的学生。"

当下和今后,应该进入第三境界,即我称之为"学生能力和素质达成"为导向的教育模式,就是既要包容学生为中心和教师为中心两者的优势,同时也要超越两者的缺点与不足,强调师生共进,将教育的整个过程,用一个统一又多样的考核评价体系进行衡量,即,是以追求提高学生的能力和素质的达成，作为最终目标。并以此作为教育的追求目标和考核依据，重过程、重体验，尽量避免僵化的书面考试形式，尽量采用在线、实时、原位的实践实训教育和评估方法，师生共同走过同一教育过程，互相促进，并进行主观和客观相结合的评价。

九、氛围篇

自然、生态、社会

　　生态链、社会链，环环相扣，善待才有善报，需关注发展的奇点拐点前后的临界突变；有限权力有限腐败，无限权力无限伤害；原创靠个体，有力靠集体，治理靠逻辑；人民是目的，国家是手段；告别思维垄断，让个人、自然、生态和社会实现自由全面永续发展。

　　本篇的重点是奇点拐点。

第 141 章

道高一尺、魔高一丈的生态临界

2020 年的疫情告诉人们，对自然和生态要葆有爱心、怀有敬畏，不能打破人类与自然相安无事的边界，哪怕是一个人打搅、侵犯了生态、野生动物，那么被无情报复的对象将是全国、全文明、全人类。所以，面对生态和自然，一个人就担负着群体的责任，每个人都肩负着全民族、全人类的责任。

生命的存在，在科学上有基本的特征定义：自组织、自复制、自适应，而不是被组织、被复制、被适应；这样的生命包括生物实体的个人、自然生态、社会组织，也包括具有生命特征的非生物实体的资本和权力等。

自然生态的演化以及和谐，依赖于物种的多样性共存和食物链循环。元素链、食物链、生态链、社会链，环环相扣，它们和而不同，缺一不可，相克相生，相互间竞争共生，但不能出现某一类物种的生存垄断。每一次生存垄断必带来垄断的结束，比如恐龙灭绝。每次垄断的结束，伴随的都是生态灾难和破坏，随后重新开始缓慢恢复和再次协调竞争。尊重所有物种所有资源和每个人的应有权利，才能有真正、永续的和谐安定。

生态中生物多样性、差异性复杂而均衡，对生态自然破坏最大的，是人类自以为是的人类中心主义。为永续发展，必须把人类的野心关进笼子里，再把锁在笼子里的被观赏动物们，放生回大自然里。

违反生态的强制力，如过多过频的人工干预，必会激起自然生态道高一尺、魔高一丈的反抗，发展的奇点、拐点就会出现，其前后的规律会完全逆反，亦即导致弱者淘汰、适者强者生存，进而繁衍出能抵抗外界干扰的更强大的抗性变种，甚至是变异的生物种群，使外界强制力最终失去效力。与生物生态相比，人类社会的生态，也无不是如此。但人们狂妄地认为，自己的社会是例外，而常常忘记历史和生态的教训。思维僵化、迷信人力、忽略联系、阻隔交流，会导致雾霾污染和疫情病毒出现，而雾霾和疫情又会进一步逼迫所有人不得不戴上口罩，让每个人无法畅所欲言地表达，只看得见彼此的双眼里，只剩下相互提防和戒备。所以，尊重规律、机会均等、公开竞争是生态和社会共同需要遵守的原则。

经济学上的"鲶鱼效应"，强调了竞争存在的重要性。离开大海的沙丁鱼在运输中，很快就会死去。而几条鲶鱼在运输容器里的存在，会使沙丁鱼为躲避这个天敌而不停游动，从而保持旺盛生命力。如此一来，沙丁鱼就条条活蹦乱跳地回到渔港。"鲶鱼效应"说明，可控的竞争对手的存在，对提高种群整体活力的重要意义。

农药是生态调控的化学或者生物手段，用以保证粮食安全，减少病虫草害对人类粮食需求的威胁。即使农药再绿色，也必须小心慎用，防止其打破生态平衡。因为，物极必反，强力的杀灭手段，犹如形成了一种压力，成了逼迫物种通过突变进化达到适者生存的目的。快速进行演变产生的抗性筛子，最终可能导致抗性病菌、病虫草害的产生，每次杀灭行动中幸存下来的生物，都是种群中的强者、佼佼者，强者们杂交繁殖的下一代，被再次杀灭筛选淘汰而幸存下来的，将是更强者……如此，原来的手段就失去效用，不得不发明创造新的农药，就成为唯一的选择。

更为有趣的是，转基因作物最初的出现，也是为了减少农药应用的同时，防治病虫草害，所以转基因作物另外一个名字是植物内源性农药。在连续几年种植抗虫转基因棉以后，原有农药杀虫剂用量确实会大大减少。然而一旦发展的奇点、拐点出现，规律逆转，物极必反，原来微不足道、被抑制的像甲类昆虫，在失去天敌以后，大行其道，反而疯狂地危害棉花和其他作物，这又需要创造新的符合转基因时代的新农药或者新的转基因作物。

一个小小的历史故事就可以让人们理解，在"过了头"的生态环境重压下，生态和产业是如何改变的。

人们知道转基因大豆，但并不知晓草甘膦除草剂的故事。上世纪八十年代，在面对超高效、高选择性、无公害绿色除草剂的进逼下，相对落后的草甘膦除草剂依靠转基因大豆，起死回生了。由于广大民众对农药有害偏听偏信而义愤填膺，以及专业知识的缺乏（事实上，农药使用问题很复杂，一点不比医药简单），减少农药使用或者不用农药，理所当然地成为人们欢迎的"政治正确"举动。

转基因大豆的一个重要功能是不怕杂草，原因不是此大豆有什么神奇，而是转基因大豆和草甘膦除草剂必须配套一起使用。该大豆中含有不怕草甘膦除草剂的转入基因，而草甘膦则是非选择性的、中度毒、灭生型除草剂，如此配套共用，大豆田里的杂草当然是寸草不生。这种当时最新颖的时髦技术转基因生物技术，在大众耳朵里比农药听起来舒服多了，有关方面又回避了使用农药的真相，特别回避了使用草甘膦这种低技术含量除草剂的事实，致使转基因大豆种植技术快速流传。由此可见，为解决一个粮食与生态平衡问题，专家先是引入一个变量农药，当出现农药被过度使用问题后，专家只好再引入一个变量转基因，使得农民为了保证产量既要买转基因的种子，又要买草甘膦农药。

今天人们需要关注的是，我们是否在认真地按照转基因作物的法律条规和种植与使用规范在治理和发展转基因农业，是否保证了生态安全，如何不断改进种子和农药的组合，而不是作一些偏离主题的、类似于意识形态的无谓争论。准确地说，如果没有按照规范执行，转基因确实有危害，其最大的危害是生态安全，也并不是食品安全。奇怪的是许多人在争论转基因问题时只关心食品安全，而无视生态安全。这有可能是人们更关心自己的生死，而不关心生态的和谐与永续的短视在作梗。

1962年，美国海洋生物学家、自然作家蕾切尔·卡森女士的《寂静的春天》开辟了一个重视生态、重视环境保护的时代。几十年后，以不浪费每一个原子为目标的原子经济性原理得以产生，化学接受环境生态伦理的规范，而产生了绿色化学。处在当代崇尚生态的时代，人们可能会对空洞无物的政治或者乌托邦的政治理念失去兴趣，而对身边的生态和长远的生态环境保护兴趣盎然，甚至如痴如醉，从而产生了一种流行的意识形态，成为新的政治组织，如绿党。

作为政治诉求或者意识形态的生态环境保护，已经与科学的生态环境保护不是一个含义，为获取绝对的安全感、利益、特别是政治权力，人们很容易远离科学理性，让情绪感性地放肆，有时甚至更接近权斗。所以，人们把偏离科学理性、说过头话、为了保持原始生态而反对一切改变的人称为"保守者"，有的激进科学家将这类人士称为"生态政客"，而不是关心民族、国家集体利益的"生态政治家"。

联合国在推动生态环境保护中卓有成效，但在某些有偏见的生态政客的诱导下，也同样犯了许多犹如"大跃进"等过了头的错误。查查从1992年的世界环境发展大会到近年哥本哈根气候会议的资料和结论，读者可以发现许多有趣的、很需要国际组织反省、后人反省、但却被人们选择性遗忘的无数事情，包括虚妄预言和承诺，其中2000年前，失言的农药种类替代预测和承诺就是一例。

"中国特色"常会被乱用、被贱用为万金油，哪里需要都可以拿去涂抹，没有实质支撑的、无处不用或者强词夺理的"中国特色"，有时倒可能会成为拒绝常识和理性以及进步的借口。而在城市绿化方面，顺从自然、因地制宜保护生态的"中国特色"，倒真是值得品味欣赏推广的一种特色。在西方，由于人少地多，住宅稀疏，采用大规模平面草坪绿化，尽管整洁悦目，但城市街道少有林荫和会唱歌的鸟。在中国，由于人多地少，大楼密集，所以大家已经习惯较少采用完全的平面草坪绿化，而更多采用树林绿化、垂直绿化，结果城市既有林荫、小区里也会出现鸟语花香和"爬山虎"等天然绿化的坝墙。

第 142 章

演化的多样性：被动与主动和共同

基于现代基因的"夏娃理论"认为，六万年前在冰川期结束后，靠近赤道的幸存下来的非洲人，由非洲开始往东南亚方向行走，由南至北进入了中国大陆，从而取代了冰川期前因严寒灭绝的本土人。所以，主流认为，所有现代人的祖先都是二十万年前的一个非洲妇女。据中华曙猿和世纪曙猿化石的古化石研究，又有不同的另一说法：最初一批类人猿可能是在距今四千万年前左右从亚洲移居到非洲大陆，而不是相反的路线。无论哪种理论和实验结果都告诉我们，今日人类具有共同的起源，看来是确定无疑的，因此人类拥有某些共性或者共同价值，是有物质基础的。

达尔文演化论的伟大，不在于能否完善解释生物进化的每一个环节，每一个步骤。演化论的真正伟大之处在于，完全否定了人类神创的任何可能，彻底打破了对人类思维和精神的无形约束。

复活灭绝的动物，在未来不会令人吃惊，真正令人惊奇的是，人类有可能与机器人融合，跨越机器人、跨越人工智能，进而突破达尔文演化论的局限。未来，甚至故去的人们，可以继续存活在互联网里，存活在生理性或者精神性的半机器半生物的物体里。人类完全可能通过发明思维跟踪模仿器或者软件，模拟肉体曾经存在的人们，实现网络上能言会道、有感知触觉能力的虚拟灵魂，进而能真正创造出虚拟生命、虚拟大师、虚拟伙伴。

如果说文艺复兴是对险遭失传的古希腊文明、文学艺术、纯粹人性的恢复和"复辟"，那么，达尔文演化论就是让人成为主宰，让作为文明进步主角的科学由隐性走向显性、从后台走向前台，为技术操控文明进程打开了大门。

如果说确实存在"人格"上帝的话，那这位上帝就是一位科学家，是位生物学家、物理学家、化学家，他能合成生物，创造元素，打造江湖。可以说自然是上帝，自然的规律就是进化、演化。可以说时间是上帝，则时间才是伟大的工程师、艺术家，唯有时间才能对物种进行永不消停的演化。可以说道是上帝，时时常见的道和无处不在的无形的道，在调控着天下。

物种在环境胁迫或者诱导下，会以优胜劣汰、适者生存的方式进行被动进化，过程通常缓慢。但在人为条件下，这种进化可以被加速。比如，在农药、医药的压力下，昆虫或者细菌会加速进化，进而产生抗性，出现抗性物种，这似乎是自然物种的"被动创新"。

在人的一生中，通过个体主观的努力，会以"用进废退"的方式进行主动进化，使生物过程加速或者减缓。"用进废退"是主观意识或者行动，创造一个人造的环境，改变人的器官性能，这是自然物种的"主动创新"。通过主动常用，使得宏观运动与微观血流结合，如运动躯体、运动大脑，进而使组织器官及其功能强化。运动和劳动这种代谢强化，就是人体和大脑主动演化的主要途径。

生物不同于物体、特别是机械产品的显著特点，是具有个体差异性和部位差异性。经常运动的部位，因为需要更多的血流，导致血管扩展，扩展的毛细血管将更多的营养物质送到运动的部位，犹如春水滋润干枯的田地，使之充分地新陈代谢、茁壮成长。反之，较少运用的身体部位，血流减少则功能萎缩，犹如田地缺水而干涸。此时若能及时改变，如增加躯体运动、大脑运动，血流会重新增加，渗透到运动部位，那部位就会重新长出毛细血管以运送营养，犹如水浸润了板结的土地，促进该部位的成长。年老者需要经常动脑，以防止老年痴呆症，就是这个道理。

如果说生物进化对我们的思维有什么启示的话，那就是，我们人类还远不完美，而且永远不会完美，至多只能趋向完美，我们永无止境地走在演化之路上。在演化中，最为重要的三因素是基因、环境、时间。在宏观上，三者泾渭分明，很容易辨析；而在微观和分子水平，三者融合为一，能体现为基因突变频率和程度、体内菌落特征以及表观遗传规律。物竞天择，适者生存，犹如剧本般生动诠释了三者协调的重要性。

进化告诉我们，革新不能过分膨胀到消灭所有保守的程度，特别是那些具有重要价值的少量保守。比如，人们会认为鸟与恐龙毫不相干，但又有几分相似。事实是，鸟由恐龙的一支演化而来，鸟是生存于现当代的恐龙，由鸟和恐龙的关系可以发现变与不变、革新与保守的相互关系。

生物的演化，并不是身体的全部器官均可以变化，而是绝大部分能够顺应自然环境和条件尽可能地变化，保证物种的发展，极少部分高度稳定保守，以保证物种的存在。比如，人体、动物、植物等生物的最基本组成是细胞，细胞活力离不开能催化各类化学反应的蛋白质酶，而蛋白质酶结构上存在保守和进化两部分，均必不可少，各有功能和作用，但通常保守的部分所占的空间和原子数目比例极小，却意义重大。

探讨一个事物的成功失败无外乎外因及内因，就像种庄稼。植物能否生长，长势好坏，主要取决于种子和环境，简而言之，就是基因和土壤。因此失败的根源不是在基因，就是在土壤。如果要庄稼长得好，要么改造基因，要么改造土壤。凡是在别处物种大都长得很好，而在此处长得不好，说明是土壤问题；凡是此处大多数物种都生长得正常或者比别处好，而只有个别物种长不好，那往往是基因问题。看国家、看文明、看社会、看地域、看自然，都有类似的道理。内因如基因，外因如土壤，长期对应共存，就会产生内外因在遗传分子水平上的结合和体现，即表观遗传规律和现象，两者难舍难分。

表观遗传进化研究发现，记忆居然真的可以遗传。2019 年，以色列特拉维夫大学与美国普林斯顿大学的学者在《细胞》发表文章称，线虫的记忆能够被遗传三代到四代，这也就是说，神经活动影响生殖细胞。这显然颠覆了过去的教条——人们一直认为，环境影响不会改变生殖细胞里的遗传信息，神经活动不会影响后代的命运。线虫也同样一朝被蛇咬，世代怕井绳，被铜绿假单胞菌伤害过的线虫，会躲避这一有害细菌。更神奇的是，它们的后代，尽管从未接触过该细菌，但也会恐惧、逃避。这种现象可以维持四代。

研究发现称，由于谷子（黄小米）与中国人的八千年的共同演化，彼此最为适应，吃谷子最有利于中国人的身体健康，不易得糖尿病、高血压，而如果改吃面粉、大米，情况就变了。谷子是中国传统的食物，北方半干旱地区的主粮，种植历史早于小麦、水稻。谷子氨基酸含量和矿物质含量，在谷物中是最高的，还富含有利睡眠的色氨酸。

生物世界在不断演化，所以，不能傲慢地认为我们强于先人，只能说我们比先人更为幸运，出生在更为文明、昌盛、自由的年代。需要感恩我们的先人，如果我们处在他们的年代，在那样的物质、精神环境条件下，可能远不如他们。不能因为我们今日每个人懂得比牛顿多就自鸣得意，自大地说牛顿有局限。如果回到从前，我们远不如牛顿。

第143章

人格上帝与自然上帝、哲学上帝

惶恐不安的人们寻找着心灵的寄所，终于找到了名叫上帝的"人"。上帝是基督教中的最高神，超越自然的最高神，人格化的最高神。然而现实无法证明，人格神、超自然神、个体物质意义上的人格化的上帝是否真的存在。而作为自然整体及规律象征的"上帝"倒确实存在。瞧不起众多哲学家，但极其敬佩老子的尼采说，上帝死了！是指作为人的上帝死了。斯宾诺莎说：上帝就是自然！爱因斯坦说，我信仰斯宾诺莎的那个在客观事物有秩序的和谐中显示出来的上帝，而不信仰那个同人类的命运和行为有牵连的上帝。

尽管有人比喻科学家是拟人化的上帝，因为科学家们能合成生物，然而，人工合成一个具有抗癌作用的天然产物，需要几十步条件苛刻的化学反应，但在自然界，这几乎是区区小事，因为经过几十亿年的生物进化，自然界合成这样的物质，有时只需天然温和的几步反应。人类与自然相互关系的历史告诉我们，模拟自然的收获回馈，侵犯自然的得到报复。老子《道德经》所揭示的"自然"，其含义不仅仅包括天然自然、人类社会，更指事物按其自在的规律、不受外界干预地发展变化。

人们惊叹自然的伟大、自然的精妙在于，虽然时间、宇宙空间同时诞生，但对人及宇宙内一切存在而言，命运与变化取决于时间，没有时间就没有空间，就没有一切。时间作为无边的舞台，也作为居功至伟的魔术师，将有形的消失、无形的永存，使极端的灭亡、和谐的长兴，诠释着无中生有、上善若水的规律。

道法自然，可惜道家除分化出异化的道教外，退归山林，对社会影响较小。犹太基督教文化，人格化上帝后让其进入社会，对社会影响较大。

宗教和科学都坚信有一个主宰世界的神秘力量，在探寻这个伟力的踪迹和特征的时候，宗教同科学可能携手，宗教归因万能上帝，科学则归因自然之道。我们是自然的一部分，人能够运用自然，但不能够战胜自然；人能够局部改变自然，不可能整体改造自然；人能够一时控制自然，而不可能长远驾驭自然，因为人只是自然极其微小的组成部分。

发现，是创新不是创造，是对自然象征的"上帝"的发现，发现自然原已存在的规律。发明，是创造，是对自然规律的适度化运用，即使性能超越了原有自然的性能，那也是在忽略一切其他相关和谐特性后的极端应用。对自然的过度极端化运用，犹如创造了魔鬼，很容易导致物极必反，遭致"上帝"报复。

从自然生态进化中、上帝创造自然中，人们得到启发，合成生物学作为绿色发展重要手段应运而生，其特点是在逻辑上强调源于自然、高于自然、回归自然。

原始的人类无法认识自然，也就不知道或者没有能力利用自然的力量和改变优化自然，所以，一方面错误认为人定胜天，另一方面对今后的时机变化存在幻想，幻想超自然力量的存在，如上帝、神仙等，以及人类的特异功能。企图通过巫师祈祷超自然力量，帮助达到人们的目的。

我们每个人，决不能因年迈力衰而变成"神父牧师们的猎物"，爱因斯坦认为，神就是宇宙自身，崇拜"宇宙宗教"，可让研究者敬仰宇宙的合理性和可理解性，也可让研究者因对象和结果的完美而竭尽全力去探索。这一独特的"宇宙宗教"塑造了他的人格，鼓舞他探索"自然界里和思维世界里所显示出来的崇高庄严和不可思议的秩序"。

心有戒尺、心有敬畏、心有信仰，不是坏事，关键是仅限于心，而不要以此干涉世俗社会。惧怕人格上帝的不少是小人、相信自然上帝的是君子、崇尚哲学上帝的是圣人；信仰人格上帝的是大众、信仰自然上帝的是精英、崇尚哲学上帝的是神人。

第 144 章

生态和社会的基本条件：阳光与水

外星空生命存在的基本前提是：一颗如太阳的发光恒星，一颗围绕恒星运转的如地球般有水的行星。恒星与行星间的距离太近，则行星的温度太高，水会全部汽化，生物无法生存；恒星与行星间距离太远，行星温度太低，水会永远冰冻，生物也无法生存。碳元素是生命的基质，生命的存在依赖取决于阳光、水，生命的形式就是碳水化合物，是阳光和水调控下的碳元素循环。

道家讲，上善若水。有水的地方，生命才开始出现，古老的城镇城市才能兴起。水至柔、谦虚无形、处下不争，以利万物，滴水穿石，无为无不为。阳光使人快乐，人体内的许多反应需要阳光驱动，如强化骨质的维生素 D 的吸收等，阳光分解水得氢气、氧气，能提供未来最洁净高效的能源。所以，人们喜欢如阳光般的灿烂，如水样的柔情。

阳光就是正直、坦诚。因为阳光之重要，我们应该是追逐阳光的孩子。我们需要阳光童年、阳光少年、阳光老年、阳光官员。阳光就是真诚、光明磊落。天底下万事万物不可能永远令人满意，总会有黑暗的一面，但光明总会战胜黑暗，因为人的双眼总在追寻阳光。

一个人的微笑频度反映了一个人的内心是否正常，是否阳光；一个社会的微笑频度，反映了一个社会是否正常，是否阳光。害怕阳光，是人或者社会掩盖真相、心理阴暗的条件反射式的表示。人类和生物自然向着阳光，黑暗难有永久的市场。

没有阳光，就没有生命。地球上，从气体到植物动物，以及食物链的碳循环，是依靠太阳的光合作用得以进行。万物生长和生存都靠太阳。因可以获得充沛的日照，小树林中边缘的树木，虽不高，但往往非常粗壮；

而树林中心的树木常常又细又长，看上去弱不禁风，因为这些细长的树木生长在树林中部，只有争相攀高，才能获得更多的阳光。缺乏光照而纤弱的树木，虽也能长得高出树林，一旦遭遇台风夹击，会折头断枝满是创伤。

人的心情与阳光密切相关，因为生物界的许多生理过程和化学反应必须依靠阳光，光物理、光化学、光生物影响着人的健康和情绪，特别与抑郁相关的各类化学反应都与光照不足相关，适当地接触自然阳光是"上帝"赐予人物的福分。

在阳光稀少、地处偏北近极地的北欧，如瑞典就特别重视灯光布置，以保证在长长的黑夜里灯光始终非常柔和通亮，以补充阳光的不足，防止抑郁症在民众中频发。而一旦晴天阳光灿烂，人们都蜂拥而出，自动放假，享受久违的阳光。

阳光是最好的防腐剂，短波强烈的紫外线杀灭细菌、病毒，但长期暴晒，对人也有伤害，导致皮肤癌。

当你抬头望天，头顶上的苍穹蓝得幽深，天边是透亮的浅蓝，而不是模糊不清的灰暗色，这说明天空没有被污染，阳光是纯净的，我们可以尽情呼吸和歌唱。

第 145 章

老鼠社会乌托邦：繁荣与崩溃的突变

庚子鼠年春节，瘟疫降临之际，有人历数发生在鼠年的故事，大多牵强附会。不过人们至少有了印象，老鼠在生肖上原来排在第一位。鼠辈虽小，但作用很大，令人惊讶。

研究用于人类药物，我们必须用老鼠做药效评价模型；研究社会政策和治理，也能用老鼠作为评价模型，因为老鼠是社会动物；研究每个人的精神世界及其培养模式，也可以用老鼠作为观察模型，因为所有人类精神方面的药物本来需要通过老鼠模型的验证。一定程度上讲，"人鼠一家"，无论是观察研究个体生命、群体生命、还是人类"神明"，老鼠及鼠辈，都是很好的对象和模型。

人口的增长对生存空间及地球承载力是巨大考验，随之而来的问题包括粮食、土地、社会、资源和能源是否供应得上等。2025 年世界人口将突破 80 亿，2050 年将达到 94 亿！而当地球的承载极限真的被突破，未来会是什么样的？

1968 年，美国生态学、动物行为学家卡尔宏，基于对人口密度将会如何影响人类行为的思考，设计运行了一个以老鼠群体为研究对象的"老鼠乌托邦"实验，其对理解目前的某些社会矛盾有很大帮助。在一个边长为 2.7 米，高 1.4 米的方形"老鼠天堂"，装有食物和水的自动投放器。最初，四对老鼠被放入了这个能容纳 3000 只鼠的空间里，老鼠们衣食无忧，安全无虑。

老鼠繁殖能力极强，群体果然迅速繁殖壮大，每 55 天数量就会翻一番，第 315 天，数量达 620 只，至顶峰！随后事情开始发生转变，拐点开始出现，鼠口增长下降，变成 145 天增一倍，紧接着，老鼠的行为开始混乱，公鼠不再传宗接代，而开始互相厮杀争夺地盘，战败者失去社会地位，选择逃避交往；因为公鼠不能保卫家庭，母鼠就只能暴力捍卫权益，无心照顾小鼠，甚至将未断奶的也逐出门去。先后被父母抛弃的小鼠，由于缺乏家庭教育，不知如何做一只正常的鼠，最终被社会抛弃。但上一代的暴力攻击、逃跑回避等坏行为，则被传递了下去……到了第600天，社会体系完全崩坏沦丧，这时，幼鼠死亡率达96%，同类开始相吃，甚至出现了母吃子的现象，公鼠和公鼠竟然互相交配。

逃避社会的老鼠成了"宅男"，不参与任何社交活动，包括求偶交配，只等它鼠入睡后方出来活动吃东西。而更新一代的老鼠，缺乏交配、养育或社会角色的概念，所有时间都用于进食、睡觉和梳理毛发，成为"美丽的老鼠"。等最后一只幼崽出生后，母鼠们便完全停止生育，鼠口下降，直至灭绝。与单个个体老鼠的死亡相比，这种社会崩溃被称为"第二次死亡"。

鼠群的命运也隐喻着人类社会人口密度剧增下的可能命运。回头看看人类，某些征兆似乎在"老鼠乌托邦"实验中出现过：首先是人口增速停滞——世界人口过去100年先爆炸性增长，但近十几年已经开始下降，发达国家人口增长不到0.5%，而中国2018年人口自然增长为0.381%。人类越过快速繁殖期，进入了滞涨期。

与此同时，从美国到欧洲到日本，社会像"老鼠乌托邦"实验一样似乎已进入"性萧条"时期。美国疾病控制和预防中心调查发现，从1991年到2017年，有过性行为的高中生总体比例从54%下降到了40%。日本政府2017年调查显示，18岁到34岁未婚者中，超过40%的人没有性经历，70%的受访男性没有谈过恋爱，45%女性和超过25%男性对性无兴趣甚至鄙视性接触。最后，是"娘炮""丽人"的出现。

韩国10%的男性使用化妆品，而且阴柔之风吹向全球，同性恋以及性向虚拟方式也越来越多。和平富足的温情时代，英雄和强壮体力已没有那么重要，所以不少人拒绝扮演男性社会角色，以"丽人"示外，以获得年轻人的追捧和爱慕。这是一种社会功能的紊乱，是造成人口萎缩的失调和衰退。男性畏手畏脚，"女权主义"风起云涌，正成为一种潮流，女性更多参与雄性竞争，孩子越生越少。最后，出现这样的人类：惧怕社交，缺乏人际互动能力，长期不出门，迷恋电脑及手机和游戏，成为"啃老族"。

在此需要提醒的是，现代人类文明的进步，很大程度依赖来自可控实验所产生的技术，而这些技术在从实验室走向更大应用空间时，放大效应即误差难以避免，这在工程、产业、社会方面更为突出，特别是社会领域的受控实验本身就很难做到，而在应用过程中人际和社会复杂因素又使得放大效应极其突出，几乎完全非线性。

"社会失效学"应当成一门学问、作为"失败学"的下属子学科进入研究。许多社会模型和尝试，可通过以下步骤来逐步验证并放大实施：先通过研究虚拟社会，即由真人操控的游戏角色所构成的社会；进而过渡到在人工社会，即计算实验平台中的社会系统；最后推向真实社会，即人类的现实社会。

第 146 章

奇点来临？思维和社会发展的拐点

2011 年美国伦斯勒理工学院的 Jierui Xie 在 *Phys. Rev. E* 上发表的论文《坚定效忠的少数群体影响改变社会共识的方向》指出，以前的岁月，人类个体通过人际关系网络发挥影响力，进而深刻地左右社会发展的方向。在当时互联网还不存在的条件下，人际网络交流是社会采纳新共识，如意识形态、传统和观念的重要的社会框架基础。如果社会上存在一个独特的群体，一个随机分布、意图积极转化他人的、坚定效忠某个理念的群体，那么这个社会的主流民意就能够被迅速的改变，进而偏向新的共识方向。

通常这群坚定效忠群体的自身观念非常保守、难以被改变。一旦这个群体的人数占比突破总人口的 10% 以上，则整个社会的变化将会大大加速，甚至不可逆转。可见，数值 10% 这一判据就是奇点，就是群体思维发展的拐点、社会发展进程和方向的拐点。

在互联网时代和后信息化时代，由于人与人之间的交往更为快捷及时，相互间的交往在所有方向呈现出连接的普遍性、广泛性，并突出表现为个体的自主性，这种"坚定效忠的少数群体影响改变社会共识的方向"的规律和趋势不会减少和减弱，反而会加强并且多变。

存在这种规律和判据的类似例子有不少，如宗教变迁，典型的如政治化、意识形态化的伊斯兰倾向；而呈现的奇点、思维发展拐点、社会发展拐点变化的有许多，比如，历史上巴基斯坦曾经是印度教文明、阿富汗是佛教文明、北非和大片中东地区为基督教文明、中国新疆地区广泛兴盛的是佛教文明等。这些文明在百年间、数百年间、乃至千年间消失的主要原因，是以类似的方式，呈现原有文明的崩塌和被逐渐替代。典型的还有土耳其的反复不定的政教关系变化等。美国哥伦比亚大学理布里·耶特教授研究伊朗等国的政教合一的伊斯兰化速率曲线，而得出了临界点为总人口16%的结论。他认为，超过这个数字，趋势不可逆转。

类似的规律和可能判据，同样体现在和科学与迷信相关的大众传播和行为方面，特别是与大众每个人切身利益和安全密切相关的、似乎浅显易懂的社会热点问题，如有关食品安全、各类教育、饮食健康、转基因、农药、生态意识等。微信、微博上此类传言常蛊惑人心，我国具备科学素质的公民比例仍然不高是可能的主要原因。2010年我国具备基本科学素养的公民比例为3.27%，2015年是6.2%，2018年达8.47%，进步虽然迅速，但与美国在2001年的17%和2018的28%相比，相距仍然甚远。科技强则工业强，工业强则国家强。我国懂得科学技术人员占人口的比重也很低，如我国过去是2%，现在的统计是上升到了6%。但和美国的10%相比差距仍然十分明显。

2020年全国严重疫情的发生和蔓延，一定程度上和我们大众科学素养和科技人员占人口的比率较低有关，均低于10~16%，尚未突破、尚未超越社会和思维的拐点或奇点。由此可见，让"赛先生"把握中国未来的方向，仍然是任重道远。

在本书的第一篇，我提到，随着人工智能、合成生物学等快速发展，一个超级人类和无用人类并存的时代就将来临，一个重要的拐点或者奇点、一个惯性和跳跃的竞争争夺点，我认为，就是看智能机器人的"人口"是否相当于总人口的10%~16%，直接从事人工智能化产业的技术人员人口，是否占所有总人口的10~16%，当这些拐点或者奇点一过，我们欣喜和担忧并存的未来就已经到来。

人工智能将有可能驱使、逼迫、诱惑、分化人类，将其中一部分掌握高新前沿科学技术的变成"超级人类劳动者"，即"超级人类"；另外一部分则会成为吃喝等死、闲极无用的垃圾，即"无用人类"。现有人类社会的所有活动、所有的工作，将在人工智能普及后，在机器和人类之间重新分布，只有适合人、只有人才能做的事情，才会作为人类被保留下来。

解决经济发展、解决生存发展等问题，是人类面临的第一次挑战。而解决休闲时光的问题，是人类从未有过的、必将面临的比解决经济发展问题更大的挑战。无所事事的人们失去了世俗任务，失去了传统而明晰的日常工作方向，反而会遭遇着前所未有的压力：心灵空虚、不知道如何让自己和他人开心、不知道生活的意义、不知道该魂归何处。

有史以来，人类没有为一个技术极度繁荣、物质供过于求、传统劳动形式几近消失时代的到来做好准备，大多数人没有为"闲着无事做"的休闲时光做好充分准备，无论是思想、教育、社会、还是制度等方面。追求经济效益最大化、追求物质利益最大化、追求个人欲望功利享乐最大化、追求……等等千百年来的思维方式早已根深蒂固、不可动摇。当我们物质生活不再成为人们唯一兴趣、追求的唯一目标时，每个人该如何种好心田、提升精神境界作好准备，成为重要问题。

跨过拐点、奇点，在物质极大丰富以后，如果我们大家通过学习、研究、创新，转化休闲时间为创造的源泉，"无用人类"就能成为"神仙"人类；通过娱乐、体育、社交等增进社会性、价值性的活动，能使只会人机交流的"超级人类"和"无用人类"都成为"神仙"人类，那么，每一个人都将获得物质和精神的自由和全面发展，"神仙"社会就会来临。

保罗·科利尔在《战争、枪炮与选票》一书中，也提到了一个人均收入的社会发展拐点。他否定了"无条件的民主热情"，也否定了"无条件的专制热情"。通过实证研究发现，民主是否真有好处，实际取决于经济条件，而不是天真的想象。他破除"选举迷信"并指出，在极端贫困地区，可能会越民主越有暴力；而相对富足的地区，可能会越专制越容易暴力。"极端贫困"和"相对富足"间的奇点、拐点、分界线是人均年收入2700美元左右（2009年基准）。在此收入以下的地区，民主很可能是危险的，而在以上的地方，专制则可能是危险的。

他还指出，健康的自由民主制有两个基本要素，一个是选举，一个是制衡。不幸的是，在大多数贫困国家，民主被简单化为只是选举。贫困国家的很多政治强人之所以愿意接受"民主化"，就是因为他们有足够的把握"赢得选举"。令人悲观的情况是：贫困国家的政治家们之所以如此糟糕，很大程度上是因为人民允许他们如此糟糕。其可能的出路是，不同的区间和时期应采取不同的对策。当经济发展后，在族群多元的国家，专制比民主的表现将会更糟。

第147章

诸子百家的批判思维与帝王独唱

中国历史上，出现了许多第一人，甚至几乎是世界历史上的第一人：明君李世民，科学家墨子，神医华陀，哲学家老子，军事家孙子，著书《西游记》的幻想小说家吴承恩，教育家孔子，民本先知孟子，工程师大禹，诗人李白，书法家王羲之，女皇武则天，航海家郑和，怀有航天梦想的万户等等。漫长五千年的文明史，中国能拥有这些人，我们不应感到惊奇。而应奇怪的是，为什么在中国只有这些古人让我们倍感自豪。

中华民族，犹如早慧的民族，有着天才般的童年和迟钝的后天。在这诗意盎然的国度，焚书坑儒、文字狱在几千年的历史上一再重演，独断专行最终淹没了多维思想，使民众失去了自由思维能力。

春秋战国的纷争战乱，管束体系的崩溃，各种学说乘机甚嚣尘上，形成了思想多元的道、墨、儒、法等百家争鸣的局面，成就了第一批群星灿烂的大师，学术和科学达到一个极其繁荣的地步，批判性思维、创新思维蔚然成风，彼此各邦思维自由、精神独立，形成了迥异于西方和欧洲的思维体系。

老子，将始于炎黄的道的思想，创造性地集大成，论述无为而无不治，治大国如烹小鲜的道理。道家真正强调普遍意义的平等，包括物我的平等，为便于治理和实现这一理想，老子宁愿做一个没有征战、幸福安逸的小国寡民。研究一下以色列的基布兹公社、日本的山岸实验村等，可明白小国寡民的道理；然而，在独尊儒家以后，道家后期被迫异化为带有一定神秘迷信色彩的道教。

道家一定程度上是带有消极出世色彩的，而儒家则是带有积极入世的世俗色彩。常言道，大隐隐于市朝，小隐隐退山林。如果道家以此行事，而不过于谦让，中国历史上的一些灾难也许能够避免。而以道家思想学说治国之时，往往是君子最为自律、珍惜民意，国家最为自由开放、繁荣昌盛时期，如唐朝。道家更多从自然角度看世界，儒家更多从人的角度看社会；道家以平等姿态、淡定心态看待世界，儒家以等级贵贱、尊卑优劣看世界；道家是真正意义上的哲学，儒家是伦理规范典章和教条。

衍生出古代中国众多学科的道的思想、道家道教，是中华文明核心的学科和哲学。孔子可以是中华文明的标识，但孔子学院不应仅仅只讲儒家儒学。值得注意甚至警惕的是，除道家外，其他中华各家学说，都强调民众在思想、精神上对上的绝对服从，包括墨子，墨家只关心民众物资需求和生存及经济权利，但忽视精神需求、思想和言论权利，最后把自己都给被逼上了绝路。

历史上法家、儒家争相向权力靠拢，为权力所用，并被无节制地滥用。儒家收敛，法家张狂。法家强化极权奴化愚民，儒家倡导刑不上大夫。愚民的先驱、厚黑的鼻祖，莫如《商君书》，其代表的法家助秦国强大并统一六国后，焚书坑儒，消灭方术，最终导致万马齐喑、专制集权，短短的十数年统一的秦朝崩溃。汉朝转而投向相对温和、抑制欲望和驯化民众的儒家，鼓励复古、崇上、宗亲，使汉朝延绵四百余年。

儒家思想，为大一统国家的长期僵化生存提供了可能，同时在磨灭民众的创造力方面产生了严重后果。如果说法家对民众是奴役、弱化，则儒家对民众是驯服、规化。儒家字典里少有创新、突破，只有伦理规则。仅有的儒家亚圣——孟子说过一句远远超越所处时代的话：民为重，社稷次之，君为轻，也被人们忘却。事实上，"儒家外衣、法家内核"成为数千年的权力治理的主旋律，与"儒道释"的民间文化内涵非常不同。

儒家以"家"为核心，以类比为逻辑，把国视为一个大家族，而不是平等、独立个体的联合体。一定程度上，儒家文化结构是胜者为王，败者为寇；为王者圣德，小人愚贱建立了依据。下对上的"忠"，少对老的"孝"，上对下的"仁"，左与右的"义"，犹如四根支柱，组成完整框架，形成社会体系。在儒家眼中，公平、正义、民主、法治、真理在其次。这样的框架，容易容忍上层的大权独揽和腐败，偏重道德良心制约，而严重忽视法律制裁。

从国与民的生存状态来看，国强民安、国富民穷、国强民富、民富国强，是完全不同的文明境界。重国轻民、重皇轻民成为中华几千年的传统。持续三千年的城市禁夜令，可见禁锢之残酷，皇族官僚自己可以夜夜笙歌，但视民众为日出夜归的猪狗牛马。中国历史是皇族和官僚主宰的帝王将相和才子佳人的戏台。民众和真正文明的创造者，绝大多数时间都是沉默的任人宰割的羔羊，只有在社会转型时期才可以有点作为。

背弃了道家和墨家思想精神和实践能力的古代中国文人只能清谈，无实践操作能力，眼高手低，只能成为皇室官僚的依附，从而任人宰割。中华古人，在知识学说发展中，缺乏身体力行的操作训练，不屑于在"脑与手"之间建立桥梁与联系，没有发展出系统的实验科学，也更不可能发展出思想实验。

被独尊的儒家，作为官方和乡贤崇拜的思想体系，根基越来越牢，影响深远并扩大到东亚。最后，儒家被疑为导致国家衰败、文明落后的"替罪羔羊"，在1919年"五四运动"中被砸烂。中国思想史上最后一家、唯一的一家官办垄断正规店消失了，就难免地摊店、路边店蜂拥而出。

学术百家到只有儒家一家，到最后没了家，实质的罪魁祸首，应是集权垄断的单一思维崇拜和权力垄断，而并非儒家思想，儒家仅仅是一个可以被权力随意打扮的工具。权力扼杀了思维，权谋巧术摧残了精神，这些年来论及权力厚黑学的书籍林林总总，而论及思想精神、心灵超越的书籍，要么凤毛麟角，要么千篇一律。导致千年来，一直演绎着类似的争权夺利、改朝换代的故事，这些故事吞噬着本应有思想的无数生命，没有为文明提供新的思维和精神。

历史一再重演，搬起石头砸自己的脚。《商君书》的愚民政策，就该有商鞅这样被追捕时无处可藏的悲剧下场；"请君入瓮"这一成语，以古典智慧戏说着来俊臣的自作自受及可悲归宿。极端权力的疯狂追求者，常常首先尝到自己制定的无视人性和民权的黑暗规则的滋味，亲自体验失去法律保护而被剥夺自由的苦涩。

在内忧外患和外来文明冲击下，整个国家进一步自戕，最后连一点空隙都被堵住；由文字狱掀起的各种迫害，使文明趋于崩溃。对思想传播的控制，对思维方式的约束，导致创新的枯竭；对生产力的约束，导致经济的落后。

有些西方人和本国的"香蕉人"，断定中国就没有批判思维或者创新思维，这显然不是事实。批判不应是否定，而是演化；批判性思维是思维改变的高级核心方式。春秋战国时代，"百家争鸣"中就充满着中国古代的批判精神、批判性思维。传统文化的"儒道释"就是通过相互比较批判融合而发展起来的融合整体，这些各家各派间的批判与相互批判，提升了民族的思维能力。而汉代"罢黜百家，独尊儒术"之后，道家倡导的多元思维泯灭了。虽然秦始皇和汉武帝看起来不一样，一个坑儒，一个尊儒，但结果是一样的，他们达到同一个目的，就是消灭批判性思维，让多元思维衰落了。

中华历史上，大一统为特征的集权、垄断和专制，几乎无孔不入，它用武力完成地理上领土的大一统，又以正统性为名大一统世界观；郡县和中央朝廷权力结构的大一统，导致政治、法律、经济规则的格式统一；外儒内法思想理念上的大一统，致使价值观和思维方式的统一……这些，完全窒息了文明的呼吸和成长。而倡导真理、逻辑、理性、实践并在世界遥遥领先的道家和墨家，被逐步贬抑为半沉默的或完全沉默的文明基因。

正像道思想、道家、道教一样，儒的思想实际产生于殷商周时代各民族的相融过程。孔子并不是儒家思想的创始者，而是一个民族传统文化的开拓创新者，是儒家的中兴领袖和集大成者。他冲破民族界限，顺应时代，奠定了新的学术。可惜孔子的学说一再被权贵阶层修改使用。

为了现实需要，某些盲目抬高儒家的思潮一再出现，在没有对诸子百家用科学理性、现代意识进行正本清源的情况下，再次尊崇诸子百家中的某一家，并标记上"国学"，可能会使历史上的剧目再次上演，这既会伤害儒家本身，以及儒家原初的清明形象，也会泯灭闪烁着思想光辉的道家、墨家。百年前，正是孔教论者，欲把儒学变为宗教、定为国教，试图建立并弘扬孔教，才最终导致群情激奋，赞成派与反对者针锋相对，进而引发了"五四"浪潮和"新文化运动"——极端尊孔思潮的结果，是最终导致极端反孔。

"五四"后，中华应进入一个中西交融、学术繁荣的新时代。科学、民主好像触手可得。在这个短暂的时期，由于全社会开放包容地系统继承发展了中华优秀传统文化，并且系统引进西方先进优秀文化，结果呈现出了人才辈出、群星灿烂的大好局面。

"五四运动"将近代中国的落后，概括为缺少科学、民主，实质是缺乏逻辑和民权，历史根源是两千年里，权贵对道家和墨家追求真知的压制。科学在中国没有发育长大的原因是人们遗失了逻辑，特别是形式逻辑。民生、民本、民权、民主是不同的、但层层递进上升的文明层次。民主没有在中国发育成功的原因是因为权力只可怜民生，但抛弃了民权，也抛弃了儒家孟子自己倡导的民本，毁灭了民众的聪明才智和灵巧双手。在此社会里，民众不会独立、不愿独立、不敢独立，只愿意"做稳奴才"。

民权不同于通常强调的人权，因为中国历史上就有刑不上大夫的传统。皇亲国戚、权贵乡绅也应该拥有人权，但他们几乎从来不缺特权，官本位猖獗，恰恰是民众缺乏最基本的人权，如生存、言行。人们在孔子的眼中，被分为君子与小人；在官宦眼中，分成皇上和奴才。官宦可以在内部有不同的分歧和声音，被称为君子和而不同；如果民众有不同的分歧和声音，就叫造反。

极其复杂的人际关系和潜规则，无处不在。它神通广大，为所欲为，破坏基本规则，成为文明进步的阻力。长期的反民主的历史和非民主氛围，使得每一个老少男女民众，似乎与生俱来就有了一有机会就从骨子发出"我要说了算"的专制权力欲望。

近现代中国历史由民众血泪组成。不能为了占人口很小比例的少数派意见，而否定大多数；也不能因为人口基数很大人群的意见，而忽视少数人的感受。多数和少数都是民众的一部分，都享有自己的权利。不问出身、性别、人数的差别，凡是为中华民族的文明进步做出贡献的任何人，都应该被铭记。如此才能有胸襟，才能再造领先世界的文明。

第 147 章　诸子百家的批判思维与帝王独唱

第148章

自省自觉和文明再造

人们常常在酒足饭饱后高唱卡拉OK，而不去理会唐诗宋词。只有在吟唱古诗词时，我们才会发现那些古典诗词的意境那么优美，正像用了虎跑泉水沏茶，才体会得到龙井的甘甜和沁人心脾的清香一样。

天时地利人和，使得唐代成为"诗的国度"。思想的开放度，决定了诗歌的兴衰。诗歌是我们当代人进入千年前古代人心境、精神和感情的重要途经，是我们与古人灵魂血脉相连的通道。

现在有人有意无意地在遗忘鲁迅，鲁迅假如穿越时空来到当下将会有什么样的遭遇和命运，是人们喜欢假设揣测的。鲁迅是近百年来对中国历史和传统文化，特别对占绝对主导地位的儒家文化所隐藏的问题、弊病了解最深的人，他的影响持续至今，今日北京大学的校徽就是由他在百年前设计而成。

可能由于鲁迅有医学训练背景，因而他成了近现代中国擅长社会病理分析的伟大思想家，他擅长以其在中日两国的经历比较，而对中国国民性进行自省，所谓爱之深、恨之切。鲁迅将国人性格的极端化描述为"愚弱"，愚蠢在缺乏是非标准，懦弱在不敢为真理而抗争，"但求做稳奴才"。时至今日，他在世时思考、焦虑、愤恨等社会现象，今天仍然经常发生，且活灵活现，中国的国民性并没有得到根本改变。鲁迅认为，中国传统文化最大的弊病是对人的压抑和束缚，对个性、对生命、对创造力的压抑。他以悲悯和无奈的笔触，解剖由此而导致的国人的奴颜卑怯、虚荣马虎、自私麻木、保守愚昧。

没有多少人知道英国李约瑟，包括理工背景的人。他借助史料和证据，以七卷的鸿篇巨制，论述了四千年中国科学技术发展史。李约瑟用英文A

到 Z 的 26 个字母来排序，列举了中国传入西方的二十六项代表性技术。对自惭形秽、自暴自弃、自我贬低历史的现代中国人，无疑是迎头棒喝。在公元的第一个千年里，古代中国对人类的贡献无疑是巨大的。美国坦普尔美誉古代和中世纪的中国为"发明与发现的国度"，详列了"中国领先于世界""西方受惠于中国"的一百项古代技术发明。如，公元前 2 世纪，西汉淮南王刘安记载了尿液中的性激素。现代计程车的鼻祖是汉代记里鼓车。现代名片，起源于秦代谒、汉代刺、唐宋门状、明代名帖。公元 10 世纪，现代免疫学的远祖、人痘接种技术起源于中国，是北宋丞相王旦所请的峨眉山道姑发现了这一治疗和预防的方法。西方足球源自汉朝的蹴鞠等。

公元 3 世纪的三国时代，诸葛亮以"攻心为上，攻城为下"，七擒七纵孟获，平定南方。"攻心为上，攻城为下"，告诉后人一个道理，一个社会要获得别人的尊重，必须要心平气和，一个文明要获得别人的尊重，必须自身强大，形成外界不可遏制的吸引力，方能对人类的发展作出引领性的贡献。

中国的古文明在当时领先于世界，火药、指南针、造纸术、印刷术以及道家思想的西传，对欧洲近代文明发展有巨大作用，因而为海内外有识之士所敬仰，以致在东亚出现了了汉字文化圈。古代中国文明还为世界贡献了诸如文官制度、象形文字等。然而，长期的思想垄断、夜郎自大、闭关自守、反对竞争、故步自封，使古老文明失去了进步的动力。因为文明的落后，原有的追随者、游历者逃之夭夭，转向欧美，而此时中华大地仍未能觉醒。

一千年前中国遥遥领先于世界。中国 13 世纪杭州、苏州、成都都是人口超过百万的大城市，而其他国家最大的城市，才几十万人。13 世纪欧洲最富裕的地方——意大利威尼斯人感慨泉州是光明之城，马可波罗来到杭州，不禁感慨杭州是世界上最优美最高贵的城市。宋朝城市，就有了正规的城市消防队。一千多年前中国华北的钢铁业年产就达一百二十五万吨，而 1788 年英国钢铁业年产才七万六千吨。中国 11 世纪开始使用纸币，公元 1661 年，瑞典才发行纸币，成为欧洲最早使用纸币的国家。

1800 年左右，当时中西方的实力开始相当，所不同的是中国相对实力开始下降，而西方相对实力开始快速上升，拐点开始出现。那个时候，乾隆傲慢地拒绝了工业革命后意气风发的英国使臣的厚礼晋见，夜郎自大，走向禁海、闭关自守。大英帝国经过数次试探、对清王朝越来越了解后，畏惧心理消失，发现清朝已经败絮其中，开始了对其致命的第一击、发动了鸦片战争，从此，中国由一个西方仰慕的国度成为被鄙视的对象。

如果一个人隐藏内心的黑暗，就不可能得到救赎；如果一个国家藏起记忆深处的错误或者耻辱，一定会来日再犯。我们应该始终警醒，不能有选择地对待历史，而要尽可能复活、激活那些已经消失或即将消失的记忆，尤其是那些我们不愿意审视或者无脸面对的教训和苦难。诺贝尔奖获得者埃利·威塞尔说过"如果我们忘记了，我们就是罪人，就是共犯"。任正非说："历史灾难经常周而复始，人们的贪婪从未因灾难改进过，人感知到自己的渺小行为才开始伟大。"

社会的灾难、自然的灾难，有时其实也是进步的发动机。多难能兴邦的前提是人们须有自省自觉，能专注于文明的再造。"亩产万斤"的"大跃进"让全民付出了惨重的代价，随后才有几年的安生。而随后的"文革"严重后果，逼使整个国家集体深深反思，进而使得改革开放迅速到来。

第 149 章

中华"共和": 淡忘的历史记忆

"共和"国,是全民的国;"帝国"是帝的国,"王国"是王的国,不是民众的国。当然,现代名义上的君主立宪、以宪治国的国家已经是例外,不再是原来传统意义上的帝国或者王国。

最早的共和政体是西亚的阿卡德。最著名的古代共和国,是公元前509年建立的罗马共和国。古代的共和,名义上是所有公民共享,但并不包括没有公民权的奴隶,故实际上是贵族共和。

中文"共和"一词及其含义,不是源于帝制前的古罗马,也非源于大革命后的法国,这是汉语原创词,被近代套用了而已。日本明治维新后大量翻译移用了西方词汇,将 Republic 一词译成"共和",日本翻译者借用司马迁《史记·周本纪》古代中国周朝的故事:"召公、周公二相行政,号曰'共和'。"据传,最早把日译"共和"引入中国的是 1877—1882 年曾任清朝驻日使馆参赞黄遵宪,光绪十六年他在国内发表的《日本杂事诗》中首次出现从日语转译的"共和"一词。

可见"共和"一词及其含义源起于周王朝。西周周厉王喜好折腾国家和臣民,抢占民利,监控言论,极刑苛政,民众见面不敢互言,只使眼色。他设置"专利税",民众衣食住行都得交税。大臣召公劝谏说:"防民之口,甚于防川,川壅而溃,伤人必多,民亦如之。是故为川者,决之使导;为民者,宣之使言。"但厉王对召公顺应民意、开放民议的劝谏嗤之以鼻,变本加厉。结果,物极必反,一天凌晨,成千上万的都城市民突然暴动包围了王宫,调来镇压的军队也一起造反,要杀厉王。厉王从皇宫后门仓皇而逃。

市民不肯罢休,要太子出来替他爹跟市民对话,召公为表忠诚和仁义,让自己儿子冒充太子出宫与市民对话，不幸被群殴致死。厉王逃了，不敢再回都城，太子幼小不能执政，召公提议，社会各界共推卫武公"共伯和"代行国王职责，召公和另一个大臣周公（周公旦的后代）共同行政辅政。卫武公名为和，封地在共（今河南辉县），因此又被称共伯和，他代周天子执了十四年。司马迁《史记·周本纪》中"召公、周公二相行政，号曰共和"。这段历史也被称做"共和行政"，那年被称作共和元年（公元前841年），从这一年起，中国历史有了确切的纪年，中华历史开始有了准确的可查考年代。

共伯和执政以后，采纳了召公的建议，废除了厉王时的"专利"法，减少了名目繁多的赋税，人民得以安生，社会又趋于稳定。史书上把共伯和执政的时期称为共和时期。

国家主权属于全体人民，而不是属于某个君主、某个人，如此不立君主的政体，称为"共和"的共和制或称共和民主制、民主国或民国（republic），republic起源于拉丁res publica，意指"公民的公共事务"。Republic的根本原则是天下为公，国家权力是人民大家集体的公有物，治理国家是所有公民的共同事业。

周朝中国用于纪年的"共和"一词，沿用了其本意。辛亥革命成功后建立中华民国，亚洲的第一个共和国。中华民国名义上实行的是三民主义，实质上中华民国是资本主义，是"共和"中国1.0版；1949年建立新中国，实行社会主义，使中国进入了"共和"2.0，人民的共和。可许多人不知道，早在辛亥革命前，曾经有一个与中华紧密相关的另一个历史上存在、一个不被国际官方文件承认的"亚洲第一共和国"。

清朝初年，许多明朝遗民为逃避迫害，移民东南亚，聚集在东南亚的加里曼丹岛，即如今印尼的西加里曼丹省，以种植和开矿生存，这些人被清政府称为"天朝弃民"。随着出洋采金热潮的掀起，一位一直没有中举而心灰意冷的清朝秀才罗芳伯，到异乡的土地上，做教书先生，因为他品学端正，人缘又好，受到民众拥戴。远在他乡的人们，为不被欺负，抱团取暖，这时候罗芳伯站了出来，用胆识和智慧，建立了保护华人的社团"兰芳会"。进而依靠着自身努力和同乡帮助，开设了采金公司，生意兴隆，规模越来越大。兰芳公司类似英国东印度公司，就成为了具有政治色彩的团体。

后来，兰芳公司统一了所有的帮会、村寨、团体，剿灭土匪和赶走欧洲侵略者，最后罗芳伯在大家的拥护下，建立了亚洲第一个共和国、第一个具有资本主义性质的商业共和国——兰芳共和国，以东万律为首都，罗芳伯也被当地人尊称为"坤甸王"。兰芳共和国最高统治者的位置不世袭，而是靠民众推选德才兼备者继承。兰芳建国于1777年，即美国建国的第二年。这个华人的海外国家，面积14.68万平方公里，近于今日辽宁省大小，人口110万人，存世了110年。

作为华人政权，兰芳共和国的国民还是想归顺祖国。建国不久，罗芳伯就派人觐见乾隆皇帝，此后也多次派人，请求纳入大清的版图，封他王号即可，或者变兰芳共和国为中国的藩属国。罗芳伯认为背靠大树好乘凉，可以吓唬虎视眈眈的荷兰殖民者。可清政府只同意与其建立贸易关系，图谋实际利益。即使如此兰芳共和国对外也宣称自己是中国的藩国，受清政府的保护。荷兰忌惮当时实力强大的清政府，不敢贸然侵略这个小国。罗芳伯临终前交代国民，今后无论谁为国家领导，归顺中国的决心不变。

兰芳共和国人人平等。但到了晚清，随着清朝的没落，尤其是两次鸦片战争后，清朝的软弱暴露无遗，1884年中法战争爆发，荷兰趁机入侵兰芳共和国，1886年存世110年的兰芳国彻底灭亡。荷兰因不想与清朝交战，待到清朝覆灭后，荷兰才敢公开对外宣布占领兰芳。兰芳所在区域，现在被三个国家管辖，分别为印度尼西亚、马来西亚、文莱。

兰芳共和国国民，很多人不甘心被统治，纷纷逃往马来半岛、苏门答腊岛等地，其中一位据称是兰芳国的一个参谋，在国亡后逃往马来西亚。虽为商人，但对没能回归中国耿耿于怀，于是盟誓："兰芳不复，誓不归华"。此誓言在家族内代代传承，据传李光耀就是他的孙子。如今印度尼西亚的坤甸，还有纪念兰芳共和国的"兰芳大学"。

第150章

权力和资本及其联姻

在远古时代,人类要与豺狼虎豹斗争,个人无法独立生存,必须求诸于集体,于是人类绞尽脑汁地发明了"政治",从而出现了宗教、国家、城邦、部落、氏族、宗族等制度,一语概之,就是权力。

资本思维犹如迷魂汤,权力思维犹如绞肉机,每时每刻在麻痹、消耗无数生命。没有约束的资本和权力,主动追求的是自身的膨胀和繁殖,只在乎自身,而不会去追求真理。当给它们套上缰绳,抑制其逐利抢道卡位的本能,它们才可能专注于扶持非赢利的科学技术、文学艺术、数学哲学,新的思想才能萌发出来。

资本、权力都是有生命的,他们会自组织、自复制与繁殖、自适应,会生长,也会死亡,更会"相爱联姻"。由于自组织、自复制,资本和权力自然倾向霸道和垄断。寡头政治、寡头金融,同样是社会前进的绊脚石。

孟子说:"有恒产者有恒心,无恒产者无恒心。苟无恒心,放僻邪侈,无不为已。"而资本不是有恒产那么简单,资本拥有者,是指那些拥有非自然天生的财富权力者,指那些占有资源,并去谋取超过其生存必需的巨大利益的人。自然赋予的权力,则完全不一样,如父母对孩童的哺育和管控、通过研究获得的学术判断力等,是社会生存发展必不可少的支撑力量。因其为非自然因素,又由人为原因而获得的权力,与自然赋予的权力非常不一样,权力拥有者,拥有广泛影响或势力,可强制命令他人按照其要求做人行事。

在纽约洛克菲勒中心,有一块铭牌,铭牌上刻着洛克菲勒赤裸裸的名言:"对财富无止境的追求,就是我最大幸福。"资本的可怕,在于为谋取超额利润天生追求垄断。马克思说过:"资本来到世上,从头到脚,每个毛孔都浸透着血和肮脏的东西",实际上,权力同样也如此,也可以用同样的话去描述。

在资本发展的初级阶段,肮脏、贪婪的私人资本为了利益,可以赤裸裸不顾脸面,把粗俗当修养,将剥夺当赏赐。当资本变脸为温文尔雅和笑容可掬的关怀,代替了原来天天挂在嘴上念叨的利润和市场时,表明已经进入资本主义的高级阶段,这时,取得一定垄断地位的资本为谋取长远和更大利益,就巧妙地改变了其传统策略。

资本要么以垄断形式问世,谋取市场最大利益,要么与行政权力结合而巧取豪夺。资本滋生腐败,绝对的资本滋生绝对的腐败。垄断的资本,遏制创新。在华丽的教堂下或者美妙轻巧的政治许诺下,资本与权力的婚礼,就是暴利与腐败的结合与联姻。资本为获取最大利润,漠视人性是其必然趋势。

权力为获取最大利益,蔑视人性也是其必然本性。个人隐私需要保护,而权力运行必须透明。因此,社会需要严谨的法治,不能仅指望个体内心的道德规范。法治是公平社会的骨架,道德是依附于骨架的血肉。在没有法制和法治的时代,宣扬以道德治世,无异于鼓励道貌岸然与欺世盗名。

道德感召力和信任感是执政党和政府存在和正常运转的基础,有多少人因感召而来并团结在周围,是最简单的判据。诚信、合法性、政权稳定性是递进的延伸关系。没有公开透明和法治,那官场和社会就都是帮派林立、成王败寇的江湖斗场。权力或者资本挂帅,寡头钦定,赢家通吃,文明就不会健康发展,反而会加速凋零。

一件盗窃案,一场火灾,一起建筑事故,一场车祸,一场选举,发展到最后被揭露牵扯出来的,都是腐败故事,那就说明腐败程度已经非常可怕。西方有句谚语:条条大路通罗马。如果成为条条大路都通腐败,那就证明国家已全面腐败,且为制度性腐败。

有人指出,用权力控制的灾难报道中的"心灵鸡汤"和英杰故事,在消解新闻焦点、模糊阻碍问责、推脱罪责方面担负越来越重要的角色。"心灵鸡汤"成为权力修辞的一部分,灾难叙事成为官员钟意的"灾难美学",能把本应的惩处办成加官晋级。社交网络时代传媒"心灵鸡汤",要么几近煽情新闻,要么涉嫌桃色新闻,就是缺乏冷静的公正新闻。结果导致社会出现网络上的文化抵抗和反叛等"反鸡汤"言行。这些都反映了在没有有效制约下的权力荒唐。

资本和权力尚未强大时,其在民间的良知和良心面前,就会道貌岸然。资本和权力天生追求垄断,而一旦资本和权力获取了垄断地位,就会自动抛弃最后的假面具,变得有恃无恐,肆无忌惮,无所顾忌,横行天下。

民众对政治的热情,源自对权力的神秘和强大的效力的好奇心,源自对权力衍生功能奇效的崇拜,以及权力可以带来超额利益的好奇。权力意识过度、权力集中过度,科学和民主的启蒙就会不足。人们迷信只要有权力,什么样的苦难险阻疫情都可以应付,结果导致本可避免的瘟疫流行或者饥荒的一再发生,政治和权力有自己的边界和局限,不可能无所不能。今天日本社会表现出高度的自主性、自治性和整洁健康状态,正是因为科学影响了日本社会重组、影响了日本人的日常生活。

权力思维喜好神秘,不见阳光以便暗箱操作。是立党为公、还是结党营私,就看权力拥有者会否像秘密帮会一样,在密室里讨论解决那些本应在司法和民众公开监督下解决的问题,如是后者,就与黑帮没有太大的差异。

评价经济制度运行的优缺点,不能单单看发展速度和财富积累,而是看谁拥有最终和真正的财富。评价政治制度运行的优缺点,不是看分权方式和监督机制,而是看谁拥有最终和真正的选择权。尊重少部分人的权利、服从绝大多数普通民众权利,才是合理合情的选择。

社会发展过程中,有两个致命的错误,常引导人们忘记"盛极而衰、物极必反"的道理,从而看不到"奇点""拐点",而走入歧途。

一是寡头资本一旦强大到垄断的地步,特别是金融寡头、资本寡头,就像猫变成了老虎,会撕去温情脉脉的面纱,通过垄断而巧立名目、道貌岸然地对民众巧取豪夺,扼杀新的创造、新的思维,以维护已有的利益、赤裸裸追逐财富。

二是垄断权力成为无所不能的强力集团后,喜欢用暴力推行全面计划,虽然目标指向的是完美的社会、或者理想天国，但为追求原教旨式的纯洁性，扼杀个体的特性、多样性、差异性，最后无一不是走向末路甚至地狱。

人们与资本垄断打交道，已逾百年，对其危害有清醒的认识和警惕，但有时也会迷惑；而人们与权力计划打交道，尚且不到百年，对其弊端，尚不完全清楚，因而会常常迷糊。社会、生态、人生需要适当的鼓励竞争的规划、计划，绝不能迷信消灭竞争的全盘规划、计划，因为这会无意甚至故意地压制竞争，最终得不偿失。

资本会竭力诋毁集体的作用，过分强调个体作用，之所以如此，是为了操纵，以维护资本者个体的作用，资本才不管由此带来对环境生态的破坏。现当代，正是因为资本吸纳了社会主义的某些因素，狂妄有所收敛，才使得资本的文明能够持续发展。

权力，特别是权力计划经济，不同于商业计划经济，它诋毁个体的作用，过分强调集体的作用，并用计划经济的方法，对社会、经济、学术、艺术等实行全面的计划调控甚至控制，继而全面的垄断，并消除个体差异性。这就容易导致思维僵化以及思想禁锢和创造活力的丧失，这点在已经消失的传统社会主义国家如苏联和东欧表现得尤为突出。

对未来的预测与计划，世间常有，本是好事，但应允许不同内容的多个版本，允许不同意见存在，并由集体民主参与决策选择，以防止实际行动起来被那些整齐划一、先知先觉、宏大正确的所谓预测和计划所误导甚至被"蒙骗"。

"全面计划"是牛顿经典思维的翻版，其可怕之处在于对"计划"的过度崇拜和美化，还会造成那种试图掌控一切的贪欲。以为一切均可计划、均在计划、均可精确控制，按照既定目标，调控所有的人事物，这无疑把一些人（掌权的集体或者领导）看成了全能的无所不知、无所不能的"神"，把另一些人视为不具有独立存在价值，完全可以置换、替代的工具。而量子思维已从科学、心理、认知、生态、社会的方方面面揭示了牛顿经典思维的严重局限性。

日常生活中，人们常用"满瓶不动半瓶摇"来形容博学多识者的谦逊和志大才疏者的傲慢态度，因为，真正大智者明白，如果一个人真正懂得很多，他很清楚，留下的疑问未知就更多。

我们需要谦逊地知道并时常提醒自我，对人生、社会、生态、宇宙而言，我们所知的永远少于我们未知的，除非我们自己就是"上帝"、就是"道"。宇宙生成的大爆炸理论早就启发我们，对于有边界但前沿在不断扩展且变化的宇宙而言，我们知道得越多，我们的未知就越多。

在文明发展水平极低的时代，全面计划、集体统一行动的负面作用不会很明显，因为物资奇缺，计划必须周全，个人必须服从集体、集体必须服从领导，社会才能继续运转。而当文明发展到水平较高阶段，多样性、差异性、个性化的作用成为主导，全面计划、统一行动的危害就逐步显现。

人类最糟糕的自作聪明和"发明"之一，就是全知全能的"计划"，特别是泛滥的计划思维。计划的实施必定需要集体为依托，需要强权和政府的维护。而不受制约的权力，无限权力的政府，在发挥计划积极建设作用的同时，也将消极的破坏作用放出了笼子。

政府是双看得见的手，并不总是受人性美德所控，但更易其受人性弱点的把控，如公仆成了主公，服务成了管理。人类有史以来的社会治理实践证明，政府是最必不可少的无奈选择，因为谁都需要管家和保姆，因为没有更好的选择。市场是有问题的烂苹果中相对较好的苹果。权力会傲慢，有可能通过计划常常自肥；资本会贪婪，为追求利益垄断，会和一切助其得利的相关方合作，哪怕对方是魔鬼。

思维自由、思想解放，科学技术和人文艺术才能灿烂辉煌。原创来自个人、力量来自集体。为此需要经常审视权力与资本、政府与民众、计划与市场的相互关系，判断其是否逾越了道法自然所能允许的尺度。

宇宙是有限的，又是无限的；世界是可知的，又是不可知的。要跳出有限和无限间的是非纠结，要跳出可知和不可知冲突的无解陷阱，我们需要量子思维、多样性思维、超限思维、多元优化。

第 151 章

权力"艾滋病":永恒的疾病

我国是有悠久历史的官本位权力社会,就连古代小说,都口口声声尊称读者为列位看官,放羊的是羊倌,养猪的为猪倌。世界当今的文官制度就起源于我国。中华文明中有一个弱点,有一个几千年历史悠久的文化糟粕,就是官场文化,它充满权谋、权术、投机、诡辩,恰恰少有真诚。

黑格尔说:人类从历史中学到的唯一的教训,就是没有从历史中吸取到任何教训。我们的民族和文明,历史上长期为权所害,一直没有从权力枷锁中完全挣脱出来,没有能驾驭权力,却一直被权力驾驭。

权力会影响思维方式,因为权力不单是一个职位或一个位置,而是一种特殊的精神状态。尽管过去说,知识就是力量。但权力会剥夺人正常的认知能力。权力走向巅峰有好多台阶,如平权、集权、极权、专制、独裁。

神经科学研究证明,迷恋权力会导致脑损伤,会使人失去原本能够设身处地为他人着想的共情能力。加州大学伯克利分校心理学教授达彻尔·凯尔特纳的二十年研究发现,在权力影响下,人的行为仿佛遭受了撞伤性脑损伤。权力的其他副作用还有,如使人陶醉、腐败、愚蠢、傲慢等。加拿大麦克马斯特大学神经科学家苏克温德·奥博海用经颅磁刺激机实验,得出类似结论。普林斯顿大学心理学教授苏珊·菲斯克令人信服地证明的,权力减弱了人们细致入微理解他人的能力。权力造成的大脑变化难以避免,可行的矫正方法是,有时要设法觉得自己没有权力。实验表明,假如一段时间内人们不觉得自己拥有权力,其大脑就可以回归正常能力。

智慧接近真理,是发明、创造、真知,而不是权谋奸术。学术的核心是真理,政治的核心是权力。权力是社会发展的润滑剂,而不是方向盘。

"权力源自哪里，就对哪里负责"，是基本的政治学原理。高度集中的权力，会让少数人随心所欲，这就泯灭了民众的创新创造力。权力来源发生变化，逐权者的谋权方向也将变化。权谋者的随机应变、似远实近、声东击西、巧取豪夺、单刀直入等，都为竭力靠近权力中心，谋求分得一杯羹。

艾滋病，是后天获得性免疫缺乏症，即感染上病毒后，免疫系统被破坏，机体对各式各样的病毒、病菌失去抵抗能力。迷恋上权力、玩弄和垄断权力的个人、团体和社会，也会出现权力型的艾滋病，即对腐败、危机失去敏感、免疫和抵抗能力，失去对民众好恶的感知性。

绝对的权力导致绝对的愚蠢。权力很容易让人"高"估自己，研究表明，权力很容易会使人们感觉自己的身高比实际情况高许多。权力很容易会自发傲慢，因此需防范特权的膨胀与民权的萎缩。权力包括政治权力、宗教权力。追求真理者谦虚，霸有权力者傲慢。自然增长的权力，获得的是敬仰与尊敬，如学术、技术。强迫获取的权力，伴随而来的是忘乎所以、内心恐惧与表面强大。

一个社会的民众，如果广泛热衷当官和追逐权力，就说明这个社会尚缺乏真相、真理和真知的追寻精神，民众没有充足精力直接投入创造财富的活动，全社会的财富积累和社会活力就会逐步停滞。人们会根据公开而虚伪的表态来判断谁是自己的死党、还是异己，因为霸权者知道自己的想法、政治操守或者政治信仰无法获得他人共鸣，因此，就降低标准，降低预期，希望获得的不是人们发自内心的尊敬，而是惧怕，乃至恐惧。因为霸权者相信，人们在当面都不肯阿谀奉承、见风使舵，那背后将会逆反到何种程度。于是，大话、空话、套话、假话必然盛行，甚至指鹿为马，昧着良心获取利益。

权力拥有者是不安全的，位置越高越不安全。专制社会，皇帝就是个高危职业，中国古代皇帝横死者比例为44%。所以，要文明进步，就得弱化对权力的崇拜和对官位的追逐。以法治限制官员的权力、特别是特权，以透明复原社会的应有的自然本位和属性。从而让百姓和高位者都有起码的人身安全。

追求真理的学术界都以明快、直接的语言表达观点，以便公开竞争和甄别优劣。而在某些以内部潜规则、甚至黑暗规则运行的权力阶层，以韬光养晦为借口，默言暗行，慎表观点，顾左右而言他。口是心非，是阴谋取胜的关键。在赚取眼球和骗取耳朵的民众选举运动中，那些直指人心的花言巧语，则可能是阳谋取胜的捷径。

　　文明进步中缺少的常常不是计谋，而是建立在正直和真诚之上的自由思维。权力的可怕，在于掌权者为保住地位，谋求权力不断地集中至极端；随之而来的是不停的错误累加，要解决这些错误，就要通过进一步集中权力，权力进一步集中，就导致更大规模的错误积累，乃至最终灾难爆发。

　　英国阿克顿勋爵告诫人们，太阳之下没有新鲜事，他的名言"权力导致腐败，绝对权力导致绝对的腐败"，已是一条人尽皆知的公理。历史告诉我们，人类最伟大的发明，不是科学技术，而是"把权力关进笼子里"。这是人类目睹了数千年、无数代的明争暗夺、六亲不认的皇位争夺血腥屠杀后，痛定思痛，才明白和力求做到的伟大发现。

　　阿克顿对当代历史文献评价不高，讽刺地告诫历史学家："你们穷尽一生精力收集的文献，也不足以培养出真正的大师。"因为历史是位邪恶的老师，只对自由的人们诉说真相。失去自由，而被权力奴役，人性中的恶就会被释放出来：强人对权力垄断的渴望，穷人对财富不均的怨恨，无知和迷信者对乌托邦的向往，无信仰者对自由和放纵的混淆。

　　阿克顿认为，自由和宗教一样，既是善行动力，又是罪恶借口。自由的历史几乎就是不自由的历史，因为人们对其他目标的追求常常扭转、甚至窒息对自由的追求。对照和平高效的英国光荣革命，法国大革命中民众虽信仰自由，由于缺乏法律的制约，又挣脱了宗教对人性之恶的警惕和自律时，自由就彻底变成了人性的放纵。这类运动的领导人认为，只需设计好社会蓝图，就可通过革命凭空创造出一个新世界，传统世界就是革命的敌人，可以正义的名义摧毁，即使手段非法也在所不惜。如此革命带来的不是自由，而是民族主义和乌托邦。以革命名义的屠杀和战争一次次重演，进而影响世界，带来了一次比一次更为巨大的灾难。

　　勒庞所著的《乌合之众》认为，群氓的行为易受骨髓影响而非大脑影响,群氓是一股随波逐流的思想瘟疫,实行个人野心,喂饲群氓的思想药方常是国家、领袖、意志、暴力和强权至上。

马克思指出:他们既能够做出轰烈的英雄业绩和狂热的自我牺牲,也能干出卑鄙的强盗行径和龌蹉的卖身勾当。

法国伟大的启蒙思想家、法学家孟德斯鸠也说过:"一切有权力的人都容易滥用权力,这是万古不易的一条经验。"近代政治史上,他首先提出了"三权分立"。法国经济学的重农学派深受中国影响,所以,不排除孟德斯鸠的"三权分立"思想受到了中国古代历史启发的可能。事实上,早在两千年前,中华就已经出现了早期的古代三权分立的雏形,到了汉代,"三权分立"更是逐渐成熟起来,与明清两代相比,那时中国皇帝并没有太多的实权,但到了后来,逐步集权,最终导致真正的独裁专制在明清出现了。

政府就像我们居住的小区的物业管理公司,它受业主委托管理小区,有时它会包办一切,公权力会被滥用,俨然"仆人"转眼成了"主人",而实际真正的主人即小区的业主们的代表——业主委员会可能没有任何权力,这种现象几乎比比皆是;而市场就是小区入口旁的超市,给生活带来方便与色彩,但它会见机抬高物价。在官本位及权力崇拜引诱下,普通民众也会学着寻租,去获取额外的好处或贿赂,如看门的大爷、停车场收费的阿姨。

霸权者对待民众,要么傲慢无礼,要么漫不经心,就是缺乏真诚。权力的骄横与政治的油滑,会成为不少从业者举止及气质中带上抹不去的痕迹,且已经渗透到笑容的细纹中。对权力拥有者超过实际的神化美化,就是社会黑暗的开始。某人或者某个人群的权利只被尊重,而没有相应的制约,我们就会生活在"天堂"般的地狱。

当民众不再相信救世主,而"救世主们"也不愿去做救世主,或者不敢承认自己是救世主,民主的氛围才真正到来。社会需把所有人包括自己,都放在平等的位置上,无论官位有无和大小。倡导平凡而伟大的平民意识,使之成为社会的主流意识,才是持久强大的文明复兴根本。现代法治就是平民法治,法治的进步才是平民的胜利。

第 152 章

权力思维的黑暗极端是谎言和诡计

柏拉图说，如果尖锐的批评完全消失，温和的批评将会变得刺耳。如果温和的批评也不被允许，沉默将被认为居心叵测。如果沉默也不再允许，赞扬不够卖力将是一种罪行。如果只允许一种声音存在，那么，唯一存在的那个声音就是谎言。

权力可以异化所有的一切正常而自然的关系、联系，使之彻底变质。对权力的喜好、追逐和玩弄，使得友朋互戒、亲情疏远、夫妻反目、兄弟同室操戈、父子互相伤害、母女互相下毒，最终导致尸横遍野、战乱不休……如此悲剧，在人类万年历史上，层出不穷。

权力思维对科学艺术进步和创新的损害是致命的。因为科学技术、人文艺术的进步随机地来自每一个可能的无权无势的大脑，而权力者等级森严，上级就是"真理"的化身，似乎不同的权力层级，对应掌握着不同层级的绝对真理。

社会是以人群为特征的特殊生态，一旦生态失衡、一种垄断思维形成气候，生态的多样性就会消失，随后物种间的颠覆和反颠覆、主导和反主导、抗性和反抗性连绵不断。有时候，权力会变成政治收割机、政治绞肉机，不停地敲骨吸髓、化肉为土。权力交换过程的不规范、不公开和私下交易，会催生冤屈、牢狱、陷害。

权力的谎言和诡计，其拿手戏很多，如把灾难丧事办成喜事、变成歌颂吹捧的机会、变成进一步揽权的契机；权力喜好自我表功、拍胸承诺；权力鼓动无良谄媚流行。要防止不正常的社会病态：好消息是每天都是好消息，坏消息是根本没有坏消息。

"不解决问题,只解决提出问题的人"是权力社会经常发生的现象,因为,提问题的人常被视为问题的一部分。早已灭亡的幅员辽阔的中亚古国"花剌子模"王国,有一个风俗,凡带来好消息者,会得到国王提拔;带来了坏消息者,国王将他当饲料喂养老虎,此被称为"信使谬误",无论人微言轻,还是身处高位,这都是难以逃避的两难陷阱。"信使谬误"一旦蔓延,所有的坏消息都被截断,只有好消息、放大的惊喜才能上递,最后整个国家无可避免地毁灭于灾难。

有人建议作为提出问题的个人,在对付说谎者、诡计者、权力唆使的打手时,要像对付没有教养的狗:当一只狗跑来咬你,你就必须拿起打狗棒,打退恶狗。如果狗逃走后,又唤来了狗群过来咬你,它们狼狈为奸、成群结队、各有分工,有大狗、也有疯狗。这时不能忘记止损的常识,尽快撤离,把地盘留给疯狗们,让它们自己狂吠,宣扬胜利,过不了多久,它们就会因为吠声高低强弱不同、所获得的骨头赏赐分配不均,而相互残酷自咬。隔离咬人狗群,与隔离病毒雾霾一样。

善待权力者,能干成事情,他们化解矛盾,将活火山改造成死火山,最终将荒山绿化;另一种人,玩弄权力者,为掌握权力,谋权破局,挑起矛盾,将死火山变成活火山,为实现唯我独尊,哪怕整座山寸草不生也在所不惜。

地位只能向上升不能向下降,源自对权力的贪欲。因为权力地位的下降,不仅仅意味着俸禄、收入、外快的减少,也意味着礼遇的降低、笑脸的减少,意味着将被人摆布捉弄、践踏和羞辱,甚至进牢狱甚至丢命,极端情况则是满门抄斩。为自身安全、为家族利益、为一人得道鸡犬升天,每个人都在拼命追求上升空间。

获取权力的途径林林总总,有以实绩取得功名的、服务百姓取得口碑的,投机取巧博得上司欢心的、计谋陷害脚踩同伴往上爬的。当由上向下授予权力,投机取巧者会绞尽脑汁,以博取上面某个关键人物的青睐;如此,实绩、功勋、英才均会被逐步排除在上升进程之外,最后,一批批恶化社会氛围的阴谋寄生虫群体就会主导社会运转。久而久之,社会就会通过崩溃、政变、洗牌、重启，再开始新的轮回。

这种对失去权力的惧怕，这种怕被踩踏，而不得不踩踏别人的习惯思维和行为，会改变正直、诚实、大巧无巧的社会氛围。人们身不由己被裹挟进权力的滚滚洪流中，无法控制自己的步伐、速度和方向，就像海潮巨浪中的一个水分子，无可奈何，只能随生随灭。如此混乱中，很容易让社会看不到发展的奇点和拐点，一旦错过奇点拐点。

偶而的茶叙、一个饭局、一次敬酒，都会是精心设计的权力讨巧、计谋甚至陷害。棋子的命运，就是具有被利用价值，但没有哪怕一点的独立价值。民众畏惧权力，会一再服从顺从，移花接木就成为权力延伸的欺骗方式。计谋小人，会将很正常的小事情，弄成最难办的事情，进而从中渔利。他们擅长正事歪做，小事大做，无中生有，浑水摸鱼。

要消除这种权谋诡计，不能指望将晋升、下降优化得更正常、合理，而是应该让晋升或者下降者，获得同等的人的尊严，使得退出权力场者有更多的安全感，不再钟情于权力喋血厮杀，而只将官位作为安身立命的普通职业。最重要的是，让每个与权力无缘的平民百姓，具有法律赋予的尊严和权利，这样每个人、权力和高位者才有彻底的安全感。

我国古代后期，难有社会进步和科学技术创新的原因之一，就是因为智商、智慧都已经被权力耗尽。可我们不用失望，人类社会生生不息。有人说，人类社会之所以始终存在着希望，是因为每当黑暗笼罩时，总有思想的先知和先驱，掏出燃烧的心举过其头顶，拆下肋骨当火把，照亮众人前行的路。

第153章

日本和以色列的自然生态与社会

日本农田的单位面积农药使用量,是亚洲最高之一,仅次于中国,然而,日本食品安全和新鲜度、生活品质,名列世界前茅。

每看到有关日本的报道,令人非常感慨。面对日本,数十年来,不少人常遮住双眼,不敢摘掉有色眼镜。日本有强烈的危机感,时常对自身作出杞人忧天式的评价,而我们一些国人信以为真,但对自身的进展,常好大喜功、自我歌颂。我们常对日本数次打断中国的现代化进程并侵略中国、以及日本遇到的困难处境,记忆犹新,这两者的结合,就造成了印象中日本似乎弱小并萎靡不振的印象。日本对于中国,就像德国对于俄国,是永远绕不开的坎。国家和民族想要取得进步,就要面对正视他人的成功,向他人学习,不断缩小差距,最终才能超越别人。

网络流传令人深思的这么几句话,日本人有一颗"只要你不影响别人,随便你怎么变态"的包容心,和"不管自己怎么变态,都不能影响别人"的责任感。我们中国人有一颗,"只要你和别人不一样,就觉得你需要教导"的温暖爱心,和"不管自己多么平庸,都要去影响教导别人"的责任感。

日本之名由武则天赐名而来。京都曾经作为日本的首都,模仿唐朝都城而建,是缩小版的长安和洛阳。日本古代以中国为师;古代有许多访学中国的遣唐使,元朝期间,日本避免与中国交往,认为原来的中国已"亡国灭种"。明朝后才恢复来华朝贡和进行人员和文化交流。

日本近代脱亚入欧,以西方、前期主要是以德国为师;日本没有选择民权、人权为先,而是选择了天皇至上、君主立宪,刺激出侵略扩张性。之所以选择德国主因是当时的日本认为,英美实行民主与自由,对发挥人的聪明才智、促进生产力发展有很大作用，但其政治体制不符合日本国情。普鲁士的情况与日本极其相似，故他们对德国的政治制度和俾斯麦的铁血政策则极为赞赏。日本观点是，不能简单模仿君民共和制，而应按日本皇统万世一系和人民开化程度取舍利弊；二战后作为战败国日本才不得不改弦易辙，以美国为师，模仿美国制度和英国制度，融合日本特色，实行"主权在民"，而非"主权在君"。将一系列十分广泛的民主、自由权利赋予日本国民。与此同时，又基本保持了鲜明特色的民族性。

日本拼音的片假名和平假名就是由古代汉字转化而来，近现代汉语又从日本吸收了一些词汇，如：共产、共和、社会、革命、干部、服务、组织、纪律、政治、经济、政策、方针、理论、科学、商业、健康、法律、美学、否定、肯定、假设、直接、电子、物理、化学、电话、海拔、警察、杂志、防疫、法人、航空母舰等等。

日本，是亚洲最发达国家，面对地震频发、经济衰退、核污染等灾难，都能想方设法逢凶化吉。日本建立了最清廉的政府、占比极低的官员数、极低的基尼系数、发达国家中数量最少的亿万富翁、世界最好的治安、几十位诺贝尔奖获得者。日本国土只有我国的 1/25，人口密度却是我国的 2.45 倍，人均产值是我国的 4 倍多。联合国公布的全球国民素质道德水平调查及排名，日本连续三十多年位居世界第一。

当今世界的产业链中，高端几乎由美、日霸占。在技术研发方面，日本有四个指标名列世界前茅：研发经费的 GDP 占比世界第一；企业主导的研发经费占比世界第一；核心专利占世界第一，为 80% 以上；专利授权率高达 80%。量子计算机的多项基础技术源于日本，在此领域能和日本激烈竞争的只有美国一个国家。汤森·路透的《2015 全球创新企业百强》榜单中，日本以 40 家高居榜首，力压美国的 35 家，中国内地则无一家入围。

有人预测，到 2050 年，日本的经济竞争力将成为全球第一。届时，相当于增加了 900 万劳动人口的 300 万台产业机器人 24 小时工作，机器人"月薪"仅为 1.7 万日元，约合千余元人民币。

日本在海外还有一个超级日本，即蝉联世界最大海外净资产国，日本海外的矿山、石油等资源面积已经达到本土的 10 倍。日本女性平均寿命超过 89 岁，男性平均寿命 82 岁多，已连续 30 年保持世界第一。《联合国人类发展报告》的世界最佳生活品质排名表中，日本一直长期居首位。日本是世界上犯罪率最低的国家，同时日本政府也是世界几个最清廉的国家之一。日本是法治国家，众多世界一流大学；174 个国家免签；环境优美无污染；医疗健康世界第一；高中毕业生的就业率连续多年是 100%；建立了一整套与高生产力相适应的高度文明制度。

日本是亚洲少数几个发达国家之一也是社会福利最好的亚洲国家。在东京大街上，看不到果皮、纸屑等垃圾，无论在人头攒动的商场、拥挤的地铁、狭窄街道，地面上都划线清晰、整洁如新，繁忙街道上听不到鸣笛声，人流、车流井然有序，在有条不紊地川流不息。

以色列值得人们学习的有几点：科技创新能力、教育、国家安全、精神信仰。以色列鼓励创新，激活大脑，拥抱多样性。其文化特色是：批判性思维、挑战权威、敢冒风险、独立体验。他们鼓励人人成为 chutzpah，这个来自希伯来语的单词的本意就是：大无畏、奇思妙想、异想天开、离经叛道。

同样的智商，我们不少华人至多只是小聪明，还用在了投机取巧上，相信捷径，有赌博心态；而犹太人绝情、吝啬、理性，但也常有大智慧，以发现发明改变着人类历史进程。

以色列的资源比日本还缺乏，失去国土，倍受屈辱，到处流浪两千多年的犹太人，1948 年复国时只有 800 万人口，却拥有七所世界一流研究型大学，多位诺贝尔获奖者。以色列应付反恐和战争，就像日本应付地震，有条不紊，习以为常。以色列的创投公司总数超过全欧州，一个满是沙漠石头而几乎无水的小国，却是农业出口大国。

有人说，有五位犹太人和他们的理念改变了世界，分别是，摩西：诞生法律；耶稣：诞生信仰；弗洛伊德：承认人性；马克思：倡导共产主义；爱因斯坦：建立科学思维。西方和中国分别受到不同犹太人的影响。

全球年人均读书量最高是以色列，65 本。相比较而言，日、美、俄约 40 本，我们中国只有 4 本。以色列人的精神世界丰富充实。

许多人把犹太人称为"智慧的民族"或者"书的民族",就是因为他们比其他民族更重视知识的学习,更重视教育。犹太宗教经典规定,学习和钻研就是信仰的组成部分,是神圣的任务,反复强调改变世界是其使命。世界上有名的科学家、企业家、金融家、哲学家中犹太人能占比例异常地高。他们不仅为世界贡献了流传千古的《圣经》,而且还贡献了马克思、海涅、玻尔、弗洛伊德、爱因斯坦、门德尔松等许许多多文化巨人。

犹太人很重视独立意识,懂得经营。孩子需要零用钱,必须帮助家里干活。这样的方式能培养学生的独立能力和社会责任感。高中起,学生每年必须参加 60 小时的志愿者活动,平均每周 70 分钟。在磨难中,犹太人有了特殊心理素质,即超长的耐力和韧性,他们严于律己,遵纪守法。犹太人很重视通过节日对孩子进行社会历史教育。

第 154 章

苏联与美国：集体力量和个体活力

在思考地缘关系和外来文明影响时，在考察世界及中国近现代历史变化时，回避不了苏联和美国。美苏都曾想对中国进行核打击，历史上也只有这两个国家有此妄想。这些国家有许多相像之处：幅员辽阔、人口众多、多民族、国家联盟。

苏联，实行党对全国的一元化领导，没有其他党派存在。在其中央集权体制下，通过凝聚合力、牺牲个人权益，创造了由农业国迅速走向工业国的辉煌，打赢了第二次世界大战，成为社会主义国家的领导核心，第一个发射了人造卫星，第一个发射宇宙飞船，将人类首先送入太空，开始了人类宇航的时代。民众获得广泛的医疗、教育、养老等从摇篮到坟墓的社会保障，其国家医疗保障制度被全世界学习模仿。苏联共产党成为史上执政时间最长（74年）的政党之一。同时，与之相伴的是，由于否定个体的差异性是创造性的来源，社会竞争力和活力逐步并不可逆转地开始下降，物质匮乏，僵化保守，假大空盛行，超大规模的内部残酷清洗和内乱，对内严控、对外蛮横，穷兵黩武四面扩张，最后，瞬间解体。以道德良心面世，以令人哀叹的方式消亡。后来的俄罗斯共产党总结，在苏联，执政者垄断政治，垄断经济，垄断思想，垄断文化，进而垄断了包括学术的一切，社会活力消失殆尽。

苏联为代表的举国体制，充分体现了集中力量办大事，提高了发展的速度和效率，在其建国初期和发展水平不高时，优势非常明显，然而如此能力一旦走向错误，速度和效率也同样很惊人！如极易发生的方向性失误，成本高昂，浪费巨大，普通民众的权益容易被忽视，官员寻租难以避免。

面对苏联，国人心情复杂。它曾经分裂中国国土、指引中国革命、援助中国工业……苏联是人类历史上唯一的第一次有组织的将一个贫穷的农业国变成能造飞机坦克的工业国,相比较,英国用了50年,德国用了35年,苏联只用了20年,而得到苏联援助和启发的中国只用了5年。

苏联曾经支持中国的抗日战争,对中国的经济建设予以大力支援。苏联及其东欧等国,曾经限制学术研究,批判了量子化学、共振论、近代生物遗传学等等,停办关门了社会学、人类学,极左的思潮与苏联都有千丝万缕的联系,这些均直接影响了我国。

现代社会,国家是由自由平等权利的个体所组成的共同体。苏联的悲剧,不在于具体的失误、失策,而在于只重视集体和组织,严重忽视人群和个体,其背离了科学民主的世界潮流,没有实质的民主选举,缺乏有效的分权制衡,其民主没有得到民众的认可,人民没有成为国家的主人,各阶层不平等,特权横行,执政者逐渐蜕化为维护自身利益的政党。

斯大林的干部选拔小册子运作模式,典型地反映了内部人操控、小圈子操控的模式,与民众做主截然相反,打破了个人奋斗与组织培养之间的平衡,抑制了个体的创造性。典型地体现了工具论。

苏联和苏共官僚体制的问题在于,培养具有超强服从、卸责揽功、力避风险能力的圆滑高手。在如此体制下,一切唯上,才能升官。不具备这些能力的人,很难适应并被淘汰。在十月革命或者卫国战争中冷酷却敢于担责的干部离开人世后,历经培养、层层遴选出来的却只有圆滑软弱的如戈尔巴乔夫这样的苏共领导层,如此也决定了苏联必然命运。而像叶利钦如此有勇有谋、棱角分明、残酷无情的好斗枭雄,反会被踢出苏共,加入反对方的叶利钦最终成为动荡中的胜利者。

在美国,唯一真正的执政阶层和导演,是那些巧妙地站在政党和媒体幕后的世袭金融寡头和新兴的资本阶层。在前台,全国通过党与党的台上台下交易表演和残酷争斗,追求共和,实行立法、司法、行政的三权分立的治理,以不损害金融寡头和资本家的利益为最后底线;通过民主去平衡资本家最高利益和民众的最低利益,对内保护个人自由维护个人权益,经历漫长的演变,由于个体活力的迸发,成为强大的工业化国家。打赢了第二次世界大战后，美国成为资本主义国家的领导核心，它第一个爆炸了原子弹，拥有世界上最多的诺贝尔科学技术奖获得者及无数发明创造，是改变人类生活方式、生产方式的全世界引领者，使人类文明普遍受益。与对内宽松相对应的，是对外的强烈独霸欲望，通过销售美元纸币、转嫁金融危机和在别国广泛驻军及不停顿地发动战争，控制石油和别国政局，最大程度在国际上践行"顺我者昌、逆我者亡"。为满足金融寡头的欲望，美国以巧取豪夺的方式到处张扬。

对金融寡头和垄断资本的保护，在2020年新冠疫情中表现得最为明显，疫情发生的最初阶段，美国不是亡羊补牢，反而一意孤行，极力瞒天过海，其国家疾控中心还宣布停止公布得病确诊人数和死亡人数，未经白宫许可，任何科学家及医护人员不得私自外露疫情消息。而其国务卿先前则要求中国透明，而自己却拼命拖延隐瞒。跟普通老百姓的性命相比，经济才是第一位的，试图等熬到夏天，病毒能自然消退。美国政府用一切手段压制消息，全面审查限制负面新闻，打击吹哨人，一名公开举报政府不作为的资深女官员，反遭降职处分；揭露疫情和危机的感染了病毒的航母舰长被撤职。对病毒"不检测、没看见，就没有，可防可控"。一切为了市场股票、一切为了大选年的选票。更有著名金融喉舌鼓吹让疫情早点来，早点结束，减轻对金融市场的伤害，尽管如此可能导致数百万人因为感染病毒而死亡。

美国为代表的市场机制，激发个体的创造性，具有自发性、灵活性、事后性和微观性等特点。但盲目逐利和破坏性的周期调整，造成贫富两极分化，资本垄断，甚至贿赂腐败难以避免。

2009年开始，美国民间枪支数量已超过美国人口总数。美国持枪主体与当时不满的蓝领白人群体有很大重合。而因为他们有机会和权利通过选举来表达自己的不满，不会选择暴力革命和大规模动乱，这是托克维尔几百年前所指出的优点。

美国曾经用庚子赔款建立了培养众多英才的清华大学以及其他中国大学，支持中国抗日战争。同样，美国故意将中国的钓鱼岛、琉球群岛等转交日本，而不是大陆或者台湾，故意不彻底清算日本的二战责任，通过危害中国利益,制造中日矛盾,控制两国从中渔利。美国也曾经以反共的名义,限制言行思想自由,出现过麦卡锡主义以及近来对华裔学者的刁难,极右的思潮与美国都有千丝万缕的联系。

美国的政治系统同样是封闭的,被少数政治和经济精英所控制。因为美国最高法院规定,强大的企业和普通公民有一样的权利,可向候选人提供无限量竞选资金,也就是说,如果公民没有巨大财力支撑,根本不可能越过门槛而触及政治权力。

如果说某些东方社会是"依附政治",那么许多西方民主政治,可以说是"捐款政治",金钱交易,开价为王,美国最为典型。只要捐过一次钱,哪怕再少,你的资料就会留在数据库上,他们就会把你划为他们的票仓。一有议案,投票,就会询问你意见。美国议会投票时,议员们的表态一看捐款人赞成的比例,二看大款的脸色。只要捐款数目公开登记就没事,如此民主政治就接近合法化的贿赂,哪个利益集团出钱多,就为谁服务。

在美国,资本会贪婪到只顾眼前利益,明知罪恶深重,不管死后的浊浪滔天,2008年的次贷危机就是典型案例。在苏联,权力者会为狂妄保住眼前权益,压制任何不满,试图扭转历史演化的轨迹,明知徒劳无益,哪管死后的平反清算。

美国的游说政治,是一种无法消除的贿赂腐败产业,它基本公开透明,经过多重白手套洗钱处理,已经"工业化",几乎是有钱人的游戏。它就像另一个公开并尺度可变的低烈度"收买":美国的小费,一样普遍和习以为常。事实上,大部分美国国会议员有腐败行为,2004年政治游说的资金总额为21亿美元,超过了低收入家庭的燃料补助费,而同年,总统和议员竞选资金超过了30亿美元。相比较而言,中国的红包基本不透明,并且目标集中,是"个体户"、个体化、个性化的贿赂腐败,尚未发育出琳琅满目的白手套洗钱中间环节。

有人戏言,政府管得越多,问题就越多,掌控微观过程越多,问题就越大。在经济领域如此,在科技、教育等领域也是如此。支撑美国经济、军事和文化实力和霸权的是其先进发达的科学与教育,而两者主要集中体现在数量众多的世界一流大学。尽管美国的经济、军事等实力近来有所削落，金融危机严重，而其科学与教育在全球的领先性，无人置疑，吸引了全世界大量优秀的年轻人，获得大量的外来经济效益。这既源自于美国社会对创新的鼓励和对学术自由的尊重，也与其政府治理有一定关系。与其他国家不同，美国没有专门的科技部，其职能分散归属于其他部门和企业；美国的教育部实际上也没有什么行政职权，主要任务是关注教育的机会平等，而教育管理权力主要分散归属于州、社区和其他公共或私立教育组织。

今日国际社会，很像一个"黑社会"，不存在哪怕表面的民主、自由、平等，实行的是弱肉强食、野蛮的丛林法则。这些与苏联和美国的多年所言所行有很大关系，这两国都是军火工业及世界贸易大国，利用发战争财支撑国家的兴盛。国家间，除了表面彬彬有礼的外交语言和礼仪外，只剩下帮凶、合谋、主仆、随从、共犯等角色。即使在国与国的礼仪交往场合，人们看到和听到的大多是虚伪的礼貌，冠冕堂皇的假话，或者赤裸裸的咆哮。

无论是重视集体力量，还是重视个体活力，均有其合理之处，关键是不能忽视各自的发展的规律来越过奇点、拐点，否则，会盛极而衰、物极必反。

要了解苏联和美国的此长彼消，并从中得到启发，有必要知晓哈耶克。美国和英国，正是运用了诺贝尔经济学奖获得者哈耶克的学说和原理、利用他的门生，反向瞄准并放大苏联弱点，加速了苏联的崩溃。哈耶克对人类思想影响深远。哈耶克早在20世纪早期就对乌托邦提出质疑，他不是从后人习惯认知的乌托邦低经济效率角度入手，而是预见性地着眼其制度启动伊始形成的机制。

自然自由社会，是全体人的全知全能的合成。哈耶克认为，自然的社会制度是一种自发的过程，从来没有人有意去全面设计整个社会制度，而这种制度是由亿万人互相竞争、互相作用而形成，这种制度包含了所有人所知道的互不相同的信息，而竞争过程也使人无法垄断制度设计和形成机制，因而无法利用这种垄断来损人利己，信息的合成中会将信息传递过程的歪曲降到最小。这样社会的制度中，没有"一定要……"或是"必须推行……"等强行规定，只有基于规则公平的共识和一些关于竞争的游戏规则，人们只对规则是否公正做判断。无人预料谁能取胜。输者只得认输受罚，市场犹如看不见的手，没法操控和抗拒，游戏规则得到强制执行。

人工设计社会，是部分人的聪明才智的合成。乌托邦制度是世上由一些思想家，从其能够认识的理性出发，为社会全面总体设计的一种新制度，它并非自发地在一个竞争过程中形成的。因此，不可能综合包含和使用亿万人交互作用及其信息，它的包含受某些思想家所知信息局限。在其社会特征上，事先规定了谁应该获胜，什么应该是社会追求的具体目标，在此制度下，总会有一部分人将自己的愿望强加于他人。就像一场球赛未赛前就预定胜利者，难有公平竞争。质次价高的企业容易鸠占鹊巢；思想言论没有公平竞争，错误观念就会流毒人间。

经济的计划与无计划的区别，并不是乌托邦与自然制度间的根本差别。自由市场经济体中的计划经济比乌托邦中还多，如商业连锁总部对各零售分店的无数指令性计划。而真正本质性差别是，自然社会中的计划是由自愿自发的市场买卖倒逼催生而成，但乌托邦的计划是由高度中央集权垄断强制形成，后者犹如看得见的手在执行奖惩、操控。失败者总会找政府抱怨不公而谋利，预算约束总是软的，游戏规则无法强制执行，公平竞争环境无法建立。

哈耶克强调警惕对"经济理性"、数学模型的迷信，其会导致的制度失败。人的认识确实很有限，康德指出理性本身都存在缺陷，量子论更揭示了经典思维的缺陷。人们需要放弃对经济理性的偏执，保证游戏规则的公平，无论其理性还是非理性，只要实践检验过的真理，就能对人类社会做出贡献。

1993年，一些经济学家用数学对哈耶克的学说进行了较好的证明。理性行为在知识不足时（事实上，知识永远不会充足，除非在非常有限的小时空），无法发现最有效的组织，而某些非理性行为却有助于发现最有效的组织。自由市场制度尽管不会让所有人分享所有信息，但会促进信息分布的专业化，让专业的人充分发挥和利用这些信息。如果某个人或政府认为全知全能整个社会的信息，看到了"看不见的手"，并能时刻对失效之处加以扭转，则是对市场功能的狂妄无知。

哈耶克认为由于社会中每个人的目标不同，不可能统一、也不应该统一。如果立法强制社会共同目标并加以执行，人们就会走向"被奴役之路"。他认为历史上能生存下来的制度，并非来自人类理性和社会科学，却来自并非理性的宗教和意识形态。多元社会中，它们各种间的竞争，会使最有利于自然自发社会的制度流传和发展，不利于的则走向消亡。

人类愿意牺牲个人自由渴望建立"人间天国"的梦想，在哈耶克看来是拥抱承诺"包办一切"强权的"通往奴役之路"，他晚年更发表了《货币的非国家化》。哈耶克孤寂坚持数十年地认为，集体意识的政府所主导的经济会限制个人自由，摧毁人的责任感和社会道德基础，阻碍财富生产，导致社会贫困，兴起极权政府，"用通向天堂的美好愿望来铺设一个国家通向地狱之路"。

法治含义首先是政府行为必在法律约束之下，而不仅仅是政府用法律治理社会。只有当为竞争而计划，而不是用计划限制竞争，计划与竞争才能够结合起来。所以要限制政府的权力以保障人民的自由。

集中计划经济与自由市场经济的结合、看得见的手与看不见的手之结合，非常重要。凯恩斯的国家干预思想、哈耶克的个人自由塑造人类繁荣，成为了两个不同的极端思维。比较而言，斯密发现了无形之手，凯恩斯发现了有形之手，而哈耶克、布坎南等人则发现了自然生成的制度之手，共同制约有形与无形之手。

哈耶克认为任何有组织或无组织的群氓，都是自由市场的天敌。只有自由发达的思想市场，才能造就发达的市场与繁荣的经济体。放弃思考，就意味被奴役。"通往地狱的道路，通常是由人们善良的意愿铺就的。"

弗里德曼曾经说过一句经典的话："花自己的钱办自己的事，最为经济；花自己的钱给别人办事，最有效率；花别人的钱为自己办事，最为浪费；花别人的钱为别人办事，最不负责任。"弗里德曼解释自发秩序，就是能把自由赋予所有人的制度，而不是垄断独裁国家政权、把自由仅仅赋予"好人和聪明人"的制度。

第 155 章

东西方极端运动的特征：末日疯狂

蝗虫与人类之间的战争由来已久。2020 年 2 月 11 日，联合国粮农组织（FAO）向全球发布了沙漠蝗灾害预警。始于非洲的沙漠蝗灾来势汹汹，肯尼亚的沙漠蝗虫群遮天蔽日，西非、东非和南亚二十多个国家已经受到蝗灾影响，索马里、巴基斯坦等国宣布进入紧急状态，以应对蝗虫灾害。而通常引起我国蝗灾的"罪魁祸首"，主要是东亚飞蝗。

蝗虫的散生型和群居型的长相有着很大的不同。散生型的就如同我们日常在家园周围见到的有点可爱的蚂蚱，犹如浅绿色的"小伙"、淡粉色的"少女"；食物充足，虫口密度低时，它们分散生活，"披着"一身浅绿或者淡粉色"外衣"在草丛中蹦跶，很低调，毫不起眼，一副人畜无害的模样。群居型的就完全不一样，一旦他们开始大量聚集时，"乌合之众"便形成，逐步"社会化""组织化"以后，情况就发生了变化，每个蝗虫的体内多巴胺代谢发生变化，皮肤翅膀的体色加深变黑，成功"黑化"，成为暴力"黑社会"，犹如穿上迷彩服的"野战军"，一旦起飞迁徙，巨大的破坏力和危害烈度随之暴增；蝗虫高密度群居聚集，会大量释放挥发性的苯乙腈，当鸟类捕食时，蝗虫会迅速将苯乙腈转化为有毒的氢氰酸。

极端运动的基础和首要，是洗脑和思想思维控制，常试图用一种思想、思维主宰所有的人，或者只由一个人思考思维产生思想，其他人只需跟从。犹如蜂王产卵，工蜂们只有服侍的本分。极端运动的巨大力量来自被煽动起来的民众、甚至是乌合之众。

对历史的反省，特别是对极端运动，包括对反人类的历史和罪行的反省，衡量着执政者和民众的良心。德日两国曾经制造了外乱之最。纳粹德国，对内集权、迷惑唆使民众，对外发动侵略战争，屠杀千百万犹太人；日本军国主义，同样对内对民众独裁、洗脑、蛊惑，没有感恩、反哺使之受益的中华文明和文化，反而屡屡侵华，烧杀抢掠，无恶不作。

法西斯主义宣扬虚妄的国家和民族利益至上，集体泯灭个人，政府野蛮集权，独裁专政，压制一切反对力量，指鹿为马，强行推动格式划一的社会和经济制度。战后的德国对历史进行了深刻反省，任何为纳粹翻案的言论和行动都是法律不允许的，表现出觉醒的道德良心的坦诚和自省。而日本，在每年纪念本国原子弹受害者的时候，只字不提被核攻击的原因。常常以大屠杀人数为借口，不断否定南京大屠杀的事实，拒绝为侵略战争道歉和赔款，不敢也不愿意面对其民族内心深处阴暗的部分，目前尚未完成良心和灵魂的救赎和再生。

东西方极权运动共同的特征都是对内对外的践踏人权，藐视个人的基本权益。在日本，为法西斯罪行翻案、辩解的言论和行动屡见不鲜。对侵略历史缺少彻底反省，拒绝为日军侵华道歉，不承认白纸黑字的历史，对历史丧失了起码的道德底线。

这些践踏人权的基因，都有一个共同的特点，具有"聪明之愚"的掌权者，以阴谋代替内敛，愚弄善良的群众，初期给民众以甜头，"平庸之恶"的民众也推波助澜，在利益诱惑下，民众被绑架到万劫不复的深渊。其主要特征有十几种：思想禁锢、唯我独尊、处处高调、道貌岸然、特权横行、虚假狂妄、阴谋盛行、外露霸道、嚣张跋扈、盛行个人崇拜和偶像崇拜。草菅人命、毁坏道德、崩溃社会的红色高棉左派极权、拉美右派极权都是上述极端运动体系和思想的衍生品。红色高棉自称"良心是清白的"，不制定法律，故而没有司法机构，只有内部秘密政治保卫组织，结果毁灭了全国四分之一的人口。

在本世纪最初的20年里，我们已经遇到了两次大规模的自然瘟疫，好在牺牲再大，也已经基本控制。但要知道，自作孽不可活，同一个社会性错误，一个民族和文明犯第二次，那将遭遇灭顶之灾。偏左的思潮思维与偏右的思潮思维，可以允许同时存在，这是正常的社会的特点，但极端的左倾和极端的右倾都是不正常的怪兽，不能有生存的空间，因为其将毁灭人类基本价值，给社会带来动乱。

极端运动和思潮，如果有内在的规律存在，即内因，犹如基因遗传，那只能彻底敲除。只有如此，才能消除阻碍文明进步的内在思维基因，才能杜绝其发挥作用和再度作祟；否则，一旦有机可乘，条件成熟，这些作乱基因就会死灰复燃，乘势而起，一发而不可收拾。

"上帝"都不是全知全能，故对人的力量和理性的能力的不能过分信赖，如将其视为万能，以为其无比正确，可以无坚不摧，无需任何制衡，并将它绝对化起来，激进极端思想就此产生。这些表现包括：如自以为真理在握，强迫别人服从，改造和控制他人思想，以激烈手段以求达到目的；如用群体意识来代替个性自由，用集中来代替民主，用暴力来代替公道。激进极端思潮的通常表现形态有，用"人民"或者"神圣"，压制消灭真实的个人声音；用"进步"和"求新"，摧毁破坏优良传统，将所有不愿听到的声音全部消声。

极端运动，就是用极端的方式，不断加快生态或者社会发展的"奇点""拐点"尽早到来。

第 156 章

官员和公务员：管家不必创新

李鸿章说，天下最容易的事情就是做官，倘若连官都不会做，那也太愚蠢了。李鸿章也有一幅对联：上联：享清福不在为官，只要囊有钱，仓有米，腹有诗书，便是山中宰相；下联：祈寿年无须服药，但愿身无病，心无忧，门无债主，可为地上神仙。

官员是相对于被统治的民众而言，公务员是相对于被服务的对象和主人即民众而言。制度和人民需要的是，公务员积极为人民办事、按规章程序办事，无论皇亲国戚、平头百姓，规则面前一律平等。创新不属于公务员的职责，公务员的天职和使命是，竭力保守维护国家、人民、人类和社会文明的已经公认的价值。

就官员、公务员制度而言，中国古代对人类文明和历史有重大贡献。中国隋唐即建立完备的考试录用文官制。1850年代初，英国人先将中国的文官制引入印度，证明其有效后，再引入英国，从此西方政治治理中逐步将政务官与事务官分开，否则没有文官制的纯选举民主制，必定导致腐败和低效。故有西方学者将中国考试、录用的文官制视为中国贡献于世界的第五大发明。美国直到1883年才制定《文官法》，逐步取消极其腐败、低效但十分民主的"政治分赃制"。

官员和公务员的诚信，决定着政府和社会的诚信水平，甚至执政集团的合法性。最珍贵的是诚信，难以用金钱利益衡量。最便宜低廉的也是诚信，因为其没有确定的价格并且无形，可以任何价格出卖，换取看得见、摸得着的利益，直至买官卖官。现代发达的互联网和博客微信等，对官员的言行立此存档，是对执政能力品行的巨大考验。当垂直上下的信息传导链条逐步弱化，横向左右的信息传导链条逐步强化，官员和公务员的诚信引发的风险与日俱增。

2020年疫情期间，当中央指导组到被封闭的武汉市开元公馆小区考察时，居民们从家里窗户向外喊"假的，假的"，揭穿了某些官员欺下瞒上制造的主动贴心服务的假相，造假官员的行径被其上级严肃批评并及时扭转。当然，这种现象，古今中外概莫能外，但这对官员的诚信形象是巨大打击。

有人模拟记者或领导与官员在一场灾难中的问答，创作了一则猴子与唐僧的对话，内容和风格非常典型。唐僧：死了多少猴子？老孙：三十几个洞穴坍塌了；唐僧：死了多少猴子？老孙：只有5000颗桃树被毁了。唐僧：死了多少猴子？老孙：活的猴子已经都安全转移了。唐僧：死了多少猴子？老孙：死亡猴子家属们情绪都安抚了，稳定。唐僧：死了多少猴子？老孙：还救活了三只猴子。官员们答非所问，拖延支吾，目的正像鲁迅所说："无问题、无缺陷、无不平，也就无解决、无改革、无反抗。"

社会的进步至少从我们每个人不配合做假开始，若配合做假，造假者便肆无忌惮，得寸进尺。社会的进步每个人都有责任。我们撒的每一句谎，最后都会成为埋葬自己的一锹土。扭转社会风气，最好的办法，是从每个人不配合造假、不说假话开始。

诚信缺乏会大大提高科研、经济、商业、社会、政治的代价，直至所有人都无法承受为止，进而被迫恢复本原真相。当欺骗和被欺骗、担心被欺骗与设计去欺骗，成为日常人际交往、商业买卖和社会关系的常态时，社会成本就会急剧升高，文明进步的动力就将丧失殆尽。

买官卖官是权力"公开透明"的市场化，其明码标价真是"公开公平"，不无讽刺地说这是官员把自己当商品的一大发明，应该列入WTO世界贸易规则。买卖之所以能够成交和实现，源自权力的垄断和民众无权决定或者影响官员的去留。

就个体对文明的贡献程度来讲，做官不用很多知识，需要的是，要么揣摩上意，周旋保升；要么，公开透明，按程序办事。官员并不创造什么新知识、新思想，主要是灵活应用已有的知识和技术。官场是最没有言论自由的群体，也最为排斥思维自由、精神独立。当官主要靠情商，说违心话、做违心事，则是常事。要真的做得好，而且还要对得起良心，其实也相当不容易。对于进入高层的个人而言，做人、做事、做官，这三者在一个人身上不可能都做到；而对一个厂矿公司的小组长而言，做人就是做事、做事就是做官、做官就是做人，三者很容易协调统一。

改革开放初，当中国还仍十分贫穷时，民众羡慕发达国家民众的生活、选举、生态；而在中国逐步走向富裕时，发达国家的官员开始羡慕中国官员的表态上的说一不二的权力、地位无忧、特权享受；而随着中国逐步走向强大时，民众开始看到了发达国家的"富贵病"，如选举表演、福利陷阱；发达国家的官员也看到了中国反腐中的"官"不聊生。

日韩官员在2020年新冠疫情控制上出现问题后，会自责而自尽，这种自省和担当，令人敬佩，有点像秦汉时承诺重义的中华古人，当然自杀不值得鼓励。比较而言，问题比这严重得多的我们的一些官员，少有道歉，脸像铜墙铁壁。想不到的是，靠选票上台的美国白宫官员们，拖延隐瞒疫情的本领高超，明目张胆、更为猖狂。

专家、学者相对要谦逊，因为他们明白，他们所知有限，只懂一小部分，只能做到一小部分；手握权力的官员很容易官僚霸道，或因为他们认为自己无所不知、无所不能，或者他们认为，就是自己错了，你的反感反抗也没用，可以用权力迫使你按照官员的意愿运转。

传统官场，因为没有民选淘汰，通常不需要惧怕民众的压力，除了官逼民反的特殊时期以外。来自上方的指令是永远正确的依据和官员晋升的根本。很多重大悲剧事件的发生，对官员来说，非不知，实不为，没有上方的指令，即使天塌下来，有时都可能视而不见。所以，特立独行、才华横溢的学术精英和意见领袖均不适宜担任官员，特别在官本位盛行的氛围里，因为官阶意味正确程度，是否是真知灼见也要看提出者的级别，因为"真理"也分为科级、处级、局级、部级……某些官员习惯于侮辱、调戏强暴公众的智商，顽强地自我表现，取悦更高的权贵。

得民心者得天下，得君心者为臣子。因为历史上，能得天下的只有几个人，所以，为得君心而成为臣子，拍马屁就会广为流行模仿，成为文化习惯，世代相袭，不断光大。事实是，封建皇朝，集权专制社会，天子不一定得民心，要的是民惧；因为苛政和民惧，逼出动乱，就会有得民心者，要么哗众取宠，也可能真是为民请命，更可能想欺世盗名，企图风生水起，通过押命赌博而得天下。这也是历史上造反、动乱不断的主要原因。

避重就轻、防微杜渐、小题大做、大题小作都是官员把握趋势进行管理常用有趣的技巧策略。在官员选拔使用中，潜规则已有年头：内战内行，外战外行；专业的不能干专业，非专业的干一切。在人员选拔方面，比较而言，官场是亲中选贤，而学术界是贤中选亲。看官员的工作实绩不在于他讲了什么，也不在他于干过什么，而在于是否按照官场"圈子"里的规则游刃有余。官场等级森严，尊卑有序，官腔官步，冷漠霸气，下只对上伺候、负责，奉承投机，明规则与潜规则交替发挥作用。

呆如木鸡、奉承谄媚、答非所问、装聋作哑，是相当一批官员的集体特征。像忌讳官员标新立异一样，官僚机构最忌讳创新，也最抵触创新。主动创新是自找倒霉；被逼创新，是因为深陷危机。能在环境宽松时，居安思危，主动创新是判断治理结构优劣的重要参考指标。被动创新来自迫在眉睫的严重治理风险和巨大生存危机，主动创新来自超前预测未来的理念和理想。

大会小会上，官员们无关痛痒、老生常谈地声情并茂和语重心长，其面面俱到的眉毛胡子一把抓和教条僵化，追求的目的，就是不担负责任。只有上梁不正下梁歪；没有下梁不正上梁歪。由此可见权力运行中顶层设计的重要性。官员们发明制造了文山会海，又在用会上隐秘的锻炼身体操巧妙地对付文山会海，比如流行一种"会议体操"，即在会场，看上去聚精会神、正襟危坐，实际衣服下的全身肌肉在有节奏地收放自如地运动，就连鼓掌都是体操的一部分，如此，开多长的会都没关系、开什么会都不重要，反正许多人如此，而且，相互都看不出，台上领导也看不出、不知道。

腆着肚腩，戴着名表，衣着光鲜，座骑高档，享受极品烟酒的官员"形象腐败"，一旦被标准化、普及化，就会快速侵蚀执政基础。大话、空话、套话、假话等"语言腐败"的流行，是官场疾病严重的标志。其中，套话的存在具有独特的原因。它的当道和盛行，是官场对外非理性地强化某一观点，对内部进行思维定势、弱智训练的绝妙语言工具和技巧之一。说同样的话，重复同样的话，乐此不彼，虽然大众很容易厌烦，但有些官员并不在乎。因为这些人所关心的是用这些语言判别同类，而民众关心的是否有新意。

套话的发明者、模仿者很容易依据发言者是否用套话，确认其是否顺从服从领导，是否愿意跟随的一个简单判据。其理由是，如果有人连表面都不愿意附和，根本不敢指望其背后的顺从。至少表面顺从，可以形成群体压力，使不同意者不敢轻举妄动，无可奈何地为我所用。直至让其指鹿为马，使无脑顺从达到极致。

领导的作用在于驾驭趋势，而不仅在把控当下。人无远虑必有近忧，如现有近忧，必因前无远虑。领导的判断依赖于科学，执行实施需要逻辑和艺术，领导的感召力来自魅力，有时是在大众面前变魔术，甚至是行为艺术。处纷杂混乱的局势举重若轻，于歌舞升平中举轻若重，临未然萌发而先发，避汹涌而后动。做群体的领导如此，做自己个人命运的主宰亦如此。

任何一层领导都有其上级领导和下级官员及民众，善于领导和善于被领导同样重要，有时学会被领导比学会做领导更重要，善于被协调比主动协调更重要。有的人只能为王，不能为臣，是个极端个人主义者，追求个人天下，喜欢折腾，这样的人难得善终。政治上强烈以自我为中心、好为人王的人，适合在乱世用重典时发挥，不能重用于和平盛世。

人民是永远应该被歌颂感激的服务对象，政府为人民服务，公务员是人民的公仆。强按民众头颅逼他们感谢自己而去邀功献媚，泄露出的是骨子里的作威作福。马克思1875年在《哥达纲领批判》中，谴责了拉萨尔崇仰"国家至上"的论调，拉萨尔认为的社会和人民应对国家唯命是从，国家决定一切。国家有管理社会的职权和功能，国家要教育人民，人民也要教育国家，人民需要监督国家使之健全运行。马克思指出，"国家需要人民对它进行极严厉的教育"。

让民众激励和监督官员，而不是仅仅让官员激励和监督官员，才能消除形形色色的官场癌症。民众可以告诉官员该干什么，不是官员告诉民众该干什么。民众是司机，官员是汽车，民众决定车速和行驶方向。政治学上，早就有描述官场流行病的"帕金森定律"，将其汇总摘要如下，以供笑评：

1. 冗员增加原理：官员数量增加与工作量无关，而是希望增加部属而不是对手，并为对方制造麻烦。机构组织形式越多，效率越低；2. 中间派决定原理：中间派成了决定性主角。为争取中间派的支持，竞争双方颇费心机；3. 鸡毛蒜皮定律：大部分决策层由不懂得十亿、百亿而只懂得万元的官员组成，讨论经费的时间与金额呈反比，大钱小讨论，小钱大讨论，鸡毛蒜皮则非要讨论；4. 豪华的办公大楼和考究的办公环境是组织衰退的征兆，豪华程度与效率呈反比：成长期的机构一般没有足够的兴趣和时间关注工作以外的事情；5. 嫉妒综合征：武大郎开店，病症分三期，步步惊心。组织的低效源于自发的嫉妒病。在等级制度中，每个官员都趋向于上升到所不胜任的位子；6. 临界退休综合征；7. 对各有所长者，就从岗到人，以能进岗。而无一所长者，反而可能为首长。

时艰是面照妖镜，和平时间的官员，"突发事件"面前会显出无能无德的原形。当灾难或者疫情发生时，官员依据什么做决策，能否保住乌纱帽，隐瞒或者公开，都将根据自身利益作权衡。如果权力来自民众，官员们隐瞒的成本会巨大，而且肯定无法瞒住几百万、上千万的民众，特别是在这网络时代。而如果权力来自上面，要瞒住的那几个、特别某个决定自己命运的人，就相对容易得多，也更容易操作。骗一个聪明人，容易；骗一万个普通人，很难！所以无论火灾、矿难、车祸还是瘟疫，要遏制谎言或者瞒报，就需要改变权力单一方向的授予，如改自上而下授予为自下而上授予，至少双向实际授予，同时，更需要同层次对权力的对等平行约束。

政府首在服务，后在宏观治理，但主次时常被颠倒，有些官员尤其喜好在细节逞上权威、刷存在感。人民的仆人常会成为人民的主人。迷信政府的作用，和迷信群氓的作用一样可怕。有人说，有什么样的人民，就有什么样的政府；这也可以反过来延伸，有什么样的政府，就有什么样的人民。当然，有什么样的人民，就有什么样的官员，不能认为自己是普通人，就自以为自己会比官员更清廉能干、五毒不侵，有时有点小权力的普通人，表现可能更差、更不堪。

第156章 官员和公务员：管家不必创新

第 157 章

社会的智慧形态：诚信而上

在 2020 年抗击新冠肺炎疫情战役中，已重复了十二个 2003 年非典疫情时的错误，重演的历史包括：2002 年吃野味，2019 年接着吃野味；2003 年开演唱会，2020 年开联欢会；2003 年有蒋医生，2020 年有李医生；2003 年不戴口罩，2020 年依然不戴口罩；2003 年口罩有假的，2020 年口罩依然有假的；2003 年逃离北京，2020 年逃离武汉；2003 年歧视广东人、北京人，2020 年 歧视湖北人；2003 年 挖断国道，2020 年硬核封路；2003 年打狗弃猫，2020 年摔猫砸狗；2003 年排队买板蓝根，2020 年抢购双黄连；2003 年传言像蝗灾铺天盖地，2020 年造谣轻动嘴而辟谣跑断腿；2003 年小区让外地人三日离京，2020 年在北京进不了原租房。

病毒在进化、更智能，有人笑话，以前病毒智商 70，现在智商 140，2020 的损失和范围强度大约是 2003 的至少十倍以上。而我们进步的速度，怎么没有超过病毒呢？

1918 年大流感病毒幸存者、105 岁的西班牙人佩纳先生发出警告：100 年前的 9 个错误，在 2020 年重演，在病毒面前，人类的命运总是惊人的相似。

1918 年，医生警示被无视，2020 年，医生警示被训诫；1918 年，集会娱乐照常进行；2020 年，人群同样大规模聚集；1918 年，无特效药，迷信偏方，2020 年，无特效药，迷信偏方；1918 年，有人趁乱发灾难财，2020 年，有人趁乱发灾难财；1918 年，听信谣言虐杀动物，2020 年，动物仍然无辜丧命；1918 年，美国成功甩锅；2020 年，美国继续甩锅；1918 年，病毒面前，人人平等，2020 年，病毒面前，人人平等；1918 年，伤亡惨重，2020 年，惨不忍睹；1918 年，最终没能真正战胜病毒，2020 年，仍然在与病毒作殊死搏斗。

社会的智慧形态，至少可以分成自然进化、高等学习、研究创造、智慧超能四个台阶。绝大多数社会处于原始自然的生物进化社会，显示的是人群即高级动物们的群体社会的功能；先进文明所处的发达社会，是一个进入知识学习的社会，发挥的是知识综合应用的功能，学习型社区、学习型政府、学习型企业等备受推崇；文明领先的社会、未来的发达社会，将是研究创造为核心运转的社会，发挥的是智慧、思维、精神的功能，研究型大学、研究型医院、研究型公司、研究型社区、研究型组织遍布社会各地。在相当长一段时间后的未来，基于脑科学的进步、人工智能的发达、量子计算的普及和自由思维的实现，人类将进入智慧超能也即"神仙社会"阶段。

当人与人、阶层与阶层、宗教与宗教、国家与国家的政治观点的差异和冲突不需用蛮力来梳理，不再需要用强权、暴力甚至杀戮和战争等血腥形式去解决时，人类社会就将脱离拳头就是真理的自然进化时代，走入学习时代、研究时代，最终进入依靠智慧思想征服人心的时代。为发明、创造，推动人类文明进步而作出的牺牲是崇高的，不能忘却的，为各类权名利情争斗而失去的生命是需要怜悯和惋惜的。

传统社会里，宗族血亲、裙带关系、文化背景、基因遗传而导致的龙生龙，凤生凤，老鼠的后代会打洞现象比比皆是。宗亲的问题，在于为创造基因的生存优势，天生追求无理的亲情绑架。隐形世袭和灰社会的存在，和黑社会一样可怕。社会阶层与类别的自由平和地双向流动与互换，是现代文明进步的重要标志。富二代、贫二代、权二代、学二代等的角色互换，越规则化、程序化、经常化，就越能避免大规模的残酷斗争、阶层冲突、种族屠杀、政治洗牌和重组、周期性的社会动荡、文明毁灭及悲剧重演。

教育公平是社会公平的基础，教育自治能力是社会良序、人格独立的基础，唯有教育的强大才有国家的强大。学校、医院、寺庙、教堂是需要大爱、弘扬大爱的地方。对小人宽松，对君子严苛；对老实人的忽视，对匪气和搅局者让步，匪气十足的小人、搅局者会成为社会沉疴。在一个社会，如果拯救灵魂的教师，挽救生命的医生的个人权益和生命不能得到充分的尊重，或者教师、医生、僧尼、牧师都会被权名利情等世俗所污染时，那么，灵魂的拯救和生命的挽救，必将无法得到保障，那种社会就将处于极度危机和崩溃的边缘。

2020年新冠疫情期间，全国医护仁侠举动，令人感佩。而医疗健康问题是绝大多数国家的社会难题，更是我国最为深层次、积重难返的难题，而此次遭遇疫情这个问题更是首当其冲。弃医从文的鲁迅，身体力行地昭示，上等医生不仅治疗人体疾痛，还要医救国家病患。记载西周中期到春秋国别史的先秦名著《国语》有"上医医国"观念。唐代医药大家孙思邈的《备急千金要方》则明示："古之善为医者，上医医国，中医医人，下医医病。"

当社会大众对政治的兴趣，超过了对科学技术、文学艺术和数学哲学的兴趣，分割物质财富就比创造物质和精神财富，更吸引人。当大众对政治有超过一切的热情，社会的诚信就会消失、灾祸就会不断。在前东欧、苏联等传统社会主义国家、南美资本主义国家、中东政教合一的国家，都出现过这一状况。

随着科学技术的进步，不久的将来，社会的智慧形态将发生突变。早在德国提出工业4.0，我国也在作相应布局时，日本则大力推进"超智能社会5.0"，其目的就是要在人工智能、大数据、万物互联网的时代升级社会形态，从而拥有更好的产业、教育、医疗、养老、交通和治理等，为了应对老龄化、适应生态和社会的可持续发展，改造我们的教育、医疗、养老等问题，实现文明的"量子跃迁"，我畅想我们可以探索智能时代社会形态、运转和治理的"理想国5.0"。

有人说，假如真理不适合国情，要改变的是国情而不是真理。科学研究得以发展的基本文化前提和保障，是诚信、不弄虚作假、实事求是、真实可靠，不猜疑说谎等，如此可以避免大量重复性的工作，形成一个有效的代际递进氛围，激发人与人的信任和团队合作。

2019年10月15日，学术界发生一件大事。哈佛终身教授学术造假，

31篇文献被撤，无数研究化为泡沫。哈佛一次性从各类顶尖期刊撤稿31篇论文，整个心肌干细胞相关研究被认定为"从一开始就基于欺诈性数据"。曾被寄予厚望，医学界大热的"心肌干细胞修复心脏"技术，自始至终都是一场大骗局。

福山的《历史的终结》认为，诚信是社会和文化基石，是社会美德来源与创造经济繁荣的发动机，他将社会文化分为两类：一是"高度信任社会"，以美国、日本为代表；另是"低度信任社会"，以华人文化圈和意大利为代表。

高信任度社会，有利于经济和科学的发展，这在日本和以色列表现得尤为突出。经济通过大量资金财富流动和社会交往完成，诚信可以大大降低交际交易和流通成本，促进经济发展和繁荣。

信仰缺乏，源自信任文化的缺失；信任的缺失源自普遍性的相互欺骗、出卖举报导致的恐惧、戒备和冷漠；人人互相监督和举报的社会，不可能建立理想生活的桃花源；人人捍卫个人权益和诉讼的社会，为降低人际交往的成本，反而能建立和谐的法治社会。

可口可乐下属的"诚实茶"（Honest Tea）基于一项覆盖全美50个州以及首都的为期10天的调查，编制了"全国诚实指数"。其方法是，在公众区域，摆放着无人看管的冷饮和自主投币箱，游客可以选择付钱，也可以不付钱，（调查者在隐蔽处观察记录每个人的特征）。其中有些结论很有趣：1.全美平均诚实度为92%。也就是说，每一百个人中，有九十二人自动付钱，只有八个人没有付钱。对于这个结果，"诚实茶"创始人表示：这个结果令人欣慰，因为即使在没有人的时候，百分之九十二的美国人选择了做正确的事。2.女性比男性诚实。3.人群的诚实度与表面观感并不一致。纽约、洛杉矶的诚实度比人们想象的要高，而达拉斯的诚实度却比人们想象的要低。4.戴眼镜者的相对诚实、刮净胡子的相对诚实。5.从头发颜色看得话，金发最诚实，其次是褐发、红发、灰发、黑发，谢顶的人则垫底。6.头发越长越诚实；7.群体的诚实度高于个体。即，当一群人在一起时比只有一人时要诚实。

最为有趣的是最后一条，出人意外但在情理之中，即政治首都华盛顿的诚实度最差，为80%；而阿拉巴马与夏威夷的诚实度最高，为100%。由此可见，商业、产业、教育、人流、城乡均不是影响诚信最大的因素，而浓烈的政治氛围，人们对政治的兴趣和对政治权力的追逐，是导致诚信度降低的重要因素，去过美国首都华盛顿的人应该有如此切身感受，而这一规律同样适合于其他国家或者地区。

政治难有诚实，政治没有朋友，只有盟友，日月光明可见时为友，黑暗中或者前途渺茫时就分手，就可能成为敌人。政客是为获得政权而不择手段的人；政治家，是为了全体大众利益和政治理想可以进监牢、下地狱，愿意奉献自己生命的人。当政治家或政客只是一种普通的职业称呼，不是特权和欺骗的代名词，并不比钢琴家或魔术师更有能耐、更吸引人，如此，创造创新的社会氛围就会悄悄到来。这时人们就会明白，政治争端、政权纠纷可能只有用战争或者法庭方式来最终解决，而文明进步、科学分歧、文学批评和技术学术评价是不能通过法庭和战争来解决的，需要更高级的手段。

美国圣母大学心理学教授阿尼达·凯利的"诚实科学"研究，用5周时间跟踪72个成年人，分成诚实组与对照组，定期进行双盲实验测谎、身体检验和记录病状，结论是：说实话、说真话，使人更健康。说实话是灵丹妙药，真诚、老实是促进健康的重要关键。因为说谎，会使人发生生理变化，血压升高等。要保持健康的身体，就必须始终保持健康的心态，其基础就是诚实做人。

当社会越来越堕落时，人就会认为说实话的人是傻子，而诚实恰恰是人类的正常生存状态。测谎专家罗伯特·斐德曼研究发现：现代人的十分钟交谈会有两次谎。凯利估算出一般人每天撒谎11次。科学研究认为，正是撒谎这个因素，使人身心受压、疲惫不堪、免疫失调、摧毁健康。做诚实的人，对社会有好处，对自己也有好处。

怎样对待早鸣的鸡——觉醒者的态度，反映了社会的宽容度和进步的能力。人们要理解最早的觉醒者，更要理解失眠者，失眠者为社会提供了发展的独辟蹊径的思想。公鸡打鸣是这样一个寓言故事：有一古人，为怕误时误事，买了一公鸡想听着公鸡的打鸣声早上醒来，结果，雄鸡午夜就打鸣了，搅了主人的美梦，主人只好杀了公鸡吃进肚子，方解心头之恨；再买的一只雄鸡天亮了很久才叫，没能及时叫醒主人，误了主人约会，也逃脱不了被炖汤的命运；恰到好处地打鸣，很会把握时机的公鸡，才会博取主人的欢心。

诚实诚信常毁于谎言和淫威。一个现代人处在非洲原始部落，只有按照酋长的意志去讲话，不然酋长还未发怒，那些未开化的原始人类，就会把那个现代人"生吃掉"。而且所有的未开化的食人者都会认为，他们做了一个正确的事情！

回顾人类历史，真正静悄悄地、不可逆转地、和平地改变历史发展方向，改变社会形态和产业形态以及人们认知的，是以经典力学、量子力学、电脑网络为代表的科学技术。改变社会，在初级阶段靠经济发展，在高级阶段靠科学技术。

社会文明进步的基础在于创造财富。创造财富犹如一头吃的是草，挤出的是奶的奶牛；聚敛财富犹如送出的是草，换回的是奶；消耗财富者犹如吃的是奶，挤出的却是草。扶持科学技术、文学艺术，收获的将超越财富。

正像小鸡是从蛋壳中孵化而来，良知是从假说中发育而成，科学是在对宗教（及其统治哲学）的怀疑、反抗中孕育而生。社会是在陈旧的社会形态保护下不断否定陈旧的社会形态而发展的。以发明创造为代表的文明是社会进步的原初和持续的动力。不能操之过急地抛弃保护外壳，也不能不合时宜地继续龟缩在外壳中。无论在哪种社会形态、制度下，科学技术或者文学艺术的发展，最终都将挣脱被强加的束缚，带动社会和制度走向更高级的文明形态。

第158章

社会治理结构和思维逻辑

2011年网红博主郭某某的无底线炫富事件、2020年新冠肺炎疫情期间武汉红十字会的糟糕行为,都让红十字会蒙羞。以红十字会为代表的慈善团体,它们的运行方式、所起作用以及社会信誉,代言的是个人品格、国家道德和社会伦理,而不是利益方的寻租地。慈善一旦被亵渎或玩弄,必然会被诚信的国民所抛弃。而以权力分散、公平公开、共担共享著称的慈善机构一旦被权力垄断、被内部人操控,就会出现令人不解的慈善"黑洞"。

直线型的加速发展会让社会加速逼近"奇点""拐点",所谓物极必反。垄断使得一切失去生机活力,从而导致社会窒息,再慢慢地走向死寂,比如苏联。非垄断则会导致社会混乱不堪,政府又无力管控,从而影响整个社会和民生,比如阿根廷。

社会治理,可以分类为政治性治理、专业性治理、宗教性治理。政治性治理者以拥护谁、维护谁的权力、跟谁站在一条线,为根本依据。以此来管理事物、衡量周边和其他人员选拔提升,这方面的典型代表是苏联;专业性治理则是依据专业规范标准和水平作为人事物治理的根本依据,这方面的典型代表是日本;把专业治理放在第一位,会极大地提升社会治理水平。宗教性治理则把对宗教是否虔诚作为根本依据,常体现为政教合一,如伊朗等中东伊斯兰国家。

每逢大灾,社会治理的优点弱点都充分显示出来,在2020年的疫情中,湖北某父母官面对记者关于医护设备不足等具体提问时,硬着头皮坚持答非所问,埋头念空话套话连篇的稿子,让所有关心疫情的群众都气愤至极；而陈国强院士等几位医生发表的《深刻反思新冠疫情暴露的十大问题》，就展现了专业的睿智和学界的良心，具有洞察力，能直面问题，切中要害同时提出改进的积极建议。

民主并不一定能给国家带来富裕与强盛，印度就是世界上最大的民主国家，如果民主国家充分发挥民主的优点不突出，缺点就会凸显。专制、特别是有民主无自由的国家，也不一定就贫穷，新加坡威权制度就证实了这一点。民主国家的运行，对百姓的素质水平要求比较高，印度民众素质比较成问题，所以其想要进入发达国家的难度就比较大；专制对国家领导的要求比较高，处理不好复杂局面，很容易将国家带入贫穷与战乱。新加坡的李光耀、吴作栋、李显龙都是非常自律的国家领导人，所以才能领导新加坡有今日的繁荣。

一个国家的GDP总量排名不是特别重要，而标志着一个人的生存状况的人均排名，亦即教育、医疗、养老等公共服务投入占比排名，以及清廉、法治、环保、人类发展等各类文明指数排名，则更为重要。

思维逻辑决定治理结构，结构进而决定功能。清晰严谨的思维逻辑决定了合理的治理结构，混乱的思维逻辑决定混乱的治理结构。一个国家、地域、大学、公司的功能功效，取决于其治理结构，治理结构的重要性，远高于管理者的能力和作用。一个合理高效的治理结构，相互关系必定符合遵守逻辑，首先是形式逻辑，而后是辩证逻辑，通过严密的逻辑规范各部门结构方式和相互关系，进而显示功能。这样的体系制度，只允许作为个体的管理者在规范这样的节点上尽情表现、展现和呈现想象力，而绝不可以逾越，这样既不抹杀个体的创造力和独特性，也强调整体的协调性和规范性。

我国文明和民众，因为丢失了本土的形式逻辑两千五百多年，仅在近百年才从国外引进形式逻辑，由于逻辑思维的孱弱或者缺乏，大呼小叫、咋咋呼呼，常以震撼吼叫式的显威，来代替对正确方法的恰当表达。人们对治理结构的合理性关心很少，还加入了许多随心所欲的人为因素，导致了结构功能的弱化或者丧失。

处于结构连接点上的每个人，应是一个个可以替代的螺丝钉，其存在及变换替代绝对不能影响整体的结构功能效益。尽管人的多样性可给结构带来有限的求变的活力，但也有潜在的破坏性。而治理结构的合理性和稳定性，可以最大程度地聚焦每个个体的合力，而不是耗散内斗。

制度化的新陈代谢比任何个人都重要。一个人不能长期在一个岗位上，否则会因缺少激情、才智耗尽而无事生非，还会使新生力量和新鲜血液失去上岗的机会。

治理结构需要明确的社会分工和回归本原。政府就像物业管理公司，被人民聘用。拥有房屋的小区业主是主体和主人，属于自然存在。当官员、公务员学会谦卑谦逊、放弃霸气霸道作风之时，主人才像主人，仆人才像仆人，才能保证创新意识和民主真正来临。官员是管家，文明的创造者才是主人。官员和公务员地位过高，会吸引优秀的年轻人纷纷选择做公务员，从而让政府部门占据过多的自然和社会资源，强力挤压科学、艺术、工程、教育、医疗等文明创造者单位的用人空间，如此，难以发展出领先的文明就没有什么可奇怪的了。并不是什么人都适合从事政治或者管理，就像并非所有人都适合从事科学或者艺术工作。政治与老百姓的工作生活适当分离，政治也就少一些被民粹绑架的机会和可能，民众也就少一点卷入政治纠纷和被欺骗的可能，如此社会进步才会有基本保证。

公司治理模式一定程度上反映了一个国家的治理水平。公司治理主要有英美、德日、法国、北欧模式，转型国家模式（俄罗斯及东欧）。在转型国家模式、各级机构和公共组织中，常常出现类似于物业公司凌驾于业主之上的"内部人控制"现象，导致贪污擅权和谋私频发。消除"内部人控制"的有效办法，是充分邀请或者接纳外部人员的参与，以及对外部充分透明开放。

任何信息的向下传递和民意的向上传递，在传递复制拷贝中，不可能不走样，也必定走样，每步均会存在失真和变形，步骤越多，失真越大。监督只是辅助手段，不可能彻底根除失真；减少失真的最直接办法是，依靠透明的制度保证将信息、意愿以尽可能少的传递步骤，迅速传到最终一步，甚至直接一步传递到最终节点。管理的结构同样如此。

法治胜于人治，是因为法治是人们在清醒时理性的集体决定，而人治则无法避免以偏概全的情感判断。缺乏法治观念，不习惯依法行事，终日揣摩上级意图，是因为法律成不了"挡箭牌"，脱离了法律框架后出现不作为、或者瞎作为，也就不足为奇了。如政府不痴迷于自身的"形象"和羽毛，而关心百姓的真正疾苦；如果大多数民众具备与现代文明接轨的国民意识和维权途径，那么许多"平常之事"就不会发展成"非常之事"，"非常"也会变得很"平常"，也就少了一些"英雄"和"英明"、少一些感动，多一些踏实和信任、多一份信心。

治理过程中，可行的办法是近程治表，远程治本，中程表本兼治。危机不断的原因在于近期没有为远程治本做好铺垫。近忧来自从来不曾有过远虑。

老子对社会和领导的治理水平进行了分级。他说：太上，下知有之；其次，亲而誉之；其次，畏之；其次，侮之。信不足，焉有不信焉。悠兮其贵言。功成事遂，百姓皆谓我自然（第17章）。其含义为：最好的领导者，民众只知道他的存在；其次的领导者，民众亲近他并且称赞他；再次的领导者，民众畏惧他；更次的统治者，民众轻蔑他。领导者的诚信不足，民众就不相信他。最好的领导者应是悠闲的、很少发号施令，他领导的部门做成一件事情后，百姓们的反应应该是"本来就是这样的"。

第 159 章

社会凋亡与进步：治理与活力

2020年新冠肺炎疫情和由其引发的舆论风暴，具有烈度强、范围广、触动深、影响远，或将成为载入中国史册的大事件。这个时候，对舆情不恰当的"防堵"容易引发反感和反弹，"引导"会被视为欺瞒，"疏导"降压效果又不明显。如此窘境的出现，与平时缺乏时刻防爆的泄压阀、平时缺乏低烈度的批评和公开的讨论有关，因而社会缺乏对批评和争论的免疫能力。因为政府对群众挑刺没有司空见惯、所以就做不到心平气和，憋屈的社会心态和情绪波动的政府官员一冲突彼此容易失控，群情容易忽上忽下。

以民为主，有两种解析，是以民众的利益为主，还是民众手中的选票为主。如果按照政治权力分赃的角度，国土狭小的新加坡则是专制民主，即政治形式上的专制，经济利益上的民主。

民主的众多出路中，至少有两个可能性会被忽略：法西斯和金钱民主。法西斯也是民主、特别是民粹的产物，外界的压迫和反省的不彻底，导致希特勒经民选上台，单一民族国家出现这样的风险很大。这种民主的危险在于，肆意剥夺了一部分正常人群作为"民"的资格，谋略是将一部分看不顺眼的"民"贬低为动物或者敌人，肆意凌辱或者屠杀。如此就突破了人类的底线，走向了反人类的道路。由民主到民粹、纳粹，最后到法西斯，世界上非希特勒一人。

金钱民主是有钱人的民主，是金钱交换、金钱面前人人平等，以钱的多少衡量影响力并发挥作用，最后，金融资本家、寡头就能以贪婪操纵国家机器来保护自身利益，出现1%胜出99%的利益博弈导致影响全人类的危机。同样，权力民主，是有权人的民主，是权力面前人人平等，是以权力高低衡量的、是用权力交换的民主。有钱和有权相结合的民主，是最黑暗的虚假民主。

法制民主，是基于规则的民主。法律面前人人平等的法治民主，是能激活个人创造力的真正可行之路。法治是希望避免灰色与丑陋，杜绝罪恶；法治处处彰显理性逻辑与权力制衡，促进文明、和谐和光明。当法治民主仅仅等于选举民主，则虚伪和造假就会公然出现，无所顾忌。

法律是放在墙上给人看的还是真的在实施，看法律文本的形式就可以得知。如是工整而逻辑、排列美观的，那是给人看的；如果是经常修订并且长短不一的，那是真的在使用。就像穿衣服，经常穿的衣服，会坏，需要经常修补；不经常穿的衣服，就会崭新如初，没有补丁。

矿难、灾情、疫情由小范围爆发而至蔓延，揭示的是官场腐败黑暗，也告诉我们人治、监督、投诉、告密，作用有限，要解决问题得靠法治，法治面前适应人人平等，不能君子治小人，更不能让小人治君子。

现代社会的管理规则来自原始社会和黑社会。人治是希望追求统治者认为的最美好状态。人治上，黑社会与现实社会有诸多相同；人治社会是放大的黑社会，差异仅仅是地上地下之分。人治以藐视另一部分人的基本权利为前提。人治难以逃脱情感判断与偏执理念，而法治社会与黑社会的极大不同，在于法治社会能克制对少数人的鄙视和迫害，能克制自身专制的冲动。

历史上，权力无限集中的举国体制，能一呼百应地干大事、干好事，但有时也可能会集中力量干错事、干坏事。对政府而言，无限的权力，意味着承担无限的责任和风险；有限的权力当然不能去承担无限的责任和风险；无限的权力也不能只承担有限的责任和风险，否则，社会对执政者的不信任和厌恶就会蔓延。当政府万能，哪个出现的问题与政府无关也会被归因在政府。官员的对上谄媚，对下骄横，上下欺瞒，就会制度性地大规模产生。最后，政府就会因不堪不断累加且没有止境的重负而崩溃。当政府害怕舆论监督，防民之口胜于防川，政府就不由自主静悄悄地走向了民众的对立面。

居住小区的物业管理和服务，是经常发生主仆颠倒的现象的典型区域。长期习惯对主人的忽视，物业公司就会忘记服务，在管理中俨然成了业主的"业主"。在大学里，行政丢弃了服务，就成了教授的"教授"或者"领导"；公仆丢弃了服务，就成为民众的"主人"。政府丢弃了服务，就会成为社会的"主公"，官员们就敢公开寻租和贪腐。

集中且大规模的失业是经济危机转化为社会危机的关键因素。重视危机，是社会强大免疫机制存在并运转的象征。缺乏自我反省与自我校正机制的社会，是缺乏免疫系统的不完善的脆弱社会。人流的迁徙方向，反映了经济、政治、文化等发展机会的差异驱动，反映了人心的向背。

原用于休闲和娱乐的即时社交网络工具，如微信、微博等，在不同的国度向着不同方向发展，迅速填补人们精神世界的空白，特别是原有社会生态中严重缺乏的那些要素，将成为其主要突破口，进而影响真实社会中每个个体。发微信写微博和社交网络正在变成许多人日常的生活方式，已形成可以让单个事件瞬间由虚拟空间走向真实空间的不可忽视、飘忽不定、难以捉摸的巨大社会力量。

有人说，报纸过于干净，社会将会肮脏。此话点出了，要维持社会心态的平衡和和谐，需要给民众带有安全阀出口。严重的腐败需要雷霆一击，以迅速控制，但长远防腐，不能单单想到靠制度来解决，必须依靠信仰作为最后的支撑。人的需求包含物质和精神两方面，精神上得不到满足，必然放大物质的欲望。

社会进步所需要的基本规则是机会均等、公开竞争、和谐共生。失去道德光环的执政者、政府，在面对变化节奏越来越快的社会时，犹如疾风骤雨中漂浮在浩渺大海的一叶小舟，随时都有倾覆的危险。

细胞至少有两种死亡方式，细胞坏死，即非程序性被动死亡，会非常痛苦；细胞凋亡，即程序性自发死亡，自然而没有痛苦。因此，程序性的社会变革与进步对文明的进化和连续，具有重要的保护价值。

辛亥革命、法国大革命、美国独立战争都是"暴力革命"，任何政权若无"合法暴力"为最终后盾,"法治"一天也维持不住。但是,如果时常脱离不了暴力,天天摆脱不了暴力,则可能出现以暴力夺取政权,以暴力进行维持,最终被新的暴力推翻的厄运,这种厄运不停地轮回,就是黑社会痕迹没有褪去的社会治理中的返祖现象,也是血腥的原始权力欲的回光返照,更是社会尚处于初级原始阶段的重要特征。

早在1688年,英国人实现了"对革命的革命"——光荣革命,以智慧、平和的方式革命,将国王、贵族、平民都视为是全体民众的一部分,和谐共生并竞争,小步快走,不停连续地渐变,完成了由近代向现代的成功转型,并使法制、民主的理念影响世界。

而法国人则是采用了疾风骤雨、把国王推上断头台的方式,通过撕裂—整合—再撕裂—再整合,花费几百年才完成了由近代向现代的转型,造成这一局面的原因在于法国革命将国王、贵族、平民视为完全不同的社会组成部分,各自排他地声明自己是全体民众的代表,如此,只好非此即彼、你死我活地不停地相互斗争。

世界各国历史、朝代的更叠和政权的更替表明,社会的兴旺,无论是振兴还是复兴,主要来自于民众的主动选择,而不是被动改变或者不加思索地维持。怨声载道中的被动改变,将会受制于人,并且成功或者失败,完全没有把握,均难以预料;在得过且过地维持,因民怨沸腾作出的条件反射之际应对,就可能有两个都不妙的结果,要么避重就轻,坐失良机;要么走投无路地贸然改变,最终都导致变革失败、政权被倾覆。

在和平时期,当思想禁锢、专制、原教旨主义横行,强力机构如军队、警察拥有高于其他阶层的地位时,表明社会已进入了危机四伏的状况。军队或者警察治国,就类似于黑暗的中世纪,饥饿、战乱就会随后出现。欧洲黑暗的中世纪,源之于宗教;中国黑暗的古代,源之于权力,皇帝下令可以连坐、屠灭九族。抗议不是可怕的事情,它是现代社会的有机组成部分,但需在平和、理性和规则下进行。非暴力的不合作方式是人类社会进步、转型发展的新动力,是社会平静转型的重要途径。

第 160 章

第三境界：告别思维垄断，自由全面永续发展

2020年各国抗疫的做法离不开其体制、文化、历史等因素影响。一声令下，我国的举国体制如一台机器立马启动，采用了抗疫历史上未曾有过的举措，封闭千万人口的武汉市，结果两月后就见效。东亚各国和地区随之行动进入"战争"状态，也有效控制住了疫情。然而可惜的是，由于轻视、傲慢和偏见，欧美国家并没有及时抗疫，最终跌入深渊。

我国红十字会是半官方机构事业单位。2020年新冠肺炎期间，坠入舆论风暴眼中的湖北红十字会在分配物资中，辛苦纠结忙碌几天都没做好的事，交给一家专业物流公司，分分秒秒快速高效、精准可控地完成了任务。由"全能"政府主导的"大政府、小社会"传统"举国体制"，在物资困乏、经济、信息不发达时期很有效，但在互联网时代就显得效率低下、力不从心。互联网时代、大数据、人工智能时代的到来，使得权力分散、利益责任共担的"智能政府、大社会"的"新举国体制"将可能出现，因为其是多节点网络协调、可自主人工智能化，更专业高效、公平公正。

自然、生态和社会，走过了许多发展阶段，包括自然丛林发展、机械惯性发展、绿色智能发展。其中，自然丛林发展，是弱肉强食、优胜劣汰、听天由命的，过程中没有人文关怀，是与动物无异的残酷嗜血的发展。机械惯性发展，是工业化的资源利用和转换发展，工业化的农业发展，这种发展以分解还原的思路、经典牛顿思维强调的机械分割控制运行，以整齐划一标准化、模块化、模拟机械机器的发展，甚至是吃干榨净的、穷奢极欲、偏执惯性的发展，我们的教育、医疗、社会治理、作物种植，几乎多是这类发展方式，虽获得了效率和效益，但带来了生态污染、环境破坏、

人际关系紧张等不可持续发展的问题。

我们知道，生态链和食物链的特点是各单元环环相扣、相互耦合，而社会是以人为单元的生态，人与人、人与各社会单元、各社会单元之间，也相互关联耦合。正因为如此，在处理生态与社会发展时，是不可以采取经典思维的机械分割、得益最大化的方法。因为这种单一的、惯性的经典思维的垄断，带来了眼下的某些发展方式问题，如雾霾、生态破坏、环境污染、人际关系紧张、社会戾气严重等。

单调下滑会导致奇点、拐点的出现，单调线性上升也容易制造奇点、拐点，并使其早早出现。我们需要思考，如何防止或者延缓生态和社会发展中奇点、拐点的出现，防止盛极而衰、物极必反，进而实现可持续、永续发展。

为了可持续、永续发展，为了人的尊严，必须改变思维，改变发展模式。老子说：大制无割。量子思维强调事物的各自特点、不确定性、跳跃性和有机关联，因此包容性的绿色发展、人工智能就是未来发展的主要方向。在过去的发展中，主要的工具和资源能源，是人力、矿山、化石能源；今后的自由全面的可持续发展中，需要寻找新的发展工具和力量源泉，如生态能、数据能、智慧和人工智能。

其实，世界上的万物万事都相互关联，一切均有各自的价值。放错地方的资源物质，形成了危害，如糖分、酸度排入河流，人们叫它污染，如果合理回收再用到合适的场合，它就是很好的二次资源，这样的资源就汇入了绿色智能发展；放错位置的人才，才能难以发挥，还会造成人际关系紧张、甚至失误或者重大麻烦，人们叫他废物，如果知人善任，这样的人就会显示才华，为和谐社会作出贡献，如此可以人尽其才地汇入绿色智能发展。过去强调：有用的成份、有用的人才、弃物和弃人；今后强调：成份的有用、智力的有用、无弃物无弃人。绿色的发展，不是回到生产力低下的原始生态，也不是加速穷奢极欲的原始工业，而是达到具有原始生态保育水平、劳动生产率高超的新境界。新的发展，就是要告别单一思维方式的垄断，超越局限，包容性地、自由全面地永续发展。

实现自由全面发展，就需打破各式各样的单一思维垄断，体现包容性，释放智商红利，挖掘开发思想时代最大的资源。研究一下全世界人均 GDP 的国家地域分布、全球智商的国家地域分布，会发现对大多数国家而言，两者是平行的，而对中国而言是不平行的，人均 GDP 和人均智商落差很大。尽管我们人均 GDP 近年已经有了很大提升，但和我们拥有的全球最高之一的智商相比，再考虑我们庞大的人口基数，说明我们还是浪费了太多的人力和智力资源。

对于一个国家而言，最为宝贵的主权是领土领海，即疆域的界定，但我们的思维不能仅自我限定于国土疆域，我们需要考虑我们文明的疆域、思想的疆域、智慧的疆域在哪？如何发展和利用好我们的智力资源？智商不等于智慧，智商不等于智能，大脑是思想时代不可替代的资源。一个国家、一个文明的竞争力，等于其智商、人口、领土、情商、逻辑、想象力、社会和体制的乘积。要获得更好更快的发展并可以持续，我们需要既关注物质，也要关注精神，从而实现永续发展。

被称为"现代管理学先驱"德鲁克等人的理论认为，创新创业最大的敌人是权威和中央计划。

麻省理工经济学家阿西莫格鲁和哈佛大学政治学家罗宾逊所著的《国家为什么会失败》，将国家间的制度分为包容性和汲取性两大类。

汲取性政治制度，少数统治者垄断权力攫取利益，广大民众没有治理模式的选择权；包容性政治制度，指大多数人拥有选择权，能共同决策的共和民主制度。

汲取性经济制度，通过市场控制、垄断、专卖，从一部分人中攫取收入和财富，让另一部分人受益；包容性经济制度，允许"看不见的手"自由市场的存在，催生出经济起飞的两个翅膀：科技和教育。

他们的观点是，国家可按政治制度和经济制度，可配套组合分为三个类别：包容性政治制度和包容性经济制度，汲取性政治制度和汲取性经济制度，汲取性政治制度和包容性经济制度。他们认为汲取性政治制度与包容性经济制度的组合只能短期存在，要么最终转向失败的汲取性政治制度和汲取性经济制度，或者变革为成功的包容性政治制度和包容性经济制度。

经济基础决定政治等上层建筑的观点是我们所熟悉的，而他们认为政治制度决定了经济制度，包容性政治制度下，不可能产生汲取性经济制度。我则认为经济基础与政治等上层建筑的双向引导作用均应存在，在特定条件下，均具有存在的合理性，即前者出现在变革革命时期，而后者更多出现在和平渐进时期。

我对以上纠正的是，包容性政治制度和包容性经济制度也会走向崩溃，如超出能力的过度福利化，形成了不劳动者对劳动者的汲取和掠夺，"白左"高福利国家走向失败，就是典型。也就是说，无论政治制度和经济制度，采用的是"包容性"和"汲取性"的哪一套组合，只要超出了政府权力、市场活力、福利能力的限度，即这三者中的任何一个，右倾个人自由主义的国家、中央集权计划经济国家、白左高福利国家，均会走向失败。关键在于是如何尊重所有人，实现自由全面永续发展。

自然、经济和社会发展中，无论是政府、民众、个人，都需要依"道"而行，三生万物，道法自然，认知"波粒二象性"隐含在所有生命和人类涉及的活动中，人类永远在"无知"和"有知"间进化，防止任何一种单一的思维垄断、防止走向思维禁锢僵化，尊重并激活个人、家庭和集体的三方主体责任感和活力，让无论主流、还是支流、甚至不入流，都有其相应的发展的空间，和谐共生，竞争进步，实现永续发展。

无可否认，人是自然、生态、社会的核心，未来将是马克思所说的"每个人自由而全面发展的社会"。我们在呵护每个人的自由全面发展的同时，需要深刻理解"每个人的自由发展是所有人自由发展的条件"的涵义，即如何发挥集体的积极性又更好地发挥个人的积极性。一代人工智能、合成生物学等正在给我们带来一个闲暇时间充裕、物质极大丰富的社会；全民终生的学习研究、幸福觉悟将给我们带来一个自由思维、精神独立、能力善成的精神极大丰富的社会；如果能有效地防止出现"超级人类"和"无用人类"对社会集体的分化可能，防止自我懒惰、自甘堕落、思维惯性、思想僵化对人的"异化"可能，我们将看到，脑力劳动、体力劳动不再成为谋生的手段，而成为健康和长寿的必须。探索感悟物质和精神的远处和深处，将是每个人和社会未来的永恒使命和兴趣任务。

先进有活力的文明至少体现在两条特征：一是有利于每个人的自由全面发展，将每个人应有的幸福和感悟放在不可侵犯的地位；二是有利于科学技术工程的发展，能为人类可持续发展和人类命运共同体的建立，作出引领性的贡献。在文明发展中，中国和西方在发展科技和人文过程中，既有共性的共同价值、共识，如推崇科学技术，也有差异，如思维方式、走过的道路，而这些差异很大程度上具有互补性和相互的不可替代性。

中华文明正本清源的精髓，就是中华道统，体现在大道无形、天道轮回、道化肉身的天道信仰，体现在"儒道释"的文化崇拜。在中华道统中，源自周易的《易经》，源自老子的《道德经》，分别是中华道统的"旧约"和"新约"。道家、墨家、儒家，分别对应着中华道统的哲学根本、科学技术、伦理规范。

呼口号、贴标语、发誓愿，只会使我们每个人远离智慧的境界；好大喜功、表面风光，不可能使我们立于优秀民族之林。要使中华文明不再有曾经的历史厄运，而成为人类文明的灯塔，并造福全世界、全人类，赢得人们发自内心的尊敬，就需要创立与真实世界平行的丰富并美好的精神世界，建立源自中华并包容其他文明精华的新的思维世界，激活我们的智慧矿藏。

在新冠疫情正彻底改变世界秩序之际，我们需要未雨绸缪。为人类的吉祥，中华民族的昌盛，以气贯长虹的态势，脚踏实地去创造、创制、创新、创意、创作，以立于不败之地，而不是只会模仿抄袭而最终成为别人怜悯的对象，我们需要改变思维、改变自己。我们需要谨记：

要消除中华文明长期生存发展的最大威胁，需要的是：改变思维、自由思维；

要破除中华文明走向引领地位的最大障碍，就需要：批判性思维、创造性思维。

我们需要以现代科学技术为背景，基于批判性思维、创造性思维、创新性思维看待中华道统，打破经典思维的惯性，用量子思维激活沉默、半沉默的优秀文明基因，如来自道家、墨家，包括被走偏的儒家和被驯养的法家的理念和方法，以自由思维、独立精神，肩负并完成育人、文明、发展三大使命，促进人类社会和科技人文的发展。

育人使命体现在，创建符合"自由全面发展"理念的育人成长模式；文明使命体现在，创建源自中国并被世界所欢迎的新知识体系；发展使命体现在，寻找驱动人类和社会发展新的力量源泉和工具，如生态能、数据能、智能等。

机器人不会做梦，在人定规则和疆域之外的想象力，是机器永远无法企及人类的软肋。机器人很少犯错，而试错、避错、用错是人类进步的重要手段。人类不会毁灭，如果说万一存在毁灭可能，那将毁灭的是蔑视自然、狂妄自大的新的"史前人类"，而不是坚守道法自然、谦逊对待历史和自然的未来人类。人类将在人工智能、合成生物学等兴起后，实现自由全面发展的凤凰涅槃，实现每个人在物质、精神和灵魂层面的真正的独立自由解放。

新版后记

　　我走向我所在的实验大楼的十五层，看见我周围的同事都叽叽喳喳地指着窗外的地面在议论着什么，有几位熟悉的同事陪在我身边，我走近窗户透过玻璃一看，有什么大惊小怪的，不过是下雨了、地湿了。然而，周围人又嚷嚷起来，说积水了，还有污物，我再定睛一看，不过是积水淹没地面，有东西漂浮起来，水中一缕缕地漂浮着水草绿的植物，我说，这是雨大泛滥、河水上涨、排水不畅，也没有什么值得大惊小怪，一会儿水位就会下去。但不一会儿，同事们又说，水涨上来了，我一看，不得了，水竟然淹掉了第一层楼，仔细看去，那水澄蓝清澈，不像是河水，是海水！这时我开始有点担心，担心自己的家。不一会儿，海水淹掉了二楼、三楼……十楼、十一楼，来不及思考和细想，我赶忙和同事们一起跑向电梯，希望能够由此升向楼顶，寻找求生通道，因为我知道我不会游泳。可是绝望的是，无论怎么按按钮，电梯也没反应，而此时海水已经从十五楼的楼道、十六楼楼道倒灌而进、自上而下似瀑布一样没顶倒灌而进，我绝望地惊呼，完了，要死在今天，我已经无路可逃！我多希望我是在做梦、这一切不是真的，然而我敲打墙壁，惊恐又徒劳地看着快吞没我的洪水，这是真的！挣扎中……我醒了，气喘吁吁，原来那还是梦。

　　梦醒了！稍稍定神，我对自己作精神分析，问自己我为什么会做这么一个梦，为什么会做这样一个噩梦，这梦叫什么名字？细想近日想到、听到、看到最多的是席卷全国的疫情，特别是在昨日深夜得知，最早的"吹哨人"李文亮医生，因感染病毒而失去了生命，举国为李文亮悲伤，我难过伤心，可能是这些原因，才使我做了这个寓言式的"灭顶之灾"的噩梦。人的大脑有多强大、人的梦就有多强大，一个短小的荒诞噩梦，揭示了正在发生的重大事件。

谎言的可怕，体现在苏联的切尔诺贝利核电站事故，也体现在美国的航天飞机计划。1986年美国挑战者号航天飞机空中解体，七名宇航员绝望暴亡，诺奖得主物理学家费曼的介入调查才揭开主管们一再无视预警的黑幕和虚假呈报的真相，费曼说：大自然是不可欺骗的。而十七年后，2003年再次因为掩盖真相、无视预警，哥伦比亚号航天飞机在回程中爆炸，又使另七名宇航员丧生。投入巨资、历时四十年的航天飞机计划黯然告退。

瘟疫对常人而言，是很遥远的事情，结果我们竟然十七年里碰到了两次全国性的疫情！2003年非典肆虐、人员交往骤减，我看着空无一人的北京天安门广场照片，心中不是滋味。我因从大连到上海，被隔离在家，安静无人打扰的日子里，我完成了国家重点研究计划项目的申报并成功。

十七年后，2020年新冠肺炎肆虐，不幸的历史再次重演，会议骤减，在为照片上空无一人的武汉火车站伤心的同时，我像所有人一样，为抗击瘟疫的传播，自外地回沪，作自我隔离，不得出门。从而得以在此空闲时间里，完成拖了多年的本书新版写作。

在本书即将完稿之际，国内情况已明显好转、疫情得到了明显控制，而国外的疫情却每况愈下，令人揪心。各国国家、社会和民族的优点缺点、强点弱点，在病毒的进攻面前毫无遮挡地一览无余，希望这场疫情是今后实现社会进步、全球进步的重要"奇点""拐点"。无论如何，真心祈祷疫情在全球尽早被控制，还人类以平安！

将此书尽早增补修订再版，以奉献给读者阅批，是我数年来始终在心里的愿望。然而，因过于忙碌，难以找出时间来完成这一任务。高兴的是，今年我终于完成了这件大事，尽管这已是第一版出版近八年以后了。

我全部的时间都用于了研究思考和从事大学管理，只能用几乎所有的业余时间来完成此书的增补修订。我时常自嘲自己不看电视，不看报纸，不看电影，没有娱乐，但乐此不疲。我生怕突然时间消失或者自己人生完结，不能将自己的思考留下来供后人参考。

未泯的童心，对世界的好奇，使得我有许许多多的东西想尝试、想经历，于是，我将每天每时获知的自己非常想看的书籍、电影、动漫、电视连续剧等名称按类记录下来，已经有长长的好几列，以备完成此书增补修订后，有空时再去慢慢品味欣赏，以弥补因没有时间所导致的内心缺失。实在忍不住时，就去看一下列表单，似乎就有了片刻的休闲和满足。

一个人、一个文明、一个社会的内心强大，是真正的强大，而内心强大者其面容反而会变得平和谦逊宁静，根源是其内心知晓什么是真相、真知、真理，原因是道在人心。

感谢上海科普作家协会常务副理事长、秘书长江世亮先生，感谢华东师范大学精密光谱国家重点实验室主任吴健教授，初稿完成后，他们阅读了全部书稿并提出了修改建议。与此同时，感谢中国工程院院士、华东理工大学涂善东教授，感谢华东师范大学学校办的陈超先生，他们阅读了部分篇章，并提出了修改建议。

感谢上海文艺出版社赵南荣先生、肖海鸥女士给予的帮助！

感谢我的家人，在我思考和写作过程中，给予我的启发和帮助。

2020 年 02 月 23 日完成初稿
2020 年 03 月 22 日全文定稿
2020 年 04 月 15 日补修终稿

图书在版编目（CIP）数据

改变思维：新版 / 钱旭红著. -- 上海：上海文艺出版社,2020（2025.1重印）
 ISBN 978-7-5321-7681-6
 Ⅰ.①改… Ⅱ.①钱… Ⅲ.①随笔－作品集－中国－当代
 Ⅳ.①I267.1
 中国版本图书馆CIP数据核字(2020)第115533号

发 行 人：毕　胜
责任编辑：赵南荣　肖海鸥
特约编辑：吴　玫
封面设计：铸刻文化

书　　名：改变思维：新版
作　　者：钱旭红
出　　版：上海世纪出版集团　　上海文艺出版社
地　　址：上海市闵行区号景路159弄A座2楼 201101
发　　行：上海文艺出版社发行中心
　　　　　上海市闵行区号景路159弄A座2楼206室 201101 www.ewen.co
印　　刷：苏州市越洋印刷有限公司
开　　本：710×960 1/16
印　　张：42
插　　页：5
字　　数：632,000
印　　次：2020年8月第1版 2025年1月第8次印刷
I S B N：978-7-5321-7681-6/C.0076
定　　价：118.00元
告 读 者：如发现本书有质量问题请与印刷厂质量科联系　T: 0512-68180628